Historia del teatro español. Siglo XX

Francisco Ruiz Ramón

Historia del teatro español

español

Siglo XX

TERCERA EDICIÓN

EDICIONES CÁTEDRA, S. A. Madrid

© Ediciones Cátedra, S. A., 1977
D. Ramón de la Cruz, 67. Madrid-1
Depósito legal: M. 11.863 - 1977
ISBN: 84-376-0049-9
Printed in Spain
Impreso en Velograf. Tracia 17. Madrid-17
Papel: Torras Hostench, S. A.

Índice

A Genoveva, mi mujer

Nota preliminar a la primera edición

Había pensado en un principio escribir un amplio prefacio en donde explicar al lector los distintos problemas que durante la redacción de este libro se me habían ido presentando, así como las razones que me decidieron a resolverlos de un modo determinado entre los varios posibles. Problemas bibliográficos, problemas de inclusiones o exclusiones, de espacio mayor o menor dedicado a los dramaturgos o a las tendencias por ellos representadas y, para no alargar la enumeración, problemas de clasificación y distribución del material manejado. Creo, sin embargo, que no soy yo quien debe justificar el libro ni el método de trabajo empleado, ni los principios o juicios de valor desde los que he enfocado la variada actividad dramática española durante estos casi tres cuartos del siglo xx.

De dos cuestiones de principio quiero, no obstante, decir algo. La primera es ésta: he elegido como tope cronológico del libro el año 1968. Las obras estrenadas o publicadas con posterioridad a ese año son citadas, cuando se trata de una pieza importante, en nota. La razón que ha impuesto tal elección de una fecha tope es obvia: dar cabida en el texto a lo muy reciente hubiera obligado a remodelar capítulos ya cerrados y a volver sobre ellos para incluir, no ya como un añadido o un apéndice, sino integrada en el contexto, la obra novísima. La segunda cuestión es más importante, pues trata de la concepción misma del libro y del punto de vista en él adoptado. He querido enfocar el teatro español del siglo xx no como un fenómeno aislado y suficiente en sí mismo, eligiendo como punto de vista el campanario nacional, por muy alto que éste pudiera ser, sino, antes por el contrario, enfocarlo como fenómeno englobado dentro del contexto más amplio y más real del teatro occidental contemporáneo. Lo cual obligaba, necesariamente, a trabajar en un nivel —de valor y de significación— que trascendía el de «intramuros» solamente. Desde esa perspectiva cada autor, cada tendencia o cada dramaturgia debía pasar por la prueba de su *estar a la altura del tiempo* y, consecuentemente, de sus aportaciones al teatro contemporáneo, y no sólo a una de sus provincias: la española.

Este libro, a diferencia del que dedicamos al teatro español desde los orígenes hasta Galdós, está escrito pensando no sólo, como aquél, en el lector culto interesado en el teatro español, sino también en el estudiante universitario y en el estudioso, lo cual explica la abundancia de notas bibliográficas, ausentes en el primero. No está pensado, pues, como un segundo tomo, sino como un libro independiente y autónomo.

Grandes eran, forzosamente, los riesgos que supone dar una visión de un fenómeno en pleno desarrollo vital y cultural, ni cerrado ni clausurado, sino problemáticamente abierto y en curso, lo cual nos impedía la relativa seguridad que proporcionan siempre cierta distancia y cierta perspectiva histórica. Por ello, nos hemos estado preguntando, y nos lo seguimos preguntando, si los árboles tan cercanos todos y muchos de ellos en pleno proceso de maduración o de crecimiento no nos han impedido ver el bosque.

Hemos tenido, a veces, la satisfacción de ver cómo algunos de nuestros juicios críticos o de valor venían a ser confirmados del todo o parcialmente corroborados por artículos y estudios publicados o alcanzados con posterioridad a la redacción de nuestras páginas.

Este libro es uno de esos libros que nunca pueden darse por terminados, pues la historia sigue manando sin cesar y puede reservarnos sorpresas que nos obliguen a matizar, a corregir e, incluso, a cambiar de raíz nuestras conclusiones o nuestras previsiones, cosa que, naturalmente, siempre estaremos dispuestos a hacer. Pero también, en otro sentido, es un libro incompleto, pues sólo nos hemos ocupado de los autores y sus obras, dejando afuera de él o en sombras otros aspectos o elementos teatrales de capital importancia, como son los relativos al público, las compañías teatrales, el montaje y la representación, o la dirección escénica. Esto último hubiera exigido una investigación sobre la labor y la significación de hombres de teatro como Rivas Cherif o Martínez Sierra, para el período anterior a la guerra civil, o de José Luis Alonso, Adolfo Marsillach, Miguel Narros, Tamayo y varios más, todos ellos importantes hombres de teatro dotados de sentido creador, para el período posterior a la guerra civil. Nada hemos escrito tampoco de los grupos teatrales universitarios o minoritarios ni de sus trabajos para mejorar y cambiar el ambiente teatral español desde 1940 hasta hoy. No nos hemos sentido con fuerzas ni en disposición, dado nuestro alejamiento de España, es decir, de las fuentes de información necesarias, para emprender aquí tan vasta empresa. Acometerla hubiera exigido escribir otro libro. ¡Ojalá alguien lo haga!

No quiero cerrar esta breve nota sin dar cumplidas gracias a mi editor, don José Ortega Spottorno, por su ejemplar paciencia y comprensión, que me han permitido no tener que trabajar contra reloj; a mi amigo Ignacio Soldevila Durante, que puso a mi disposición su rica biblioteca de literatura española contemporánea y su generosa orientación en cuestiones de bibliografía; a Juan Marichal, que me suministró el texto de *Los Santos* de Salinas; a José García Lora, que me envió textos suyos de difícil adquisición; a José Monleón, que amablemente me ofreció datos solicitados por mí... Finalmente, quiero agradecer a la *Purdue Research Foundation* la beca que me permitió durante el verano de 1970, libre de tareas universitarias, visitar distintas bibliotecas norteamericanas en busca de piezas y revistas literarias, cuya consulta, dada su rareza, me había sido imposible antes.

Tetminemos con estas líneas con las que Jacques Guicharnaud acababa su «Introducción» a *Anthology of 20th Century French Theater*: «A vrai dire ce qui compte en dernier ressort, c'est moins l'effort de situer les oeuvres dans les courants, que le plongeon que l'on fait en les prenant individuellement. Chaque écrivain vaut par sa différence, pour parler comme Gide; plus encore: chaque pièce est unique...»

Purdue University
Noviembre 1970

Nota preliminar a la segunda edición

Esta segunda edición de mi libro incrementa en casi doscientas páginas nuevas la primera edición de Alianza Editorial. He puesto al día el capítulo dedicado a Buero Vallejo, incorporando el estudio de sus últimos dramas, y a Alfonso Sastre, sobre el que incluyo nuevas páginas dedicadas a sus piezas inéditas, escritas entre 1965 y 1972, a las que su autor dio el título general, en ejemplar mecanografiado cuyo envío le agradezco profundamente, de *Teatro Penúltimo*.

Las pocas páginas que dediqué hace pocos años al «nuevo teatro español» han engrosado considerablemente hasta formar la tercera parte de esta edición. Seguimos considerando, sin embargo, a pesar del aumento, que se trata de un estudio provisional y, desde luego, incompleto, pues sólo de unos pocos autores más hemos podido ocuparnos, teniendo que dejar fuera, muy a pesar nuestro, a otros muchos. Consecuentemente, he titulado a esta útlima sección *Introducción* al nuevo teatro español. Ruego, pues, al lector no olvide el carácter introductorio de estas nuevas páginas.

La mayoría de los textos que comentamos, más los que hemos dejado de comentar, son textos inéditos, condición que hace sobremanera difícil y delicado su estudio. ¿Cómo estar seguros de que hemos leído y entendido bien esos textos? Por otra parte, son, en general, textos difíciles e, incluso muchas veces, ni siquiera textos, sino guiones o libretos que el montaje debería completar.

Deseamos que esta tercera parte, con todas sus imperfecciones y sus fallos, sirva para que el lector pueda tomar cabal conciencia de que existe un teatro español representativo de nuestro tiempo que, en condiciones difíciles, por no decir desesperadas, pugna por abrirse camino a fin de dar testimonio de la realidad, negándose a cualquier tipo de componenda y de pacto, poniendo por ello mismo en juego su propio presente. Un teatro que, por querer ser veraz, se ve amordazado e ignorado, y que es teatro español de hoy.

Queremos puntualizar que en ningún momento identificamos, como si fueran conceptos intercambiables, «testimonio de la realidad» o «vocación de verdad» con «valor dramatúrgico» o «calidad estética». Los primeros pertenecen al territorio de la ética, y tienen, naturalmente, nuestra adhesión y admiración, pero no se superponen ni confunden con los segundos.

Esta tercera parte no ha sido, pues, escrita para demostrar que existe un gran teatro ignorado, sino para mostrar que existe un teatro —bueno, algunas veces; discreto, otras, e interesante siempre como fenómeno histórico— que lucha, en condiciones difíciles, por su subsistencia. Es esa lucha, esa tenaz voluntad de ser, la que merece nuestro respeto. En favor de ese combate hemos escrito estas páginas, aunque no todos los frutos de ese teatro sean de nuestro gusto. En el libro del profesor George E. Wellwarth, *Spanish Underground Drama*, Pennsylvania State University Press, 1972, encontrará el lector interesado otros puntos de vista, aunque muy distintos de los míos, y otros autores, no incluidos aquí. Las mejores fuentes de información las hallará, sin embargo, en las revistas *Primer Acto* (Madrid), imprescindible para el conocimiento del teatro español contemporáneo, en *Yorick* (Barcelona) y en la recentísima *Pipirijaina* (Madrid), dedicada exclusivamente al Teatro Independiente.

Sólo el tiempo podrá decir quiénes de todos estos dramaturgos quedarán y quiénes pasarán. Nuestra tarea era la de señalar e informar que ahora y aquí hay un teatro español y unos nombres que lo están haciendo. Al escribir sobre él y sobre ellos hemos podido equivocarnos, pero no hemos usado ni gafas de aumento ni cristales de color rosa. Hemos querido hacer obra honesta, sin sobrepasar nuestras capacidades ni ignorar la relatividad de nuestro sistema de estimaciones. No aseguramos, pues, la idoneidad de éste ni afirmamos que hemos sabido mirar bien cuanto hemos visto. Había que correr un riesgo, y no pequeño, y lo hemos corrido.

Nuestro estudio del «nuevo teatro español» alcanza hasta 1973. Cuando aparezca esta nueva edición, los autores que estudiamos habrán escrito, incluso publicado, nuevas piezas, y habrán aparecido nuevos grupos teatrales o desaparecido algunos citados aquí, pues la materia sobre la que escribimos es una incesante sucesión de muertes y nacimientos.

Quiero dar las gracias a todos los autores y grupos independientes que, generosamente, me han enviado textos y materiales. Sin ellos no hubiera podido escribir la mayoría de estas nuevas páginas. En la imposibilidad de consignar aquí todos los nombres, quiero, sin embargo, agradecer especialmente la ayuda recibida de López Mozo y Luis Matilla, que actuaron como mediadores con los otros autores, de Gerardo Vera, cuyos detallados y lúcidos informes me han sido de inestimable valor, de Xavier Fábregas, que con tanta generosidad y prontitud me remitió cuantos materiales le pedí, y del grupo *Tábano* que me puso en contacto con otros grupos y me envió numerosas noticias y datos.

No es necesario aclarar que, siguiendo un criterio aceptado por los historiadores de nuestra literatura (desde Menéndez Pidal a Juan L. Alborg) y según ya lo hicimos en los dos tomos de esta *Historia del teatro español,* identificamos «teatro español» con «teatro castellano», por lo que dejamos fuera del campo de nuestro estudio el teatro escrito en catalán o en gallego, y no por desestimación ni desconocimiento de su importancia ni de su valor. Justamente, en estos últimos años el teatro gallego y, especialmente, el teatro catalán han llegado a constituir una realidad literaria rica y original dentro del panorama del teatro peninsular. Para el teatro catalán remitimos al excelente libro de Xavier Fábregas *Teatre Catalá d'agitació política,* Barcelona, 1969.

Una última observación de carácter general:

El teatro español del siglo xx, cuya historia hemos intentado trazar aquí, se nos aparece como un cuerpo aquejado de una curiosa y terrible enfermedad: la del desdoblamiento. Enfermedad que es fiel reflejo de un estado de dicotomía permanente de la sociedad para o contra la que se escribe. Esa sociedad, como un monstruo de dos cabezas, parece haber fundado su existencia en el empeño suicida de enfrentar, disociándolas, su realidad y su apariencia, inventando máscara tras máscara que oculte la primera e imponga la segunda, *como si* ésta fuera aquélla. Y cada vez que se ha propuesto presentar el rostro desnudo de máscaras, se ha producido una confabulación para negarlo, acudiendo al uso de todo tipo de armas de ocultación.

La agrupación de los dramaturgos en los respectivos capítulos en que hemos dividido nuestro libro responde al curso de esa doble historia o de esa historia desdoblada, sin que hayamos juzgado necesario suministrar al lector el lazarillo de una introducción o de un epílogo con función de síntesis. Y aunque algunos no hayan dejado de echar de menos tales síntesis para cada autor o para cada período, seguimos pensando —sin ignorar lo discutible de nuestro punto de vista— que la síntesis corresponde hacerla al lector, pues la nuestra va ya —creemos— implícita en la ordenación y presentación de los materiales.

Purdue University, 1974

Nota preliminar a la tercera edición

Cuando en octubre de 1975, hace apenas poco más de un año, se publicó la edición revisada y ampliada de este libro en *Cátedra,* toda la Tercera Parte dedicada al «nuevo teatro español», así como las nuevas páginas añadidas al capítulo sobre Buero Vallejo y Alfonso Sastre, pertenecían, en el más riguroso sentido, al presente. Un mes después de su publicación, y con mayor razón hoy, los últimos capítulos de mi libro se habían convertido en un estudio del pasado. Una era —la era de la España de Franco— terminaba, y empezaba otra en cuyas primicias estamos. El teatro que yo estudiaba entonces en su presente radical, determinado por un preciso contexto histórico y nacido en contra o a pesar de él, pero en su interior, pertenece ya a un ciclo histórico terminado. El teatro nuevo que aquellos autores —no importa si noveles o si con obra visible o invisible— produzcan o estén ya produciendo, será un teatro *otro,* si no necesariamente por su técnica, sí por su temática y su intención creadora, y, en todo caso, formará parte de un nuevo ciclo histórico y responderá a necesidades nuevas.

Intentar ahora escribir algo —poco o mucho— sobre lo poco o lo mucho que al teatro español le está o le esté pasando, sería prematuro a todas luces, y estaría más cerca del periodismo que de la historia, *sensu stricto.* Pienso, pues, que habrá que esperar algún tiempo antes de poder añadir nuevas páginas a nuestro libro. Las únicas que, sin embargo, añadimos son aquellas —muy pocas— dedicadas a Arrabal, a su ausencia, para ser más exactos, que no se nos permitió publicar en la anterior edición. Pero también ellas pertenecen a su presente, ya pasado: a ese ciclo que quedó cerrado en noviembre de 1975. Nuevas son también, aparte de unos pocos datos adicionales, las páginas finales del libro, que vienen a sustituir, con intención de cierre, las pocas líneas de abierta interrogación con que lo interrumpíamos hace un año.

He juzgado, asimismo, que no era todavía tiempo de ampliar el estudio de los autores incluidos, y que, sin duda, merecen más demorada atención —como es el caso, entre otros, de Jaime Salom— ni tampoco de escribir páginas nuevas sobre autores no incluidos, como Juan Antonio Castro, Domingo Miras o Ana Diosdado, por citar sólo tres. No sería prudente que cada reedición de este libro se convierta en una agobiante carrera contra reloj, pues mi propósito no es, ni mucho menos, convertirme en cronista del presente. Me daría por satisfecho si he conseguido, sin esquivar riesgos, pero sin incurrir en los innecesarios, dar una visión histórica coherente del teatro español contemporáneo.

Purdue University, noviembre 1976

Primera parte

Del 98 a la generación de los años 20

CAPÍTULO PRIMERO

Fin de siglo, principio de siglo

I. Benavente (1866-1954)

1. Dos actitudes críticas

En 1917 escribía Andrés González-Blanco [1] estos juicios acerca de Benavente y su teatro: «analista sutil y descarnado, crítico implacable, satírico que a ratos recuerda las flagelaciones de Juvenal» (página 93); domina el nuevo arte que consiste «en preparar las situaciones, presentar a los personajes y justificar las salidas y entradas, las mutaciones y cambios de escena... Conoce los resortes interiores del teatro como pocos; todos los *trucos, martingalas y tranquillos* escénicos le son familiares (pág. 73). Esta triple condición de satírico, crítico implacable y analista sutil de una sociedad, así como su dominio pleno de los recursos formales de la construcción de la pieza teatral en lo que ésta tiene de «oficio» son cualidades o caracteres que la crítica benaventina, en una de sus alas, pues hay otra, como en seguida veremos, ha venido predicando sin mayor diferencia que la propia del estilo de cada crítico. En 1951, por ejemplo, Jerónimo Mallo escribía: «Sátira, ingenio, finura, elegancia literaria, fidelidad en los tipos humanos, exactitud en los ambientes, habilidad en la articulación escénica, son los principales caracteres que enaltecen el teatro de Benavente» [2]. En 1956, Melchor Fernández Almagro, en un excelente artículo de síntesis, señala como rasgo común a las primeras piezas benaventinas «la calidad del diálogo: fluido, natural, elegante; literario con exceso a veces; inclinado a la sentencia o a la digresión; nunca teatral en sentido peyorativo; mordaz en la crítica y sátira de las costumbres; agudo en la exploración psicológica» [3]. Conceptos se-

---

[1] *Los dramaturgos españoles contemporáneos,* Valencia, Editorial Cervantes, 1917.
[2] «La producción teatral de Jacinto Benavente desde 1920», *Hispania,* XXXIV, 1951, págs. 21-29.
[3] «Benavente y algunos aspectos de su teatro», *Clavileño,* VII, núm. 38, 1956, págs. 1-17.

mejantes, más ampliamente matizados, encontraríamos en estudios como el de Walter Starkie o el de Federico de Onís, o en trabajos más recientes como los de Marqueríe o Montero Alonso[4].

Junto a la valoración positiva de la dramaturgia de Benavente nos encontramos con una actitud crítica adversa encabezada por los artículos de Pérez de Ayala, recogidos en libro, o los de Enrique de Mesa[5]. Esta crítica, estribada en unos principios estéticos mucho más serios y meditados que aquéllos que sutentaban los críticos teatrales al uso, mucho más exigentes, por tanto, y con una mayor carga de teoría dramática, denuncia bastante sistemáticamente la superficialidad, el excesivo peso de la mecánica teatral, en el peor de sus sentidos, la retórica fácil e incontinente, así como la inconsistencia de cierta ideología propias de la dramaturgia benaventina.

Los juicios de Pérez de Ayala son categóricos: «Ha tiempo que he señalado en la dramaturgia benaventina una tara radical: hibridismo, esterilidad escénica. Es el suyo un teatro antiteatral... Las "personas dramáticas" benaventinas apenas tienen nada de dramáticas; y en cuanto a personas no pasan de personillas. Son seres medios, seres habituales (*average people*), cuando no entes pasivos» (pág. 142). En otra ocasión, escribiendo acerca de *El mal que nos hacen* (marzo 1917), se expresa en estos términos: «Es un teatro de términos medios, sin acción y sin pasión, y por ende sin motivación ni caracteres, y lo que es peor, sin realidad verdadera. Es un teatro meramente oral...» (página 107). Finalmente, para terminar con esta cadena de citas: «Lo peor del teatro del señor Benavente no es la falta de inventiva, sino la falta de originalidad; no la aridez de imaginación, sí la aridez de sentimiento, y de aquí precisamente su sentimentalismo contrahecho y gárrulo» (pág. 122).

Estos defectos o elementos negativos del teatro de Benavente podemos encontrarlos hoy resumidos en críticos tan distintos como Torrente Ballester o Jean-Paul Borel, entre otros. El primero escribe: «... La técnica benaventina es lo más flojo de su obra dramática, y

---

[4] Walter Starkie, *Jacinto Benavente*, Oxford, 1924; Federico de Onís, *Jacinto Benavente. Estudio literario*, Nueva York, Las Américas, 1923; Alfredo Marqueríe, *Benavente y su teatro*, Madrid, 1960; José Montero Alonso, *Jacinto Benavente. Su vida y su teatro*, Madrid, 1967. Muy recientemente se han publicado dos nuevos libros sobre Benavente: Marcelino C. Peñuelas, *Jacinto Benavente*, Nueva York, Twayne Publishers, Inc., 1968, y Julio Mathías, *Benavente*, Madrid, E.P.E.S.A., 1969. Otros libros: José Vila Selma, *Benavente, fin de siglo*, Madrid, Rialp, 1952; Ismael Sánchez Esteban, *Jacinto Benavente y su teatro*, Barcelona, Ariel, 1954; Ángel Lázaro, *Vida y obra de Benavente*, Madrid, Afrodisio Aguado, 1964; Klous Pörtl, *Die Satire im Theater Benaventes von 1896 bis 1907*, Munich, Max Hueber, 1966.

[5] Pérez de Ayala, *Las máscaras*, en *Obras completas*, III, Madrid, Aguilar, 2.ª ed., 1966; Enrique de Mesa, *Apostillas a la escena*, Madrid, Renacimiento, 1929.

en este sentido su influencia fue nefasta. De una manera general puede definirse como *técnica del escamoteo*. La sabiduría, el oficio de Benavente, son indudables y a veces los ejerce de manera positiva, otras, de manera ingenua y las más, de modo enteramente negativo... ¿En qué consiste su negatividad? En la sustitución sistemática de la acción por la narración o por la alusión; en el escamoteo de los momentos dramáticos, que siempre acontecen fuera de escena o entre un acto y otro»[6]. En cuanto a Borel, señala varios graves defectos: «esta producción tiene a menudo mucho más de novela o de ensayo que de teatro», «Benavente recurre constantemente al relato, que es una técnica característica de la novela; más que mostrar, cuenta, hace alusión. El diálogo está a menudo formado por una serie de largas réplicas, de carácter puramente retórico, bien compuestas..., sin ninguna tensión dramática... El diálogo les sirve (a los caracteres y sentimientos) de comentario, en lugar de ser su signo real y directo... La psicología es a menudo superficial y esquemática... Hay, en fin, en Benavente una actitud moralizante que es difícil de soportar»[7].

Esta rapidísima revista crítica nos muestra desde muy temprano la constancia de dos actitudes ante la dramaturgia benaventina. Irreconciliables en numerosas ocasiones, en otras coexistirán mostrando así lo que podríamos llamar lo bueno y lo malo del teatro de Benavente. Por encima o por debajo de esta disconformidad crítica, en dos cosas parecen, sin embargo, estar de acuerdo los críticos: en la importancia histórica de ese teatro y en su carácter de «arte nuevo» en el momento de su aparición (1894 a 1907). También habrá acuerdo respecto a su éxito de público, al menos hasta aproximadamente los años 20, años en los que Benavente es el «maestro» indiscutido, en términos generales, de la escuela madrileña. Después de la guerra civil española y, especialmente, en estos últimos años, las nuevas generaciones, en nombre de una nueva conciencia crítica, nada aficionadas a las mitificaciones literarias, rechazarán en términos muy específicos, y no sólo generales, ese teatro, del que se sentirán totalmente insolidarios y para quienes, en buena medida, carecerá de vigencia[8].

---

[6] *Teatro español contemporáneo*, Madrid, Guadarrama, 1957, págs. 41-42.
[7] «Benavente o la verdad imposible», cap. II (págs. 53-83) del libro *Théâtre de l'impossible*, Nêuchatel, Editions de la Braconnière, 1963. Traduzco de la edición en francés, por no disponer de la edición española.
[8] Ver, por ejemplo, J. M. Rodríguez Méndez, «Un autor para una sociedad», *Revista de Occidente*, IV, 1966, núm. 41, págs. 219-234; José M. de Quinto, «El mito Benavente», *Ínsula*, 21-XII-1966, pág. 15, o Ángel Fernández Santos, «Benavente», *Índice*, 1966, núms. 214-215, pág. 63.

2. Los niveles de una dramaturgia

Durante tres decenios, aproximadamente, Benavente ofreció a su público, al que tuvo que ir formando a la vez que éste condicionaba su propia dramaturgia[9], un teatro mínimamente conflictivo y escasamente problemático, en el que lo esencial era la puesta en escena de unos modos defectuosos de la convivencia, mediante una forma teatral en la que lo decisivo no era la construcción de una acción dramática, sino la mostración de la relación social e interindividual, raras veces en profundidad, de unos personajes a través del diálogo. El acento expresivo estaba encomendado no a un «hacer», sino a un «decir», no a situaciones, sino a conversaciones. Lo propio de la mayoría de los personajes benaventinos es que se pasan el tiempo hablando, sin otra finalidad aparente que la de satisfacer esa necesidad de las personas civilizadas cuando están juntas. Y hablan siempre con soltura, con elegancia, con naturalidad, con brillantez y agudeza de ingenio. Toda esa palabra, en tanto que palabra-en-el-teatro, es absolutamente nueva en los escenarios españoles del último decenio del xix y primero del xx: significa la ruptura definitiva con la herencia romántica, entonces triunfante en Echegaray y sus discípulos, y más o menos visible en Dicenta y los escritores de teatro —que no dramaturgos— de la «cuestión social», por muy naturalista que fuera su enfoque. Esta nueva manera de hablar los personajes, que «desteatraliza» su palabra[10] y la acerca al español conversacional de las clases cultas de la alta burguesía, supone la introducción en España de una nueva forma de teatro realista en la que lo de menos van a ser los caracteres, las pasiones y su enfrentamiento conflictivo, y lo principal, la crónica dramática de los vicios y virtudes —generalmente los péqueños vicios y las pequeñas virtudes— de una clase social. Benavente trasplanta a España ese tipo de teatro francés, a mitad de camino entre el psicologismo y el boulevardismo, que hacían triunfar en los escenarios parisinos Lavedan, Donnay y Capus: el teatro de la tolerancia, el perdón y la comprensión[11]. En este sentido, Benavente cumplió

---

[9] Con relación a este condicionamiento de doble dirección entre el autor y su público nos parece oportuna la cita de estas palabras de Pierre-Aimé Touchard sobre el proceso de degeneración obra-público: «Se produce una degeneración en la obra por culpa del público y una degeneración del público a través de las obras, tal como acontece en esas familias que se van esterilizando por la multiplicación de los matrimonios consanguíneos» (*Apología del teatro,* Buenos Aires, Compañía General Fabril Editora, 1961, pág. 86).

[10] Escrito lo anterior, encuentro casi la misma expresión en Díez-Canedo —«desteatralización» del diálogo—, *Artículos de crítica teatral,* México, Joaquín Mortiz, 1968, t. I, pág. 100.

[11] Ver González Blanco, *op. cit.,* pág. 92.

para ese grupo social al que se dirigía fundamentalmente, no tanto la función de dramaturgo como la de cronista, siendo sus piezas teatrales el equivalente de las crónicas periodísticas de un cronista de «alta sociedad». De un cronista inteligente y ático, escéptico y elegante, doblado de moralista, a veces, que necesita estar a la moda y, a la vez, aspira a trascenderla aceptando al final un compromiso entre esa necesidad y esa aspiración.

Todos los llamados defectos del teatro benaventino que he reseñado al principio —diálogo sin dialéctica, escamoteo de las situaciones propiamente dramáticas, narrativismo, ausencia de tensión dramática, retoricismo, esquematismo psicológico—, así como las llamadas virtudes —calidad literaria del diálogo, finura, elegancia, exactitud de los ambientes, mordacidad crítica, naturalidad..., etc., y, sobre todo, el perfecto y complejo ritmo interior teatral del diálogo— dan a la pieza teatral un estilo dramático peculiar e inconfundible [12], que no varía, sustantivamente, a lo largo de la fecunda e ininterrumpida producción de Benavente. El Benavente de *Gente conocida* (1896) o *La comida de las fieras* (1898) no difiere mucho del Benavente de *Campo de armiño* (1916) o de *Y amargaba* (1941) y *Titania* (1945), a pesar de que entre estos tres momentos de su producción teatral hayan sacudido a la sociedad dos guerras europeas y una guerra civil. Si eso ocurre así es, entre otras razones, porque los principios dramáticos y la técnica teatral se han mantenido invariables. ¿Por qué? Porque la intención creadora y, por tanto, la función de la dramaturgia benaventina han seguido siendo desde la primera a la última pieza invariables: reflejar lo «actual». Naturalmente, nada tan variable ni tan efímero como lo actual, y de ahí ese estar siempre al día —con el riesgo de urgencia y superficialidad que tal empresa conlleva— la temática benaventina, pero nada tan constante como el modo de «reflejar» esa actualidad. Lo actual de 1898 (*La comida de las fieras*), de 1901 (*Lo cursi*), de 1905 (*Rosas de otoño, Los malhechores del bien*), de 1916 (*Campo de armiño*), de 1928 (*Pepa Doncel*) o de 1950 (*Tú, una vez y el diablo, diez*) es reflejado con los mismos procedimientos al servicio de una misma intención. Lo grave de ese «actualismo» del teatro benaventino es que lo mantuvo al margen de la profunda evolución del teatro occidental, del gran teatro occidental. Benavente, sin dejar de ser nunca el agudo dialoguista y el escéptico, ingenioso y elegante cronista de la actualidad, dejó de ser actual como *dramaturgo* apenas terminada la primera guerra mundial, sin que obste, claro está, el premio Nobel en 1922, el cual venía a confirmar

---

[12] El mejor estudio sobre la técnica dramática benaventina es, a nuestro juicio, el ya citado de Marcelino C. Peñuelas. Ver especialmente cap. 6, en donde analiza la técnica dramática, teniendo en cuenta la acción, el diálogo y los caracteres, cuya lectura recomendamos encarecidamente al lector interesado.

lo que nunca fue ni ha sido puesto en duda: la alta calidad literaria de la obra benaventina... Pero la modernidad de una dramaturgia y su calidad literaria no son cantidades homogéneas. El dramaturgo renovador y revolucionario, dentro del contexto teatral español, que fue Benavente durante las décadas final e inicial de siglo, dejó de serlo, sin merma del valor literario de su producción entera, durante la segunda década del siglo xx en que se produce la crisis de la estética realista finisecular y el teatro europeo emprende nuevos rumbos, de los que Benavente queda al margen, anclado en su fórmula teatral invariable, pese a la versatilidad —pero puramente externa— de su teatro. En cambio, la más original y nueva, la más profundamente revolucionaria dramaturgia española del siglo xx, la de Valle-Inclán, permanecerá desconocida y sin posible eficacia sobre el teatro español contemporáneo, hasta años muy recientes. Sin embargo, hasta la fecha de su muerte en 1954, Benavente seguía siendo para un amplio sector del público español y para no pocos críticos el *autor* por excelencia del teatro español del siglo xx. Por ello, un joven dramaturgo español ha hablado no hace mucho de la «dictadura benaventina en el teatro español», que ha pesado como una losa sobre los nuevos dramaturgos españoles. «Benavente había sido como el tapón que cierra la botella de champaña. Había contenido, al parecer, innumerables energías» [13]. Y otro joven dramaturgo puertorriqueño, René Marqués, dejaba constancia del mismo peso del benaventismo en el teatro hispano-americano [14].

3. Aspectos de su teatro

Desde muy temprano, los críticos que se han ocupado del teatro de Benavente han intentado establecer clasificaciones de su abundantísima obra —172 piezas— utilizando distintos criterios. Temáticos: ciclo satírico, ciclo de la alta comedia, ciclo dramático, ciclo simbólico (González Blanco); valorativos: período ascendente (1899-1919), período descendente (1920-1948) (Jerónimo Mallo) o de otra índole [15]. El último intento de clasificación global es el de Marcelino C. Peñuelas que distingue seis grupos: piezas satíricas, piezas psico-

[13] J. M. Rodríguez Méndez, *op. cit.,* pág. 221.
[14] René Marqués, «Benavente, el hombre, el mito y la obra», *Asomante,* III, julio-septiembre 1951, págs. 58-65.
[15] Federico C. Sáinz de Robles lo clasifica en: 1) Obras realistas; 2) Obras de fantasía; 3) Traducciones y arreglos, introduciendo subdivisiones en cada grupo (comedias de costumbres, de sátira social, de caracteres y dramas, comedias simbólicas). Ver *Jacinto Benavente. Apuntes para una bibliografía,* Madrid, Instituto de Estudios Madrileños, 1954, pág. 23. A. Valbuena Prat distingue:

lógicas, piezas rurales. piezas fantásticas, comedias, piezas sentimentales y piezas· misceláneas, entre las cuales considera obras tan dispares como *La noche del sábado* (1903), *La mariposa que voló sobre el mar* (1926), *Santa Rusia* (1932) o *La melodía del jazz-band* (1931), más otras muchas que no guardan entre sí punto alguno de contacto. A todas las clasificaciones citadas cabría hacérseles reparos, pues siempre hay piezas que podrían incluirse en varios o en ninguno de los grupos propuestos. Nosotros vamos a prescindir de todas ellas, no para proponer una nueva clasificación que sirva de panacea, pues ni creemos en la clasificación perfecta ni nos importa mucho ni poco el deporte de clasificar. Nuestra clasificación se atiene a un hecho de fácil verificación: la homogeneidad dramática de los distintos lugares escénicos principales en donde Benavente sitúa la acción y los personajes de sus obras, lugar escénico que, a nuestro juicio, posee auténtica función estructural tanto de la acción y de los personajes, como del diálogo y del ambiente que condiciona los anteriores elementos, clasificación que —repetimos— no pretendemos sirva de modelo, limitada como está a la intención presentativa de los aspectos fundamentales de la dramaturgia benaventina. Benavente, como antes los dramaturgos de la «alta comedia», como los comediógrafos realistas coetáneos cuyo mayor empeño es reflejar la psicología y las costumbres, la ideología y la moral de la sociedad burguesa, bien para aleccionar bien para satirizar o para trazar desenfadadamente la crónica diaria, reúne a sus personajes en cuatro espacios escénicos fundamentales: los interiores burgueses ciudadanos (salones y gabinetes); los interiores cosmopolitas (lujosos salones en una elegante estación invernal, en un yate, en un palacio), los interiores provincianos (salas, saloncitos y salones de Moraleda o esos salones y saletas al aire libre que son una Plaza Mayor o un palco) y los interiores rurales (cocina, comedor o sala de campesino acomodado). En esos mismos espacios escénicos, aunque transfigurados por el truchimán de una intención simbólica o vagamente poética, transcurre la acción del «teatro fantástico» o «infantil» para el que tan mal dotada estaba la imaginación benaventina, como lo demuestran tres de esas piezas —*El príncipe que todo lo aprendió de los libros* (1909), *Y va de cuento* (1919), *La novia de nieve* (1934)— tan escasamente fantásticas como problemáticamente «infantiles». Sólo una obra, precisamente su obra maestra, *Los intereses creados,* trasciende esos cuatro espacios dramáticos al saber despegarse en ella de todo prurito de actualismo. Fuera de esos espacios quedan

1) Dramas rurales; 2) Teatro satírico poético; 3) «Alta comedia o comedia de salón». Lázaro Carreter, actualizando la antigua clasificación de Torres Naharro, ya utilizada por Eduardo Juliá, lo divide en teatro «a noticia» y teatro «a fantasía» (ver prólogo a su edición de *Los intereses creados*), Madrid, Cátedra, 1974.

también otras obras menores —menores por sus contenidos o por su realización— como son, por no citar sino tres casos extremos, significativos, además, de esa versatilidad no sólo literaria sino ideológica de Benavente: *El dragón de fuego* (1904), *Santa Rusia* (1932) y la imperdonable e inconcebible *Aves y pájaros* (1940), desgraciada y tendenciosa falsificación de la guerra civil del 36.

A. *Los interiores burgueses ciudadanos*

Es el más privilegiado de los espacios escénicos benaventinos, el que concentra la mayor parte de su teatro, desde las dos primeras piezas —*El nido ajeno* (1894) y *Gente conocida* (1896)— hasta las últimas comedias del Benavente de la posguerra —desde *Al fin, mujer* (1942) y *La culpa es tuya* (1942) a *Al amor hay que mandarle al colegio* (1950) y *Su amante esposa* (1950) y en el que podemos citar títulos tan representativos como *Lo cursi* (1901), *Rosas de otoño* (1905), *Campo de armiño* (1916) o *Titania* (1945).

En este escenario, siempre definido por la elegancia a la moda, y puesto con gusto, congrega unos personajes cuyo vestido y cuya palabra están siempre a tono con el ambiente desahogado y sin problemas económicos dentro del que se desenvuelven sus vidas. Juntos ya los personajes, estén o no motivadas su presencia, sus entradas o sus salidas, comienzan a conversar incontiblemente, manteniendo siempre la mesura, el buen tono, buscando deslumbrar con el ingenio, dueños de los recursos y sutilidades del idioma, maestros de la esgrima verbal, del arte de la alusión, de las medias palabras, enarbolando ideas generales acerca de todo, con un exquisito dominio de la retórica sentimental, preocupados por el efecto que producen, atentos a las apariencias pero desinteresados por las sustancias, escudada la intimidad de cada uno de ellos detrás de la brillante cortina de sus palabras, como si su misión y su función como personajes fuera solamente la de airear lo público, resguardando lo privado. A través de esas incesantes conversaciones de salón, disciplinadamente distribuidas en grupos, accedemos al pequeño pero completo repertorio de los modos de vida públicos del grupo social de la alta burguesía, anquilosada en unos principios heredados desde los que se juzga la realidad, pero en contradicción manifiesta con esa misma realidad, como si fueran incapaces de sustituirlos por otros a tenor de las nuevas necesidades y aspiraciones, condenándose a sí mismos a vivir en una eterna y estéril contradicción entre la teoría y la praxis, entre el sistema moral e ideológico y las conductas y modos de comportamiento. Me parece indudable —porque es demasiado sistemático en este grupo de obras para ser accidental o casual— que

Benavente captó esa contradicción en la alta burguesía madrileña de finales del XIX y principios del XX —contradicción ya insinuada por los dramaturgos de la alta comedia y, sobre todo, por Enrique Gaspar, aunque su formulación fracasara, especialmente en los primeros, por defecto de lenguaje y por exceso de sentimentalización y de preocupación moralizante—. Benavente encuentra el lenguaje dramático idóneo, no sólo por haberlo desentimentalizado, despojándolo de todo énfasis retórico, sino —y esto es más importante— por haberlo dotado de ese ritmo interior que le permite expresar, debajo de lo dicho, lo pensado y lo sentido. Y esto, desde sus primeras piezas, en especial desde *Gente conocida,* en donde utiliza hábilmente los apartes para mostrar el contraste entre palabra interior y palabra exterior. Ahora bien, si Benavente supo captar esa contradicción de una burguesía —incluida en ella, naturalmente, la aristocracia— en plena descomposición moral y crear un lenguaje teatral idóneo, cuya oquedad reflejaba la oquedad de esa sociedad, no supo, en cambio, ver las tensiones internas que la sacudían ni acertó a crear el esquema dramático necesario para configurar, mediante acciones, un verdadero conflicto que enfrentara colisivamente individuos. Respecto a lo primero, Benavente prefirió la mordacidad y la ironía a la visión en profundidad. Respecto a lo segundo, el dialogador hábil y el cronista de salón escéptico y nunca comprometido terminó, o, mejor, empezó por comerse al dramaturgo. Al mismo tiempo, guardando la suficiente distancia para satirizar, ironizar y criticar con mordacidad unas veces, y otras con ingenio —convertido en fin y no sólo en medio— al grupo social previamente acotado, Benavente acabó identificándose con él, aunque con psicología de *enfant terrible* y, como consecuencia, jugando su mismo juego: el de los bellos sentimientos. De satírico se fue volviendo moralista, viniendo a dar en comediógrafo de «alta comedia», sin perder su superior valor literario. Atacó la falsedad de las convenciones sociales, el egoísmo del varón, la hipocresía y el fariseísmo, la tiranía de las apariencias, la malignidad, pero sin poner seriamente en cuestión las bases mismas de sustentación de la sociedad criticada. Todas estas piezas suponen, claro está, un diagnóstico, pero no del mal profundo, del auténtico mal, sino de los males accidentales, de los pequeños males curables, cuyas medicinas universales son la moral del sacrificio y el amor que todo lo vence.

La sátira benaventina no aspira a remover zonas profundas de la conciencia individual ni social, sino a reflejar escépticamente, con agudeza pero sin trascendencia, las costumbres de una sociedad en la que su cronista no acertaba a ver ni siquiera graves problemas. En un artículo titulado «Proteccionismo y libre cambio» escribía acerca de las limitaciones del autor dramático en España: «En primer lugar, la vida española es tan apacible que apenas ofrece asuntos al autor dramático. En problemas sociales no hay que pensar, porque a nadie interesan. Ya sabemos que en España no existen problemas. El problema religioso es sólo un pretexto para programas políticos; ese problema, como el de los garbanzos, lo tiene cada uno resuelto a su manera, y no hay para qué llevarlo al teatro. El problema social viene a ser, en resumidas cuentas, lo que un primer actor decía de cierto drama estrenado por él: "Hambre y tiros: cosas siempre desagradables"» [16]. El tono es, naturalmente, irónico, pero lo cierto es que Benavente no se atrevió a forzar esos condicionamientos que presionaban el trabajo del autor teatral. Prefirió atenerse a una de sus máximas: «No ahondéis demasiado; al ahondar todo puede venirse abajo» [17]. Antes de que todo pueda venirse abajo, Benavente endereza la obra hacia el buen fin, de manera que las bases de su sociedad queden a salvo. Reléase, por ejemplo, para citar dos casos extremos y opuestos entre sí por la índole de sus protagonistas —Nené e Isabel— *El hombrecito* (1903) y *Rosas de Otoño*.

B. *Los interiores cosmopolitas*

La primera obra en que sitúa a sus personajes en un espacio cosmopolita es *La noche del sábado* (1903), a la que seguirán, entre otras, en años sucesivos *La princesa Bebé* (1904), *La escuela de las princesas* (1909), ambas con temática de novela rosa, crónicas sentimentales de los deberes y las aspiraciones de príncipes y princesas, *La mariposa que voló sobre el mar* (1926) o, después de la guerra civil española, en plena guerra mundial, *La última carta* (1941) y, años después, *Mater Imperatrix* (1950), localizadas la primera en un casino de la Costa Azul y la segunda en una villa de una estación de invierno extranjera. Sus dos mayores éxitos fueron, sin duda, *La noche del sábado* y *La mariposa que voló sobre el mar*.

De *novela escénica* calificó Benavente con gran acierto *La noche del sábado*. Príncipes y princesas exilados de un abstracto reino, miladies inglesas, condesas italianas, artistas decadentes y pintorescos artistas de circo coinciden en una estación invernal, huyendo todos de la realidad de sus propias vidas, prisioneros de sus sueños, «almas brujas» que vuelan «unas hacia sus vicios, otras hacia sus amores: hacia lo que está lejos de nuestra vida y es nuestra vida verdadera» (*Obras completas,* I, pág. 1153). Unos a otros se cuentan sus

---

[16] *Obras completas,* Madrid, Aguilar, VI, pág. 629. Texto citado por Marcelino C. Peñuelas, *op. cit.,* pág. 69.
[17] *Obras completas,* IX, pág. 1005.

«impresiones y aventuras» (pág. 1165), y emiten frases sobre el amor, la muerte, la vida, el arte, la ilusión y la realidad, la felicidad, citan a Daudet, a Tennyson y a Byron, vigilados por el comisario de Policía, para quien la dificultad de su caso «no es enterarse de lo que conviene, sino dejar de enterarse de lo que no conviene» (pág. 1130). Una sola acción sucede: el asesinato del degenerado príncipe Florencio. Y un solo personaje destaca de ese coro de fantasmas habladores: Imperia, cuyo sueño es ser emperatriz de Suavia, y a quien —cifra de los demás personajes— la realidad estorba como una mala pesadilla. Imperia, que considera el derecho a reinar de los reyes como un ¡derecho divino! (pág. 1189). Muerta su hija —muerta de amor no correspondido—, pero, en realidad, muerta por el dramaturgo para evitarle a Imperia el conflicto de tener que elegir entre el amor de madre y su sueño de reinar, ésta se dispondrá a cumplir su vocación, diciendo, como resumen y corolario de la obra: «Para realizar algo grande en la vida hay que destruir la realidad; apartar sus fantasmas que nos cierran el paso; seguir, como única realidad, el camino de nuestros sueños hacia lo ideal, donde vuelan las almas en su noche del sábado, unas hacia el mal, para perderse en él como espíritus de las tinieblas; otras hacia el bien, para vivir eternamente como espíritus de luz y de amor» (página 1191)[18].

En *La mariposa que voló sobre el mar* —lugar escénico: yate de placer del multimillonario Samuel Simpson— Gilberta, juzgada por todos como mujer frívola, pero interiormente impulsada por un grave afán de perfección, sólo podrá revelar e imponer a los demás su verdadera personalidad suicidándose, redimiéndose así ante los demás y ante sí misma con su muerte: «No creíamos en ella! ¡Todo es frivolidad!, decíamos... Y para que creyéramos, para creer ella misma, ha sabido morir... Era *La mariposa, y voló sobre el mar*» (V, pág. 66).

Con estas piezas de ambiente cosmopolita, pobladas por la pintoresca y elegante fauna de una Europa decadente, rica de epigramas y pobre de auténticas pasiones, elegante, despreocupada, desorientada, cínica y sentimental, ¿proponía Benavente a su público burgués una nueva y exquisita evasión, distinta de la del drama histórico en verso o de la más desvaída del llamado teatro «poético», u otra crónica escénica de una «alta sociedad» a la deriva, cuya agonía y muerte, a la vez que su salvación en una vuelta a la autenticidad, constituía el mensaje benaventino? En ellas nos parece percibir

---

[18] Ver la interpretación trascendente que ha querido dar a *La noche del sábado* el crítico suizo Jean-Paul Borel, en su libro *Théâtre de l'impossible*, cap. cit., págs. 65-70.

una doble intención: elegíaca: canto de cisne de una sociedad herida de muerte, pero bella como un inútil objeto de lujo; y crítica: muere por no ser capaz de hacer reales sus ideales, acomodándolos a los nuevos tiempos en lugar de refugiarse en sus sueños. Benavente vendría a retratar así, aunque de manera abstracta, la última hora de un bello mundo de fantasmas que ya sólo saben conversar con brillantes frases y que cuando se proponen vivir de verdad sólo alcanzan a formular una inconcreta, ideal y confusa mitología, como la princesa Bebé: «¡Vivir..., soñar!... Las dos cosas... ¡Amor..., amar es todo..., es sueño y es vida!...» (II, pág. 512).

Como el público burgués que aplaudía a Benavente, estos príncipes y princesas a la deriva en un mundo en donde nada les queda que hacer sino hablar, buscan también la felicidad, felicidad que no está ni en la riqueza ni en la alegría ni en el poder ni en la gloria, sino en el sacrificio, la más verdadera «de cuantas apariencias encubren la felicidad», según reza la conclusión del apólogo que nos propone el príncipe Alberto de Suavia al final de *La escuela de las princesas* (III, págs. 581-582).

C. *Moraleda o los interiores provincianos*

Hermana menor de la Orbajosa galdosiana y de la Vetusta de Clarín, la Moraleda benaventina continúa en el siglo XX la serie de ciudades-signo en el mapa moral de España, cristalizaciones de la asfixia y la atonía espiritual de la vida provinciana, y entre las cuales cuentan Pilares, de Pérez de Ayala, o Villanea, de Arniches.

Moraleda es una capital de provincia de segundo orden, con gobernador civil y obispo, plaza mayor, teatro y plaza de toros, «población levítica» (I, pág. 712), en régimen de matriarcado —esas pacatas y poderosas Juntas de mujeres —y de caciquismo, donde los intereses particulares inconfesables actúan disfrazados de principios de orden, de decencia y de bienestar públicos. En Moraleda situará Benavente la acción, o mejor, los diálogos de *La gobernadora* (1901), primera de la serie, de *Las cigarras hormigas* (1905), de *La Inmaculada de los Dolores* (1918) y, al final, *Pepa Doncel* (1928), lista a la que podrían añadirse otras piezas, localizadas en ciudades provincianas, aunque no se llamen Moraleda, como, por no citar sino dos títulos de fechas distantes, *Los malhechores del bien* (1905) o *Alfilerazos* (1924).

Aunque aparezcan en frases sueltas conatos de crítica política o social, éstas quedan aisladas, sin alcanzar mayor trascendencia que la de simples alusiones. La crítica benaventina carece de significación social, pues su intención se limita a reflejar un ambiente moral, en el que destaca la mojigatería, la hipocresía y el egoísmo como pilares fundamentales de una sociedad aburguesada reacia al cambio y a la novedad, estribada en prejuicios inamovibles, y a cuyo sistema terminará incluso por acomodar su conducta y sus patrones mentales el personaje extraño a él y de distinta procedencia, como es el caso de Pepa Doncel, protagonista de la comedia del mismo nombre. Como observa Guerrero Zamora, «en *Pepa Doncel*, la sociedad farisaica de la imaginaria Moraleda queda inequívocamente satirizada, pero la protagonista, prostituta conversa, aspira a integrarse en ella en bien futuro de su hija» [19].

La sátira benaventina de la sociedad burguesa e inmovilista de ciudad provinciana carece de la clara voluntad reformista, de más radical alcance, del Arniches de *Los caciques, La heroica villa* o *La señorita de Trévelez,* quedándose en simple «espejo de costumbres» entre malicioso y sentimental por sus soluciones, con sentimentalidad no muy alejada de la «alta comedia» decimonónica. Piénsese, por ejemplo, en las semejanzas de *Los hombres de bien* (1870) de Tamayo y Baus y *Los malhechores del bien* de Benavente.

No está de más, sin embargo, citar estas palabras de Torrente Ballester: «Benavente no coincide con sus compañeros de generación en la actitud ante el problema de España, ni las bases de su ideología guardan relación con las de Machado, Unamuno, Valle-Inclán o Azorín. Pero las conclusiones son con frecuencia idénticas» [20].

D. *Los interiores rurales*

Tres son los dramas rurales de Benavente, aunque el tercero queda muy por debajo de los otros dos: *Señora Ama* (1908), *La Malquerida* (1913) y *La Infanzona* (1945).

Federico de Onís, entusiasta admirador del teatro benaventino, escribía en 1923, tres años después del estreno de *La Malquerida* en Nueva York, donde alcanzó 179 representaciones: «Se parecen ambas obras *(Señora Ama* y *La Malquerida)* en que están localizadas en el mismo medio, el más ajeno que cabe al espíritu de Benavente: son dramas rurales que ocurren entre campesinos españoles de nuestro tiempo. Pero es lo cierto que con toda la apariencia de realismo que estas obras tienen, el campo y los campesinos que en ellas aparecen no son españoles ni de ninguna otra parte: el campo es para Benavente algo convencional, que no tiene existencia poética real. El lenguaje rústico usado en ellas es un lenguaje convencional con

---

[19] *Historia del teatro contemporáneo,* Barcelona, Flors, IV, 1967, pág. 244.
[20] *Teatro español contemporáneo,* Madrid, Guadarrama, 1957, pág. 84.

los toques suficientes para dar la impresión del lenguaje popular (...). Para Benavente poner una acción en el campo es sencillamente desrealizarla...»[21]. Conviene tener en cuenta estas palabras para no incurrir en el error de algunos. críticos —cualquiera que sea su posición ante el teatro de Benavente—, que rara vez dejan de citar el lugar de Aldeacabo, en donde el comediógrafo pasaba algunas temporadas, como si allí hubiera «copiado» sus personajes.

En *Señora Ama* el tema lo es todo: la mujer casada, sin hijos, a quien el marido le es constantemente infiel, pero que se siente orgullosa en el fondo de que su hombre guste a todas las mujeres y las vuelva locas, siendo ella la única esposa legítima a quien siempre vuelve después de cada aventura. Cuando sabe que va a tener, por fin, un hijo de su marido despierta en ella la necesidad de acapararlo, de tenerlo sólo para ella. Ese tema, sin embargo, no cuaja en acción dramática ni determina conflicto alguno. La obra consiste en la reiteración del tema por boca de la protagonista y de los demás personajes, como si Benavente, en posesión de esa idea dramática, no acertara a su puesta en drama, limitándose a desarrollarla discursivamente. Su construcción la empareja con el teatro urbano, con la sola diferencia del lenguaje y el ambiente convencionalmente rurales. En cuanto a los personajes rurales —la Pola, la Gubesinda, la Jorja— sólo son comparsas que giran alrededor y en función de Dominica —la señora ama—, burguesa de campo.

Radicalmente distinta en su construcción es *La Malquerida,* en donde Benavente sí crea una acción dramática y unos caracteres conflictivamente enfrentados, y en donde el interés dimana de la acción y no sólo de la palabra de los personajes. Acción sabiamente desarrollada y motivada. La obra, según pone en claro el análisis de Juan Villegas[22], está estructurada mediante la interrelación de dos acciones simultáneas, una exterior, cuyo núcleo es la pasión de Esteban por su hijastra Acacia, y otra interior, oculta hasta el final: la pasión de Acacia por su padrastro, pasión que ella misma ignoraba. Los dos primeros actos están centrados en la investigación de un crimen —el de Faustino, prometido de Acacia— y en la búsqueda del culpable, investigación llevada a cabo por Raimunda, esposa de Esteban y madre de Acacia, sin sospechar que el descubrimiento de la verdad comportará la destrucción de su propia felicidad. Desde que Raimunda —escribe Villegas— «asume la función investigadora la técnica de *La Malquerida* entronca con la de la famosa tragedia

---

[21] Federico de Onís, *España en América,* Ed. de la Univ. de Puerto Rico, 1955, págs. 495-496. El estudio sobre Benavente (páginas 484-500) procede del libro cit. de Onís, *Jacinto Benavente.*

[22] Juan Villegas, «La originalidad técnica de *La Malquerida*», *Hispania,* L, 1967, págs. 425-429.

de Sófocles *(Edipo, rey):* descubrir el fondo oculto conduce al aniquilamiento». El tercer acto gira en torno al doble motivo del castigo del culpable o de su perdón, desplazando paulatinamente el segundo al primero. Cuando parece que el perdón va a triunfar y a recomponerse, mediante el arrepentimiento de Esteban y la voluntad de perdón de Raimunda y Acacia, el orden roto, la acción interior irrumpe súbita y violenta, destruyendo definitivamente la armonía familiar. Raimunda se interpone entre el marido y la hija, y con su muerte a manos de Esteban salva a Acacia de su incestuosa pasión. Sólo cuando los móviles ocultos, paulatinamente desvelados, salen a luz cobra súbito sentido cada uno de los actos y cada una de las palabras de los personajes principales, mostrándose así la interna coherencia del drama.

«Todo es aquí —escribe Guerrero Zamora— auténtico, encarnado e incontrovertible» [23], pero sin que Benavente —hay que añadir— haya eliminado de su construcción esa búsqueda del efecto melodramático que es una de las más constantes servidumbres de ese teatro fin de siglo, principio de siglo, que aunque haya eliminado la retórica de la palabra no ha sabido, sin embargo, eliminar la concepción retórica decimonónica de las pasiones y los sentimientos.

Si *Señora Ama* y *La Malquerida* —muy superior como *drama* el segundo al primero— tenían la virtud histórica de ser contemporáneas, falta esa virtud a *La Infanzona* —drama del incesto entre dos hermanos—, que nace a destiempo y a contrapelo del teatro contemporáneo, pero que, además, en sí misma considerada, al margen de su tiempo y del teatro de su tiempo, muestra su insobornable condición melodramática y su intención tremendista no muy alejada del tremendismo echegariano.

E. *Los intereses creados*

Estrenada en el teatro Lara de Madrid el 9 de diciembre de 1907, es esta obra la que siempre va asociada a lo mejor y más permanente del teatro benaventino, siendo la única que sigue representándose en los escenarios españoles contemporáneos incorporada a su repertorio clásico.

Los personajes de la *Commedia dell'Arte* habían aparecido muy temprano en el teatro de Benavente, pues antes del estreno de *El nido ajeno* los encontramos ya en su *Teatro fantástico* (1892), especialmente en *Cuento de primavera,* cuyos Arlequín y Colombina

---

[23] *Op. cit.,* p. 256.

son los antecedentes de Crispín y Leandro, incluso por el lenguaje[24].

Benavente se sirve de los personajes de la *Commedia dell'Arte* para encarnar mediante ellos arquetipos estético-sociales que trasciendan las determinaciones de un tiempo y un espacio concretos, de modo que sus *dramatis personae* no queden fijados ni adscritos a un tipo de sociedad dada históricamente —por ejemplo, la española de su tiempo—, consiguiendo así un efecto de distanciamiento que impide toda tipificación realista a la vez que dota a su mundo dramático de una gran economía dramática, pues cada personaje es portador en su mismo nombre (Pantalón, Colombina, Polichinela, Arlequín) de un sistema de valores culturalmente homogéneo y significativo. En ese mundo, cargado así, ya de entrada, de significaciones estético-literarias, introduce la pareja Crispín-Leandro, significativa también por su claro enlace literario con la tradicional pareja criado (gracioso)-amo del teatro español clásico y, por lo que a Crispín se refiere, por su entronque con la también tradicional figura del pícaro. Pero Benavente, con extraordinaria agudeza e inteligencia, invierte la relación jerárquica de amo y criado, y en ella la del sistema de valores que cada uno representa. Manteniendo la diferencia tradicional de ambos —materialismo del criado, idealismo del amo— muestra cómo el mundo idealista del amo sólo puede mantenerse y funcionar merced al mundo materialista del criado y, más profundamente aún, cómo aquél es en el fondo inseparable de éste. Sin Crispín no puede Leandro realizar los valores bellos y nobles de que es portador, pues, dado el mundo en que forzosamente tiene que moverse, esos valores no pasarían del nivel de aspiración, es decir, de la teoría y la abstracción idealista. Pero, a su vez, sólo sirviendo Crispín a Leandro, aunque su servicio se funde en la ironía y en el cinismo, puede Crispín triunfar y ser admitido su sistema de valores. La sociedad estriba en el juego necesario de intereses creados, aun en el reino superior del amor y la belleza, pero exige, con no menor necesidad, la colaboración de las apariencias.

Benavente crea un nuevo y original Retablo de las Maravillas, cuyo Maese Pedro —Crispín— maneja los secretos e invisibles hilos que mueven a cada una de las figuras de su universal retablo. La pareja Leandro-Crispín encarna en la pieza de Benavente una idea arquetípica, con valor de mito[25], que el autor expresa primero por boca de Crispín, pero que desarrolla dramáticamente en el despliegue de la acción y de los caracteres: «Duras necesidades de la vida pueden obligar al más noble caballero a empleos de rufián, como a la

---

[24] *Obras completas,* VI, acto I, escena XVII y escenas de la hostería en acto II.

[25] Ver sobre la doble significación del «mito» Crispín-Leandro, J. P. Borel, *op. cit.,* págs. 71-73.

más noble dama a bajos oficios, y esta mezcla de ruindad y nobleza en un mismo sujeto desluce con el mundo. Habilidad es mostrar separado en dos sujetos lo que suele andar en uno solo. Mi señor y yo, con ser uno mismo, somos cada uno una parte del otro. ¡Si así fuera siempre! Todos llevamos en nosotros un gran señor de altivos pensamientos, capaz de todo lo grande y de todo lo bello... Y a su lado el servidor humilde, el de las ruines obras, el que ha de emplearse en las bajas acciones a que obliga la vida... Todo el arte está en separarlos de tal modo, que cuando caemos en alguna bajeza podamos decir siempre: "no fue mía, no fui yo, fue mi criado". En la mayor miseria de nuestra vida siempre hay algo en nosotros que quiere sentirse superior a nosotros mismos. Nos despreciaríamos demasiado si no creyésemos valer más que nuestra vida...» (*Obras completas*, III, pág. 178, acto I, cuadro II, escena II.)

Esa doble significación de la pareja arquetipo no está, sin embargo, formulada teatralmente con la misma eficacia. Ya Federico de Onís escribía: «El mundo subterráneo de las pasiones egoístas y de las bajas acciones está pintado, no sólo con riqueza, vigor y profundidad, sino con tolerancia y simpatía. En cambio, el mundo ideal representado por los amantes es breve y pobre de matices, es vago, superficial, convencional y sensiblero. Los ojos de Benavente, el satírico, el moralista escéptico y pesimista, han penetrado muy profundamente en el recóndito subsuelo de la sociedad humana y han visto muy claro en él; el mundo ideal, en cambio, no han hecho más que vislumbrarlo, y queda de él en la obra no más que un indicio, un atisbo, el reconocimiento vago de su existencia, lo suficiente, es verdad, para teñir todo lo demás de su luz tenue y dar a la comedia un sentido profundo que sin ello no tendría. Si ambos mundos tuvieran en la obra igual fuerza y plasticidad, se habría acercado Benavente a la calidad estética de Cervantes o, por lo menos, de Fernando de Rojas...» [26].

A pesar de ese desnivel estético en la representación teatral de los dos mundos, *Los intereses creados* es una de las obras maestras del teatro español del siglo XX.

La segunda parte —*La ciudad alegre y confiada*—, estrenada en el mismo teatro Lara en 1916, estreno que por razones extraliterarias valió a Benavente un éxito apoteósico, es una obra discursiva, retórica y carente de unidad y de fuerza y de belleza dramáticas.

Olvidar la función innovadora que el teatro de Benavente tuvo en los últimos años del XIX y primeros del XX al romper definitivamente con una tradición teatral melodramática y declamatoria fundada en la peripecia y el patetismo, dejar de proclamar su origina-

---

[26] *Op. cit.*, pág. 495.

lidad como comediógrafo y su papel de actualizador de la escena española coetánea, que, mediante él, enlaza con las formas teatrales más modernas de la estética realista de su tiempo, sería incurrir en parcialidad y en error de apreciación histórica. Pero no ver también lo que de peso muerto, de repetición y de antiinnovación hubo en la persistencia' de su teatro sería caer en no menor parcialidad, aquélla en que ha venido a dar la mitificación del benaventismo.

II. Carlos Arniches (1866-1943)

Entre 1917 y 1922 Pérez de Ayala, en una serie de artículos[27], rompió con la imagen tradicional de un Arniches dramaturgo menor, autor de «género chico», para proponer una nueva imagen en la que destacaba la originalidad y mayor trascendencia del Arniches creador de un teatro de más quilates, el de la «tragedia grotesca». Años después, en 1933, Pedro Salinas le dedica un artículo en el que sitúa a Arniches en la primera fila de nuestros dramaturgos contemporáneos»[28]. En años recientes, Bergamín, Buero Vallejo y algunos de los jóvenes dramaturgos, como Lauro Olmo o Carlos Muñiz, publican artículos o hacen declaraciones en las que prima la misma cordial voluntad de salvación del teatro de Arniches. Finalmente, con ocasión del primer centenario del nacimiento de nuestro dramaturgo se representan algunas de sus obras —Los caciques, El señor Adrián el primo, Yo quiero...—, se publican varios artículos y, especialmente, dos libros[29]. El entusiasmo o la valoración del teatro de Arniches no alcanza, sin embargo, la alta temperatura a que dará lugar la celebración, en 1966 también, del centenario de Valle-Inclán. A diferencia de éste, cuyo teatro trasciende ampliamente los límites de su tiempo para imponerse como la creación dramática de más

[27] Puede verse en Las máscaras, ed. cit., págs. 321-338 y 498-512.
[28] «Del género chico a la tragedia grotesca: Carlos Arniches». Puede verse en Pedro Salinas, Literatura española. Siglo XX, México, Antigua Librería Robredo, 1949, págs. 129-136.
[29] En el libro de Carlos Arniches, Teatro, Madrid, Taurus, 1967, pueden verse reunidos varios artículos, entre los cuales: José Bergamín, «Reencuentro con Arniches o el teatro de la verdad» (págs. 17-27); José Monleón, «Arniches: la crisis de la Restauración» (págs. 31-51); F. García Pavón, «Arniches, autor casi comprometido» (págs. 52-55); Francisco Nieva, «Fondos y composiciones plásticas en Arniches» (págs. 56-62). En la revista Segismundo, II, 1966, 2, pueden verse Ricardo Senabre, «Creación y deformación en la lengua de Arniches» (págs. 247-277); Manuel Ruiz Lagos, «Sobre Arniches: sus arquetipos y su esencia dramática» (págs. 279-300); Leonardo Romero Tobar, «La obra literaria de Arniches en el siglo XIX» (págs. 301-323). Ver también Manfred Lentzen, Carlos Arniches: Vom «género chico» zur tragedia grotesca, Génève, Droz, 1966, y Vicente Ramos, Vida y teatro de Carlos Arniches, Madrid, Alfaguara, 1966. En ambos libros hay amplia bibliografía.

absoluta originalidad, el teatro de Arniches difícilmente supera su época y su ámbito nacional.

La amplia producción de Arniches comienza en 1888 con *Casa editorial,* escrita en colaboración con Gonzalo Cantó, y termina en 1943 con el estreno póstumo de *Don Verdades.* Entre esas dos fechas estrena más de un centenar de piezas escritas en colaboración y sesenta y tres solo. Algunos de sus colaboradores durante esos cincuenta y cinco años son, por orden de frecuencia [30], García Álvarez, Celso Lucio, Gonzalo Cantó, Abati, Estremera, Paso, López Silva, Fernández Shaw, todos ellos autores del «género chico», cuya decadencia se inicia en los últimos años de la primera década del siglo XX. Aunque hasta el final de su vida mantuvo Arniches la costumbre de escribir en colaboración —costumbre juzgada nefasta, y con razón, por Díez-Canedo [31], y sólo explicable por la misma naturaleza del género cultivado—, ésta disminuye notablemente a partir de 1916, año de la creación de *La señorita de Trévelez,* obra maestra de Arniches, y justamente en vísperas de la creación de la primera de las piezas a las que tituló «tragedia grotesca» —*¡Qué viene mi marido!* (1918)—, aunque ya lo fuera, sin llamarse expresamente tragedia grotesca, la anterior. Frente a las setenta y siete piezas escritas en colaboración entre 1888 y 1916 y las veintidós originales, de las cuales quince en un solo acto, hablan por sí solas las veintidós escritas en colaboración entre 1916 y 1943 y, para el mismo período, las treinta y ocho originales, de las cuales muy pocas son en un acto, sin tener en cuenta los «sainetes rápidos» de *Del Madrid castizo* (1917).

1. Arniches y el «género chico»

«Con la revolución de 1868 —escribe Deleito y Piñuela— nació en nuestro teatro el famoso "género chico", dominante en los últimos treinta años del siglo anterior y muerto hacia 1910 a manos de su hijo heredero y sucesor, el "género ínfimo"» [32]. Nacido con las limitaciones estructurales propias del "teatro por horas", con sus tipos fijos de comicidad, el "género chico" supuso —según ya dijimos en nuestro anterior libro— dentro del último cuarto del siglo XIX una especie de cura del lenguaje teatral y una desintoxicación de la mala

---

[30] Ver Apéndice de E. M. del Portillo a su edición del *Teatro completo de Arniches,* Madrid, 1948, IV, pág. 1102.

[31] Ver Díez-Canedo, *op. cit.,* I, pág. 35, y II, págs. 207-241.

[32] *Origen y apogeo del género chico,* Madrid, Revista de Occidente, 1949, página 1.

retórica, pero también una limitación de la realidad y de los medios expresivos dramáticos.

«En el "género chico" —escribe Antonio Valencia— se advierte la sensación de una España satisfecha consigo misma..., satisfacción que alcanzaba igualmente a la vida y a la historia... Las regiones españolas proveían de una estampa optimista con unas virtudes reales o estereotipadas y de unos tipos que iban desde el aragonés hasta el gitano andaluz. Pero en lo que el "género chico" excedió fue en mostrar una visión sainetesca del pueblo madrileño, en que no se sabe si la naturaleza imitaba al arte y la realidad a lo teatral. A esta mezcla venía a superponerse un halo de patriotismo satisfecho...» [33].

En la década del 90 —la década «ominosa», la década del «desastre»—, en la que Arniches estrenará treinta piezas en colaboración y cinco suyas, entre ellas, *El santo de la Isidra* (1898), «once salas de Madrid estaban dedicadas exclusivamente al "teatro por horas"...: Apolo, la Zarzuela, Eslava, Novedades, Moderno, Cómico, Recoletos, Felipe, Romea, Maravillas y Eldorado, sobre cuyos escenarios se estrenaron en aquel tiempo... más de mil quinientas obras» [34].

Arniches comienza su carrera de autor dramático instalándose —instalación en la que persistirá durante no pocos años— en el triunfante «género chico», o, para decirlo con palabras de Pedro Salinas, «el *género chico* es la forma que modela y caracteriza su personalidad literaria al iniciarse ésta y durante muchos años de su desarrollo. Entonces Arniches era el benjamín de los autores del *género chico* en competencia con un Uceño o un Ricardo de la Vega. Es el momento de sus obras en un acto, acompañadas todas de trozos musicales de las zarzuelas y los sainetes líricos...» [35]. No está de más recordar, para no caer en una exagerada e idealizante valoración del popularismo de Arniches y del *género chico* en general, este texto de Torrente Ballester: «El sainete del siglo xix había cultivado el *hecho diferencial:* se nutría de la vida popular, no en lo que ésta tenía de común y semejante en toda España, sino en lo que tenía de diferente. Así, el sainete era un género regionalista, casi un género folklórico. Y en el conjunto de las regiones favorecidas, la vida del pueblo madrileño se había incorporado al sainete en su pintoresquismo. Apurando un poco, me atrevería a asegurar que dentro del cuadro general de la vida madrileña existían también *hechos diferenciales,* y que el sainete los cultivaba» [36]. Desde *El santo de la*

---

[33] *El género chico (Antología de textos completos)*, Madrid, Taurus, 1962, páginas 15-16.
[34] Vicente Ramos, *op. cit.*, págs. 90-91.
[35] Salinas, *op. cit.*, pág. 134.
[36] *Teatro español contemporáneo*, cit., pág. 34.

Isidra y *La fiesta de San Antón,* ambos del mismo año 1898, Arniches se especializará en el sainete de costumbres madrileñas, sin que el mundo levantino —*Doloretes* (1901) o *La Divisa* (1902)— y andaluz —*Gazpacho andaluz* (1902)—, feudo de los Quintero, pasen de ser excepciones a la regla.

En *El santo de la Isidra* están ya presentes los elementos fundamentales que caracterizan tanto la forma como el contenido del sainete madrileño arnichesco, elementos que recibe de la tradición del género y que él somete a un proceso de estilización. El núcleo del conflicto dramático lo forma un triángulo de fuerzas, encarnadas en tres personajes típicos: Epifanio, chulo y bravucón, pero cobarde en el fondo, y al que todos temen; Venancio, el mozo humilde, bueno y trabajador, de naturaleza tímida y pacífica, pero que, movido por el amor, sabrá dar una lección al chulillo. Entre ambos, Isidra, moza adornada de todas las cualidades positivas, que, cegada una vez por la labia del mozo malo, será ganada por el mozo bueno. Al lado de cada uno de los personajes extremos acostumbrará colocar Arniches sendos acompañantes, teniendo especial importancia en la marcha y resolución del conflicto la figura de un protector, generalmente más viejo y experimentado —el señor Eulogio—, caracterizado por su ingenio, su socarronería, su sentido de la justicia y su nobleza moral. Este esquema, propio del sainete madrileño, reaparecerá también, con ligeras variantes y con más amplio tratamiento, pero sin variar en el fondo, en buen número de piezas largas de Arniches, y esto desde fecha tan temprana como 1899, año en que estrena su primera obra larga —*La cara de Dios*—, en donde están presentes el galán malo (Eleuterio), el galán bueno (Ramón), que aquí está ya casado con la protagonista, y el protector (tío Doroteo). El desenlace es siempre el mismo: la derrota o el ridículo del chulo, cuya máxima encarnación teatral será Serafín el Pinturero de *El amigo Melquiades* (1914), y el triunfo del galán honrado y bueno.

La acción principal aparece interrumpida y adornada al mismo tiempo por escenas estáticas de carácter costumbrista, cuyo origen teatral hay que buscarlo, como ha demostrado Leonardo Romero Tobar *(op. cit.,* pág. 312), en las *revistas* escénicas del *género chico* de fines del XIX, en las cuales, según el citado crítico, «el tema queda diluido en una serie de "instantáneas" escénicas a las que prestan una débil unidad la presencia de unos personajes que hacen las veces de introductores de los cuadros arrevistados. Cada secuencia parcial de las revistas suele referirse a los temas costumbristas o políticos en un sentido amplio» (pág. 307).

El elemento de capital importancia en el sainete y en el teatro entero de Arniches es el lenguaje, cuya riqueza y fuerza teatral, en tanto que matriz dinámica de comicidad, no ha dejado de señalar ningún crítico, incluso aquéllos que más han puesto de relieve los defectos dramáticos del dramaturgo Arniches. El mejor estudio sobre el lenguaje teatral de Arniches, en tanto que creador de un lenguaje que ha venido a convertirse en arquetipo del lenguaje típico madrileño popular, es, sin duda, el ya citado (ver nota 2) de Ricardo Senabre [37]. Según Senabre el aspecto más importante y de radical originalidad del lenguaje arnichesco, superior a sus creaciones léxicas, es el que llama «dislocación expresiva», procedimiento que consiste —citamos— «en la deformación intencionada de vocablos y expresiones con fines humorísticos» (op. cit., pág. 266). Ante la imposibilidad de citar aquí las distintas formas de dislocación utilizadas por Arniches, remitimos al lector al imprescindible estudio de Senabre. Al enfrentarse con la «deformación de préstamos y adopciones lingüísticas», escribe Senabre esto, que sí nos interesa citar aquí: «De los aspectos de la lengua de Arniches que aún nos quedan por comentar, éste es tal vez el más revelador porque evidencia de manera indiscutible un dato que reiteradamente venimos comprobando: el convencionalismo. Entiéndase este "convencionalismo" en su mejor sentido. Se trata de hacer hablar a los personajes *como si* fueran gentes populares, pero para ello se requiere subentender previamente un determinado módulo de popularismo muy lejano de la realidad. El sainetero casticista y mimético transcribe la jerga que oye con muy pocos retoques. El caso de Arniches es rigurosamente inverso: él mismo se crea su propio sistema jergal y, para no desconectarlo de lo verosímil, le añade giros, vocablos o expresiones efectivamente populares. La sempiterna acusación de que los tipos madrileños no hablan como los de Arniches, salvo en muy contados momentos, se convierte así, por consiguiente, en un involuntario elogio del escritor» (op. cit., página 269).

La instalación de Arniches en el *género chico,* a que antes aludíamos, no es, sin embargo, puramente mimética, sino creadora, pues, como ya señaló Pérez de Ayala, lo dotó de una mayor cohesión dramática al introducir en el sainete «un rudimento de caracteres» y al conceder «a los afectos una función activa sobre la marcha de la obra, de donde nació necesariamente un conflicto dramático, aunque en pequeño; una acción patética, amalgamada con la acción cómica» (op. cit., pág. 505).

Precisamente por lo que tenían de acción dramática, en pequeño, en donde lo patético y lo cómico poseían idéntica carta de ciudadanía, es en ellos donde apuntan ya algunos de los caracteres del teatro extenso de Arniches, juzgados sistemáticamente como negati-

---

[37] Ver también Manfred Lentzen, *op. cit.,* cap. 8, enteramente dedicado al estudio del lenguaje arnichesco.

vos por la crítica coetánea y posterior: esquematismo psicológico, tendencia a la visión sentimental y melodramática de la realidad, con apelación a la bondad insobornable del ser humano como recurso que soluciona los conflictos planteados, intención adoctrinadora expresada en el pequeño discurso de fin de acto por uno de los personajes, tendencia a la idealización populista que embota y disuelve cualquier aspecto problemático de la realidad, búsqueda del chiste, del retruécano, del juego de palabras, aunque ello suponga detención o ruptura de la acción dramática tanto a nivel de la situación como del personaje, y, finalmente, primacía del argumento lineal, creación de papeles a la medida de algunos actores y construcción del conflicto desde afuera [38].

Entre los mejores sainetes de Arniches están, sin duda, *Las estrellas* (1904), *La flor del barrio* (1919) y *Los milagros del jornal* (1924). Refiriéndose recientemente José Monleón a los Sainetes Rápidos reunidos por Arniches en *Del Madrid castizo,* a. los que el crítico pone en relación con *La flor del barrio* y *Los milagros del jornal,* escribía: «Marcan, en cierta medida, la crisis del populismo cómico y simpático del autor, probablemente porque toma clara conciencia de las miserias de nuestro Madrid castizo (...). Es evidente la distancia que existe entre ese Madrid popular, casi barojiano, y la estampa festiva y botijera de un día de San Isidro. O entre la picaresca de estos medios materialmente miserables y la gracia y el melodramatismo de los chulos de barrio del Avapiés. Arniches en esta ocasión no sólo no endominga a sus personajes, sino que ataca su resignada pasividad, su fatalismo guasón, que les impide mejorar su nivel de clase y contribuir al progreso general. La "gracia popular", el chiste como síntesis, son, según sospecha Arniches, aun sin conocer el término, una alienación» *(op. cit.,* pág. 49). Aunque ello pueda ser cierto, no lo es menos que la base de la actitud crítica arnichesca pertenece mucho más a la esfera de la moral individual que a la de la moral social. La solución de los problemas y males de España, ¿puede ser sólo la del trabajo y el silencio, como propone en *Los culpables?* ¿O la del trabajo y el ahorro, como en *El premio de Nicanor?* ¿O que el problema de los pobres se soluciona haciendo que los que dan no den, como en *Los pobres?* Ciertamente, como con razón propone Monleón, no hay que desgajar al autor ni de su época ni de las limitaciones del género. Precisamente por ello, podemos afirmar que Arniches, a diferencia de los sainetistas coetáneos, da en estos sainetes lo que podríamos llamar un testimonio reflejo. «Todo en él —escribía Arniches en el prólogo de *Del Ma-*

---

[38] Ver José Monleón, *Teatro,* Taurus, págs. 37-42.

drid castizo— debe ser como el medio social que refleja: pobre, sencillo, oscuro» *(Obras completas,* pág. 1009).

2. La tragicomedia grotesca

Suele señalarse una relación, si no de causa a efecto, sí de estrecha dependencia, entre la decadencia del «género chico» y su desintegración interna hacia 1910 y el nacimiento de las nuevas formas teatrales extensas de Arniches, que culminarán en la creación de la tragicomedia grotesca. Salinas escribía en 1933: «...el "género chico" languidece ya hacia 1910. Todo, fatiga del público, agotamiento de los recursos, novedad de las condiciones sociales, lo condena a la desaparición. Y entonces Arniches desarrolla una potencialidad de dramaturgo que hasta entonces se había constreñido a esas formas menores y ahora adopta formas nuevas —el sainete extenso y la farsa grotesca— que logran un doble efecto: atraer sobre su autor una consideración más atenta y valorativa derivada de las virtudes literarias, mucho más densas, de estas obras largas, y, subsidiariamente, hacer beneficiar a todo el período *género chico* de Arniches de una consideración y aprecio que salvan su labor de una especie de vasto olvido, de esa caída en el anónimo que ha sufrido casi todo el resto de zarzuelas y sainetes. No hay en la segunda etapa artística de Arniches mayores dotes de observación, mayor destreza dramática ni fuerza expresiva que en la primera. Lo que sin duda le eleva sobre ella es una concepción de lo dramático más amplia y profunda y un sentido de la construcción más completo y delicado» *(op. cit.,* pág. 134). Otros críticos, al dar cuenta de esta nueva etapa del teatro de Arniches, que siguen relacionando con la crisis del *género chico,* han explicado el nacimiento de la tragedia grotesca como resultado de un proceso a la vez externo —salvarse del naufragio del *género chico*— e interno —desarrollo de elementos ya preexistentes—. Luis Calvo piensa que Arniches «tuvo que valerse de la caricatura para no dar en el melodrama. De ahí sale la tragedia grotesca» [39]. González Ruiz, en cambio, opina que «acaso fue un sentido de depuración del melodrama el que lo llevó hasta la tragedia grotesca» [40]. Fernández Almagro, refiriéndose a la génesis y significación de lo grotesco en el teatro arnichesco, fue el primero en relacionar con ciertas tendencias del teatro europeo coetáneo el teatro grotesco de Arniches que, según él, llevaba: «a la creación por la

[39] «Arniches», *A B C,* 16 abril 1946. Cit. por Vicente Ramos, *op. cit.,* pág. 158.
[40] «El teatro de humor del siglo xx hasta Jardiel Poncela», en el libro colectivo *El teatro de humor en España,* Madrid, Editora Nacional, 1966, pág. 36.

arbitrariedad, a la emoción por la pista extraña de un burla-burlando de gran linaje: camino magnífico por el que rusos e italianos han traído y llevado lo grotesco, como signo de un moderno concepto del mundo y de la vida. No es una vaga y sencilla relación de tema la que nos lleva a pensar, por ejemplo, en Andreiev y su *Hombre que aguanta las bofetadas,* esa sorprendente tragedia grotesca de Arniches, *Es mi hombre,* que no es la única de su autor, gracias a la cual se establece un contacto insospechable entre nuestro teatro y determinadas direcciones de la literatura dramática extranjera» [41]. Recientemente, Vicente Ramos ha ampliado las referencias de la tragedia grotesca a la estética teatral europea de hacia 1918 *(op. cit., páginas 160-161)* y José Monleón ha destacado la semejanza entre lo grotesco de Arniches y el humor pirandelliano, estribados ambos en «el sentimiento de lo contrario» *(op. cit., pág. 46).*

El primero en destacar, según dijimos, la originalidad y la importancia de la «tragedia grotesca» fue Pérez de Ayala, quien, contradiciendo los juicios críticos surgidos en torno a *¡Que viene mi marido!,* primera apellidada tragedia grotesca, que la consideraban como «astracanada lúgubre» o «farsa macabra sin verosimilitud», escribió de ella: «Una tragedia grotesca será una tragedia desarrollada al revés (...). En la tragedia, la fatalidad conduce ineluctablemente al héroe trágico a la muerte, a pesar de cuantos esfuerzos se realicen por impedir el desenlace funesto... Por el contrario, el héroe de la tragedia grotesca no hay manera de que se muera ni manera de matarlo, a pesar de cuantos esfuerzos se realicen por acarrear el desenlace funesto» *(op. cit., págs. 334-335).* Como esta definición sólo servía, en rigor, para *una,* pero no para *la* tragedia grotesca, Pérez de Ayala, al analizar *Es mi hombre* (1921), centró su definición en el héroe de esta nueva tragedia grotesca: «Los sentimientos elementales humanos son los mismos en un personaje de tragedia que en un personaje de comedia; en lo tocante a lo elemental humano, a la dignidad humana, no hay clases sociales, el toque está en penetrar en la dignidad humana de los personajes vulgares, sin por eso emanciparlos de su vulgaridad efectiva; entonces el personaje es grotesco y es trágico de consuno, que no alternativamente» *(op. cit., págs. 511-512).* Pero sospechamos que esta nueva precisión no sirva para las otras tragedias grotescas de Arniches y sí, en cambio, sin forzar los términos, a algunas de sus farsas cómicas y sus tragicomedias. Más en lo cierto nos parece estar Salinas, cuando, englobando juntas las farsas, tragicomedias y tragedias grotescas, afirmaba ser el «juego de comicidad externa y gravedad profunda... lo que

<hr />

[41] Prólogo al t. IV de *Teatro escogido,* de Arniches, Madrid, Edit. Estampa, 1932. La cita en Díez-Canedo, *op. cit.,* I, págs. 36-37.

constituye la esencia misma de esta segunda etapa del arte de Arniches» *(op. cit., pág. 135).* Los elementos de la comicidad externa procedían, por estilización, del género chico, con el que no se produce una ruptura, sino una alteración de proporciones y de dosificación, por lo cual la etapa del teatro tragicómico arnichesco sigue arrastrando consigo —como acertadamente observaba Díez-Canedo— «viejos materiales del teatro menor... Los más importantes son la arbitrariedad en lo cómico y una tendencia moralizadora, capaz de convertirse en prédica» *(op. cit., pág. 37).*

No deja de ser curioso que al enfocar Bergamín en 1963 el teatro grotesco de Arniches con estas palabras: «El teatro grotesco de Arniches radica su autencidad, su verdad dramática, en esa máscara que, paradójicamente, desenmascara lo humano al transparentarlo, porque lo profundiza y amplía para los ojos y los oídos: para su entendimiento» *(op. cit., págs. 22-23)* coincide, en parte, con el análisis de Kayser en su libro *Lo grotesco,* en el que al estudiar *La maschera e il volto* (1916) de Chiarelli escribe: «se trata del contraste entre la apariencia social de un hombre (su máscara) y su yo "propiamente dicho" (su rostro)» [42].

Fundamental en la tragicomedia grotesca —término empleado por Monleón que adoptamos por parecernos más real y menos restrictivo que el de tragedia grotesca, pues incluye, entre otras, obras como *La señorita de Trévelez* (1916), *Los caciques* (1920) o *El señor Badanas* (1930)— es la simultaneidad de lo cómico y lo trágico, el sentimiento de lo contrario, la superación de lo patético melodramático por lo risible caricaturesco, el juego de comicidad externa y gravedad profunda, el contraste entre la apariencia social o física y el ser íntimo y profundo, es decir, entre la máscara y el rostro, la estilización grotesca y la simbiosis de dignidad humana, como valor esencial y sustantivo de la persona, y vulgaridad o ridículo de la figura teatral y su conducta externa. A todos estos elementos, puestos de relieve por los críticos que venimos citando, hay que añadir la unidad intencional que hallamos en la raíz de la tragicomedia arnichesca, cuyo origen se encuentra en la voluntad de crítica de su autor. Aunque, indebidamente y sin suficiente rigor, a nuestro juicio, se hayan hecho aproximaciones entre el esperpento valle-inclanesco y la tragicomedia grotesca de Arniches, sin tener en cuenta el superior nivel estético y la mayor trascendencia de sentido de aquél,

---

[42] Wolfgang Kayser, *Lo grotesco. Su configuración en pintura y literatura,* Buenos Aires, Nova, 1964, pág. 162. La primera edición en alemán es de 1957. Como suele ser frecuente, por desgracia, en estudios de conjunto sobre fenómenos literarios europeos u occidentales, la aportación española es ignorada, lo cual no deja de ser, por su carácter sistemático, irritante e injusto, sobre todo habida cuenta de la pretensión global de tales estudios.

nos parece indudable, con Monleón, que «son, a muy distintas escalas, la expresión de un común sentimiento ante las deformidades de la vida española» (*op. cit.,* pág. 45). Desde el punto de vista exclusivamente teatral, sin considerar ahora el desnivel de sus respectivos significados, el esperpento, como veremos en el capítulo correspondiente, supone una ruptura con las bases de la dramaturgia decimonónica occidental —y no sólo española— que de ningún modo se da en el teatro grotesco arnichesco.

Éste se desarrolla siguiendo, en cuanto a calidad se refiere, no una curva ascendente, sino una línea quebrada, caracterizada por sus altibajos —obras estimables seguidas por lamentables retrocesos y caídas —entre 1915, fecha del estreno de la farsa cómica *La casa de Quirós* (obra de poco valor, en donde lo melodramático y la sátira gruesa del ucrónico ideal aristocrático absorben, hasta invadirlos, los elementos grotescos), y 1931, año del estreno de *La diosa ríe,* a partir de la cual Arniches repetirá con mínimas variaciones y de modo mecánico los mismos esquemas sentimentales y melodramáticos, de origen sainetesco, que habían dado origen en esos quince años a piezas como *La chica del gato* (1921), *El último mono* (1926) o *El solar de Mediacapa* (1928). Obras típicas de esa última etapa posterior a 1921 son, por ejemplo, melodramas como *Yo quiero* (1936) o comedias como *El padre Pitillo* (1931) y *El tío Miserias* (1940). En el período 1915-1931 destacan como las mejores y más representativas de sus tragicomedias grotescas *La señorita de Trévelez* (1916), su obra maestra; *¡Que viene mi marido!* (1918), *Los caciques* (1920), *Las heroica villa* (1921) y *Es mi hombre* (1921), y, a nivel inferior, *La locura de Don Juan* (1923), *El señor Badanas* (1930) y *La diosa ríe* (1931).

Todas las piezas grotescas de este período pueden englobarse en dos grupos. Uno en el que lo fundamental es el desarrollo teatral de la situación grotesca que origina la acción mediante el juego de unos caracteres definidos dramáticamente por la contradicción entre su apariencia física o social y su verdadero ser individual, como sucede, por ejemplo, en *Es mi hombre* o en *¡Que viene mi marido!* Otro en que lo grotesco se da menos en la situación que en el despliegue de unos caracteres con valor de tipo que definen un ambiente —moral, social o político— por medio del cual se denuncia una realidad nacional deforme y defectuosa, lacerada por la ignorancia, el inmovilismo, la hipocresía, la falta de auténtica moral, la crueldad y el marasmo y vacío espirituales, y frente a la cual, encarnada en el señoritismo ocioso, el caciquismo cerril y las nefastas juntas de mujeres, opone la moral sana y renovadora de otros tipos de conducta, encarnados en personajes en donde resplandecen las virtudes del trabajo, la honradez y la tolerancia ilustrada, virtudes fundamentalmente morales, cuyo lema último podría ser el del protagonista de *El señor Adrián el primo* (1927): «Hay que ser bueno hasta la muerte pa que la muerte no se nos lleve del todo» *(Obras completas,* III, pág. 628). A este grupo de indudables conexiones ideológicas con el regeneracionismo, y no sin algún punto de contacto con el 98, pertenecen piezas como *Los caciques* y *La heroica villa,* reactualizadas hoy, mediante la incorporación de algunos de sus elementos, en el teatro de jóvenes dramaturgos españoles como Carlos Muñiz o José Martín Recuerda, estudiados en la tercera parte del libro.

En *La señorita de Trévelez,* anterior a los dos grupos citados, Arniches había presentado integrados en una sola pieza esos caracteres dramáticos y sociales que luego disociará en los dos tipos reseñados de sus tragicomedias grotescas, síntesis que reaparecerá en una obra de inferior calidad: *El señor Badanas.*

Lo que da a *La señorita de Trévelez* superior categoría dramática no es sólo la síntesis de lo tragicómico grotesco y lo crítico-social, sino, como acertadamente expresó José Monleón, el hecho de valor específicamente dramático, quiero decir, con valor estructural, de que «lo grotesco se adscribe a las situaciones que son, en sí mismas y a un tiempo, trágicas y cómicas» *(op. cit.,* pág. 45).

Vista la tragicomedia grotesca de Arniches desde la perspectiva que ofrecen estos últimos treinta años de teatro español europeo, y sin desconectarla de los presupuestos del teatro de signo realista de su tiempo, conlleva aquélla, en cuanto forma dramática, una interna dimensión de ruptura con la «alta comedia» coetánea, como muy bien ha visto Manuel Ruiz Lagos al formular lo que en ella hay de *antialta comedia* (*Segismundo,* núm. cit., pág. 282), y, por tanto, el germen de una nueva vía de acceso a la representación dramática de la realidad. El teatro de Arniches, considerado globalmente, significa un principio de separación de la fórmula dramática estrictamente realista o costumbrista de Benavente, los Quintero o de epígonos como Martínez Sierra o Linares Rivas, a la vez que el principio de una vía nueva superada después, pero asimilada primero, por dramaturgos distantes y distintos como Jardiel Poncela, Miguel Mihura o, en otro nivel de significación, por los jóvenes autores del teatro de protesta y denuncia actual. No deja de ser sintomático el que uno de estos últimos —Lauro Olmo— escriba: «Una de las figuras no ya más importantes, sino clave de nuestro teatro último, es don Carlos Arniches» [43].

---

[43] Carlos Arniches, *Teatro,* cit., pág. 65.

III. Los hermanos Álvarez Quintero: Serafín (1871-1938)
y Joaquín (1873-1944)

Desde 1888, fecha del estreno del «juguete cómico en un acto» *Esgrima y Amor,* primera pieza de los hermanos Quintero, hasta 1938 en que muere Serafín, es decir, durante medio siglo, estrenan nuestros autores más de doscientas piezas teatrales repartidas entre juguetes, entremeses, sainetes con música o sin música, zarzuelas cómicas, apropósitos, pasos de comedia, pasillos, poemas dramáticos, comedias en un acto, en dos, en tres y hasta en cuatro actos, y —aunque con poca frecuencia— dramas. *Malvaloca* (1912), por ejemplo. Tan vasta producción —piénsese que la fecundidad fue fenómeno normal de otros dramaturgos coetáneos de primera o muy segunda fila— sólo puede ser entendida desde una concepción del teatro como producto de consumo, construido según recetas y fórmulas con mínimas variaciones internas, tanto temáticas como formales, reflejo, naturalmente, de una sensibilidad y unos gustos públicos dotados de una notable resistencia al cambio, gusto y sensibilidad forzosamente mayoritarios y en contradicción con la dinámica de unas minorías cuyas inquietudes y trabajos no llegaron a destruir los cimientos de una tan curiosa y extraordinaria fijación de la sensibilidad colectiva en unos patrones estéticos, mentales y morales —con todo lo que esto supone como fenómeno histórico-sociológico—, al parecer, inamovibles. Esta enorme producción supone además un censo elevadísimo de personajes, de gestos y actitudes, de hechos y palabras, con el que toda cautela es poca, pues se está siempre en peligro de simplificar excesivamente, dejando fuera multitud de aspectos, o de atomizar con no menor exceso, si se pretende dar cuenta cabal de tan superpoblado mundo escénico.

Los supuestos básicos de este teatro son los de un realismo naturalista ingenuo, cuya pretensión es reflejar amablemente la vida, sin que medie interpretación alguna, descartando de antemano toda situación conflictiva, operando una reducción de su objeto, de modo que de éste —la «vida»— sólo sean considerados como materia dramática sus aspectos má superficiales e inmediatos, aquellos que pueden ser tipificados en un repertorio de situaciones elementales de la conducta humana, de rasgos psicológicos y morales generales, mediante el auxilio de un lenguaje tipificado también y de unos patrones sentimentales que sirvan para enredar y desenredar una acción, por otra parte, nada complicada, antes bien, parca en lances y peripecias, y construir un diálogo que busca la gracia y las sales.

49

4

He aquí, por ejemplo, lo que los hermanos Quintero escriben acerca de su comedia *El patio:* «...cuanto más naturales sean las cosas que pasen en las comedias, tanto más se parecerán las comedias a la vida, que es de lo que se trata. El interés subsistirá, por sencilla que sea la acción que se forje, siempre que haya un poco de arte en la composición». Y en la misma carta, al hacer la distinción entre sainete y comedia, dicen: «El sainete, en mi concepto, ha de constar de un *solo acto* y ha de ser *genuinamente popular,* respondiendo así a su tradición y a su historia completa... Ya sé que ahora, por circunstancias que no son del caso, tiende tan castizo género a ensanchar su campo de acción, pero siempre conservando como requisitos peculiares la pintura de costumbres del pueblo y las dimensiones de un solo acto (...). Pues bien: si el sainete debe estar y está encerrado en esos límites, ¿cómo ha de llamarse una obra cómica en dos actos, donde se pintan costumbres de una clase que no es el pueblo, y la cual está *sujeta desde un principio a una acción,* por vulgar, insignificante y baladí que ésta sea? Yo creo que no tiene más nombre que el de *comedia.* A lo sumo, podrá llamársela *comedia de costumbres*»[44]. Las diferencias fundamentales para los Quintero entre sainete y comedia consisten, pues, en la extensión, pero, sobre todo, en que el primero pinta tipos y costumbres populares, y la segunda tipos y costumbres no populares. En ambos casos, sin embargo, los procedimientos son los mismos: reflejar con «naturalidad» la vida, entendida ésta como un conjunto orgánico de tipos y costumbres. Y aunque no en todas las comedias ni en todos los sainetes aparezcan los tipos y las costumbres andaluzas, con su lenguaje regional correspondiente, será el ambiente andaluz el predominante. De ahí que la obra de los Quintero quede adscrita al costumbrismo andaluz.

En 1916, en una serie de artículos dedicados por Pérez de Ayala al teatro de los Quintero[45], ya hacía éste la crítica del concepto de lo natural o, más exactamente, de la «fórmula naturalista de la observación y la imitación», de moda entonces, y llegaba a una serie de precisiones sobre el teatro quinteriano que conservan toda su vigencia. Señalaba Pérez de Ayala lo siguiente, que nos complacemos en reproducir: 1) «La preponderancia del ambiente, su excesiva gravitación, empequeñece a los personajes, los hace degenerar en entes pasivos, los sujeta a la condición de tipos, ligeramente diferenciados entre sí por accidentes pintorescos (...). Todos piensan y

---

[44] Ver *Obras completas,* Madrid, Espasa-Calpe, I, 1954, págs. 438 y 439. Otros textos en que los Quintero exponen el concepto de su propio teatro, en «Autocríticas», *Obras completas,* VII, págs. 9235-9306.

[45] *Los hermanos Quintero,* incluido en el libro III de *Las máscaras, Obras completas,* III, págs. 622-649.

sienten y aun hablan por manera idéntica. Oyendo a uno se les oye a todos, si no fuera por el accidente casual que es el estribillo, bordoncillo o exclamación de que cada cual se sirve (...). Los personajes innúmeros que pululan en la obra quinteriana —personajes vivientes, que no desangradas y pálidas ficciones de una imaginación estéril— son criaturas en quienes el acervo espiritual de *afectos, sentimientos e ideas* jamás rebasa el nivel de lo común y acostumbrado, antes, por el contrario, está en todas ellas metido y allanado por el mismo rasero y en todas ellas se nos parece como fruto uniforme y consecuencia indefectible del ambiente o contorno en que se mueven, así del ambiente local, familiar e íntimo *(afectos),* como del más vasto ambiente nacional e histórico *(ideas y sentimientos)*» (páginas 642 y 644). 2) «...en el teatro quinteriano hay buena y variada copia de pintorescos tipos, acaso algún temperamento, pero no caracteres» (pág. 644). 3) «En el teatro de los Quintero se encuentran "contrariedades, pero no conflictos"» (pág. 646).

Visión sentimental de la realidad humana, acriticismo, visión pintoresca, atención al detalle típico y al hecho diferencial, evasión de lo conflictivo, moral optimista y superficial que deshecha cuanto no es amable o simpático, voluntaria ceguera a cualquier tensión de carácter social, «cliché» costumbrista color de rosa, son rasgos continuamente predicados del teatro quinteriano. Frente a estos elementos, juzgados negativos en la dramaturgia quinteriana, se predican con igual constancia otros valorados positivamente, que pueden reducirse a dos fundamentales: gracia y gracejo del diálogo y de las situaciones y maestría técnica en la construcción de la pieza teatral. Así, por ejemplo, escribe Torrente Ballester: «Los hermanos Álvarez Quintero... son los más consumados constructores de comedias de nuestro teatro moderno. Hay actos que son verdaderamente prodigiosos de movimiento, hay comedias enteras que fluyen suaves y vivas, sin nada forzado, sin una entrada convencional, sin una palabra de más. Poseían el sentido de la acción y del diálogo, aunque no hubiera acción y el diálogo fuera puro espejismo... tuvieron más oficio que nadie; muchas veces su teatro no es más que eso, oficio» [46].

Surgido su teatro del sainete finisecular, como el de Arniches, acertaron los Quintero a renovarlo interiormente, insuflándole nueva savia, purificando, temática y estilísticamente, el género chico de su sal gruesa y mostrenca, del retruécano fácil y del chiste grosero, y sustituyendo en él progresivamente la mecánica de la comicidad grotesca a la que tendía y el estereotipo popularista, cuando no populachero, por el limpio cuadro de costumbres andaluzas, en donde buscaban menos la risa a todo trance que la emoción, aunque ésta fuera

---

[46] Torrente Ballester, *op. cit.,* págs. 150-151.

de no muchos quilates y rara vez pura de sentimentalidad. Y siguiendo la tónica impuesta por la dramaturgia benaventina elevaron el nivel literario del diálogo, que desplazó a muy segundo término la primacía del argumento enrevesado y de la intriga melodramática. Ese proceso de depuración interna del género y de desplazamiento de la mecánica teatral por la pintura de costumbres, que se anuncia desde los primeros juguetes cómicos de ambiente madrileño —*Esgrima y amor, Belén, 12, principal,* ambos de 1888, *Gilito* (1889), *La media naranja* (1894)— cuajará ya en la típica fórmula costumbrista quinteriana en fecha tan temprana como 1897, año que estrenan las dos primeras piezas de ambiente andaluz, *El ojito derecho* y *La reja.* Es, justamente, lo que saludó Clarín con estas palabras: «Traen (los Quintero) una nota nueva, rica, original, fresca, espontánea, graciosa y sencilla muy española; de un realismo poético y sin mezcla de afectación ni de atrevimiento inmorales. Tanto valen que vencen al público por el camino más peligroso, huyendo de servirle el mal gusto adquirido; dejando el torpe interés del argumento folletinesco o melodramático por el que despierta la viva pintura de la vida ordinaria en sus rasgos y momentos expresivos y sugestivos.»

Con *El traje de luces* (1898) —sainete en tres cuadros— y, sobre todo, con *El patio* (1900) —comedia en dos actos—, la Andalucía quinteriana está ya cabal de todos sus ingredientes para repetirse con variantes, pero sin que nada sustantivo cambie, a lo largo de la fecunda carrera de los dos hermanos: aburrimiento y amoríos, soltería y murmuración, elogio de la alegría y astucia de las mujeres, bondad y celestineo, y triunfo final de la felicidad o dosificación de la pena en los casos excepcionales. En todo caso, cuanto puede ensombrecer demasiado la pintura de un pueblo que ríe y canta quedará soterrado o embotada su punta y sus filos. Valgan, de entre las muchas obras representativas de esa Andalucía rosa, estos títulos: *Las flores* (1901), *El amor que pasa* (1904), versión sentimental de la Andalucía de mujeres solas [47], *El genio alegre* (1906), apología de la alegría y su identificación con el bien, *Puebla de las mujeres* (1912), *Canciones* (1924), *Mariquilla Terremoto* (1930), *Solera* (1932)... Refiriéndose a esa Andalucía, a la que González Climent dedicó un libro apologético [48], escribe José Monleón: «La Andalucía de los Quintero, al margen de cualquier virtud de los populares escritores, ha triunfado y se ha impuesto en la medida en que ha sido la imagen más plácida y confortable de España. Sol, alegría, euforia... y unas relaciones patriarcales entre amos y criados, eran en tiempos

---

[47] Ver las páginas que a esta obra dedica Torrente Ballester, *op. cit.,* páginas 140-155.
[48] Anselmo González Climent, *Andalucía y los Quintero,* Madrid, Escelicer, 1956.

de anarquismo y de hambre, de gitanos y guardias civiles, de grandes terratenientes y duro jornal, un opio impagable. Junto a las noticias reales sobre la banda de la "Mano Negra", la Andalucía clara y feliz de tantas obritas era un valioso antibiótico. Esto explica su éxito. Su llegada al cine. Su papel decisivo en la configuración de la "españolada". Su gravitación optimista sobre nuestra realidad. (...) El "cliché" andaluz, en definitiva, ha operado de un modo casi milagroso. Ha hecho felices a muchos pobres y ha tranquilizado a muchos ricos. Ha soslayado muchas cuestiones, remitiéndolas al más allá de la juerga de los toros o del vino. Nos ha hecho retóricos, habladores, triviales. Forma parte, en suma, de nuestros valores más decadentes e inmovilizadores, justamente por su capacidad de destrucción o degradación de expresiones y actitudes racionales, críticas y creadoras»[49].

Cuando los hermanos Quintero intentan trascender la comedia de costumbres populares para abordar el más grave territorio del drama, como en *Malvaloca,* su teatro se derrumba en lo sentimental melodramático, perdiendo esa «naturalidad» que tanto preciaban.

Fuera del ambiente andaluz es de justicia destacar, muy por encima de sus otras piezas, *Las de Caín* (1908), modelo teatral de comedia perfecta, dominada por la estupenda figura de Don Segismundo Caín y de la Muela, profesor de lenguas vivas, padre de ocho hijas, cuyo genio extraordinario consiste en casarlas a todas. Obras como ésta, por su ritmo y su construcción digna continuadora del teatro de Moratín y de Bretón de los Herreros, pueden figurar en una Antología del mejor *teatro teatral.*

Si alguna vigencia conserva hoy el teatro de los hermanos Quintero —teatro menor por la limitación de su significado— es, precisamente, por la maestría antes aludida que en grado sumo poseyeron como constructores de la pieza teatral estos dos andaluces no universales.

IV. Dos dramaturgos menores: Linares Rivas (1867-1938) y Martínez Sierra (1881-1947)

Aunque ambos gozaron de fama y prestigio en su tiempo, su teatro ha perdido hoy toda vigencia y ha ingresado en esa oscura

---

[49] José Monleón, «Martín Recuerda o la otra Andalucía», en José Martín Recuerda, *Teatro,* Madrid, Taurus, 1969, pág. 10, Col. «El mirlo blanco». Además de los trabajos citados puede verse el número consagrado a los Quintero por *Cuadernos de Literatura Contemporánea,* 1944, núms. 13-14; el trabajo de E. Merimée, «Le théâtre des Álvarez Quintero», *Bulletin Hispanique,* XXVIII, 1926, págs. 36-58, y las páginas que les dedicó Azorín. Ver la «Bibliografía» de Josefina Romo Arregui en el citado núm. de *C. de L. C.,* páginas 65-83.

zona de teatro muerto en donde el tiempo confina tantas piezas sin más virtud que la que les confiere un sistema de hábitos mentales y sentimentales propios de un grupo social restringido y no representativo, y sin suficientes valores estéticos para trascender como obra artística las coordenadas históricas del contexto en que se produjeron.

El teatro de Linares Rivas representa, visto en perspectiva histórica, la versión bronca y extremista de la vertiente de crítica burguesa de la burguesía del teatro de Benavente, despojado de la ironía, aticismo y la ambigüedad, así como de las cualidades de lenguaje y construcción teatrales propios de la fórmula benaventina. Todo lo que era medida y equilibrio, tanto en el sentido como en la estructuración, en la pieza de Benavente, es en la de Linares Rivas desmesura y desproporción, con la particularidad negativa de que la dramaturgia de Linares Rivas significa un retroceso que la hace enlazar con el teatro de tesis decimonónico, en el que los personajes dramáticos son simples pretextos para asentar, cueste lo que cueste, una idea o, mejor, una ideología pobre en significaciones. Su teatro está más cerca del alegato escenificado, al cual se supeditan acción, caracteres y lenguaje, que del drama. Dada la idea a atacar, generalmente encarnada en un artículo del Código Civil español de su tiempo, Linares Rivas despoja de toda libertad a sus personajes para tipificarles a tenor de un juego mecánico, nada dialéctico, de tesis y antítesis. En cierta manera, podría decirse que el teatro de Linares Rivas es la versión naturalista del melodrama de tesis neorromántico de Echegaray, con cuyo tremendismo coincide a ultranza.

Los temas y el estilo de alegato que definirán la corriente mayor de su teatro, cuya culminación será *La garra* (1914), aparecen ya fijados en sus primeras obras teatrales: *Aire de fuera* (1903) —en donde combina mediante una elemental relación de causa a efecto el tema del adulterio con la proclamación de la necesidad del divorcio—, *El abolengo* (1904) — crítica superficial de la vanidad social de la ascendencia—, *María Victoria* (1904) —el dinero no es la felicidad—, *La cizaña* (1905) —para ser feliz hay que cerrar la puerta a la murmuración—. En éstas como en las posteriores obras dramáticas de nuestro autor —*La fuerza del mal* (1914), *Las zarzas del camino* (1917), *La mala ley* (1923) o *Todo Madrid lo sabía* (1931), por no citar sino títulos representativos— lo característico de todas ellas es aquello que Díez-Canedo afirmaba de la última citada: que todo es forzado: «el razonamiento y el ingenio, la situación y el desenlace» [50]. Así sucede en *La garra,* alegato en favor del divorcio,

---

[50] Díez-Canedo, *Artículos de crítica teatral,* cit., I, pág. 216. Dedica a Linares Rivas las págs. 177 a 216.

única obra del teatro de Linares Rivas recientemente reeditada [51], en la que todos los personajes, tanto los legalistas como los antilegalistas, son víctimas no tanto del ambiente —la garra— y de la situación como de la arbitraria y tiránica voluntad de su autor. En lugar de asistir a un conflicto necesario, con valor, a lo menos, representativo de unos problemas sociales reales, en donde quede reflejado, dentro de la técnica y las posibilidades del teatro realista-naturalista que el autor manejaba, un sistema de fuerzas en oposición presentativo de un choque de mentalidades, de ideologías o de usos y creencias vigentes entonces, el dramaturgo maneja arbitrariamente la realidad forzándola, mediante personajes y situaciones deshumanizadas, a decir lo que, previamente, había sido decidido que dijera. Desde el principio al fin de la obra nos encontramos apresados, al igual que los personajes, en un universo dramático falso, víctimas como ellos de una fatalidad cuya necesidad sólo procede de la voluntad omnímoda del autor, pero no del juego libre de unas fuerzas sociales e individuales reales.

Linares Rivas, que también cultivó el juguete cómico de tesis, si se permite la expresión —ver, por ejemplo, *Porque sí* (1904) o *Lo posible* (1905) [52]—, escribió teatro «infantil» —*El caballero lobo* (1909)— y melodramas rurales de ambiente gallego —*Cristobalón* (1920).

Si Linares Rivas representa el ala bronca y dura del teatro burgués de raigambre benaventina, Martínez Sierra personifica el ala blanca y ternurista. A diferencia de aquél, sin embargo, era éste hombre de teatro, al tanto, más como director que como autor, del teatro moderno europeo. Desde 1917 hasta 1925, al frente del teatro Eslava de Madrid, desarrolla una valiosa labor montando, con una nueva visión del arte del montaje escénico, piezas de autores españoles ya consagrados —Arniches, Marquina—, de autores clásicos y románticos —Shakespeare, Molière, Moreto, Goldoni, Zorrilla— y de autores extranjeros coetáneos —Bernard Shaw, Ibsen, Barrie—. Guerrero Zamora, a quien sigo en estas citas, ha valorado esta labor de Martínez Sierra director escénico, afirmando de ella que fue «tan firmemente renovadora en el orden escenográfico como generosa en lo que atañe al repertorio» [53].

Notable es también su labor como traductor. Entre otros autores tradujo a Maeterlinck, Björnson, Ibsen, Barrie, Jules Renard, Courteline, Tristan Bernard, Augier, Goldoni y, del catalán, varias piezas de Santiago Rusiñol, al que profesó siempre una gran admiración.

[51] Nueva York, Las Américas, 1968.
[52] En *Obras Completas. Teatro,* Madrid, Biblioteca Hispania, I, 1913, y II, 1914.
[53] *Historia del teatro contemporáneo,* cit., II, págs. 489-491.

Si como traductor y, sobre todo, como director, ejerció, según Díez-Canedo, «decisiva influencia en el teatro español» [54], como autor no aportó renovación ninguna, ni temática ni técnica.

Su primera aproximación al teatro es un libro de cuentos poemáticos en forma dramática —*Teatro de ensueño* (1905)— en el que la influencia de la estética modernista se une a la del simbolismo de tipo maeterlinckiano, libro en que ya está presente esa vocación por lo exquisito, en la forma y en los sentimientos, que caracterizará la obra de madurez de Martínez Sierra. Aunque en 1908 escribe tres piezas —*Vida y dulzura, Juventud, divino tesoro* y *Hechizo de amor*— es en 1909, con *La sombra del padre* —tema: el hogar sin la autoridad paterna que lo dirija— cuando comienza oficialmente su carrera de dramaturgo, cuya consagración conseguirá con *Canción de cuna* (1911), su obra de mayor fama. A ésta seguirán, para citar sólo títulos representativos, *Primavera en otoño* (1911), *Madame Pepita* y *Mamá*, ambas de 1912, *Amanecer* (1915), *Rosina es frágil* (1918), *Sueño de una noche de agosto* (1920) y *Don Juan de España* (1921). El mundo dramático configurado por la mayoría de las piezas citadas, con excepción de la última, está muy cerca del mundo de la novela rosa —ya Díez-Canedo había hablado del *peligro rosa* en el teatro de Martínez Sierra (*op. cit.,* I, pág. 28—), con su visión sentimental e idealizada de una realidad sin conflictos, cuyo centro lo ocupan las mujeres, depositarias de la moral cristiana tradicional o, más exactamente, de lo que suele pasar por tal moral después de un tradicional almibaramiento de sus contenidos más superficiales. La mejor definición de estos arquetipos de feminidad que pueblan el teatro de Martínez Sierra la encuentro —restándoles la retórica apologética y la otra— en estas líneas de Cansinos Assens: «En ellas se han vinculado todas las virtudes prácticas que parecen patrimonio exclusivo de los varones... Son voluntades domésticas, númenes familiares que anhelan no romper vínculos, sino aunarlos más estrechamente, y son, por esto mismo, los antiguos *ángeles del hogar,* aunque se muestren adornadas de las impetuosas virtudes prácticas de nuestra edad moderna. Son mujeres que podrían *vivir su vida* (el crítico piensa en las heroínas ibsenianas, tipo Nora de *Casa de muñecas,* traducida por Martínez Sierra), independiente y fiera, pero que ponen todo su empeño en el arreglo de la casa. Por la boca de estas mujeres modernas, vestidas con arreglo al último patrón europeo, habla el sentido moral de las madres castellanas, piadosas, sencillas, familiares... La mujer para Martínez Sierra no es un vaso de concupiscencias, ni un ornamental ramo de flores, sino que es el genio inspirador, la musa que exhorta a la voluntad cuando no es la voluntad misma. Estas mujeres

---

[54] *Op. cit.,* I, pág. 29.

buenas y voluntariosas de su teatro pasan por él corrigiendo la locura de estos niños malos que somos los hombres *(sic)*, dictando normas de sabiduría, excitando a las bellas victorias o entonando cánticos de esperanza sobre la desilusión. Y a cada instante, para infundir la buena conformidad reposadora, nos advierten de que' el mundo no es tan malo, de que hay violetas y arco iris. Y para hacerse más persuasivas, unas veces abren una ventana sobre un jardín y otras pasan su mano tierna y cándida sobre los cristales del reino interior» [55].

El lector me perdonará tan larga cita, pero en ella queda captada, sin más, no sólo la esencia de esa presencia femenina en la dramaturgia de Martínez Sierra, sino también, a mi juicio, su tono.

Ya Díez-Canedo, entre otros, había señalado «la colaboración declarada» de María de la O. Lejárraga, esposa del dramaturgo, en la producción de «muchas obras rebosantes de ternura optimista» (*op. cit.,* pág. 28). No sabemos hasta qué punto esa colaboración pudo influir en la visión no sólo feminista, sino femenina patente en el teatro rosa de Martínez Sierra [56]. A veces, parece transparentarse una especie de complejo de culpabilidad del autor en tanto que varón, que se manifiesta en una sistemática sublimación de la mujer, víctima y redentora del hombre. Es típica, por ejemplo, esta afirmación de una de estas mujeres, Doña Tomasa, nada menos que ama de un prostíbulo: «Una puede llegar a ser lo que sea, pero tiene su religión, *porque es una mujer* (el subrayado es nuestro), y se ha criado una como Dios manda, y no estos sinvergüenzas de hombres, que no tiene el diablo por dónde desecharlos» [57].

Martínez Sierra escribió también el libreto para *El amor brujo* y *El corregidor y la molinera,* de Manuel de Falla, y el texto de un milagro navideño —*Navidad*— a quien puso música Joaquín Turina.

V. Muñoz Seca (1881-1936) y el «astracán»

Durante treinta años, de 1900 a 1930 —aunque ambos hitos cronológicos pueden rebasarse hacia atrás y hacia adelante—, un género teatral de más que dudosa calidad literaria, pero de indudable interés

---

[55] R. Cansinos-Assens, *Poetas y prosistas del novecientos,* Madrid, Editorial América, 1919, págs. 286-287. Ver también sobre la mujer en el teatro de Martínez Sierra: Patricia Walker O'Connor, *Women in the Theater of Gregorio Martínez Sierra,* Nueva York, The American Press, 1966.

[56] Ver el libro de María Martínez Sierra, *Gregorio y yo. Medio siglo de colaboración,* México, Biografías Gandesa, 1953.

[57] *Obras Completas,* Madrid, Estrella (Renacimiento), I, 1920: *Lirio entre espinas,* pág. 251.

para el sociólogo que estudie la decadencia del gusto y la crisis de la sensibilidad de un público, signo, a su vez, de una formidable atonía mental y de una actitud ante la realidad histórica definida por un «esconder la cabeza debajo del ala» y un «sacar punta» a todo trance a lo sustantivamente despuntado, triunfa en los tablados madrileños. Me refiero al «astracán», degeneración de un híbrido teatral cuyos elementos mayores proceden del juguete cómico y del melodrama cómico —el apareamiento de ambos términos es consciente— de costumbres.

Restringido, primero, a una época del año, las Pascuas, y a un escenario, el Teatro de la Comedia, cuya compañía descansaba del teatro «serio» nacional o importado, para ofrecer un teatro cómico menor, sin pretensiones literarias, pero que hiciera reír, el «astracán» extiende su dominio cronológico al resto del año y conquista otros tablados a partir de 1915. Escrito, generalmente, por una sociedad en comandita de autores, es Muñoz Seca quien pronto se convierte en el accionista principal de la razón social Muñoz Seca y Cía., siendo el principal asociado Pérez Fernández, seguido por García Álvarez, colaborador también, según ya indicamos, de Arniches. Muñoz Seca, solo o en colaboración, escribirá y hará estrenar más de trescientos títulos, de los cuales será responsable único de casi un centenar. El «astracán» supone como causa final el retruécano, al cual se supedita la acción, las situaciones y los personajes, desarticulados y vueltos a articular en función de aquél. El «astracán» opera sobre una materia prima que es menos la realidad, cualquiera que sea su índole, que la teatralización previa de esa realidad por otras modalidades teatrales, especialmente el juguete cómico, en su doble vertiente vaudevillesca o sainetesca. Por lo cual, en relación con lo real, es un género de segundo grado, pues es el resultado de la estilización de una estilización, de la caricatura de una caricatura. Algunos de los componentes del «astracán» —falsilla sentimental, despropósito de situación, de carácter y de lenguaje, ramplonería de forma, nombres de personajes que combinados y convenientemente jugados dan lugar al chiste, tipificación regionalista del habla, abuso del «fresco», convertido en tipo base— estaban ya en el juguete cómico. Lo propio del «astracán» es la radicalización y conversión de dichos elementos en absolutos de la comicidad.

González Ruiz ha recalcado la importancia que en el «astracán» tienen el juego de palabras con los nombres o con los apellidos, las dislocaciones del idioma para mantener un diálogo que no se apoyaba en caracteres ni en situaciones, pues no reparaba ni en la verosimilitud de aquéllos ni de éstas, como tampoco en la del argumento o en la de los episodios. «El astracán —escribe el citado crítico— lleva adelante, sin dársele un ardite de los inconvenientes, el equívoco planteado por el juguete. No importa descubrir el truco. Lo que importa es reírse y para ello precisamente se pone el truco al descubierto. El efecto es parecido al que se produciría en muchas ocasiones si se viese la tramoya. Esta manera de ir, como si dijéramos, derechos al bulto, de presentar el disparate limpio sin pretensión alguna de una verosimilitud, al menos aparente, es lo que distingue al astracán...» [58].

Nos parece imprescindible, como definitoria del ambiente propio de la representación del «astracán», esta cita del gran crítico Enrique Díez-Canedo que, a propósito del estreno de *El verdugo de Sevilla* (1916), de Muñoz y García Alvarez, escribía: «La astracanada que con el título puesto al comienzo de estas líneas se representa ahora en la Comedia, llena de gente el teatro. En hora muy temprana se agotan las localidades. Todo el vulgo elegante figura en el abono. Se levanta el telón y unos imponen a otros silencio para no perder palabra. El primer chiste no se hace esperar, pero antes de oírlo ya todos se miran como quien está en el secreto, como para decir al vecino de palco o de butaca: ¡Verá usted qué gracia va a tener esto! Una carcajada acoge el retruécano —el chiste suele ser de retruécano, porque estas obras son como una partida de billar en que se hicieran por retroceso todas las carambolas— y la carcajada no deja oír el chiste siguiente, o la segunda parte del mismo, si es por entregas, que no faltan. La atmósfera se caldea. Unos cuantos *quid pro quos,* dos o tres "situaciones" y un estrépito final aseguran el éxito. Cuando en una escena culminante de *El verdugo de Sevilla* se ponen a ladrar, entre bastidores, treinta perros —¡habrá que ver, entre bastidores, a los actores, actrices y tramoyistas fingiendo el alboroto perruno!—, cuando esos perros ladran, todo el teatro es un inmenso alarido y, poco después, al bajar el telón, ya tienen los espectadores un nuevo lazo de unión con los autores, pues casi nunca es uno solo el autor de la obra: se han sentido colaboradores suyos. Y salen al vestíbulo, limpiándose el sudor, y deseando encontrarse a un conocido para comunicarle su entusiasmo: ¿Ha visto usted cuánta gansada?

Tal es, hoy por hoy, el gusto, en materia teatral, del público madrileño» (*op. cit.,* págs. 234-244).

Tanto González Ruiz como Torrente Ballester han hecho hincapié en el sentido de lo teatral o en el talento teatral de Muñoz Seca. Torrente, al señalar su talento teatral y su ningún talento poético, añade: «Es una pena, porque un destello de genialidad, sólo un des-

---

[58] Nicolás González Ruiz, «El teatro de humor del siglo XX hasta Jardiel Poncela», *op. cit.,* pág. 40. Ver en este trabajo páginas 39 a 44. Sobre el «fresco», ver el análisis del tipo y de su significación en Torrente Ballester, *op. cit.,* págs. 85-94. Ver también sobre el «astracán» las páginas insustituibles de Díez-Canedo, *op. cit.,* II, págs. 244-245, y sobre Muñoz Seca, las páginas 242-324.

tello, le hubiera convertido en el intérprete moderno de una de las vetas más antiguas y constantes del alma española: aquella de la risa cruel, de la absoluta desvergüenza que Nietzsche advirtió a través de *La Gran vía*» (*op. cit.*, pág. 94). Ese talento teatral nos parece, sin embargo, muy esporádico y limitado a sólo escenas sueltas, pero no predicable de una sola pieza entera, ni siquiera de las más renombradas de nuestro autor, sean éstas *Los extremeños se tocan* (1926) o *La venganza de don Mendo* (1918), parodia en verso de los dramones históricos neorrománticos.

A partir de la instauración de la República en 1931, Muñoz Seca, antirrepublicano, escribió algunas astracanadas de intención secundariamente política, pues seguía siendo primordial la mecánica teatral de chiste hilarante a costa de lo que fuera. Entre ellas merecen citarse *Anacleto se divorcia, La voz de su amo* y, sobre todo, *La oca*.

El asesinato de Muñoz Seca por los «rojos» fue tan inútil y absurdo como el de Lorca por los «nacionales», pues la obra de aquél como la de éste estaban o por debajo o por encima de cualquier contexto político concreto.

VI. Nota final

No quiero cerrar este capítulo sin mencionar —aunque sólo sea por deber profesional, ya que no por su valor objetivo— una corriente teatral que se desarrolla entre 1915 y 1936 y cuya temática tiene que ver —cierto que de modo muy oblicuo— con problemas sociales, corriente estudiada por F. García Pavón[59]. La materia social aparece, al ser traspuesta al lenguaje escénico, desorbitada sistemáticamente por la índole de su mismo enfoque, en donde prima lo folletinesco y melodramático de modo tal que lo social queda desvirtuado por el exceso de *pathos* insuflado en dosis masivas en el conflicto y en los personajes, y reducidas sus significaciones a las más que elementales de un *gran guiñol*. Y cuando no son ni lo folletinesco ni lo melodramático los elementos principales de la construcción, los personajes quedan limitados a un largo y pesado debate en que el autor favorece unas ideas —las suyas.

El enfrentamiento «social» de los personajes —patrón/obrero en el drama urbano, amo/aparcero en el drama rural— queda siempre interferido y desalojado por un conflicto sentimental, estrictamente particular y no social, construido en torno a una historia de amor entre representantes de ambos bandos, representantes fuertemente convencionalizados, hechos de una pieza y sin fisuras.

---

[59] En su libro *Teatro social en España,* Madrid, Taurus, 1962.

De entre los varios nombres citados por García Pavón —José Fola Igurbide, Marcelino Domingo, Federico Oliver, José López Pinillos («Parmeno»)—, Oliver, autor que cultivó distintos géneros teatrales que van desde la comedia psicológica y costumbrista —*Lo que ellas quieren* (1925) o *El azar* (1926)— al melodrama social —*Los pistoleros* (1931)— es recordado por *Los cómicos de la legua* (1925), sobre el mundo de la farándula y, sobre todo, por *Los semidioses,* pieza antitaurófila, que ve en la afición a los toros el *panem et circensis* de la sociedad de su tiempo. López Pinillos, sucintamente citado por García Pavón, autor de cerca de una veintena de dramas, novelista y periodista que hizo conocido el seudónimo de Parmeno, es para nosotros el más importante —dentro de lo muy relativo de esta importancia— de los autores citados. El grupo más homogéneo y destacado de su producción teatral es el formado por las piezas de ambiente rural, localizadas generalmente en el campo de Aragón o de Andalucía, en donde el problema social —injusticia, explotación, incultura y cerrazón de horizontes, el miedo, la ignorancia y el conformismo, o la diferencia de clases (=de castas)— le sirve de base para poner en pie espeluznantes historias donde planea, aunque degenerada, la fatalidad trágica previamente traspasada por los determinismos, biológicos y sociales, típicos de la estética naturalista llevada a sus últimas consecuencias. Ejemplos más caracteríticos: *La casta* (1912), *El pantano* (1913), *Esclavitud* (1918), *La red* (1919), *La tierra* (1921), *El caudal de los hijos* (1921) y *Embrujamiento* (1923)[60]. Todas ellas, no carentes de fuerza dramática, están desgraciadamente invalidadas por la excesiva afición de su autor al golpe teatral efectista y desorbitado.

Finalmente, quiero citar a Julián Gorkin, autor en los primeros años 30 de dos dramas o, mejor, debates escenificados: *La corriente* y *La familia.* En años recientes Gorkin ha publicado otros dos dramas de gran longitud, en los que el debate de ideas no alcanza a ser «traducido» a categorías escénicas: *Fantasmas de la Historia* (1958) —sobre el régimen zarista— y *El otro Mundo* (1959) —sobre el régimen totalitario— inspirado, según su autor, en el drama del pueblo húngaro[61].

[60] Sobre estos dramas hay un estudio reciente de José Carlos Mainer, «José López Pinillos en sus dramas rurales», *Papeles de Son Armadans,* XIII, 1968, L, págs. 229-258. Algunas ediciones de sus piezas: *La red,* Madrid, Pueyo, 1920; *La casta,* Madrid, Sociedad de Autores Españoles, 1912; *El caudal de los hijos,* Madrid, La novela teatral, VII, 1923, núm. 322; *Embrujamiento,* Madrid, Pueyo, 1923; *Esclavitud,* Madrid, La novela teatral, VI, 1921, número 224.

[61] *La corriente* y *La familia* fueron publicados en Madrid, Edit. Zeus, 1932. Los otros dos, bajo el título de *Teatro histórico-político,* en México, Libro Mex.-Editores, 1961.

Capítulo II

El teatro "poético"

1. Breve introducción

Antes de terminar la primera década del siglo XX vuelve a surgir en la escena española el teatro poético en verso, de signo antirrealista, como reacción, de una parte, al teatro realista naturalista triunfante, y en conexión, de otra parte, con la nueva estética modernista, con la cual sólo superficialmente y sólo en sus comienzos estará entroncado el teatro poético. Pronto una nueva influencia se hará sentir, desplazando al modernismo: la influencia del drama romántico, despojado de su énfasis formal y de su carga patética y, a través de éste, la del drama nacional del Siglo de Oro.

Dentro del teatro poético será el teatro histórico en verso el género dramático de mayor cultivo, aunque no el único, pues junto a él proliferará el drama rural en verso.

En esencia, y en cuanto se refiere a la actitud ideológica que sustenta el teatro poético, especialmente el histórico, tal vez sea pertinente señalar su carácter anticrítico y apologético cuya razón de ser vemos en relación de oposición con el movimieno ideológico, de raíz crítica, de la «generación del 98». El teatro poético vendría a ser, en cierto modo, el resultado de una vocación de salvación o, al menos, de rescate de algunos mitos nacionales, encarnados en unos tipos históricos del pasado nacional, propuestos como modelos de un estilo, de una conducta y de unos modos de ser valiosos. La función de este teatro fue en su origen la de suministrar a la conciencia nacional en crisis unos arquetipos, aunque con el riesgo anejo de la idealización, del ademán retórico, de la abstracción y de la evasión, peligros que acabaron señoreándolo y convirtiéndolo en un teatro brillante, pero vacío, puro ejercicio de virtuosismo dramático, herido de muerte por su falta de visión totalizadora de la historia, por su desconexión con la realidad nacional y por su apologetismo a ultranza.

Meditando sobre este teatro histórico escribía Torrente Ballester: «En el mejor de los casos, el teatro histórico español contemporáneo es pura nostalgia; en los casos peores, engaño y evasión. Y aquí sí que puede hablarse de evasión con entera propiedad ética, porque se brinda al espectador la ocasión de hurtarse a la dura realidad de cada día —a la realidad económica, histórica y política, me refiero— para hundirse en el sueño adormecedor de un pasado *que no fue así* y que a la sensibilidad actual apenas si interesa en su aspecto heroico. El error de los cultivadores del teatro *histórico-poético* consistió en no advertir que lo *heroico* empezaba a no interesar realmente. Consistió —en una palabra— en tomar a García Gutiérrez, y no a Lope, como modelo»[1].

El iniciador[2] y el más importante dramaturgo representativo del género histórico-poético fue Eduardo Marquina. Tras él siguieron con menor fortuna, tanto desde el punto de vista dramático como poético, Francisco Villaespesa, Fernández Ardavín o López Alarcón. Dentro del teatro poético en verso o prosa, aunque con diferencias que ya señalaremos, cabe considerar también a los hermanos Machado o a Goy de Silva. En cuanto al llamado «teatro poético» de Valle-Inclán, el de *Cuento de Abril* (1909), *Voces de gesta* (1911) o *La Marquesa Rosalinda* (1912), radicalmente coetáneo de *Doña María la Brava, En Flandes se ha puesto el sol* y *El rey trovador,* de Marquina, o de *El alcázar de las perlas* de Villaespesa, lo estudiaremos en capítulo aparte y en conexión interna con la dramaturgia valleinclanesca, fuera de la cual no adquiriría su pleno sentido ni su entera significación.

2. Eduardo Marquina (1879-1946) y sus imitadores

Aunque antes de 1908 Marquina hubiera estrenado ya algunos dramas —por ejemplo *El pastor* (1902), su primera pieza, en verso, o *Benvenuto Cellini* (1906), en prosa[3]—, es en ese año cuando con el estreno de *Las hijas del Cid* comienza la fecunda carrera dramática de nuestro autor, cuyo teatro va asociado a gloriosos nombres de la escena española: María Guerrero y Fernando Díaz de Mendoza, Catalina Bárcena, Lola Membrives, Margarita. Xirgu —La Deseada de *La ermita, la fuente y el río*[4].

---

[1] Torrente Ballester, *Teatro español contemporáneo,* Madrid, Guadarrama, 1957, págs. 240-241.

[2] «Eduardo Marquina —escribía Andrés González Blanco— ha tenido el indiscutible acierto de iniciar el teatro poético...», en *Los dramaturgos españoles contemporáneos,* 1.ª serie, Valencia, edit. Cervantes, 1917, pág. 297.

[3] Sobre el teatro de Marquina anterior a 1908, ver José Montero Alonso, *Vida de Eduardo Marquina,* Madrid, Edit. Nacional, 1965.

[4] Ver Enrique Díez-Canedo, *Artículos de crítica teatral,* II, México, Joaquín Mortiz, 1968, pág. 29. Son fundamentales las páginas que el gran crítico español dedicó a Marquina, y que ocupan las páginas 9 a 68 del tomo citado.

La abundante obra dramática de Marquina puede agruparse en tres géneros dramáticos fundamentales: drama histórico en verso, comedia realista en prosa y drama rural en verso. En el primero y en el último es donde consiguió sus más resonantes éxitos y definen su personalidad de dramaturgo.

El drama histórico fue el más asiduamente cultivado por Marquina. En él pueden distinguirse dos etapas cronológicas que, aunque formalmente idénticas, son temáticamente distintas. La primera etapa se extiende de 1908 a los años inmediatamente anteriores a la primera guerra mundial. Es la etapa en la que estrena *Las hijas del Cid* (1908), *Doña María la Brava* (1909), *En Flandes se ha puesto el sol* (1910), *El rey trovador* (1912), *Por los pecados del rey* (1913), *El retablo de Agrellano* (1913), *Las flores de Aragón* (1914), *El gran Capitán* (1916). Dramas todos ellos de carácter heroico y legendario en los que, servido por una versificación rica y variada, se presenta a la contemplación de los espectadores un universo dramático estribado en la exaltación de las virtudes de la raza: nobleza, valor, caballerosidad, pasión, generosidad, espíritu de sacrificio, fidelidad. A través del entusiasmo poético y de la creencia en unos valores supremos de raza, el pasado español, encarnado en unas figuras históricas de excepción, impone sobre la escena su esplendor y su magia, a la vez que propone una lección de grandeza que exalte el espíritu patriótico y lo reconcilie consigo mismo. Se trata, naturalmente, de un teatro mínimamente problemático, por mínimamente crítico, pues no se invita en él a meditar en la historia ni en su sentido, sino a comulgar con unos ideales en los que se fija la esencia de lo español y de su trayectoria histórica. El sentido fundamental de este teatro brillante y superficial es, como antes apunté, la de un rescate y una redención: el de la tradición. Naturalmente, Marquina, como antes los dramaturgos románticos o postrománticos, sucumbe en numerosas ocasiones a las servidumbres genéricas del teatro histórico en verso que se quiere a la vez teatral, poético y patriótico: la primacía de la intriga, la tiranía de la tirada brillante —lo que los franceses llaman *morceau de bravoure*— para ser recitada por la actriz eminente, y la monótona repetición de idénticos clichés ideológicos. Pero la sensibilidad de dramaturgo y de poeta salvan siempre a Marquina de caer en lo facilón, lo relumbrante y lo

---

Imprescindible es también el libro citado de Montero Alonso, en donde el lector encontrará también citas de reseñas críticas de Manuel Bueno y Enrique de Mesa. Puede consultarse también *Cuadernos de Literatura Contemporánea*, 1942, núms. 3-4, dedicado a Marquina, en el que hay que destacar el trabajo de Eduardo Juliá Martínez, «Eduardo Marquina, poeta lírico y dramático» (págs. 109-150). Ver asimismo José Rogerio Sánchez, *El teatro poético: Valle-Inclán, Marquina,* Madrid, 1911.

retórico. Y, por otra parte, Marquina mantiene viva la conciencia de la necesidad del cambio y del peligro del anquilosamiento. Así, refiriéndose al momento —1915, 1916— en que el género histórico-poético estaba en plena boga, escribe Marquina: «Los éxitos menudeaban y el género cundía, pero todos, no sé por qué, sin reflexión y como de instinto nos habíamos confinado prematuramente, al cultivarlo, entre innecesarios tabiques de una suerte de mampostería histórica que le acortaban el vuelo a la invención poética y eran ocasionados, en función del público, a un súbito empacho de monotonía. Olvidábamos, tal vez, la feracísima variedad de temas humanos, vivos, realistas, fabulosos o auténticos, que fue característica gloriosa de nuestro teatro clásico o barroco; en definitiva, *español,* para darle un natural apellido inconfundible y legítimo» [5].

Por esos años abandona provisionalmente el teatro histórico en verso y escribe, entre 1913 y 1920, comedias en prosa de tema contemporáneo y de carácter realista, aunque no costumbrista: *Cuando florezcan los rosales* (1913), *Alondra* (1918), *Dondiego de noche* (1918), *Alimaña* (1919), *La extraña* (1919), *La princesa juega* (1920).

La segunda etapa del drama histórico comienza en 1930 con el estreno de *El monje blanco* y culmina en 1943 con *María la viuda.* Entre las dos estrena *Teresa de Jesús* (1933) y *La Santa hermandad* (1937), obra de circunstancias esta última, que no honra a Marquina ni como dramaturgo ni como testigo, aunque lejano, de la guerra civil española. Leyenda y heroísmo se concentran ahora en lo religioso, en la exaltación de la fe y de la piedad.

Equidistante entre estas dos etapas escribió Marquina, en colaboración con Hernández Catá, *Don Luis Mejía,* estrenada en 1925. El rival de Don Juan en el *Tenorio* de Zorrilla es convertido en protagonista. Escribía Díez-Canedo: «no se trata de la canonización de Don Luis, ni de una querella contra Don Juan. Don Luis es un calavera, un buen chico en el fondo, rico por su casa, adorado por su madre, que es una señora cabal, hombre de principios, incapaz de malas artes, como el que más valiente, despreciador de la vida cuando llega el momento y amigo de gustar sus encantos en todas partes... Mas ve una mujer y es hombre perdido: lo contrario de lo que le ocurre a Don Juan. También los señores Marquina y Hernández Catá perciben claramente el matiz: las mujeres de Don Juan, / y Don Luis, de las mujeres» [6]. Esta interpretación, no de Don Juan, sino de lo donjuanesco, constituye un jalón más, no un hito, en la cadena de interpretaciones dramáticas que comienza con el *Don Juan*

---

[5] *Obras completas,* Madrid, Aguilar, III, pág. 1351. Texto citado por Montero Alonso, *op. cit.,* pág. 68.
[6] *Op. cit.,* pág. 16.

de Carillena (1913), de Jacinto Grau y se continúa con el *Don Juan de España* (1921), de Martínez Sierra, el *Juan de Mañara* (1927), de los hermanos Machado, *El burlador que no se burla,* también de Grau, y que llega hasta *El hermano Juan o el mundo es teatro* (1934) de Uñamuno.

Aunque Marquina ya se había acercado al mundo rústico en *El pobrecito carpintero* (1924) —«canción dramática», la llamó Díez-Canedo— es en 1927 cuando comienza el ciclo del drama poético rural, formado por cinco piezas: *Fruto bendito* (1927), *La ermita, la fuente y el río* (1927), *Salvadora* (1929), *Fuente escondida* (1931) y *Los Julianes* (1932). Josefina Díaz Artigas, la actriz que en 1933 encarnaría la Novia de *Bodas de Sangre,* de Lorca, interpreta la protagonista femenina de *Fruto bendito* y Margarita Xirgu que en 1934 interpreta la Yerma lorquiana, encarna la Deseada de *La ermita, la fuente y el río,* la Nadala de *Fuente escondida* y la Fulgencia de *Los Julianes.*

Para la versificación de estos cinco dramas siguen siendo válidas las afirmaciones de Díez-Canedo: «Los versos coloquiales, parcos en divagaciones líricas —se han de citar los versos del canto de cuna, en el quinto episodio, como excepción principal, perfectamente lograda— prestan al diálogo un rigor sostenido, raras veces trivial... y lleno, como de quien es, de bellísimas expresiones» *(Fruto bendito);* «Los versos de Marquina se remansan magníficamente, a través de todo el drama, en episodios líricos...» *(La ermita...);* «Marquina, con su verso pastoso, rico en materia humana, diestro en sacar jugo de poesía a la palabra más vulgar, al giro más llano (...) su virtud de poeta va asistiéndole con expresiones rigorosas, fórmulas concretas, hallazgos de conceptos, que saltan en el fluir del verso resplandecientes de luz propia (...) En *Salvadora* el poeta no se desmiente. Escrita en metros populares, octosílabos rimados y alguna vez romance corto y metro de seguidillas, corresponde, por su factura, a la manera que tan acabada muestra de sí dio en *La ermita, la fuente y el río.* Y el acomodo de ese verso de estirpe popular a la acción... es feliz en extremo»; «Y he aquí el personaje principal: el verso. Eduardo Marquina ha escrito *Fuente escondida* en versos cortos: octosílabos de romance o aconsonantados, y una escena en romancillo. La comedia, sencillamente desarrollada, encuentra correspondencia en la sencillez del verso, que no excluye ricas concentraciones de palabras, y que está asistido constantemente por la expresión oportuna y el vocablo feliz (...) a Marquina se le ve atento en todo instante a su verso, llevándole hasta lo que quiere decir, pero no consintiéndole extravíos... En ese verso se van modelando los caracteres y va encontrando expresión el ambiente...» [7]. En efec-

---

[7] *Op. cit.,* págs. 24, 27, 35, 36 y 44.

to, el verso de los dramas rurales de Marquina, nunca ampuloso ni con función exclusivamente lírica, se ciñe a la acción y a los caracteres sirviéndoles de vehículo expresivo dramático, sin desviar aquélla ni falsear éstos.

De igual modo, la creación del mundo rural obedece siempre en estos cinco dramas a una voluntad de estilo sobrio, sin caer nunca ni en el pintoresquismo ni el cliché fácil, ni en el desgarro tremendista ni el lirismo dulzón. Los cinco están concebidos y realizados dentro de un estricto realismo poético.

El carácter principal, sobre el que está estribada la acción, es en los tres mejores dramas —*La ermita, la fuente y el río, Salvadora* y *Fuente escondida*— la mujer. La pasión, la entereza y el sentido del deber caracterizan a la heroína. En *La ermita...* Deseada deseará, provocando el deseo del varón. Y estando dispuesta a la renuncia y al sacrificio de sí misma hallará la liberación en la muerte. Salvadora, unida sin amor a un hombre de mayor edad, acabará amándolo y matando a su antiguo amante. La Nadala, mujer de recia voluntad, que antepone lo que cree su deber —defender la tierra heredada— a su amor, soterrando éste, lo dejará al final brotar libremente. En ninguna de estas tres piezas es la intriga, el caso o la anécdota lo fundamental, sino el conflicto de la protagonista consigo misma y con su mundo circundante. Marquina dramatiza un proceso psicológico, un conflicto entre valores contrarios —instinto y deber— y crea individuos dramáticos valiosos, pero también un universo teatral suficiente como mundo dramático. Distinto por su significación como por su intensidad poética del mundo rural lorquiano o del mundo simbólico-poético de *La dama del alba* de Casona, por ejemplo, éstos, sin embargo, lo suponen y lo engloban[8].

Si el teatro histórico en verso de Marquina representa lo mejor —estética y dramáticamente— de un género ampliamente cultivado entre 1910 y 1930, hoy sin vigencia alguna, el ciclo de sus dramas poético-rústicos constituye el más auténtico y valioso teatro de nuestro dramaturgo, y un jalón necesario, y no gratuito ni carente de sentido, en la historia del teatro poético español del siglo XX.

No puede, ni mucho menos, afirmarse lo mismo del teatro de los seguidores de Marquina. La crecida producción teatral de Villa-

---

[8] De Lorca sabemos que acudió a Marquina para que le ayudase a estrenar *Mariana Pineda* (ver José Montero Alonso, *op. cit.,* págs. 204-206). Creo que valdría la pena estudiar detenidamente qué elementos del drama poético rural de Marquina pasan, transformados, al mundo rural lorquiano. En cuanto a Casona, el motivo de la muerte de Ángela ahogada en el río y la ocultación de la razón de esa muerte para mantener viva su leyenda, en *La dama del alba,* pienso tiene cierta similitud dramática con la escena final de *La ermita, la fuente y el río.*

espesa (1877-1936) se caracteriza por la disociación y la absoluta falta de integración de los elementos líricos y los elementos dramáticos. La estructura dramática siempre floja y en bastantes ocasiones inexistente, es siempre vicaria en el teatro de Villaespesa del arrebato'lírico, nunca profundo, aunque frecuentemente rico de color y de plasticidad. Pero, además, las escenas líricas tienen siempre carácter fragmentario en relación a la acción dramática, constituyendo a modo de islas o fragmentos recitados. Haciendo el elogio de *El alcázar de las perlas* (1911) escribía Ricardo J. Catarineu, antes de su estreno en Granada: «En el acto primero nos recitará María Guerrero (Sobeya en el drama) una poesía a las fuentes de Granada... En el acto segundo dos gacelas preciosas... En el tercer acto, endecasílabos enérgicos, vibrantes... En el acto cuarto, una escena en versos de nueve sílabas de ternura patética...» [9]. Justamente; se trata de un teatro cuya forma parece nacer para dar ocasión a esos recitativos en que los actores podían lucir sus artes declamatorias. También nacido para lucimiento del decorador y para deslumbrar y asombrar los ojos del espectador. Vayan como muestra del lujo y suntuosidad escenográfica con que Villaespesa concibe su escenario estas dos citas:

> Salón del trono en el antiguo alcázar de... Veinticuatro columnas esbeltas y gráciles cual palmeras de mármol, sueltas o en grupo de tres, unidas en capichosos arcos de herradura..., trabajadas a cincel, como joyas, sostienen la amplia bóveda resplandeciente, constelada de estrellas de oro como las noches profundas y serenas del Yemen. En los encajes de los muros esmaltados de oro, añil y púrpura... A la izquierda, bajo un dosel de púrpura blasonada, se alza el trono, esculpido en el más puro oro del Darro... A la derecha, dos grandes puertas de arco, trabajadas en marfil y cedro, con arabescos y herrajes de plata...Suavizan la dureza del pavimento de pórfiro, muelles y suntuosas alcatifas persas... Cuatro pebeteros de oro, en forma de cálices de loto... El humo (del incienso, la mirra, el nardo, el áloe y el benjuí) vela la estancia en una neblina de ensueño... Rumores de guzlas lejanas y canciones perdidas ondean en la brisa. Todas las flores de la primavera, en búcaros de bronce de las Indias, en pequeñas canastillas de plata y en guirnaldas y festones que penden de los muros derraman en el aire su aliento vegetal y fragante, etc. (*El alcázar de las perlas*, acto I).

> Un patio del nuevo alcázar real de Sevilla. Al fondo, una galería de columnas que da a un jardín, separada de éste por una verja de hierro. A la izquierda, en primer término, una puerta árabe, cubierta

---

[9] Puede leerse hoy al frente del drama *Doña María de Padilla,* en la edición de *Obras completas* de Villaespesa, Madrid, Mundo Latino, vol. VII, 1917.

por un rico tapiz oriental, y un ajimez. A la derecha, dos puertas, cubiertas también por ricos tapices (*Doña María de Padilla,* acto I).

De la labor de Villaespesa apenas si puede hacerse otra cosa que citar unos títulos. Además de los dos ya citados, *Aben-Humeya, El rey Galaor, La Leona de Castilla, Judith...*

Fernández Ardavín (1891), autor prolífico también, cultivó el drama histórico en verso, cuyo mejor título es *La dama del armiño* (1921); el folletín de aventuras en verso *El bandido de la sierra* (1922); el melodrama de adulterio y de malvados *Doña Diabla* (1925); la comedia popular arrevistada, con ingredientes melodramáticos —*Rosa de Madrid* (1926); el folletín rural asainetado —*La hija de Dolores* (1927) o *La cantaora del puerto* (1927). Escribió también libretos para el llamado «género lírico».

De este autor escribió Díez-Canedo:

> Luis Fernández Ardavín tiene un temible enemigo, su propia facilidad. Ella le conduce, apenas visto un asunto, a su realización, nunca, al parecer, bastante meditada. De puro espontáneo, parece un improvisador. Improvisación en el desarrollo de los temas, en que, con algún estudio y reposo, evitaría lunares harto visibles. Improvisación en el verso, que abandona a su cómodo fluir, sin que le importe emplear dos versos para lo que ganaría tanto dicho en uno, ni contenga la abundancia de consonantes triviales, que al rimador experto se le ofrece con sus sospechosos halagos, entre los cuales no es el menos peligroso la buena acogida que suele hallar en el público una tirada de esas que se pegan al oído como musiquilla callejera, hoy tenazmente agarrada a la memoria, de donde la desterrará mañana otra tonada igualmente vulgar [10].

Otros autores teatrales que siguieron la moda del teatro histórico en verso fueron Enrique López Alarcón (1881-1948), autor —en colaboración con Ramón Godoy— de *La tizona* (1915), y de *Romance caballeresco* (1933), en la que Valbuena Prat encuentra «algo del modernismo sombrío de la primera época de Valle-Inclán» [11]. Fernando López Martín, autor de *Blasco Jimeno* (1919) y de *Los villanos de Olmedo* (1923); Joaquín Montaner, autor de *Los iluminados, El conspirador* (1926), *El loco de Extremadura* (1926), *El estudiante de Vich* (1928), dramas de evocación poética de la historia, en los que se encuentra una curiosa simbiosis entre el drama nacional del siglo de Oro y el drama romántico.

---

[10] *Op. cit.,* págs. 106-107.
[11] *Historia del teatro español,* Barcelona, Noguer, 1956, pág. 619.

3. El teatro de los hermanos Machado: Antonio (1875-1939)
    y Manuel (1874-1947)

La obra dramática original escrita en colaboración por Antonio
y Manuel entre 1926 y 1932 comprende siete piezas, cinco en verso
—*Desdichas de la Fortuna o Julianillo Valcárcel* (1926), *Juan de Mañara* (1927), *Las Adelfas* (1928), *La Lola se va a los puertos* (1929),
La prima Fernanda (1931)— una en prosa y verso —*La duquesa de
Benamejí* (1932)— y una en prosa —*El hombre que murió en la
guerra*—, estrenada en 1941, muerto ya Antonio [12].

La colaboración de los dos hermanos había comenzado antes con
adaptaciones del teatro español clásico, entre las cuales *El condenado
por desconfiado,* adaptación en la que colaboró también José López,
y con traducciones de teatro extranjero, como el *Hernani,* de Víctor
Hugo [13].

Su afición por el teatro había comenzado muy temprano, antes de
1895, en los tiempos en que ambos colaboraban en *La Caricatura*
y escribían piezas que ellos mismos representaban con otros amigos.
(Manuel H. Guerra, *op. cit.,* pág. 37).

En 1933, cerrado ya el ciclo de sus obras originales, los Ma-

---

[12] Según textos citados por Manuel H. Guerra en su libro *El teatro de
Manuel y Antonio Machado,* Madrid, edit. Mediterráneo, 1966, la pieza fue
compuesta en 1928, *apud* «Prólogo» de Manuel Machado escrito por éste para
la edición de la Col. Austral, 1947; en cambio, según carta de Joaquín Machado, fue terminada en 1935. En la misma carta se afirma que Manuel no
alteró en nada el original de *El hombre que murió en la guerra,* al menos
en el texto de la obra publicado por Espasa-Calpe Argentina, en 1947 (ver
op. cit., págs. 154 y 189). Según Manuel Tuñón de Lara, «parece que la obra
ya estaba terminada —y no solamente abocetada— en 1937, según me comunica Max Aub. Siendo éste secretario del Consejo Nacional de Teatro, don
Antonio se puso de acuerdo con él para la puesta en escena de la obra
que, por circunstancias diversas, no llegó a tener lugar» *(Antonio Machado,
poeta del pueblo,* Barcelona, edit. Nova Terra, 1961, págs. 191-192).
[13] Ver Manuel H. Guerra, *op. cit.,* págs. 60-73, que cita también *Hay verdades que en amor...,* *La niña de plata* y *El perro del hortelano,* de Lope
de Vega. Tuñón de Lara cita, a su vez, esta declaración de Antonio Machado
hecha a *La Voz de Madrid,* de París (8 de octubre de 1938): «Mi labor teatral
se ha desarrollado a partir del año 1924. Comenzó por unos arreglos del teatro
antiguo y por una traducción del *Hernani,* de Víctor Hugo. Después, en producción ya original, el *Julianillo Valcárcel,* que, por cierto, estrenó María Guerrero en su último beneficio; *Juan de Mañara, Las Adelfas, La Lola se va a los
puertos,* que es la que mayor éxito ha tenido, y, por último, ya proclamada la
República, *La prima Fernanda* y *La duquesa de Benamejí,* estrenada por Margarita Xirgu» *(op. cit.,* págs. 187-188). Como se ve, no hace mención de *El
hombre que murió en la guerra.* ¿Quizá por no haber sido estrenada y carecer
de existencia escénica?

chado escriben unas respuestas a un diario madrileño que había organizado —escribe Pérez Ferrero— «una encuesta sobre el teatro español», respuesta que —según el citado crítico— «constituye un verdadero manifiesto» [14]. He aquí algunos puntos que pueden indicarnos las ideas que sobre el teatro tenían los hermanos Machado.

Es el teatro un arte de tradición, de trucos tardíos, que maduran muy lentamente (pág. 169).

Lo que el porvenir más inmediato aportará a la escena es una reintegración de acción y diálogo, una nueva síntesis de los elementos constitutivos del drama... (pág. 170).

El diálogo, por otra parte, tiende a enseñorcarse del teatro; pero divorciado de la acción, pierde su valor poético, aunque conserve alguna vez su valor didáctico... (pág. 170).

En el hábil manejo de estas dos formas dialécticas: la que nos muestra el tránsito de unas razones a otras y la que nos revela el juego dinámico de instintos, impulsos, sentimientos y afectos, estriba el arte nada fácil de dialogar (pág. 171).

El teatro volverá a ser acción y diálogo; pero acción y diálogo que respondan, en suma, al conocimiento de lo humano, que ha sido posible hasta ahora (pág. 171).

En *El gran climatérico* se aboga por el restablecimiento del monólogo y el aparte:

De este modo —decía Mairena— se devuelve al teatro parte de su inocencia y casi toda su honradez de otros días. La comedia con monólogos y apartes puede ser juego limpio; mejor diremos, juego a cartas vistas, como en Shakespeare, en Lope, en Calderón. Nada tenemos ya que adivinar en sus personajes, salvo lo que ellos ignoran de sus propias almas, porque todo lo demás ellos lo declaran, cuando no en la conversación, en el soliloquio o diálogo interior, y en el aparte o reserva mental, que puede ser el reverso de toda plática o interloquio (*Obras completas,* págs. 1057-1058).

Y también en *Juan de Mairena (Obras completas,* pág. 1064):

Lo dramático —añadía Mairena— es acción, como tantas veces se ha dicho. En efecto, acción humana, acompañada de conciencia y, por ello, siempre de palabra. A toda merma en las funciones de la palabra corresponde un igual empobrecimiento de la acción.

---

[14] Ver Miguel Pérez Ferrero, *Vida de Antonio Machado y Manuel,* Buenos Aires, Espasa-Calpe, 1952, Col. Austral, núm. 1135, pág. 169. El «manifiesto» se reproduce en págs. 169-173. Citamos por Pérez Ferrero. Lo ha reproducido también Manuel H. Guerra, *op. cit.,* págs. 184-187. Este autor reproduce también el texto de Antonio, *El gran climatérico* (en *Juan de Mairena, Obras completas* de Manuel y Antonio Machado, Madrid, Plenitud, 1962, págs. 1057-1061).

Juzgamos de gran interés, escritas como fueron en los años 30, las ideas machadianas sobre el teatro, especialmente sobre la acción dramática y sobre la función del monólogo y del aparte. Nos parece, además, aún más interesante el que Antonio Machado hubiera adivinado, al menos a nivel teórico, la necesidad de intentar lo que él llama «la comedia no euclidiana de "n" dimensiones», distinta de la «comedia cúbica», es decir, de la comedia de espacio cerrado al modo del teatro de escena a la italiana. Tal empresa no la acometieron en España los hermanos Machado, cuyo teatro se mantiene dentro de los límites del teatro tradicional, sino, como ya veremos en el próximo capítulo, un dramaturgo de muchísima mayor importancia: Valle-Inclán. En su teatro, los hermanos Machado no sobrepasaron un discreto término medio, pues ni siquiera llegaron a realizar en la obra teatral sus ideas dramáticas. En ninguna de sus piezas encontramos, en efecto, realizada esa relación dialéctica de acción y diálogo, a que se referían los Machado en sus declaraciones, como tampoco encontramos conseguida, a nivel teatral, la función dramática que asignaban al monólogo y al aparte. Éste, especialmente, aparece utilizado bastante sistemáticamente en casi todas las piezas, pero de modo muy insuficiente e inadecuado para producir el efecto dramático deseado. Prueba de ello, para no citar más que un solo ejemplo, son las conversaciones entrecortadas de los personajes en *La Lola se va a los puertos* (acto I, esc. XI, *Obras completas,* pág. 471) y el exceso de explicaciones que sobre el carácter de los personajes y sobre el sentido de sus palabras dan los autores en largas acotaciones, en lugar de reflejar carácter y sentido mediante la acción y el diálogo. Explicaciones que ayudan al lector, pero de ningún modo al espectador. Con demasiada frecuencia se encomienda al arte mímico y de expresión gestual del actor aquello que debiera expresarse dramáticamente en la palabra-situación del personaje. Entre la intención puesta en acotación y lo que realmente dicen y hacen las personas dramáticas hay un desnivel insalvable, cuya consecuencia es cierta falta de claridad. Ya Díez-Canedo aludía a lo mismo, aunque muy discretamente, en su crítica de *Las Adelfas* [15]. También hay que señalar que, en bastantes ocasiones, la acción dramática sea sustituida por la narración que de ella hacen los otros personajes, quienes explican así cambios fundamentales en el carácter de los protagonistas, sin que éstos se muestren dramáticamente. El ejemplo más claro de tan antidramática situación se encuentra sin duda en *Juan de Mañara*.

En *Desdichas de la Fortuna...* se dramatiza la historia de Julián

---

[15] *Op. cit.,* pág. 145. Las críticas sobre las obras de los Machado ocupan las páginas 137 a 157.

Valcárcel, hijo bastardo del Conde-Duque de Olivares, que, legitimado por éste, y confinado en la Corte, no sabe acomodar su carácter —su amor a la libertad y a la autenticidad— a su nueva e impuesta circunstancia, y morirá en escena herido de nostalgia.

Juan de Mañara, cuya acción transcurre en pleno siglo xx, es la historia de la conversión de Don Juan, quien al encontrarse con una de sus víctimas en un abismo de degradación moral, emprenderá la empresa de salvarla. Como dice un personaje —el pintor Esteban—: «no ha sido una calavera / quien lo convirtió; acuciado / de inquietudes más modernas, / fue la conquista de un alma / quien lo apartó de la Tierra». También Don Juan morirá en escena como Julián Valcárcel, acompañado de la esposa y de la amante.

Las Adelfas, pese a su falta de éxito, y en contra de la opinión de otros críticos, nos parece una de las más interesantes piezas de los Machado. Ya Díez-Canedo veía en ella «la obra de mayor empeño que han acometido hasta aquí» *(op. cit.,* pág. 143). El tema fundamental es el pasado, cuya investigación emprende la protagonista —la duquesa Araceli— en busca de la verdad: ¿por qué se mató su marido? ¿Quién fue éste en realidad? ¿Por qué no se amaron? Araceli se salvará, al final, del hechizo destructor de ese pasado, gracias al amor, por fin verdadero, de Salvador, cuya función en el drama corresponde a su nombre, pero cuya intervención tiene mucho de *deus ex machina.* En la obra nos parece ver, en desacuerdo con Tuñón de Lara, una intervención mayor de Antonio, especialmente por la importancia del tema del sueño, del recuerdo, del espejo [16] e, incluso, del psicoanálisis.

La Lola se va a los puertos fue el gran éxito teatral de los Machado. Situada en ambiente andaluz, es lo mejor de ella su protagonista, encarnación del espíritu de la copla andaluza, del cante hondo. La acción, montada principalmente sobre el conflicto entre el padre y el hijo, rivales en el amor a la Lola, nos parece un tanto elemental e incluso convencional, y simple pretexto para dar existencia escénica a la figura ideal de la Lola, puro y hondo símbolo del cante, «eterno y fugaz al mismo tiempo», en frase acertada de Díez-Canedo. Suscribimos por entero estas líneas del mismo crítico:

> La poesía de que todo eso (los celos y la abnegación de Lola y de Rosario) es signo, corre más honda; es la poesía misma, y su poderío, que todo lo transfigura, el tema de la comedia nueva de Manuel y Antonio Machado. Sus versos, que ya tienen un empaque-sentencioso, ya un largo vuelo lírico, ya un sustancial donaire, parecen fluir de

---

[16] «...sólo quiso/espejo donde borrarse. El que se quiere perder/—recuerdo que me decía—/busca siempre a la mujer. Gracias, Petenera mía» *(Obras completas,* pág. 429).

manantiales populares, y son fieles a su alcurnia —la más encumbra-
da— con una elegancia, una serenidad, un dominio de la expresión
tales, que en ningún momento la transparencia se enturbia, y siempre
la mirada puede llegar hasta el fondo (*op. cit.,* págs. 149-150).

Con *La prima Fernanda* abordan la comedia de tema político, siguiendo el modelo tradicional de la comedia de figurón, pero sin
conseguir integrár tema y lenguaje. Ya Díez-Canedo se preguntaba
si no hubiera valido más sustituir el verso, «que tiene calidades de
prosa» por la «prosa verdadera» (*op. cit.,* pág. 153). También Manuel H. Guerra, que se esfuerza en su libro por mostrar —sin que
nos convenza— el valor y la importancia del teatro de los Machado,
piensa que «si la comedia se hubiera escrito en prosa los autores se
hubieran salvado de esta incongruencia» (*op. cit.,* pág. 135).

La duquesa de Benamejí, historia del trágico fin de los amores
de un bandolero generoso y de noble carácter y de una duquesa que
sabe saltar por encima de las convenciones sociales para unirse al
hombre que ama, es un drama de sabor romántico montado sobre
una intriga fecunda en lances. Escrita en prosa y verso, como el *Don
Álvaro,* se pasa de la una al otro sin razón dramática que lo justifique, dándose el caso de que un personaje comience a hablar en verso
y termine hablando en prosa.

En *El hombre que murió en la guerra* enfrentan los autores dos
ideologías, la clasista y reaccionaria de Don Andrés de Zúñiga, y la
liberal y humanista de su hijo Juan, que «murió en la guerra» para
renacer convertido en el hombre nuevo, fundado en el amor a la
verdad y a la libertad que opondrá a todos los mitos nacionales
huecos y sin sustancia. De la obra interesa el juego de las ideas, las
«sentencias», pero no el drama, que no llega a cristalizar en conflicto, quedándose en discurso y debate.

No es el teatro poético de los Machado ni valioso como drama
ni grande como poesía. Siendo Antonio Machado el más grande poeta de su tiempo y uno de los más hondos de nuestra lírica, y siendo
Manuel un excelente poeta, en el teatro de ambos ni innovaron ni
renovaron, ni, manteniéndose dentro de una concepción tradicional
del teatro, crearon una forma dramática valiosa en sí. Por ello no
pensamos con Manuel H. Guerra que ocupen un puesto importante
«entre los principales dramaturgos de los primeros cuarenta años del
siglo xx» (*op. cit.,* pág. 174).

Suele citarse en relación con el teatro poético anterior a los años
30 el nombre de Goy de Silva (1888-1962). Tres obras dramáticas
conocemos de este autor gallego: *La Reina Silencio, La corte del*

cuervo blanco y *Sirenas mudas,* esta última estrenada por Margarita Xirgu en 1925. El prólogo que Jacinto Grau escribió para la edición de *La Reina Silencio* (Madrid, Imp. Artística de Sáez Hermanos, 1925), nos lo presenta como una especie de «raro», como —cito— «el poeta del ensueño y del desdén» y su estética como «esotérica». *La Reina Silencio* es una especie de poema dramático lírico-simbólico en prosa un si no es preciosista, en el que se nos invita a penetrar en el misterio de la Muerte, que no es «la muerte descarnada y calva, tal como nos la revelan los visionarios ascetas», sino «la amante sublime que nos acoge allí donde todos nos abandonan... la sirena de los cantos de esperanza..., que nos besa en la boca fría, cuando no pronuncia ya más que frases de silencio...» *(ed. cit.,* página 15), según advertencia preliminar del autor. La obra apenas si alcanza a tener estructura dramática y su simbolismo es de una inefable infantilidad. Idéntica ausencia de drama y semejante ingenuidad poética pueden predicarse de la segunda pieza citada.

En cuanto a *Sirenas mudas,* también en prosa, sólo forzando mucho la mano y con un exceso de buena voluntad puede incluirse bajo la rúbrica de teatro poético. En realidad es un drama decadente, con personajes de enfermiza sensibilidad, cuyo ambiente resulta de un cruce de Echegaray con D'Annunzio. De este último elige Goy de Silva un texto que le sirva de lema, y que comienza así: «E necessario ripetere ancora che nello spazio scenico non puo aver vita se non un mondo ideales?»

No conocemos otros dramas del autor, como *El Eco,* estrenado en 1913, ni *La cena de las damas enmascaradas, Catalina de Aragón, La sombra de la esfinge* o *La abadesa negra* anunciados como «en preparación» en la lista de obras de Goy de Silva que va al final de la edición de *Sirenas mudas* (Madrid, Sociedad General Española de Librería, Diarios, Revistas y Publicaciones, 1925).

Capítulo III

Innovadores y disidentes

I. Unamuno (1864-1936) y sus dramas esquemáticos

La obra dramática de Unamuno consta de nueve dramas y dos
piezas menores, *La princesa doña Lambra* y *La difunta,* ambas de
1909, a las que su autor denomina, respectivamente, farsa y sainete.
Los dramas están escritos, excepto el último, por parejas, en cuatro
momentos cronológicos: 1898-1899 (*La esfinge* y *La venda*), 1910
(*El pasado que vuelve* y *Fedra*), 1921-1922 (*Soledad* y *Raquel encadenada*), 1926 (*Sombras de sueño* y *El otro*), y 1929 (*El hermano
Juan o el mundo es teatro*). A esta nómina hay que añadir una temprana incursión de Unamuno en el teatro, el sainete *El custión de
Galabasa* (1880), que nos ha llegado incompleto, y una versión de
la *Medea,* de Séneca, escrita en 1933 y representada en junio de ese
mismo año por Enrique Borrás y Margarita Xirgu en el teatro ro-
mano de Mérida. Fue ésta la única vez que Unamuno vio representada una obra suya a poco de haber sido escrita [1].

Dentro de la rica, contradictoria y compleja producción unamuniana no fue su teatro creación marginal ni esporádica ni ancilar,
sino fruto de una dedicación persistente, aunque cortada por siste-
máticos silencios, debidos no solamente a razones internas en el proceso de su creación literaria, sino, en buena medida, a la falta de
aceptación por parte de las compañías teatrales, para quienes ese
teatro, en cuanto a forma y contenido, resultaba extraño y francamente problemático por lo que a éxito comercial se refiere. Basta
leer el Prólogo del profesor García Blanco a su edición del *Teatro*
de Unamuno, en donde nos da pormenorizada noticia de los. avatares de cada una de las piezas, para darnos cuenta de los siempre in-
fructuosos resultados de las gestiones de Unamuno para estrenar sus

---

[1] Ver Manuel García Blanco, «Prólogo» al t. XII de *Obras completas*
de Unamuno, Madrid, Afrodisio Aguado, 1958. Siempre que citemos de este
tomo, pondremos entre paréntesis la página a continuación del texto citado.

piezas. No es extraño que Unamuno, quien repetidamente había escrito en distintos tonos: «Todo drama que es, como drama, bueno para ser leído, es mejor para ser representado, y si no, no es drama» (página 85), se desanimara, aunque sin apearse nunca de su concepción del teatro, al ver que sus dramas no subían a los escenarios, pese a los numerosos intentos que para ello hacía. En 1913 escribía, después de un nuevo fracaso para estrenar: «Mis batallas en el teatro merecerán todo un capítulo. Tengo tres dramas, dos en tres actos y uno en una [La venda]. Y lucho con cómicos y danzantes... Mas por mi parte les he hecho saber que no escribo a la medida de sus gustos o de sus habilidades. Para esta labor de confección dramática, ahí está Marquina, que recorta papeles a la medida y talla de la Guerrero» (pág. 71). Dos años antes, refiriéndose a *Fedra* escribía: «He querido —lo afirmo— hacer una obra de pasión, de que nuestro teatro contemporáneo anda escaso... El supremo y soberano ingenio de nuestra dramaturgia contemporánea [Benavente] es demasiado ingenio tal y en todo caso casi *apatético*» (pág. 88). En 1918, a raíz de la representación de *Fedra* en el Ateneo de Madrid, escribe unas cuartillas en las que, dolido de la mala fortuna que esta tragedia y sus otras obras dramáticas han tenido en cuanto a subir a las tablas se refiere, encuentra dos tipos de razones que la explican: «Razones externas al arte y otras internas a él.» Las primeras son: que no forma parte «del cotarro de lo que se llama por antonomasia los *autores*» ni está dispuesto «a perder el tiempo en saloncillos y otros lugares análogos» para conseguir que le estrenen; que ni sabe ni quiere saber «escribir papeles, y menos cortados a la medida del tal actor o actriz». La misión del dramaturgo, tal como él la entiende, no es cortar papeles, sino «crear personajes —o más bien, personas, caracteres», siendo «los actores o actrices los que en buena ley del arte deben doblegarse al carácter dramático», y no viceversa. Por otra parte, hay también un problema de educación del público y un problema de falsa concepción del arte dramático. El conflicto entre el arte dramático y el arte teatral, entre la literatura y la escénica» determina que se sirvan «dramas literariamente detestables, estragando su (el del público) gusto». Por ello, concluye Unamuno, «hay que educar al público para que guste del desnudo trágico» [2]. Estas razones externas muestran el total desacuerdo, más aún, la incompatibilidad de Unamuno con los usos teatrales vigentes. Pero, a su vez, tales razones son consecuencias de lo que él llama

---

[2] «Exordio» a Fedra, XII, págs. 400-404. Los textos unamunianos que tratan de su teatro o del teatro en general son abundantes, y no nos es posible aquí glosarlos ni hacer referencia a todos ellos. Ver a este respecto el capítulo XIII del libro de Andrés Franco *El teatro de Unamuno*, Madrid, Ínsula, 1971.

razones internas, y que no son sino presupuestos de su propia concepción del teatro. El elemento fundamental de esta concepción de la obra dramática, de valor claramente estructurante, puesto que determina *ab initio* la estructura de la pieza dramática, es el que Unamuno llama «desnudez» y que encontramos tanto a nivel de la palabra como al nivel de la técnica de composición o de la acción. En realidad, vemos en esta desnudez una auténtica *categoría estética,* específica de la totalidad de la obra unamuniana, raíz de la forma propia e inconfundible de los géneros literarios cultivados por Unamuno: novela, poesía y teatro. En este último género, que es el que aquí nos interesa, la desnudez determina y condiciona: 1) la supresión de lo que él llama «perifollos de la ornamentación escénica», es decir, decorados, trajes, utillería y cualquier tipo de efecto escénico que no dependa directamente de la palabra y de la acción; 2) economía de la palabra dramática por supresión de todo ornamento retórico y de todo rodeo oratorio; 3) reducción de los personajes al mínimo; 4) reducción de las pasiones a su núcleo, y 5) esquematismo de la acción.

En esa desnudez se cumple, pues, un fenómeno de reducción estética, que en Unamuno adopta el carácter de una vuelta plenamente consciente a la fuente poética del drama, es decir, al teatro como poesía dramática que nada tiene que ver con el llamado «teatro poético»[3]. Es por esa desnudez, estrechamente ligada al teatro como poesía dramática, sin entrar ahora en el valor de su *realización* teatral, de que hablaremos en seguida, por lo que Unamuno tiene derecho a ser situado en la corriente del teatro europeo en la que figuran, cada uno con sus caracteres específicos, la obra dramática de Claudel, Eliot, Anderson, Cocteau, Giraudoux, parte de Anouilh, etc... Lo importante del teatro unamuniano, desde el punto de vista de la historia del teatro occidental contemporáneo, es que su concepción del teatro como poesía dramática le lleva a desbordar el provincianismo psicológico del teatro español de comienzos de siglo, poniéndole en órbita de estricta contemporaneidad. Por ello, lo radical no es su vuelta a los mitos trágicos clásicos, en la que los críticos

---

[3] En el «Exordio» a su Raquel escribe Unamuno: «La acción, el drama de esta tragedia quiere aparecer aquí desnuda, sin prolijo ropaje que la desfigure. Es poesía y no oratoria dramática lo que he pretendido hacer. Y esto me parece que es tender al teatro poético y no ensartar rimas y más rimas, que a las veces son son sino elocuencia rimada, y de ordinario ni aun eso.

Teatro poético no es el que se nos presenta en largas tiradas de versos..., teatro poético será el que cree caracteres, ponga en pie almas agitadas por las pasiones eternas y nos las meta al alma, purificándonosla sin necesidad de ayuda, sino la precisa de las artes auxiliares» (págs. 402-403). Me permito sugerir la lectura o relectura atenta del ensayo unamuniano de 1896, «La regeneración del teatro español», especialmente las últimas páginas.

unamunianos encuentran una ocasión para señalar su papel de precursor o de adelantado. La vuelta a los mitos trágicos clásicos y la transposición que en sus contenidos realiza, no es sino consecuencia y efecto de esa categoría de la desnudez, central en su dramaturgia.

Dicho esto, que nos parece importante, es necesario poner de relieve el fracaso de la dramaturgia unamuniana por defecto en el plano de la realización estrictamente dramática. El teatro de Unamuno se queda, por así decirlo, en conato de teatro, por exceso de reducción formal. En él encontramos, en efecto, conflicto de pasiones y pasiones intensas, concentradas, *páthos* (frente al apatetismo que él denunciaba en Benavente), clímax, caracteres, palabra tensa y acción intensa, fundamentalmente interior; pero tanto las pasiones como los caracteres, la acción y la palabra son esquemáticos, sin suficiente encarnadura dramática y, por ende, sin bastante instalación en la realidad plenamente carnal, necesaria a la ilusión teatral. No encuentro mejor definición del drama de Unamuno que la de *drama esquemático,* pues, en efecto, el dramaturgo Unamuno no recorre entero el camino que va del esquema dinámico de la acción a la realización teatral de ese esquema, es decir, no cumple las operaciones propias a la creación dramática que permiten al esquema convertirse en pieza teatral. A este respecto me parece inexcusable no citar un texto en el que baso mis palabras. Se trata de un texto de Henri Gouhier, quien en su libro *La obra teatral*[4], meditando sobre la función de la intriga, escribe:

> Desde el esquema hasta la pieza, desde la historia esbozada en el esquema hasta la historia vivida en la pieza representada, el trabajo creador avanza mediante complicaciones sucesivas que a veces no respetan el dispositivo original... Un esquema, aunque sea dinámico, no es más que un esquema, y la vida es muy otra que un esquema que se ha ampliado: de ahí —en el curso de esa creación continua que es su desarrollo, en ese trabajo de invención vuelto hacia lo concreto—, la intervención de peripecias que, consideradas debidamente, no parecen esenciales a la acción, pero lo permiten durar y exteriorizarse, disimular su lógica mediante giros imprevistos, enlazarse y desenlazarse a través de cierto número de escenas, tomar a la vez forma y existencia históricas en el tiempo de los relojes. ¿No tendría la intriga por función asegurar el paso del drama esquemático al drama real, es decir, *realizado* y por consiguiente *realizable* en la representación?

He ahí el problema del teatro unamuniano. Unamuno llevó a tal grado el proceso de denudación dramática que, no sólo suprimió, por reducción, los elementos puramente materiales del drama, lo

[4] *La obra teatral,* Buenos Aires, Eudeba, 1961, págs. 79-80.

cual no hubiera tenido importancia, sino que cometió el error de reducir al máximo la función, propia y necesaria a la plena realización dramática, de la intriga, con lo cual no consiguió sino crear puros dramas esquemáticos, es decir, dramas no realizados suficientemente como tales dramas.

A esta insuficiencia de realización dramática hay que añadir el carácter de prosa dialógica, intelectual, pese a su ritmo entrecortado y acezante, de la palabra de los personajes unamunianos, que confiere al diálogo un insobornable aire de diálogo de ensayo, y que hace detonar las fórmulas y expresiones coloquiales, frecuentemente utilizadas por los personajes, las cuales, en lugar de dar naturalidad a la expresión dramática, se la restan, dejando la impresión de «añadidos» o «postizos» por su antagonismo con el carácter de la prosa unamuniana [5]. Lo que de unamunesca tiene esa prosa estorba, precisamente, lo que tiene de palabra dramática. En ese difícil nivel de la palabra, en tanto que palabra de unos personajes, máximamente situada, es decir, con raíz no sólo en un individuo dramático, sino, sobre todo, en una situación desde la que el personaje dice, los *dramatis personae* de Unamuno padecen fuerza por parte de su propio autor, pierden autonomía, dejan de reflejarse a sí mismos, de vivirse a sí mismos para no ser sino reflejos del único personaje: don Miguel de Unamuno. Es decir, la palabra de Miguel de Unamuno-autor, protagonista —agonista y conciencia única—, se impone posesivamente a la palabra de sus personajes, impidiéndoles *ser,* dramáticamente, por la palabra. De ahí, sin entrar todavía en el contenido de ese teatro, mas permaneciendo en el nivel de la palabra, esa ausencia de «tú» en muchos diálogos unamunianos. En realidad, hay un monologuista al cual se supedita el otro o los otros, como eco o quiebro. Sus personajes, más que personajes dialogantes, son mono-dialogantes, y sus diálogos, monodiálogos, para utilizar una expresión de Unamuno.

Del mismo modo, las ideas, que fundan la riqueza de contenido de la dramaturgia unamuniana, no llegan a total formulación dramática, no se realizan como acción, no se integran plenamente al mundo propio del drama, sino que se enquistan en él determinando esa falta de engarce dramático entre símbolo y acción. O dicho de otra manera, las ideas unamunianas no cuajan en situaciones ni actúan como motor de la acción.

Todo ello puede verse de manera patente en *La venda* y en *El*

[5] Ver Lázaro Carreter, «El teatro de Unamuno», *Cuadernos de la Cátedra Miguel de Unamuno,* VII, 1956, págs. 5-29, y Guillermo de Torre, «Triedro de Unamuno. I. Su teatro», en *La difícil universalidad española.* Madrid, Gredos, 1965, págs. 200-224.

6

pasado que vuelve, los dos dramas más deficientes, en tanto que *dramas,* de Unamuno.

La venda es un drama simbólico, en estrecha relación con la crisis religiosa que padeció Unamuno en 1897. Es una pieza en un acto dividido en dos cuadros. En el primer cuadro dos hombres, Don Pedro y Don Juan, hablan de la verdad, de la verdad que es vida, según uno, o de la vida que es verdad, según el otro, defendiendo cada uno de ellos una vía distinta de acceso a la verdad: la fe y la razón. Su debate —pues de debate se trata— es interrumpido por la irrupción de María, que pide un bastón para poder encontrar su camino y poder llegar a la casa del padre que agoniza. De la identidad de María nos enteramos por el diálogo de su criado y de una vecina: María, ciega de nacimiento, ha recobrado la vista gracias a una operación, pero, vidente ya, la visión de las cosas no le deja ver el camino, y se venda los ojos para encontrarlo. La relación del personaje María con el tema del debate de los dos hombres es clara. La fe permite encontrar el camino que la razón no encuentra: el camino a la casa del padre. En el segundo cuadro nos encontramos en la casa del padre. Además de éste aparecen dos personajes nuevos: José, marido de María, y Marta, su hermana. Los caracteres de Marta y María y su significado como pareja complementaria y, a la vez, en oposición, proceden de los personajes evangélicos del mismo nombre. El núcleo dramático de este cuadro lo constituye el miedo de María a quitarse la venda para ver al padre, pues es en la oscuridad donde ve mejor al padre, donde en verdad lo ve. Cuando al final, Marta le quita brutalmente la venda, María ve al padre, pero muerto. Y el drama termina con estas palabras de María: «...¡Padre!... ¡La venda, la venda otra vez! ¡No quiero volver a ver!» El único modo de recuperar al Padre, de encontrar vivo a Dios, es negándose a ver con los ojos de la razón, vendándoselos para verlo en la oscuridad de la fe. Final desolador, puesto que la solución estriba en la aceptación de un absurdo, insuficiente a la postre: la negación del vidente a ver, la vuelta al antes de la visión. Es decir, una regresión a la fe infantil, a todas luces deficiente.

El análisis de los temas de este drama, conectados con los temas mayores de Unamuno y con la crisis religiosa de 1897, es una tarea apasionante, así como también lo es la interpretación de su contenido simbólico. Pero *La venda* no es sólo una constelación de temas ni de símbolos, sino, primordialmente, una pieza teatral, un drama. ¿Temas y símbolos están dramáticamente realizados? [6] Preciso es

---

[6] No nos ha parecido conveniente —e ignoramos si nuestra decisión es o no acertada— hacer depender el entendimiento del teatro unamuniano del conocimiento previo de las ideas de Unamuno, refiriendo constantemente, como único procedimiento analítico, la problemática y el sentido propios de cada pieza

afirmar que no. El debate entre Don Pedro y Don Juan, aunque conectado con el resto del contenido en el nivel de las significaciones, no lo está en el nivel puramente dramático, y ambos personajes, como tales personajes, carecen de función dramáticamente necesaria y, por eso mismo, desaparecen de escena, extraños como son a la acción, de la que están absolutamente desconectados. Ambos personajes no son más que actitudes mentales, concreciones de una idea-conflicto, pero no están «situados» en la acción. Del mismo modo, otros dos personajes del cuadro primero, la criada y la señora Eugenia, son simples expositores, puros instrumentos de información, que se dirigen, primordialmente, al público para que éste entienda qué le pasa o, mejor, qué le ha pasado a María, pero no personajes en el interior de un mundo dramático. El diálogo entre esas cuatro figuras muestra la falta de puentes comunicantes entre ellos, manifestativa de la radical condición incomunicante de los personajes. Igualmente Unamuno, centrado en la idea-conflicto, pero desatento a la realización dramática de esa idea, procediendo a esquematizar al máximo la acción, reduce a los personajes principales —María y el Padre— a puros signos, sin establecer, mediante diálogo y acción, las suficientes relaciones entre sus significantes y sus significados. Así, la pieza, en lugar de progresar desde el esquema de la acción hacia la acción misma, para llegar a ser drama cabal, permanece en puro estado de esquema. El espectador o el lector percibe, sin duda, la profundidad significativa del tema y de los símbolos, pero no su densidad de mundo dramático.

Basta comparar *La venda,* drama, con *La venda,* relato, sin que aquí nos importe la cuestión de precedencias [7], para darse cuenta de cómo Unamuno identifica, en términos formales, la dramatización de un tema con la simple reducción a esquema.

A principios de 1910 Unamuno está escribiendo *El pasado que vuelve,* y acerca de él escribe a un amigo: «En el drama en que

a la totalidad de la obra unamuniana y a su pensamiento. Cada pieza supone un mundo y unos personajes que lo constituyen, y todas juntas un universo dramático que debe ser suficiente en sí mismo. Traducir el sentido de este universo a la particular «mitología» unamuniana, tratar de explicarlo o interpretarlo a través de Unamuno, en función de Unamuno y mediante referencia continua a Unamuno, es negar, en el fondo, la suficiencia de sus dramas y, por tanto, la autonomía de su significación. A nosotros, aquí y ahora, nos interesa más el drama que lo unamuniano de cada drama, por muy apasionante que lo unamuniano nos parezca. Es al drama, y no a Unamuno y al resto de su obra, a quien hay que interrogar y de quien deben venir las respuestas. Si no hubiera más remedio que «traducir», es que el drama ha sido desbordado y destruido por lo unamuniano, sin importar en cada caso su profundidad.

· Ver Eleanor K. Paucker, «Unamuno's *La Venda;* Short Story and Drama», *Hispania,* XXXIX, 1956.

ahora trabajo, el protagonista, joven entusiasta, utopista y radical, hijo de un usurero, tiene en el primer acto veinticinco años y lucha con su padre, a quien echa en cara su sordidez e inhumanidad. Acaba marchándose a una revolución.

En el segundo acto tiene cuarenta y cinco años, es un desengañado escéptico y tiene un hijo en quien se reproduce su padre. El hijo le inculpa sus liberalidades y él dice que es para rescatar culpas del abuelo. En el tercer acto tiene setenta y cinco años y se ve reproducido en su nieto, que es la resurrección de su mocedad. Azuza al nieto contra su padre... Cada uno de los que vamos siendo mata al de la víspera. El viejo y el mozo se unen contra el padre, que reproduce a su vez al difunto bisabuelo. Son cuatro generaciones de cualidades alternantes» (pág. 79).

He ahí el esquema del drama, su guión argumental y temático contado con gran acierto por su propio autor. Si de la lectura de este esquema pasamos a la lectura del drama, nos encontramos con ese mismo esquema desarrollado, pero de ninguna manera con una realización dramática del esquema. Las relaciones entre los personajes, especialmente la relación paternidad-filialidad, en cada una de las cuatro generaciones no encarnan en situaciones, ni éstas, encadenadas con necesidad interna, dibujan una acción suficiente. De igual modo, la palabra de los personajes no brota de relaciones vividas en el interior de un mundo dramático, sino de las ideas de su autor, expresadas en el esquema citado, pero no sometidas a estructuración dramática. Cuando los personajes dejan de ser expresión de esas ideas, el diálogo muestra su radical oquedad dramática y sentimos que el autor acude a viejas fórmulas que recuerdan la gastada ideología de la «alta comedia» del XIX. En mucho mayor grado que en *La venda* Unamuno fracasa en la realización dramática de sus ideas, a pesar o, tal vez, a causa de que la fábula de este drama proceda de la misma circunstancia real salmantina, siendo su fuente la historia de una familia de Salamanca[8].

«Lo sensible —pensamos con Guillermo de Torre— es que nuestro autor, en trance de dramaturgo, al dejar de lado toda técnica adquirida, no se propusiera inventar otra nueva»[9].

Fedra y *Raquel*

Desde 1910, en que Unamuno se encuentra metido en la composición de su *Fedra,* tragedia desnuda, abundan las declaraciones

[8] Ver Emilio Salcedo, *Vida de don Miguel,* Salamanca, Anaya, 1964, página 173.
[9] Guillermo de Torre, *op. cit.,* pág. 203.

del autor sobre esta obra: «...he concebido el propósito de hacer una *Fedra* moderna, de hoy»; «...una *Fedra* moderna, cuya acción transcurre en nuestro tiempo. Del drama de Eurípides y del de Racine no tiene más que el argumento escueto, todo el desarrollo es distinto. La madrastra, Fedra, que se enamora de su hijastro, Hipólito, le solicita, es rechazada, le acusa al padre, su marido, de que fue Hipólito quien la solicitó, enemista a padre e hijo y acaba suicidándose»; «mi Fedra es cristiana. Creo haber hecho una obra de pasión»; «...es obra que no tiene aparato, de una simplicidad adrede exagerada. Seis personajes, en rigor tres, la misma decoración de una casa cualquiera para los tres actos, trajes del día, todo de una desnudez extrema»; «Una pasión en carne viva. La cosa es fuerte y recia»..., etc. [10]

Desde la primera escena Unamuno recalca el carácter enajenador de la pasión amorosa de Fedra:

> FEDRA: ¡Es que no soy yo, ama, no soy yo!
>
> EUSTAQUIA: ¿Pues quién?
>
> FEDRA: No lo sé; alguna otra que llevo dentro y me domina y arrastra... (pág. 410).

y su conexión con una fatalidad actuante en las hembras de su familia: la madre (pág. 410), la hermana, la abuela (pág. 466), sin que se nos aclare qué les sucedió en realidad. Sobre Fedra pesa esa fatalidad familiar transmitida en la sangre (pág. 466), fatalidad que Fedra no podía desviar ni vencer. Por otra parte, aunque de pasada, se identifica también como fuente de esta fatalidad a la providencia y al demonio (pág. 411), con lo cual Unamuno, profesor de griego y profundo conocedor de la tragedia griega, sitúa la raíz misma de la pasión amorosa en la perspectiva de la teología trágica de los clásicos griegos. ¿En qué consiste, pues, el cristianismo de la Fedra unamuniana? Ya Lázaro Carreter se había visto obligado a precisar que «puesto que la catástrofe es inexplicable con postulados cristianos..., la Fedra de Unamuno es una Fedra española, barroca. Una Fedra que trae muy a revuelta con sus pasiones los rezos e invocaciones a la divinidad» *(art. cit.,* pág. 20). Más que a la divinidad —habría que precisar— a la Virgen de los Dolores (páginas 410, 457, 458) y a Jesús («maestro del dolor», «que te dejaste matar para curarnos», pág. 459). La Fedra de Unamuno, más allá del cristianismo, no reconoce la culpabilidad de su pasión («¿Culpable? ¿Qué es eso de amor culpable? Si es amor no es culpable,

---

[10] Todos estos y otros textos pueden verse en el Prólogo citado de García Blanco, págs. 86-109.

y si es culpable»..., pág. 410) y entiende su muerte voluntaria a la vez como un crimen y un sacrificio (pág. 459). Culpables, en cambio, se consideran Hipólito («mi virtud, una virtud ciega, era egoísmo», «...no advertí cómo se caía y no la sostuve a tiempo, antes que la cosa no tuviese remedio», pág. 464) y Pedro, el marido («Fue la carne, ¡la carne maldita! ¿Será esto un castigo?», pág. 446). Será Pedro quien al final, después del suicidio de Fedra, exclamará: «¡Después de todo, ha sido una santa mártir! ¡Ha sabido morir!» (página 472).

La terrible pasión de Fedra, la calumnia levantada contra Hipólito, la agonía del personaje unamuniano será rescatada —última y única liberación— por su muerte, propuesta no como catástrofe ni como fracaso, sino como salvación y victoria. Esa salvación y esa victoria de Fedra por la muerte es, frente a la Fedra de Eurípides y de Racine, lo que define como personaje dramático a la nueva Fedra unamuniana.

En *Raquel encadenada* vuelve Unamuno a uno de sus temas constante: el de la maternidad frustrada, el del hambre de maternidad de la mujer sin hijos. Raquel forma parte de una larga familia de mujeres unamunianas, a las que se las encuentra en los cuentos, las novelas, el teatro, la poesía y el ensayo [11], es decir, en todos los géneros cultivados por Unamuno.

La pieza lleva como lema un texto del *Génesis* (cap. XXX, v. I): «Y viendo Raquel que no daba hijos a Jacob, tuvo envidia de su hermana y decía a Jacob: "Dame hijos, o si no me muero"» (pág. 662).

El acento trágico de este drama no está, sin embargo, en la esterilidad, pues Raquel no es estéril, sino víctima de su marido Simón, que no quiere hacerle hijos; Unamuno concentra la acción dramática en la conciencia del vacío total («la sima») que la protagonista se siente ser al no tener hijos. La no-maternidad no es, en efecto, algo que a Raquel le pasa, sino algo que se siente ser. Raquel es esa conciencia de vacío, vivida como la muerte de su ser. Sentirse ser «no madre», «no mujer», «no ser» es la entraña misma de este drama. Para salvarse de ese vacío Raquel se rebela y rompe las cadenas que la encadenaban al marido, pasando por encima de toda ley social. La Raquel encadenada se transformará así en Raquel desencadenada. El drama es la historia de su agonía, primero, y de su rebelión y final liberación, después.

---

[11] Ver Blanco Aguinaga, «La madre, su regazo y el sueño de dormir en la obra de Unamuno», *Cuadernos de la Cátedra Miguel de Unamuno*. VII. 1956, páginas 69-84; Iris M. Zavala, *Unamuno y su teatro de conciencia,* Salamanca, 1963, págs. 72-79.

Los dramas de la conciencia escindida

La esfinge y *Soledad* guardan entre sí profundas relaciones temáticas. Los temas se agrupan por parejas de conceptos opuestos: autenticidad e inautenticidad, vida pública y vida privada, gloria y paz, lucha y muerte, vida y paz, gloria y soledad... [12]. Ambos dramas son la encarnación de esas oposiciones temáticas. Los protagonistas de ambas piezas viven agónicamente un mismo conflicto: la lucha de una conciencia que busca realizar con plenitud su propio ser y cuya experiencia radical es la división interior. Al lado de cada uno de ellos se encuentra un personaje de muy semejante significación: la esposa sin hijos cuya maternidad frustrada la constituye como ser dramático. Frente a cada una de las parejas aparece un coro de personajes, distintamente individualizados en cada drama, pero portadores de idéntica significación: todos ellos encarnan el mundo exterior a la conciencia y exigen de los protagonistas que actúen en el mundo, es decir, representan la presión que, viniendo desde fuera, fuerza al protagonista a una decisión, a una elección. Lo que Unamuno muestra en estos dos dramas es la necesidad de elegir entre dos modos de ser y la trágica imposibilidad de elegir, o, mejor, la tragedia inherente a toda elección óntica, puesto que en la elección se pierde algo fundamental al ser «yo mismo», ya que a éste lo constituye la tensión dialéctica de los opuestos, es decir, lo uno y lo otro. Ser yo mismo es ser el uno y el otro, sin posible síntesis. Es esta imposibilidad de elegir sin destruir, de dar vida sin dar muerte, de ser sin dejar de ser lo que funda el contenido trágico del teatro unamuniano, cuya más intensa y mejor expresión dramática la conseguirá en *El otro,* su obra maestra teatral.

Nadie mejor que Unamuno, como antes he indicado, para dar el esquema de la acción de sus propios dramas. De *La esfinge* escribe: «Es la lucha de una conciencia entre la atracción de la gloria, de vivir en la historia, de transmitir el nombre a la posteridad, y el encanto de la paz, del sosiego, de vivir en la eternidad. Es un hombre que quiere creer y no puede; obsesionado por la nada de ultratumba, a quien persigue de continuo el espectro de la muerte. Está casado y sin hijos. Su mujer, descreída y ambiciosa, le impulsa a la acción; a que le dé nombre, ya que no hijos. Es un tribuno popular, jefe presunto de una revolución. Después de un gran triunfo

---

[12] Antes de darle por título *La esfinge,* Unamuno pensó en titular el drama *Gloria o Paz, La paz en la muerte* o *Paz de muerte, Paz en la muerte. Muerte de paz, ¡Yo, yo y yo!, La muerte y la paz, Lucha o muerte, O vida o paz, etc.* (ver García Blanco, Prólogo, *Obras completas,* XII, pág. 48).

oratorio, y cuando más esperan de él, quema las naves, renuncia a su puesto, escribiendo al Comité de salud pública una carta que no admite arrepentimiento; a consecuencia de esto, su mujer, después de tratarle como a un loco, le abandona; le abandonan los amigos, y se refugia en casa de uno, el único fiel, a buscar paz y fe. El día de la revolución las turbas descubren su retiro, van allá, le motejan de traidor, quiere contenerlas y cae mortalmente herido. Entonces reaparece la mujer, a la que pide que le cante el canto de cisne para el sueño que no acaba» (págs. 11-12).

La muerte de Ángel, el protagonista de *La esfinge,* no es más que una suspensión del conflicto, no su síntesis ni su solución, pues el conflicto es en sí insoluble, porque su vida consiste en agonía (=combate, en el sentido etimológico de ἀγων, que es el que Unamuno utiliza), la agonía de vivir, a la vez, sin posibilidad de exclusión de los dos términos, en la historia y en la eternidad, como «ser-para-sí» y «ser-para-los demás». La muerte es la expresión simbólica de un retorno a un imposible *antes* de la agonía que es identificado con un retorno a la infancia, al reino de la unidad perdida, tan hondamente arraigada en la historia personal de Unamuno.

Idéntico es el final de *Soledad.* Agustín halla el descanso en el sueño, pura suspensión, simple tregua de la agonía que le constituye, símbolo también del retorno imposible a la unidad perdida. Ni Ángel ni Agustín consiguen, en verdad, sobrepasar las oposiciones que los configuran y es en esa imposibilidad donde radica su esencia de personajes dramáticos y de símbolos. Cuando el telón cae no termina el drama, pues no ha habido auténtica conciliación entre los conceptos en oposición, como si Unamuno pretendiera que el drama terminara fuera del teatro, en el teatro interior de la conciencia de cada espectador. De esa manera el espectador deja de serlo para convertirse en algo así como co-protagonista o co-agonista del drama, del suyo propio. En efecto, Unamuno concibe de tal manera su teatro y lo constituye de tal forma que la persona del personaje y la del espectador no están separadas, sino radicadas en la misma unidad dramática. El escenario no existe, en rigor, como lugar físico, sino como espacio metafísico donde personaje y espectador están incluidos. El personaje se entrega a la muerte o al sueño sin haber superado la división interior, y es el espectador quien debe realizar la síntesis [13].

En *Sombras de sueño,* trasposición escénica de una novela corta publicada en 1920 con el título de *Tulio Montalbán y Julio Macedo,* vuelve a encarnar el conflicto de la conciencia como *doble.* De este

---

[13] Ya veremos de qué forma Buero Vallejo volverá a configurarla en su teatro, una de cuyas raíces arranca ciertamente de Unamuno.

drama escribía Unamuno en 1928: «El ambiente es lo primordial en esta obra... ambiente de isla, de esas islas que he recorrido luego, palmo a palmo, y dentro de cuyos cascarones he comprendido por primera vez en mi vida, la verdadera amplitud de la palabra "aislamiento"» (pág. 127).

El drama no responde a la intención de su autor, pues, justamente, lo no conseguido dramáticamente es el «ambiente». O, mejor, el ambiente de este drama no difiere del ambiente de sus otros dramas. En todos ellos es el aislamiento la cualidad radical que define el ambiente. Los personajes de *Sombras de sueño* viven en una isla, pero en una isla, la de la conciencia, viven también los otros personajes unamunianos. Las referencias constantes a «la mar» no pasan de referencias, sin que éste, el mar (o «la mar», como literariamente y harto artificiosamente se empecinan en llamarlo todos los personajes) llegue a cuajar en símbolo dramático. La relación de los personajes entre sí y con el mar, así como las relaciones entre las distintas situaciones no son relaciones dramáticas, sino entre ideas no cristalizadas en *dramatis personae*. Quienes hablan y actúan son las ideas unamunianas, previas al drama y nunca realizadas dramáticamente. Por ello, carecen de lógica y de necesidad interior dramáticas los cambios operados en los personajes. En cuanto a la palabra de éstos, como ya señaló Lázaro Carreter, contiene un exceso de literatura.

He aquí el esquema de la acción: Elvira vive junto a su padre y está enamorada de un hombre, Tulio Montalbán, cuya historia cuenta un libro. A la isla arriba Julio Macedo, en quien Elvira y su padre adivinan a Tulio Moltalbán. Julio confiesa ser el matador de Tulio. ¿Por qué? El misterio se aclara al final. Julio mató en sí a Tulio Montalbán, el héroe, para ser otro, un hombre nuevo. El amor de Elvira por el héroe del libro ha vuelto a dar vida a Tulio Montalbán, al otro yo que Julio no quiso seguir siendo. El conflicto entre el yo pasado y el yo presente, entre el héroe del libro y el hombre nuevo, acaba en el suicidio de Julio Macedo. Suicidio que, como la muerte de Ángel y el sueño de Agustín, es también signo de la imposibilidad de conciliación de la conciencia dividida.

El tema del *doble,* que explicita el drama de la conciencia escindida, que para Unamuno es, por excelencia, el drama del alma, alcanza su mejor formulación dramática, como ya antes indiqué, en *El otro,* «misterio en tres jornadas y un epílogo», como su autor lo titula.

De la *Autocrítica* [14] que aparece antepuesta al texto de la obra

---

[14] El profesor García Blanco señala en nota a pie de página (XX, pág. 81)

me parece oportuno citar tres párrafos. «Mas respecto al protagonista masculino de mi —"misterio" le he hecho llamar— *El otro,* me ha brotado de la obsesión, mejor que preocupación, del misterio —no problema—, de la personalidad, del sentimiento congojoso de nuestra identidad y continuidad individual y personal.» «Claro está que como en este "misterio" lo que importa es la verdad íntima, profunda, del drama del alma, no me anduve en esas minucias del arte realista de justificar las entradas y las salidas de los sujetos y hacer coherentes otros detalles.» «Esto me podrá restar algún público, pero me queda otro —¡el otro!—, el otro público. El de los que conmigo se arriman alguna vez al brocal del pozo sin fondo de nuestra conciencia humana personal, y de bruces sobre él tratan de descubrir su propia verdad, la verdad de sí mismo.»

La «obsesión del misterio de la personalidad», raíz confesada del drama, es la misma de donde le brotaron *La esfinge, Soledad* y *Sombras de sueño.* La diferencia entre *El otro* y los demás dramas citados no está en el tema, sino en su dramatización. En *El otro* Unamuno renuncia a todo arte realista, según lo dice y lo cumple; pero no así en los otros tres, en donde sólo renuncia a medias, sin llegar a liberarse del todo del realismo escénico, bien de manera contextual o por referencias explícitas o implícitas de los mismos personajes, bien por la presencia de personajes «realistas», como, por ejemplo, la Tía Ramona, la criada Martina *(La esfinge),* los amigos de Agustín y «la criada inevitable» *(Soledad),* Tomás y Rita, criados *(Sombras de sueño),* bien por la palabra misma de los protagonistas, llena de giros realistas, etc... En *El otro* no hay criados inevitables ni personajes tratados «realistamente», ni, por tanto, ruptura alguna del universo dramático en que los personajes —sólo seis— se mueven. Los seis personajes pertenecen al mismo mundo, el del misterio dramático, que nunca pierde la coherencia que le es propia. Unamuno concentra la acción, sin episodios dialógicos que la interrumpan ni quiebren su unidad, como sucedía en las otras piezas, desarrollando en intensidad, y no extensivamente, la situación básica del drama. Los personajes y su mundo, así como la totalidad de la acción, tienen valor de símbolo, pero sin que esta vez se produzca divorcio e inadecuación entre lo simbólico y lo dramático de personajes, mundo y acción. Como en los mejores *Autos sacramentales* de Calderón —permítaseme esta comparación—, símbolo y acción aparecen fundidos, de manera tal que lo simbólico es plenamente dramático y lo dramático esencialmente simbólico. De *El otro*

_____

que fue «dada a conocer por su autor en la prensa madrileña al ser estrenado este drama en 1932».

puede predicarse esto que Micheline Sauvage escribía del *Auto sacramental* calderoniano: «La dialéctica se ha hecho teatro. La articulación de las ideas se ha hecho juego escénico»[15].

La pieza teatral adopta la composición propia de una pieza «policíaca». Un hombre ha sido asesinado y los personajes están empeñados en la investigación del caso a fin de descubrir la verdad. El desarrollo de la acción está constituido por esa investigación. La pieza termina sin que los personajes —y con ellos el espectador— haya descubierto la verdad. Este tipo de composición propio de la «pieza policíaca», como es el caso de *Edipo, rey* de Sófocles, citado, y no en vano, por Unamuno en la *Autocrítica,* dota a la fábula teatral de un interés creciente que nunca desmaya e impide la antidramática intromisión de elementos episódicos. Unamuno ha encontrado esta vez el módulo teatral apto para la plasmación plenamente dramática del conflicto de la conciencia escindida, núcleo de su visión trágica del misterio de la personalidad. La mejor formulación del esquema de la acción de esta pieza unamuniana es, una vez más, la que hizo su propio autor: «Trato en él de uno de esos temas eternos, más interesantes aún que el del amor: el de la personalidad. Un hermano ha matado a su hermano gemelo: idéntico, exacto; tan exacto que él afirma que se ha matado a sí mismo. ¿Pero cuál de los dos es el muerto? ¿Quién es el malo? ¿Caín o Abel? Caín mató a Abel porque, de no hacerlo, Abel hubiera matado a Caín. Mi personaje, el asesino, plantea esta cuestión a un cuñado suyo: "Nos odiábamos desde chicos. Tú no sabes lo que es estarse viendo a sí mismo todo el día. Verse duplicado, ver materializados tus defectos. Llega uno a dudar si es el otro. Por eso lo maté. Pero él está dentro de mí. Me está haciendo sufrir horriblemente". Y, en efecto, el que asesinó acaba por matarse, dejando en pie la terrible duda, que perdura en el epílogo. ¿Quién era cada uno? Nadie lo sabe y, además, ¿qué más da? Cada cual que resuelva el misterio a su gusto y se conforme con la verdad suya e incompleta. Ninguno sabemos quiénes somos nosotros mismos y, sin embargo, vamos afirmando nuestra personalidad por el mundo»[16].

La obra que cierra el ciclo dramático centrado en el misterio de la personalidad es *El hermano Juan o el mundo es teatro,* en donde

[15] Micheline Sauvage, *Calderón, dramaturge,* París, L'Arche, 1959, pág. 66.

[16] Ver García Blanco, Prólogo cit., págs. 134-135. Ver también Guillermo de Torre, *op. cit.,* págs. 215-219; Carlos Clavería, *Temas de Unamuno,* Madrid, Gredos, 1952, págs. 93-122; Pedro Salinas, *Literatura española del siglo XX,* México, Antigua Librería Robredo, 1949, págs. 71-72; Armando F. Zubizarreta, *Unamuno en su «Nivola»,* Madrid, Taurus, 1960, págs. 301-311, y, sobre todo, Iris M. Zavala, *Unamuno y su teatro de conciencia,* Salamanca, Acta Salmanticensia, XVII, núm. 1, 1963, págs. 85-95. Ver Bibliografía en págs. 209-210.

Unamuno pone en acción escénica su interpretación de Don Juan, cuya esencia consiste en su genial capacidad de representarse a sí mismo, como escribe su autor en el largo prólogo que antepone al drama. En ese mismo prólogo critica Unamuno algunas de las diversas interpretaciones de Don Juan, dándonos, a su vez, su propia interpretación, que puede resumir la siguiente cadena de citas: «El legítimo, el genuino, el castizo Don Juan parece no darse a la caza de hembras sino para contarlo y para jactarse de ello.» «Lo que le atosiga es asombrar, dejar fama y nombre.» «Éste es Don Juan. Ser mirado, ser admirado y dejar nombre. ¡Dejar nombre!» «Don Juan quiere salvar el alma de la muerte. Y se la salva ella, Inés, su seducida, por amor.» «¿Por qué se enamoran de Don Juan sus víctimas?... Es que le compadecen. Le agradecen, ante todo, que se fije en ellas, que les reconozca personalidad, siquiera física, corporal... Hay vanidad en ello, regodeo de sentirse distinguida, la preferida, y de distinguirse así. Pero hay, además, y acaso sobre todo, compasión maternal...» «¿Y qué son las víctimas del Burlador sino sus hermanas de caridad?... Y he aquí por qué en esta mi reflexión del misterio de Don Juan sus mujeres aparecen hermanas y él, Don Juan, el Hermano Juan.» «Don Juan, aun sin saberlo, se buscaba en sus víctimas. No quería morirse sin más.» Finalmente, Unamuno, rechazando la interpretación de Don Juan como pura masculinidad «sin hombría y sin sentido de la paternidad» y, comparándolo con el zángano de la colmena, concluye: «¿O es que acaso no representará Don Juan lo... —lo, género neutro— lo que precede a la diferenciación de sexos?... No ambiguo, ni epiceno, ni común de dos, sino neutro. Y en último caso tal vez un medianero, un tercero, un celestino, o digámoslo con su nombre castizo: un alcahuete, de ordinario inconsciente» (págs. 866-882).

Lo representado en «la vieja comedia nueva», como la bautiza su autor, es menos una acción que una interpretación de un personaje mito. Por ello es, tal vez, la menos teatral de este grupo de piezas unamunianas, la menos teatro, en el más profundo y rico sentido de esta palabra. Don Juan no es ni siquiera un personaje de drama, sino la encarnación de una interpretación de Don Juan. Don Juan y sus mujeres no arrancan de sí lo que de personajes de ensayo tienen, no se liberan, para vivir un drama, de las ideas que les han hecho nacer. La pieza dramática no es más que el prólogo que la antecede, sino ese mismo prólogo vuelto a escribir en forma escenificada. Lo que puede interesar es, en todo caso, la interpretación unamuniana de Don Juan, pero no el Don Juan de Unamuno [17],

---

[17] Ver también Torrente Ballester, *Teatro español contemporáneo*, cit., páginas 174-179, y Armando F. Zubizarreta, *op. cit.*, págs. 312-316. Al contrario

por la simple razón de que éste no llega a existir de verdad sobre el tablado. Tal vez hubiera respondido mejor al propósito y a su realización subtitularla, como su mismo autor lo hace en el interior del prólogo, «*reflexión* dramática del misterio de Don Juan», en lugar de «vieja *comedia* nueva».

II. Valle-Inclán (1866-1936) y su teatro en libertad

> Valle-Inclán ha comprendido que el teatro psicológico es un disparate. (Pérez de Ayala, *Las Máscaras,* libro I.)

> Le théâtre, comme la parole, a besoin qu'on le laisse libre. (Artaud, *Le théâtre et son double.*)

1. El teatro de Valle-Inclán es, como totalidad, una de las más extraordinarias aventuras del teatro europeo contemporáneo y, desde luego, el de más absoluta y radical originalidad en el teatro español del siglo xx. Desde *La Celestina* y el teatro del Siglo de Oro no había vuelto a darse en España una creación teatral de tan poderosa fuerza ni de tan sustantiva novedad en forma y significado como la dramaturgia de Valle-Inclán. Esta dramaturgia —quiero recalcarlo enérgicamente— constituye en su sentido último y más profundo un auténtico acto revolucionario en la historia del teatro español contemporáneo y lleva en sí —y no siempre virtualmente sólo— las semillas de las nuevas vías abiertas al teatro actual. Constituye en su esencia la *invención de un teatro,* y no solamente un teatro más entre los otros. Por eso carece de sentido hoy, como ya señaló Buero Vallejo [18], preguntarse si Valle-Inclán fue o no dramaturgo y si son o no teatro sus piezas dramáticas. Tal pregunta, que estaba justificada en los años en que Valle-Inclán estrenaba o publicaba sus obras, y que podía justificarse quizá todavía hace unos años, me parece hoy totalmente injustificada, pues para ello sería necesario cerrar los ojos a la historia del teatro de nuestro tiempo. Para discutir tal cuestión haría falta situarse al margen de la actual estética teatral, al margen de la actual concepción del fenóme-

---

que nosotros, piensa Zubizarreta que «*El hermano Juan* está realizado con singular acierto técnico para revelar su mensaje y comprometer al lector» (página 314).

[18] A. Buero Vallejo, «De rodillas, en pie, en el aire», *Revista de Occidente,* IV, 1966, págs. 132-145.

no teatral, al margen de las nuevas formas de las categorías de lo dramático, mediante una absurda e innecesaria regresión a una estética y a unos conceptos críticos ya sobrepasados. Equivaldría a hacer una crítica neo-aristotélica del teatro español del Siglo de Oro, como ya sucedió, o una crítica neo-clásica del teatro romántico, como también sucedió [19].

2. La obra dramática de Valle-Inclán comienza en 1899 con un drama titulado *Cenizas,* adaptación teatral de un cuento publicado en su primer libro (*Femeninas,* 1895), refundido en 1908 con el título de *El yermo de las almas,* y se cierra en 1927 con *Sacrilegio* («Auto para siluetas») y el esperpento de *La hija del capitán* [20]. La evolución interna de ese teatro, para el que se han ensayado varios esquemas de clasificación, muestra una constante voluntad de renovación formal y temática y una insobornable vocación de ruptura, también formal y temática, con las distintas dramaturgias coetáneas del primer cuarto de siglo. El proceso que conduce desde los dos primeros dramas «decadentes» hasta la instauración del «esperpento» no es ni lineal ni unívoco. Valle-Inclán ensaya distintas vías de invención teatral, no sucesivas ni excluyentes, sino paralelas y entrecruzadas, lo cual hace inoperante, como ya señaló también Antonio Risco [21], toda clasificación cronológica de su obra dramática. Nos parece acertada la distinción que realiza Risco cuando escribe: «Valle-Inclán se esforzaba en actualizarse simultáneamente en diversas di-

---

[19] Para una consideración del arte teatral de Valle-Inclán, ver el trabajo de J. E. Lyon, «Valle-Inclán and the Art of the Theatre», *Bull. of Hispanic Studies,* XLVI, 1969, págs. 132-152. Aparecido bastantes meses después que hube compuesto el capítulo, no pude aprovechar sus interesantes y bien fundados análisis de la teoría dramática de Valle-Inclán.

[20] Cronológicamente ordenadas son las siguientes: *Cenizas* (1899), refundida en 1908 en *El yermo de las almas; El marqués de Bradomín* (1906); *Águila de blasón* (1907); *Romance de lobos* (1907); *Farsa infantil de la cabeza del dragón* (1909); *Cuento de abril* (1909); *Voces de gesta* (1911); *La Marquesa Rosalinda* (1912); *Farsa italiana de la enamorada del rey* (1920); *Farsa y licencia de la reina castiza* (1920); *Divinas palabras* (1920); *Luces de bohemia* (1920); *Los cuernos de don Friolera* (1921); *Cara de plata* (1922); *La rosa de papel* (1924); *La cabeza del Bautista* (1924); *Ligazón* (1926); *Las galas del difunto* (1926), con el título de *El terno del difunto; Sacrilegio* (1927); *La hija del Capitán* (1927). A las que podrían añadirse *Tragedia de ensueño* y *Comedia de ensueño,* dos piezas cortas publicadas en 1903 en el libro de cuentos *Jardín umbrío* (vid. Rubia Barcia, J., *A Bibliography and Iconography of Valle-Inclán. 1866-1936,* Univ. of California Press, Berkeley, 1960, y el libro de Melchor Fernández Almagro, *Vida y literatura de Valle-Inclán,* Madrid, Taurus, 1966, cuya primera edición es de 1943.

[21] Antonio Risco, *La estética de Valle-Inclán,* Madrid, Gredos, 1966.

recciones. El error que viene cometiendo gran parte de la crítica es el considerar cada uno de esos caminos como una etapa en la total evolución del escritor, cuando lo cierto es que muchos de ellos representan verdaderas constantes. Las etapas se producen dentro de tales tendencias, pero no se identifican con ellas necesariamente» (*ídem,* pág. II).

El sistema dramático de Valle-Inclán se nos presenta, pues, como un sistema de variaciones cuya cristalización última será el *esperpento,* forma dramática a la vez que visión dramática del mundo, cuyos elementos pueden rastrearse —y así lo ha hecho la crítica de estos años— en las piezas anteriores del teatro valleinclanesco. El *esperpento* es la encrucijada final en una dramaturgia que dibuja un camino pautado por sucesivas encrucijadas, cada una de las cuales significa mucho más que un simple cambio de estética.

Valle-Inclán, que comenzó escribiendo un teatro que tenía mucho de callejón sin salida, romperá con él mediante una 'vuelta a las fuentes del drama, vuelta que adoptará dos direcciones fundamentales: la del mito [22] y la de la farsa. La primera dirección le llevará a la adopción de un «espacio galaico» y la segunda a la de un «espacio dieciochesco» intemporalizados, pues ni lo galaico ni lo dieciochesco cuentan por sí mismos, siendo doble su función: la de lugar dramático de una acción que refleja algo muy otro que Galicia o el Siglo XVIII y la de materia prima en disponibilidad para ser transfigurada y dotada de sentidos que trascienden su propio contenido.

La Galicia real, con sus formas de vida y su estructura social, con su paisaje y su paisanaje, servirá de base para configurar, a partir de ella, una imagen del hombre y del mundo. Esa imagen ya no será social, aunque parta de una estructura social, ni histórica, aunque parta de un momento de su historia, pues los elementos y fuerzas que la constituyen —«nobleza terrateniente», «campesinado como estamento», formas de religiosidad, relaciones feudaloides entre el señor y el servidor..., etc. [23], serán mitificadas por Valle-Inclán. La «sociedad arcaica» elegida por Valle-Inclán será utilizada como recipiente donde alojar una visión del mundo en la que el mal, la irracionalidad y la animalidad humanas, el sexo y la muerte, en tanto que fuerzas primarias que rigen la existencia del hombre, actúen en

---

[22] Utilizo aquí —y a lo largo de las páginas dedicadas al ciclo mítico— la palabra en sentido distinto al que le da Díaz-Plaja, en *Las estéticas de Valle-inclán,* Madrid, Gredos, 1965, pág. 74. Si para él «toda creación de mito procede por simplificación», para nosotros constituye el resultado de un complejo proceso de esencialización mediante una vuelta al origen.
[23] Ver al respecto J. A. Gómez Marín, *La idea de sociedad en Valle-Inclán,* Madrid, Taurus, 1967.

libertad. El tiempo pasado, con función de tiempo originario, y el espacio galaico, con función de espacio arcaico, tienen la virtud de condensar la nueva imagen escénica del hombre que el dramaturgo nos propone[24], sirviéndole Galicia como vehículo expresivo para su encarnación dramática. Para expresar esa nueva imagen escénica no le servía a Valle-Inclán el teatro naturalista-psicológico, como tampoco les iba a servir después a los dramaturgos del «teatro del absurdo» para expresar la suya.

En 1920, con el comienzo del esperpento pleno, aparecerá un nuevo espacio: el de la España contemporánea; pero el procedimiento dramático será justo el inverso: la desmitificación.

3. Valle-Inclán inicia su teatro con un drama que es por su fábula un final de camino. Dramatiza en él un tema tópico del teatro decimonónico —el adulterio— visto desde el lado opuesto al tradicional y tratado con la técnica propia de la literatura decadentista fin de siglo. El tema del adulterio que en la «alta comedia» y el drama burgués aparecerá siempre cargado de valencias éticas, se vacía absolutamente de ellas, aunque sin renunciar a los personajes y actitudes, que, tradicionalmente, eran sus portadores. Estos personajes —Doña Soledad, madre de la protagonista, y el padre Rojas, jesuita y confesor— representan las actitudes correspondientes a la moral social, abstracta siempre por su carácter normativo. Ahora bien, esta moral carece en el drama de sentido ético, pues la función de los personajes que la representan no es otra que la de provocar la cadena de estados de ánimo de los dos amantes y, especialmente, de Octavia, la protagonista, «hija de un pintor florentino casado con una devota española», según la caracterización preliminar de su autor. Y esos estados de ánimo le interesan especialmente al autor por sus contenidos morbosos, típicos del esteticismo decadentista. Personajes, situaciones y conflicto están vistos en función de una estética literaria y no en función de realidad alguna psicológica o moral. El adulterio está absolutamente desideologizado, pues es simple ocasión para crear una atmósfera literaturizada.

«Se expresa en este drama, en oposición a todo el arte realista, el triunfo del sentimiento sobre las circunstancias exteriores, y la exaltación de la hipersensibilidad hasta la morbosidad», escribe Emilio González López[25], quien relaciona este drama decadente con el

---

[24] Todo ello lo ha visto y expresado admirablemente Manuel García-Pelayo en su interesantísimo estudio «Sobre el mundo social en la literatura de Valle-Inclán», *Revista de Occidente,* cit., págs. 257-287. Recomiendo, especialmente, la lectura de las págs. 260-262.

[25] *El arte dramático de Valle-Inclán,* Nueva York, Las Américas Publishing Company, 1967, pág. 33.

decadentismo literario fin de siglo y, particularmente, con la obra de Maeterlinck. Guerrero Zamora relacionaba, en cambio, *Cenizas* (luego *El yermo de las almas*) con Echegaray y Bécquer [26]. Lo fundamental en esta primera pieza de Valle-Inclán, vista en la totalidad de su obra, no está, me parece, ni en la estética decadente que la caracteriza, ni en la moral antiburguesa que la sustenta, sino en la total desideologización de un tema que es, así, liquidado. La desideologización es precisamente el punto de arranque de la dramaturgia valleinclanesca. En esta primera pieza aparece también la técnica de amplificación poética de las acotaciones [27].

Si en *Cenizas* hay un solo lugar de la acción, en *El marqués de Bradomín,* adaptación parcial de *Sonata de Otoño,* iniciará Valle-Inclán la técnica de los múltiples lugares de la acción. Aquí esa técnica obedece al origen novelesco de la acción. Esta técnica del espacio múltiple, unida a la presencia del coro de mendigos galaicos («la hueste de mendigos») marca ya una primera relación con el ciclo del teatro mítico que iniciará al año siguiente con *Águila de blasón.* Pero se trata de un nexo puramente externo, pues estos *Coloquios románticos,* como subtitula *El marqués de Bradomín,* están por su significación y su tratamiento estetizante dentro de la órbita de teatro decadente de *El yermo de las almas.* Guerrero Zamora señala sus identidades: «En ambas se produce un rapto de muerte... En ambas, de la imborrable conciencia de pecado se hace fuente exquisita de placer. En ambas, subsiste el refinado gusto de los objetos... En ambas, el arrepentimiento no se cifra en el esposo burlado sino en las hijas distanciadas...», etc. *(op. cit.,* pág. 169). González López ve en esta pieza el «primer drama extenso simbolista» *(op. cit.,* pág. 63).

Entre ambos dramas extensos se sitúan dos piezas cortas, *Tragedia de ensueño* y *Comedia de ensueño,* poemas dramáticos en prosa de carácter simbolista, presidido el primero por la fatal presencia y triunfo de la muerte, y el segundo por el misterio de la belleza y de la crueldad.

Decadentismo y simbolismo no rebasan ni trascienden en estas primeras obras dramáticas la esfera hermética de un esteticismo gratuito, primera actitud literaria del «artista» Valle-Inclán. Seguir por ese camino hubiera conducido a la muerte por asfixia. El anti-realismo de este arte no dejaba de ser, en su realización estética, tan convencional como el realismo del teatro novecentista. El problema a solucionar era éste: ¿cómo escribir un teatro de estilo no-realista

---

[26] *Historia del teatro contemporáneo,* vol. I, Barcelona, Juan Flors, 1961, página 169.

[27] Sobre las acotaciones valleinclanescas, ver Segura Covarsi, «Las acotaciones dramáticas de Valle-Inclán», *Clavileño,* VII, número 38, págs. 44-52.

sin caer en el convencionalismo y la intrascendencia de un esteticismo integral? Valle-Inclán ensayó, entre otros, los dos caminos principales ya señalados: la vuelta a los mitos y la vuelta a la farsa. Y en esa vuelta a las fuentes instauró un teatro en libertad que trascendía por igual el realismo y el esteticismo convencionales.

4. El ciclo mítico

Este ciclo está constituido por las *Comedias bárbaras, El embrujado* y *Divinas palabras.*

Comedias bárbaras

Como es bien sabido, el orden lógico de la acción dramática que comienza en *Cara de plata* y termina en *Romance de lobos* no corresponde con el orden cronológico, pues la primera pieza de la trilogía fue escrita catorce años después que la que la cierra, cuando ya el dramaturgo había iniciado el ciclo esperpéntico, por lo que la estructura y la técnica dramáticas de *Cara de plata* es más compleja y más perfecta que las de las otras dos piezas de la trilogía, sin que se produzca, sin embargo, una ruptura o, a lo menos, un desajuste en la unidad temática del conjunto[28]. Antes al contrario, *Cara de plata* completa, no ya sólo cuantitativa, sino cualitativamente, esa unidad, dotando a la vez a la totalidad del universo dramático de las *Comedias* de más densa significación y de más intensa armonía estructural. En efecto, *Cara de plata* se abre con un coro de maldiciones a la casta de los Montenegros («¡Casta de soberbios!... ¡Negros de corazón!») y con un vaticinio («A esta casta de renegados la hemos de ver sin pan y sin tejas. ¡Más altos adarves se hundieron!»). *Romance de lobos* se cierra con un coro de bendiciones y plañidos («¡Era nuestro padre! ¡Era nuestro padre!») y con el cumplimiento del vaticinio en la persona del jefe del clan, muerto por sus hijos y desposeído de su pan y su casa[29]. Entre ese principio y ese final

---

[28] Distinta opinión sustenta J. M. Alberich en su artículo «*Cara de plata, fuera de serie*» (*Bull. of Hispanic Studies*, XLV, 1968, págs. 299-308).

[29] Tiempo después de escrito mi capítulo, he encontrado confirmadas las anteriores consideraciones en un estupendo y extenso trabajo de Alfredo Matilla, «Las Comedias Bárbaras: una sola obra dramática» (en *Ramón del Valle-Inclán. An Appraisal of His Life and Works*, Nueva York, A. N. Zahareas, General Editor, Las Américas Publishing. Co., 1968, págs. 289-316). Esta obra colectiva, en la que colaboran prestigiosos especialistas en Valle-Inclán, es uno de los libros más importantes a él dedicados en los últimos años. Entre los varios estudios dedicados, por entero o en parte, al teatro de Valle-Inclán

estrechamente relacionados se desarrolla la tragedia de los Montenegros, antifiguras, en cierto modo, de los infantes de Lara. Si éstos
nacieron de la visión auroral del mundo heroico, aquéllos nacen de
su visión crepuscular. Valle-Inclán nos presenta el final de una raza,
que es el final de un mundo, sobre el que imperan el Diablo y la
Muerte, es decir, las potencias del mal y de la destrucción. Es esa
visión del mundo poseído por el mal y la muerte lo que me parece
constituir la imagen axial dramática de la trilogía. Fuso Negro, ese
personaje absolutamente nuevo, cargado de significación mítica, signo
de una nueva concepción del teatro, ya no reflejo, sino creación,
exclama en *Cara de plata:* «El mundo está para acabarse. ¡Talmente
finalizado!» (Jornada II, esc. 1) [30]. Y el pobre de San Lázaro, en
Romance de lobos: «El mundo no es para nadie ...El mundo es una
cárcel oscura por donde van las almas hasta que se hace luz» (Jornada II, esc. 3).

Con *Águila de blasón* comienza Valle-Inclán ese teatro en libertad, suyo ya e inconfundible, estribado en la libertad de la imaginación, creadora de nuevos espacios dramáticos irreductibles al tipo de
«escena a la italiana», que era el predominante y, en realidad, el
único en el teatro español coetáneo. Por ello, Valle-Inclán no es ya
el sucesor del teatro del XIX, como lo son Benavente, Marquina y el
mismo Unamuno o, más tarde, Pemán, Calvo Sotelo y el inmenso
grupo de herederos del XIX que estrenan hoy en Madrid. Valle-Inclán es, cronológicamente hablando, por su nueva concepción abierta
y libre del espacio dramático, el primer dramaturgo español contemporáneo.

A partir de la primera de sus *Comedias bárbaras,* sus personajes se liberan no sólo de la psicología, como ya señaló Pérez de
Ayala, sino también de toda presión ideológica, de manera que dejan de salir a escena para justificar sólo un problema, cualquiera que
sea la índole de éste —social, moral, económico, político—. Los
nuevos personajes, con Montenegro a la cabeza, vuelven a encarnar,
como resultado de la inmersión del dramaturgo en las fuentes del
drama, los impulsos elementales del ser humano en un cosmos pri-

---

posteriores a la 1.ª ed. de mi libro, pueden consultarse los siguientes: Manuel
Bermejo Marcos, *Valle-Inclán. Introducción a su obra,* Anaya, 1971; Alfredo
Matilla Rivas, *Las «Comedias Bárbaras».* *Historicismo y expresionismo,* Anaya,
1972; Sumner M. Greenfield, *Valle-Inclán. Anatomía de un teatro problemático,* Madrid, Fundamentos, 1972; J. A. Hormigón, *Ramón María del Valle-
Inclán: la política, la cultura, el realismo y el pueblo,* Madrid, Comunicación, 1972. Actualmente hay una extensa bibliografía: Robert Lima. *An An-
notated Bibliography of Ramón del Valle-Inclán.* The Pennsylvania State University Libraries, University Park, 1972.
[30] Utilizo siempre, excepto cuando así lo indique, la edición de *Obras
completas,* t. I, Madrid, Plenitud, 3.ª ed., 1954.

mordial, y por ello mismo amenazador, con la ambigüedad del misterio, irreductible a toda casuística moral o a toda determinación psicológica. Como los personajes de Wedekind, de Kayser o de Crommelynk [31], los personajes del teatro mítico de Valle-Inclán son movidos por las más oscuras y bárbaras pulsiones de la carne y del espíritu, especialmente por «la impulsión sexual oscura» (op. cit., página 448). Para encarnar dramáticamente ese mundo primordial —mundo del sexo, del pecado y de la muerte— Valle-Inclán vuelve los ojos a su Galicia natal para crear, partiendo de ella, un cosmos mítico, pleno del temblor del misterio. Valle-Inclán se sirve de Galicia como el flamenco Ghelderode de su Flandes natal [32]. La Galicia de la dramaturgia de Valle-Inclán no es ni reflejo estético ni reflejo sociológico de la Galicia real, sino su reflejo mítico, con exclusiva función de espacio dramático abierto y libre. En él, trascendida toda determinación cultural, vuelve a aparecer, mediante un héroe y un coro, la parte maldita del hombre. Y del mismo modo que Valle-Inclán inventa un espacio y unos personajes dramáticos nuevos, inventa también un nuevo lenguaje dramático en donde se funden ritualmente símbolo, metáfora y sentenciosidad. Espacio, personaje y lenguaje dramáticos son consecuencia directa de la metamorfosis que el dramaturgo opera en la imagen teatral de la persona humana, a la que saca de los interiores burgueses, para levantarla sobre el espacio mágico de una Galicia mítica, más allá de todo condicionamiento exclusivamente sociológico [33] o psicológico. Valle-Inclán realiza así una honda revolución del personaje teatral.

El protagonista central de la trilogía es Don Juan Manuel de Montenegro, el último de los héroes, en sentido clásico, de un mundo a cuya liquidación y destrucción asistimos. Héroe de un mundo regido por valores absolutos —positivos o negativos— y por pasio-

[31] Ver Jean Duvignaud, *Sociologie du théâtre,* París, Presses Universitaires de France, 1965. Hay traducción española del Fondo de Cultura de México.

[32] Ver Guerrero Zamora, *op. cit.,* capítulos VI y VII.

[33] Con ello no pretendo afirmar, naturalmente, que Valle-Inclán prescinda o deje de tener presente un mundo social determinado y concreto ni un paisaje, a la vez humano y cósmico, específicamente gallego. Como tampoco prescindirá del folklore ni de las supersticiones y mitología gallegas. Pero todo ello —sociedad, paisaje, folklore, costumbres y supersticiones—, que forma parte de la visión valle-inclanesca de su Galicia natal, constituirá —como lo constituye para el esperpento la historia española contemporánea o la historia literaria, por ejemplo— la infraestructura a partir de la cual constituye su universo dramático. En éste los materiales históricos, sociológicos, políticos y literarios utilizados por Valle-Inclán son sólo justamente eso, materiales, y como tales trascendidos siempre en sus contenidos y, sobre todo, en su significación. Puestos en el mundo propio y peculiar de su dramaturgia van siempre más allá de su valor y de su sentido histórico real y se convierten en signos de algo que está más allá de ellos mismos, según antes indiqué.

nes no menos absolutas, en donde no caben los términos medios entre el bien y el mal, entre la humanidad y la animalidad, ni los compromisos de ninguna índole, y en donde los sentimientos son sustituidos por los actos y las impulsiones inmediatas. Don Juan Manuel de Montenegro y los demás personajes que pueblan el mundo ilimitado en que aparecen, con identidad de ser y aparecer, no conoce fronteras en su entrega al bien o al mal.

Cara de plata, mediante una sucesión de escenas violentas, está estructurada en torno a tres núcleos conflictivos, internamente unidos en la persona del protagonista, cuyos centros son la soberbia, la lujuria y el sacrilegio. La soberbia, que no admite discusión del poder detentado, enfrenta al protagonista con el coro de chalanes, a quienes se les prohíbe pasar sus ganados, camino de las ferias, por un puente propiedad de los Montenegro. La lujuria enfrenta al caballero con Cara de plata, el único con nobleza de alma de sus seis hijos. Cara de plata ama a Sabelita, ahijada del Caballero, a quien éste rapta. El sacrilegio cierra la pieza con una escena de pánico sagrado en la que Montenegro arrebata al Abad de Lantañón el copón con los Santos Sacramentos. Las maldiciones de la escena primera se completan con las lamentaciones e invocaciones de esta escena final (Voces de vieja: «¡Cristo! ¡Cristo! ¡Santísimo Cristo azotado! ¡Ciérrate, noche! ¡Cubre este espanto! Cara de plata: —¿Dónde está el rayo que a todos nos abrase?») y la exclamación última del Caballero, sobre la que cae el telón: —¡Tengo miedo de ser el Diablo!

El Diablo es, justamente, el señor de ese mundo, personaje mayor, invisible y, a la vez, presente, a lo largo y a lo ancho del ciclo mítico del teatro valleinclanesco. Ese mundo, que ya no es —en tanto que mundo del drama— ni mundo psicológico ni mundo social, sino mundo cósmico, elemental y trashistórico [34], como el mundo en el que se moverán muchos años después, reducido a esquema —un camino y un árbol— Vladimir y Estragón. Mundo-símbolo, mundo-mito, en donde el hombre vuelve a aparecer conectado con las fuerzas misteriosas y maléficas de la existencia, en radical indefensión. Es justamente esa indefensión —frente al sexo, la muerte, la locura, el mal y el misterio— la que une en su raíz a todos los personajes del ciclo mítico y les confiere su más universal sentido dramático.

---

[34] Lo cual no es óbice, como he indicado en la nota anterior, que para constituir ese mundo dramático utilice elementos tomados del mundo social. Ver, además de los ya citados, J. A. Maravall, «La sociedad arcaica», *Revista de Occidente,* cit., págs. 225-256; Gaspar Gómez de la Serna, «Del hidalgo al esperpento, pasando por el *dandy*», *Cuadernos Hispanoamericanos,* 1966, números 199-200, págs. 148-174. Para el folklore, ver Rita Posse, «Notas sobre el folklore gallego en Valle-Inclán, *Cuadernos Hispanoamericanos,* cit., páginas 493-520.

De todos ellos el de mayor originalidad en *Cara de plata* es, sin duda alguna, Fuso Negro, personaje de profunda ambigüedad, en donde encarnan la locura y la lujuria y, personificación, a la vez, del Diablo. Es a él, precisamente, a quien el dramaturgo encomienda definir ese mundo, traspuesto en clave mítica y visto con mirada apocalíptica: «El mundo está para acabarse» (pág. 516); «Ahora está (el Diablo) publicando su gobierno sobre el mundo... ¡Todo anda mal! ¡El mundo visto es como está descaminado! Entre un viernes y un martes se escachiza en mil pedazos» (pág. 518). Fuso Negro, como el Cabrío en *Divinas palabras,* anuncia su presencia con un grito —«Toupurroutou»—, signo fónico de la pura irracionalidad que, expulsada del teatro, vuelve a aparecer en la dramaturgia de Valle-Inclán. Es esa dimensión de lo irracional, de la misteriosa y amenazadora animalidad en el seno de lo humano, empecinadamente desterrada de un teatro vuelto hacia lo racional, lo que irrumpe brutalmente en el teatro de Valle-Inclán, haciendo patente su dominio, con valor de fatalidad, sobre el hombre y su mundo. En todos los personajes valleinclanescos del ciclo mítico hay siempre, en mayor o menor grado, una regresión al grito a través de las situaciones primordiales de la muerte, la sangre y el sexo.

Águila de blasón se abre con los anatemas lanzados desde el púlpito por el franciscano fray Jerónimo:

> ¡El pecado vive con vosotros, y no pensáis en que la muerte puede sorprenderos! Todas las noches vuestra carne se enciende con el fuego de la impureza, y el cortejo que recibís en vuestro lecho, es la sierpe del pecado que toma formas tentadoras. ¡Todas las noches muerde vuestra boca la boca pestilente del enemigo! (pág. 559).

Los cinco actos de esta pieza muestran en acción el contenido de estas palabras, centrada ahora en don Juan Manuel de Montenegro: asalto a la casa paterna por una cuadrilla de ladrones, entre los cuales se encuentra un Montenegro; la fatalidad del sexo, visto como una fuerza natural más allá de toda moral, que encadena a don Juan Manuel a Sabelita, su ahijada, convertida en barragana; la violación de Liberata por don Pedrito, el primogénito de los Montenegro; el **coito de Cara de plata y la Pichona mientras, junto a la cama, don** Farruquiño, el menor de los hijos, seminarista, despelleja en un caldero el cadáver momificado de una vieja bruja; la entrega de Liberata a don Juan Manuel por su propio marido..., etc. En ese mundo de pecado y de muerte en donde los personajes giran apresados, poseídos, en ese mundo donde reina la crueldad, la misma que, muchos años después, en 1932, pedía Antonin Artaud en su *Le théâtre* *de la cruauté* [35], es la libertad misma —no ya política o moral, sino propiamente ontológica —la que es puesta en causa, al mostrar en libertad otras fuerzas oscuras, caóticas, no por escondidas menos existentes, y de cuya irrupción en la Historia todos hemos sido testigos. Pero dentro de ese mundo de los Montenegro, negro y tupido, el dramaturgo hace emerger, como un pararrayos en la noche tempestuosa, la figura de una heroína digna de don Juan Manuel, de signo opuesto pero con valor también absoluto: doña María, la esposa. Doña María, víctima y, a la vez camino de salvación. Su muerte centra la tercera de las *Comedias bárbaras.*

Romance de lobos comienza con una escena de sabor shakesperiano [36] en la que el Caballero tropieza con la nocturna ronda de la Santa Compaña, formada de fantasmas y brujas, anuncio de la muerte del Caballero y de la muerte de doña María, pero, a la vez, revelación de la misteriosa y fatídica hermandad de todos los hombres en el pecado, la sangre, el mal y la muerte. Las acotaciones que aquí y en todo el teatro de Valle-Inclán rompen con la mera funcionalidad técnica, por la necesidad que siente el dramaturgo de dar expresión a una visión totalizada de la realidad dramática, intensifican —canto del gallo, gritos en la noche, lluvia que azota los cristales, aldabonazos, viento «ululante y soturno», relámpagos, mar en furia— la presencia del misterio. Misterio dentro de cuyo ámbito transcurrirá toda la pieza. Como el rey Lear peregrina en la noche tempestuosa, acompañado de Gloucester y de un bufón, Montenegro, en la noche tempestuosa, peregrina al frente de una hueste de mendigos, y como aquél será desposeído por sus hijos. Valle-Inclán contrapone, como dos coros enfrentados en torno al cadáver de doña María, a don Juan Manuel y su hueste de mendigos con los hijos de Montenegro, posesionados de la herencia materna y entregados a la violencia y la rapiña. Don Juan Manuel, el último de los grandes héroes, muere en la última escena de la trilogía, impresionante en su grandeza, a manos de sus hijos. La maldición de la primera escena de *Cara de plata* se ha cumplido en esta última escena, que acaba también con una maldición.

Como escribe Jean-Paul Borel, don Juan Manuel «es el último

---

[35] Publicado originalmente en *La Nouvelle Revue Française,* núm. 229, 1 de octubre de 1932, puede leerse hoy, junto con otros textos de Artaud, en *Le théâtre et son double,* París, Gallimard, 1964, Col. Idées, núm. 14.

[36] Ya Pérez de Ayala subrayó la presencia de Shakespeare en el teatro de Valle-Inclán. Valdría la pena estudiar de modo riguroso esa presencia, patente tanto en los personajes como en la acción. En Montenegro, despojado por sus hijos, mendigo al frente de la hueste de mendigos, hay reflejos individuales del rey Lear. En el suicidio frustrado de Sabelita en las aguas del río, pudo estar presente, tal vez, como un eco, el suicidio de Ofelia.

hombre a la medida del universo, el último en poder asumir la imposible redención cósmica que es la tarea del hombre» [37].

El embrujado

Tragedia de tierras de Salnés la subtituló Valle-Inclán, incluyéndola después en el *Retablo de la Avaricia, la Lujuria y la Muerte.* El mundo dramático de *El embrujado* es sustancialmente el mismo de las *Comedias bárbaras.* Vuelve a aparecer, como después en *Divinas palabras,* el Ciego de Gondar, viejo mendigo con palabra de profeta y alma de rufián, cuya función como personaje es, a la vez, la de personaje-coro y personaje-emisario, que lleva y trae las noticias y y las comenta, sirviendo de enlace entre la acción no escenificada y la escenificada, es decir, entre el macrocosmos dramático de la obra y su microcosmos escénico [38]. El Ciego de Gondar, representativo del mendigo-coro de las piezas del ciclo mítico, que se desplaza con facilidad de un lugar a otro de la acción, asumiendo así su función dramática de testigo y de emisario, integra en sí dos dimensiones o aspectos: el bíblico y el picaresco. Los mendigos de Valle-Inclán participan de ambos mundos y la consecuencia de la coexistencia de ambas dimensiones en un mismo personaje es el dual carácter de imponente gravedad y grosero materialismo, de sabiduría ancestral y rufianismo, de poético misterio y nudo realismo que en ellos se da y que de ellos dimana y se propaga a la totalidad del universo en que se mueven y son.

En *El embrujado* la acción acontece en un cosmos regido por la fatalidad, de la cual son instrumentos la avaricia y la lujuria. La víctima es un niño, símbolo de la inocencia. Los antagonistas son don Pedro Bolaño y Rosa Galans. El Ciego de Gondar y su Moza resumen en un romance lo acontecido antes del tiempo en que comienza la acción. A don Pedro Bolaño:

> ¡Ay! Un hijo que tenía,
> Galán de muy buena gracia,
> ¡Ay! Traidores lo mataron
> Entre la noche y el alba.
> Lloró el viejo como viejo,
> Arrepuñadas las barbas,

---

[37] *Théâtre de l'impossible,* Neuchâtel, Editions de la Braconniere, 1959, página 139. El estudio dedicado a Valle-Inclán, en págs. 115-152.
[38] Ver en relación con esta terminología Etienne Souriau, *Les deux cents mille situations dramatiques,* París, Flammarion, 1950. Llama Souriau «Macrocosmos» al universo total de la obra, y «microcosmos» al universo escénico, núcleo estelar o concentración focal del primero.

Que toda su sangre entierra
Con el hijo que enterraba.
¡Ay! Un murmurio le miente
Que el muerto prenda dejaba.
¡Ay! Prenda engendrada en moza
Que tiene la casa llana.
Y el viejo, sin maliciarse
Que van buscando sus arcas,
Hace traer el infante
Y en su casa lo regala.

La moza, Rosa Galans, pide a cambio del niño parte de la hacienda de don Pedro. Este se la niega y le devuelve al niño, venciendo en aquél la avaricia al amor. El primer acto termina con las amenazas de la Galans y «el rumor religioso de todos» los que forman el coro.

El segundo acto transcurre junto a «un río tranquilo», «espaciado en remansos bajo la verde sombra de chopos y mimbrales», a cuya orilla mora Anxelo, el embrujado, antiguo amante de la Galans y asesino del hijo de don Pedro. Anxelo vive con su compañera Mauriña. Ambos son presentados dentro de ese paisaje otoñal, lleno de paz, como «dos larvas en la orilla del río». Anxelo, atenazada el alma por el remordimiento, quiere confesar su crimen para redimirse el alma de culpa, pero se siente todavía hechizado por la Galans, que, a través de Anxelo, se nos aparece dotada de misteriosos poderes y asociada a un can blanco, que la anuncia con su aullido. Si en el primer acto nos encontramos en un mundo de realidad todavía mensurable, a partir de la intervención de Anxelo la realidad cobra nuevos sentidos y el mundo del drama se transfigura, sin dejar, no obstante, de ser el mismo. Rosa Galans sigue siendo la mujer que pretende obtener riqueza mediante su hijo, simple «objeto», pero es, simultáneamente, signo de una trascendencia, de una transrealidad presente ya en toda la obra. Trascendencia que se actualiza, repito, a través de Anxelo, el embrujado, quien da título a la obra. Anxelo, culpable y a la vez inocente, pues si bien mató, mató sin ser libre, instrumento de un poder manifestado a través de la Galans, que apenas aparece vuelve a dominarlo. En Anxelo, encerrado en un círculo que quiere y no puede romper, se manifiesta la fatalidad que preside la acción. En la última escena del acto segundo un criado de don Pedro roba al niño y recibe un disparo, escapando herido.

En el tercer acto el lugar de la acción vuelve a ser el mismo del acto primero. Don Pedro espera al niño, único que puede dar sentido a su vida y por el que ahora está dispuesto a dar todo, a despojarse de todo. Piensa en lo que debió ser y no fue. Ni podrá ser, porque el niño está muerto. La bala que hirió al criado atravesó la sien del niño. Tampoco para Anxelo habrá redención, pues el crimen que quiere confesar y por el que quiere pagar no será confesado. La casa de don Pedro Bolaño, en donde «las figuras, las sombras, las voces parecen próximas a desvanecerse, inconscientes como el ondular de las llamas bajo las negras piedras de la chimenea, donde sopla el viento», es ahora «casa enlutada», lugar donde la «sangre derramada» jamás será redimida, espacio donde lo trágico se revela, sin posibilidad de cambio, inexorablemente y para siempre. Todo el final del acto está concentrado en torno al aullido de un can, insistentemente oído por Anxelo, el embrujado, que no ha podido romper el círculo mágico —muerte, culpa y fatalidad— que lo aprisiona y del que ya no se puede liberar. Apenas Anxelo y Mauriña, bajo el dominio de Rosa la Galans, salen seguidos por ésta de la escena, es decir, de la «casa enlutada», del espacio trágico, «tres perros blancos ladran en la puerta». «Se trata —escribe J. P. Borel (*op. cit.,* págs. 143-144)— de mostrar la presencia de la muerte en el mismo corazón de lo humano. Todos los móviles que empujan a los personajes a la acción son, en cierta manera, máscaras de la muerte que caen una vez que ésta está segura de su victoria. Es ella entonces el gran vencedor. Sólo el amor podría luchar contra la muerte (...). Pero, en *El embrujado,* el amor verdadero está ausente».

De las piezas del ciclo mítico *El embrujado* es la de menor complejidad escenográfica, pues la acción está concentrada en sólo dos lugares dramáticos. A este propósito escribe Guerrero Zamora (*op. cit.,* pág. 175): «Con respecto a las comedias bárbaras, *El embrujado* supone un nuevo orden dramático más prieto. Aquéllas y *Divinas palabras* se estructuran dinámicamente, con una multiplicidad de cuadros rápidos que arrastran otros tantos lugares de acción y otras tantas acciones diferentes». Sin embargo, hay que observar que cada uno de estos dos lugares de la acción —casa de don Pedro y paisaje con un río— está concebido también dinámicamente, pues cada uno de ellos está integrado por varios planos. Guerrero Zamora subraya otra diferencia entre *Las comedias bárbaras* y *El embrujado;* en aquéllas «el coro permanecía pasivo y en actitud de planto... Aquí el coro es sustituyente —como el griego— narrador de acciones no escenificadas, venteador de rastros de verdad».

Divinas palabras

Mil novecientos veinte es una fecha importante en la dramaturgia de Valle-Inclán. Es el año de *Luces de bohemia,* primera pieza a la que su autor titula esperpento, y a donde vienen a dar los dos caminos abiertos años atrás: el del teatro mítico, con *Divinas pala-*

bras, y el de la farsa, con la *Farsa italiana de la enamorada del rey* y la *Farsa y licencia de la reina castiza.*

Divinas palabras es el punto culminante del proceso de creación dramática que había comenzado con *Águila de blasón.* La acción de la pieza está construida en torno a un enano hidrocéfalo, Laureaniño el Idiota, y su carretón. Su grotesca y terrible pasión y muerte enlaza las escenas del drama y pone en marcha la acción.

En el primer acto, muerta a la vera de un camino la madre del Idiota, éste se convierte en objeto de la codicia de los dos hermanos de la finada, Marica del Reino y Pedro Gailo, sacristán, instigado por su mujer Mari-Gaila. El pleito en torno a la posesión y explotación del Idiota, que ya hacía ganar buenas monedas a su madre mostrándolo en ventas, ferias y caminos, es fallado por un aldeano, **Bastián de Candás,** encarnación de la sabiduría popular, cuyo consejo de explotarlo al alimón —tres días un hermano, tres días el otro y los domingos alternado— es aceptado por ambas partes, dando fin al acto.

En el segundo acto, Mari-Gaila, que se ha lanzado a la vida libre de los caminos para explotar convenientemente al Idiota, llega, acompañada de «mendigos, lañadores y criberios», a las ferias de Viana del Prior, en donde topa con el farandulero Septimio Miau, con el cual fornica, dejando entre tanto el carretón en manos de Rosa la Tatula, que llega con él a una taberna. En contrapunto con la escena en que Mari-Gaila fornica con el compadre Miau, y enlazada con ella, Valle-Inclán nos traslada a la casa de Pedro Gailo, donde éste, en una mano el cuchillo con el que piensa vengar su deshonra, y en la otra un pichel de vino con el que se emborracha, perdida la cabeza, quiere fornicar con su hija. En la taberna, el marica Miguelín hace beber copa tras copa al Idiota, mientras menudean las burlas soeces a costa de la cabezota del enano, que muere. Valle-Inclán acota la muerte del Idiota con estas palabras: «El enano había tenido el último temblor. Sus manos infantiles, de cera oscura, se enclavijaban sobre la colcha de remiendos, y la enorme cabeza azulenca, con la lengua entre los labios y los ojos vidriados, parecía degollada. Las moscas del ganado acudían a picar en ella.» La escena termina con el planto de Mari-Gaila, consumada plañidera, como ya lo demostró en el acto primero junto al cadáver de su cuñada. El brutal juego de escarnio alcanza la cima de lo grotesco con el planto de Mari-Gaila:

«¡Nuestro Señor Misericordioso, te llevas un provecho y mis males me dejas! ¡Ya se voló de este mundo quien me llevaba la alforja! ¡Jesús Nazareno, me quitas el amparo de andar por los caminos y no me das otro sustento! ¡No harás para mí tus milagros, no me llenarás el horno de panes, Jesús Nazareno!»

El regreso de Mari-Gaila al hogar, arrastrando en la alta noche el carro del Idiota, lo resuelve Valle-Inclán mediante una escena simbólica. Mari-Gaila es transportada misteriosamente en la grupa del Trasgo Cabrío, encarnación dramática de la lujuria, uno de los poderes que mueven a toda la humanidad valleinclanesca del teatro mítico. El acto termina con una de las más feroces escenas de esta cruel dramaturgia. El cadáver del Idiota, abandonado a la puerta de Marica del Reino, es encontrado al amanecer por ésta y sus vecinos con la cara y las manos comidas por los cerdos.

En el tercer acto, el cadáver del Idiota «coronada de camelias la frente de cera», es expuesto junto al pórtico de la iglesia, a fin de recoger dinero para el entierro. Mientras tanto, Mari-Gaila es descubierta en el campo fornicando con el compadre Miau, que huye. Mari-Gaila, perseguida por perros y gentes, es alcanzada, forzada a desnudarse y llevada sobre una carreta de heno a la iglesia, desde cuyo campanario se arroja al suelo Pedro Gailo, se levanta indemne y dirigiéndose al vociferante pueblo de campesinos y pastores, dice en latín las «divinas palabras» de Cristo a la turba que quería lapidar a la adúltera: «Qui sine peccato est vestrum, primus in illam lapidem mittat.» La obra termina con esta acotación: «Los oros del poniente flotan sobre la quintana. Mari-Gaila, armoniosa y desnuda, pisando descalza sobre las piedras sepulcrales percibe el ritmo de la vida bajo un velo de lágrimas. Al penetrar en la sombra del pórtico, la enorme cabezota del idiota, coronada de camelias, se le aparece como una cabeza de ángel. Conducida de la mano del marido, la mujer adúltera se acoge al asilo de la iglesia, circundada del áureo y religioso prestigio que en aquel mundo milagroso de alma rudas intuye el latín ignoto de las Divinas Palabras.»

Con razón se ha señalado lo que de esperpéntico hay en esta tragedia, llegando incluso a hablar de su condición «metaesperpéntica»[39]. «Es difícil —escribe Pérez Minik[40]— encontrar en todo el teatro europeo de todos los tiempos una obra más desagradable, negra y atrevida. Tiene algo de romance de ciego, mucho también de juego espectacular de escarnio y está como instrumentada con música de feria, con su tambor, platillos y cornetín de pistón. La disputa del carretón, por todo un pueblo miserable y envilecido, en que dormita el hijo de Juana la Reina, el enano hidrocéfalo, con el

---

[39] Germán Bleiberg, «Notas sobre Valle-Inclán», *Revista de Occidente,* cit., página 379. Para la formación y desarrollo de lo esperpéntico antes del esperpento ver, entre otros, Pedro Salinas, «Significación del esperpento...», en *Literatura española. Siglo* XX, cit., págs. 87-114; Emma Susana Speratti-Piñero, «Génesis del esperpento», artículo de 1953, incluido luego en *La elaboración artística en «Tirano Banderas»*, México, El Colegio de México, 1957; Antonio Risco, *op. cit.*, págs. 36-78.

[40] *Teatro europeo contemporáneo,* Madrid, Guadarrama, 1961, pág. 288.

que la familia mendiga por caminos y romerías, es un tema de tal envergadura social que asusta y entenebrece el ánimo mejor plantado.»

A la crueldad alía aquí Valle-Inclán una profunda piedad por los personajes, que le lleva a escribir la extraña e irónica escena final de salvación del marido ultrajado y de su esposa Mari-Gaila, amparados bajo el manto milagroso de las «divinas palabras». El universo dramático en donde los personajes se mueven impulsados por las pasiones terriblemente elementales de la lujuria y la avaricia se carga en la escena final de una extraña espiritualidad que emerge del seno de la más densa animalidad por virtud de unas palabras que no significan nada, literalmente, para el coro de personajes, pues son ininteligibles para él. Cuando un poco antes son dichas en castellano no obran efecto alguno. El movimiento de retracción de la animalidad humana, que preside la obra entera, y su repentina suspensión, no se origina por la virtud de unas palabras dotadas de sentido, sino, por el contrario, a causa de unas palabras que no lo tienen, y cuyo sin-sentido frena el instinto agresivo cristalizado en las escenas anteriores de la caza de la adúltera Mari-Gaila. La condición de irracionalidad propia de la crueldad patente a lo largo y a lo ancho de toda la obra se funde en esta escena final con la condición igualmente irracional —fuera de toda razón— de la piedad. La crueldad y la piedad humanas carecen por igual de todo sentido racional[41]. Las «divinas palabras» —puestas por el dramaturgo en boca de Pedro Gailo con trágica ironía— no son sino signo de esta última e insobornable irracionalidad, tanto para el mal como para el bien, que late en la almendra —tremendo misterio— de la criatura humana. Por ello mismo, los personajes valleinclanescos escapan a todo sistema de coordenadas morales, enlazando así con los héroes de la tragedia antigua, y de la tragedia auténtica de todos los tiempos, situados fatalmente más allá de toda moral, exilados fuera del territorio de la ética. ¿Con qué normas medir, en efecto, a estas elementales y complejas criaturas valleinclanescas ni cómo pasarlas por el tamiz de un juicio? Valle-Inclán, mucho antes que los dramaturgos contemporáneos, con procedimientos distintos a los del «teatro del absurdo» —Ionesco o Beckett— o sin apelar a construcciones intelectuales o a estructuras conceptuales —Camus o Sartre—, realiza el descenso a los infiernos y da testimonio de él, y testimonio uni-

---

[41] Rivas Cherif cita estas palabras de una carta de Valle-Inclán: «Creo cada día con mayor fuerza que el hombre no se gobierna por sus ideas ni por su cultura. Imagino un fatalismo del medio, de la herencia y de las taras fisiológicas, siendo la conducta totalmente desprendida de los pensamientos» (*España*, Madrid, 16 de febrero de 1924, pág. 8). Tomo esta referencia de José Francisco Gatti, «El sentido de *Los cuernos de don Friolera*», en *Ramón M. del Valle-Inclán. Estudios en conmemoración del centenario*, Universidad Nacional de La Plata, 1967, pág. 311, nota 26.

versal. Tiene razón Buero Vallejo cuando escribe que *Divinas palabras* «termina con una verdadera catarsis». El espectador puede exclamar, como Serenín de Bretal: «Apartémonos de esta danza.» Danza de muerte, danza de lujuria y de avaricia, danza de lo irracional en la medula de la humanidad y de su historia. Esa es la danza representada en el suelo mítico de la Galicia valleinclanesca. De los personajes valleinclanescos del ciclo mítico podríamos escribir estas palabras de *La lámpara maravillosa:* «Son figuras ululantes, violentas y carnales, pero de un sentido religioso tan profundo, que mueven al amor como los dioses, y éste es el don sagrado de la fatalidad» [42].

5. El ciclo de la farsa

Constituyen este ciclo cuatro piezas: *Farsa infantil de la cabeza del dragón* (1909), *La marquesa Rosalinda* (1912), *Farsa italiana de la enamorada del rey* (1920) y *Farsa y licencia de la reina castiza* (1920). Con esta última, al igual que con *Divinas palabras,* se desemboca ya en pleno territorio del «ciclo esperpéntico».

La cabeza del dragón, que fue estrenada en el Teatro de la Comedia de Madrid el 5 de marzo por el Teatro de los Niños [43], rebasa con mucho la significación propia de una pieza de teatro infantil, como es bastante frecuente en este tipo de obras dramáticas. El núcleo argumental es el de una fábula o cuento infantil. El príncipe Verdemar, el más joven de tres hermanos, hijos del rey Maguncián, después de liberar de su prisión a un Duende, huye del palacio paterno y, tras varias aventuras, entra disfrazado de bufón en el palacio del rey Micomicón, enamorándose de la Infantina, a la que salvará, con la ayuda del Duende, de ser devorada por el Dragón, a quien ha sido entregada para salvar el reino de su padre, poniendo las bodas del Príncipe y la Infantina punto final a la farsa. Valle-Inclán incorpora a la fábula infantil personajes cuyos nombres (Micomicón, Fierabrás, el Ventero, la Maritornes...) proceden del mundo cervantino o tipos teatrales, como el Bravo Espandián, cuyo origen es el «Miles gloriosus» que tan numerosas encarnaciones tiene en el teatro del XVI, desde el famoso Centurio de *La Celestina.* En la pieza el autor somete a una coherente deformación pre-esperpéntica algunos valores tradicionales y sus tipos representativos (el militar y la milicia, la realeza, la nobleza), así como a la tradición misma, cuyas formas desustanciadas y sin contenidos reales son puestas en la picota y reducidas al absurdo, mostrando de paso la estúpida crueldad del

[42] *Opera Omnia,* I, Madrid, edit. Rua Nova, 1942, pág. 108.
[43] Ver Melchor Fernández Almagro, *op. cit.,* pág. 139.

hombre cuando se aferra a las formas de una tradición vaciada de todo sentido de la realidad. «Infantil» por la fábula que le sirve de núcleo argumental y «farsa» esperpéntica casi por la reducción de lo humano a su pura elementalidad hueca y deformada, la obra responde centáuricamente a su título de «farsa infantil» y es en el teatro de Valle-Inclán la primera sátira del Poder.

Con *La marquesa Rosalinda* sustituye la prosa por el verso [44], que será el vehículo expresivo de las restantes farsas. La forma de esta «farsa sentimental y grotesca» resulta del entrecruzamiento de elementos procedentes del teatro de marionetas con elementos provenientes de la *Comedia dell'Arte* y del entremés. Valle-Inclán funde esos distintos elementos en un ambiente dieciochesco-modernista irónicamente reflejado, en donde lo sentimental y lo grotesco se complementan y, a la vez, se contrastan mutuamente, siendo este contraste el que da a la pieza ese carácter de «juego tragicómico». Sobre el escenario, poéticamente estilizado, junta Valle-Inclán personajes de la *Comedia dell'Arte* (Arlequín, Colombina, Pierrot, Polichinela), personajes cervantinos (Urganda, Dorotea), personajes del entremés (Juanco y Reparado, la Dueña) [45], y personajes dieciochesco-modernistas (el Abate, el Marqués, Rosalinda). El resultado no es sólo el de «tópico esmalte dieciochesco» ni el del triple preciosismo, literario, sentimental y psicológico, según piensa Guerrero Zamora, sino, a la vez, superación y homenaje póstumo de la visión modernista [46]. Es ésta y su «bella mentira» la que encarna la deliciosa figura de la marquesa Rosalinda, que se despide con un «¡Por siempre adiós!» y sin una lágrima de su hermoso sueño de amor. El sueño modernista, poblado de cisnes y de mirtos, de rosas y de liras, se revela tan ilusorio y falso y, a la postre, grotesco en su bella sentimentalidad, como las espadas de latón que cruzan Arlequín y Pierrot. Arlequín, encarnación del poeta modernista, actor del teatro dentro del teatro [47], que había descendido del carro de la farsa, vuelve a montar en él, desengañado también de su sueño. Son significativas, en relación con lo que digo, sus últimas palabras:

---

[44] Había utilizado ya el verso en *Cuento de Abril* (1909), aunque no con la riqueza métrica de *La marquesa Rosalinda*.

[45] «La dueña es la rancia dueña del entremés», dice una acotación, pág. 251.

[46] Esta interpretación aparece claramente expresada en José F. Montesinos, «Modernismo, esperpentismo y las dos evasiones», *Revista de Occidente*, cit., páginas 156-157. La primera aparición escénica de esta crisis del «modernismo» la encontramos, como más adelante diremos, en *Cuento de abril*.

[47] Para lo relativo al teatro dentro del teatro ver Díaz-Plaja, *op. cit.*, páginas 216 y ss.

Dejo colgada mi careta
en una rama de laurel,
y si me torno a la carreta,
es porque acaba mi papel.
Ya está sonando la campana
el asistente del telón,
y he de dejar para mañana
el mostraros mi corazón.

De esta obra de liquidación irónica del modernismo podríamos afirmar lo que Gaetan Picon escribía del arte moderno: «Pour l'art moderne l'oeuvre n'est pas expression, mais création: elle donne à voir ce qui n'a pas été vu avant elle, elle forme au lieu de refléter [48].

En la *Farsa italiana de la enamorada del rey* vuelve a manejar Valle-Inclán, contrastándolos, la mayoría de los elementos que aparecían en la farsa anterior, elementos que pueden ser reducidos a dos fundamentales que, en palabras de Guerrero Zamora, son: «De un lado, la corte del siglo XVIII, con luces y comparsas de opereta; de otro, la venta española de encrucijada» (*op. cit.,* pág. 160). Corte modernista y venta cervantina son los dos lugares escénicos en donde encarnan, mediante unos personajes, los dos mundos simbólicos de la realeza y el pueblo, sirviendo de puente de enlace el farandulero y artista maese Lotar, representante del espíritu del arte. El contraste entre lo «sentimental» y lo «grotesco» es aquí mucho más marcado, siendo decisiva en la tonalidad dramática de la obra la intensificación de la visión caricaturesca de la corte dieciochesca, en cuyos personajes resume una realidad española ya esperpentizada. En esta pieza nos parece ver, en cierto modo, la liquidación del mito histórico de la unión de la realeza y el pueblo. La fábula tiene como núcleo principal de la acción el amor que Mari-Justina, representante del pueblo ingenuo e iluso, siente por el rey Carlino, al que una vez ha visto de lejos en una cacería y al que transfigura en su imaginación. El apuesto y bello rey que la moza ve en su sueño de amor no corresponde a la realidad de la figura del rey, al que Valle-Inclán presenta, degradado con plena intención deformadora, de esta manera:

El rey, un viejo chepudo
estevado y narigudo
sale rabiando al jardín.
Floja, torcida y temblona,
parece que la corona
va a entrarle en el corbatín.

---

[48] *L'usage de la lecture,* II, París, Gallimard, 1961, pág. 289.

El amor de Mari-Justina por el rey Carlino, es decir, el amor del pueblo por su rey y por la institución de la realeza en él encarnada, es así reducido al absurdo, a un absurdo en donde se mezclan lo sentimental y lo grotesco, y no resiste la confrontación con la realidad. Maese Lotario, emisario entre ambos mundos, no puede salvar con su arte tal sueño de amor. No sólo sobre el rey, sino sobre sus ministros y cortesanos, acumula Valle-Inclán los elementos caricaturescos, en donde son traspuestos valores negativos de la España contemporánea. Si la visión de la monarquía es demoledora y si es puesto de relieve el carácter iluso de ese amor entre los dos mundos, el rey, a pesar de la esperpentización de su figura, guarda una cierta nobleza, pues Valle-Inclán respeta en él su lucidez, mostrándolo ciertamente como un fantoche, pero un fantoche que tiene conciencia de su propia fealdad y de lo absurdo del sueño de Mari-Justina. El proceso de degradación de la realidad sólo se cumple aquí parcialmente, y no de manera absoluta como sucedería en el teatro plenamente esperpéntico.

Me atrevería a decir que tanto esta farsa como la anterior y, en general, el ciclo de la farsa, cumplen en la historia del hombre y del escritor Valle-Inclán la función de un revulsivo contra todos los sueños —literarios e ideológicos—, así como la liquidación de un *modus mirandi* a partir de la cual, limpio de todo mito, el autor podrá enfocar, curado de toda ilusión y, por ello mismo, desoladamente, con dolorosa lucidez, la realidad española y, a través de ella, la realidad humana de cuyo sacudimiento había sido testigo Valle-Inclán durante la primera guerra mundial.

El compromiso del escritor con la realidad, y no sólo con la social, sino con la humana, es en Valle-Inclán fruto de un grave proceso de ascesis, durante el cual tiene que ir renunciando a muy hondos sueños y voliciones, y en el que las farsas constituyen, como he señalado antes, las fases sucesivas de la más radical renuncia y liquidación.

La última etapa, dentro del ciclo de la farsa, de este proceso de liquidación a que vengo aludiendo, lo constituye la *Farsa y licencia de la reina castiza*. Lo «sentimental», presente en las otras farsas, resto de la fijación estética e ideológica a un mundo al que es doloroso renunciar, desaparece por completo para dejar campo franco a lo «grotesco» intensificado en todos los niveles de la estructura dramática, comenzando por el lenguaje [49].

[49] Ver sobre esta farsa, Sumner Greenfield, «Stylization and Deformation in Valle-Inclan's *La reina castiza*», *Bull. of Hispanic Studies*, XXXIX, 1962, páginas 78-89.

113

Valle-Inclán hace preceder esta farsa del siguiente «Apostillón» que es toda una toma de posición estética e ideológica frente a la materia dramatizada:

Corte isabelina.
Befa septembrina.
Farsa de muñecos.
Maliciosos ecos
de los seminarios
revolucionarios
La Gorda, La Flaca y Gil Blas.

Mi musa moderna
enarca la pierna,
se cimbra, se ondula,
se comba, se achula,
con el ringorrango
rítmico del tango
y recoge la falda detrás.

El lenguaje achabacanado y de achulada degradación responde a una norma estilística que es, naturalmente, no sólo reflejo del mundo degradado que el autor presenta en la escena, sino también instrumento máximo de distanciamiento entre el autor y su mundo dramático. Esta función distanciadora del lenguaje, que opera en la raíz la deshumanización de los personajes y del universo dramático en que se mueven y al que fundan con su palabra, permiten al dramaturgo *presentar,* sin patetismo ni *tesis* alguna (como sucede en toda forma de arte realista, sea crítico o marxista o ninguno de los dos), la caricatura trascendente de una realidad —la histórica española concretada simbólicamente en la Corte Isabelina, pero ampliable cronológicamente hacia adelante o hacia atrás—. De una realidad que, gracias al lenguaje dramático, queda más acá de lo trágico y más allá de lo cómico, imposibilitando en el espectador tanto el dolor como la risa, es decir, impidiéndole las dos vías clásicas de salvación y escape que hasta entonces tenía a su disposición el público de la tragedia o de la comedia. Es en este efecto de la nueva obra teatral —la creada por Valle-Inclán y la creada años antes por Jarry— sobre el espectador, y no sólo en los procedimientos o en el sentido de aquélla, en donde Valle-Inclán dramaturgo conecta con el teatro del absurdo antes del «teatro del absurdo», sin necesidad de intelectualizar los contenidos de la obra dramática ni de establecerla sobre metafísica alguna implícita o explícita. Mediante un lenguaje y unas acciones en explosiva contradicción con los valores tradicionales de que son portadores los personajes que los sustentan —esos personajes, signos de una realidad histórica, y esos valores, signos de un sistema de categorías ético-político-sociales— *presenta* el dramaturgo lo que de fantoche hay en cada uno de los *modelos* elegidos, «modelos» —no se olvide— tanto de la monarquía, la aristocracia y el gobierno, como del pueblo, pues la degradación es expresada en los dos polos de la sociedad tradicional: monarquía y pueblo.

Nos parece por ello incompleto e inexacto lo escrito por González López cuando estudia esta farsa: «La sátira política y moral, la valoración irónica de la realidad política española, antecedente de la Restauración, se dirige contra los reyes, contra los cortesanos, contra los ministros y contra los gloriosos espadones que gobernaron la España isabelina, de la cual es símbolo y encarnación el mayor general don Tragatundas»[59]. No sólo ellos, sino también el pueblo representado por Lucero el Soplón o el Jorobeta. Pero, además, el objeto de la sátira, el mundo objetivo reflejado o traspuesto en el universo dramático de la farsa no es solamente la «España isabelina», la cual sólo es signo de una más amplia totalidad, sino un tipo de sociedad tradicional al que la sociedad española ha sido tan aficionada a mitificar y a totemizar tanto en el momento histórico en que escribió Valle-Inclán, como antes o después, según el lector puede corroborar mediante la sencilla operación de cambiar los nombres. Los nombres son distintos, pero no las sustancias ni sus significados. En ese sentido, y en muchos otros, es absolutamente cierto que Valle-Inclán es un dramaturgo *de hoy,* mucho más que otros muchos que hoy escriben y estrenan.

En 1920, con la *Farsa y licencia de la reina castiza* y con *Divinas palabras,* el «ciclo de la farsa» y «el ciclo mítico» vienen a desembocar en la nueva creación del esperpento. Pero antes de estudiar este último ciclo, es necesario escribir unas líneas sobre dos piezas anteriores que, por razón de método, y por su misma condición dramática, no hemos podido analizar todavía.

6. «Cuento de abril» y «Voces de gesta»

Cuento de abril, del mismo año que la *Farsa infantil de la cabeza del dragón,* es la primera pieza de Valle-Inclán escrita en verso. Señalan los críticos el carácter modernista de su métrica y de su temática. Guerrero Zamora, por ejemplo, ve en ella, siguiendo a Valbuena Prat, «esa vuelta prerrafaelista del modernismo»[51]. Agus-

[50] González López, *op. cit.,* pág. 162.
[51] *Op. cit.,* pág. 166.

tín del Saz le atribuye caracteres modernistas [52]. En cuanto al tema, Guerrero Zamora ve «la confrontación (...) de dos culturas, provenzal —la princesa de Imberal, universo sonriente, gaya ciencia, cortes de amor, trovadores y juegos florales, madrigal y rondel— y castellana —el Infante, ascetismo, sequedad, celoso recato— que al querer unirse en bodas de sus paladines fracasan en su relación...» (*op. cit.*, pág. 166).

González López, a su vez, después de citar las anteriores palabras, escribe: «Al presentar la confrontación de estas dos culturas, la castellana y la provenzal, que bien podrían ser la catalana y quizá también la gallega, expresa Valle-Inclán uno de los temas predilectos de la *Generación del 98:* el del carácter de España, que él ve en su pluralidad; y más aún en la oposición del sentido ascético castellano y el sensual de la periferia. Y, en esta pugna, Valle-Inclán se inclina sin vacilación por lo lírico y lo sensual, en esta fase de su arte dramático» (*op. cit.*, pág. 98). También Díaz-Plaja ve en *Cuento de abril* cómo «lo castellano se enfrenta a la delicada floritura de lo "provenzal", en las figuras del Trovador Pedro Vidal y del Infante de Castilla» (*op. cit.*, pág. 72).

Cuento de abril, rica en elementos líricos, pero pobrísima en elementos dramáticos, nos parece ser la expresión de la crisis estética de su autor, a que aludimos antes. Su sentido literario —ya que el dramático es casi inexistente— estriba, creo, en mostrar el fracaso de la relación entre los dos mundos opuestos cuando éstos pretenden unirse, es decir, entre las dos estéticas —la castellana y la francesa— cuyo maridaje no puede llegar a cuajar dada la disparidad esencial de los dos estilos vitales que las sustentan. Con lo cual Valle-Inclán se descubre a sí mismo, al tiempo que escribe en métrica modernista, la paradoja interior del modernismo: querer casar el verso castellano, es decir, una forma, con un contenido que le es, no sólo ajeno, sino opuesto. El espíritu francés, que era lo quintoesenciado por el modernismo a partir del parsanianismo y del simbolismo, no encaja dentro de la forma castellana. Lejos, pues, de «inclinarse por lo lírico y lo sensual», según piensa González López, pensamos nosotros que lo decisivo es la toma de conciencia de la paradoja interna del modernismo [53]. La obra es, fundamentalmente,

---

[52] Agustín del Saz, *El teatro de Valle-Inclán,* Barcelona, 1950, págs. 14 y 18.

[53] No está de más apuntar, sin embargo —pues no es éste el lugar para tratar con mayor precisión y amplitud la cuestión—, que la crisis a que aludo se refiere sólo a lo más exterior y superficial del modernismo: su mitología y el lenguaje de esa mitología (cisnes, mirtos, rosas, plintos, princesas..., etc.). Es esa mitología y ese lenguaje, con la forma y el espíritu correspondiente, lo puesto en evidencia. Pero el modernismo no era para Valle-Inclán en aquellas fechas —1909— sólo eso, sino algo mucho más radical y. desde luego, de más amplia significación. En 1910, Valle-Inclán da en Buenos Aires una conferencia

la escenificación de un problema estético. La cuestión del modernismo de Valle-Inclán exigiría una revisión, implícita ya en el libro de Díaz-Plaja, en el citado artículo de J. F. Montesinos y en el libro de Antonio Risco.

Voces de gesta, de 1911, está polarizada en torno a un núcleo central: lo castellano [54], primitivo y elemental. cuyo espíritu heroico es encarnado en la protagonista Ginebra. Junto con *Cuento de abril* es *Voces de gesta* la obra valleinclanesca de más floja estructura dramática. No en vano escribía Valle-Inclán en el último verso de la *Ofrenda* que prologa la pieza: «¡A todos mi canto consagro!» Canto escenificado es, en efecto, *Voces de gesta,* en donde se combina lo heroico —encarnado por Ginebra— y lo elegíaco —encarnado por el rey Carlino.

Los críticos relacionan esta «tragedia pastoril» con el ciclo de *La guerra carlista.* También González López ve en ella «una visión totalmente legendaria de la guerra carlista, uniéndola, en los nom-

---

sobre el modernismo, y en ella expresa esto: «El modernista es el que inquieta. El que inquieta a los jóvenes y a los viejos, a los que beben en la clásica fuente de mármol helénico, a los que llenan el vaso en el oculto manantial que brota en la gris penumbra de las piedras góticas. El modernista es el que busca dar a su arte la emoción interior y el gesto misterioso que hacen todas las cosas al que sabe mirar y comprender. No es el que rompe las viejas reglas, ni el que crea las nuevas, es el que siguiendo la eterna pauta, interpreta la vida por un modo suyo, es el exegeta. El modernista sólo tiene una regla y un precepto: ¡la emoción!» (Texto aparecido en *La Nación* de Buenos Aires, 6-VIII-1910. Cit. por Aurelia C. Garat, «Valle-Inclán en la Argentina», en *Ramón M. del Valle-Inclán,* Universidad Nacional de La Plata, cit., pág. 108.)

[54] García López ve en *Voces de gesta* «raíces vasco-navarras»..., «el árbol foral, del primer verso de la ofrenda... no es otro que el *Genikako arbola,* el árbol de Guernica, del himno vasco, pues éste es el único árbol foral que hay en España» (*op. cit.,* pág. 104). Sin embargo, en el interior de la obra leemos: «¡Quien de estas lides viera el final / y al rey dirimiendo la ley en Castilla / con su Evangelio sobre la / rodilla, sentado a la sombra del roble foral!» (página 151). ¿Ese roble foral en Castilla es el mismo de Guernica? También leemos, puestos en boca de Ginebra, estos versos: «Para hacer ofrenda sobre tu rodilla / como la sagrada mesa de un altar, / fui sobre tus pasos por toda Castilla, / sin poderte hallar en campo ni en villa...» (pág. 160) y en una acotación dice el autor: «Bajo la encina foral se oye el azadón...» (pág. 156). ¿A qué encina foral vasco-navarra puede referirse aquí Valle-Inclán? Creemos que el árbol foral, sea roble o encina, simboliza, en general, el viejo espíritu de una Castilla mitificada, y no un concreto árbol geográficamente localizado. La acción, además, está situada «en tierras de Castilla, hace muchos años» (página 101). En 1910 había hablado en Buenos Aires del espíritu de Castilla y de sus viejas glorias, en su conferencia sobre «La España antigua». (Ver Aurelia C. Garat, art. cit., págs. 110-111.) Un año después estaba ya escrita *Voces de gesta.* (Ver Rubia Barcia, *op. cit.,* pág. 15.) Por ello, pensamos con García-Pelayo que en *Voces de gesta* «no se hace referencia a un espacio históricamente concreto, sino que la acción transcurre en un espacio completamente mítico y literariamente imaginado, pero también configurado arcaicamente». (Art. cit., pág. 262.)

bres de los personajes y de algunos de sus actos, a las fábulas épicas, caballerescas y religiosas, germánicas, célticas y mediterráneas, de toda Europa» *(op. cit.,* pág. 105).

7. Ciclo esperpéntico

Teoría del esperpento

Desde que en la década del 40 publica Pedro Salinas su ensayo sobre el esperpento, inaugurando una nueva visión crítica, el número de estudios, ensayos y artículos ha ido creciendo, especialmente en estos últimos años, en que Valle-Inclán dramaturgo, creador del esperpento, rebasa ampliamente el campo de la crítica literaria nacional e ingresa en el de la crítica internacional. Con ocasión del primer centenario de su nacimiento varias revistas *(Ínsula, Cuadernos Hispanoamericanos, La Torre, Revista de Occidente, Papeles de Son Armadans...)* le dedican sendos números; suben a los escenarios españoles algunas de sus piezas; tres años antes, en 1963, Jean Louis Barrault y Jean Vilar montan en París, respectivamente, *Divinas palabras* y *Luces de bohemia;* en Estados Unidos e Hispanoamérica las representaciones de los dramas de Valle-Inclán durante la celebración del centenario, escriben Zahareas y Gillespie, «son demasiado numerosas para citarlas»[55]. La intensificación de la atención crítica a la obra dramática valleinclanesca y, en especial, a sus esperpentos, supone, como es lógico, la multiplicación de los puntos de vista y de las interpretaciones de la esencia, forma, sentido y significado del esperpento. Refiriéndose a él se habla de «distanciamiento», «tragedia grotesca», «compromiso con la realidad», «evasión», «teatro antitrágico», «teatro del absurdo», «visión degradadora», «visión descualificadora», «expresionismo», «desmitificación», «teatro de denuncia», «de protesta», «extrañamiento»,..., etc.

Como es sabido, el propio Valle-Inclán expuso fragmentariamente una «teoría» del esperpento, asistemática, y —no hay que olvidarlo— mediante unos personajes puestos en situación dramática muy concreta, que no autorizan a entender al pie de la letra. Los textos siempre citados de esta «teoría» del esperpento son los siguientes, que transcribimos unos a continuación de los otros:

---

[55] «Ramón María del Valle-Inclán: The Theatre of Esperpentos», *Drama Survey,* VI, 1967, pág. 5.

A) *Luces de bohemia* (págs. 938-939)

1) MAX:
¡Don Latino de Hispalis, grotesco personaje, te inmortalizaré en una novela!

DON LATINO:
Una tragedia, Max.

MAX:
La tragedia nuestra no es una tragedia.

DON LATINO:
¡Pues algo será!

MAX:
El Esperpento.

....

2) MAX:
(...) El esperpentismo lo ha inventado Goya. Los héreos clásicos han ido a pasearse en el callejón del Gato.

DON LATINO:
¡Estás completamente curda!

MAX:
Los héroes clásicos reflejados en los espejos cóncavos dan el Esperpento. El sentido trágico de la vida española sólo puede darse con una estética sistemáticamente deformada.

DON LATINO:
¡Miau! Te estás contagiando.

MAX:
España es una deformación grotesca de la civilización europea.

DON LATINO:
¡Pudiera! Yo me inhibo.

MAX:
Las imágenes más bellas en un espejo cóncavo son absurdas.

DON LATINO:
Conforme. Pero a mí me divierte mirarme en los espejos de la calle del Gato.

119

MAX:

Y a mí. La deformación deja de serlo cuando está sujeta a una matemática perfecta. Mi estética actual es transformar con matemática de espejo cóncavo las normas clásicas.

DON LATINO:

¿Y dónde está el espejo?

MAX:

En el fondo del vaso.

DON LATINO:

¡Eres genial! ¡Me quito el cráneo!

MAX:

Latino, deformemos la expresión en el mismo espejo que nos deforma las caras y toda la vida miserable de España.

B) *Los cuernos de don Friolera, prólogo y epílogo* (págs. 992-993, 996-997 y 1045)

   3) DON ESTRAFALARIO:
     (...) Las risas y las lágrimas nacen de la contemplación de cosas parejas a nosotros mismos...

....

DON ESTRAFALARIO:
Reservamos nuestras burlas para aquello que nos es semejante.

DON MANOLITO:
Hay que amar, Don Estrafalario. Las risas y las lágrimas son los caminos de Dios. Esta es mi estética y la de usted.

DON ESTRAFALARIO:
La mía, no. Mi estética es una superación del dolor y de la risa, como deben ser las conversaciones de los muertos al contarse historias de los vivos.

DON MANOLITO:
¿Y por qué sospecha usted que sea así el recordar de los muertos?

DON ESTRAFALARIO:
Porque ya son inmortales. Todo nuestro arte nace de saber que un día pasaremos. Ese saber iguala a los hombres mucho más que la Revolución francesa.

DON MANOLITO:
¡Usted, don Estrafalario, quiere ser como Dios!

DON ESTRAFALARIO:
Yo quisiera ver el mundo con la perspectiva de la otra ribera...

4) DON ESTRAFALARIO:
Si nuestro teatro tuviese el temblor de las fiestas de toros sería
magnífico. Si hubiese sabido transportar esa violencia estética, sería
un teatro heroico como la Ilíada. A falta de eso, tiene la antipatía
de los códigos, desde la Constitución a la Gramática.

DON MANOLITO:
Porque usted es anarquista.

DON ESTRAFALARIO:
¡Tal vez!

DON MANOLITO:
¿Y de dónde nos vendrá la redención, don Estrafalario?

DON ESTRAFALARIO:
Del compadre Fidel.

....

DON ESTRAFALARIO:
(...) El compadre Fidel es superior a Yago. Yago, cuando desata
aquel conflicto de celos, quiere vengarse, mientras que ese otro
tuno, espíritu mucho más cultivado, sólo trata de divertirse a costa
de Don Friolera. Shakespeare rima con el latido de su corazón el
corazón de Otelo. Se desdobla en los celos del Moro. Creador y
criatura son del mismo barro humano. En tanto ese Bululú ni un
solo momento deja de considerarse superior por naturaleza a los
muñecos de su tabanque. Tiene una dignidad demiúrgica.

5) DON MANOLITO:
Indudablemente, en la literatura aparecemos como unos bárbaros
sanguinarios. Luego se nos trata, y se ve que somos unos borregos.

DON ESTRAFALARIO:
¡Qué lejos de este vil romancero aquel paso ingenuo que hemos
visto en la raya de Portugal! ¡Qué lejos aquel sentido malicioso y
popular! ¿Recuerda usted lo que entonces le dije?

DON MANOLITO:
¡Me dijo usted tantas cosas!

DON ESTRAFALARIO:
¡Sólo pueden regenerarnos los muñecos del compadre Fidel!

121

C) *Hablando con Valle-Inclán,* artículo de G. Martínez Sierra (*ABC,* 7 de diciembre de 1938)[56]

6) Comenzaré por decirle a usted que creo que hay tres modos de ver el mundo artística o estéticamente: de rodillas, en pie o levantado en el aire. Cuando se mira de rodillas —y ésta es la posición más antigua en literatura—, se da a los personajes, a los héroes, una condición superior a la condición humana, cuando menos a la condición del narrador o del poeta. Así, Homero atribuye a sus héroes condiciones que en modo alguno tienen los hombres. Hay una segunda manera, que es mirar a los protagonistas novelescos, como de nuestra propia naturaleza, como si fuesen nuestros hermanos, como si fuesen ellos nosotros mismos, como si fuera el personaje un desdoblamiento de nuestro yo, con nuestras mismas virtudes y nuestros mismos defectos. Esta es, indudablemente, la manera que más prospera. Esto es Shakespeare, todo Shakespeare... Y hay otra tercer manera, que es mirar el mundo desde un plano superior y considerar a los personajes de la trama como seres inferiores al autor, con un punto de ironía. Los dioses se convierten en personajes de sainete. Esta es una manera muy española, manera de demiurgo, que no se cree en modo alguno hecho del mismo barro que sus muñecos. Quevedo tiene esa manera. Cervantes, también. A pesar de la grandeza de Don Quijote, Cervantes se cree más cabal y más cuerdo que él, y jamás se emociona con él... (También es la manera de Goya.) Y esta consideración es la que me movió a dar un cambio en mi literatura y a escribir los *esperpentos,* el género literario que yo bautizo con el nombre de *esperpentos.*

Esta tercera manera es la que él dice elegir, definiendo a los personajes de sus esperpentos como *enanos y patizambos, que juegan una tragedia.*

He ahí, juntos, los textos del pequeño breviario de estética del esperpento valleinclanesco. Naturalmente, estas declaraciones no por ser del autor dejan de ser un punto de vista más entre otros varios, pues la interpretación crítica que un autor hace de su propia obra no es nunca la única con valor absoluto ni es siempre la mejor.

Estamos de acuerdo con Buero Vallejo cuando escribe refiriéndose al texto 6 (*op. cit.*). «Valle-Inclán, teorizante, es menos complejo que las realidades artísticas propias o ajenas en las que sustenta su teoría del esperpento.» Y en su artículo demuestra de manera incontrovertible cómo Valle-Inclán en sus esperpentos no

---

[56] Cit. por Gaspar Gómez de la Serna *España en sus episodios nacionales,* Madrid, 1954, págs. 75-76; por Melchor Fernández Almagro, *op. cit.,* pág. 191; por Buero Vallejo, art. cit., pág. 135; por José Gatti, «El sentido de *Los cuernos de don Friolera»,* en *Ramón M. del Valle-Inclán,* Univ. Nac. de la Plata, cit. 1967, pág. 305.

se sitúa por encima de sus personajes ni es su mirada la del autor demiurgo.

Para Antonio Risco (*op. cit.,* págs. 79-109), los elementos con que Valle-Inclán caracteriza el esperpento rebasan los límites del género literario y pueden ser «referidos a toda una estética,. implícita ya en su obra a partir de sus primeros escritos» y de la que toma ya conciencia, decidiendo cultivarla sistemáticamente, en el poema «Aleluya» de *La pipa de Kif* (1919). El descubrimiento de la musa moderna, que es la del esperpento, no es exclusivo de Valle-Inclán. «A fines del siglo XIX y principios del XX *se desarrolla* en toda Europa una corriente de esperpentismo en la literatura y el arte: aspectos del expresionismo pictórico y teatral español, las *boutades,* parodias y cabriolas grotescas de los futuristas italianos, la ferocidad del dadaísmo francés, las audacias, con frecuencia jugando abiertamente con lo estrambótico de Apollinaire —...*Les mamelles de Tiresias* (1917)—, la farsa de Alfred Jarry *Ubu Roi* (1896), la comicidad sarcástica de Pirandello, las novelas de Kafka...» Por lo cual, «el esperpentismo es fruto de una determinada situación histórica, ya no sólo individual, ni siquiera nacional, sino europea, esto es, que en Valle-Inclán nace de una actitud equivalente a la de los autores que se acaban de citar frente a las escuelas artísticas que le precedieron inmediatamente y la imagen del mundo contemporáneo» (págs. 88-89). «En lo que se refiere a Valle-Inclán, hay que añadir, evidentemente, la valoración de la corriente barroca española representada por Quevedo y Goya, y también diversas circunstancias de orden personal, entre las cuales no hay que olvidar los graves problemas de orden económico familiar que ha tenido que sufrir durante gran parte de su vida» (pág. 90). Partiendo de una visión negativa del presente, en la cual Valle-Inclán no se siente a gusto y de la que es insolidario, «el esperpento valleinclanesco se profundiza más y más hasta alcanzar, como todo ese arte moderno de lo grotesco a que he aludido, una significación ontológica: la sistemática destrucción de la realidad que llega a poner en cuestión al ser» (pág. 196).

También Alfonso Sastre[57] había hecho la crítica de la teoría del esperpento, del cual no tiene la exclusiva España ni como realidad ni como forma artística: «Basta con mirar el panorama literario europeo de los últimos sesenta años para comprobar que lo español no posee la exclusividad del esperpento. Si nuestro nihilismo sensualista fue expresado en el variado repertorio del esperpento español —Valle, Solana, Arniches, Buñuel, Cela...—, el nihilismo europeo radicado en la crisis de las formas económicas-

---

[57] *Anatomía del realismo,* Barcelona, Seix Barral, 1965, págs. 56-67.

sociales capitalistas (nihilismo más enfático, en general, que el español, el cual no pasa de considerar lo español como absurdo, mientras el nihilismo europeo generaliza sobre la existencia, de modo que lo que en España no pasa de una autocrítica regional, en el resto de Europa se presenta como ontología) ha sido expresado en el variadísimo repertorio del esperpento europeo y americano (arte y literatura de vanguardia)» (pág. 64). Y cita a continuación a Jarry, Ionesco, Kafka, Pirandello, Chaplin, Ghelderode *(sic)*, Dürrenmatt, Frisch, «las imágenes cinematográficas de la Magnani o la Massina, las anticipaciones nihilistas de Büchner, Dostoievski o el Strindberg de *La sonata de los espectros,* y el esperpento constructivo de Brecht».

«El *esperpento* —escribe Ricardo Domenech [58]— descoyunta, si es que puede decirse así, la realidad; transforma por completo la imagen aparente que tenemos de su estructura y de su dinámica, precisamente para mostrarnos cómo son, cómo es la realidad» (página 464). Y cree ver en «este descoyuntamiento de la realidad una finalidad muy semejante a la que Brecht buscaba con su idea del distanciamiento» *(ibíd.).* «Valle presenta en el escenario la realidad en que vive el espectador, pero de tal manera deformada que éste no puede por menos de quedar atónito, pues esta realidad es *increíble.* Esta imagen esperpéntica de la realidad nos obliga a una toma de conciencia: la conciencia de que vivimos una realidad esperpéntica, la conciencia de que son grotescos unos valores generales en los que se fundamenta la realidad concreta que nos rodea» (páginas 464-465).

Manuel García Pelayo [59] ve una estrecha relación entre el esperpento como forma literaria y la sociedad burguesa y oficial, según Valle-Inclán la veía: «Puesto que la sociedad burguesa y oficial es, desde la perspectiva de Valle-Inclán, un mundo distanciado y extraño al que no le ve sentido, es claro que ha de percibirlo como absurdo, como un mundo en el que no coinciden, sino que divergen lo que es y lo que se aparenta ser o se cree ser, como un mundo dominado por la contradicción entre la exterioridad y la interioridad, entre la tragedia y la farsa, entre lo inauténtico y lo auténtico. En resumen, como un mundo huero y falso. La forma lógica de expresar literariamente tal mundo es la grotesca, y dentro del género grotesco Valle-Inclán inventa el esperpento..., de modo que el género en cuestión viene a ser la transposición

[58] «Para una visión actual del teatro de los esperpentos», *Cuadernos Hispanoamericanos,* cit., págs. 455-466.
[59] Art. cit., págs. 257-287.

grotesca de una sociedad grotesca, en la que se muestra la misma contradicción tensa que ofrece el objeto» (págs. 264-265).

Parejamente piensa Gómez Marín, quien, estudiando la evolución de la ideología de Valle-Inclán, escribe al final de su trabajo [60]: «Resumiendo, podría decirse que se intenta deformar la imagen en el *espejo cóncavo* precisamente para hacerla coincidir con su original figura. La sociedad está deformada; .el procedimiento óptico de Valle, pues, consistirá en reflejarla en un espejo cóncavo para que la nueva distorsión de las líneas recomponga la imagen primitiva. Podría simplificarse el problema, considerando la operación como un simple procedimiento grotesco. Creemos, sin embargo, que la nueva óptica pretende la recomposición de la figura» (pág. 202).

Zahareas [61] valora así el teatro esperpéntico de Valle-Inclán: «El esperpento puede jugar con el absurdo: afirma el absurdo sin decirle sí, y lo niega sin decirle no.»

Otros críticos han señalado lo que de «interpretación caricatural de la historia» (Fernández Almagro) hay en el esperpento, o la conexión de éste con distintas vertientes del género chico (Zamora Vicente) [62].

De las anteriores citas y de otras [63], no traídas aquí para no cansar al lector, resultaría que el esperpento de Valle-Inclán es no sólo un género literario, sino una estética y, en consecuencia, una

---

[60] «Valle: Estética y compromiso», *Cuadernos Hispanoamericanos,* cit., páginas 175-203.

[61] En «The Esperpento and Aesthetics of Commitment», *Modern Languages Notes,* LXXXI, 1966, pág. 173.

[62] Zamora Vicente, «En torno a *Luces de bohemia*», en *Cuadernos Hispanoamericanos,* cit., págs. 204-226. Posteriormente publicó *La realidad esperpéntica. (Aproximación a «Luces de bohemia»),* Madrid, Gredos, 1969, que ya no pudimos aprovechar. En él estudia exhaustivamente la infraestructura de *Luces de bohemia,* mostrando sus múltiples entronques con la realidad histórica, económica, social, política, literaria, lingüística... de España, con núcleo en Madrid.

[63] Véase, entre otros, Brooks, «Valle-Inclán and the Esperpento», *Bull. of Hispanic Studies,* XXXIII, 1956, págs. 152-164, y las páginas que le dedica el mismo autor en «Los dramas de Valle-Inclán» (*Estudios dedicados a Menéndez Pidal,* VII, Madrid, 1957, págs. 177-198); Rea, J., «Theatre done with mirrors: Valle-Inclán's esperpentos», en *Theatre Arts,* XXXVII, 1953, páginas 30-31; Zahareas, A. N., «La desvalorización del sentido trágico en el esperpento de Valle-Inclán», *Insula,* 1963, núm. 203, págs. 1 y 15; Pedro Díaz Ortiz, «Valle-Inclán y el teatro contemporáneo», *Cuadernos Hispanoamericanos,* cit., págs. 445-450; Carmen Bravo-Villasante, «El lenguaje esperpéntico de Valle-Inclán», *ibíd.,* págs. 451-454, Sobre el lenguaje esperpéntico y sus leyes ver en Antonio Risco, *op. cit.,* caps. VI y VII. Con posterioridad a estas notas llega a mis manos el magnífico ensayo de Torrente Ballester «Los cuernos de Don Friolera y dilucidación del esperpento» (en *Teatro español contemporáneo,* Madrid, Guadarrama, 2.ª edición, 1968, págs. 188-234). Ver también el libro de Rodolfo Cardona y A. N. Zahareas *Visión del esperpento,* Madrid, Castalia, 1970.

visión del mundo, a la cual llega el escritor desde una concreta circunstancia histórica española y desde una determinada ideología, resultado de una toma de posición crítica, cuya raíz es a la vez individual y social, pero que coincide con un movimiento estético de protesta y de búsqueda general en la literatura europea. La originalidad estilística del esperpento, en tanto que forma expresiva, no impide su conexión con formas expresivas de tradición popular trascendidas por Valle-Inclán. La deformación o descoyuntamiento instrumental del esperpento sería el único modo de reflejar críticamente una realidad específica, provocando así una toma de conciencia directa del carácter absurdo de esa realidad. El esperpento se convierte así en un instrumento de desenmascaramiento: el nuevo rostro por él proyectado presentativamente bajo la antigua máscara se revela, irónicamente, ser la última y auténtica máscara. Dentro de la *historia* del teatro español, el esperpento cumple en su forma y en su significación el papel de redentor del teatro español y el punto de partida de una fecunda visión dramática de la realidad. Queda, sin embargo, un punto en que no existe ningún acuerdo y que podemos formular interrogativamente: ¿es trágico o antitrágico el esperpento?

A esta pregunta, que nos parece de gran importancia, puesto que lo puesto en cuestión en ella es la esencia y el sentido mismo del esperpento, trataremos de contestar en el análisis concreto de cada uno de ellos, pues la respuesta debe hacerse no en abstracto, sino a partir del universo dramático que es cada esperpento. Sin embargo, creo no estén de más algunas precisiones.

Es indudable que el esperpento, en tanto que visión dramática de la realidad, supone no sólo una ruptura con la tradición humanística, en general, sino, mucho más concretamente, con la tradición aristotélica del teatro occidental. Y esto obliga al crítico a una necesaria transformación de todos sus presupuestos críticos, es decir, a una adecuación de su «mirada».

Por otra parte, si admitimos —y no es posible entrar ahora ampliamente en esta cuestión— una *esencia* de la tragedia y de lo trágico y, por tanto, un sistema de coordenadas previas, es necesario tener en cuenta el problema de la *función* de la tragedia dentro de *cada tiempo* histórico. Porque es indudable que la función de la tragedia en *nuestro* tiempo no es la misma que en el tiempo de Sófocles, Shakespeare, Calderón, Racine, Goethe o Strindberg, para señalar nombres clave.

Olvidar esto sería simplificar.

Los esperpentos

Valle-Inclán los denominó así: *Luces de bohemia* (1920), *Los cuernos de don Friolera* (1921), *Las galas del difunto* (1926 y *La hija del capitán* (1927). Estos tres últimos fueron publicados juntos por su autor con el título de *Martes de carnaval* (1930).

Luces de bohemia se abre con una invitación al suicidio y se cierra con un suicidio que sigue de cerca la muerte del protagonista, Max Estrella, el poeta ciego, «como Homero y como Belisario», cuya «cabeza, rizada y ciega, de un gran carácter clásico-arcaico, recuerda los Hermes». A la dignidad clásica de la figura del héroe, subrayada por el dramaturgo, no corresponde la dignidad del mundo en que se mueve, sino que, por el contrario, a ese mundo se le ha amputado, hasta hacerla imposible, toda posibilidad de nobleza y grandeza, propias del mundo de la tragedia clásica.

El tiempo de la acción está sincopado en quince escenas, cuya duración apenas rebasa el tiempo «clásico» de veinticuatro horas —del atardecer a la noche del día siguiente—. En contraste con ese tiempo «clásico», los lugares escénicos son múltiples y carecen de toda nobleza: un cuarto miserable («Bastardillos, veintitrés, duplicado, Escalera interior, Guardilla B»), una librería acovachada, una taberna sombría, un pedazo de calle frente a la puerta de una buñolería, el zaguán de un ministerio («Aire de cueva y olor frío de tabaco rancio»), un calabozo, la redacción de un periódico («con piso de baldosas», «lámpara con enagüillas»), secretaría del ministro («olor de brevas habanas, malos cuadros, lujo aparente y provinciano»), un café («vaho de humo, lívido temblor de los arcos voltaicos»), paseo con jardines (poblado por «patrullas de caballería», «mozuelas pingonas y viejas pintadas como caretas»), una calle (cuyo centro significativo lo ocupa «una mujer, despechugada y ronca, que tiene en los brazos su niño muerto, la sien traspasada por el agujero de una bala»), el quicio de una puerta (es el lugar de la muerte de Max: «se torna lívido el cielo», «remotos albores de amanecida», «un perro golfo..., el ojo legañoso... que encoge la pata y se orina»), el mismo cuarto de la primera escena («velorio en un sotabanco»; el cadáver de Max en una «caja embetunada de luto por fuera y por dentro, de tablas de pino sin labrar ni pintar, que tiene una sórdida esterilla que amarillea», «astillando una tabla el brillo de un clavo aguza su punta sobre la sien inerme»), un patio en el cementerio del Este («tarde fría», «viento adusto», «dos sepultureros sacan lumbre del yesquero y las colillas de tras la oreja», «uno tras otro beben a chorro de un mismo botijo») y la taberna de la escena segunda («lobreguez con un temblor de acetileno»). Esta enumeración destaca suficientemente el carácter sistemáticamente degradado del espacio donde Max Estrella, «con su clásica cabeza ciega» y su «magno ademán de estatua cesárea», vive la experiencia de sus últimas horas lleno de rabia y de vergüenza, e impotente para el grito, experiencia que es formulada así por Max:

«Latino, ya no puedo gritar... ¡Me muero de rabia!... Estoy mascando ortigas. (...) Nuestra vida es un círculo dantesco. Rabia y vergüenza. Me muero de hambre, satisfecho de no haber llevado una triste velilla en la trágica mojiganga. (...) Latino, (...) llévame al Viaducto. Te invito a regenerarte con un vuelo» (escena 11, páginas 937-938).

El mundo hecho presencia en cada uno de estos focos —verdaderos núcleos de significación— de la acción que es cada una de las escenas, aparece así definido por sí y en sí mismo, sin necesidad de palabras intermediarias de denuncia, como un mundo sin otra puerta de salida que la muerte, un mundo que *es* —y no sólo donde *hay*— injusticia, estupidez, miseria, arbitrariedad, traición, violencia, y en donde la única voz que suena con autenticidad es la «voz trágica», la voz «con cólera trágica» de la Madre que, simbólicamente, lleva muerto en los brazos a un niño, «¡un inocente sin culpa!».

Lo descubierto por Max Estrella a través de su experiencia del mundo, en el cual se siente incluso, como parte de su materia degradada, con conciencia de su radical culpabilidad y de su no menos radical inocencia, es que la condición de «círculo infernal» de ese mundo (escena 11), con fondo de «tableteo de fusilada», no puede ser ya reflejado desde la óptica del héroe clásico, lo cual supondría una traición a la esencia de ese mundo al dotarlo, formalmente, de una dignidad de que carece. El esperpento, lejos de negar lo trágico o de predicar su ausencia, es el único modo lícito de dar testimonio de lo trágico, sin traicionarlo. Paradójicamente, la forma clásica de la tragedia es la única forma radicalmente inadecuada para la expresión de lo trágico, pues los contenidos de éste se han vaciado de toda significación, de todo valor, reducidos a una sola categoría: la de la falsedad. Y la esencia trágica de esa falsedad sólo puede ya ser representada mediante la apelación a lo grotesco, es decir, mediante la óptica del «espejo cóncavo». La vida y la muerte de Max Estrella son la más rigurosa predicación en el teatro contemporáneo de la vida y la muerte del nuevo *héroe trágico* que debe renunciar a toda actitud trágica para que su testimonio sea válido, es decir, verídico, en perfecta adecuación con el modo de aparición de lo trágico en el mundo moderno, cuya cifra y signo es la España cristalizada en el Madrid de *Luces de bohemia*. No estamos, por ello, de acuerdo con Alfonso Sastre cuando restringe el sentido del esperpento a simple «autocrítica regional», olvidando que Valle-Inclán en los años 20 escribía no *para* un público internacional de segunda posguerra mundial, sino *contra* un público pasivo español muy concreto. Que el mundo esté representado —impotencia, rabia y vergüenza— a través de un mundo sintético español histórico no excluye, como totalidad, al mundo, justamente el que ve Max Estrella, el ciego, en la escena primera:

> MAX:
> ¡Veo, y veo magníficamente!

> MADAME COLLET:
> ¿Pero qué ves?

> MAX:
> ¡El mundo!

Afirmación que enlaza con la que cierra la obra:

> PICA LAGARTOS:
> ¡El mundo es una controversia!

> DON LATINO:
> ¡Un esperpento!

> EL BORRACHO:
> ¡Cráneo privilegiado!

Dado un mundo, cualquiera que sea la forma de cristalización concreta en la historia, el esperpento es la única manera de expresarlo, reflejarlo o representarlo, sin incurrir en la retórica, de la cual esta nueva forma teatral es la negación absoluta. A este respecto, hay una frase de Valle-Inclán en *Viva mi dueño* (*Obras completas,* II, página 1582) que podría servir de guión a la teoría del esperpento, ésta: «Pero la realidad es siempre más cruel que la mala retórica.» Frase que podemos enlazar, para situar el esperpento al nivel del teatro actual, del que Sastre destaca su significación ontológica, con esta otra, del mismo libro (*Obras completas,* II, pág. 1583), en donde quedan captados los nuevos héroes del teatro: «sus héroes bufos y sus payasos trágicos».

Sin minusvalorar ni menos negar, pues es innegable, lo que de feroz sátira política y social de la España coetánea de Valle-Inclán hay en *Luces de bohemia,* aspecto éste ya bien estudiado por numerosos críticos [64], y en el que no me parece necesario insistir aquí, sí

---

[64] Además de los ya citados, pueden verse José Cepeda Adán, «El fondo histórico-social de *Luces de bohemia*» (*Cuadernos Hispanoamericanos, ibíd.,*

quiero, en cambio, poner de relieve la significación que, como universo dramático, tiene ese mundo. Los personajes que en él aparecen responden, con la excepción, tal vez, de la Madre, antes aludida, y del Preso, a esa doble dimensión de «héroes bufos» y «payasos trágicos», tanto en la actitud como en la palabra. Forman todos ellos un gran coro de personajes huecos, sin que su cháchara, antisocial o no, consiga disimular su oquedad constitutiva ni la vulgaridad en la que viven sumergidos y de la que no intentan salir, incapaces, como don Latino de Híspalis, de estremecerse ante la voz trágica del dolor y de la muerte. Sobre todos ellos, y especialmente sobre el héroe del esperpento, pesa una fatalidad, un destino, degradados también, que ya no viene desde arriba ni desde un «más allá» del mundo, sino desde el centro neutro, insignificante del mismo mundo, y contra los cuales no cabe ni heroica rebelión ni aceptación heroica. Fatalidad y destino que convierten, vulgarmente, al héroe en un simple cesante, y contra los cuales sólo son posibles la impotencia, la rabia y la vergüenza, expresivamente reiteradas por el dramaturgo como sentimientos fundamentales del protagonista. Si al héroe clásico le era posible luchar y dar en su combate (agonía) la medida de su grandeza y de su dignidad, al nuevo héroe ni siquiera esa posibilidad le queda, porque ¿cómo luchar dignamente con una carta de despido, con esa carta («es un infierno de letra») del buey Apis, la nueva deidad que detecta el poder de los antiguos dioses? [65]. Incluso al héroe nuevo se le despoja de la dignidad de su propia muerte: Max Estrella, después de haber sido desposeído de la posibilidad de hacer vivir malamente a su familia, después de haber sido encarcelado, abofeteado, perdido su dignidad ética al aceptar una arbitraria pensión mensual, se muere arrimado al quicio de la puerta de su casa, para ser traicionado, esquilmado y abandonado por su grotesco lazarillo en el momento mismo en que acaba de morir con una mue-

---

páginas 227-246); Emilio Miró, «Realidad y arte en *Luces de bohemia*» (*Ibíd.,* páginas 247-270); Phillips Allen, W., «Sobre la génesis de *Luces de bohemia*» (*Insul..,* 1966, núms. 236-237, pág. 9); Guillermo de Torre, «Valle-Inclán o el rostro y la máscara» (en *La difícil universalidad española,* Madrid, Gredos, 1965, págs. 136-142 y 154-156).

[65] En la escena duodécima, en la que, poco antes de morir, Max Estrella define el esperpento como única forma de dar «*sentido trágico* (el subrayado es mío) a la vida española», hay un breve parlamento de Max que, curiosamente, recuerda el sentido global del *Rhinocéros,* de Ionesco:
«Max.—Échame el aliento. ¿A dónde te has ido, Latino?
Don Latino.—Estoy a tu lado.
Max.—Como te han convertido en buey, no podía reconocerte. Échame el aliento, ilustre buey del pesebre belenita. ¡Muge, Latino! Tú eres el cabestro, y si muges vendrá el Buey Apis. Le torearemos.»
Al Buey Apis —nueva deidad degradada también— ya no se le afronta ni se le suplica, como a las antiguas divinidades: se le torea.

ca que le deforma la cara; y, aún más, hasta su misma muerte es confundida con una borrachera, y, después, degradada, irónicamente, cuando Basilio Soulinake la identifica con un «estado de catalepsia». Como escribe Jean-Marie Domenach: «La tragédie ne revient pas du côté où on l'attendait, où on la recherchait vainement depuis quelque temps —celui des héros et des dieux—, mais de l'extrême opposé, puisque c'est dans le comique qu'elle prend sa. nouvelle origine, et précisément dans la forme la plus subalterne du comique, la plus opposée a la solemnité tragique: la farce la parodie» [66].

En *Los cuernos de don Friolera* el dramaturgo presenta tres versiones distintas de un mismo suceso, correspondiendo cada una de las versiones a un punto de vista diferente. A su vez, cada versión, condicionada por el punto de vista en que el autor se sitúa, adopta una forma genérica diferente y un diferente sentido. Los tres puntos de vista se corresponden, casi literalmente, con aquellos tres modos de ver el mundo...: «de rodillas, en pie o levantado en el aire».

La primera versión es la del bululú del compadre Fidel, cuya forma es la de una farsa popular de títeres, en la que el autor mira a sus criaturas desde «el aire», sintiéndose superior a ellos, tomándolos como pretexto para divertirse a su costa. La tercera versión es la del romance de ciegos, en el que el asunto de la esposa infiel y del marido que venga su honor mancillado es visto «de rodillas», y —como escribe Manuel Durán— «representa una mitificación heroico-popular, presentada aquí con sentido irónico, de los tristes sucesos: don Friolera lava su honor dando muerte a la esposa infiel, es condecorado y, tras combatir heroicamente contra los moros, es nombrado ayudante del rey» [67]. La segunda versión, mucho más amplia y matizada que las dos anteriores, constituye el cuerpo central de la pieza y es la que corresponde a la visión esperpéntica.

El bululú y el romance de ciego están enmarcados por los comentarios críticos de don Manolito y don Estrafalario. Para éste, en cuya estética se ha querido ver formulada la de Valle-Inclán, el romance de ciegos y su versión literaria de los sucesos, que falsea la realidad mitificándola, mediante la aplicación de unas normas ideales tópicas, es una forma vil e inadecuada para expresar la realidad. De ella «sólo pueden regenerarnos los muñecos del compadre Fidel».

---

[66] *Le retour du tragique*, París, Editions du Seuil, 1967, pág. 60. Es una pena que el autor no conozca el esperpento valleinclanesco. Y es también injusto. ¿Hasta cuándo esa ignorancia injustificable de no pocos críticos e historiadores del teatro occidental?

[67] «*Los cuernos de Don Friolera* y la estética de Valle-Inclán», *Insula*, 1966, números 236-237, pág. 5.

El bululú merece la total aprobación de don Estrafalario, cuya estética «es una superación del dolor y de la risa». Nada hay de humano en la farsa de muñecos, pues toda la acción es un puro juego de lo grotesco: adulterio, venganza, honor, muerte de la adúltera y resurrección al oír el ruido de un duro... La versión del bululú sirve de correctivo a la versión del romance de ciego. Pero a ambas versiones las contrasta el dramaturgo con la versión central, la del esperpento en doce escenas. Versión que ni don Manolito ni don Estrafalario conocen y de la que, por tanto, no formulan ningún juicio crítico. No la conocen porque es, justamente, la *nueva versión,* la inventada por Ramón María del Valle-Inclán, equidistante de la pura farsa popular y del melodrama literario. Esta nueva versión no se queda ni en lo grotesco malicioso y desmitificador de la farsa de muñecos ni en el engolamiento y el falso énfasis mitificador del melodrama literario tradicional. «Con esta tríada —escribe Manuel Durán— de farsa-esperpento-parodia, Valle-Inclán consigue, creemos, dos resultados de considerable importancia. El primero sería lograr subrayar y realizar el estilo esperpéntico como tal (...). El segundo consiste en hacer resaltar el papel simbólico, ideológico, ontológico, si se quiere, de la realidad descrita en el esperpento que narra las desventuras conyugales de don Friolera. Ambos resultados son un efecto del contraste entre las tres versiones distintas que el autor nos ofrece, una tras otra» (art. cit., pág. 28). Y añade líneas después: «Pero el esperpento traducía esa realidad española en forma que, a primera vista, para un público no preparado, podía parecer demasiado irreal, demasiado fantástica para que se la tomara en serio. Para que la nueva forma adquiera todo su rigor, para que el lector comprendiera que, a pesar de las distorsiones, se hallaba en presencia de una retrato verdadero, era preciso situarla frente a formas claramente literarias, no sólo más débiles estilísticamente, sino más desligadas de todo contacto con la realidad: rodearla de títeres y de parodias.»

A los títeres antitrágicos, deshumanizados a fuerza de ser grotescos, vistos desde «arriba», en total y absoluta visión distanciada, y a los títeres heroicos, deshumanizados a fuerza de su mitificación, vistos desde «abajo» —irónicamente aquí—, en no menos total y y absoluta visión distanciada, sustituye Valle-Inclán, en contraste con la óptica del compadre Fidel y de su antípoda el ciego de romance, una visión de frente en donde lo grotesco y lo trágico se funden en ese «fantoche trágico» que es —según acotación del autor— don Friolera y en esa «tragedia de fantoches» que —según otra acotación— es este esperpento. Justamente, pensamos, porque lo grotesco y lo trágico de la realidad que se pretende reflejar sólo puede hacerse, para no traicionar ninguna de esas dos dimensiones, mediante la síntesis dialéctica de la farsa y la tragedia, que es, en su esencia, el esperpento. Valle-Inclán no sólo capta la realidad como realidad deformada, sino también el sentido trágico de esa ontológica deformación.

Comienza el esperpento con un monólogo del teniente don Pascual Astete [68] (don Friolera) motivado por un anónimo en el que se le advierte de la infidelidad de su mujer, doña Loreta. El monólobo es, oblícuamente, una parodia de los monólogos de las· tragedias calderonianas del honor, en la que el héroe expresaba la división interior de la conciencia [69]. Don Friolera muestra el enfrentamiento entre sus dos naturalezas, la profesional y la simplemente humana. Como militar, en ·nombre del código profesional, debe matar: «¡En el Cuerpo de Carabineros no hay maridos cabrones!» Como persona individual y privada, siente su propia miseria y su incapacidad para representar el papel social que el Cuerpo de Carabineros le impone desde fuera: «Me reconozco un calzonazos. ¿A dónde voy con mis cincuenta y tres años averiados? ¡Una vida rota!» Don Friolera es un pobre hombre que tiene que hacer el papel de héroe, según la sociedad lo exige: «La galería no se conforma con eso (con una honrosa separación). El principio del honor ordena matar. ¡Pim! ¡Pam! ¡Pum!... El mundo nunca se cansa de ver títeres y agradece el espectáculo.» El mundo está representado, principalmente, por doña Tadea, autora del anónimo, bruja beata, y por los tenientes Rovirosa, Campero y Cardona, portavoces del código del honor militar y cuya indignidad y animalidad radical muestra el dramaturgo en la escena octava. A ese mundo, cifra de todo antivalor, deberá satisfacer don Friolera.

Por otra parte, doña Loreta, la esposa infiel y Pachequín, el seductor, «cuarentón cojo y narigudo», barbero de profesión y tocador de guitarra, más que culpables, son víctimas de su propia inautenticidad. También ellos representan, según unos patrones impuestos, sus papeles. El dramaturgo, en las escenas entre marido y mujer y entre seductor y seducida, muestra el absurdo radical y absoluto de unas vidas que, vaciadas de su propia sustancia personal, adoptan la máscara rígida de unas convenciones y de unos principios falsos. La dimensión grotesca de la existencia humana se carga de contenido y significación trágicos cuando don Friolera, creyendo matar a su mujer, mata a su hija. A este respecto comentan Zahareas

[68] Es posible que el apellido Astete tenga que ver —ironía valleinclanesca— con el célebre padre Astete, autor de un popular v bien conocido *Catecismo*, no del honor, sino de los fundamentos de la doctrina católica.

[69] Valle-Inclán tiene del honor calderoniano una idea tópica. muy extendida, que no corresponde al sentido real del honor en las tragedias de honor de Calderón.

133

y Gillespie: «El autor de Friolera pone en escena el dilema del héroe ante un fondo de un mundo alienado del mundo "explicable" del humanismo y la tragedia. Un lugar común dentro de la tradición trágica es que el juicio erróneo invierte el orden de las cosas, al paso que la confianza se torna en recelo y el amor en odio. El juicio erróneo puede también, sin embargo, conducir a la pura confusión y la confusión al disparate y a la vulgaridad. Hay, sin embargo, una frontera muy sutil entre la acción trágica y la acción disparatada» [70]. Esa sutil frontera es —me parece— el eje medular del esperpento. Por eso puede escribir Buero Vallejo: «En el frondoso martes de carnaval que viene a ser el conjunto de esperpentos de Valle, las máscaras deformadoras caen a menudo y descubren rostros de hermanos nuestros que lloran (art. cit., pág. 139). Y de ahí esa especial tensión que el espectáculo del hombre y de su mundo ofrecido por el esperpento provoca en el espectador, instaurando en él la «rabia» y la «vergüenza» y la necesidad de superar la impotencia, más allá de todo optimismo y de todo pesimismo absolutos, porque esos trágicos fantoches y esa tragedia de fantoches, para decirlo con palabras de J. M. Domenach, «c'est de nous qu'ils parlent, en deça et au delà des idées que nous avons de nous mêmes et de notre societé, tissant les premières mailles d'une mythologie sans nomoù notre avenir va se prendre» (op. cit., pág. 259). El honor en Los cuernos de don Friolera, como el Madrid de Luces de bohemia, no agotan, ni mucho menos, su sentido en la realidad histórica española, sino que son signos de más universal realidad: la del siglo xx [71].

El mismo año en que, con el título de El terno del difunto, se publicó el esperpento de Las galas del difunto, el pequeño grupo teatral de los hermanos Baroja —«El Mirlo Blanco»— representó en su domicilio madrileño «una parodia de Don Juan de Zorrilla, en la que Valle-Inclán hizo el papel de doña Brígida» [72]. En noviembre de 1935 —nos cuenta García-Sabell—, «Ortega y Gasset publicó en El Sol un folletón sobre el Don Juan de Zorrilla. En él se decía lo siguiente: "El Don Juan Tenorio pertenece a un género li-

[70] «Ramón del Valle-Inclán: The Theatre of Esperpentos», Drama Survey, cit., pág. 10.

[71] Ver también el excelente artículo de José Gatti «El sentido de Los cuernos de Don Friolera», en Ramón M. del Valle-Inclán, Univ. Nac. de la Plata, cit., págs. 298-313; Pedro A. González, «Los cuernos de Don Friolera», La Torre, II, 1954, núm. 8, págs. 45-54.

[72] Ver Rubia Barcia, op. cit., pág. 20. Ignoramos cuál pudo ser la exacta relación de causa a efecto entre El terno del difunto y la citada parodia. Pero nos parece interesante dejar constancia de ella. Sobre «El Mirlo Blanco», ver Díez-Canedo, Artículos de crítica, cit., 1968, IV, págs. 149-155.

terario que carecía de nombre y acotamiento hasta que Valle-Inclán, genialmente, se lo proporcionó, llamándolo *esperpento.* La invención de este nombre y de la idea que expresa puede servir como ejemplo excepcional de lo que es entender verdaderamente de literatura." Cuando llegué a visitar a don Ramón éste tenía el periódico sobre la cama. Yo lo cogí y me puse a leer el trabajo: "—¿Qué le parece, don Ramón", dije al concluirlo. "—Eso está muy bien, eso está muy bien", repuso. Y no añadió más. Los ojos le brillaban con alegría incontenible. Todo él era un puro gozo»[73].

Ortega fue, pues, con su habitual perspicacia, el primero en señalar la relación de este esperpento valleinclanesco con el *Don Juan Tenorio* de Zorrilla. Bastantes años después, en 1959, publicaba Avalle-Arce su artículo «La esperpentización de Don Juan Tenorio»[74], en donde mostraba los paralelismos —de personajes, de situación e incluso de palabra— entre el popular drama zorrillesco y su esperpentización valleinclanesca.

Valle-Inclán no sólo esperpentiza el mito literario de Don Juan, partiendo de la más popular de sus configuraciones españolas, sino la base misma sobre la que el mito se levanta. Porque lo decisivo, en cuanto a su significación, de *Las galas del difunto* no es sólo la degradación de Don Juan Tenorio en Juanito Ventolera, de Doña Inés en La Daifa, etc., o del convento y su Madre Priora en el prostíbulo y su Madre Celestina, sino la degradación del escenario histórico sobre el que Don Juan levantaba, superior a toda norma y a toda regla, su estatura de burlador. El mundo al que Don Juan burlaba —y no sólo las mujeres— era un mundo cuyo sistema de valores no era puesto en causa, sino todo lo contrario. Precisamente porque constituía la norma y el tipo aceptado, Don Juan era el rebelde, el personaje «a-típico», el «enfant terrible», pero de ningún modo su debelador ni su víctima. En cambio, en el esperpento de Valle-Inclán, al igual que en *todos* sus esperpentos, lo conculcado, lo desenmascarado, lo desmitificado era ese mundo, mundo no ya literario ni literaturizado, sino concreto, real, históricamente identificado e identificable. Por ello, los dos personajes principales, Juanito Ventolera y La Daifa, no son dos héroes degradados que saltan o se salen de la norma de conducta social y moral propia de su mundo, sino dos víctimas de ese mundo, atrapadas por él y por él convertidas en deshechos. Tan importante como la esperpentización

---

[73] Ver García-Sabell, «El verdadero Don Ramón», en el vol. cit. de la Universidad de La Plata, pág. 67. El artículo de Ortega, titulado «La estrangulación de Don Juan», apareció en *El Sol* del 17 de noviembre de 1935. Se encuentra recogido en *Obras completas,* V, Madrid, Revista de Occidente, 5.ª edición, 1961, págs. 242-250. La cita, en pág. 247.

[74] *Hispanófila,* III, 1959, núm. 7, págs. 29-39.

de Don Juan, es decir, de la *literatura,* es la esperpentización de la *realidad histórica,* y es precisamente ésta y no aquélla quien confiere a éste y a cada uno de los esperpentos de Valle-Inclán su más radical sentido, pues el modelo literario esperpentizado recibe su cabal significación de la realidad en la que el dramaturgo lo hace volver a ser. En la presentación de *esa* realidad está la raíz más sustantiva de la demolición valleinclanesca.

La hija del capitán es no sólo el último esperpento, sino también la última pieza teatral de Valle-Inclán, publicada por éste en la colección popular de la *Novela mensual* en 1927. La Dirección General de Seguridad prohibió su circulación incautándose de la edición y dando de ello las siguientes razones: «La Dirección General de Seguridad, cumpliendo órdenes del Gobierno, ha dispuesto la recogida de un folleto que pretende ser novela, titulado *La hija del capitán,* cuya publicación califica su autor de esperpento, no habiendo en aquél ningún renglón que no hiera el buen gusto ni omita denigrar a clases respetabilísimas a través de la más absurda de las fábulas. Si pudiera darse a luz pública algún trozo del mencionado folleto sería suficiente para poner de manifiesto que la determinación gubernativa no está inspirada en un criterio estrecho o intolerable y sí exclusivamente en el de impedir la circulación de aquellos escritos que sólo pueden alcanzar el resultado de prostituir el gusto, atenuando las buenas costumbres»[75]. En nombre, pues, del buen gusto, «de las buenas costumbres» de las «clases respetabilísimas», *La hija del capitán* no verá la luz pública hasta 1930.

«Esta obra —escribe González López (*op. cit.,* pág. 258)— es una denuncia violenta, grotesca, esperpéntica de la Dictadura militar española, que en aquel entonces era una trágica realidad tangible en la vida política de España, asociándola a uno de los crímenes más repulsivos de la historia de Madrid, que estaba vivo en el recuerdo de las gentes madrileñas y de toda España.»

Para Rafael Conte es «una sátira esperpéntica de los pronunciamientos»[76].

Aunque las coordenadas históricas de *La hija del capitán* sean las mismas de la España de la Dictadura del general Primo de Rivera, de donde extrae Valle-Inclán materia bruta para construir la fábula de su esperpento, creo, sin embargo, que la significación del universo dramático creado a partir de tales materiales históricos re-

---

[75] Cito por Sebastián Miranda, «Recuerdo de mi amistad con Valle-Inclán», *Cuadernos Hispanoamericanos,* cit., pág. 10. Cit. también en Francisco Madrid, *La vida altiva de Valle-Inclán,* Buenos Aires, Poseidón, 1943, pág. 71, y en Rubia Barcia, *op. cit.,* págs. 20-21, nota 72.

[76] Rafael Conte, «Valle-Inclán y la realidad», *Cuadernos Hispanoamericanos,* cit., pág. 57. Ver también Sumner Greenfield. «Madrid in the mirror: esperpento de *La hija del capitán*», cit., págs. 265-269.

basa ampliamente la propia Dictadura o los pronunciamientos militares, *more hispano,* e, incluso, la de cualquier modelo paradigmático de revolución hispana hecha desde arriba, sin contar —como dice el General (escena 6)— con los soldados ni con el pueblo.

El suceso que determina el golpe militar, es decir, la apropiación del poder, derribando al Gobierno vigente, es el asesinato, por error y por motivos particulares, de una persona privada, El Pollo de Cartagena, «viejales pisaverde», amante de la Sini, quien, a su vez, lo es del General, todo ello con el consentimiento de su padre, el Capitán. Para evitar el escándalo, el General, en nombre del honor de la «familia militar» y de la salvación de la patria, se decide a tomar el poder. Entre la muerte del Pollo de Cartagena y la toma del poder no existe ninguna relación lógica. Esa muerte, sin embargo, pone en movimiento no sólo a la Milicia, sino a la Prensa y a las fuerzas vivas de la nación, representadas por los burgueses del Círculo de Bellas Artes y por el Batuco, arquetipo del mundo de los negocios perfectamente organizados, que tiene «oficina montada con teléfono y máquina de escribir» (escena 4). El General, representante de los «núcleos profesionales de la Milicia», cuya indignidad personal es puesta de relieve por el dramaturgo en la conversación y actitud con la Sini, enmascara sus móviles reales bajo la retórica de la salvación del país y el amor a las Instituciones (Patria, Religión y Monarquía). Los burgueses del Círculo de Bellas Artes significan con sus frívolas cábalas la irresponsabilidad y el cinismo de toda una sociedad que no cree en nada ni es capaz de acción coherente alguna. El Batuco, representante del mundo de las finanzas, relacionado con don Alfredo Toledano, director del periódico *El Constitucional,* hace ver la turbia conexión de las finanzas, la prensa y los altos funcionarios del Gobierno. No es la justicia, ni la libertad, ni el bien público quienes movilizan a los responsables de la toma del poder, sino la satisfacción de los fines personales, sucios e inconfesables. Cuando aquélla se consuma la aplauden las fuerzas bienpensantes del país, esas mismas «clases respetabilísimas» a que aludía la nota oficiosa de la Dirección General de Seguridad, simbolizadas por doña Simplicia, «delegada del Club Fémina, presidenta de las Señoras de San Vicente y de las Damas de la Cruz Roja», etc.; y la bendice con su presencia el Ilustrísimo Señor Obispo, y la corrobora «el Rey católico de España». Si es cierto, como escribe Guerrero Zamora, al hablar de este esperpento, que «su sátira atañe sólo al patriotismo que se convierte en patriotería, a las palabras que se hinchan sordamente, a la sordidez que se pretende gloriosa, a toda fabricación de ídolos de barro, a la seducción colectiva de lo sonoramente vacío, a la sustitución del sentido por el uniforme y de la recompensa interior por la condecoración externa, a todos aquellos que se prendan del tambor rítmico, de lo marcial, retórico y declamatorio, pero que son incapaces de entrañar emoción o juicio alguno verdadero» *(op. cit.,* pág. 201), todo ello no constituye más que el aspecto exterior e inmediato de su significación —uno de los aspectos—. Pero en un nivel más profundo, este esperpento desenmascara toda toma de poder de cualquier sociedad moderna —repase el lector sus experiencias de la historia moderna mundial— poniendo al descubierto su turbia mecánica interior y operando, por vía grotesca, su desmitificación. La última frase de la hija del capitán podría ser —cambiando el cadáver de don Joselito (el Pollo de Cartagena) por cualquier otro cadáver, real o metafórico— de cualquiera de las «víctimas inocentes» de nuestra sociedad: «¡Don Joselito de mi vida, le rezaré por el alma! ¡Carajeta, si usted no la diña la hubiera diñado ya Madre Patria! ¡De risa me escacho!»

«Autos para siluetas» y «melodramas para marionetas»

Dentro del que hemos denominado ciclo esperpéntico, escribirá Valle-Inclán, además de los cuatro esperpentos, otras cuatro piezas que en 1927 publicará en un solo tomo, junto con *El embrujado,* con el título de *Retablo de la Avaricia, la Lujuria y la Muerte.* A dos de esas piezas, cortas todas ellas, las denominará «autos para siluetas» *(Ligazón,* 1926, y *Sacrificio,* 1927); y a las otras dos «melodramas para marionetas» *(La rosa de papel,* 1924, y *La Cabeza del Bautista,* 1924).

Si en los esperpentos el lugar de la acción es, fundamentalmente, la ciudad y sus personajes pertenecen a la sociedad urbana, en las cuatro nuevas piezas del *Retablo* vuelve el dramaturgo a desarrollar la acción en el espacio escénico propio del ciclo mítico, cuyas fuerzas cósmicas con toda su maléfica potencia de destrución, con toda su profunda irracionalidad, tornan a manifestarse presidiendo como fatalidad ciega la existencia humana. Pero esta vez la temática del ciclo mítico aparece fundida con las marionetas del ciclo de la farsa y construida con la técnica sincopada y deformante del esperpento. El dramaturgo esperpentiza, a la vez, las tres grandes fuerzas del ciclo mítico —avaricia, lujuria y muerte—, y a los personajes del ciclo de la farsa. Lo que cambia no es la visión de la realidad, sino la realidad visionada, que no es ya aquí la propia del mundo social de los llamados por Valle-Inclán esperpentos. Los dos «autos para siluetas» y los dos «melodramas para marionetas» son también, por la índole de su visión y de su técnica, esperpentos, sólo que de contenido temático distinto. En lugar de pensar, como González

López, que estas cuatro obras constituyen formas dramáticas distintas del esperpento, creemos, por el contrario, que son formas nuevas teatrales del esperpento y que tal denominación genérica no es sólo válida para las piezas que así nombró su autor [77]. Si el aspecto de la realidad dramatizada en los dos «autos» y en los dos «melodramas» es distinto al de los cuatro esperpentos, el punto de vista desde donde y la técnica con la que se dramatiza son, esencialmente, los mismos. Un género dramático no viene dado por su contenido ni por su temática, sino —ya lo señaló Ortega para los géneros literarios— por el punto de vista *que es* y por su forma, entendida ésta como estructura significante.

«*Ligazón* —escribe Guerrero Zamora— está calculada con toda exactitud para sacar partido de las luces y sombras. Se recuadran las puertas y ventanas, rielan las estrellas, recorta la luna su redondel frío.» En el nocturno de luz y sombra la Mozuela rompe el cerco de la avaricia y la lujuria clavando las tijeras en el pecho del lujurioso, del que sólo vemos el bulto que se cuela por el hueco de la puerta y el pelele con las tijeras clavadas en el pecho que cuatro brazos descuelgan por la ventana.

Sacrilegio —«capítulo de bandoleros. Sorda disputa que alumbra una tea con negro y rojo tumulto», en el hueco de una cueva— está concentrada en la confesión que un bandolero condenado a muerte hace a otro bandolero disfrazado de fraile. En la confesión del Sordo de Triana —cadena espeluznante de crímenes y lujurias— la máscara trágica de la fatalidad hace su aparición como raíz de una vida humana atroz, que es cortada de golpe por un disparo del capitán de bandoleros para que la misericordia no gane las entrañas del improvisado tribunal.

Tanto los personajes galaicos de *Ligazón* como los bandoleros de Sierra Morena de *Sacrilegio* están esperpentizados en su lenguaje y en su modo de aparición escénica, como lo muestran las acotaciones [78]. Valle-Inclán, al volver sobre el espacio galaico del ciclo mítico, somete la materia dramática al procedimiento inverso: su desmitificación. De la misma manera los doce ladrones de *Comedia de ensueño,* de «rostros cetrinos» y pupilas que destellaban «en el

---

[77] Para el problema de la estética esperpéntica y su manifestación en los distintos géneros literarios, ver Antonio Risco, *op. cit.,* págs. 110-127.

[78] En *Ligazón*: La Raposa «suspende la gargantilla en el garfio de los dedos» (pág. 795), «se mete por la puerta del ventorro, con galgueo trenquelante» (pág. 796); «salen a la penumbra lunaria del emparrado, la dueña y la tía maulona, dos sombras calamocanas con leria tartajosa, esguinces y vaivenes» (pág. 799); «la madre aspa los brazos» (pág. 800); en *Sacrilegio*: «El padre Veritas, achivado, zancudo...» (pág. 881); «El Sordo de Triana, vejete flamenco, tufos de ceniza, patas de alambre, un chirlo de oreja a oreja...» (página 882), etc.

blanco de los ojos con extraña ferocidad» (pág. 1314), son ahora «la rueda brigantina» (pág. 882), «la ristra de tunos», (pág. 888) y el Capitán, al que una «nube de tristeza empañaba el rostro» y al que le corrían «dos lágrimas por las fieras mejillas» (pág. 1315), se echa ahora «el retaco a la cara» y dispara sobre el Sordo de Triana, que «dobla la cabeza sobre el hombro, con un viraje de cristobeta» (página 890).

En los dos «melodramas para marionetas» completa Valle-Inclán el proceso de esperpentización de la realidad iniciado con plenitud de conciencia en 1920. A la esperpentización de la realidad histórica, de los mitos del honor y del patriotismo, de la realeza y del donjuanismo une ahora la esperpentización del mundo del melodrama y del tablado de marionetas de la farsa, enlazando, por integración, los tres ciclos estudiados.

La visión sentimental de la realidad y su turbia fijación patética, mediante un lenguaje retóricamente tipificado, propias del género melodramático, suministran a Valle-Inclán los elementos básicos que, al ser englobados en las coordenadas del esperpento, recobran, paradójicamente, su virtud de reflejar con autenticidad lo que de absurdo y de trágico a la vez hay en la condición humana. O, más exactamente, cómo lo absurdo y lo trágico aparecen fundidos e inseparables en la vida del hombre. En *La rosa de papel,* Julepe, borracho, pretendiendo violar el cadáver de su mujer, perecerá abrazado a ella entre las llamas. «La rosa de papel» arderá, transfigurada en «rosa de fuego». En *La cabeza del Bautista,* La Pepona, cómplice en el asesinato de El Jándalo, besará frenéticamente la boca que siente enfriarse sobre la suya, caliente de vida y de deseo. La violenta y cruel unión de erotismo y muerte en ambas obras configura dramáticamente esa conjunción de lo absurdo y de lo trágico que es la predicación constante del esperpento valleinclanesco, visión del mundo en donde «la superación del dolor y de la risa» se revela, a la postre, como condición *sine qua non* para poder *mirar* y *ver* al hombre.

Terminemos con palabras del propio Valle-Inclán en *Divinas palabras* (pág. 726):

«Dios no mira lo que hacemos: tiene la cara vuelta.»

III.   Jacinto Grau (1877-1958) o la disconformidad

La obra dramática de Jacinto Grau, iniciada en los primeros años del siglo xx y cerrada en 1958, el mismo año de su muerte, puede situarse bajo el signo de la disconformidad. Disconformidad que el

140

propio dramaturgo ha reiterado a lo largo de cincuenta años, especialmente en los prólogos que acompañan las sucesivas ediciones de su teatro. En todos ellos critica el teatro español de su tiempo, en el que señala la falta de originalidad e inquietud, su carácter de teatro comercial o industrial, su vulgaridad y ausencia de vuelos; critica a los empresarios, a los actores y a los críticos, apuntando siempre a mostrar su provincianismo y su intrascendencia. Al mismo tiempo, expone en esos prólogos algunos de los principios de su estética teatral, así como, más o menos directamente, la alta opinión que de su propio teatro tiene. La crítica desborda a veces los límites del fenómeno teatral en sí para alcanzar a la misma época histórica en que le ha tocado vivir. Es indudable que aflora siempre en sus críticas una punta de resentimiento motivada por la escasa atención que su obra dramática tuvo en los medios teatrales españoles. Su teatro es, en términos generales, poco conocido, teniendo en ello considerable parte de responsabilidad la crítica literaria que se ha limitado a repetir, con insobornable fidelidad al tópico, dos o tres conceptos críticos. De este desconocimiento hablaba no hace mucho Laín Entralgo [79]. Recientemente se ha comenzado un movimiento de revisión crítica del teatro de Grau [80].

«Total variedad de temas, enfoques, técnicas y estilos podrá advertir fácilmente quien —si llega el caso— espigue en el conjunto de mi obra teatral», escribe Grau en la primera de las *Dos consideraciones preliminares* a su farsa *Tabarin* [81]. Esta afirmación del autor es fácilmente comprobable en la primera época de producción, que culmina en 1921 con *El señor de Pigmalión,* en donde el dramaturgo ensaya diversas formas dramáticas y distintos temas; pero es menos cierto en la serie de piezas escritas después, en las que la forma generalmente usada es la de la farsa, estructurada según la

---

[79] Laín Entralgo, «Infeliz Pigmalión», *La Gaceta Ilustrada,* Madrid, número 568.

[80] Ver Gerardo Rodríguez Salcedo, «Introducción al teatro de Jacinto Grau», *Papeles de Son Armadans,* XLII, 1966, núm. 124, págs. 13-42, y Luciano García Lorenzo, «Los prólogos de Jacinto Grau», *Cuadernos Hispanoamericanos,* 1968, núms. 224-225, págs. 1-9. Ver del mismo crítico la «Introducción» a su edición de *Teatro selecto* de Grau, Madrid, Escelicer, 1971.

[81] Utilizamos las ediciones de Losada (Biblioteca contemporánea y Gran teatro del mundo), donde se han publicado 18 piezas de Grau. He aquí, por orden cronológico, las piezas más destacadas: *Entre llamas* (1905), *El conde Alarcos* (1907), *El tercer demonio* (1908), *Don Juan de Carillana* (1913), *El hijo pródigo* (1917), *En Ildaria* (1917), *El señor de Pigmalión* (1921), *El Caballero Varona* (1929), *Los tres locos del mundo* (1930), *El Burlador que no se burla* (1930), *La casa del diablo* (1942), *Destino* (1945), *Tabarin* (1946-1947), *Las gafas de Don Telesforo* (1949), *Bibi Carabé* (1954), y *En el infierno se están mudando* (1958).

técnica de «momentos» del drama expresionista alemán, y en donde no hay casi más que un solo tema, como veremos [82].

1. De la tragedia a la farsa (1905-1921)

Jacinto Grau inicia su teatro con una clara voluntad de superar la escena naturalista, apegada a lo inmediato y a lo cotidiano, mediante la restauración de la tragedia, «soñando restablecer en algo las relaciones ideales del teatro y de la vida pública, como en la antigua Atenas», según escribía en un apéndice a la primera edición de *El conde Alarcos*.

> La tragedia, en su magnífico sentido dionisíaco, en su ingente furor báquico, no vive en el mundo por sus hechos luctuosos, sino por lo que tiene de liberación, de apolínea contemplación, proyectando fuera de nosotros el dolor humano, superándolo con la sabiduría, viéndolo en belleza, sobreponiendo el ánimo sereno al destino terriblemente enemigo y cruel. Nacer es ya el principio de toda tragedia, y cuando se es héroe todo dolor tiene alegría [83].

En su primera tragedia, *Entre llamas,* combina el dramaturgo el análisis psicológico del drama naturalista con elementos rescatados de la tragedia clásica (la ley de las tres unidades, el espíritu de profecía de los oráculos, tipo pitonisa Casandra, encarnada aquí por una vieja criada loca) y de la tragedia romántica (pasión terrible y absoluta, fatalidad preestablecida). La presencia de estos elementos de diversa procedencia, que el autor no acierta a fundir ni a integrar en una superior y valiosa unidad dramática, dan a esta obra un insoslayable carácter de experimento teatral en el que el nivel de la realización no se corresponde plenamente con el nivel de la intención creadora. El protagonista, Florencio, se nos aparece encerrado en sí mismo, confiando su intimidad al monólogo, atenazado por la angustia de soportar un cuerpo deforme, sintiéndose superior, por su alma, a cuantos le rodean, ciegos «para todo lo que no sea trivial y rutinario». En cierto modo, este héroe trágico es un profesional del dolor, en el que cifra su grandeza y hasta su vocación, frente al mundo vulgar estribado en la «monotonía, lo cotidiano, el sermón, el deber, el método». Consiste su sabiduría en saber que la vida es dolorosa. Y esa sabiduría le hace sentirse solo, distinto y, natural-

---

[82] Rodríguez Salcedo divide en dos grandes épocas el teatro de Grau: 1899-1921 y 1921-1958.
[83] Prólogo a *El conde Alarcos,* edición de 1939, de Losada, reproducido en el primer tomo de su *Teatro,* Losada, 1954, col. Gran teatro del mundo.

mente, rebelde, con una rebeldía que no oculta su resentimiento, dentro de un mundo burgués regido por el culto superficial de la felicidad y el respeto por las convenciones morales y los principios ideales de la «honradez» y la «nobleza». Florencio, dominado enteramente por la pasión que siente por su cuñada, pasión que tiene mucho de traducción romántica de las pasiones racinianas, morirá en la escena final, junto a su cuñada, entre las llamas que él mismo ha provocado al incendiar la casa, final que, en su efectismo, recuerda al Echegaray de *El loco Dios,* aunque sólo sea desde un punto de vista exclusivamente escénico. A la catástrofe final ha intentado darle el dramaturgo carácter de fatalidad —fatalidad necesaria— objetivada en una fuerza misteriosa —el destino— de la que son víctimas los protagonistas, objetos y no sujetos de él, como subraya Rodríguez Salcedo. Gervasia, la vieja criada loca, arrebatada por el espíritu de profecía, cumple en la obra la función de vaticinar la catástrofe final imponiendo así, artificialmente y desde fuera, su necesidad a la conciencia del público.

Dos años después escribe otra tragedia, *El conde Alarcos,* basada en el famoso romance del mismo título. El autor, en la primera edición, después de citar a otros dramaturgos inspirados en el romance, escribe: «Ninguno de estos autores, a pesar de su fama y talento, ha agotado el tema, que sepa el autor. Por eso atrevióse a tratar un romance, reputado fuera de España como una de las composiciones más tiernas y bellas que hay en lengua alguna, y como la mayor tragedia doméstica conocida en el ciclo cristiano.» Asimismo, afirma que «no es una obra histórica» ni «un canto a Castilla». «En esta tragedia, escrita sintiendo idealmente en español, se quiso fundir a nuestra exaltación y violencia un acento emocional, muy de raza, y traer cierta línea helénica (nada más que línea) a nuestra escena.» Posteriormente, en el prólogo de la edición de 1939, añadirá: «En mi interpretación escénica, la Infanta adquiere dimensiones mayores que en el romance, surgiendo en ella el arrebato dionisíaco de cierto romance ibérico popular y letrado, muy distante de la actual literatura teatral española, casi toda ella azucarada y meliflua.»

La primera contradicción con que nos tropezaremos en esta pieza es ésta: habiendo afirmado su autor que no es una obra histórica hace hablar a sus personajes con un lenguaje que pretende sugerir, por medio de arcaísmos en el vocabulario (faríais, agora, alvego, etc.) o en la construcción (la vuestra vecindad, el su cuerpo, los mis huesos, la mi cara, etc.); oraciones con verbo zaguero, etc., un lenguaje arcaico, de sabor medieval. Naturalmente, se trata de un lenguaje esencialmente convencional que, automáticamente, convencionaliza el ámbito en que se mueven los personajes. La «ingenua y rítmica fabla popular» a que hace referencia el autor en la *Dedicatoria* de la pieza, que no es ni ingenua, ni rítmica ni ˙popular, sino radicalmente falsa y artificial, en tanto que lenguaje dramático, cọnstituye un primer error, y grave, del dramaturgo. A este elemento convencional y artificioso, que es necesario señalar críticamente, pues se tata nada menos que del lenguaje de los personajes de la tragedia, hay que sumar todas aquellas escenas de masas populares, especialmente en el primer acto, que no tienen otra función dramática que la de colorear el fondo histórico de la pieza, respondiendo a la estética modernista del cuadro plástico. Son escenas dilatorias de la acción y marginales a ella, funcionalmente innecesarias a la estructura del mundo dramático.

La acción trágica está concentrada en la terrible y desmesurada pasión de la Infanta por el conde Alarcos, a la que se someten, absorbidos y enajenados por ella, el Rey, padre de la Infanta y el conde Alarcos. El Rey, que antaño asesinó a su esposa por amor de otra mujer, asesinato del que fue testigo la Infanta, cede por debilidad y por miedo que su hija descubra el oculto crimen. El Conde, que hace años amó a la Infanta, por obediencia al Rey, quien le manda asesinar a la Condesa para que pueda unirse a la Infanta. pero, sobre todo, por la oscura y poderosa seducción que sobre él ejerce la Infanta. Cometido el asesinato de la esposa amante e inocente, a la que ama y para la que, sin embargo, no tiene piedad. regresa, destrozado, al lado de la Infanta, sintiéndose culpable, como también se siente culpable el Rey por haber sucumbido a los deseos de su hija. La maldición de una pasión más allá del bien y del mal se abate primero sobre el Rey y luego sobre los amantes, que quedan exánimes en brazos uno del otro, rendido el Conde de terror y la Infanta de exceso de amor. La Nodriza, que asiste a esta escena de agonía, exulta en ella, pues con la destrucción de los amantes venga a su abuelo, al que el abuelo de la Infanta mandó vaciar los ojos; venga a sus hijos, a quienes el Rey padre mandó empalar, y venga a su madre, a quien el conde Alarcos mandó enforcar y azotar por bruja. Su venganza estriba en el gozo de ver condenados por la terrible pasión destructora al Conde y a la Infanta, la cual, por el contrario, ve en esta pasión satisfecha, aunque destructora, su mayor triunfo, pues su filosofía se resume en esta frase: «¡Desear es todo!» La Nodriza le grita: «¡Al infierno!» Y la Infanta responde: «¡Al infierno, si allí se ama!» Y sobre esta réplica cae el telón.

De nuevo el Destino, personaje mayor, junto con la Ilusión y la Muerte, del teatro entero de Grau, preside invisible, pero presente, las vidas y el mundo pasional de los héroes. Pero un destino que tiene mucho de idea literaria previa al drama mismo y, como consecuencia, actúa como un simple *deus ex machina,* sin profundidad, sin trascendencia y sin verdad. La tragedia de Grau, aunque contenga escenas de gran belleza o de gran intensidad dramática, es, sin embargo, absolutamente gratuita y, desde luego, radicalmente incontemporánea. En 1907 era absurdo y sin sentido escribir una tragedia literaria para mostrar cómo el hado, misterioso motor de las pasiones, destruye a los humanos. No bastaba hacer un teatro bello para hacer un teatro verdadero ni bastaba llevar al paroxismo, como Echegaray o los románticos, las pasiones humanas para hacer un «teatro vital» como el dramaturgo pedía. No es, pues, extraño ni injusto que tanto el público como la crítica rechazaran ese teatro. Un teatro falso, trivial y convencional como el que Grau criticaba con razón, no se supera haciendo otro teatro falso, convencional y, en el fondo, tan trivial.

El último hito en esta voluntad de restauración de la tragedia por disconformidad con las otras dramaturgias contemporáneas, pero no por necesidad interior de dar expresión a una visión trágica del mundo, está representando por *El hijo pródigo,* en donde Grau combina hábilmente el tema del hijo pródigo, el de Fedra, el de Sara, la mujer estéril, y, en cierto modo, el tema de Job. Abundan los «cuadros plásticos», sin función propiamente dramática, restando cohesión a la estructura de la pieza. La acción tiene como centro a Lotán, el soñador, quien vuelto a la casa del padre, la abandonará de nuevo para volver a la aventura, llevando con él a la novia de su hermano Osén, el hombre práctico, sin imaginación, enteramente entregado a trabajar la hacienda del padre. Lotán, años después, durante una terrible sequía que diezma los ganados y destruye las tierras de la heredad, vuelve triunfador, lleno de fama y de riquezas, que entrega a los suyos, salvándolos de perecer a manos del pueblo hambriento. Para Osén el triunfo del hermano es un escándalo y una injusticia. Su odio le impulsa al homicidio de Lotán, y al no conseguirlo se venga descubriendo la oculta pasión que Elda, madrastra de ambos, siente por Lotán. Ésta, en la escena final, huirá de la casa en busca del «nazareno», que cura a los ciegos y da la paz a los acongojados. La pieza es, estéticamente, de una gran belleza, pero como obra de teatro muestra lo que de callejón sin salida tenía el intento grauiano de restauración de la tragedia por la tragedia, sin más meta que la de la obra bella y distinta, sin más mundo dramático que el de las pasiones que no significan nada fuera de sí mismas. Sus tragedias son, en cierto modo, sucedáneos de la tragedia, bellas construcciones literarias, obras de gabinete en donde lo que está ausente es justamente una visión trágica auténtica.

Grau, tal vez consciente de esta «impasse», abandona ese camino estéril por su absoluta gratuidad, y escribe varias piezas en que ensaya distintas salidas. Una de ellas está representada por la vuelta al mito español de Don Juan, sobre el que escribirá dos piezas que estudiaremos en el próximo apartado; otra salida la constituye el teatro de crítica de la sociedad española contemporánea, con cierta vocación de ejemplaridad ética, cuya pieza representativa es *En Ildaria;* el tercer camino es el de la farsa que inicia con *El señor de Pigmalión.*

En Ildaria, escrita un año antes de la primera guerra mundial, es una fábula política. En el *Prefacio* escribía su autor, al editarla en Losada: «En 1917, cuando se estrenó esta comedia, Ildaria como España, y otras naciones, exteriormente eran una balsa de aceite. Todas las conmociones eran interiores y se reprimían con prisión, torturas, ley de fugas y pistoleros en acción.»

La pieza presenta el fracaso de un político, jefe de gobierno que pretende hacer, como él dice, «la revolución moral de Ildaria, empezando por hacerla en mi propia vida». El protagonista, Eprontas, hombre puro, se estrella contra la corrupción pública y privada del país. El dramaturgo denuncia la sociedad inmovilista y desenmascara sus mitos oficiales (honor, caridad pública) mostrando su falsedad. He aquí, a guisa de ejemplo, uno de los alegatos contra esa sociedad:

«Así se vive aquí: de tópicos. Pocas iniciativas. Ni un solo esfuerzo de la voluntad. Refranes y máximas. Unos cuantos conceptos fósiles hechos piedra; y el resto del alma humana incomprendido. Todo cae dentro de los sueños. No queremos pensar, ni ser. El que nos invita a ello, sueña.»

Los personajes están divididos en dos grupos. Uno minoritario, encabezado por Eprontas, caracterizado por su pureza moral, su capacidad de sacrificio personal por amor a unos ideales y su superioridad espiritual, y el otro, mayoritario, en el cual figura la misma esposa del político, que busca sólo su provecho y cuya moral es la del compromiso. Naturalmente, son éstos los que vencen, y su victoria sirve para realzar la superior dignidad de los vencidos.

En Ildaria nos encontramos con el héroe ideal, típicamente grauiano y, en realidad, el único héroe de su teatro: el' hombre superior para quien, como afirma el protagonista, «el mundo es voluntad, o no es nada». Héroe que, con distintos nombres, aparecerá una y otra vez, sin apenas variaciones importantes, a lo largo y a lo ancho de toda su dramaturgia, y cuyo molde es el superhombre nietzscheano. Héroe, idéntico siempre a sí mismo, varón unas veces, hembra otras, cuya primera aparición puede retrotraerse a 1908, fecha de una pieza corta titulada *El tercer demonio,* cuya protagonista, Gabriela, es el primer espécimen de la mujer fuerte, del héroe superior, del superhombre.

146

El señor de Pigmalión, farsa tragicómica, rechazada en España por Martínez Sierra, según nos cuenta su autor, fue traducida al francés a poco de aparecer la edición española y estrenada en París por Charles Dullin para inaugurar el Théâtre de l'Atelier [84]. Poco después, en 1925, Karel Kapec la estrena en el Teatro Nacional de Praga. En 1928, precedida por la expectación consiguiente a su éxito europeo, es estrenada en España.

La farsa está dividida en un prólogo y tres actos. En el prólogo. el dramaturgo fustiga, con técnica vecina a la del sainete, el ambiente comercializado de los empresarios españoles, para quienes el teatro es un simple medio para ganar dinero y no un instrumento de arte, escenificando así su desacuerdo con el medio teatral que rechazaba sus obras. Los otros tres actos están centrados en la relación dramática de Pigmalión y sus muñecos. Pigmalión ha creado unos muñecos casi tan perfectos como el hombre, dotados de inteligencia y de palabra y a los que domina con el látigo en la mano. Cada muñeco lleva el nombre de un tipo popular español, tipificación de un modo de ser humano. En el primer acto Pigmalión presenta a sus muñecos, definiendo a cada uno ·de ellos. En esta presentación ve Rodríguez Salcedo una «clara función del protagonista como narrador épico» (art. cit., pág. 33). Pigmalión, sin embargo, carece de la objetividad del narrador épico, pues se sitúa dentro del universo de sus muñecos, frente a los que se muestra hostil, enamorado como está de Pomponina, muñeca extraordinariamente bella, que sólo ama su propia belleza. El resentimiento y el odio de los muñecos contra su creador, manifiesto en el segundo acto, culmina en el tercero con el asesinato de Pigmalión, derribado de un disparo de escopeta por Pedro de Urdemalas, el más inteligente de los muñecos, encarnación del espíritu del mal, y rematado por Juan el Bobo, encarnación de la necedad, muñeco desprovisto del don de la palabra. Antes de ser rematado por el más tonto de sus muñecos, Pigmalión, nuevo Prometeo, exclama agonizante:

«Los dioses vencen eternamente, aniquilando al que quiere robarles su secreto... Iba a superar al ser humano, y mis primeros autómatas de ensayo me matan alevosamente... ¡Triste sino el del hombre héroe, humillado continuamente hasta ahora, en su soberbia, por los propios fantoches de su fantasía!...»

En esta interesante pieza coexisten, sin llegar a profunda integración dramática, tal vez por falta de última coherencia en la visión del dramaturgo, varios planos de significación. El primero de estos planos es el señalado en su artículo por Rodríguez Salcedo:

---

[84] Tomo esta noticia de Guerrero Zamora, *Historia del teatro contemporáneo,* I, ed. cit., pág. 212.

«Los muñecos se igualan a los personajes de carne y hueso y pasan a ser símbolo del hombre, convertido en robot por las fuerzas irracionales del mundo moderno. Los muñecos, al pretender destruir esas fuerzas, se rebelan y matan a su constructor, que así se constituye en símbolo de la mecanización sin alma de la cultura.» El segundo plano, típicamente unamuniano [85], sugiere la relación simbólica Dios-Pigmalión/criatura-muñeco, con la importante diferencia de que el muñeco, en su rebelión contra su creador consigue destruirlo, alcanzando una nueva dimensión de la libertad. En un tercer plano, a la vez de significación religiosa y estética, el hombre-Prometeo, robador del secreto de la vida, es castigado mediante su propia creación, como el artista que, poseído por la belleza de su propia obra, es destruido por sus entes de ficción. Por otra parte, las significaciones posibles de la farsa no se agotan en esa triple relación del creador y sus criaturas, sino que en un cuarto plano aparece también la interrelación de los muñecos entre sí, cuyo sentido es mostrar formas elementales y antiheroicas de conducta, caracterizadas por la cobardía, el egoísmo, la hipocresía, la rijosidad, la tontería y la maldad. La sociedad de los muñecos, imagen degradada de la sociedad humana, hará ver así el carácter antiheroico, automático y ciego de su máximo acto de libertad: la rebelión. Quien dice la última palabra en el drama, según la segunda versión de 1928, es Juan el Tonto, y esta palabra no es, ni siquiera, una palabra humana, sino un estúpido y reiterado «Cu, Cu».

2. Don Juan en dos tiempos

La primera vez que Jacinto Grau se enfrenta con Don Juan es en *Don Juan de Carillana* (1913), en el que, según escribe, ha querido «abocetar cierto don Juan moderno con emoción y amor, que ya no es propiamente Don Juan». Este personaje —escribe en otra parte— «si obró como Don Juan sintió como Werther, padeció amarguras y nostalgias, derramó lágrimas, gustó más del dolor que del placer, y se fue de la existencia con mucho menos estruendo que el burlador clásico, pero con bastante más conciencia del vivir, pasando por el mundo en perpetua romería galante, llegando a lo grotesco en la realidad y a la fanfarronería en el gesto, sin dar nunca en lo grosero, y dejando en cada alto del camino pena y desencanto, y en vez de desmayar, como un cualquiera, prosiguió de posada

---

[85] *Niebla* es de 1914. Grau profesó una gran admiración por Unamuno, fruto de la cual es su libro, *Unamuno, su tiempo y su España*.

en posada, poniendo en todo locura, exaltación y nobleza. (...). Vio que ya nadie le podrá quitar "el dolorido sentir"»[86].

De las diversas características que el dramaturgo subraya en su personaje en las líneas que acabo de citar, sólo dos, realmente, están presentes en la obra: lo grotesco y la fanfarronería. Todas las demás no existen en el personaje, y sí sólo en las palabras de su autor. Si tuvo intención de hacer ese personaje de que habla en el prólogo, no consiguió realizarlo. Don Juan de Carillana está mucho más cerca del Don Mendo quijotesco de *El Alcalde de Zalamea* de Calderón que de cualquiera de las máscaras de Don Juan de sainete o de ópera bufa, que vive de una fama heredada que no es, propiamente, la suya, sino la que emana del tipo por él revestido.

La pieza nos cuenta el vano intento de Don Juan de conquistar a una misteriosa y bella dama, que no aparece en escena, y que al final resulta ser su propia hija. Si Grau hubiera querido escribir una versión grotesca del mito de Don Juan, la realización dramática hubiera correspondido plenamente a la intención creadora, consiguiendo una excelente farsa de deliciosa ironía, pero al confesar propósitos de mayor trascendencia nos sentimos dolorosamente obligados a señalar su fracaso, por insalvable desnivel entre esos propósitos y su realización dramática. De ninguna manera podemos corroborar estas palabras del autor, como tampoco las ya citadas: «Don Juan de Carillana... es un personaje hispano... y su tragedia, puramente interior y entre líneas, es no poder ser lo que en su inconsciente quiere ser. Le estorban cualidades finas, que disminuyen, deshaciéndola en debilidad sentimental, su personalidad heroica, sin haber conseguido que el uno venciese al otro.» No hay tal tragedia, pues no hay tal conflicto, fuera de la voluntad del autor.

Pensamos que el peor enemigo del teatro de Grau no fue ni el público, ni el crítico, ni el empresario, sino las propias ideas del autor, o, más exactamente, la «fuerte propensión a filosofar todo», que en fecha muy temprana señalara Maragall en el prólogo al primer libro de Grau, *Trasuntos* (1899)[87].

En 1930, con *El burlador que no se burla,* vuelve Jacinto Grau a llevar a escena, esta vez abiertamente y de frente, el mito de Don Juan. En el prefacio —agresivo como todos los de Grau— da el autor su propia interpretación de Don Juan, después de rechazar las ajenas. «La tragedia de Don Juan —escribe— no es que no pueda amar, ya que ama a su modo. En *ese modo* está toda su idiosincrasia. Su erotismo (...) adquiere una exaltación y poderío

[86] *El burlador que no se burla. Don Juan de Carillana,* Buenos Aires, Losada. Bibl. Contemp. (Ver prólogo.)

[87] Cito por Gerardo Rodríguez Salcedo, art. cit., pág. 17.

infinito, de tal ardor que ninguno podría respirar su *hora de fuego* (...) El hastío inmediato, común a todos, es en él mucho mayor, y la capacidad de ilusión y fantasía alcanzan una pujanza renovada extraordinaria. Es, pues, un gran iluso y un ávido insaciable, y por esa misma facilidad de renovar sus ilusiones y apetencias vehementes sus amores de llama se extinguen, librándole de toda angustia y dolor (...) El Don Juan que yo veo tiene siempre el alma, el sexo y la vida a flor de piel.»

La obra consta de un prólogo, un epílogo y cinco cuadros, cada uno con su respectivo título, significativo de un momento en la carrera de Don Juan. Esta estructura en momentos escénicos atomiza ya la posible acción dramática de la pieza. No hay, en puridad, acción ni exterior ni interior, es decir, *drama*.

El prólogo titulado *Origen de Don Juan,* nos pone en contacto con los futuros padres de don Juan, separados desde que se casaron, y de cuya avenencia pasajera se supone nace Don Juan. El prólogo termina con una súplica de doña María, la futura abuela, a la Virgen María en la que pide que lo que nazca sea, en primer lugar, varón, y en segundo lugar, un «varón que no se muera vilmente sin pena ni gloria, después de una vida insípida..., un varón que haga algo, que sea algo... ¡Por Dios, Virgen mía, que nazca un hombre y no un ciruelo!» La Virgen accederá a la súplica y lo que nacerá será, en efecto, un hombre y no un ciruelo. Es imposible concebir situación más chusca, pueril y antidramática como pórtico al futuro Don Juan. Es un sainete.

El cuadro primero (*Adolescencia de Don Juan*) nos cuenta la súbita pasión que una casi colegiala, recogida en casa de doña María, siente por el jovenzuelo don Juan, su caída y el suicidio, arrojándose al patio por la ventana del último piso, como en el mejor folletín. El cuadro lo termina de nuevo doña María, delante también de la «Virgen de Zurbarán»: «¡Virgen mía, te pedí un nieto que fuese algo extraordinario pero no hasta ese extremo!» Es un melodrama.

En el cuadro segundo (*Don Juan entre mujeres*) vemos a Don Juan en plena faena, en el cuarto de Adelia, quien se siente en la necesidad, como hará luego su hermana, de explicar al público por qué está en escena. Don Juan sobreviene y la seduce, después de débil resistencia, con retórica de galán barato. Cuando está a punto de gozarla, entra la otra hermana y explica que también a ella la sedujo. «Amar es variar», Don Juan *dixit*. En realidad, Don Juan no es Don Juan, sino la simple encarnación de una pobre interpretación «disputada» de Don Juan. Cuando Adelia vuelve a quedar sola, Don Juan sale de su escondite y esta vez la seduce, consiguiendo lo que reiteradamente le pedía: «una noche de amor».

El cuadro tercero (*Proyección de Don Juan*) está construido a base de discusiones de poca entidad sobre la personalidad de Don Juan, a cargo de ociosos caballeros y no menos ociosas damas, reunidos con ocasión de una conferencia sobre Don Juan.

En el cuadro cuarto *(Don Juan y el hampa)* el autor nos traslada a un «interior misérrimo», para mostrarnos el omnímodo poder de Don Juan enamorando a una nueva Tisbea, querida del chulo «El Rendueles», que la tiene atemorizada. La moza y la vieja que con ella vive hablan un lenguaje arrabalero, que se supone hacer oficio de lo «popular». Vuelve a sacar Don Juan su repertorio de requiebros gastados («¿Qué hay en la tierra que valga lo que una sola pestaña de tus ojos asesinos?», le dice a la moza), y después de una corta escena con el Rendueles, que le amenaza con una navaja que saca y abre «en menos tiempo que luce un relámpago», y al que Don Juan desarma y tumba con extraordinario arte de pugilista, se lleva embobada a la moza, repitiéndole: «¡Tengo mucha sed de ti!», a lo que ésta sólo sabe responder, «ya loca de todo, a plena voz» —según reza la acotación—: «¡¡¡Mi rey!!!» con triple admiración.

En el cuadro quinto Don Juan sostiene una ingenua conversación con el diablo que, como conoce muy bien a Don Juan, le envía «una media parálisis súbita» que lo deja clavado en el suelo, único procedimiento para evitar su acometividad y hablar tranquilamente. El diablo ha venido a poner en conocimiento de don Juan que está envenenado y morirá pronto, y también a tentarlo proponiéndole se haga, como él, un rebelde contra Dios, cosa que no acepta porque, como dice: «La rebeldía supone tener un amo contra quien rebelarse, y yo no tengo ninguno. Soy el amo de mí mismo.» Conversan un poco más y, finalmente, el diablo, cumplida su misión, se despide, «desapareciendo» bajo tierra, dejando a Don Juan con tres nuevos personajes: el Destino, vestido de azul, la Vida, vestida de rojo y la Muerte, vestida de negro. Conversan los cuatro, hasta que, esfumadas la Figura azul y la Figura roja, queda Don Juan a solas con su Muerte, atraído por ella, su «última novia», cuyo secreto quiere poseer.

El epílogo *(Resonancia de Don Juan)* es una escena de confesiones simultáneas. Tres mujeres de distinta edad y clase social proclaman en el confesonario el triunfo de Don Juan, al que no pueden olvidar y al que siguen amando, sin posibilidad de arrepentimiento, aún después de muerto y sepultado. Aunque, en realidad, Don Juan no ha muerto, pues como dice la Joven segunda que cierra el epílogo y la obra: «Me parece verlo por las calles, escapándose, sin dejarse coger nunca, como la felicidad.»

Es incomprensible, dada la ausencia de calidad dramática y la inexistencia de conflicto, de acción e, incluso, de un Don Juan suficiente como personaje, esta afirmación de Valbuena Prat, coincidente con la de Giuliano: «Esta obra es el Don Juan más importante del teatro español del XX» [88].

3. Superhombre y destino

De 1929 a 1945 escribe Grau una serie de piezas en donde repite con distintas tramas un mismo esquema dramático en torno a unos mismos personajes, unas mismas ideas y una mismas significaciones. En todas ellas aparecen el hombre y la mujer fuertes, superiores al resto de los mortales, cuyo secreto consiste en el culto al yo y cuya fuerza procede de su absoluto egoísmo, considerado como fecunda fuente de poder. En torno a ellos rondan visibles o invisibles el Destino, la Ilusión y la Muerte. La forma dramática alcanza el punto máximo de atomización, reduciéndose la estructura dramática a una inconexa sucesión de cuadros, llamados «retablos», «estampas» o «momentos». Estas piezas pretenden, sin conseguirlo, ser una diagnosis de la sociedad contemporánea, dominada por la moral del éxito, pero gobernada en el fondo por los tres grandes señores de este mundo: Demonio, Ilusión y Muerte.

En *El caballero Varona* el superhombre encarna en un chantagista profesional, seguro de sí mismo, que renuncia al amor de Alejandra, la mujer del todo o nada, versión femenina del superhombre, para no perder su independencia y su dominio sobre sí mismo.

En *Los tres locos del mundo*, Destino, Ilusión y Muerte se nos muestran en acción, infantilmente encarnados en tres personajes, los cuales tienen la pretensión de ser la mayor razón social y metafísica del Universo.

En *La señora guapa*, la mujer superior encuentra al final de la pieza al varón fuerte, al amo, al varón recio que toma y conquista y no mendiga, y con el que parte para vivir una vida plena, dejando abandonado al novio la noche antes de la boda.

En *La casa del diablo*, en cuyo prólogo se lamenta el autor de «la bárbara época que nos ha tocado en suerte vivir», mostrando, una vez más, su resentimiento contra el ambiente teatral, los empresarios y los críticos y la alta opinión que de su teatro tiene, nos presenta a una serie de personajes, entre los cuales encontramos, otra vez, al hombre superior que abandonó a su esposa el día de

---

[88] Valbuena Prat, *Historia del teatro español*, Barcelona, Noguer, 1956, página 679. Ver también Giuliano, W., «A Spanish Version of the Autentic Don Juan», *Hispania*, XXXIV, 1951, págs. 256-260.

la boda, llevándose con él un cheque de dos millones de pesetas, la dote de la novia; a la mujer del todo o nada que anda en busca de nada menos que todo un hombre; a la mujer malhablada y ladrona que roba a los ricos para dar a los pobres... Todos estos personajes mueren asesinados o en un naufragio, y se encuentran en la antesala del cielo, a la que son conducidos por un Carón en quiebra y abrumado de trabajo para ser juzgados por un San Pablo, para quien el mundo es la casa del Diablo, un San Juan que habla de Dante y cita un verso de la *Divina Comedia,* y un San Pedro chusco que juzga que «el tabaco, si no lo hubiese envenenado el Diablo, sería una excelente planta». Ni siquiera el peor teatro contra el que Grau protesta alcanzó un nivel dramático tan ínfimo y vulgaridad tan completa ni tan agudo infantilismo como esta pieza de Grau.

Termina esta serie *Destino (Escenas en tres momentos y cuatro cuadros),* melodrama de espionaje, en el que, una vez más, la mujer fuerte es vencida por la pasión del amor, sin otra explicación para su origen, progreso y catástrofe final que el Destino.

En todas estas piezas nos parece encontrar influencias del teatro expresionista alemán: sustitución del encadenamiento lógico de la acción por una sucesión de «momentos», despersonalización de los personajes, algunos de los cuales no llevan nombre propio, sino un nombre genérico de especie o de empleo (el Novio, la Novia, el Marido, la Esposa, la Señora guapa, el Director..., etc.), la utilización simbólica de los colores en la caracterización de los personajes (Figura azul, Figura roja, Figura negra), la importancia del Yo y del Destino..., etc. [89]. Mas no es en este segundo período, sino en el tercero y último de su producción dramática en donde Grau, utilizando estas técnicas expresionistas, escribirá su más interesante farsa, la titulada *En el infierno se están mudando.*

4. Tres farsas (1949-1958)

La última etapa de la dramaturgia de Grau está representada por tres farsas en las que, olvidándose del superhombre y del destino, vuelve el dramaturgo a escribir un teatro más digno y menos convencional, que enlaza con *El señor de Pigmalión.* Las tres piezas podrían aproximarse por su fría ironía, su función de parábola dramática, su voluntad de denuncia y su carácter de proceso a una

---

[89] Ver Maurice Gravier, «Los héroes del drama expresionista», en el libro de Jean Jacquot y colaboradores, *El teatro moderno,* Buenos Aires, Eudeba, 1967, págs. 116-127.

sociedad, al tipo de teatro del suizo Dürrenmatt, aunque sin la complejidad intelectual ni la profundidad crítica del dramaturgo suizo.

En *Las gafas de don Telesforo* muestra Grau, con plena eficacia dramática esta vez, el papel redentor de la ilusión humana en una sociedad científica y mercantilizada. Don Telesforo, constructor de juguetes e inventor, posee el poder de transformar un mundo egoísta, interesado y sin amor en un mundo habitable para el hombre mediante unas gafas de su invención que simbolizan la facultad de ver el bien y la belleza allí donde el hombre, encerrado en sí mismo y dominado por su propio interés, no ve sino el mal y la fealdad.

Bibi Carabé es una extraña farsa cuya última significación nos escapa. Bibi Carabé es un modesto obrero que tiene la extraña facultad de hacer reír a todo el mundo no por lo que dice, sino por el modo de decirlo y por su expresión, lo cual le encoleriza. Siendo su vocación más honda la de labrador —sueña en comprar un trozo de tierra y dedicar su vida a cultivarla—, es contratado por un empresario de circo para hacer reír al público, fracasando en ello por no actuar espontáneamente. Un gran director de teatro descubre que está eminentemente dotado para el género trágico. Bibi Carabé se convierte en un gran trágico. Pero su vida, comprometida en una acción ajena a su vocación, lo convierte, en cierto modo, en un ser alienado que le lleva a asesinar a su esposa y, finalmente, al fracaso y a la desesperación. La obra podría ser un alegato contra las formas inauténticas de existencia que, si llevan al éxito y a la fama, destruyen al hombre que se traiciona a sí mismo al traicionar su vocación.

La última obra de Grau, terminada el mismo año de su muerte, lleva un prefacio en donde su autor dice haberla escrito para descargarse y aliviarse «de la fatiga que ocasiona (...) el persistente rumor del mundo convulso, en pleno y asombroso florecimiento científico, el espectáculo de la política alejada cada vez más de la inteligencia, el de la miseria y el hambre de distintos países, el del malestar proliferante por el creciente y ruinoso dispendio en la fabricación de asoladores instrumentos destructivos, el del sordo rencor almacenado, el del miedo estéril como la doncellez, el de la resignación humillante, el del aumentativo pesar de los pueblos oprimidos como España, donde nací, a la que, con hiriente cinismo, se incluye con otros países intervenidos o mediatizados (...) en el hermoso enunciado de "pueblos libres", y del hipócrita empleo del apaciguamiento, cuyo camino, según feliz frase anónima, no es el de la paz, sino el de una sumisión por mensualidades».

La obra está dividida en tres «retablos», internamente conectados y no inconexos como en la etapa anterior. En los dos primeros asistimos a la crisis de un gobierno de tipo capitalista, cuyos miembros tienen valor de arquetipos de significación netamente española, que fracasa en su intento de oponerse a una revolución. Revolución científica, de raíz idealista, llevada a cabo por una minoría dotada de poder, cuyo representante máximo, a la vez que su portavoz, es un personaje superior por su inteligencia lúcida y su amor a los hombres, héroe típicamente expresionista por su condición de «hombre nuevo», modelo de una nueva humanidad. La revolución que él encarna trae la muerte, la destrucción, el miedo y la inseguridad, pero también la esperanza en un mundo más libre y más justo. Por primera vez, Jacinto Grau consigue crear una pieza dialéctica, de más complejo y rico contenido que todo su teatro anterior, en donde su disconformidad no aboca a un teatro convencional, sino a un teatro comprometido y testimonial.

Lástima que esta farsa, punto final de su carrera de dramaturgo, no hubiera venido mucho antes, impidiéndole lanzarse después de *El señor de Pigmalión,* por la vía muerta de un teatro tan convencional, aunque de signo intelectual opuesto, como el teatro contra el que levantó las banderas de su disconformidad.

IV. Ramón Gómez de la Serna (1888-1963)

En la abundantísima y caudalosa —con caudal de lujuriante Amazonas— producción literaria de Ramón, su teatro pertenece casi por entero a su época juvenil, cuando aparece en las letras españolas de principios del siglo XX «como un escritor disolvente, a un tiempo aristocrático y demagógico», según escribiera de él Cansinos-Assens [90]. Es la época de la revista *Prometeo,* en la que firma numerosos escritos con el pseudónimo de Tristán («Tristán el decapitado») y en la que publicará casi todas sus piezas dramáticas. Entre 1909 y 1912 escribirá y publicará diecisiete, la mayor parte en un acto. De 1909 son *La utopía, Beatriz, Desolación, Cuento de Calleja* y *El drama del palacio deshabitado;* de 1910 *El laberinto* y *La bailarina;* de 1911 *Los sonámbulos, Siempreviva, La utopía* (segunda versión), *Tránsito, Fiesta de dolores, La corona de hierro, La casa nueva* y *Los unánimes;* de 1912, *Teatro en soledad* y *El lunático.* Parte de esta labor la reunirá Ramón en dos libros, *Exvotos* y *El drama del palacio deshabitado* [91]. En 1912 interrumpe

[90] R. Cansinos-Assens, *Poetas y prosistas del novecientos,* Madrid, edit. América, 1919, pág. 250.
[91] Para *Exvotos* da Granjel la fecha de 1914; Fernando Ponce, la de 1912; Rodolfo Cardona, además de ambas fechas, da también la de 1910. *El drama*

su producción dramática. Muchos años después, en 1929, estrenará y publicará *Los medios seres*[92]. En 1935 publicará su última pieza, *Escaleras*[93].

En la nota «preliminar» al tomo I de sus *Obras completas* (edi. cit.) escribía «Quedan también fuera... časi todo mi teatro, pues *El Teatro en soledad,* que habría podido salvar, ya que los amigos creyeron ver en él un antecedente de los *Seis personajes en busca de autor,* es algo inconcluso y excesivamente balbuciente.» Y en *Automoribundia,* despacha así sus piezas juveniles: «¿que yo tuve una época de escritor de teatro y los primeros tomos que publiqué fueron de teatro? Sí, es verdad, pero fue un teatro muerto, teatro para leer en la tumba fría, y recuerdo esa época como si hubiesen hablado conmigo las malas musas teatrales»[94]. Pero más que ese juicio negativo del autor sobre una parte de su obra muy alejada en el tiempo, nos interesa aquí lo que ese teatro significó para él cuando todavía era creación reciente y viva. Rememorando aquellos dramas, instalado cordialmente en la época en que los escribiera, dirá Ramón algunas cosas que nos importa citar, aun a riesgo de hacer algo larga la cita: «Hace ya algunos años, cuando yo tenía diecinueve y desde esos diecinueve hasta mi mayoría de edad, compuse numerosos dramas y comedias. (...) Yo estaba solo y entonces que Maeterlinck era una cosa como increada y Echegaray estrenaba sus últimos dramas, yo compuse éstos. (...) Mis dramas y mis comedias han sido arrebatos de mi adolescencia, maneras de no estar solo con mis deseos de un arte arbitrario que en aquellos días de edad media en que en tan próxima época vivía España, eran imposible ni siquiera de esbozar. Con todo el murmullo de mis produc-

---

del palacio deshabitado (publicada junto con *La utopía, Beatriz, La corona de hierro, El lunático*) fue editado en Madrid, editorial América, 1926. Estas mismas piezas han sido después reunidas por su propio autor bajo el título de *Teatro muerto* en sus *Obras completas* (en realidad muy incompletas), I, Barcelona, edit. A. H. R., 1956, págs. 257-444 Ver Rodolfo Cardona, *Ramón. A Study of Gómez de la Serna and His Works.* Nueva York, Eliseo Torres and Sons, 1957; Luis S. Granjel, *Retrato de Ramón,* Madrid, Guadarrama, 1963 (las páginas dedicadas a su teatro son 154-167); Fernando Ponce, *Ramón Gómez de la Serna,* Unión Editorial, 1968 (para el teatro, págs. 124-134).

[92] Se estrenó en el teatro Alcázar de Madrid. Según Granjel volvió a ser representada en Buenos Aires, 1933, por Lola Membrives (*Retrato...,* pág. 166). La publicó la *Revista de Occidente,* XXVI, 1929, págs. 87-120 y 348-394. Rodolfo Cardona cita dos ediciones más: Madrid, edit. Prensa Moderna, 1929, y Buenos Aires, edit. Poseidón, 1943 (*op. cit.,* pág. 172). Recientemente ha sido editada por Antonio Espina en *Teatro inquieto español,* Madrid, Aguilar, 1967.

[93] *Escaleras* (Drama en tres actos), Madrid, Cruz y Raya, 1935. Ha sido reimpresa, junto con *Ensayo sobre lo cursi,* por Cruz del Sur, 1963. (Renuevos de Cruz y Raya, núm. 10.)

[94] Texto cit. por Granjel, *Retrato...,* pág. 163.

ciones teatrales se calmaba mi anhelo antiteatral. (...) He tenido el gusto de hacer los dramas que no eran teatrales ni sin embargo dejaban de serlo, y si bien no habrá medio de enterarse de ellos más que leyéndolos, no quieren formar parte del espantoso "Teatro para leer" (...) Nuevas carpetas con dramas esperan la hora propicia de un teatro que necesite el repertorio del que no quiere ir al teatro (...) Sobre una de mis librerías tengo un teatro de cartón desde hace años, uno de esos minúsculos teatritos de los niños, en el que pone "Teatro del drama", y que es como la simiente de un teatro que debió haber en mi pasado, y no hubo, siendo triste que no lo haya habido, porque estos dramas entonces en el noviciado hoy han profesado en su claustro de otro tiempo, y sin que yo pueda señalar a los influidos, han sido tomados mis hallazgos por otros dramaturgos posteriores a mí... En casi todos estos dramas intento pintar a una figura puesta en cierto momento de la obra en ciertas circunstancias emocionantes y con cierta originalidad. Hay un momento en estas obras, que no es precisamente el desenlace, que es el que más me ha atraído al componer toda la obra teatral. (...) Lo que puedo decir es que nunca he apelado a los trucos de ingenio y a las bravatas de la imaginación, desechando esos mismos efectismos de arte que dan un pseudo-misterio a muchos dramas modernos. Yo he escogido una hora un poco profunda y humana y he procurado aislarla y destacarla en medio de todo el ritual indispensable del arte dramático» [95]. De éstos y otros textos que pudiéramos aducir —textos muy oportunamente citados por Granjel y repetidos por Ponce— podríamos concluir, entre otras cosas que aquí nos interesan menos, que ese teatro juvenil de Ramón era su respuesta —no importa si anárquica— y su reto —no importa si agresivo— al único teatro español que a principios de siglo subía a los escenarios y acaparaba la atención de público y crítica. Ramón intentó, como Unamuno, como Valle-Inclán, como Grau, como más tarde Azorín —sin que nos importe ahora el distinto valor de cada una de esas dramaturgias— abrir cauce a un teatro otro que el usual, un teatro en el que se pretendía una renovación [96] y una ruptura, aunque, como fue el caso de los cinco dramaturgos citados, no tuvo eficacia alguna sobre el teatro coetáneo. Históricamente ese teatro nuevo y distinto fracasó, aunque tuviera la grandeza e importancia del de Valle-Inclán o la densidad de ideas de Unamuno.

---

[95] *El drama del palacio deshabitado*, Madrid, edit. América, 1926, páginas 175-180.

[96] Granjel escribe: «que quiso (Ramón) incluso colaborar en la renovación teatral española, lo confirma el que aceptara la vicepresidencia del Teatro de Ensayo, organización fundada en 1910 con el amparo de Benavente y bajo la presidencia de Alejandro Miquis (*Retrato...*, pág. 161).

Con ese fracaso perdió el teatro español, en su totalidad de fenómeno teatral, la ocasión *histórica* de situarse en la mejor línea del teatro europeo contemporáneo. Sólo desde este punto de vista histórico, y no desde ningún otro, tiene valor y sentido la producción teatral de Gómez de la Serna. Desde esos otros puntos de vista —especialmente el estrictamente dramático— las piezas ramonianas son las más endebles de este grupo de innovadores y disidentes, y su interés es, sobre todo, documental. Su importancia está en lo que tuvo de *conato,* pero sin que éste trascendiera de los límites de la letra impresa a que lo destinó su autor[97].

Los dos temas centrales del teatro juvenil de Ramón son el erótico y el de crítica de ciertas convenciones sociales[98], crítica que por sus limitaciones no llega a ser «crítica social». Generalmente, ambos temas suelen aparecer juntos, aunque a la postre el primero es el que domina. Elijamos tres ejemplos. En el «Prólogo» de *El drama del palacio deshabitado* escribía: «Estoy cansado de frases, de veneraciones y de trascendencias, no con el *taedium vitae* de Lucrecio, sino con un formidable optimismo por exacerbación... Todo son excesos, claudicaciones y lujurias en la sombra... Convenciones convencionales se han hecho músculos en la humanidad y lóbulos y nervios... Me pasma observar a las gentes todas ciegas, mancas, perniquebradas, viendo, accionando y caminando con unos órganos sin ningún requisito real, sin su sagacidad y su persuasión neta... Si el hombre no se vuelve pronto insurgente, corruptor y maléfico contra ese causismo, precederá, no ya del mono, sino de la primera mentira y eso hará de él un ser espectral, flojo, tembloroso, linfático y obsesionado... Seamos una solución de continuidad en el proceso de las creencias, casi todas impuestas por ciega *continuidad* tan sólo...» ¿Qué es, sin embargo, lo que presenta el autor? El diálogo de unos muertos —los habitantes del palacio deshabitado— en los que lo único vivo es el deseo sexual y la nostalgia del placer que no gozaron. La muerte es un estado de quiebra en que

---

[97] Por ello, nos parecen pertinentes estas palabras de Fernando Ponce: «Se ha dicho en repetidas ocasiones que Ramón es un precedente de Pirandello y por ello una de las bases más firmes de nuestro teatro. La opinión es sólo cierta a medias. Si planteamos una siempre peligrosa equivalencia entre ambos colosos, nos daremos cuenta inmediatamente que las similitudes sólo pueden encontrarse en los planteamientos... Pirandello llevó sus planteamientos hasta las últimas consecuencias del teatro. En Ramón no son sino una parcela de su inmensa capacidad creadora... Desnudamente innovador, como una etapa dentro de su propia obra, pero no para la historia del teatro.» (*Op. cit.,* pág. 133.) En efecto, sólo en abstracto puede hablarse de precedencia, pero sin que ésta tenga existencia real dentro del contexto de una historia del teatro.

[98] Granjel señaló ambos temas, a los que llama «problema erótico» y «crítica social» (*Retrato...,* pág. 155).

el goce sexual se revela ser lo único valioso. Rosa y Juan, los solos personajes vivos del palacio, jóvenes los dos, representan la verdad fundamental de la existencia: el triunfo de la carne. En la segunda *Utopía,* como panacea para los males de los personajes desclasados, todos ellos al margen de la sociedad, se propone la vuelta al instinto. La única revolución eficaz consistiría, como exclama uno de sus personajes, en «resistirse a las ideas y no a las pasiones». En *El lunático,* el protagonista es un auténtico enfermo de insatisfacción sexual que acaba estrangulando a «la jovencita mística» que lo quiere salvar. Con razón habla Granjel del «desorbitado pansexualismo de Gómez de la Serna en sus años de mocedad» *(Retrato,* página 16), para el que ensaya una explicación psicológico-biográfica. Al margen de este pansexualismo cabría señalar la primera *Utopía,* en donde se escenifica el drama del artista en una sociedad chata y convencionalizada, caracterizada por su horror al dolor vivo. El protagonista romperá con ella suicidándose. También al margen del tema erótico está *La casa nueva,* cuya intención —según Granjel— «es mostrar cómo en Castilla la vida sólo resulta soportable dentro del cercado de las agrupaciones humanas, aldeas o ciudades, de espaldas al paisaje que las enmarca». De todos ellos el más interesante, tanto desde el punto de vista dramático como del estrictamente escénico, nos parece ser el titulado *Beatriz,* en donde Ramón se atreve a centrar la acción —¡en 1909!— sobre la cabeza cortada de Juan el Bautista, objeto de la pasión místico-erótica de Beatriz. La escena en que ésta, rodeada de los demás personajes, va vendando la cabeza cercenada tiene un sabor pre-valleinclanesco.

En todos estos diálogos dramáticos, más que dramas —«poemas de fuerte estructura dramática» (Cansinos-Assens, *op. cit.,* página 248)— Ramón expresa sus obsesiones personales, combinando elementos formales decadentistas, modernistas, pre-expresionistas y pre-surrealistas. Es interesante la observación de Cansinos-Assens, según la cual ciertos simbolismos y maneras de nombrar a los personajes —«el de la corbata vieja, el de los ojos agudos, el peludo, el giboso»— recordarían a Rachilde y a Eugenio Sue.

En 1929, ante un público dividido, estrena *Los medios seres.* La originalidad de esta obra radica, sobre todo, en la caracterización escénica de los personajes y en la idea dramática que la sustenta, más que en su contenido y en su realización. De estos medios seres dice su autor por mediación del apuntador, a quien encarga la presentación de los personajes al público: «Los medios seres de la obra que vas a ver... son unos seres reales, que sólo en la proyección hacia vosotros se muestran mediados. Ese lado de sombras que denota la negrura que cubre la mitad de su vestido y de su figura, de la punta de la cabeza a la punta del pie, el lado derecho o el lado izquierdo, según las cualidades de que carecen, no os debe chocar sobresaltándoles con vuestro murmullo, porque ellos no saben que se proyectan en vosotros con ese lado en sombra, ya que situados en otro plano se contemplan distintos. (...) Los medios seres se huelgan en lo que les falta, son abnegados gracias a lo que carecen y respiran plenamente por la herida de estar partidos. Quizá, gracias a la entrevisión de la verdad que ensaya esta comedia, se verá claro que ese dulce lado inacabado es el que poetiza a los seres. Casi todos somos medios seres, así es que tratemos con consideración a estos que se acusan como tales en la atmósfera ultravioleta del teatro» [99]. Esa condición de medios seres incompletos en sí y necesitados de su complementario nos la muestra el autor mediante una acción mínima, protagonizada por Pablo y Lucía, que en el primer aniversario de su boda, sintiéndose incapaces de completarse uno al otro, buscan en los demás al ser que los complete, encontrándolo, finalmente, en Margarita el marido y en don Fidel la esposa. «El vacío de los seres a la búsqueda de su plenitud existencial» (Ponce, *op. cit.,* págs. 129-130), no alcanza en la obra verdadera existencia dramática. Que Ramón pensó en escribir la versión en profundidad que aquí no consiguió, nos lo dice esta «Advertencia» puesta al final de la edición en la *Revista de Occidente:* «El autor promete para la Biblioteca de la Revista de Occidente otra versión completamente distinta de *Los medios seres.* Así como la estrenada fue farsa fácil y comprensible, la nueva versión será farsa difícil y casi incomprensible, fuera de la realidad, de los medios seres complementarios, más angustiosa, más dramática, más llena de misterio» (pág. 394). Que sepamos, no la escribió.

Finalmente, *Escaleras,* pieza muy elemental en su construcción teatral, escenifica alegóricamente mediante dos escaleras, la que conduce a la «casa de la felicidad» y la que guía a «la casa de la desgracia», el triunfo del amor humano protagonizado por Luisa y Enrique. Granjel encuentra en ella significado autobiográfico, como también lo encontraba para *Los medios seres.*

La importancia del teatro de Ramón Gómez de la Serna está en lo que tuvo de *conato* de un modo nuevo de hacer teatro, pero sin que éste trascendiera los límites de la letra impresa a que lo destinó su autor. No olvidemos, sin embargo, estas palabras de Ramón:

---

[99] *Revista de Occidente,* XXVI, 1929, págs. 93-95.

... nunca quise representar mis obras pasando el calvario del teatro, tan desmoralizador, que hace incurrir en las peores simonías y contemplaciones, por lo que hasta llegué a disuadir de su ayuda a algunos buenos amigos que estaban decididos a mandar un mozo de cuerda por mis símbolos de yeso.

—Y ¿por qué esa manía? —oigo que me pregunta alguien.

—Porque no hay público más ilegible que el del teatro...

—Y ¿por qué, entonces, se empeña en escribir teatro? —me vuelven a interrogar.

—Porque hay vagidos del espíritu, siempre en la hora parturienta de ser superado, que necesitan la forma teatral, la objetividad literal, el suceso sobrio y en desarrollo. (*Revista de Occidente*, loc. cit., páginas 87-88.)

V. Azorín (1873-1967) y su teatro sin drama

Si aceptamos la división en cuatro períodos de la obra literaria de Azorín, siguiendo el criterio de los críticos azorinianos, sus piezas teatrales están, en casi toda su totalidad, concentradas en el tercer período (1925-1936), el que sigue a *Doña Inés* y en el que publica, por citar sólo algunos títulos, *El caballero inactual (Félix Vargas), Blanco en azul, Superrealismo* y *Pueblo*. Entre 1926 y 1936 estrena Azorín ocho piezas: *Old Spain* (1926), *Brandy, mucho brandy, Comedia del arte* (1927), *Lo invisible* (1928, trilogía formada por *La arañita en el espejo, El segador* y *Doctor Death, de 3 a 5), El clamor* (1928, en colaboración con Muñoz Seca)[100], *Angelita* (1930), *Cervantes o la casa encantada* (1931) y *La guerrilla* (1936). Completan su obra dramática tres piezas más: *La fuerza del amor,* escrita muchos años antes (en 1901) y muy diferente del resto de su teatro; *Judit* (1926), que no ha sido nunca ni estrenada ni publicada[101], y *Farsa docente* (1942), última obra escrita por Azorín para el teatro.

[100] Díez-Canedo pone en duda tal colaboración, considerándola una broma de Azorín. Ver *Artículos de crítica teatral...,* cit., II, págs. 288-290.

[101] Los testimonios sobre Judit son los siguientes: 1) José Montero Alonso publica en *La Esfera,* de 3 de abril de 1926, una entrevista con Margarita Xirgu, en la que ésta le dice de la obra: «Difícil para los actores y para la representación escénica... Es una cosa muy nueva en cuanto a la manera de hacer. No sigue la técnica habitual de las comedias de hoy. Es algo distinto y extraño. *Judit* es una obra de abstracciones, muy complicada, con muchos cuadros, mucho movimiento y muchos personajes... El ver en ella el nombre de Azorín parece hacer suponer que se trata de una cosa sencilla, ¿verdad? Sin embargo, *Judit* es una obra honda, compleja y fuerte» (cit. por Werner Mulertt, *Azorín,* Madrid, Biblioteca Nueva, 1930, pág. 242); 2) Ramón Gómez de la Serna, en su libro *Azorín,* Buenos Aires, Losada, 1942, pág. 216, reproduce una conversación con Azorín en la que, al preguntarle por la obra, contesta éste: «Sí; se va a estrenar... Pasó ya el tiempo en que la autoridad prohibía que mi *Judit*

La preocupación e interés de Azorín por el teatro ha sido profunda y constante a lo largo de su larga carrera literaria[102], como lo muestra el crecido número de artículos que a él ha dedicado. Con esa sensibilidad suya, que es pura inteligencia, Azorín, frente al teatro español coetáneo, proclama la necesidad de renovarlo y de abrirle nuevos cauces expresivos. El nuevo teatro debe ser anti-rrealista. «Lo fundamental en ese teatro —escribe[103]— es el apartamiento de la realidad. El teatro de ahora es superrealista; desdeña la copia minuciosa, auténtica, prolija, de la realidad. Se desenvuelve en un ambiente de ensueño, de irrealidad.» La estética naturalista pertenece al ayer y fue necesaria en su tiempo —piensa Azorín—, pero después de la guerra mundial la sociedad ha cambiado y se siente necesidad de otra cosa. La nueva estética que dé expresión a esas nuevas cosas se llama superrealismo. «El teatro en España marchará hacia su transformación a impulsos del superrealismo.» *(Obras completas,* IX, pág. 105.) Éste surge para dar expresión a otra realidad distinta de la observada por el naturalismo: «Otra realidad más sutil, más tenue, más etérea y, a la vez —y ésta es la maravillosa paradoja—, más sólida, más consistente, más perdurable. Y hemos llegado, desprendiéndonos de la materialidad cotidiana, a la realidad de la inteligencia. Los grandes problemas del conocimiento constituyen, a la hora presente (Azorín escribe esto en 1927), la materia más duradera y fina del arte» *(Obras completas,* IX, pág. 104).

Atento a los últimos movimientos estéticos del teatro extranjero —Pirandello, Maeterlinck, Pitoeff, Cocteau, Pellerin, Meyerhold, Gaston Baty—, Azorín afirma una y otra vez la necesidad de romper con el inmovilismo de la escena española, transformando no sólo la temática y la técnica de la obra dramática, sino la estructura total del espectáculo teatral: decorados, luminotecnia, montaje, ac-

---

cortase la cabeza a la tiranía»; Díaz-Plaja en su estudio «El teatro de Azorín» *(Cuadernos de Literatura Contemporánea,* Madrid, 1947, núms. 16-17, páginas 369-387) escribe entre otras cosas: «La intervención de Judit en un conflicto social —Holofernes es el presidente del Consejo de Ministros; el pueblo asesinado es la clase obrera— podría llevarnos a la consideración de la política azoriniana, si no viéramos en todo ello una pura motivación dramática.» Nosotros no podemos juzgar la obra porque no hemos podido conseguirla para su lectura.

[102] Ya lo demostró suficientemente Werner Mulertt en 1930 *(op. cit.)* y lo ha vuelto a señalar hace pocos años Lawrence Anthony Lajohn en su libro *Azorín and the Spanish Stage,* Nueva York, Hispanic Institute, 1961, en el que dedica un largo capítulo a estudiar sistemáticamente las ideas de Azorín sobre el teatro en general y sobre el teatro español desde *La Celestina* hasta Benavente, los Quintero o Muñoz Seca. Puede verse un buen resumen en la *Conclusión del capítulo* (págs. 88-89).

[103] Autocrítica a *Brandy mucho brandy, Obras completas,* IV, Madrid, Aguilar, pág. 926. Cito siempre por esta edición de *Obras completas.*

tuación. Señala la importancia y la libertad creadora del director de escena y de los actores; llama la atención sobre las nuevas relaciones entre la técnica cinematográfica y la técnica teatral; hace hincapié sobre la aparición del mundo de lo subconsciente en la escena. La nueva realidad de la obra teatral, de acuerdo con las necesidades de la nueva sociedad y con el ritmo de la vida moderna, debe ser «rápida, tenue y contradictoria»; deben suprimirse o reducirse al mínimo las acotaciones. No es ya el mundo exterior, el mundo de los hechos, sino el mundo interior, el mundo de las ideas y de los problemas del espíritu y de la imaginación, quienes deben suministrar sus materiales al dramaturgo. Más exactamente, la nueva pieza teatral debe dar expresión a la tensión dialéctica entre dos cadenas de imágenes: «las imágenes directas, conscientes, claras, determinadas» que proceden de la conciencia y las imágenes que proceden del fondo subconsciente de nuestro espíritu. El nuevo dramaturgo, el nuevo artista debe desorientar al público: «¡Desorientación! Ésa es la más noble, fina y exquisita labor del artista: la labor de desorientar. Y en la desorientación estriba la recompensa más alta del dramaturgo» (*Obras completas,* IX, págs. 127-128).

Considera Azorín que en la obra teatral es el diálogo lo fundamental. «En el arte del teatro el diálogo lo es todo. Todo debe estar en el diálogo. En el diálogo limpio, resistente y flexible a la vez; fluido y coloreado» (*Obras completas,* IV, pág. 917). «El teatro es diálogo; en el diálogo debe estar contenido todo. El carácter de los personajes, la escena, el traje, las costumbres, las particularidades de tal o cual hombre o mujer; todo, en fin, se debe deducir del diálogo. El teatro vale y brilla por el diálogo» (*Obras completas,* IX, pág. 92). Ese diálogo no debe ser un diálogo escrito, sino hablado; no debe ser estudiado, reflexivo, sino que debe admitir «todos los recursos, las incidencias, las interpretaciones de la conversación corriente», por eso debe apelar a las repeticiones, «los retrocesos, las falsas rutas» «para dar viveza, animación, autenticidad al diálogo», pues «la coherencia perfecta de que usan nuestros autores, el *todo seguido, todo recto* de sus diálogos, queriendo ser verdadero es profundamente falso» (*Obras completas,* IX, pág. 93).

La estética teatral de Azorín responde, pues, a una profunda y lúcida vocación de renovación de la escena española, y muestra de manera patente su voluntad de desprovincializar el ambiente teatral español incorporándolo a las nuevas tendencias del teatro europeo, especialmente en su expresión francesa. Su punto de partida es la negación de la estética naturalista y su sustitución por un teatro antirrealista, que permita aflorar el mundo de lo subconsciente y lo maravilloso.

Pasemos ahora de esta teoría del teatro al teatro azoriniano, el que va de *Old Spain* a la *Farsa docente.*

Pérez Minik, quien considera el teatro de Azorín como un teatro de la evasión pura, resume así sus notas fundamentales: «gusto por la elipsis como dispositivo espiritual, sentido ingenuo del teatro como juego, simbolismo poético, evasión de orden romántico, crítica subjetiva de la escena, concreción de lo maravilloso y, anegándolo todo, su actitud antirrealista que recubre toda su actitud teorética» [104].

Las tres primeras piezas azorinianas presentan una estructura dramática casi idéntica, que consiste, en esencia, en contraponer dos valores o dos principios o dos dimensiones de la realidad total —la interior y la exterior— cuyo enfrentamiento a través del diálogo determina la acción, una acción, si así puede decirse, *pasiva,* pues lo decisivo en ella no es ni el resultado ni la consecuencia del enfrentamiento, sino el enfrentamiento en sí, la presencia, en la unidad de la obra, de los dos términos que se enfrentan. Pero, paradójicamente —y ese enfrentamiento me parece constituir la esencia del teatro azoriniano—, de ese enfrentamiento no surge conflicto alguno, pues los personajes que encarnan o representan las dos fuerzas opuestas no conflingen entre sí, no se oponen en términos de exclusividad, sino que, por el contrario, aun siendo opuestos, se complementan. Parece como si el autor quisiera mostrar la existencia de la dualidad en el seno de la condición humana en cualquiera de sus niveles —social, psicológico, estético—, pero no su conflicto. Las fuerzas están ahí, patentes, pero no está su drama. Es decir, son estas piezas teatro de la dualidad, pero sin drama; enfrentamiento, pero sin conflicto.

En *Old Spain* los dos elementos de la dualidad son la tradición y el progreso. Representan la primera el marqués de Cilleros y la segunda don Joaquín. El marqués de Cilleros vive retirado en un viejo pueblo castellano, encerrado en su palacio, del que sólo ocupa unas pocas habitaciones. Su filosofía consiste en sentirse «espectador de la corriente de las cosas», centrado en su mundo interior, dueño y señor de su alma. Don Joaquín, multimillonario americano de ascendencia española, aunque admira la vieja España, sustenta la necesidad de la actividad exterior, y su filosofía estriba en la necesidad del cambio como base del progreso y la marcha ascendente de la civilización. La obra gira en torno al enfrentamiento no conflictivo de esas dos filosofías del cambio y de la permanencia que son, en el fondo, dos modos distintos de acción: acción material y acción espiritual. Las gentes del pueblo, con función de coro, es-

---

[104] Pérez Minik, *Debates sobre el teatro español contemporáneo,* Santa Cruz de Tenerife, ediciones Goya, 1953, pág. 166.

tán divididas en dos bandos: «joaquinistas» y «antijoaquinistas». División que cesa cuando don Joaquín, abandonando el incógnito de su personalidad, comienza a regalar dinero. El dinero pone a todos, interesadamente, de parte de don Joaquín. Pero la síntesis ideal de esas dos fuerzas —tradición y progreso— viene dada por Pepita, la hija del marqués, que se unirá con don Joaquín, haciendo posible que del viejo tronco de la tradición salga el nuevo árbol del progreso. Ni la tradición ni el progreso son suficientes por sí mismos. Es necesario que se unan. «La Humanidad es eso: renovación, continuación del pasado, pero añadiendo al pasado una fuerza nueva.»

En *Brandy, mucho brandy* la dualidad viene dada por la contraposición de la vida como deseo e ilusión y la vida como realidad en donde es posible el cumplimiento del deseo y la ilusión. Una familia formada por el padre, la madre y la hija, que vive en una discreta pobreza de clase media española, espera salir de esa situación vulgar, anodina, mediante la llegada de un suceso extraordinario. El cual llega, inesperadamente, en forma de herencia de un pariente lejano que ha muerto. Para disfrutar de ella sólo hace falta cumplir dos condiciones: el retrato del pariente debe presidir en el comedor la comida familiar, y una vez al año, el día de difuntos, la familia debe celebrar ante el retrato una cena solemne. Para vigilar que ambas condiciones se cumplan, un nuevo personaje, mister Fogg, antiguo secretario del difunto, debe vivir en la casa. La riqueza, en vez de aportar la felicidad, trae la angustia y la inquietud, pesando como una maldición, como una fatalidad sobre los miembros de la familia. Para salir de ese círculo fatal, la hija, Laura, decide al final de la obra marcharse, realizar en el ancho mundo su ilusión, su deseo de aventura y de acción. En una escena anterior, en donde interviene «lo maravilloso», Laura ha hablado —¿sueño?, ¿realidad?— con el personaje del retrato, que se le aparece, primero viejo, para revelarle que la vida de acción, de aventura no es sino polvo y humo, nada, pues lo que vale es la paz y la serenidad del espíritu: vuelve a aparecer, segunda vez, joven, para revelarle lo contrario: sólo la acción, la marcha hacia lo desconocido es vida plena. Laura elige la segunda alternativa. Deja al hombre que ama y parte hacia lo desconocido: «La fatalidad me empuja; me voy», dice. Son sus últimas palabras. Pero vuelve a aparecer y en una escena muda, al final de la obra, «Laura, inerte, anonadada, gemebunda, apoya la cabeza en el hombro de Rafael», según reza la acotación.

En *Comedia del arte* la pareja de contrarios está constituida por la ficción y la realidad o el arte y la vida. Los personajes pertenecen al mundo del teatro —un poeta dramático y los actores de una compañía—. La obra está construida con la técnica del «teatro

165

dentro del teatro». Unos actores, en día de vacación en el campo, apresados por el mundo del arte, más real para ellos que la Naturaleza, representan una escena de *Edipo en Colonna.* Poco después el actor trágico que representa a Edipo quedará ciego de verdad. Cuando, ciego, vuelva a representar a Edipo ciego, la realidad de su condición alterará la realidad de la ficción haciéndola más profundamente verdadera. La cadena realidad-ficción-realidad volverá a recomenzar al final de la obra en que los actores, reunidos para homenajear al gran actor trágico, representan otra escena de *El trovador,* en la que la relación entre los dos protagonistas coincide, reflejándola, con la relación real entre los actores. El gran actor trágico morirá de verdad representando el papel de *El trovador.* Realidad y ficción, arte y vida son las dos caras, misteriosamente idénticas, igualmente verdaderas de la existencia humana.

En las tres piezas Azorín hace ver y sentir al espectador, de manera patente y expresa, que se trata de un juego, de una representación teatral, de una ficción. Pero, a medida que la representación avanza, a medida que los actores se entregan a la representación, la ficción es la realidad, resultando ya imposible distinguirlas y separarlas.

La trilogía de *Lo invisible* tiene como protagonista a la Muerte, o, mejor, al misterio de la Muerte. Cada una de las piezas cortas que constituyen la trilogía fueron estrenadas separadamente en fechas distintas. La primera, *La arañita en el espejo,* dramatiza el misterio de la Muerte como premonición. Una mujer enferma espera a su marido que debe llegar, después de prolongada ausencia, de un momento a otro, sin saber que no llegará nunca porque ha muerto. En el espejo ve una arañita, símbolo muy azoriniano, signo de la presencia de la muerte. La mujer espera su propia muerte, serena, sin terror, ignorante de que la muerte ya ha llegado, pero a otra persona y en otro lugar. En *El segador* la muerte es evocada, convertida en presencia inminente mediante la palabra de un viejo matrimonio de labradores que desean quedarse con las tierras de María, joven viuda, madre de un niño que duerme en su cuna. La palabra de los labradores que cuenta cómo un segador llama a las puertas donde hay niños y éstos mueren, lleva el terror de la muerte a la conciencia de María. Cuando queda sola, llena de angustia, oye unos golpes en su puerta. El telón cae sobre los gritos horrorizados de la madre, que aprieta al niño entre sus brazos, dejando en el ánimo del espectador ese mismo terror ante el misterioso e invisible poder de la muerte. La tercera pieza, *Doctor Death, de 3 a 5,* escenifica el misterio del tránsito, de ese inapresable instante en que, aislado y en radical soledad, pasa el hombre del reino de la vida al de la muerte. El lugar de la acción es la salita

166

de un médico, el Doctor Muerte. El tránsito, la entrada al gabinete del doctor, se hace limpiamente, asépticamente, sin terror. La Enferma, la que va a morir, penetra en la estancia de la muerte, sola, «rígida, enhiesta, hierática, la cabeza echada hacia atrás». Sus últimas palabras son Infinito, Eternidad. Los dos focos dramáticos de la acción son, primero, la rebelión frente a la muerte, la protesta y el no consentimiento, y segundo, la aceptación serena de la muerte como fatalidad.

La trilogía, según escribe Azorín, fue suscitada por la lectura de *Los cuadernos de Malte Laurids Brigge,* de Rainer-Maria Rilke. La crítica ha señalado en *Lo invisible* la presencia del Maeterlinck de *La intrusa, Los ciegos, Interior.* Díaz-Plaja puntualiza esa relación señalando diferencias de procedimiento: «La gran victoria de Azorín consiste en lograr el mismo estremecimiento que Maeterlinck, pero de un modo más sobrio, más limpio, más puro. Sin rumores ni sentimentalismo, (...) sin claroscuro; sin penumbra; sin vaguedad» [105]. A lo que habría que añadir: y con mayor ingenuidad y menor riqueza e intensidad dramáticas.

Angelita suele ser considerada por los críticos como la mejor obra dramática de Azorín. Me parece interesante citar algunas de las ideas que acerca de esta pieza expone su autor en el Prólogo (*Obras completas,* V, págs. 447-450): «La sensación de tiempo en la sensibilidad de un escritor; la sensación de tiempo y la de su inseparable el espacio. El tiempo, que se impone angustioso, que se desvanece suavemente, que torna a surgir y a crear un estado de ánimo doloroso.» «Un auto sacramental; la idea de un auto sacramental en que hemos saltado por encima de la realidad cotidiana para acercarnos al eterno símbolo; partir de lo maravilloso, de un dato arbitrario, para ascender con verosimilitud a una idea madre. La idea del tiempo y espacio atormenta a los humanos. Suprema angustia y suprema obsesión del destino de los vivientes. La sucesión de los días, el desvanecerse de los crepúsculos y la incorporación de la obra a las especies reales de tiempo y espacio.»

Azorín, hondo sentidor del tiempo —recuérdense los maravillosos capítulos de *Los pueblos,* de *Doña Inés*—, escribe esta pieza simbólica para encarnar en una acción dramática esa angustia del tiempo y esa «obsesión del destino de los vivientes» y, sin embargo, esa angustia y·esa obsesión no afloran ni se manifiestan dramáticamente en *Angelita,* sino líricamente, en la palabra de unos personajes que, en lugar de vivir la angustia y la obsesión del tiempo, haciéndolas drama, se limitan a decirlas. El Desconocido, personificación del Tiempo, le dice a Angelita (acto I, cuadro I): «...Sé que su mayor

---

[105] Art. cit., pág. 373.

preocupación es el tiempo que pasa. A veces quisiéramos retornar al pasado, y a veces quisiéramos abolir el tiempo para colocarnos de pronto en el futuro, y nuestra vida va pasando entre la añoranza y el anhelo.» Para que Angelita pueda abolir el tiempo le regala una sortija-talismán: cada vuelta en el dedo es un año que pasa, sin que nada se recuerde de él. Angelita lo acepta. Da dos vueltas a la sortija y pasan dos años. Está ya casada y tiene un hijo. Su marido, su suegro, su hijo, la criada le son desconocidos. La nueva situación creada por el dramaturgo mediante el artificio del talismán es teatralmente interesante, pero no va más allá de un poético juego escénico, escrito con técnica de sainete. Angelita termina ese juego cambiándolo por otro. Da cinco vueltas a la sortija y pasan cinco años. Está en la misma casa, pero esta casa es ahora un sanatorio para enfermos nerviosos, un lugar de reposo. Nada realmente dramático ocurre. Angelita habla con el doctor que dirige el sanatorio y con sus ayudantes de los problemas del tiempo, del misterio del tiempo. Este misterio es sólo tema de una conversación interesante, inteligente, pero no se ha hecho drama. En el Acto III vuelve a encontrar Angelita al Desconocido, quien le anuncia que tres Ángelas irán a visitarla. Cada una de ellas simboliza tres distintas posibilidades de futuro. La primera Ángela, periodista en Estados Unidos, simboliza la vida de acción; la segunda Ángela, esposa de un sabio científico, representa una vida colmada de serenidad y de paz; la tercera Ángela, la vida de sacrificio, de caridad y de entrega desinteresada al prójimo sufriente y menesteroso. Angelita elige el tercer camino. La obra termina con estas palabras de Angelita: «Bondad, fe, amor.»

La pieza es, sin duda alguna, un interesante experimento dramático, un poético e ingenioso juego teatral con el tiempo y el espacio, pero de ningún modo un drama del tiempo. Azorín no ha conseguido objetivar el misterio del tiempo ni hacer drama su angustia ante el misterio.

En *Cervantes o la casa encantada,* Azorín combina el tema del tiempo —un poeta del siglo XX vive un momento en el siglo XVII, en la casa de Cervantes— con el tema de la dualidad ficción-realidad, imaginación-acción. La casa encantada es el símbolo de la imaginación humana, capaz de abolir el tiempo mediante la ficción del arte. El procedimiento utilizado por Azorín es aquí el mismo que utilizó en muchos de sus hermosos ensayos críticos sobre nuestros clásicos: actualizar el pasado haciéndolo aparecer en su presente mediante la varita mágica de la imaginación. El mismo, por ejemplo, de los capítulos de *Con Cervantes,* el mismo de *El tiempo pasado,* capítulo de *Pensando en España,* y de tantas otras páginas azorinianas de mágica «presentización» del pasado literario español.

La Guerrilla, estrenada en los primeros días de 1936, tiene como tema la guerra entre los españoles y los franceses durante la Guerra de la Independencia. La trama gira en torno a la historia de amor de un oficial francés y una lugareña española. El amor puede unir lo que la guerra separa y divide. Dada la fecha de su estreno —pocos meses antes de la guerra civil española— podría verse en ella un intento de solución adelantada a la trágica división de la guerra civil. Pero ese mensaje, si es que realmente estuvo en la obra, queda invalidado por la sensibilidad romántica que preside la construcción de la pieza.

En la última obra teatral de Azorín —*Farsa docente*—, estrenada después de la guerra civil, nos parece captar, al menos en el primer acto, dos niveles de significación: la vuelta a la patria de los exilados y el retorno de los muertos al mundo de los vivos. Para que esa vuelta y ese retorno sean posibles es condición *sine qua non* que cada uno renuncie a su personalidad pasada y acepte una nueva, impuesta por una misteriosa y anónima autoridad. Los que aceptan retornar aceptan esa condición. Pero al comenzar su nueva vida, por debajo de la nueva personalidad, arbitrariamente impuesta, asoma la vieja personalidad. La pieza, especialmente en el segundo acto, tiene un delicioso ritmo teatral de farsa. En el tercer acto desaparecen todos los personajes menos uno —tal vez porque el autor no supo qué hacer con ellos—, y la pieza pierde sus significaciones iniciales y queda en pura anécdota que no rebasa los límites de un simple juego teatral.

El teatro de Azorín, importante por lo que tiene de acto de rebeldía y de renovación, es, sin duda, una experiencia teatral interesante en la historia del teatro español contemporáneo, pero no llega a constituirse en una dramaturgia importante. En él hay siempre un desnivel, insalvado e insalvable, entre las ideas dramáticas y su realización. Lo que en Azorín había de «pequeño filósofo» cortés, ponderado, inteligente, escéptico le impidió llegar a una expresión conflictiva, plenamente dramática, de la realidad.

No creemos, sin embargo, con Pérez Minik, que el teatro de Azorín sea el teatro de la evasión pura. Más que de evasión pensamos que debe hablarse de irrealización.

Segunda parte

De la generación de los años 20 al teatro de hoy

Capítulo IV

Los nuevos dramaturgos

I.   García Lorca (1898-1936) y su universo dramático

1.   Introducción

Sin duda alguna es García Lorca, en su doble condición de poeta lírico y dramático, uno de los escritores españoles contemporáneos, posterior a los hombres del 98, sobre los que existe más abundante bibliografía. Como dramaturgo, es el más conocido fuera de España y el único cuyo teatro haya conquistado, en la misma medida que otros dramaturgos europeos, aunque por distintos motivos, amplios auditorios internacionales que rebasan, con mucho, los grupos minoritarios de especialistas y conocedores de la literatura española. No ha sido ajeno a su popularidad el «mito Lorca», construido desde posturas críticas y a-críticas tangentes a la realidad misma de su obra literaria, «mito», sin duda, perjudicial para el conocimiento objetivo de su dramaturgia, y contra el que Lorca hubiera protestado, como lo hizo contra el mito de su gitanismo. Para muchos públicos extranjeros y para no pocos críticos profesionales, no es Lorca, simplemente, un gran dramaturgo europeo-español, sino un «fenómeno», quintaesencia de lo español, de lo español en tanto que cosa aparte, distinta y *sui generis*. Decir' teatro de García Lorca no significa en muchas partes lo mismo que decir teatro de Giraudoux o de Brecht, o de Betti, pongo por caso, esto es, teatro occidental contemporáneo, sino mentar un interesante, raro o excitante ejemplar que despierta la misma curiosidad asombrada e impura que no importa qué impar especie de pájaro exótico.

Es muy significativo a este respecto, por lo que tiene de sintomático, el diálogo entablado en torno al teatro de Lorca por algunos prestigiosos críticos en ocasión de las conferencias de Arras consagradas al teatro moderno. Vale la pena citar algo de lo que allí se dijo:

MURCIA:

En Lorca se explota un aspecto mágico del que se alejan progresivamente las jóvenes generaciones teatrales españolas, que se sienten atraídas por un mundo más racional. Y el teatro de Lorca comienza para nosotros a formar parte de la historia...

AUBRUN:

Necesitábamos un exotismo y lo hallamos en Lorca; lo hemos inventado.

MARRAST:

Creo que el señor Aubrun tiene razón y que *La casa de Bernarda Alba* no expresa más que el problema de una cierta burguesía...

SRTA. LAFFRANQUE:

(...) Estos problemas (en *La casa de Bernarda Alba*) no son simplemente alimenticios y sexuales, sino también económicos, morales, sociales y, digamos también, de dignidad humana, a falta de términos más objetivos.

SRA. MERCIER-CAMPICHE:

Creo que se subestima en este momento el valor humano general de Lorca...

MARRAST:

¿No es porque esos sentimientos se insertan en un contexto exótico?

AUBRUN:

Es cierto que los problemas que aborda son humanos, pero son abordados en un contexto pintoresco, y lo que atrae es saber cómo se resuelven en ese contexto [1].

Lorca hizo varias declaraciones sobre el teatro y sobre su teatro. Cronológicamente ordenadas, muestran, a un tiempo, la lucidez de su conciencia crítica y la progresión de esa conciencia hacia un teatro cada vez más desnudo y más esencialmente humano. Dejando para después las declaraciones particulares sobre sus piezas teatrales, que citaremos en su momento, me interesa ahora presentar juntas, sin comentario alguno, algunas de sus ideas más generales, que muestran por sí mismas las sucesivas etapas de una toma de conciencia sobre el teatro y su función, muy alejadas de todo «exotismo».

---

[1] *Le théâtre moderne. Hommes et tendances,* París, C. N. R. Ś., 1958. Cito por la traducción española, Buenos Aires, Eudeba, 1967, págs. 321-322.

1931, a su regreso de Nueva York: «El teatro nuevo, avanzado de formas y teoría, es mi mayor preocupación. Nueva York es un sitio único para tomarle el pulso al nuevo arte teatral»[2].

1933: «Creo sinceramente que el teatro no es ni puede ser otra cosa que emoción y poesía, en la palabra, en la acción y en el gesto»[3]. (*Obras completas*, pág. 1739).

1934: «Hay que volver a la tragedia. Nos obliga a ello la tradición de nuestro teatro dramático. Tiempo habrá de hacer comedias, farsas. Mientras tanto, yo quiero dar al teatro tragedias» (*Obras completas*, página 1759).

«Yo he abrazado el teatro porque siento la necesidad de la expresión en la forma dramática» (*Obras completas*, página 1763).

«Nosotros —me refiero a los hombres de significación intelectual y educados en el ambiente medio de las clases que podemos llamar acomodadas— estamos llamados al sacrificio. Aceptémoslo. En el mundo ya no luchan fuerzas humanas, sino telúricas. A mí me ponen en una balanza el resultado de esta lucha: aquí tu dolor y tu sacrificio, y aquí la justicia para todos, aun con la angustia del tránsito hacia un futuro que se presiente pero que se desconoce, y descargo el puño con toda mi fuerza en este último platillo» (*Obras completas*, pág. 1766).

«Mi trayectoria en el teatro yo la veo perfectamente clara. Quisiera terminar la trilogía de *Bodas de sangre*, *Yerma* y *El drama de las hijas de Loth*. Me falta esta última. Después quiero hacer otro tipo de cosas, incluso comedia corriente de los tiempos actuales y llevar al teatro temas y problemas que la gente tiene miedo de abordar. Aquí, lo grave es que las gentes que van al teatro no quieren que se les haga pensar sobre ningún tema moral» (*Obras completas*, pág. 1767).

1935: «Sé muy bien cómo se hace el teatro semiintelectual; pero eso no tiene importancia. En nuestra época, el poeta ha de abrirse las venas para los demás. Por eso (...) me he entregado a lo dramático, que nos permite un contacto más directo con las masas» (*Obras completas*, pág. 1771).

«El teatro es uno de los más expresivos y útiles instrumentos para la edificación de un país y el barómetro que marca su grandeza o su descenso. Un teatro sensible y bien orientado (...) puede cambiar en pocos años la sensibilidad de un pueblo; y un teatro destrozado, donde las pezuñas sustituyen a las alas, puede achabacanar y adormecer a una nación entera... El teatro es una escuela de llanto y de risa y una tribuna libre donde los hombres pueden poner en evidencia morales viejas o equívocas y explicar con ejemplos vivos normas eternas del corazón y del sentimiento del hombre. Un pueblo que no ayuda y no fomenta su teatro, si no está muerto, está moribundo; como el teatro que no recoge el latido social, el latido histórico, el drama de sus gentes y el color genuino de su paisaje y de su espíritu, con risa o con

---

[2] *Obras completas*, Madrid, Aguilar, 5.ª ed., 1963, pág. 1699. Para no multiplicar innecesariamente las notas citaremos siempre entre paréntesis la página correspondiente a esta edición.

[3] Texto publicado por Marie Laffranque, junto con otros muchos, en *Bulletin Hispanique*, LVIII, 1956, pág. 330; el siguiente, en *Idem*, LIX, 1957, página 69.

lágrimas, no tiene derecho a llamarse teatro, sino sala de juego o sitio para hacer esa horrible cosa que se llama matar el tiempo» (*Obras completas,* págs. 150-151).

1936: «El teatro fue siempre mi vocación. He dado al teatro muchas horas de mi vida. Tengo un concepto del teatro en cierta forma personal y resistente. El teatro es la poesía que se levanta del libro y se hace humana. Y al hacerse, habla y grita, llora y se desespera. El teatro necesita que los personajes que aparezcan en la escena lleven un traje de poesía y al mismo tiempo se les vea los huesos, la sangre. Han de ser tan humanos, tan horrorosamente trágicos y ligados a la vida y al día con una fuerza tal, que muestren sus traiciones, que se aprecien sus dolores y que salga a los labios toda la valentía de sus palabras llenas de amor o de ascos. Lo que no puede continuar es la supervivencia de los personajes dramáticos que hoy suben a los escenarios llevados de las manos de sus autores. Son personajes huecos, vacíos totalmente, a los que sólo es posible ver a través del chaleco un reloj parado, un hueso falso o una caca de gato de esas que hay en los desvanes» (*Obras completas,* pág. 1810).

«Yo en el teatro he seguido una trayectoria definida. Mis primeras comedias son irrepresentables. Ahora creo que una de ellas, *Así que pasen cinco años,* va a ser representada por el Club Anfístora. En esas comedias imposibles está mi verdadero propósito. Pero para demostrar una personalidad y tener derecho al respeto, he dado otras cosas» (*Obras completas,* pág. 1811).

«Ahora estoy trabajando en una nueva comedia. Ya no será como las anteriores. Ahora es una obra en la que no puedo escribir nada, ni una línea, porque se han desatado y andan por los aires la verdad y la mentira, el hambre y la poesía. Se me han escapado de las páginas. La verdad de la comedia es un problema religioso y económico-social. El mundo está detenido ante el hambre que asola a los pueblos. Mientras haya desequilibrio económico, el mundo no piensa (...) El día que el hambre desaparezca va a producirse en el mundo la explosión espiritual más grande que jamás conoció la Humanidad. Nunca jamás se podrán figurar los hombres la alegría que estallará el día de la Gran Revolución. ¿Verdad que te estoy hablando en socialista puro?» (*Obras completas,* pág. 1812).

«En este momento dramático del mundo, el artista debe llorar y reír con su pueblo. Hay que dejar el ramo de azucenas y meterse en el fango hasta la cintura para ayudar a los que buscan las azucenas. Particularmente, yo tengo un ansia verdadera por comunicarme con los demás. Por eso llamé a las puertas del teatro y al teatro consagro toda mi sensibilidad» (*Obras completas,* pág. 1814).

«...el dolor del hombre y la injusticia constante que mana del mundo, y mi propio cuerpo y mi propio pensamiento me evitan trasladar mi casa a las estrellas» (*Obras completas,* pág. 1815).

Cuatro meses después de hacer estas declaraciones, Lorca era fusilado. La última etapa de su dramaturgia, iniciada con *La casa de*

Bernarda Alba, cima de esa desnudez clásica hacia la que se dirigía Lorca, quedaba definitivamente interrumpida.

Dentro del tematismo del teatro lorquiano, numéricamente reducido, pero cualitativamente rico, suelen señalar los críticos un tema mayor o fundamental, constante en cada una de sus piezas, desde la primera hasta la última, y al que se han dado distintas designaciones: tema del amor imposible (Jean-Paul Borel), tema del amor frustrado (Edward Honig), tema de la separación (Jean Selz), mito del deseo imposible o de la oposición del deseo y la realidad (André Belamich) [4]... Más que de un tema me parece que habría que hablar de una situación dramática básica como núcleo de la dramaturgia lorquiana; situación profundizada sin cesar y enriquecida de obra en obra hasta alcanzar su más honda significación, por más total, en *La casa de Bernarda Alba*. El universo dramático de Lorca, como totalidad y en cada una de sus piezas, está estructurado sobre una sola situación básica, resultante del enfrentamiento conflictivo de dos series de fuerzas que, por reducción a su esencia, podemos designar *principio de autoridad* y *principio de libertad*. Cada uno de estos principios básicos de la dramaturgia lorquiana, cualquiera que sea su encarnación dramática —orden, tradición, realidad, colectividad, de un lado, frente a instinto, deseo, imaginación, individualidad, de otro— son siempre los dos polos fundamentales de la estructura dramática. Y a cada uno de ellos corresponde una constelación de símbolos o de temas simbólicos (tierra, río, simiente, luna, toro, caballo, sangre, navaja..., etc.), pues no hay que olvidar esta *verdad primera* ni sus consecuencias: que el teatro lorquiano es un teatro poético como lo es, cada uno en su nivel, el teatro de Lope de Vega o de Shakespeare. Sólo si no se olvida esta verdad primera ni —repito— sus consecuencias, podrá tener sentido, al hablar de este teatro, hablar de problemas morales, sociales, económicos o de burguesía, o de fuerzas humanas, telúricas..., etcétera [5].

[4] J. P. Borel, *Théâtre de l'impossible,* ed. cit., págs. 15-51; Edward Honig, *García Lorca,* New Directions, Norfolk, 2.ª ed., 1947; Jean Selz, *Le dire et le faire,* París, Mercure de France, 1964, págs. 120-126; André Belamich, *Lorca.* París, Gallimard, 1960.

[5] Además de los libros ya citados de Honig, Belamich, Borel, deben tenerse en cuenta Alfredo de la Guardia, *García Lorca. Persona y creación,* Buenos Aires, Sur, s. a. (especialmente, págs. 203-330); Roberto G. Sánchez, *García Lorca: estudio sobre su teatro,* Madrid, edic. Jura, 1950; Machado Bonet, *García Lorca. Su producción dramática,* Montevideo, 1951; François Nourissier, *F. García Lorca dramaturge,* París, L'Arche, 1955; Robert Lima, *The Theatre of García Lorca,* Nueva York, Las Americas, 1963; Schonberg, *A la*

12

2. Las obras [6]

1. *El maleficio de la mariposa*

De esta pieza primera y primeriza escribe Marie Laffranque: «Unión y unidad de todas las artes, de todos los medios de expresión; primacía del "fuego" que debe animarlos, del sentimiento auténtico al que deben servir, encarnar y transmitir; conciencia crítica y voluntad de maestría técnica: esos rasgos fundamentales, indispensables al teatro, aparecen ya desde la primera pieza de Lorca...» [7].

Este poema dramático en íntima conexión temática y tonal con varias composiciones del *Libro de poemas (Los encuentros de un caracol aventurero, Canción otoñal, Balada triste, Balada de un día de julio,* etc.), parece ser, como el *Libro de poemas,* fruto de una crisis de crecimiento, en donde el poeta vive la experiencia dolorosa y vivificante a un tiempo de la ruptura con la inocencia, la paz y

---

recherche de Lorca, Neuchâtel, 1966 (especialmente, págs. 285-346); Marie Laffranque, *Federico García Lorca,* Seghers, 1966; Juan Guerrero Zamora, *Historia del teatro contemporáneo,* ed. cit., I, págs. 65-88, y III, págs. 35-96; Gunter W. Lorenz, *Federico García Lorca,* Karlsruhe, Stahlberg Verlag, 1961 (especialmente, págs. 225-258); M. T. Babín, *Federico García Lorca. Vida y obra,* Nueva York, Las Americas, 1954; A. Berenguer Carisomo, *Las máscaras de F. G. L.,* Buenos Aires, Eudeba, 2.ª ed., 1969.

[6] Para la cronología de las piezas de Lorca me he basado en Arturo del Hoyo, *Obras completas,* de F. G. L.; en los trabajos de Marie Laffranque: «Pour l'étude de F. G. L. Bases chronologiques» (*Bull. Hispanique,* LXV, 1963, páginas 333-378) y *op. cit.,* págs. 131-165, y en Jacques Comincioli, «En torno a García Lorca. Sugerencias. Documentos. Bibliografía» (*Cuadernos Hispanoamericanos,* núm. 139, 1961, págs. 37-76). *El maleficio de la mariposa* (1919, estreno, 1920); *Mariana Pineda* (1923, lectura privada de la versión inicial; 1927, estreno por Margarita Xirgu); *Tragicomedia de don Cristóbal y la Señá Rosita* (1923, estreno, 1937); *Retablillo de don Cristóbal* (1931, estreno, 1934 en Buenos Aires); *La zapatera prodigiosa* (1929-1930, estreno 1930 por Margarita Xirgu); *Amor de don Perlimplín con Belisa en su jardín* (1929, estreno 1933 en Madrid, Club Anfistora); *Así que pasen cinco años* (1931, trabaja en el acto III —verano— según carta a Morla Linch, *Obras Completas,* págs. 16-76); *El público* (publicado en 1933, en *Los Cuatro Vientos,* Madrid); *Bodas de sangre* (1932, estreno 1933 por Josefina Díaz de Artigas); *Yerma* (1934, estreno, 1934 por Margarita Xirgu); *Doña Rosita o el lenguaje de las flores* (1935, estreno, 1935 en Barcelona); *La casa de Bernarda Alba* (1936, lectura en casa del doctor Oliver, estreno, 1945 en Buenos Aires). Nada se sabe, entre otras, de las siguientes piezas: *El sacrificio de Ifigenia,* tragedia en la que trabajaba en mayo de 1927; *La destrucción de Sodoma* (o *Drama de las hijas de Loth*), anunciada como casi terminada en enero 1935. En 1936 habla también de *Los sueños de mi prima Aurelia* y de *La bola negra* (primera mención en 1931).

[7] Marie Laffranque, *op. cit.,* pág. 20.

la armonía antiguas por la irrupción de una nueva fuerza que perturba el orden de los sentidos y del espíritu haciendo surgir un ansia nueva, sin contenido concreto. De ahí ese acento inconfundiblemente romántico tanto de la pieza como de los poemas, con romanticismo pasado por ese sutil simbolismo de los primeros libros poéticos de Juan Ramón Jiménez, presente en los versos del primer Lorca.

La pieza, conectada en el prólogo con el «gran Shakespeare» del *Sueño de una noche de verano,* dramatiza líricamente el trastorno producido en el orden y la paz cotidianos de una comunidad de insectos por el Amor, un amor «más allá del amor», idéntico en esencia a la Muerte: «¡Y es que la Muerte se disfraza de Amor!», dice el joven poeta en el prólogo.

El héroe de esta pequeña tragedia en miniatura, Curianito el Poeta, «prendado de una visión que estaba muy lejos de su vida», visión encarnada en la Mariposa agonizante, rompe con el mundo que hasta entonces había sido el suyo, mundo regido por las conveniencias, los intereses, la opinión pública, la lógica, el mundo de lo aceptado y lo establecido. Su condición de poeta y, por tanto, de personaje «a-típico» dentro de ese mundo de lo medido y codificado le impulsa a la unión con la Mariposa, símbolo del misterio, mensajera de «un mundo de alegría más allá de esas ramas», encarnación del ideal inalcanzable y, a la vez, víctima del deseo de haber querido alcanzar la esencia misma de la vida, su más entrañable y secreta fuente. La Mariposa y el insecto poeta son, a la vez, dobles del Ideal y de la aspiración al Ideal, y esa relación entre la aspiración y su meta es lo que Lorca dramatiza mostrando su imposibilidad.

En *El maleficio de la Mariposa* están ya presentes no sólo los rasgos de carácter formal, señalados por Marie Laffranque, sino la situación fundamental de todo su teatro, en donde vienen a enfrentarse el código y el sueño, la norma y el ideal; como están presentes ya algunos de los personajes posteriores y sus relaciones: la madre (doña Curiana), la mujer soltera (Curianita Silvia, «loca y soltera», como la llama Alacranito), la pareja atípica, héroe y víctima del teatro lorquiano (Curianito el Poeta y la Mariposa), el coro de vecinas y vecinos, tiránico *vox populi* (curianas y gusanos).

Las preguntas apasionadas y doloridas —testimonio y protesta— con que Curianito acaba su planto las encontraremos hechas *drama* en el resto de la dramaturgia lorquiana:

> ¿Quién me puso estos ojos que no quiero
> y estas manos que tratan
> de prender un amor que no comprendo?

¡Y con mi vida acaba!
¿Quién me pierde entre sombra?
¿Quién me manda sufrir sin tener alas?

2. *Mariana Pineda*

Surgida del fondo emotivo de la infancia del poeta, declaraba Lorca en 1933 [8] que si primero la vio como un personaje heroico, como los del teatro español del Siglo de Oro, «matando con su larga espada a todos los que no aceptaron como esencia fundamental de la vida el amor a la libertad», más tarde «Mariana Pineda llevaba en sus manos, no para vencer, sino para morir en la horca, dos armas, el amor y la libertad: dos puñales que se clavaban constantemente en su propio corazón». Como en *El maleficio de la mariposa* y como en todo su teatro posterior, amor y libertad son las armas que el héroe lorquiano, femenino casi siempre, levanta contra el mundo, pero que vueltas contra él acaban destruyéndole, pues en la visión dramática del mundo, propia de Lorca, amor y libertad no nacen para triunfar, sino para destruir a su portador. La dramaturgia lorquiana, en su totalidad, estriba en ese testimonio insobornable del fracaso de la libertad y de la individualidad que la encarna dentro del mundo [9].

De los posibles enfoques o versiones del drama, Lorca rechaza el enfoque épico y elige la versión lírica, la «que responde a una visión nocturna, lunar e infantil», incluyendo en su pieza dos planos: «uno amplio, sintético, por el que pueda deslizarse con facilidad la atención de la gente. Al segundo —el doble fondo— sólo llegará una parte del público». (Marie Laffranque, *op. cit.,* páginas 304-305).

El primer plano, fácilmente visible para el espectador, es el construido por la historia individual de Mariana Pineda, encuadrada en las tres «estampas» de atmósfera romántica, una historia de amor, de fidelidad y de sacrificio, así como «el aspecto histórico y político de la obra», que ya señaló Marie Laffranque (*op. cit.,* página 34), estrenada durante la dictadura de Primo de Rivera. Pero por debajo de esta romántica historia de amor y de esa ausencia de «la razón de la Justicia» (*Obras completas,* pág. 876), de esa arbitrariedad y miedo a la libertad, conexas con la Dictadura, aparece, especialmente en las tres últimas escenas, ese doble fondo en donde hay que buscar el sentido más hondo de la obra.

---

[8] Ver Marie Laffranque, *Bull. Hispanique,* LVIII, 1956, págs. 328-330.
[9] Ver también Concha Zardoya, *Revista Hispánica Moderna,* XXXIV, 1968, páginas 471-497.

En 1933 declaraba Lorca (*Bull. Hisp., LVIII*, 1956, pág. 330):

> Yo he intentado que Mariana Pineda, mujer de profunda raigambre española, cante al amor y a la libertad la estrofa de su vida en forma que adquiera el concepto de universalidad de aquellos dos grandes sentimientos, y así mi heroína exclama al final de la obra con una voz que viene de más lejos:
>
> > ¡Yo soy la libertad porque el amor lo quiso!
> > ¡Pedro! la libertad por la cual me dejaste.
> > ¡Yo soy la libertad herida por los hombres!
> > ¡Amor, amor, amor y eternas soledades!

Marie Laffranque ve ese «doble fondo» en «la lucha compleja de Mariana... para defender su amor a la vida y su aspiración a la felicidad, más fuerte que la visión misma de la muerte. Es la presentación solidaria, porque líricamente concebida, del combate histórico y del combate vital en el que ella está comprometida» (*op. cit.*, página 34). Pero lo que a través de ese combate se revela en la voluntad final de la heroína de ofrecerse como víctima, en donde Amor y Libertad se identifican, es la imposibilidad de compromiso entre Amor-Libertad, en tanto que realidad pura, y el mundo. Libertad y mundo son términos excluyentes y, por ello, todo intento de realizar la libertad en el mundo abocará al fracaso y a la muerte. La libertad es una categoría ideal trascendente al mundo. Por eso exclama Mariana:

> El hombre es un cautivo y no puede liberarse.
> ¡Libertad de lo alto! Libertad verdadera,
> enciende para mí tus estrellas distantes.

Mariana Pineda es la primera criatura humana del teatro lorquiano, cuya vocación de libertad y amor, que es una de las formas plenas de Libertad, sólo encontrará salida en la muerte. La diferencia con las piezas que seguirán no será una diferencia de significación, sino una diferencia del modo de presentación dramática de los elementos o fuerzas en combate, cada vez más *concretos* a medida que el dramaturgo avance hacia su madurez.

También en esta pieza ya está presente la concepción estética del escenario como lugar donde se integran en unidad las artes plásticas auditivas y coreográficas. Lorca concebirá su teatro y en general el teatro como espectáculo teatral total, cuya estructura final resulta de la armoniosa combinación de estructura gestual, estructura musical, estructura plástica y, naturalmente, estructura poética. Lorca escribirá su teatro combinando, a la vez, el punto de vista del poeta dramático y del director artístico, siendo decisiva en su carrera de dramaturgo sus experiencias de teatro total como director de «La Barraca» [10].

3. Farsas

Las cuatro farsas lorquianas pueden reunirse en dos grupos: farsas para guiñol (*Tragicomedia de don Cristóbal y la señá Rosita* y *Retablillo de don Cristóbal*) y farsas para personas (*La zapatera prodigiosa* y *Amor de don Perlimplín con Belisa en su jardín*).

Las dos *farsas para guiñol* son, en realidad, dos versiones de una misma fábula, en la que la segunda versión refunde la primera, estilizándola, cambiando el desenlace e introduciendo nuevas significaciones.

En sus muñecos encarna Lorca algunos de los instintos y pasiones elementales del individuo y de la sociedad. En la *Tragicomedia* la madre vende a su hija Rosita a don Cristóbal, rico, celoso, lujurioso y cruel. Pero basta que Rosita y Cocoliche se amen delante de don Cristóbal para que éste pierda sus poderes y muera, mostrando su irrisoria condición, pues ni siquiera es una persona. Su existencia y su poder le vienen de los demás, del miedo, de la inautenticidad, de la mentira y de la estupidez de quienes han renunciado por egoísmo, por codicia o por interés a comportarse con autenticidad. Basta que el individuo se atreva a comportarse como tal, desafiando la espesa red de convenciones sociales, para que don Cristóbal sea vencido y se desvanezca —«ha estallado», dice el texto.

En el *Retablillo,* Lorca comienza la farsa con un *Prólogo hablado,* mediante el cual introduce el juego del «teatro dentro del teatro». El Director y el Poeta, truchimanes del espectáculo, hacen ver al público o, mejor, le sugieren que los personajes del drama no son sólo lo que aparentan, y que, en realidad, son o podrían ser distintos del papel que representan. Don Cristóbal, malo por definición y por papel, es en el fondo bueno, sin saberlo, y podría serlo si solamente tomara verdadera conciencia de sí mismo, negándose a representar el papel que se le impone.

Se le impone el papel de médico, aunque no lo sea, para ganar

---

[10] Para su actividad al frente de «La Barraca» pueden consultarse estos trabajos: Marie Laffranque, «Federico García Lorca. Experiencia y concepción de la condición de dramaturgo», en *El teatro moderno. Hombres y tendencias,* cit., págs. 287-311; Francisco Nieva, «García Lorca metteur en scene: les intermedes de Cervantes», en *La mise en scène des oeuvres du passé,* París, C. N. R. S., 1957, págs. 81-90; Ferrucho Masini, *Federico García Lorca e La Barraca,* Capelli Editore, S. A.; Estelle Trépanier, «García Lorca et La Barraca», *Revue d'Histoire du Théâtre,* XVIII, 1966, págs. 163-181.

dinero y casarse. Y don Cristóbal cumple su papel, porra en mano. Compra a doña Rosita, que la madre le vende. Y se casa. Pero doña Rosita, que ya no encarna la verdad del amor, sino la fuerza del instinto sexual, le pone cuernos. Don Cristóbal mata a la madre' a porrazos y entra a buscar a doña Rosita. Pero el Director interrumpe la farsa.

Lorca en esta segunda versión ha sustituido la categoría de lo lírico por la categoría de lo grotesco. Es indudable que en este cambio de lo lírico a lo grotesco debió de influir la lectura de los esperpentos de Valle-Inclán, publicados con el título de *Martes de Carnaval* en 1930, meses antes de que Lorca escriba la redacción definitiva del *Retablillo*. El *Prólogo dialogado,* la escena de los cuernos de don Cristóbal y la alusión a Bululú, recuerdan inmediatamente *Los cuernos de don Friolera.* Claro está que la fuente del *Retablillo* no es sólo el esperpento valleinclanesco, sino, como señala el Director, el Bululú gallego», Monsieur Guiñol, de París, y «don Arlequín, de Bérgamo» (*Obras completas,* pág. 1043); pero la vuelta a las fuentes del drama —«la vieja esencia del teatro» (*ibíd*)—, como reacción a un tipo de teatro y como necesidad de superarlo, tiene una clara conexión con la aventura estética de Valle-Inclán dramaturgo [11].

La zapatera prodigiosa

Lorca hizo distintas declaraciones sobre esta farsa y sobre su protagonista, que es importante tener en cuenta. En 1933 declaraba al periódico *El Sol,* de Madrid.

> La zapatera es una farsa, más bien un ejemplo poético del alma humana y es ella sola la que tiene importancia en la obra. Los demás personajes la sirven y nada más... El color de la obra es accesorio y no fundamental como en otra clase de teatro. Yo mismo pude poner este mito espiritual entre esquimales. La palabra y el ritmo pueden ser andaluces, pero no la sustancia... Desde luego la zapatera no es una mujer en particular sino todas las mujeres... Todos los espectadores llevan una zapatera volando por el pecho (*Obras completas,* páginas 1718-1719).

En noviembre de ese mismo año escribía para *La Nación* de Buenos Aires:

> *La zapatera prodigiosa* es una farsa simple, de puro tono clásico, donde se describe un espíritu de mujer, como son todas las mujeres,

---

[11] Influencia ya señalada por Alfredo de la Guardia, *op. cit.,* pág. 255.

y se hace, al mismo tiempo y de manera tierna, un apólogo del alma humana... Así, pues, la zapaterita es un tipo y un arquetipo a la vez; es una criatura primaria y es un mito de nuestra pura ilusión insatisfecha... Yo quise expresar en mi *Zapatera,* dentro de los límites de la farsa común, sin echar mano a elementos poéticos que estaban a mi alcance, la lucha de la realidad con la fantasía (entendiendo por fantasía todo lo que es irrealizable) que existe en el fondo de toda criatura... La Zapatera lucha constantemente con ideas y objetos reales porque vive en su mundo propio, donde cada idea y cada objeto tiene un sentido misterioso que ella misma ignora. No ha vivido nunca ni ha tenido novios nunca más que en la otra orilla, donde no puede ni podrá nunca llegar... Los demás personajes le sirven en su juego escénico sin tener más importancia de lo que la anécdota y el ritmo del teatro requieren. No hay más personaje que ella y la masa del pueblo que la circunda con un cinturón de espinas y carcajadas... El dato más característico de la Zapaterilla es que no tiene más amistad que la de una niña pequeña, compendio de ternura y símbolo de las cosas que están en semilla y tienen todavía muy lejana su voluntad en flor. Lo más característico de esta simple farsa es el ritmo de la escena, ligado y vivo, y la intervención de la música que me sirve para desrealizar la escena y quitar a la gente la idea de que «aquello está pasando de veras», así como también para elevar el plano poético con el mismo sentido con que lo hacían nuestros clásicos (*Bull. His.,* LVIII, 1956, págs. 325-326).

Ambas declaraciones coinciden, ampliándolo, con lo dicho en el prólogo por el autor:

> En todos los sitios late y anima la criatura poética que el autor ha vestido de zapatera con aire de refrán o simple romancillo y no se extrañe el público si aparece violenta o toma actitudes agrias, porque ella lucha siempre, lucha con la realidad que la cerca y lucha con la fantasía cuando ésta se hace realidad visible (*Obras completas,* pág. 912).

La acción de *La zapatera prodigiosa* se abre y se cierra con dos violentas réplicas de la protagonista, casi idénticas: «Cállate, largo de lengua» y «Callarse, largos de lenguas». Todo el primer acto está estructurado a base de la violenta oposición de la Zapatera frente a los vecinos y vecinas, y frente al marido. Lorca introduce una serie de detalles que justifican psicológicamente la actitud de la Zapatera frente a su marido: la gran diferencia de edad, las causas del matrimonio (pobreza de ella, soledad de él); pero que no explican en absoluto ni motivan suficientemente la violencia de la Zapatera, violencia que cesa en el segundo acto, ausente el marido, y que se reanuda apenas éste, quitándose el disfraz, vuelve a hacerse presente. La violencia de la Zapatera no viene motivada por aspectos concretos de la realidad ni por sus distintas particularizaciones (maledicencia y mala fe de los vecinos o carácter del marido y falta de amor), sino por la realidad en sí, por la realidad en tanto que realidad. Es ésta, en su concreta existencia —social o individual—, la que limita con su simple existir no sólo el mundo del sueño o del deseo de la heroína, sino su mismo ser. En cuanto el Zapatero, ausentándose, deja de imponer su individual existencia, físicamente insobornable, y puede la Zapatera transformarlo en parte de su mundo interior, en sustancia de su propio ser, cesa de ser obstáculo, realidad exterior, limitación, y la violencia se muda en amor y en nostalgia. La Zapatera, ejemplo poético del alma humana radicalmente insatisfecha con la realidad, lucha, en efecto, «con la realidad que la cerca y... con la fantasía cuando ésta se hace realidad visible», porque toda cristalización en una existencia dada limita insatisfactoriamente el puro fluir de la propia existencia, oponiéndole resistencia e imponiéndole leyes. Si Mariana Pineda encarnaba la libertad pura y moría mostrando la imposibilidad de la libertad en el mundo, la Zapatera muestra esa misma imposibilidad, pero a un nivel mucho más hondo y de más radical y absoluta significación: basta que existan los demás, como simple voz o simple presencia, para que la criatura humana se sienta agredida en su propia esencia. Los otros, los demás, con sólo existir son ya una negación, una amputación de la propia libertad del ser. La realidad impide a la Zapatera inventar la realidad, única manera de sentirse ser plenamente. Solamente con el niño —la niña, dice Lorca, porque solía representar el papel una niña— puede tener amistad la Zapatera, porque éste, «símbolo de las cosas que están en semilla y tiene todavía muy lejana su voluntad en flor», no impone con su presencia su ser, pues no ha adquirido todavía forma determinada y cabal, y no es sentido como ajeno. En la escena final, cuando el Zapatero, desnudado el disfraz, vuelve a imponer con su sola presencia su concreta existencia, la Zapatera, destruida su propia creación, destruida la imagen de su conciencia, retorna a su anterior violencia contra el marido, y lo acepta a su lado para reforzar su oposición al coro de vecinos y vecinas, a «la masa del pueblo que la circunda con un cinturón de espinas y carcajadas», a los otros, que por serlo son lo extraño y lo enemigo.

Si nuestra interpretación no es equivocada, pensamos que la única tragedia de los personajes lorquianos y el foco radical de lo trágico en su teatro estriba en esa visión de la realidad como pura amputación del ser. Los otros son siempre *lo otro,* lo extraño, lo ajeno, y su aceptación es siempre enajenación, alteración, negación de sí mismo.

Amor de don Perlimplín con Belisa en su jardín

Lo que pudiéramos llamar datos exteriores en la caracterización de la pareja protagonista son idénticos a los que ya vimos en *La zapatera prodigiosa* y en las farsas guiñolescas. Como don Cristóbal y Rosita, como el Zapatero y la Zapatera, don Perlimplín y Belisa son empujados al matrimonio por los demás, por razones de interés y de conveniencia, ajenas al amor, y entre el marido y la mujer hay una gran diferencia de edad. Se trata de una situación típica que refleja una estructura social idéntica: el matrimonio es consecuencia de un juego de intereses sociales al que se somete el individuo, sin que su individualidad aflore para nada. Pero el conflicto y su significación trasciende por completo esa base sociológica, pues la finalidad dramática del teatro lorquiano no es establecer, en lo fundamental, ningún tipo de relación entre sociedad e individuo.

El prólogo presenta esa situación típica: don Perlimplín, viejo, y Belisa, moza, son casados por Marcolfa, criada del primero, que quiere evitarle la soledad, y por la madre de Belisa, que la vende después de pregonar la excelencia de la mercancía.

El cuadro primero escenifica la noche de bodas, don Perlimplín revela su amor a Belisa, amor que nació cuando vio por el ojo de la cerradura el cuerpo de su novia. Y Belisa revela su sed de amor que «no se apaga nunca». Y esa noche de bodas Belisa pone cuernos a don Perlimplín con los cinco «representantes de las cinco razas de la tierra».

En el cuadro segundo, don Perlimplín, enterado del engaño de su mujer, parece haber aceptado el papel de marido complaciente y de cómplice del nuevo amor de Belisa por un misterioso joven envuelto en larga capa roja, cuyo rostro permanece oculto, situándose más allá del honor y de las convenciones sociales.

En el cuadro tercero queda al descubierto el complicado juego de don Perlimplín: el joven de la capa roja, al que Belisa ama más que a su propio cuerpo y por cuyo amor se siente ser «otra mujer», no es otro que el «doble» de don Perlimplín, creado por éste. En el joven de la capa roja, símbolo del amor, que no es sólo alma ni sólo cuerpo, se realiza la esencia misma del amor humano, hecho, a la vez, de deseo infinito y de liberación del cuerpo, de anhelo y de sueño. Don Perlimplín, transfigurado en el joven de la capa roja, se mata a sí mismo para pervivir eternamente en el amor femenino, deseado siempre y nunca alcanzado.

4. *Dos criptodramas*: Así que pasen cinco años y El público

Completa la primera e incompleta la segunda, son estas dos piezas las de más complejo simbolismo y difícil comprensión del teatro
lorquiano, lo cual, como es natural, ha motivado muy distintas interpretaciones de los críticos [12]. Ambas obras están en estrecha relación con el ciclo poético de *Poeta en Nueva York,* cuyos poemas
fueron escritos, según declara Lorca, durante el año 1929-1930, y
enlazan con los diálogos en prosa (*El paseo de Buster Keaton, La
doncella, El marinero y el estudiante* y *Quimera*), que en carta anterior a marzo de 1927 escrita a Guillermo de Torre dice el poeta
estar pasando a limpio (*Obras completas,* pág. 1680). En estos diálogos en prosa, como los llama Lorca, están ya en germen algunos
personajes y elementos de las dos piezas surrealistas [13].

Así que pasen cinco años, dividida en tres actos, está formada
por una espesa red de símbolos tanto al nivel de los personajes
como al nivel de la fábula, de las distintas situaciones, de los lugares de la acción, del tiempo dramático y del diálogo. Generalmente, los críticos que han ensayado su desciframiento tienen que
traducir constantemente a un lenguaje más o menos lógico y coherente para expresar, de alguna manera, lo que la obra significa. La
traducción de los símbolos, en cualquiera de los niveles señalados,
es, naturalmente, una traducción aproximada, con mucho de adivinación y de hipótesis, pues la misma ambigüedad de los símbolos,
su extremada particularidad, su insobornable subjetividad y su esencial arbitrariedad poéticas tanto como dramáticas, son obstáculo grave, si no insalvable, para una lectura crítica rigurosa. Basta comparar

---

[12] Ver, además de los libros citados, A. Sepúlveda Iriondo, «Primer intento
de interpretación de *Así que pasen cinco años*», de F. G. L., Rosario, *Revista
Moderna,* 1951; R. G. Knight, «Federico García Lorca's, *Así que pasen cinco
años», Bull. of Hispanic Studies,* XLIII, 1966, págs. 32-46; Lucette Elyane
Roux, Así que pasen cinco años, *de Federico García Lorca: ou le désir
d'éternité,* Nimes, 1966; Eugenio F. Granell, «Así que pasen cinco años, ¿qué?».
en el libro colectivo *Federico García Lorca,* ed. de Ildefonso Manuel Gil, Madrid, Taurus, 1973, págs. 211-224.
[13] El marinero de *La doncella, el marinero y el estudiante* prefigura al jugador de rugby de *Así que pasen cinco años,* como el estudiante, que huye «del
año que viene», al joven. El Viejo de *Quimera* pudiera estar en relación con
el Viejo de *Así que...,* ambos conocen desde antiguo a la familia de la mujer
(novia); en *Quimera,* Enrique parte para no volver, y en *El público,* el Hombre I llama a un Enrique que no viene. En *Quimera* se alude a las seis «que
van a dar de un momento a otro», y en *Así que...,* el reloj «da las seis» al comienzo y al final del Acto I. Ver también sobre esta relación, Guerrero Zamora, *op. cit.,* I, pág. 84, y R. G. Knight, art. cit., pág. 32.

entre sí los distintos intentos de desciframiento de la pieza para darse cuenta cómo los mismos personajes o las misma palabras pueden significar muy distintas cosas. ¿Profundidad y riqueza de sentido? ¿Particularidad y arbitrariedad del lenguaje simbólico? Pensamos que *En así que pasen cinco años* el mundo expresado, cualquiera que éste sea, así como su significación, cualquiera que ésta sea, no ha cristalizado en un sistema de símbolos de valor poético ni dramático objetivo, válido universalmente por sí mismo, fuera de toda referencia a un código de signos particular y privado. Su descriframiento puede constituir una satisfacción legítima para el ingenio del crítico, pero no despoja a la obra descifrada de aquello que la constituye como objeto literario: su radical arbitrariedad y particularidad simbólica. A ellos se añade —y esto podría ser propio del drama surrealista— la escasa dramaticidad —aunque no teatralidad— del conflicto, falto de una verdadera unidad dramática, diseminada en varios «momentos» no siempre motivados interiormente en su enlace ni realmente integrados. Cada escena o cuadro vale por sí, pero no en función necesaria de un todo.

Guerrero Zamora, que considera esta obra como «quizá la más acabada muestra de inspiración superrealista derivada escénicamente que se haya producido en el mundo y, desde luego, drama fundamental en el estilo superrealista del autor», escribe: «su argumento aparente es casi inefable: un Joven lleva esperando cinco años para casarse, desoyendo entre tanto el amor que la mecanógrafa le profesa, y cuando llega el momento de que se cumplan sus ilusiones, la Novia prefiere al Jugador de rugby. El hijo anhelado queda como una sombra que busca su encarnación. Tras él y tras el tiempo que se va —¿no son la misma cosa?— el Joven busca entonces a su antigua mecanógrafa, pero ésta se halla templada de ausencias y repite el plazo de cinco años. El hijo queda en fantasma y la vida se va como un eco». Y añade: «De lo que se trata, y éste es el verdadero argumento, es de dramatizar mediante fugas sucesivas y musicalmente conjugadas, la huida del tiempo, más trágica en cuanto que es el hombre quien, con una actitud siempre a contrapunto, buscando imposibles y derrochando lo que se le ofrece, la impulsa» (*op. cit.,* I, pág. 85). Alfredo de la Guardia ve: «el drama interior de un espíritu puro y frágil, incapaz de instalarse en la realidad, de conocerla y tomar de ella lo mejor, y que se entrega, quebrado y vencido, a la muerte» (*op. cit.,* pág. 272), y añade: «*Así que pasen cinco años* es, en realidad, casi un monodrama o drama unipersonal. El Viejo, los Amigos, la Mecanógrafa, la Novia, las figuras circenses, las máscaras, el eco, todo es uno mismo» (*ibíd.,* pág. 273). Ideas que corrobora Robert Lima: «... es un monólogo... La "realidad" de la acción sucede en el amorfo pensamiento del Joven.

Es la única persona real de la pieza. Todos los demás personajes son sólo representaciones físicas de sus variados pensamientos, personalidades, deseos» (*op. cit.,* pág. 158). En cuanto al tema: «La no-existencia del tiempo para el pensamiento subconsciente viene a ser la principal tesis de Lorca.» Para R. G. Knight, la pieza es un *day-dream*: «La única acción es la que ocurre en la mente del Joven y los cambios de escena no son físicos, sino simbólicos de los varios escenarios de su debate interior. No hay en él pasado ni futuro en nuestro sentido de cada día. El concepto del tiempo es reducido a los dos términos *ahora y nunca*» (art. cit., pág. 33). Marie Laffranque piensa que: «junto al Joven, el héroe múltiple de *Así que pasen cinco años* no es el tiempo, sino la muerte...» (*op. cit.,* página 60). Para J. P. Borel, en cambio, «el tiempo y el sueño aparecen como indisolublemente ligados» (*op. cit.,* pág. 39), pero «el problema del tiempo no es tratado por sí mismo», sino que, por su mediación, «es el sueño y la realidad quienes aparecen indisolublemente ligados el uno a la otra» (*ibíd,* pág. 46). Según François Nourissier, la idea esencial es «que el tiempo es cómplice de la muerte y arruina las ocasiones del placer, de la posesión, de la vida. Que la posesión vale siempre más que el renunciamiento, el placer más que la espera, el mundo real más que las perspectivas cambiantes y mentirosas de la esperanza y del sueño» (*op. cit.,* págs. 69-70). Finalmente —y pido perdón por tan larga cadena de citas—, según Bárbara Sheklin Davis, «*Así que pasen cinco años* muestra la incapacidad del Joven para hallar el amor en los sueños a través del tiempo» (art. cit., pág. 317).

Como el lector —de la obra y de los comentarios— puede comprobar no hay una interpretación global de la pieza lorquiana. Ni puede haberla, debido a la presencia «atomizada» de sus diversos sentidos. Es indudable que hay un intento, pero no logrado dramáticamente, de presentar dialécticamente integrados los varios aspectos destacados entre todos los críticos: tiempo, sueño, realidad, amor, más otros varios: fecundidad de la vida y del presente, infecundidad del sueño y del pasado-futuro, miedo a la realidad, fuga al recuerdo y la creación imaginaria, oposición pensamiento-vida, pensamiento-sueño, aislamiento del yo, frustración del deseo, huida del aquí y el ahora, como de todos los *tús,* oposición de lo de dentro y lo de después a lo de afuera y lo de ahora..., etc. Pero todo ello no adquiere suficiente coherencia temática ni suficiente estructuración dramática; y resulta, como al principio escribí, a la vez arbitrario e hiperparticularizado, restándole claridad, belleza y universalidad al drama lorquiano, en donde ningún elemento es, de verdad, necesario, con necesidad a un tiempo poética y dramática, de donde la «impresión... de gratuidad del conjunto», según escribía François Nourissier *(op. cit.,* pág. 66).

Los críticos —especialmente Robert Lima y R. G. Knight— no han dejado de señalar las conexiones temáticas de *Así que pasen cinco años* con el resto del teatro lorquiano. Así, por ejemplo, Robert Lima escribe: «La Novia de *Así que pasen cinco años* está relacionada con Belisa y la Zapatera; con la Novia de *Bodas de sangre* y con la más joven de las hijas de Bernarda. También Yerma tiene su contrapunto en la figura del Maniquí. En el Jugador de rugby puede encontrarse un esquema preliminar de Leonardo..., etc.» Por mi parte, creo que existe también una estrecha relación de base entre la pieza y este texto de Lorca en carta (¿1927?) a su amigo Sebastián Gasch: «Mi estado es siempre alegre, y este soñar mío no tiene peligro en mí, que llevo defensa; es peligroso para el que se deja fascinar por los grandes espejos oscuros que la poesía y la locura ponen en el fondo de sus barrancos. *Yo estoy y me siento con pies de plomo en el arte.* El abismo y el sueño los *temo* en la realidad de mi vida, en el amor, en el encuentro cotidiano con los demás. Eso sí que es terrible y fantástico.» (Los subrayados son de Lorca.) *(Obras completas,* pág. 1656)[14].

En 1933 declara en Buenos Aires a un periodista tener escritas dos piezas, de las que dice: «Una es un misterio, dentro de las características de este género, un misterio sobre el tiempo, escrita en prosa y verso. La traigo en mi valija, aunque no tenga la pretensión de estrenarla en Buenos Aires. En cuanto a la otra, que se titula *El público,* no pretendo estrenarla en Buenos Aires ni en ninguna otra parte, pues creo que no hay compañía que se anime a llevarla a escena ni público que la tolere sin indignarse». Y cuando el periodista pide más precisiones a la última afirmación, responde: «Pues porque es el espejo del público. Es decir, haciendo desfilar en escena los dramas propios que cada uno de los espectadores está pensando, mientras está mirando, muchas veces sin fijarse, la representación. Y como el drama de cada uno es a veces muy punzante y generalmente nada honroso, pues los espectadores en seguida se levantarían indignados e impedirían que continuara la representación. Sí, mi pieza no es una

---

[14] De uno de los personajes (el Viejo), asociado por algunos críticos con la negación del presente por afirmación del futuro, podría tenerse en cuenta también esta afirmación general de Lorca en una entrevista de 1934: «No puedo tolerar a los viejos. No es que los odie. Ni que los tema. Es que me inquietan. No puedo hablar con ellos. No sé qué decirles (...). Me aterrorizan esos ojillos grises, lagrimosos, esos labios en continuo rictus, esas sonrisas paternales, ese afecto tan indeseado como puede serlo una cuerda que tire de nosotros hacia el abismo... Porque eso son los viejos. La cuerda, la ligazón que hay entre la vida joven y el abismo de la muerte» *(Obras completas,* 1755-1756).

obra para representarse; es, como ya la he definido, *Un poema para silbarlo» (Obras completas,* pág. 1731). Meses antes declaraba a José S. Serna: «Y *El público* que no se ha estrenado nunca, porque... no se puede estrenar. Y *Así que pasen cinco años,* la leyenda del tiempo cuyo tema es ése: el tiempo que pasa...» *(Obras completas,* página 1724).

Según se desprende de estas declaraciones, *El público* estaba escrito en 1933. Sin embargo, sólo unas escenas tituladas *Reina Romana* y un *Cuadro Quinto* han llegado a nosotros. ¿Estaba, en efecto, *escrito* todo el drama? Según Alfredo de la Guardia, «el drama, en cinco actos, *El público* jamás había sido terminado» *(op. cit.,* página 276). En 1934 declaraba García Lorca: «Quisiera terminar la trilogía *Bodas de sangre, Yerma* y *El drama de las hijas de Loth.* Me falta esta última» *(Obras completas,* pág. 1767). A comienzos de 1935, después del estreno de *Yerma* (29 de diciembre de 1934), declara Lorca: «*La destrucción de Sodoma* (otro título de *Las hijas de Loth)* [15] está casi hecha» *(Obras completas,* pág. 1768). Y ese mismo año: «Tengo ahora muchas cosas entre manos. En escribir tardo mucho. Me paso tres y cuatro años pensando una obra de teatro y luego la escribo en quince días (...). Cinco años tardé en hacer *Bodas de sangre;* tres invertí en *Yerma* (...). Primero, notas, observaciones tomadas de la vida misma, del periódico a veces... Luego, un pensar en torno al asunto. Un pensar largo, constante, enjundioso. Y, por último, el traslado definitivo de la mente a la escena» *(Obras completas,* pág. 1777).

De *La destrucción de Sodoma* no se sabe de cierto si llegó al «traslado definitivo», a pesar de que estuviera «avanzadísima», «casi hecha» [16]. De *El público* también ignoramos si fue «trasladada» entera o si lo publicado son sólo fragmentos, «notas» del proyecto que no llegó a realizar entero sobre el papel, y que, según Alfredo de la Guardia, deberán situarse en fecha anterior a 1933. Sin datos ciertos para poder escribir, debemos reconocer con el citado crítico que las páginas que de *El público* nos han llegado «carecen de conexión..., pues tales escenas no son correlativas y responden, por otra parte, a un plan que desconocemos. Frecuentemente, se hace referencia a textos y personajes que ignoramos. Es imposible determinar con claridad el contenido y el continente de este "drama en cinco actos", cuyo protagonista es el público» *(op. cit.,* pág. 280).

---

[15] En julio de 1933 declaraba a José S. Serna, hablándole de la trilogía: «La tercera está madurando ahora dentro de mi corazón. Se titulará *La destrucción de Sodoma» (Obras completas,* pág. 1724).

[16] El 6 de julio de 1936, según R. Martínez Nadal, le confesaba Lorca: «Tal vez escriba antes *La destrucción de Sodoma.* La tengo toda entera en la cabeza.» Citado por Marie Laffranque, *op. cit.,* pág. 105.

¿Cuál es, en efecto, el lugar y la función, dentro del drama total, de *Reina Romana,* y cuál el significado del juego erótico de la Figura de Cascabel y de la Figura de Pámpano, así como del Niño, el Emperador y el Centurión? ¿Cuál el sentido de la reiteración —¡cinco veces en diez páginas!— de la palabra-clave «ruina»? Su interpretación, aislada del contexto ignorado, no puede pasar de una hipótesis sin posible comprobación. ¿Amor homosexual, androginia, o amor presentado escénicamente como dualidad en la unidad? [17] ¿Y cuál es también el lugar del cuadro V: al comienzo, en medio, al final del drama? ¿Cuál su función y cuál el significado de sus acciones y de sus personajes? ¿Por qué el Desnudo viejo vive el drama de la Pasión de Cristo y dice sus palabras y por qué es sustituido por el Hombre primero? ¿Y qué relación existe entre esa «pasión» y la escena, no vista, sino comentada de *Romeo y Julieta?* ¿Y cuál es el exacto sentido, pero también la exacta función dramática de la revolución de que se nos habla? ¿Por qué y para qué están en escena los cinco Estudiantes y las cuatro Damas, y... etc., etc.?

Toda interpretación, por muy aguda que parezca, no pasa de ser un aventurado leer a ciegas, pues los dos fragmentos publicados en la edición Aguilar de *Obras completas,* de Lorca, carecen de significaciones concretas y coherentes, y cuanto de ellos se diga no puede dejar de ser arbitrario. El crítico literario no se puede permitir el lujo del paleontólogo, que a partir de un hueso reconstituye el esqueleto entero de un animal antediluviano.

Sin embargo, el panorama, por lo que a *El público* se refiere, ha cambiado notablemente gracias al estudio de Martínez Nadal (*El público. Amor, Teatro y Caballos en la Obra de Federico García Lorca,* Oxford, The Dolphin Book, 1970). Este estudio está hecho, no sobre los dos únicos fragmentos publicados, sino sobre un manuscrito mucho más amplio, aunque incompleto, compuesto de los borradores de, al parecer, cinco cuadros. (Ver descripción en *op. cit.,* páginas 22-30). El fragmento de Aguilar, titulado «Reina Romana», sería, según Martínez Nadal, «posiblemente el cuadro segundo» y su título "Ruina Romana»; el segundo fragmento de Aguilar formaría parte del cuadro quinto. El manuscrito está fechado a sábado 22 de agosto de 1930, siendo así la composición de *El público* anterior a la de *Así que pasen cinco años.* Piensa Martínez Nadal que este último drama, visto en relación con *El público,* «marca un paso atrás en la evolución del teatro lorquiano» (pág. 126) por las concesiones que Lorca hace a la lógica convencional (pág. 128).

---

[17] ¿No podría asociarse con *Reina Romana* el dibujo 23 de Lorca, titulado Amor, que muestra unidos en un solo cuerpo dos rostros idénticos, diferentes sólo por los atributos externos: cabellos largos de uno, gorra de marinero del otro? (*Obras completas,* pág. 1859).

Desgraciadamente, la familia del poeta no ha autorizado, según Martínez Nadal, la publicación de dicho manuscrito. Y el estudio, por muy admirable que sea, no puede sustituir el conocimiento directo del texto de Lorca. Mientras éste no sea del dominio público nada nuevo o distinto puede añadirse a lo escrito por Martínez Nadal. Y ni siquiera es posible corroborar o asentir a lo dicho por éste, faltos de la prueba objetiva del texto lorquiano. Por ello, preferimos remitir al lector al estudio en cuestión.

5. *Trilogía dramática de la tierra española*

Según ya hemos indicado, Lorca concibió *Bodas de sangre* y *Yerma* como partes de una trilogía cuya última tragedia, avanzadísima ya en su mente, no pudo escribir al ser vilmente asesinado. En 1933, en un texto del que sólo hemos citado la última frase, declaraba: «*Bodas de sangre* es la primera parte de una trilogía dramática de la tierra española. Estoy, precisamente estos días, trabajando en la segunda, sin título aún, que he de entregar a la Xirgu. ¿Tema? La mujer estéril. La tercera está madurando ahora dentro de mi corazón. Se titulará *La destrucción de Sodoma*» (*Obras completas,* página 1724). Puesto que reiteradamente afirma el dramaturgo que los dos dramas escritos forman parte de una trilogía, es lógico suponer que para él guardaban una conexión, en tanto que concebidas como partes de un todo, y que no eran obras independientes, sino relacionadas, aunque, naturalmente, cada una tuviera, y tenga, autonomía propia. Como quiera que al hablar de *Bodas de sangre* o de *Yerma* afirme que son tragedias [18] y señale lo «clásico» del tema —en *Yerma*— e, incluso, de la forma («Una tragedia con cuatro personajes y coros, como han de ser las tragedias. Hay que volver a la tragedia», *Obras completas,* pág. 1759), no es arbitrario suponer que la estructuración tripartita tiene como modelo ideal la clásica trilogía de la tragedia griega. ¿En qué pudo consistir para Lorca la unidad estructural de la trilogía? Faltos de la tercera tragedia no es fácil responder a tal cuestión, pues el solo enunciado lorquiano de «trilogía dramática de la tierra española» no es un dato suficiente. De *Yerma* afirmaba —traducimos del catalán: "Yerma no tiene argumento. *Yerma* es un carácter que se va desarrollando en el transcurso de los seis cuadros de que consta la obra. Tal como conviene a una tragedia, he introducido en *Yerma* unos coros que comenten los hechos, o el tema de la tragedia, que es constantemente el mismo. Fí-

---

[18] Así, por ejemplo, en *Obras completas,* 1721, 1759, 1783, 1784, 1785, 1789, 1798, 1799.

jese que digo: tema. Repito que *Yerma* no tiene argumento» *(Obras completas,* pág. 1783). Y: «*Yerma* es una tragedia. He procurado guardar fidelidad a los cánones [19]. La parte fundamental —claro— reside en los coros, que subrayan la acción de los protagonistas. No hay argumento en *Yerma.* Yo he querido hacer eso: una tragedia, pura y simplemente» *(Obras completas,* pág. 1785). En cuanto a *La destrucción de Sodoma,* poseemos, gracias a Martínez Nadal, datos preciosos que, dado su extraordinario interés, me permito transcribir íntegros [20]:

> Era el 16 de julio de 1936 (...) Mientras regresábamos a la ciudad en taxi, me hablaba de sus proyectos, de la trilogía bíblica a la que daba vueltas en la cabeza desde hacía años.
> —El drama de Thamar y Ammón me atrae enormemente. Desde Tirso, nada serio se ha hecho sobre ese formidable incesto. Pero tal vez escriba antes *La destrucción de Sodoma.* La tengo toda entera en la cabeza. Escucha el fin del segundo acto.
> Era el momento en que Loth conducía a su casa a los dos ángeles, seguidos, espiados por los jóvenes de Sodoma.
> —Al fondo de la plaza, a la izquierda, estará la casa de Loth, con una gran galería abierta en donde se celebrará el banquete. Todo tendrá un aire pompeyano, de una Pompeya vista por Giotto.
> Y en ese taxi que regresaba hacia el centro de Madrid su palabra creaba una plaza, una casa, las llenaba de vida y de palabras, de poesía y de sensualidad. En la galería se desarrollaba la conversación de Loth y de su mujer con los dos ángeles, entrecortada por los apartes de sus hijas, ávidas de hombres, que se preguntaban si la frialdad de esos dos extranjeros no se debía a la misma causa que la de las gentes de Sodoma. De la galería el diálogo pasaba a la plaza en donde los hombres de la ciudad se congregaban para comentar la llegada de los misteriosos desconocidos y hacer el elogio de su belleza. La escena se desarrollaba en dos planos, a un ritmo acelerado, en un contrapunto en *crescendo,* que rompía un coro reclamando a grandes gritos la entrega de los extranjeros. En la descripción de esta escena había ecos de las canciones de boda de *Bodas de sangre,* pero interrumpidas aquí por la aparición de Loth con sus dos hijas en lo alto de la galería. Había entonces la lucha desesperada de Loth para salvar a los dos hombres; ofrecía a los sodomitas la belleza virgen de sus dos hijas a condición de que respetaran a sus huéspedes, pero el coro gritaba sin cesar las palabras del Génesis: «Sácalos, sácalos para que los conozcamos.» Aparecían los dos ángeles a la entrada de la casa de Loth, cegaban a los hombres de Sodoma y conducían fuera de la ciudad a

---

[19] Para *Bodas de sangre* ver el trabajo de Charles Lloyd Halliburton, «García Lorca, The Tragedian: An Aristotelian Analysis of *Bodas de sangre*», *Revista de Estudios Hispánicos,* II, 1968, núm. I, págs. 35-40.

[20] Por no haber podido conseguir el texto en español, lo traduzco del francés, tomándolo de Marie Laffranque, *op. cit.,* págs. 105-106.

Loth, a su mujer y a sus hijas, mientras que en la plaza la multitud buscaba en vano las puertas.

Federico concluía:

—Aquí se oirá el canto lejano de un joven pastor, cortado por la aguda nota sostenida de un violín. Repartidos por toda la escena los actores permanecerán inmóviles en su sitio como si la cinta cinematográfica de un *ballet* se hubiera parado de pronto. El telón caerá lentamente.

El drama se terminaba con la segunda borrachera de Loth, abrazando a la más joven de sus hijas. La pieza estaba concebida en todos sus detalles.

—¡Que magnífico tema! —resumía Federico—. Jehová destruye la ciudad a causa del pecado de Sodoma y el resultado es el pecado del incesto. ¡Qué lección contra los decretos de la Justicia! Y los dos pecados, ¡qué manifestación del poderío del sexo!

En *Bodas de sangre,* queriendo evitar la pasión de Leonardo y la Novia, se cumple ésta y se aboca en la muerte de los dos últimos varones de las familias enemigas. En *Yerma,* la pasión de la maternidad destruye su propia posibilidad de cumplimiento. En ambas, como en *La destrucción de Sodoma,* ¡qué lección contra los decretos del orden establecido y contra la justicia de los hombres! y ¡qué manifestación del poderío del sexo! En *Bodas de sangre* y en *Yerma* la sociedad y el orden por ella establecido, sus rigurosos decretos que pretenden reprimir el instinto sexual y la pasión amorosa incontenible, dándole un cauce social antinatural, cumplen idéntica función dramática, aunque se trate de distintos campos de significación, que el Jehová de *La destrucción de Sodoma.* En las tres piezas de la trilogía se enfrentan conflictivamente, sin posible conciliación, dada su peculiar concreción dramática, los dos principios antagónicos e irreconciliables presentes en el universo dramático —¡y en el poético!— de García Lorca: el principio de autoridad y el principio de libertad. Es este mismo conflicto, aunque de modo muchísimo más desnudo y concreto, el que volverá a parecer encarnado en *La casa de Bernarda Alba.*

Bodas de sangre

De los numerosos trabajos dedicados a esta primera tragedia lorquiana [21], puede servirnos de pórtico este texto de François Nouris-

---

[21] Además de los libros y estudios generales ya citados sobre el teatro de Lorca, véanse: E. C. Riley, «Sobre *Bodas de sangre*», *Clavileño,* núm. 7, 1951, páginas 8-12; E. Pujals, «Bodas de sangre y Campo de asfódelos», *Revista de Literatura,* VIII, 1955, págs. 57-66; Robert Barnes, «The Fusion of Poetry and Drama in Blood Wedding», *Modern Drama,* II, 1960, págs. 395-402; Eva K.

sier: «He aquí una tragedia de desnudez enteramente clásica. En ella la acción está fuertemente centrada, las fuerzas en presencia —las que ayudan a mantener el orden y las que oscuramente participan a su fracaso— están claramente repartidas. La fatalidad, fatalidad de un amor irreprimible y prohibido, se encuentra en el centro de la trinidad trágica: habita al *héroe* —la Novia—, es comentado por el *coro* —la Madre—, es cumplida por el *instrumento* —el cuchillo—. El desarrollo de la acción, hasta la explosión final, sigue exactamente el movimiento del espectáculo fundamental: una liturgia y un sacrificio» *(op. cit.,* pág. 71).

Cuando un mes después del estreno de *Bodas de sangre* le preguntan a García Lorca qué momento le satisface más en su tragedia, responde el poeta: «Aquel en que intervienen la Luna y la Muerte, como elementos y símbolos de fatalidad. El realismo que preside hasta ese instante la tragedia se quiebra y desaparece para dar paso a la fantasía poética, donde es natural que yo me encuentre como el pez en el agua» *(Obras completas,* 1721). Como es sabido, dicho momento está situado en el Cuadro I del Acto III. Se trata del momento cumbre de la acción: Leonardo y la Novia, desposada, han huido juntos y son perseguidos en el bosque nocturno por el Novio y sus familiares. El resultado será la muerte violenta de Leonardo y el Novio y la soledad de las tres mujeres: la Madre, la Novia y la mujer de Leonardo. ¿Cómo se llega dramáticamente a este momento y qué elementos conducen a él la acción? Según R. A. Zimbardo «la estructura de la pieza está estribada en tres puntos que definen el arco de la vida: la promesa del nacimiento, la plenitud de la sexualidad y la limitación de la muerte» (art. cit., pág. 366). Robert Barnes, por su parte, piensa que las asociaciones de los caracteres o personajes en la pieza pueden ser representados gráficamente mediante un eje de coordenadas: el eje horizontal, a cuyos extremos se encuentran el Novio y Leonardo, sería el eje de la acción; el eje vertical en cuyos extremos se encuentran la Madre del Novio y el Padre de la Novia, sería el eje de la pasividad; el centro en donde ambos ejes se cruzan lo ocupa la Novia, a la vez activa y pasiva, objeto de la pasión de ambos hombres (art. cit., págs. 396-397.) Los tres cuadros del Acto I exponen con extraordinaria economía dramática los supuestos básicos del conflicto anteriores a la tragedia y

Touster, «Thematic Patterns in Lorca's Blood Wedding», *Modern Drama,* VII, 1964, págs. 16-27; Julian Palley. «Archetypal Symbols in *Bodas de sangre*», *Hispania,* L, 1967, págs. 74-79; Juan Villegas, «El leitmotiv del caballo en *Bodas de sangre*», *Hispanófila,* núm. 29, 1967, págs. 21-36; R. A. Zimbardo, «The Mythic Pattern in Lorca's Blood Wedding», *Modern Drama,* X, 1967, páginas 364-371; J. M. Alberich, «El erotismo femenino en el teatro de García Lorca», *Papeles de Son Armadans,* XXXIX, 1965, págs. 9-36.

del cual ésta es el último y definitivo eslabón. En el Cuadro I se nos introduce mediante la Madre en la antigua rivalidad tribal de la familia del Novio y la familia de Leonardo (los Félix), cuyo ritual de muertes sangrientas es oficiado por la Madre, memoria viva de un pasado vivo en ella y angustiadamente proyectado hacia el futuro. Leonardo y el Novio quedan así integrados en esa trágica rivalidad, y ello más allá de su propia individualidad, como herederos de un conflicto anterior a ambos y, por tanto, como actores en potencia de un drama de clanes, en el que el cuchillo, instrumento de muerte, detecta funestos poderes que aterrorizan a la Madre. Se abre también el tema de las bodas entre el Novio y la Novia y se insinúa la antigua relación amorosa entre ésta y Leonardo. El cuadro I tiene función proyectiva. Enmarcado por la canción de cuna [22], cuya función es la de condensar dramáticamente los presentimientos de un desenlace fatal, angustiosa y patéticamente adivinados por la mujer y la suegra de Leonardo, es éste y su escondida y no vencida pasión por la Novia quienes constituyen el centro temático del cuadro. En el cuadro III la Madre y el Padre conciertan la boda de sus hijos, situación recurrente en el teatro lorquiano, en la que queda destacado el aspecto económico del trato (los capitales y tierras a juntar), aspecto que se completa con otro, también recurrente en el teatro lorquiano, durante el cuadro II del acto II: el aspecto sexual. No deja de ser significativo el lenguaje del Padre y la Madre al referirse a sus hijos: «Mi hijo la cubrirá bien. Es de buena simiente» (*Obras completas,* página 1228); «Mi hija es ancha y tu hijo es fuerte» (*Obras completas,* pág. 1229). El universo de las personas es reducido así a puro sexo, limitando las funciones del hombre y de la mujer a las genéricas de potencia viril y fecundidad respectivamente, de modo que el fondo de la tragedia es la unión o la oposición de los sexos según leyes ciegas, más acá o más allá de lo propiamente humano y, por tanto, de la libertad. De esa condición de criaturas de la tierra, sujetas a la irracionalidad de las fuerzas telúricas, en la misma medida que el animal o el vegetal, dimana esa incomunicación de los personajes lorquianos, solos y cerrados en sí mismos, sin posibilidad de relación salvadora ni de comunión íntima y personal, pues no hay intimidad desde el momento en que no hay personajes que puedan crear comunicación. En cuanto a la sociedad, no es vínculo ni medio o lugar de cohesión, sino cerco y muro, laberinto de rejas. La

---

[22] Sobre este aspecto ver Juan Villegas. «El leitmotiv...», cit. Sobre el caballo y otros símbolos lorquianos ver Gustavo Correa, *La poesía mítica de Federico García Lorca,* Eugene, Oregon, 1957. En su conferencia *Las nanas infantiles* cita Lorca estas dos nanas: A la nana, nana, nana / a la nanita de aquel / que llevó el caballo al agua / y lo dejó sin beber. Y, A mi caballo le eché / ojitas de limón verde / y no las quiso comer.

Novia, arquetipo de la mujer lorquiana no-madre, encerrada en sus tierras secas, calla y se quema («El castigo más grande que nos podemos echar encima», *Obras completas,* 1214) y está condenada a consumirse como se consumen todas *(Obras completas,* 1206), en una soledad no creadora ni fecunda, sino agresiva por instinto de defensa contra la sociedad o, si ingresa en el orden por ésta estatuido, inquisitiva por afán de destrucción. Antes y después de la boda el tema central es la lucha y la resistencia de la Novia a su pasión por Leonardo, no muerta sino orgullosamente reprimida. La boda con el Novio significa la posible salvación contra el empuje fatal del sexo («golpe de mar», «cabezada de mulo», fuerza que arrastra, *Obras completas,* 1269), pues de ella espera «hijos, tierra, salud» *(Obras completas,* 1269). Sin embargo, la Novia y Leonardo huirán juntos, arrastrados [23] los dos por la misma fuerza. A partir de la fuga con que finaliza el Acto II, se quiebra —según las citadas palabras de Lorca— «el realismo que preside la acción... y desaparece para dar paso a la fantasía poética». A lo que comenta Marie Laffranque: «El verso marca, en efecto, una cima trágica: aquella en que la Novia encuentra su destino y en la que los amantes se ven cara a cara. Pero el símbolo permanece lejano y exterior al drama: fuga lírica y no evasión poética en el sentido en que lo entiende su autor [24], significa un fracaso que es el de los amantes, pero también en parte el del dramaturgo.» *(Op. cit.,* pág. 69.) Sin embargo, antes de que aparezcan la Luna y la Muerte, Lorca crea tres personajes —los tres leñadores— cuya función dramática, muy precisa y explícita en el diálogo de ambos es: 1) *justificar* la acción de los amantes:

LEÑADOR 2:
Hay que seguir la inclinación: han hecho bien en huir.

LEÑADOR 1:
Se estaban engañando uno a otro y al fin la sangre pudo más.

LEÑADOR 2:
¡La sangre!

LEÑADOR 1:
Hay que seguir el camino de la sangre... *(Obras completas,* 1246).

2) imprecar la salvación del amor, identificando a la Luna y a

---

[23] El verbo arrastrar, en su sentido de ser llevado a pesar de uno mismo, es el verbo clave en el diálogo de Leonardo y La Novia, y en el parlamento de la Novia al final del Acto III *(Obras Completas,* 1269).

[24] Marie Laffranque remite aquí a la conferencia de Lorca, *Imaginación, invención, evasión.*

la Muerte en un solo y el mismo personaje, aunque escénicamente sea dual:

> LEÑADOR 3:
> ¡Ay, luna mala!
> ¡Deja para el amor la rama oscura! (*Obras completas,* 1248-1249).

> ....

> LEÑADOR 2:
> ¡Ay, triste muerte!
> ¡Deja para el amor la rama verde!. (*Obras completas,* 1255).

3) significar la imposibilidad de escapar del cerco de quienes los persiguen, a pesar de la luna:

> LEÑADOR 2:
> Hay muchas nubes y será fácil que la luna no salga.

> LEÑADOR 3:
> El novio los encontrará con luna y sin luna...

> ....

> LEÑADOR 3:
> ¿Crees que ellos lograrán romper el cerco?

> LEÑADOR 2:
> Es difícil. Hay cuchillos y escopetas a diez leguas a la redonda (*Obras completas,* 1247).

y 4) enlazar dramáticamente con el tema básico de la rivalidad entre las dos castas y su sino trágico:

> LEÑADOR 3:
> El novio los encontrará con luna o sin luna. Yo lo vi salir. Como una estrella furiosa. La cara color ceniza. Expresaba el sino de su casta.

> LEÑADOR 1:
> Su casta de muertos en mitad de la calle.

> LEÑADOR 2:
> ¡Eso es! (*Obras completas,* 1247).

El poderío del sexo —para volver a las palabras de Lorca— triunfa del orden proyectado —bodas de la Novia y el Novio, co-

mienzo de un nuevo ciclo de nacimiento— y la justicia de la sociedad cuyo orden ha sido violado —persecución y caza de los amantes— desemboca en la muerte a cuchillo de los últimos representantes de las dos castas rivales. La Luna-Muerte simboliza esa fatalidad que integra, finalmente, *more dramatico,* y no sólo lírico, los
dos temas básicos de la tragedia [25].

La Novia y la Madre pueden recoger al final, en una escena reco-
lectiva, los dos temas fundidos por sus dos voces en el instrumento
fatal: el cuchillo. Y porque todo está ya cumplido, porque «*en un
día señalado,* entre las dos y las tres, / se mataron los dos hombres
del amor» *(Obras completas,* 1272) (el subrayado es mío), porque
nada más puede ya ocurrir, puede la Madre, en medio de su desolación, decir su *consummatum est:* «Ya todos están muertos. A me-
dianoche dormiré...» *(Obras completas,* 1267).

Yerma

García Lorca insistió, según hemos visto en las declaraciones ya
citadas, que *Yerma* no tenía argumento, sino que era una tragedia
con un solo tema y un carácter en progresivo desarrollo. Y en otra
ocasión, cuando estaba terminando su obra, había dicho: «Yerma
será la tragedia de la mujer estéril» *(Obras completas,* 1759). Y justo un año antes, en julio de 1933, declaraba: «¿Tema? La mujer estéril» *(Obras completas,* 1724). Siendo, pues, claro cuál era el tema
para el autor no deja de ser sorprendente el desacuerdo de la crítica [26] sobre la concreta cuestión del tema, aunque sea lógica la disparidad en la interpretación del sentido y significado de la tragedia.
Así, por ejemplo, Zdenek y Valbuena Prat, encabezando una de las

[25] Sobre el problema de las influencias de Synge, Valle-Inclán, Lope de
Vega en *Bodas de sangre,* de las que no nos hacemos eco aquí, ver Alfredo de la
Guardia, *op. cit.,* págs. 286-291; Guerrero Zamora, *op. cit.,* III, págs. 48 y 92;
G. Chica-Salas, «Synge y García Lorca: aproximación de dos mundos poéticos»,
Revista Hispánica Moderna, XXVII, 1961, págs. 128-137.
[26] Ver Joseph Zdenek, «La mujer y la frustración en las comedias de García
Lorca», *Hispania,* XXXVIII, 1955, págs. 67-69; Valbuena Prat, *Historia del
teatro español,* Barcelona, Noguer, 1956, págs. 639-645; Calvin Cannon, «The
Imagery in Lorca's *Yerma*», *Modern Language Quarterly,* 1960, págs. 122-130, y
«*Yerma* as Tragedy», *Symposium,* XVI, 1962, págs. 82-93; Gustavo Correa,
«Honor Blood and Poetry in *Yerma*», *Tulane Drama Review,* VI, 1962, páginas 96-110; Robert E. Lott, «*Yerma:* The Tragedy of Unjust Barenness», *Modern Drama,* VIII, 1965, págs. 20-27; Robert Skloot, «Theme and Image in
Lorca's *Yerma*», *Drama Survey,* V, 1966, págs. 151-161; Carlos Rincón, «*Yerma,* de Federico García Lorca. Ensayo de interpretación». *Beiträge zur Roma-
nischen Philologie,* V, 1966, págs. 66-99; John V. Falconieri, «Tragic Hero in
Search of a Role: *Yerma's* Juan», *Revista de Estudios Hispánicos,* I, número 1, 1967, págs. 17-34; Francisco Umbral, *Lorca, poeta maldito,* Madrid, Biblio-

corrientes críticas, ven en la protagonista no la mujer estéril, sino la mujer infecundada, cargando la culpa al marido, Juan, y a su frialdad egoísta y (o) a las limitaciones socio-religiosas del sentido del honor; Falconieri, reaccionando contra tal interpretación, salva de toda culpabilidad a Juan haciéndola recaer sobre Yerma, viendo en el primero al verdadero héroe trágico al que el dramaturgo no le dio todo su papel. En cuanto a la obsesión por la maternidad ha sido interpretada como puramente biológica, como erotismo genético, como deseo psicológico o espiritual solamente e, incluso, como respuesta y representación del Nacimiento Divino (Cannon). Finalmente —y evito al lector pasar en revista otras más o menos esotéricas— se ha escrito que «es la tragedia de la libido frustrada» y la protagonista «el ser marginal, liminar, innecesario, gratuito...» (Umbral) o, desde una interpretación marxista, *Yerma* expresaría la tragedia del pueblo español frustrado y no fecundado (Rincón).

Yerma está dividida en tres actos de dos cuadros cada uno. El desarrollo del carácter de la protagonista está internamente conectado con el tiempo dramático. En el cuadro I, apenas comenzada la acción, Yerma lleva dos años y veinte días de casada *(Obras completas,* 1282); en el cuadro II del mismo acto tres años y, finalmente, en el cuadro II del acto II más de cinco años *(Obras completas,* 1313). La acción del cuadro I del acto III enlaza con el final del acto anterior, y la del último cuadro sucede, presumiblemente, puesto que no se indica tiempo alguno, poco después. Este paso del tiempo es de sustantiva importancia para el desarrollo del carácter de Yerma, pues nos conduce desde la angustiada y temblorosa espera, mas con esperanza todavía, del cuadro I, acto I, hasta la desolada aceptación de la esterilidad y su definitivo cumplimiento —ya veremos de qué modo y en qué sentido— en el último cuadro de la obra. Dentro de ese tiempo que pasa, Yerma espera, lucha, se desespera, recrimina, sueña, busca, se va llenando de odio y de silencio, se niega, buscando una causa y un culpable, a reconocer su esterilidad, hasta que, finalmente, después de tan largo combate con su destino de mujer estéril, se enfrenta cara a cara con la verdad. Según Cannon no sólo la reconoce, sino que «la intensifica, la afirma, la exalta, encuentra en ella descanso y consolación y acepta la responsabilidad de ella»[27]. Toda la tragedia —un único tema y un carácter que lo desarrolla dramáticamente en el tiempo— estriba en esa resistencia al destino y su consagración final. Como Edipo lucha a brazo partido

teca Nueva, 1968, págs. 217-224. Sistemáticamente rehúso citar a Schonberg por parecerme insostenibles y radicalmente arbitrarias tanto la tesis como el código utilizado en su libro para el desciframiento e interpretación de la obra lorquiana. No es éste, naturalmente, el lugar para discutir tales cuestiones.

[27] *«Yerma* as Tragedy», cit., pág. 92.

con la verdad y el destino, hasta que destino y verdad se imponen y son consumados en el héroe y por el héroe, Yerma lucha también a brazo partido con su destino y con su verdad, hasta consumarlos.

La obra comienza, sin la participación activa de Yerma, con un sueño (el **Pastor** que lleva un niño de la mano), mientras suena una voz que canta una nana [23]. Cuando desaparece el Pastor cambia la luz y despierta Yerma. Sólo en la última escena Yerma renunciará activamente, por su propia acción, al sueño. Hasta llegar a ese momento final Yerma vive para ese sueño y por él. Importa aquí señalar enérgicamente que toda la acción subsiguiente está centrada en Yerma y su sentido interpretado por ella. Los otros personajes —Juan, Víctor, Dolores y la Vieja, principalmente— existen dramáticamente en función de Yerma y están dramáticamente condicionados por Yerma. En cuanto a los coros —como ya indicó Lorca —tienen por función «comentar los hechos, o el tema», introduciendo así los dos puntos de vista —esterilidad, infecundación— suscitados por Yerma misma, que, negándose al primero, intenta hacer verdad el segundo. Desde el inicio, Yerma comienza a incoar el proceso de culpabilidad del marido, de manera progresiva, cuyas etapas pueden resumirse así: supuesta enfermedad del marido, a quien debe cuidar (1274-1275); sospecha de no querer sexualmente a su marido como hombre, pues —le dice a la Vieja— «mi padre me lo dio y yo lo acepté» (1290). Sólo Víctor la hizo temblar como hembra, no Juan. A partir de esta constatación comienza la sospecha de que Víctor hubiera podido fecundarla y de que los hijos sólo vienen cuando existe verdadera y recíproca atracción sexual. En el marido, por el contrario, buscó sólo al padre, pero no al hombre. De ahí que cuando se encuentre a solas con Víctor, pastor de ovejas, crea oír la voz de un niño que llora. El tema es recogido y comentado por el coro de lavanderas. Para unas la culpa de no tener hijos es de Yerma, para otras no es culpa suya. A partir de aquí aparece el tema del honor, social en el marido, individual y personal —conciencia de dignidad, de casta y de ser— en Yerma. La distinta interpretación —desde fuera y desde dentro— del honor separa y opone cada vez más a Juan y a Yerma. Ésta siente su esterilidad —no aceptada aún como tal— como una ofensa y una humillación, pues sólo ella es una excepción a la regla general de fecundidad de la Naturaleza. Y busca provocar la fecundidad apelando a la magia. Yerma se resiste a aceptar todavía la verdad, porque cuando a veces lo hace, el mundo deja de tener sentido y se convierte en lo absurdo: «A veces, cuando ya estoy segura de que jamás, jamás... me sube como una oleada de fuego por los

---

[23] Citada y comentada por Lorca en *Las nanas infantiles* (*Obras completas,* página 101).

pies y se me quedan vacías todas las cosas, y los hombres que andan por la calle y los toros y las piedras me parecen como cosas de algodón. Y me pregunto: ¿para qué estarán ahí puestos?» (1328). Centrada absolutamente en el deseo del hijo y en la negación de la esterilidad, Yerma se rebela contra lo dado —su esterilidad—, que rechaza como una humillación y como una condena injusta. Yerma —y aquí estamos de acuerdo con Umbral, aunque no con su interpretación final, que ve en ella un «ser para el mal»—, cuando por un momento asiente a su condición, siente que el mundo y los existentes —hombre y toro, símbolos de la sexualidad fecundadora, y piedra, signo de lo inanimado y lo mineral— pierden peso y se le hacen inconsistentes. Desde su esterilidad conecta con el absurdo, porque aquélla es dentro de la ley general de la Naturaleza, pero también del Espíritu, la fuente misma del absurdo. Y Yerma se sigue negando a asentir a su condición de excepción y de marginalidad, fundada en una razón que no responde ya a la racionalidad: «Lo tendré porque lo tengo que tener. O no entiendo el mundo» (1328).

Cuando finalmente, en la romería, acepte definitivamente que es «marchita» y conozca que a Juan no le importa ni le ha importado nunca el hijo, lo matará porque así ella, Yerma, se posesiona de su destino y se lo adueña, en vez de ser poseída por él. Nadie ni nada, sino ella misma, habrá hecho imposible el hijo. Yerma no será víctima pasiva, vencida, sujeto de la fatalidad ciega, injusta y absurda, sino autora y creadora de su propia esterilidad. La muerte del marido a sus manos es su último acto de rebelión contra el destino, su última defensa del sueño, cuya destrucción no le ha sido impuesta, sino querida y ejecutada por ella misma. Yerma, indomable, no se ha entregado.

Desde esta perspectiva la honra de Yerma, que le impide entregarse a otro hombre que no sea su marido, carece, en nuestra opinión, de valor temático, pues su valor es fundamentalmente de funcionalidad dramática. Lorca no estaba escribiendo el drama de la mujer infecundada, sino el drama de la mujer estéril. Para llegar al final del desarrollo total y absoluto de la mujer estéril, es decir, de su tema y de su carácter, utilizó con plena legitimidad estructural la honra de Yerma con función estrictamente dramática. Entender e interpretar la honra de Yerma como un tema más de la obra, haciendo hincapié en sus connotaciones psicológicas y sociales, religiosas o morales, creemos que es romper la economía y la estructura del drama.

Volvamos a hacernos la pregunta que al principio no pudimos contestar: ¿cuál puede ser la posible unidad de esta incompleta trilogía dramática de la tierra española? Recordemos las palabras de Lorca conservadas por Martínez Nadal: «¡Qué magnífico tema!... Jehová destruye la ciudad a causa del pecado de Sodoma y el resultado es el·pecado del incesto. ¡Qué lección contra los decretos de la justicia! Y los dos pecados ¡qué manifestación del poderío del sexo!» Reducido a esquema podemos formular así el conflicto básico: un poder trascendente a la Naturaleza interviene para acabar y castigar un mal y surge otro mal, manifestando así la existencia de otro poder, oscuro y ciego: el sexo.

En *Bodas de sangre* un poder trascendente a la naturaleza, aunque no al hombre, interviene para constituir un orden —matrimonio, hijos, tierra que trabajar, es decir, familia y propiedad— y el resultado es el triunfo del poder oscuro del sexo —pasión de Leonardo y la novia, ciega pasión que arrastra— y la muerte de los «dos hombres del amor».

¿Y en *Yerma?* ¿Dónde está el poder ordenador y el poder destructor? Están, pero con su función cambiada, puesto que la fecundidad que pide Yerma y que no le ha sido dada funciona no para crear, sino para destruir. ¿Cabe mayor escándalo? Pero ¿por qué trilogía dramática de la tierra española? ¿Es que acaso para el Lorca del *Romancero gitano* y de la *Escena del teniente coronel de la Guardia Civil,* el de la *Oda al rey de Harlem,* para el Lorca de esta trilogía dramática era la tierra española cifra de la irreconciliable oposición de dos fuerzas igualmente ciegas? ¿No estará la respuesta a nuestra pregunta en *La casa de Bernarda Alba?* ¿No será *La casa de Bernarda Alba,* en cierto modo, la síntesis de esta trilogía y su profético testamento? Es lo que intentaremos ver. De todos modos, reconocemos aquí lo insuficiente de nuestra respuesta y nuestro fracaso. Claro está que lo que pretendíamos no era —hubiera sido absurdo en su pretenciosidad— cerrar un campo, sino abrirlo.

Terminaremos ahora, sin embargo, estas páginas sobre la trilogía dramática de la tierra española con esta tremenda maldición de Yerma: «¡Maldito sea mi padre, que me dejó su sangre de padre de cien hijos! ¡Maldita sea mi madre, que los busca golpeando por las paredes!» (1334).

6. *Doña Rosita o el lenguaje de las flores*

La mejor presentación de *Doña Rosita...* es, sin duda, la que el propio poeta hizo en unas declaraciones a Pedro Massa en 1935:

> *Doña Rosita* es la vida mansa por fuera y requemada por dentro de una doncella granadina que poco a poco se va convirtiendo en

esa cosa grotesca y conmovedora que es una solterona en España. Cada jornada de la obra se desarrolla en una época distinta. Transcurre el primer tiempo en los años almidonados y relamidos de mil ochocientos ochenta y cinco. Polisón, cabellos complicados, muchas lanas y sedas sobre las carnes, sombrillas de colores... Doña Rosita tiene en ese momento veinte años. Toda la esperanza del mundo está en ella. El segundo acto pasa en mil novecientos. Talles de avispa, faldas de campánula, Exposición de París, modernismo, primeros automóviles... Doña Rosita alcanza la plena madurez de su carne. Si me apuras un poco casi te diría que un punto de marchitez asoma a sus encantos. Tercera jornada: mil novecientos once: Falda *entravée*, aeroplano. Un paso más, la guerra. Dijérase que el esencial trastorno que produce en el mundo la conflagración se presiente ya en almas y cosas. Doña Rosita tiene ya en este acto muy cerca del medio siglo. Senos lacios, escurridiza cadera, pupilas con un brillo lejano, ceniza en la boca y en las trenzas que se anuda sin gracia... Poema para familias, digo en los carteles que es esta obra, y no otra cosa es. ¡Cuántas damas maduras españolas se verán reflejadas en Doña Rosita como en un espejo! He querido que la más pura línea conduzca mi comedia desde el principio hasta el fin. ¿Comedia he dicho? Mejor sería decir el drama de la cursilería española, de la mojigatería española, del ansia de gozar que las mujeres han de reprimir por fuerza en lo más hondo de su entraña enfebrecida (*Obras completas*, 1799-1800).

Y respecto al título declara a continuación:

> Doña Rosita tiene un tío que es botánico. Su fino arte consigue una rosa que él llama la rosa mutábile, flor que por la mañana es roja, más roja al mediodía; a la tarde blanca y por la noche se deshace. Esta flor es como el símbolo del pensamiento que he querido recoger en *Doña Rosita*. Pensamiento que la propia doncella repite una y otra vez a lo largo de la comedia (...) He aquí la vida de mi doña Rosita. Mansa, sin fruto, sin objeto, cursi... ¿Hasta cuándo seguirán así todas las doña Rositas de España?

En otro lugar declara Lorca haberla concebido en 1924, inspirado en el cuento de *La rosa mutábile* que le contó su amigo Moreno Villa [29], aunque no la escribiera hasta 1936.

Fundamentales en la composición de la comedia son el paso del tiempo entre cada uno de los actos y la atmósfera de época fijada en el vestuario y en la palabra de los personajes. Lorca atiende con exquisita sensibilidad a acumular, mediante estilizada selección de los

---

[29] Daniel Devoto, basándose en declaraciones de Moreno Villa, propone la corrección de 1924 por 1934. Ver su trabajo «*Doña Rosita la soltera*: estructura y fuentes», *Bulletin Hispanique*, LXIX, 1967, págs. 407-435. Para otra versión del origen y fuentes de la comedia ver Alfredo de la Guardia, *op. cit.*, páginas 314-319.

materiales, aquellos datos y pormenores que sugieren, a la vez, el cambio exterior de la protagonista y de su circunstancia y su interior permanencia, estribada en su terca y patética voluntad de evadir, ilusoriamente, los contenidos dolorosos de la realidad. Porque el rasgo central que define a Doña Rosita no es sólo la espera progresivamente desposeída de esperanza, ni el paso del tiempo a través y alrededor de ella, ni la ilusión estéril e inútil, ni el vaciamiento de sentido de su existencia gastada inexorablemente como la llama del candil en una larga noche para nadie, sino también el dramático contraste —patético y grotesco a la vez— entre el tiempo interior personal, el tiempo del sentimiento, que transcurre sólo en lo profundo del yo de espaldas y al margen de lo real, y el otro tiempo «social», el tiempo de los demás y con los demás, el tiempo de la gente a la que vemos, que nos ve envejecer. Rosita le dice a su tía, en el acto II: «Tengo las raíces muy hondas, muy bien hincadas en mi sentimiento. Si no viera a la gente, me creería que hace una semana que se marchó. Yo espero como el primer día. Además, ¿qué es un año, ni dos, ni cinco?» (*Obras completas,* 1389). En la soledad de su conciencia doña Rosita crea el sentido del tiempo, distinto al tiempo de los otros y con los otros, exactamente como en la soledad la zapatera prodigiosa recreaba la realidad al margen de los demás. Es ese poder de recrear interiormente la realidad y la existencia a la medida del sentimiento interior lo que hará decir a Doña Rosita en el acto III: «Yo lo sabía todo. Sabía que se había casado... Si la gente no hubiera hablado, si vosotras no lo hubiérais sabido; si no lo hubiera sabido nadie más que yo, sus cartas y su mentira hubieran alimentado mi ilusión como el primer año de su ausencia. Pero lo sabían todos...» (*Obras completas,* 1428). No es el engaño lo que le duele, pues no ha sido engañada, ya que lo sabía todo. Lo que le duele es que los demás lo sepan y la señalen y lo comenten, desposeyéndola así de su voluntad de ilusión y del contenido mismo de su soledad ilusionada o de su ilusión en soledad. Son los demás, los otros, la gente —y éste es el tema lorquiano por excelencia— quienes con su presencia y su testimonio envenenan la vida profunda y auténtica del yo individual: «Y yo lo oigo (lo que los demás dicen de mí) y no puedo gritar, sino vamos adelante, con la boca llena de veneno y con unas ganas enormes de huir, de quitarme los zapatos, de descansar y no moverme más, nunca, de mi rincón» (*Obras completas,* 1429). Doña Rosita es la «solterona» *desde* los demás, pero no desde y para sí misma. Son los demás quienes constituyen una perpetua agresión contra el individuo. En el universo dramático lorquiano los demás están ahí como una negación y una amenaza constante, cercándonos: «Quiero huir, quiero no ver, quiero quedarme serena, vacía... (¿es que no tiene derecho una pobre mujer a respirar con libertad?)» *(Obras completas,* 1429).

Hemos preferido hacer hincapié en este aspecto por considerarlo más desatendido, y aun silenciado, por los críticos lorquianos, pero también por considerarlo fundamental en la dramaturgia de Lorca. El tema elegíaco del *fugit irreparabile tempus,* cristalizado en el poema de la rosa mutábile, reiterado, como ya decía el poeta, a lo largo de la comedia, ha sido convenientemente y suficientemente puesto de relieve y estudiado por otros críticos para que consideremos necesario insistir en él [30].

7. La casa de Bernarda Alba, *cima y testamento dramáticos*

Escrita en 1936, pocas semanas antes de ser asesinado, Lorca no la vería representar nunca. Final y cima de una trayectoria dramática y abertura a un modo más desnudo, más esencial y más hondo de hacer teatro, esta tragedia, que debió ser la primera del ciclo de plena madurez del dramaturgo, la primera de una más profunda y universal dramaturgia, ha venido a ser la última obra de Lorca, por destino impuesto brutalmente.

Los críticos están contestes en considerarla como la obra maestra del teatro lorquiano, multiplicándose los estudios y, consiguientemente, los puntos de vista y las interpretaciones [31].

La acción de *La casa de Bernarda Alba* transcurre en un espacio cerrado, hermético, y está enmarcada por la primera y la última palabra que Bernarda pronuncia: *silencio.* Del primero al último silencio impuesto por la voluntad de Bernarda se desarrolla el conflicto entre dos fuerzas mayores: el principio de autoridad encarnado en Bernarda y el principio de libertad representado por las hijas. El principio de autoridad responde, aparentemente, a una visión cla-

---

[30] Remitimos al lector al documentadísimo y pormenorizado estudio de Daniel Devoto, cit.

[31] Además de los estudios de conjunto que venimos citando pueden verse también entre los trabajos recientes: S. Bluefarb, «Life and Death in García Lorca's, *House of Bernarda Alba*», *Drama Survey,* IV, 1965, págs. 109-120; V. Higginbotham, «Bernarda Alba: A Comic Character», *Drama Survey,* VI, 1967, págs. 258-265; J. Rubia Barcia, «El realismo mágico de *La casa de Bernarda Alba*», en *Homenaje a Ángel del Río,* 1968, págs. 385-398; G. Torrente Ballester, «Bernarda Alba y sus hijas, o un mundo sin perdón», en *Teatro español contemporáneo,* 2.ª ed., Madrid, Guadarrama, 1968, págs. 235-250; R. A. Young, «García Lorca's, *La casa de Bernarda Alba*: A Microcosm of Spanish Culture», *Modern Languages,* L, 1969, págs. 66-72. A ellos hay que añadir las interesantes «Notas del cuaderno de dirección», de J. A. Bardem, que montó la obra en el teatro Goya de Madrid en 1964. (Ver *La casa de Bernarda Alba,* Barcelona, Ayma, 1964, Col. Voz/Imagen, págs. 107-122.)

sista del mundo en donde cristaliza una moral social fundada, como escribe Torrente Ballester, en «preceptos negativos, limitaciones y constricciones» (*op. cit.*, pág. 241), y condicionado por «el qué dirán» y por la necesidad consiguiente de defenderse, aislándose de esa vigilancia social y alienante. Bernarda Alba impone en el universo cerrado de su casa un orden identificado con *el* orden, el único posible y necesario porque es juzgado como la verdad, y contra el cual no se admite protesta ni desviación alguna[32]. A lo largo del drama aparece como raíz del principio de autoridad instaurador de un orden indiscutido, otra fuerza más oscura y primitiva, anterior a lo social: el instinto de poder. Poder que se quiere absoluto y que será llevado hasta la negación no ya sólo de toda libertad personal —la propia y la de los demás— o de todo sentimiento, volición o aspiración, sino a la misma negación de la realidad. Porque Bernarda Alba no es sólo la hembra autoritaria, tirana, fría y cruel, según la van definiendo desde la primera escena la Poncia y la Criada, sino, fundamentalmente, ese instinto de poder de valor absoluto que niega la misma realidad, que niega que lo otro y los otros existan.

Frente a ese instinto de poder se opone, como fuerza conflictiva, otro instinto no menos elemental: el sexo. Sexo tan ciego en su elementalidad como el instinto de poder. Con lo cual el principio de libertad se revela como otro absoluto. La consecuencia es la imposibilidad sustantiva, esencial de todo compromiso y de toda comunicación. Bernarda y sus hijas están frente a frente aisladas e incomunicadas. Del enfrentamiento de ambas sólo puede resultar la destrucción de una de las dos fuerzas en oposición. Ninguna de las dos es ni humana ni racional, porque las dos tienen como raíz el mundo subhumano y subracional del instinto.

En un universo así estructurado sólo caben dos salidas, caso de no aceptar la ley impuesta por Bernarda: o la locura (María Josefa), que no es sino la forma extrema y límite de la evasión, o el suicidio (Adela), forma también extrema y límite de la rebelión, y única que trágicamente pone en cuestión ese universo. Pero ponerlo en cuestión no es destruirlo, pues la palabra final de Bernarda: «La hija menor de Bernarda Alba ha muerto virgen. ¿Me habéis oído? ¡Silencio, silencio he dicho! ¡Silencio!» cierra aún más herméticamente ese mundo y lo consolida contra la verdad y contra la muerte. ¿Quién en la casa que va a hundirse en un nuevo «mar de luto» intentará una nueva rebelión? ¿Las otras hijas? ¿La Poncia? Todas conocen la verdad. Pero ¿a quién gritarla? ¿Cómo romper el silencio? Porque la casa de Bernarda Alba es un mundo cerrado en el interior de otro mundo cerrado, y ambos no se excluyen, sino que

[32] Ver J. A. Bardem, *op. cit.*, pág. 118.

se necesitan, pues la destrucción del uno determinaría automáticamente la destrucción del otro.

Ese «drama de las mujeres en los pueblos de España» del que Lorca advierte que tiene «intención de un documento fotográfico», presenta una vez más, desnuda de toda vestidura lírica, la irreconciliable oposición de dos fuerzas igualmente ciegas, cuyo escenario histórico es la *tierra española*. En *La casa de Bernarda Alba* formula Lorca con meridiana claridad su visión trágica de esa tierra.

La guerra civil española, la tercera solución de la tragedia lorquiana, impediría el estreno del drama en 1936, aplazándose así su representación en España hasta 1964, veintiocho años después de haber sido escrita. ¿Tenía vigencia en ese fecha el grito final de Bernarda: ¡Silencio, silencio he dicho! ¡Silencio!?

En 1965 escribía José Monleón: «¿Cómo romper ese silencio lorquiano? ¿Como vivir dentro, y a la vez fuera de él?» [33].

Terminemos con esta atinada observación de Torrente Ballester: «La herencia teatral de Lorca... está ahí, esperando el guapo que se atreva a recogerla. Nadie lo ha osado, hasta ahora...» (*Op. cit.*, página 236). Mientras la actitud ante la dramaturgia de Lorca no trascienda la puesta de relieve por las conversaciones de Arras, citadas al principio de estas páginas, Lorca seguirá siendo, pese a las montañas de papel sobre él escritas, nuestro más conocido «fenómeno», pero nuestro más desconocido dramaturgo.

II. Alberti (1902)

La obra dramática de Alberti consta de las siguientes piezas: *El hombre deshabitado* (1930), *Fermín Galán* (1931), *De un momento a otro* (1938-1939), *El trébol florido* (1940), *El adefesio* (1944), *La Gallarda* (1944-1945), *Noche de guerra en el museo del Prado* (1956) y *La lozana andaluza* (1963) [34], adaptación teatral de la famosa novela picaresca de Francisco Delicado. Completan su producción media docena de piezas cortas, cinco de las cuales forman parte de ese «teatro de urgencia» o «de circunstancias» [35] nacido durante la guerra civil,

---

[33] Ver José Monleón, «La libertad de Miguel Mihura», en *Teatro,* de Miguel Mihura, Madrid, Taurus, 1965, Col. Primer Acto, núm. 4, pág. 43.

[34] Con excepción de *Fermín Galán,* todas ellas se encuentran en los dos tomos que del *Teatro de Alberti* publicó la editorial Losada de Buenos Aires en 1950 y 1964, respectivamente.

[35] Son estas piezas: *Bazar de la Providencia, Farsa de los Reyes Magos, Los salvadores de España, Radio Sevilla* y *Cantata de los héroes y de la fraternidad de los pueblos.* Ver Robert Marrast, «L'esthétique theatrale de Rafael Alberti», en *La mise en scène des oeuvres du passé,* París, C. N. R. S., 1957, págs. 53-73, y «El teatro en Madrid durante la guerra civil», en *El teatro moderno...,* cit.,

14

y la otra titulada *La pájara pinta* (1925) y designada por su propio autor *guirigay lírico-bufo-bailable...*, cuya entidad dramática es casi nula [36]. Robert Marrast da noticia de otras piezas cortas, todas ellas anteriores a 1930, casi todas perdidas o inéditas, cuyo contenido se esfuerza en reconstruir, pero que, en todo caso, no parecen ser otra cosa que esbozos o tanteos en el arte dramático, y tanteos de poeta lírico más que de dramaturgo [37].

Con excepción de *El hombre deshabitado* y *La lozana andaluza,* el resto del teatro de Alberti puede agruparse bajo dos epígrafes: teatro político y teatro poético.

1. *El hombre deshabitado* (Auto en un prólogo, un acto y un epílogo)

En la *Autocrítica* de la obra («ABC», 19 de febrero de 1931) escribía el autor: «Apoyándome en el *Génesis,* en *El hombre deshabitado* desarrollo, desde su oscura extracción de las profundidades del subsuelo hasta su repentino asesinato y condenación a las llamas, un auto sacramental (sin sacramento), libre de toda preocupación teológica, pero no poética.» [38]

Del auto sacramental —no necesariamente de un auto determinado— toma el tema de la creación, tentación y caída del hombre y la técnica alegórico-simbólica, aunque invirtiendo el sentido final del primero y simplificando al máximo el complicado sistema de referencias de la segunda, y actualizando el lenguaje tanto en el plano escenográfico como en el poético.

En el *Prólogo* se escenifica la creación del hombre, al que se hará surgir de una alcantarilla rodeada de materiales de construcción: «piquetas, martillos, cubos, sacos, pedazos de raíles...» El comienzo de la acción es bastante ambiguo, pues no se trata sólo del puro nacer a la existencia arrancado de la nada, sino también de un segundo nacimiento a la existencia auténtica, arrancado de un existir previo, hueco y neutro, del paso del hombre-masa al hombre-individuo. El Vigilante nocturno invita al Hombre deshabitado a requerir su alma, prometiéndole hacerle «el más feliz de los hombres», despertándole luego los cinco sentidos para que el alma pueda aso-

---

página 277. *La pájara pinta* fue editada por Marrast, París, Centre de Recherches de l'Institut d'Études Hispaniques, 1964.

[36] Para la bibliografía de las obras teatrales de Alberti es imprescindible acudir a Robert Marrast, *Aspects du théâtre de Rafael Alberti,* París, Société d'Editions d'Enseignement Supérieur, 1967.

[37] Ver *Aspects...,* págs. 9-25.

[38] Cito por Robert Marrast, *op. cit.,* pág. 27.

marse al mundo. Convocados por su palabra cada uno de ellos sale de un tonel para servir al hombre. Creada a continuación la mujer, les envía a disfrutar del mundo, no sin antes advertir al hombre que los sentidos pueden perderle.

El acto único está estructurado en torno a tres situaciones: la felicidad del Hombre y de la Mujer, imagen de la Inocencia y la armonía de los sentidos; la aparición de la Tentación, a la que servirán los sentidos traicionando al Hombre, la lucha de éste y su resistencia a la Tentación y a las incitaciones de los sentidos, y su vencimiento; y, finalmente, el asesinato de la Mujer por el Hombre, su entrega a la Tentación y su muerte.

En el epílogo, el Hombre es juzgado por su crimen y condenado, sin que su arrepentimiento ni sus súplicas obtengan misericordia del Vigilante nocturno. Antes de desaparecer por la misma boca de alcantarillado de donde surgió para ser feliz, acusa a su creador de haberlo creado para hacerle perecer. El hombre es víctima de un Dios criminal que se complace en dar la vida a su criatura para perderla.

La crítica coetánea, según se desprende de las citas de Robert Marrast, acogió, en general, favorablemente la obra, viendo en ella lo que de feliz tentativa de renovación del teatro español contenía, (Rafael Marquina), destacando su enjundia y «bien trazada arquitectura ideológica», «el valor, lo mismo ideológico que de realización» (González Olmedilla), «el interés de las alegorías» (Fernández Almagro) [39]. *El hombre deshabitado* significó en 1931 un paso adelante en la abertura del teatro español a nuevos horizontes dramáticos, un paso entre otros dados en el mismo sentido por dramaturgos tan distintos en edad y en genio como Unamuno, Azorín, Valle-Inclán, Grau, Max Aub o Lorca. Era una lanza más, rota en contra de un tipo de teatro doméstico, fundamentalmente comercial, de escasa trascendencia en contenido, heredero empobrecido de un teatro naturalista nada revolucionario en técnica, en ideología ni en significado. Frente a este teatro destacaba, naturalmente, la novedad de la pieza albertiana. Ahora bien, considerada en sí misma como objeto singular dramático, *El hombre deshabitado* no era, ni mucho menos, una buena pieza teatral. El proceso a la Divinidad en que estriba el sentido final del «auto» no alcanza suficiente plasmación dramática ni en el diálogo ni en las situaciones, pese a la belleza poética del uno y al rico simbolismo de las otras, pero belleza y simbolismo de raíz lírica. Por otra parte, pese a la afirmación de Alberti de que el «auto» está libre de toda preocupación teológica, el tema sólo es inteligible dentro de un sistema de coordenadas teológicas, y su final sobre todo

[39] Ver citas en Robert Marrast, *Aspects...*, págs. 44-51.

—verdadera vuelta del revés de la solución del auto sacramental—, tiene una dimensión, aunque responda a una preocupación poética, y un sentido plenamente teológicos, pues se trata, nada menos, de una acusación a la Divinidad, incriminada y declarada culpable del fracaso del hombre. Esta acusación, de innegable fuerza poética, carece, sin embargo, de verdad dramática, y es a la postre gratuita, pues en ningún momento el drama de la tentación y caída del hombre se hace patente y explícito, en términos de encarnación dramática suficiente, en el acto central. Lo que en él se hace patente es un puro y simple esquema mental, mínimamente dramatizado. La simplificación de la acción es, a nuestro juicio, excesiva, y las tres situaciones básicas que la estructuran son, más que fuentes o núcleos dinámicos de la acción, simples estilizaciones líricas del esquema previo. No podemos, pues, estar de acuerdo con Robert Marrast cuando éste afirma que en *El hombre deshabitado* «Alberti se montre un homme de théâtre» (*op. cit.,* pág. 51), pues no basta para serlo poseer el sentido plástico del gesto y del ademán ni el sentido del movimiento de las figuras en escena ni el sentido del ritmo. Precisamente porque esos cuatro sentidos son, desde luego, muy superiores al sentido de una acción dramática completa y densa, *El hombre deshabitado* nos parece más cercano al libreto de ballet que al texto dramático.

Por su parte, Ventura Doreste escribe: «En el Auto de Alberti el Hombre carece de claridad espiritual y, por consiguiente, de albedrío» [40]. Aunque no acabamos de entender la relación de consecuencia entre ambos términos pensamos que Doreste ve justo. Y sin albedrío no hay «auto», sacramental o no, pues el símbolo queda mortalmente amputado, y el Hombre queda reducido a ser sólo un bello y lírico títere, y el Vigilante nocturno una muy pobre figura del Dios creador y el drama una construcción gratuita en tanto que drama y parcial en tanto que significación.

Muy otra cosa es la significación íntima del «auto» en relación con la vida espiritual de Alberti y con su obra poética. Significación y relación que Robert Marrast desvela con agudeza y precisión, al aproximar el mundo y significación de *Sobre los ángeles* y de *Sermones y moradas* al de *El hombre deshabitado*. Son, en efecto, como él demuestra, tres momentos de una crisis espiritual —humana, social, política, estética— de Rafael Alberti, a la vez que expresión de un nuevo compromiso del poeta con la realidad. En el «Auto» ve el crítico francés «le premier terme dramatique de l'engagement d'Alberti», cuyos primeros términos líricos son los dos libros de poesía citados y la *Elegía Cívica*. Y añade: «L'oeuvre d'Alberti, jusqu'à

---

[40] Ventura Doreste, «Sobre el teatro de Alberti», *Papeles de Son Armadans,* 1963, págs. 80-90. La cita en pág. 83.

l'exil, ne sera quíune ilustration progressive de certe nouvelle vérité, et répondra a la definition de Lénine: La littérature doit être una littérature de parti»»[41]. Definición peligrosa, cuya eficacia en literatura depende de cómo se entienda y cómo se la practique.

2. Teatro político

De las tres piezas que agrupamos en este apartado (*Fermín Galán, De un momento a otro* y *Noche de guerra en el Museo del Prado*), la mejor, sin duda alguna, es la última, en donde el genio teatral de Alberti ha alcanzado una madurez y una capacidad de objetivación dramática que no encontramos en las otras dos.

Fermín Galán, montada por Margarita Xirgu en el Teatro Español de Madrid el 1 de junio de 1931[42], apenas estrenada la República, es un *romance de ciego* escenificado en diez episodios y un epílogo, enhebrados por la voz del ciego. Cada episodio presenta un momento de la vida del héroe, Fermín Galán, que el 12 de diciembre del año anterior se sublevó en Jaca junto con el capitán García Hernández, siendo ambos condenados a muerte y ejecutados dos días después. La obra no pasa de ser un intento fallido de teatro popular. El número excesivo de personajes, la atomización de la acción en episodios sueltos, mecánicamente unidos, y no dramática, sino narrativamente, por la figura del ciego, la diversidad de tonos del lenguaje y de enfoques del contenido de cada episodio —lírico, sentimental, melodramático, satírico—, la idealización simplista del héroe, todo coadyuva a hacer de la pieza un mosaico de escenas sueltas que ni siquiera están unidas por una intención rectora capaz de dar una unidad de sentido al conjunto. La obra fracasó. Algunos críticos objetaron que los acontecimientos que la pieza intentaba reflejar estaban demasiado cercanos para que el dramaturgo hubiera podido tomar suficiente distancia. El gran crítico Enrique Díez-Canedo escribía: «Todo el que ha pasado por la emoción de aquellas horas, difícilmente la volverá a encontrar fuera de sí mismo y se negará a admitir como intermediario aun al mayor poeta. He aquí la equivocación de Alberti»[43]. Cierto. Pero no menor equivocación fue el elegir como forma dramática el modelo del *romance de ciego* que limitaba, por su misma índole narrativa y por la elementalidad de sus recursos, la

---

[41] *Op. cit.,* pág. 43.
[42] Robert Marrast, *Aspects...*, pág. 56. Ver también Rafael Alberti, *La arboleda perdida.* Libro I y II de *Memorias,* Buenos Aires, Compañía General Fabril Editora, 1959, págs. 318-321.
[43] Díez-Canedo, *Artículos de crítica teatral, op. cit.,* IV, pág. 121. Citado por Robert Marrast.

plasmación de los acontecimientos. Precisamente la elección de tal modelo explica que los mejores episodios dotados de auténtica *vis comica* sean los satíricos, como ya notó Robert Marrast.

Ocho años después (1938-1939) escribe Alberti su segundo drama político, *De un momento a otro,* subtitulado *Drama de una familia española,* pero que es también, a la vez, la expresión de una crisis de conciencia, de una toma de posición y de una rebelión individuales. Robert Marrast ha mostrado admirablemente todos los elementos autobiográficos presentes en la pieza, como substrato y material de construcción de la acción, del ambiente y de los personajes.

La acción, como indica el propio Alberti, está situada «en una pequeña ciudad del sur, antes del 18 de julio de 1936, fecha en que termina el drama» [44].

El prólogo, dicho por un Viejo y una Viuda, es posterior a la acción que le sigue y tiene una función dramática muy precisa: situar el drama particular de una familia y de un individuo dentro de un marco general, del cual aquél no es sino una muestra, un ejemplo entre otros. A la vez, presentar lo que va a suceder en presente como ya sucedido en el pasado. El tono épico patente en el *prólogo* enlazará con el tono épico que el drama cobra en el último cuadro, formando ambos como dos acordes perfectos e idénticos de sentido, entre los cuales se desarrolla la acción completa del drama, cuyo final —la muerte del héroe y la ruina de una familia— nos es adelantada por las voces del Viejo y de la Viuda.

Gabriel, el protagonista, hijo de una familia burguesa andaluza dueña de unas bodegas, ha roto interiormente con ella, después de realizar el último esfuerzo, frustrado, de independizarse económicamente. Sin embargo, a pesar de su total desacuerdo y repulsa a cuanto su familia es y representa —poder económico, explotación, moral burguesa, ceguera egoísta para la justicia social, espíritu dictatorial— sigue viviendo en su seno, como un señorito inútil, sin decidirse a realizar mediante una acción coherente sus sueños de revolución social, codo con codo con la gran familia universal de los explotados, los desheredados, «los hombres oscuros, destrozados, que salen de las minas, de las calderas, de los buques, de las estaciones y de los puertos, de las barriadas miserables, de los campos hambrientos...» (página 103). Expresión del final de su crisis es un monólogo a tres voces —objetivación dramática del debate de conciencia— en donde la tentación del suicidio como solución más fácil es rechazada, y se cumple la entrega total a la causa de la gran familia universal. Pero

---

[44] *Teatro,* II, Buenos Aires, Losada, 1964, pág. 83. Todas las citas se refieren a esta edición e irán a continuación del texto citado con la simple indicación del número de página entre paréntesis.

ésta, encarnada escénicamente en los obreros de su casa, desconfía de su conversión a la causa revolucionaria, lo aceptan a regañadientes, y no como a uno de los suyos, porque en él siguen viendo al señorito, al hijo de los amos. Sólo Pablo, el *leader* de los obreros, está dispuesto a creer en él. El drama se centra, tal vez demasiado condicionado por la autobiografía de su autor, en la lucha del protagonista con su familia: con Ignacio, su hermano mayor, jefe de la familia, en quien se da en forma absoluta cuanto Gabriel odia; con su madre y con su hermana Araceli, cuya comprensión necesita y cuya conversión intenta desesperadamente, aunque sin resultado, pues ambas seguirán con los ojos cerrados, sin querer y sin poder entender, mientras, simbólicamente, la casa se va agrietando y derrumbando, sin que ningún miembro haga nada por impedirlo ni por construir de nuevo, limitándose a refugiarse en las habitaciones que aún quedan en pie, confinados en la tradición inerte, sin sentido ya, cuyos representantes en el drama son el tío Vicente, obsesionado anacrónicamente por los masones y ocupado en cuidar un loro, y que, además, «hace versos, domina muchas lenguas, conoce muchos pájaros, muchas plantas, caza murciélagos por las tardes, colecciona los sellos del estanco, reza, canta, ha dado la vuelta al mundo, pasea, duerme, madruga...» (pág. 93); y con él el coro de las tres tías beatas, tontas e inútiles, en cuyo corifeo la tía Josefa, muestra Alberti, en una grotesca y patética escena con el mendigo El Beato, la turbia tragedia de la soltería obsesionada de sexo y autorrepresión [45]. Ambos, el tío Vicente y el coro de las tías beatas, significan en el drama no sólo la tradición anquilosada, el peso muerto y vacío de sentido en donde está estribada la familia, sino el dominio inerte, pero vigente, de la alienación en estado puro, es decir, sin conciencia de sí misma, como forma única de lo «normal».

El desenlace es retardado por el diálogo que ocupa la casi totalidad del cuadro primero del tercer acto. La madre realiza el último intento por «salvar» a su hijo: hace venir a la casa a los antiguos amigos de Gabriel para que le convenzan de volver al «buen camino». El diálogo es borrascoso y muestra el carácter irrevocable de la decisión de Gabriel, a la vez que la imposibilidad de entendimiento entre los dos bandos enfrentados fratricidamente en la guerra civil, cuyos primeros compases cerrarán el drama. La revolución estalla y Gabriel, que lucha, por fin, codo con codo con los obreros es asesinado en la calle, realizando su sueño de morir de pie, como los héroes, uno más entre sus hermanos.

El drama termina con una magnífica escena en donde se entre-

---

[45] El coro de las tres tías beatas y el de los mendigos volverán a aparecer con mucha mayor significación dramática en *El adefesio*.

cruzan el planto de la madre y la hermana y el canto de los obreros que le incorpora a sus héroes. Alberti logra fundir dialécticamente el sentido trágico de la acción con su sentido épico, resolviendo, mediante una espléndida síntesis teatral, el drama de la división y la desagregación de una familia con un valor de signo —«una tragedia de España», según frase de un personaje— y la epopeya de una clase con conciencia de su misión histórica. Esta escena final es muy superior en su forma y contenido dramáticos —construcción y sentido— al resto del drama, cuyo defecto reside, a mi juicio, en el exceso determinante de los elementos biográficos, por una parte, y, por otra, en la insuficiente objetivación de las fuerzas en conflicto, demasiado condicionadas por la intención didáctico-política de su autor. Con todo es ya una pieza importante y muy superior a las dos anteriores.

Noche de guerra en el Museo del Prado (aguafuerte, en un prólogo y un acto) es la mejor pieza del teatro político albertino y, a la vez, un valiosísimo ejemplo de teatro popular auténtico, no adulterado por forma alguna de fácil didactismo [46] —tumor habitual de buena parte de cualquier teatro político— ni de «populismo» [47] —solución espúrea de no poco teatro llamado popular—, ni de lirismo [48] —gratuita y socorrida fórmula de mucho teatro poético.

En el prólogo el autor narra los sucesos ocurridos veinte años antes, en noviembre de 1936: el salvamento de los cuadros del Museo del Prado, trasladados por milicianos a los sótanos del museo para protegerlos de los bombardeos de las tropas franquistas que atacan Madrid. La narración del autor, que va hablando de algunos cuadros famosos de Rubens, Velázquez, Fra Angélico, Tiziano y de dibujos y aguafuertes de Goya, es auxiliada por la proyección cinematográfica, simultánea a su discurso, de las pinturas y dibujos y, a la vez, interrumpida, pautada y completada por las voces individuales o en coro de los personajes de los cuadros, dibujos y aguafuertes. Alberti consigue crear así una eficaz introducción épico-dramática al tema de la obra: «una noche de guerra de Madrid, durante los días más graves del mes de noviembre de 1936» (pág. 167).

La acción del largo *acto único* tiene lugar en la sala grande del Museo del Prado. Al levantarse el telón se oye el cañoneo lejano de

---

[46] Ver, por ejemplo, Leonard C. Pronko, «Théâtre politique», y Georges Lerminier, «Art social ou art politique?», ambos, respectivamente, en *Esprit*, XXXIII, 1965, núm. 338, págs. 964-971 y 972-976.

[47] Para el tema del «populismo», ver el interesante ensayo de Alfonso Sastre, *Anatomía del realismo*, Barcelona, Seix y Barral, 1965, especialmente páginas 82-93.

[48] Ver José María de Quinto, *La tragedia y el hombre*, Barcelona, Seix y Barral, 1962, especialmente págs. 108-120.

los sitiadores del Madrid de 1936. Concitados por el ruido de esta guerra se congregan para levantar una trinchera y organizar la defensa personajes de *otra* guerra, la de la Independencia, tal como Goya los inmortalizó en *Los fusilamientos del 3 de Mayo* y en algunos de sus dibujos y aguafuertes. Cada uno de ellos viene a combatir con las mismas armas de entonces en la misma guerra en que luchó y por las mismas causas, y a morir de nuevo con el mismo heroísmo y la misma rabia con los que ya murió. Su guerra y la nueva guerra cuyo sonido (cañonazos, ráfagas de ametralladora, bombardeo, sirenas de alarma) determina palabras y acciones de los personajes, quedan identificadas dramáticamente en una única y sola guerra: la guerra del pueblo español sitiado. Esta estupenda metáfora en acción suscita todo un sistema de correlaciones de sentido, obligando al espectador (o al lector) a una auténtica y espontánea síntesis dialéctica, mediante la cual el sitio de Madrid del 36 se carga de todo un complejo de valencias históricas concretas. Alberti, con gran originalidad y eficacia, hace *funcionar* la técnica del distanciamiento como técnica de la identificación. El heroísmo del pueblo, la espontaneidad para la unión y la resistencia, su capacidad para el desplante y para la gracia, su conciencia de la causa como causa popular, su reacción a la injusticia y a la traición de que son víctimas, los horrores y crueldades de la guerra, la ejecución simbólica de los culpables reflejan a la vez, integradas en una unidad dramática y escénica e identificadas en forma y contenido, dos noches de guerra distantes en el tiempo —1808, 1936—, pero unívocas en significado. Los personajes de 1808 —el Fusilado, el Manco, el Amolador, la Maia, el Torero, el Estudiante, el Fraile, el Ciego, las tres Viejas, el Descabezado—, héroes de la resistencia contra las tropas napoleónicas, sin dejar de ser lo que fueron, son los nuevos héroes de la resistencia contra las tropas franquistas, con la particularidad de que el *tiempo del drama* no es sólo el pasado absoluto ni el presente actual, sino el presente histórico, superación e integración, a la vez, de ambos. Del mismo modo cada término de la acción y de la palabra del drama plasma escénicamente el *fue* y *él es* como expresiones dramáticamente simultáneas de una sola y misma realidad. Con lo cual el sentido político de esta pieza no dimana sólo de la palabra ni de la acción como totalidad, ni de las situaciones como entidades escénicas particularizadoras, ni de la conjunción de las tres, sino de la pura estructura dramática. A diferencia de la mayoría de las piezas políticas, lo político no se encuentra ni a nivel de la supraestructura ni a nivel de la infraestructura, sino —repito— a nivel de la estructura puramente dramática.

A los personajes anteriores, a cuyo cargo está la acción principal, vienen a unirse, aunque sin fusionarse escénicamente con ellos, tres parejas más —una histórica (el rey Felipe IV y su bufón, el enano don Sebastián de Mora), otra mitológica (Venus y Adonis) y otra bíblica (los arcángeles Gabriel y Miguel)— que aparecen sólo en sendas escenas. La función dramática de estas tres parejas es la de ampliar semánticamente el contenido del drama, bien como víctimas de la agresión —Venus y Adonis o el amor y la paz asesinados por el nuevo Marte; el arcángel de la Anunciación a quien la agresión le ha impedido terminar su mensaje a María—; bien como culpables irresponsables —el rey Felipe IV, cuya figura y actuación está tratada por el dramaturgo con clara y consciente técnica de esperpento valleinclanesco.

La última escena del drama, de extraordinaria riqueza plástica y de gran intensidad dramática, está construida también con técnica esperpéntica. A los personajes goyescos ya citados se unen otros nuevos «correspondientes —dice una acotación— a una gran comparsa —muy semejante a la titulada por Goya *El entierro de la sardina*» (páginas 190-191)—. Entran en escena en el momento en que la sirena de alarma que registra la presencia de aviones de bombardeo alcanza su máximo, «oyéndose, coincidiendo con ella —dice la misma acotación— un ruido infernal producido por la atroz estridencia de trompetillas, matracas, ralladores, cacerolas, guitarras, tambores y pitos...» «Es la comparsa de los lisiados, de la miseria, del hambre negra española» (pág. 191). Traen dos figuras cubiertas que, al ser destapadas, serán juzgadas y ejecutadas por el tribunal popular. Una figura, que aparece como «un enorme sapo de ojos saltones y rasgos humanos, en traje militar: espada al cinto, gran banda al pecho y condecoraciones», representa a «don Manuel Godoy. ¡El Generalísimo! ¡El príncipe de la Paz! ¡El choricero!»; la otra figura, «viejo pelele de cara amarillenta, desgreñados cabellos y largo traje negro de encajería», representa a «la señora de don Carlos IV. ¡La reina María Luisa!... ¡La gran puta!» En la escenificación del juicio y ejecución de ambas figuras, «símbolos de la desvergüenza y la tiranía» (página 196), despliega Alberti todos sus poderes —insuperables aquí— de poeta dramático. Sonido, movimiento, luz, color, fiesta, rito, discurso, parodia, se aúnan en prodigiosa síntesis dramática devolviendo al teatro todos sus poderes y sus funciones.

El Alberti dramaturgo alcanza en este drama posterior a la trilogía de sus piezas poéticas, la cima —hasta ahora— de su teatro, consiguiendo, a la vez, escribir uno de los mejores dramas populares contemporáneos.

3. Teatro poético

En uno de los ya prestigiosos «Entretiens d'Arras», el del 15 al 18 de junio de 1956, en la discusión que sigue a la comunicación de Robert Marrast sobre «L'esthétique théâtrale d'Alberti» [49], uno de los participantes, míster David Victoroff, expresa lo siguiente: «Ce qui m'a particulièrement frappé dans *La Repoussoir* (*El Adefesio*) c'est la disproportion entre la richesse et la densité de l'élément symbolique et poétique d'une part, et d'autre part la banalité de l'intrigue qui me parait dénuée de toute originalité, de tout intérêt.» Y concluye suponiendo que, si tal impresión puede generalizarse, habría que pensar que el genio de Alberti sería más poético que dramático. Suposición a la que parece asentir Marrast, sin discutirla, pues Victoroff, sintiendo confirmada su suposición, añade: «Un tel décalage entre la densité extraordinaire du symbole et la pauvreté de l'action me surprend chez un auteur dramatique!» Hay que añadir que ni Marrast ni Victoroff conocían entonces, y así lo reconoce el primero al final de la discusión, *Noche de guerra en el Museo del Prado,* pieza que invalida por completo el valor general de la suposición, pues en ella el genio de Alberti es plena y absolutamente dramático, como también obedecía a dicho genio dramático el cuadro final de *De un momento a otro.* Ahora bien, creemos que ese «décalage» entre la riqueza del símbolo poético y la pobreza de la acción, esa absorción y anulación interna de lo dramático por lo lírico es especialmente cierta para *El trébol florido* y, sobre todo, para *La Gallarda,* pero no para *El adefesio.*

En *El trébol florido* y en *La Gallarda* hay, en efecto, una extraordinaria densidad de símbolos poéticos, pero lo decisivo no es esto, pues también se da tal densidad en *Bodas de sangre* y en *Yerma,* de Lorca, por ejemplo; ni tampoco es decisiva la desproporción entre la riqueza de símbolos y la pobreza de acción, que también se da, aunque no en el mismo grado, en las dos tragedias lorquianas. Lo decisivo es, a mi juicio, que el conflicto es puramente poético y no dramático; que las fuerzas en oposición que lo determinan y en él se manifiestan son, en su esencia, fuerzas poéticas y no dramáticas; que la particularización de ese conflicto y de esas fuerzas en unos personajes y en un lenguaje es sustantivamente poética y no dramática, nada de lo cual se da en el teatro poético lorquiano. Alberti crea dos bellísimas fábulas poéticas, pero no las estructura dramáti-

---

[49] Puede verse en *La mise en scène...*, *op. cit.*, págs. 53-75. La discusión en págs. 75-79. Las citas de Victoroff en págs. 78 y 79.

camente, sino líricamente, dejando a cada elemento del sistema su ser y sus funciones líricas. La *puesta en drama* es sólo aparente y exterior, pues se limita a ser *puesta en escena,* es decir, escenificación de un poema lírico a varias voces, por lo que ni siquiera puede hablarse, en rigor, de *poema dramático,* sino sólo de poema escenificado, exactamente en el mismo sentido en que Alberti ha titulado su poema *El sexagenario, poema escénico* [50], aunque, naturalmente, la escenificación es mucho más compleja, rica y dinámica en *El trébol florido* y en *La Gallarda,* en donde el poeta crea una fábula con mayor número de personas dialogantes y actuantes, con un decir y un actuar de naturaleza y significación poéticas.

Al final de su análisis de *El trébol florido* escribe Marrast: «es la lucha de la tierra y del mar» [51]. Ventura Doreste escribe, por su parte: «El molinero y la pescadora no acceden a los amores de sus respectivos hijos, porque entienden que la tierra y el mar se oponen fatalmente» [52]. El conflicto de tierra y mar y su fatal oposición es en sí un tema lírico, un bello mito poético, ¿pero lo es dramático? En la obra de Alberti ambos símbolos están encarnados en Sileno, molinero, padre de Aitana, y en Umbrosa, viuda e hija de pescadores y madre de dos hombres de mar, Martín y Alción, pretendientes y rivales en el amor de Aitana. Ésta juega con el amor de ambos hermanos, se comporta como novia de Martín, pero elige a Alción. Sileno y Umbrosa deben decidir, sin embargo, de la boda. Ninguno de los dos consiente en ella porque la tierra y el mar no pueden unirse, aunque de común acuerdo deciden fingir ante los jóvenes haciéndoles creer que fijarán la fecha de la boda el día en que Alción estrene su nuevo barco. Y ese día Sileno, durante la fiesta, cuyo centro simbólico lo ocupa un *toro de fuego,* vaticinador del destino por boca de una mujer vieja que lo interroga, estrangula con sus propias manos a su hija Aitana, que seguirá así siendo de la tierra. Por otra parte, la figura de Sileno, viejo borracho y ciego, es bastante ambigua, pues en él parece latir un inconfesable amor por su propia hija. Lo enfrentado son elementos mítico-poéticos, determinantes del clima de misterio y del ritmo escénico de la obra: noche de San Juan en que los personajes se persiguen en el bosque disfrazados de árboles o de animales en busca del trébol mágico que dará a su poseedor el triunfo del amor, rivalidad oscura e inexplicable de los hombres de tierra y de mar, fiesta ritual del toro de fuego, canciones líricas de gran belleza, muerte simbólica de la protagonista, víctima de una fatalidad cósmica. Todo ello nos sumerge, deslumbrados, en un bellísimo

---

[50] Puede verse el poema en el número homenaje a Alberti de *Papeles de Son Armadans,* cit., págs. 7-11.
[51] *Aspects...,* pág. 104.
[52] *Sobre el teatro de Alberti,* pág. 84.

universo poético, en una maravillosa fiesta para los sentidos y la imaginación, en un espectáculo lírico de la más alta calidad estética, pero no en un niverso dramático, como sería el caso del *Sueño de una noche de verano* shakesperiano, para citar un ejemplo de mundo dramático denso de símbolos mítico-poéticos.

Mucho más extremo es todavía el caso de *La Gallarda,* única de estas tres piezas escrita enteramente en verso, y espléndido verso. Pero el símbolo o mito («postulado» le llama una vez Marrast en la discusión antes citada), sobre el que estriba como fundamento, o gira como pivote la acción de la obra, es aquí inadmisible o de difícil asentimiento como eje de un drama: La Gallarda, vaquera, ama a Resplandores, un toro. No se trata, naturalmente, de un amor patológico ni tiene que ver en absoluto con forma alguna de perversión de la naturaleza. El toro Resplandores es un símbolo. Símbolo de los celos, para Marrast; símbolo del amor filial y del amor viril, según Ventura Doreste. Ahora bien, aunque el toro es un símbolo para el poeta, y como símbolo puede ser interpretado por el lector o el espectador (si algún día es representada la obra), lo cierto es que los personajes —La Gallarda, su marido, Manuel Sánchez, que morirá corneado por Resplandores y maldecido por su esposa por atreverse a torearlo, los tres pretendientes de La Gallarda, los dos zagales y Babú, comentador de la acción y puente de mediación entre ésta y el espectador—, todos los personajes hablarán, tratarán y verán al toro como a un toro real. ¿Qué universo trágico —*Tragedia de vaqueros y toros bravos,* se subtitula *La Gallarda*— puede fundarse sobre el «postulado» del amor de una mujer por un toro? Hay, en efecto, cierta atmósfera trágica, pero su cimiento es lírico, como lo es también su determinación poética. Por ello, la palabra de los personajes no es nunca una palabra en situación, nacida de la necesidad de la acción ni de la condición del personaje, sino libre palabra lírica ajena a cualquier otro condicionamiento que no sea el de la fabulación poética. Como los propios personajes, aunque lleven nombre y apellido individualizador, no son otra cosa que signos líricos, en la misma medida que lo son Salicio y Nemoroso, los dos personajes de la égloga primera de Garcilaso o los gongorinos Polifemo y Galatea. No es, pues, a nuestro juicio, como piezas teatrales, sino como poemas líricos escenificados, como deben ser consideradas estas dos bellas creaciones de Alberti, a pesar del hábil juego escénico de pasado y presente, realidad y sueño en *La Gallarda.*

En *El adefesio* podemos hablar también, en rigor, de una desproporción entre la densidad de los símbolos y la parquedad de la intriga, pero no a la manera de las dos piezas anteriores, sino a la manera de muchas piezas del «teatro del absurdo», en donde la intriga es, ciertamente, mínima. No se trata, me apresuro a recalcar, de que entre *El adefesio* y el «teatro del absurdo» exista algún punto de contacto ni formal ni de contenido. Se trata, simplemente, de que tanto en la obra de Alberti como en cierto «teatro del absurdo» la intriga no es elemento capital en la construcción de la pieza teatral, siendo su función dentro de la estructura del drama mucho menos importante que la de otros elementos. Como en *El trébol florido* y en *La Gallarda,* la intriga es mínima, pero a diferencia de entrambas —y diferencia cualitativa, ya no simplemente cuantitativa—, conflicto, personajes y diálogo, así como su plasmación, son radicalmente dramáticos. En esta *Fábula del amor y las viejas* —así la subtitula su autor— Alberti opera con los símbolos como dramaturgo y no como poeta lírico, pero además lo esencial no son ya los símbolos, sino la *acción* en donde se dan, justo porque la categoría de «lo dramático» no aparece sólo como forma exterior, como simple objetivación escénica, sino como forma interior.

El centro del drama lo ocupa la figura imponente y extraña de Gorgo, trágica encarnación de una autoridad absoluta y no discutida, aunque sí odiada y temida, cuyo ejercicio inquisitorial y cruel producirá, como consecuencia inevitable y fatal, la destrucción y la muerte. El drama arranca con una escena en la que Alberti presenta el acto de la investidura del poder: la vieja Gorgo aparece con un bastón en la mano y en la cara puestas las barbas del hermano muerto, en cuyo nombre y en cumplimiento de una promesa hecha al muerto se arrogará el derecho a ejercer la autoridad. Queda claro, desde el principio, que esa autoridad le viene a Gorgo, o así lo cree ella, desde arriba, y no de sí misma. Pero la autoridad asumida no destruye la individualidad concreta y particular de quien la asume. Gorgo, símbolo de la autoridad, es también una vieja maligna, cruel, resentida, llena de odio y vacía de amor, supersticiosa e hipócrita, que disfruta en torturar a sus dos viejas amigas, Uva y Aulaga, a la vez que las asocia a sus proyectos. Estas tres viejas se erigen a sí mismas en tribunal para juzgar a Altea, joven y bella muchacha, sobrina de Gorgo. Durante el interrogatorio se desencadena el odio y la crueldad de las viejas contra la belleza, la juventud y la inocencia de Altea, y los jueces se transforman en verdugos, condenando a la víctima a vestir «un traje negro de vieja, largo, triste, irrisorio» y a ser encerrada en un cuarto. Su culpabilidad consiste en amar y en negarse a decir el nombre de aquel a quien ama, nombre que, al final, le será arrancado: Cástor, muchacho criado por la vieja Aulaga, y a quien ésta profesa un turbio amor.

Toda la actuación de Gorgo, una vez en posesión de ese nombre, va dirigida a impedir la realización de ese amor, utilizando para ello todos los medios a su alcance. Falseará la realidad haciendo venir a un mensajero portador de un falso mensaje: el suicidio de Cástor, colgado de un olivo. Noticia que provocará el suicidio de Altea, que se arrojará desde la azotea. Cuando Cástor llegue la encontrará muerta. Y Gorgo revelará su secreto: Altea y Cástor eran hijos de un mismo padre, el hermano muerto de quien ésta ha usurpado la autoridad. Gorgo ha querido impedir el incesto y ocultar el deshonor de la familia, y la consecuencia de sus actos es el triunfo de la muerte.

Naturalmente, la intriga, simple y demasiado particular, es sólo, funcionalmente, un elemento ancilar en la construcción del drama. La verdadera acción del drama trasciende constantemente los contenidos propios de la intriga (incesto, deshonor familiar, parentesco de Altea y Cástor). Lo realmente plasmado en el drama es el significado trágico de todo principio de autoridad o, con mayor exactitud, de la esencia misma del principio de autoridad. Pretendiéndose trascendente —de ahí la referencia continua de Gorgo al hermano muerto, identificado, con consciente ambigüedad del autor, a la Divinidad—, se realiza, a través y mediante individuos concretos, y es esa necesaria mediación la que necesariamente prostituye y corrompe, hasta anularla, su presunta raíz trascendente. Gorgo ejerce la autoridad en nombre de un poder trascendente, pero su ejercicio de la autoridad va dirigido —y es lo que Alberti muestra— por oscuros móviles personales, que escapan a la conciencia y al control de quien ha asumido la autoridad, y cuya raíz es irracional. Irracionalidad que no suprime por ello la conciencia de culpa de quien detenta la autoridad ni la necesidad de purificación pública. En una extraordinaria escena del acto III —extraordinaria por su fuerza dramática y por su profundo significado— Gorgo, que ha organizado una fiesta de caridad para los pobres, lava las manos a todos los personajes, a todas sus víctimas, en cumplimiento de un rito de purificación, interpretado por éstas como un heroico acto de humildad y de santidad de Gorgo, escena que es interrumpida por la llegada del mensajero portador del falso mensaje inventado por Gorgo, cuya consecuencia será el suicidio de Altea. El carácter grotesco del lavatorio, aparte su referencia paródica a una tradición religiosa popular, pone de manifiesto expresamente la necesidad que Gorgo tiene de autopunición, de castigo por la culpa contraída, cuyos efectos van a desencadenarse bruscamente en seguida. Pero, a la vez que esa necesidad de penitencia que objetiva la conciencia de culpa, el acto del lavatorio se convierte en una forma más de dominio, pues Gorgo consigue en él el fervor y la admiración de los demás, sintiéndose éstos culpables ante Gorgo.

Al final del drama, sin embargo, Gorgo confiesa, convicta, su culpabilidad y su verdadera condición: «Yo no soy más que un monstruo, una pobre furia caída, un adefesio.» Cierto. Pero a ese monstruo, a ese adefesio, a esa furia caída ahora, y responsable de cuan-

223

to ha sucedido, le bastó empuñar un bastón y cubrir su rostro con unas barbas, símbolo y emblema de la autoridad, para aterrorizar, torturar y destruir, justificando cada una de sus acciones con la apelación a una superior instancia que la guía y la empuja, y a la cual cree servir. Porque lo realmente terrible de Gorgo y lo que le confiere su más profunda significación es su ceguera y su enajenación. Gorgo, el verdugo, es la primera de las víctimas de ese hermano muerto, presente y ausente a la vez, de donde dimana la autoridad por ella revestida. De ahí la auténtica virtud catártica de sus últimas palabras, en donde la verdad se hace patente cuando ya es demasiado tarde. Derribada en el suelo, de rodillas, despojada de sus barbas, reconoce su propia identidad: *Yo no soy más que un monstruo, una pobre furia, un adefesio.*

Nada importante añade Alberti a su teatro en la adaptación («reinvento para ser representado»)[53] de *La lozana andaluza,* pese a su verbo desenfadado, a su alegre sátira y a su hábil escenificación.

III. Casona (1903-1965)

1. Introducción necesaria

Alejandro Casona, seudónimo que ha quedado como nombre, sustituyendo al suyo propio (Alejandro Rodríguez Álvarez), comienza su carrera de dramaturgo con el estreno en 1934, en el Teatro Español de Madrid, de *La sirena varada,* a la que en 1933 se le había concedido el Premio Lope de Vega. Antes de que Casona salga de España a principios de 1937 es ya un dramaturgo conocido y estimado por otras dos piezas estrenadas con éxito: *Otra vez el diablo* (1935, aunque escrita en 1927)[54] y *Nuestra Natacha* (1936). Hay que añadir dos obras más de menor importancia, *El crimen de lord Arturo,* adaptación teatral del cuento de Oscar Wilde, cuya primera versión fue estrenada en Zaragoza en 1929, y *El misterio de María Celeste,* escenificación de una novela de Hernández Catá, escrita en colaboración con éste, estrenada en Valencia en 1935, amén de dos piezas cortas *(Sancho Panza en la ínsula* y *Entremés del mancebo que casó*

---

[53] Prólogo a *La lozana andaluza, Teatro,* II, pág. 9.
[54] Para la cronología del teatro de Casona utilizamos el libro de J. Rodríguez Richart, *Vida y teatro de Aejandro Casona,* Oviedo, Instituto de Estudios Asturianos, 1963; el extenso prólogo de Federico Carlos Sáinz de Robles a su edición de *Obras completas,* de Casona, I, Madrid, Aguilar, 1954; la «Introduction», de Juan Rodríguez-Castellano, a su edición de *Los árboles mueren de pie,* Nueva York, Holt, Reinhart and Winston, 1961, y la «Introduction», de José A. Balseiro y J. Riis Owre a la edición de *La barca sin pescador,* Nueva York, Oxford University Press, 1960.

con mujer brava), escritas ambas para el «Teatro ambulante» o «Teatro del pueblo», cuya dirección se le encargó a Casona en 1931. De este «teatro» diría años más tarde el dramaturgo: «...Era un teatro como el que pasa en la carreta del Quijote: sencillo, montado casi siempre en la plaza pública, con un escenario levantado con maderas toscas por los propios muchachos artistas... El camión que nos conducía hacía su aparición en una aldea, tocábamos los heraldos como en pleno siglo inicial del teatro "en el corral de doña Elvira", y en pocos momentos estábamos ya en función, regalando a aquella pobre gente olvidada un poco de recreo y bienestar espiritual...»[55]. Ya Casona, durante su estancia en el Valle de Arán, a donde fue destinado como maestro en 1928, había hecho la experiencia de dirigir un grupo de teatro infantil: "Allí fundé, con los chicos de la escuela, el teatro infantil "El Pájaro Pinto" realizando a base de repertorio primitivo comedia de arte y escenificaciones de tradiciones en dialecto aranés. Tuvimos éxito. Se entretuvieron los más chicos y quedó prendida en la mente de los mayores una lección, una enseñanza, un aletazo a la imaginación.»

Éste es —vida y creación— el quehacer dramático de Casona a su salida de España.

A diferencia de otros escritores españoles de su generación —Max Aub, por ejemplo, o Alberti—, Casona seguirá fuera de España su obra de dramaturgo sin romper temática ni estilísticamente los moldes de su teatro anterior a la guerra civil española. Aproximadamente cuatro meses después de abandonar España, estrena en México *Prohibido suicidarse en primavera* (1937). A ésta siguen tres obras de menor importancia, *Romance en tres noches* (Caracas, 1938), *Sinfonía inacabada* (Montevideo, 1939) y *Las tres perfectas casadas* (Buenos Aires, 1941)[56]. A partir de esta fecha, Casona, residenciado en la Argentina, estrenará en Buenos Aires: *La dama del alba* (1944), *La barca sin pescador* (1945), *La molinera de Arcos* (1947), *Los árboles mueren de pie* (1949), *La llave en el desván* (1951), *Siete gritos en el mar* (1952), *La tercera palabra* (1953), *Corona de amor y muerte* (1955), *La casa de los siete balcones* (1957) y *Tres diamantes y una mujer* (1961)[57]. Entre 1935 y 1960 la mayoría de sus

---

[55] Entrevista de Casona con Lolo de la Torriente en el diario *Excelsior* de México, D. F., 2 de junio de 1937, según Rodríguez Richart, de donde tomo la cita (*op. cit.*, págs. 20-21). De este mismo libro tomo los datos y la cita que sigue.

[56] No incluyo *Marie Curie*, escrita en colaboración con Francisco Madrid y estrenada en La Habana en 1940.

[57] Completan la actividad teatral de Casona en América sus adaptaciones de novelas (por ejemplo, *Carta de una desconocida*), sus refundiciones y arreglos del teatro español (*El anzuelo de Fenisa* y *Peribáñez*, de Lope; *El burlador de Sevilla*, de Tirso; *La Celestina*), de Shakespeare (*El sueño de una no-*

obras son traducidas a varios idiomas y estrenadas en diversos escenarios europeos y no europeos, siendo sus dos comedias más representadas *La dama del alba* y *Los árboles mueren de pie,* traducidas al francés, inglés, alemán, portugués, holandés, italiano, hebreo, checo, finlandés, danés, ruso, griego...[58]. En 1962 Casona regresa a España con motivo del estreno en Madrid de *La dama del alba,* abriendo con ella la serie ininterrumpida de representaciones de sus otras piezas. En España escribirá y estrenará su última obra, *El caballero de las espuelas de oro* (1964).

Durante tres años, los años del «festival Casona», según expresión de un joven crítico español, el público de Madrid[59] aplaude entusiasmado —¿homenaje o devoción?— un teatro que le llega con retraso, creado como fue en las décadas del 40 y del 50 fuera de España —en sentido geográfico y en sentido histórico—, y a destiempo, extraño como es por su contenido y por su forma al teatro *actual* —en sentido rigurosamente sociológico aquí— y a la realidad española. Frente a la actitud del público y de una buena parte de la crítica, tres críticos —Ricardo Domenech, Fernández Santos y J. Monleón— rechazan con violencia la temática del teatro casoniano, censurándole su escapismo, su falta de vigencia cultural y su desasimiento de la circunstancia histórica española. Los tres citados críticos pertenecen a la misma generación de los dramaturgos que hoy escriben el «nuevo» teatro español, el que arranca de Buero Vallejo y Sastre, y es de suponer que representan, en términos generales, la opinión del otro público, el disidente, el formado en su mayoría por los jóvenes, quienes exigen del teatro «nivel político» y «pureza estética»[60], lucidez y responsabilidad críticas y, naturalmente, compromiso con la totalidad de lo real en su «aquí» y su «ahora».

Adela Palacio[61] acusa a los citados críticos de falta de sentido histórico, pues al enfrentarse con el teatro de Casona lo hacen desde supuestos y principios que no le son propios. Juan R. Castellano ve en dicha actitud más una razón política que estética, y escribe: «El

---

che de verano), teatro infantil (*El lindo don Gato* y *¡A Belén, pastores!*) y las tres piezas cortas (*Farsa del cornudo apaleado, Fablilla del secreto bien guardado* y *Farsa del corregidor),* que con las dos ya citadas, escritas para el «Teatro ambulante», fueron publicadas juntas en 1949 con el título de *Retablo jovial.*

[58] Ver para la reseña completa de traducciones estrenadas, Rodríguez Richart, *op. cit.,* págs. 188-190.

[59] Con respecto a ese público puede consultarse el cuadro estadístico publicado en el número extraordinario dedicado al teatro español por la revista *Cuadernos para el Diálogo,* junio 1966, pág. 2, y los comentarios a dicho cuadro de Miguel Bilbatúa en su artículo «El teatro, artículo de consumo», *íd.,* páginas 5-6.

[60] Ver **Alfonso Sastre**, «Nivel político, pureza estética», *íd.,* págs. 37-38.

[61] En un artículo titulado «Casona y la crítica actual», *Boletín del Instituto de Estudios Asturianos,* XX, 1966, núm. 57, págs. 115-146.

teatro de Casona necesita una revaloración. Para este estudio habrá que tener en cuenta dos consideraciones importantes: recordar, por un lado, que si su teatro es ya historia, en otro tiempo fue renovación; por el otro, eliminar las palabras "compromiso", "documento", "testimonio", "circunstancia" y "problemática", términos todos muy empleados para caracterizar gran parte del teatro de hoy»[62]. Tener en cuenta ambas consideraciones es lo que nos proponemos, pero no sin confesar de antemano la dificultad de tal empresa, pues, querámoslo o no, nuestra concepción de la función cultural del teatro está muy cercana a la de los tres mentados críticos. Trataremos, pues, de describir e interpretar un objeto estético que *es ya historia,* procurando no se produzca interferencia alguna que altere su naturaleza propia. Y nos atendremos a esta afirmación de Casona: «No soy *escapista* que cierra los ojos a la realidad circundante... Lo que ocurre es, sencillamente, que yo no considero sólo como realidad la angustia, la desesperación y el sexo. Creo que el sueño es otra realidad tan real como la vigilia»[63].

2. El compromiso entre fantasía y realidad

La sirena varada, Prohibido suicidarse en primavera y *Los árboles mueren de pie* forman una trilogía homogénea por su temática, su estructura dramática, sus elementos estilísticos y su significación. Las tres obedecen a una misma fórmula estética que se repite sin variaciones importantes en 1933, 1937 y 1949, sin que cuenten los dieciséis años transcurridos entre la primera y la última. Dicha repetición supone fidelidad a una fórmula y a un tema, pero también cierto inmovilismo interior en la evolución de una dramaturgia.

En *La sirena varada,* unos personajes pretenden escapar de una realidad juzgada como constitutivamente deficiente, creándose un refugio, una isla en donde inventar una vida nueva no sujeta a razón ni a disciplina, no dependiente de nada que no sea los propios sueños. Ese proyecto de vivir en la «irrealidad», al margen del dolor y de la dureza de la vida humana, encubre una vocación para la ceguera y un miedo a asumir lo real, que no podrá ser mantenida, debiendo los personajes, en cuanto intentan vivir en serio su condición humana, volver a la realidad, pues, como afirma don Florín, representante de la razón vital, sólo es posible vivir en la verdad. La bella máscara de poesía con la que cada personaje oculta su ros-

<hr>

[62] Juan R. Castellano, «Mi última conversación con Alejandro Casona», *Revista de Estudios Hispánicos,* I, 1967, págs. 183-193.
[63] José Luis Cano, «Charla con Alejandro Casona», *Ínsula,* núm. 191, pág. 5. Tomo la cita del artículo de Juan R. Castellano, pág. 187.

tro verdadero muestra su radical insuficiencia y su dramático sentido: Daniel, el pintor que se venda los ojos para no ver la fealdad, está ciego y nada puede ver; el Fantasma, que cada noche hace su papel de fantasma, no es más que un pobre tipo; Samy, el payaso, oculta bajo su disfraz profesional un hombre acabado, incapaz de mínima dignidad; Sirena es una enferma mental, víctima de la brutalidad de la vida, cuyo papel no es un poético juego, sino resultado de su incapacidad para lo normal; y Ricardo, el creador de ese refugio en que se mueven los otros personajes, renunciará a sus sueños porque sólo en la realidad encontrará el camino auténtico de la salvación, pues el amor humano sólo en la verdad y no en la fantasía puede cumplirse.

En *Prohibido suicidarse en primavera* volvemos a encontrarnos con unos excéntricos y extraños personajes refugiados en una casa para suicidas donde todo está preparado, aparentemente, para facilitar un hermoso suicidio, haciendo de él un arte bello. En realidad, según declara su director, el doctor Roda, «intenta ser un sanatorio» para salvar a aquellos que se creen desgraciados devolviéndolos sanos a la vida, única razón de tan fantástica escenografía. Cada uno de los presuntos suicidas descubrirá, en efecto, que sólo provisionalmente se puede vivir en la ilusión, que ésta de nada sirve a la larga ni es nunca una solución. E incluso que la ilusión, el refugio en la fantasía o en la irrealidad, como terapéutica del ánimo enfermo o desengañado, es un procedimiento engañoso y peligroso. Los problemas que la vida plantea, las interrogaciones con que nos acucia hay que resolverlos en la vida misma, «de pie» (Chole, acto III). Mostrar esto último es la función de Chole, mujer sana y llena de vida quien, contagiada por el ambiente artificioso y malsano, intentará suicidarse y, al fracasar, tomará conciencia de que escapar, por la muerte o por el engaño piadoso, no resuelve nada. Sólo la verdad, sólo la plena aceptación de la realidad salva al ser humano. Ése será también el descubrimiento de Juan, quien sanará del odio a su hermano y de su complejo de inferioridad.

En *Los árboles mueren de pie* se nos introduce en el primer acto en una institución cuya misión es sembrar un poco de ilusión en las vidas humanas, ejercer la caridad por el camino de la poesía, dar un poco de felicidad a los necesitados de ella. En los dos actos restantes vemos al director y a una empleada reciente de la institución, salvada por ésta del suicidio, actuar en un caso concreto, en el que deben fingir lo que no son para dar unos días de felicidad a una anciana. Cosa que consiguen plenamente mientras la realidad no hace acto de presencia. Cuando ésta se presenta, insobornable y en toda su crudeza, el poético juego de la felicidad manifiesta su impotencia frente a ella. La salvación vendrá desde dentro mismo de la realidad, asumiéndola. Al final de la pieza no será la poesía y la irrealidad quien salve a la realidad, sino ésta a aquélla. E, incluso, desde el seno mismo de la ficción brotará, imponiendo su necesidad y haciendo retroceder a aquélla, una nueva realidad que invalidará la ficción.

Como se ve, en este conflicto entre irrealidad y realidad, entre fantasía y verdad, entre ilusión y vida, es ésta no aquélla quien tiene la última palabra. Irrealidad, fantasía e ilusión tienen el prestigio y el brillo de la belleza, pero es en la realidad donde sólo puede el hombre vivir la verdad. Ahora bien, si la huida de la realidad está dramatizada en función de su vuelta a ella, no es menos cierto que el regreso a ésta supone un enriquecimiento del hombre merced a la experiencia de lo irreal. Lo que el dramaturgo parece significar es que la plena humanidad consiste, precisamente, en el compromiso de la dimensión irreal y real de la existencia, no en su oposición ni en su exclusión. Vivir sólo en la primera dimensión lleva a la deshumanización, vivir sólo en la segunda conduce a un empobrecimiento del espíritu. Es el armonioso compromiso de ambas dimensiones de la existencia quien da plenitud a las vidas humanas, quien las hace, a la vez, verdaderas y bellas.

Por otra parte, como Kessel Schwartz ha mostrado, aquellos personajes que rehusan aceptar la realidad, como Daniel en *La sirena varada* o Hans en *Prohibido suicidarse en primavera,* no encuentran la felicidad, pues ésta sólo en la realidad puede hallarse. «La conclusión de Casona —afirma refiriéndose a *Los árboles mueren de pie*— es que las palabras realidad y felicidad son sinónimos» [64].

¿Puede afirmarse de este teatro que es escapista? Si nos atenemos a su sentido final, no, pues las tres piezas son una invitación a reintegrarse en la realidad. Sin embargo, algo hay en ellas que las acerca al teatro llamado teatro escapista, algo que reside en el modo específico de la plasmación dramática del contenido y de los caracteres, pues aquél y éstos son, en su esencia, *casos* sentimentales que encarnan y representan muy parcialmente los contenidos de la realidad. Fantasía y realidad no son —si se me permite la expresión— cantidades plenas, sino sólo relativas, por lo que ni la una ni la otra,

[64] Kessel Schwartz, «Reality in the Works of Alejandro Casona», *Hispania,* XL, 1957, págs. 57-61. La cita en pág. 60. Puede verse también sobre la relación entre realidad y fantasía e ilusión en el teatro casoniano A. Wallace Woolsey, «Illusion versus Reality in some of the Plays of Alejandro Casona», *Modern Language Journal,* XXXVIII, 1954, págs. 80-84; José Caso González, «Fantasía y realidad en el teatro de Alejandro Casona», *Archivum,* V, 1955, páginas 304-318; Frank J. Toms, «The Reality-Fantasy Technique of Alejandro Casona», *Hispania,* XLIV, 1961, págs. 218-221, y el libro de Esperanza Gurza, *La realidad caleidoscópica de Alejandro Casona,* Oviedo, Instituto de Estudios Asturianos, 1968, especialmente caps. 2 y 3.

ni el compromiso entre ambas consigue suscitar nuestra adhesión. De ahí esa impresión de gratuidad del juego dramático y de su ausencia de necesidad.

3. Pedagogía y teatro

Ya Joaquín de Entrambasaguas [65] subrayó la presencia difusa del «espíritu docente» y de elementos pedagógicos en la mayoría de las obras dramáticas casonianas, que de manera muy concreta aparecen, informando la totalidad del contenido y de su significado, en *Nuestra Natacha* y *La tercera palabra*.

Nuestra Natacha comienza en pieza brillante y acaba en pieza rosa. Casona critica los métodos pedagógicos vigentes en los reformatorios, métodos basados en un principio de autoridad deshumanizada y en una falta absoluta de amor y comprensión a los internados, a quienes se considera, en realidad, irreformables, todo ello en nombre de una moral burguesa rigorista y negativa que no cree en la perfectibilidad de la naturaleza humana ni en la libertad del individuo y que enmascara su injusta arbitrariedad y su estéril vacío bajo la apariencia del bien común. A esos métodos opone otros, estribados en el amor, la confianza y el respeto a la libertad, cuya realización emprende Natacha, la protagonista, asistida por la ayuda generosa y desinteresada de sus compañeros universitarios. Cuando los métodos de Natacha, que se revelan los únicos eficaces, sean rechazados por el Patronato del reformatorio en nombre de una moral deshumanizada y de una pedagogía anquilosada y bárbara, la heroína, ayudada por sus compañeros, se trasladará a la granja abandonada de uno de ellos, acompañada de los antiguos internados del reformatorio, para proseguir su hermosa labor de redención. La obra es una bella fábula, rica de emoción y de poesía, de ingenio y de espíritu de denuncia al servicio de una pedagogía ideal, cuya posibilidad de realización es puesta de manifiesto en la acción dramática.

Rodríguez Richart cita un texto de Casona que vale la pena reproducir: «De *Nuestra Natacha* se han escrito muchas tonterías, se ha hecho bandera de acá y de allá. ¡No es bandera!..., era simplemente una obra joven, llena de fe. Quizá un poco evangélica, un poco inocente, un poco romántica, pero de cosas muy auténticas y verdaderas; donde está el teatro de los estudiantes, la residencia, los problemas de la coeducación, esas especies de penitenciarías que eran los reformatorios... ¡En fin! Todo ello estaba hecho con un nobilí-

[65] Joaquín de Entrambasaguas, «El teatro de Alejandro Casona», *Clavileño*, 1950, núm. 4, págs. 34-36.

simo afán, no de hacer demagogia ni de buscar ovaciones, sino de tocar una llaga de la pedagogía española, que es evidente que estaba al alcance de todo el mundo y nadie había tocado» [66]. En efecto, cuanto Casona afirma de su obra nos parece exacto y está en ella. Rodríguez Richart añade a continuación: «Podrá decirse, pues, de la obra (como hace A. Valbuena Prat) que el fin es noble y altruista, pero la historia central peca de ingenua e incluso tópica; podrá objetarse que la reforma social que allí se preconiza es algo candorosa y romántica; podrán ponerse reparos al hecho de que, por ejemplo, los educandos del reformatorio aparezcan todos demasiado buenos, demasiado generosos y honrados, demasiado sufridos, sin que veamos apenas su lado malo, negativo. Todo esto parece, efectivamente, discutible. Lo que creo está al margen de toda duda (y esto lo considero mucho más importante, pues lo que acabo de exponer es, en fin de cuentas, una cuestión extraliteraria) es que en ningún caso las ideas actúan de lastre en la obra teatral; que ésta nunca se siente ahogada por ellas y nunca pierde su dimensión específicamente teatral: *Nuestra Natacha* es, antes que nada, teatro.» También, *mutatis mutandis,* es antes que nada teatro *La venganza de don Mendo,* pongo por caso. Pero del mismo modo que —al menos para nosotros— es inadecuada la separación de estilo y contenido, como si aquél pudiera ser válido con independencia de éste, es inadecuada la separación entre construcción teatral y contenido dramático. Por ello, no consideramos, ni mucho menos, extraliterarias las cuestiones apuntadas por Rodríguez Richart. Son ellas, justamente, las que impiden alcanzar su plena eficacia a cuanto de positivo —lo señalado por el dramaturgo y por el crítico— hay en la obra. Todo eso *está,* efectivamente, en la pieza, pero también está todo *lo otro* que la convierte en una pieza rosa. *Nuestra Natacha* es una bella y noble fábula pedagógica, admirablemente escenificada, pero cuyo contenido se resiente de una idealización que limita su verdad y parcializa y empobrece su significado como mundo dramático.

En *La tercera palabra* dramatiza Casona una fábula, fábula muy antigua en la historia de la literatura y con larga tradición en la española, cuyos polos opuestos y en conflicto se llaman civilización y naturaleza, pareja antagónicamente presentada de modo central o accidental en otras piezas de nuestro dramaturgo [67]. Los dos protagonistas son Pablo, el salvaje, el hombre primitivo, y Marta, la maes-

---

[66] Entrevista con M. Gómez-Santos en *Pueblo,* Madrid, 16 de agosto de 1962. La cita y su fuente están tomadas de Rodríguez Richart, *op. cit.,* págs. 64-65. El texto reproducido a continuación, en págs. 65-66.

[67] De modo central en *La barca sin pescador.* Rodríguez Richart señala también su presencia en *Nuestra Natacha,* en *Romance en tres noches* y en *Prohibido suicidarse en primavera* (*op. cit.,* pág. 97).

tra. Pedagogía y amor se alían y se sustentan mutuamente, determinando una doble educación: de Pablo por su maestra y la de ésta por aquél, civilizándose el primero y naturalizándose la segunda. Cumplido el proceso educativo el dramaturgo enfrenta a su personaje con los representantes no muy brillantes de la civilización, presentados unos como tipos de farsa y el otro como héroe de melodrama, puestos en ridículo y escarnecidos y desenmascarados por Pablo, quien con razón, dada la baja calidad moral o la estupidez y falsedad de los representantes de la «civilización», decide volver al estado de naturaleza. La pieza termina con un compromiso entre lo óptimo de la civilización (Marta) y lo óptimo de la «naturaleza» (Pablo), signo del cual será el futuro hijo de ambos, del cual dice Marta: «Mi hijo será la gran obra de mi vida; con todo lo bueno tuyo y todo lo bueno mío. ¡Pero ni la bestia ni el muñeco! Un hombre con la dimensión exacta del hombre (...), un hombre verdadero..., un hombre completo... ¡Un hombre!»

Los elementos críticos, aunque sometidos a una cristalización idealizadora, de una realidad concreta patentes en *Nuestra Natacha,* han desaparecido en *La tercera palabra,* quedando en primer plano el hábil juego teatral de personajes y situaciones, con excelentes momentos de ironía, de ternura, de humor y de poesía, pero sin que la pedagogía vaya más allá de una ideal invitación a la autenticidad.

Ciertamente que en estas piezas como, en general, en todo el teatro de Casona encontramos, como escribía Pedro Laín Entralgo, «una constante exaltación de la bondad, del amor entre los hombres y a las cosas, de la poesía como forma de vida superior a la vulgaridad y al egoísmo» [68], pero del mismo modo que en los sermones del cura de iglesia bien encontramos la invitación a amar al prójimo y a aborrecer el pecado, sin que tal radical mensaje pase del nivel de frase consabida al de realidad entrañada y convivida, con capacidad de remover ni movilizar las conciencias. En *La tercera palabra* la idea poética general —bella y noble en sí— que motiva la estructura de las situaciones y en la que reside la significación de la obra no refleja realidad esencial alguna —en sentido etimológico—, sino tan sólo aspectos muy parciales de realidad. Como en las obras anteriores, Casona opera tal reducción de la realidad, que en su presencia sobre el escenario advertimos especialmente su ausencia, por lo que el sentido final de cada una de estas piezas casonianas queda siempre mermado y, a la postre, inoperante, por virtud de la insuficiente formulación dramática de la realidad.

---

[68] Pedro Laín Entralgo, «La bondad y el mundo», *Gaceta Literaria,* Madrid, 16 de mayo de 1964, pág. 44. Texto citado por Juan R. Castellano, art. cit.

4. El diablo, dos veces

En la *Nota preliminar* a la *Memoria* que sobre el *El Diablo* presentó a la Escuela de Estudios Superiores de Magisterio (curso 1925-1926), escribía Casona: «Ni lo que es el Diablo como símbolo del Mal, ni lo que representa como antagonista de Dios, me interesa.» Lo que le interesaba era el Diablo como personaje literario y sus avatares. Y como tal personaje literario, enfocado con humor e ironía poéticos, aparece en dos de sus piezas: *Otra vez el diablo* y *La barca sin pescador.* Resulta improcedente y fuera de toda mesura crítica, a nuestro juicio, adoptar ante el Diablo casoniano cualquier postura trascendentalista que vería en él y en el drama en que aparece un profundo símbolo universal o un grave problema espiritual, como es, por ejemplo, el caso de F. C. Sáinz de Robles, quien de *Otra vez el diablo* escribe nada menos que lo siguiente: «La raíz de este calificado cuento de miedo lo es de un problema más urgente y universal que el de Fausto (...): el problema de cómo y dónde puede el hombre vencer a su demonio. Problema *interior* con rigurosidad, y cuya urgencia y universalidad radican en que su solución es exigida absolutamente a todos los hijos de Adán que desean sobrevivirse eterna y gloriosamente» [69]. También Rodríguez Richart, siempre mesurado, escribe del conflicto de *La barca sin pescador,* al que pone en conexión con el de *Otra vez el diablo:* «Es un conflicto de tipo espiritual, moral: al Diablo (al Mal en otros términos) se le vence dentro de sí mismo» [70]. Sin embargo, es necesario recalcar que a este tipo de interpretación da pie el propio dramaturgo, y es lo que constituye la falla principal de estas dos piezas, en donde se superponen, sin armonizarse estéticamente, el tratamiento inteligente e irónico, de raíz intelectual y poética a la vez, del Diablo y la significación moral, de pedagogía espiritual, que al tema se le da al final de ambas piezas. Como personaje, el Diablo casoniano es una criatura escénica dotada de extraordinaria simpatía: deliciosamente humano, mordaz, agudo, con sus puntas de melancolía. Un ente poético jovial, pero capaz de súbita gravedad, buen conversador y ansioso de compañía, impenitente solitario sin gusto por la soledad, consciente de las mixtificaciones a las que la imaginación popular le ha condenado, víctima elegante de la incomprensión universal y burlón moralista capaz de dar una buena lección de *esprit, de savoir faire* y de elegancia espiritual a los ingenuos y egoís-

---

[69] F. C. Sáinz de Robles, Prólogo cit., pág. 47.
[70] *Op. cit.,* pág. 96.

tas humanos. Mientras el Diablo se mantiene en un ambiente poético conseguido mediante una sabia dosificación de fantasía y realidad, fundadas en una visión irónica y cordial de raíz intelectual, la pieza alcanza un alto nivel estético dentro de su condición de juego dramático, pero cuando el dramaturgo introduce, siempre al final, la lección moral o espiritual con intención de dar un valor simbólico a la acción dramática, ésta queda súbitamente empobrecida, puesta al servicio de una enseñanza al alcance de cualquier bolsillo. Así sucede en *Otra vez el diablo:* después de haber creado un espacio dramático lleno de fantasía, de ironía, de sátira con su historia de amor entre la Princesa y el Estudiante, su rey bobo, su pedante pedagogo, sus bandoleros de farsa y su humanísimo Diablo, se nos saca de sopetón de ese mundo dramático, en difícil y admirable equilibrio teatral entre la farsa poética y el cuento infantil, para *enseñarnos* esto: al Diablo se le vence venciéndose a sí mismo: «¡Yo he matado al Diablo! —dice el Estudiante—. Lo ahogué aquí dentro.» Con lo que la rica humanidad teatral del Diablo queda reducida, al final, a una tentación de la carne. Tan delicioso ente escénico desciende, por virtud de la moraleja postrera, a la vulgar categoría de pobre diablo de sermón piadoso.

La barca sin pescador está construida mediante dos acciones dramáticas situadas en dos ambientes distintos. En la primera, Ricardo Jordán, financiero al borde de la ruina total, se salva de la bancarrota firmando con el Diablo un pacto consistente en matar a un hombre, no físicamente, sino sólo con la voluntad, a un hombre desconocido. Apenas firma, muere un pescador, Peter Anderson, en un pueblecito de la costa escandinava y se oye un grito de mujer. En la segunda —actos II y III—, Ricardo ha venido al lugar del crimen, conoce a Estela, viuda de Peter, y a la madre de ésta y se queda a vivir en su casa hasta el regreso del próximo barco. Allí, en contacto con la naturaleza, aprende a amarla, repudiando la civilización de donde vino y se enamora de Estela. Llega el momento crítico, el de la partida y de la confesión de su crimen, confesión que no tendrá que hacer, pues el cuñado de Estela confiesa en trance de muerte haber sido él quien lo mató. Momento en que vuelve a presentarse el Diablo para poner en claro que si Ricardo no mató, quiso matar y, por tanto, sigue siendo culpable. El Diablo, sin embargo, será de nuevo derrotado: Ricardo Jordán, el hombre nuevo, matará a Ricardo Jordán, el hombre viejo. El amor lo habrá salvado, rescatándolo del Diablo.

Como en *La tercera palabra,* el mundo «civilizado», más sugerido que presentado, será procesado y condenado frente al mundo más bello, más humano y más auténtico de la «naturaleza», aunque seriamente comprometidas su profundidad y su densidad reales por la fuerte idealización con que es presentado. Es, irónicamente, el Diablo quien se convertirá en fiscal de ese mundo civilizado, aquejado de una radical falta de imaginación para sentir el dolor ajeno, organizado como una vasta sociedad de «crímenes anónimos, de responsabilidad limitada». En ese mundo el Diablo, elegantemente vestido de chaquet y con la cartera del hombre de negocios, se define a sí mismo como gran moralista, especialista en asuntos del alma. Finalmente, será vencido como tradicionalmente le ocurre al Diablo en el teatro católico tradicional español. Bastará que el amor real haga su aparición en el individuo para que éste se redima. Ricardo podrá quedarse tranquilo y feliz en el rincón de naturaleza elegido.

No entendemos cómo Pérez Minik ha podido escribir lo siguiente: «Nunca Alejandro Casona ha sido tan duro con la realidad social que le circunda como en esta obra. Este asesinato formal (el de Peter Anderson) determina en Ricardo Jordán el nacimiento de una conciencia de solidaridad humana, que arranca de la soledad en que quedó sumido al efectuar el crimen y de su necesidad inmediata de pagar la culpa» [71]. Ahora bien, ¿paga su culpa con sólo matar en sí al hombre viejo? ¿Y las víctimas de ese mismo hombre viejo? ¿No existen ya? ¿Puede ser una solución a lo mostrado en el primer acto —la explotación del hombre— la simple conversión moral? ¿Todo está ya cumplido, rescatado y redimido para Ricardo Jordán y puede éste quedarse salvado y feliz, además, permaneciendo «allá arriba, lejos de su sociedad y de sus amigos desaprensivos, como un hombre exilado, contentándose en hacer bien a sus vecinos, amar a Estela y pasear por entre los rosales de una corta primavera», como concluye Pérez Minik? Desde luego que no. Sin embargo, ésa parece ser la respuesta de Casona. Por lo que la obra resulta inmoral y, aquí sí, escapista en la formulación dramática y en su sentido final. El dramaturgo escamotea la dimensión social del conflicto planteado en el primer acto, escapando por la tangente de una moral individual, que es, sustancialmente, la negación de la conciencia de solidaridad humana y de responsabilidad social. Nadie en la obra hace la pregunta fundamental, la única necesaria, aquella que, por ejemplo, es dicha al final de *El concierto de San Ovidio* de Buero Vallejo: «¿Quién asume ya esa muerte? ¿Quién la rescata?» En *La barca sin pescador* nadie asume nada, nadie rescata nada. Basta con quemar el papel del contrato, quemando en él delito y culpa, y arrodillarse a encender un buen fuego en la chimenea. El Diablo, en efecto, no era más que un pobre diablo romántico, un trasnochado

---

[71] Pérez Minik, *Teatro europeo contemporáneo*, Madrid, Guadarrama, 1961, página 61. La cita que sigue se encuentra en la misma página.

individualista, un esteta de la vieja escuela liberal, que jugó a sacar flores del sombrero [72].

Se nos podrá objetar —y soy el primero en hacerlo— que el tema concreto de la obra es la redención moral del individuo merced al amor humano auténtico de un hombre por una mujer, y que nuestra crítica es del todo inoportuna, pues nos dedicamos a pedir peras al olmo, traicionando así el contenido concreto de la obra. Objeción que aceptamos, en parte, no sin insistir en el hecho de que la dimensión social de lo formulado en el primer acto —la responsabilidad y la culpabilidad *social* y no sólo individual del protagonista— es totalmente eludida en los dos restantes actos. Pero, además, esta obra nos plantea un grave problema crítico, que no podemos más que señalar aquí: el de la función *necesariamente* social —querámoslo o no— de la literatura contemporánea, lo cual no quiere decir, claro es, que su temática tenga que ser social, pues esto significaría una dogmática amputación de la libertad creadora y de la propia realidad humana. Nuestra cuestión es ésta: ¿se puede escribir de lo real, en cualquiera de sus múltiples dimensiones o aspectos o niveles —fantasía o injusticia, sueño o vigilia, espíritu o materia— sin que la totalidad de lo real esté en juego? Y, finalmente: ¿qué actitud crítica adoptar ante una obra que propone la salvación del individuo *en el mundo,* dejando de lado su responsabilidad para con este mundo y su alegre no asumir nada?

5. Sueño, misterio y realidad

Dos obras que guardan entre sí una estrecha relación por estar centradas en el tema de los sueños, son *La llave en el desván* y *Siete gritos en el mar,* ambas internamente conectadas con el resto del teatro casoniano por los elementos simbólicos de ilusión y realidad y por su acusado espiritualismo.

La llave en el desván, que lleva como lema una frase atribuida a Freud [73] («Un sueño es el principio de un despertar»), adopta la forma de investigación dramática de un sueño, cuyo sentido es explotado siguiendo dos direcciones divergentes y a la vez complementarias: una que bucea en el pasado para iluminar el presente, y otra que desde el presente intenta prevenir el futuro. Ambas vías de acceso

---

[72] Para una interpretación crítica muy distinta de la nuestra, ver, por ejemplo, José A. Balseiro y J. Riis Owre, «Introduction», cit., págs. 37-43.

[73] Sobre el error de esa atribución, ver el artículo de Charles H. Leighton, «Alejandro Casona and the Significance of Dreams», *Hispania,* XLV, 1962, páginas 697-703. El articulista estudia la relación de los sueños con las doctrinas psicoanalíticas.

al significado del sueño del protagonista —como desvelación del pasado y como premonición del futuro— están enlazadas escénicamente con la maestría técnica que caracteriza a Casona, descubriendo paulatinamente el drama acaecido en la infancia del protagonista —el asesinato de la madre infiel por el padre, que después se suicida— y el drama en el presente —su esposa le engaña con el amigo y colaborador íntimo—. Ambos dramas se expresan en el misterioso lenguaje simbólico del sueño, que se cumplirá al final de la pieza: Mario, el protagonista, matará de verdad a su esposa. La obra nos parece una excelente pieza «policíaca», con hábil dosificación del «suspense» [74], en donde el proceso de desciframiento del sueño, siguiendo la doble vía descodificadora de Freud y Jung, cumple idéntica función dramática que el esclarecimiento del misterio, y la solución del enigma en la obra policíaca. En la pieza casoniana el descubrimiento de la verdad oculta en el sueño es simultánea a la realización del asesinato predicho en él.

En *Siete gritos en el mar,* en cambio, el sueño y su desciframiento no constituyen el tema ni actúan como motor de la acción, sino que aquél tiene valor instrumental cuya función es permitir el acceso a zonas ocultas de la realidad. Mientras la estaba componiendo escribió su autor: «me parece lo más ambicioso y hondo que he intentado nunca» [75]. La acción de esta «comedia imposible» transcurre en un transatlántico durante una sola noche. Ocho personajes de la clase de lujo son puestos ante una situación-límite: la muerte. El Capitán, que los ha invitado a cenar la Nochebuena, les comunica que será su última noche: ha estallado la guerra y el transatlántico ha sido destinado a atraerse la atención de los submarinos enemigos para que un convoy aliado pueda seguir libremente su ruta. La obra, hasta un momento antes del final, está centrada en el estudio de siete de los ocho caracteres, situados, de golpe, ante la muerte, y de sus diversas reacciones ante ella: «unos con valor, otros con impotencia resignada, otros cobardemente, otros con altivez fingida, otros en la purificación del arrepentimiento y del dolor» [76]. Partiendo del supuesto convencional, universalmente admitido, de que antes de morir todo ser humano necesita decir la verdad, los siete personajes se confiesan en voz alta, desnudando sus conciencias y haciendo aflorar

---

[74] Creemos que sólo forzando el texto puede afirmarse, como lo hace Esperanza Gurza, que Casona «insinúa» este tema: «que se puede llegar a la verdad (y ¿por qué no?, a la Verdad) por más de un camino» (*op. cit.,* pág. 97). La verdad a que se refieren los personajes es sólo la verdad del sueño que pretenden interpretar.

[75] En carta de 21 de octubre de 1951 a Juan R. Castellano, citada por éste en su «Introduction» a *Los árboles...,* ed. cit., pág. XX.

[76] Palabras de Casona en otra carta de 15 de abril de 1952 a Juan R. Castellano, *íd.,* pág. XXI.

a la superficie sus dramas particulares, sus miserias, sus frustraciones, sus deseos reprimidos y sus culpas. Estas confesiones cruzadas, que ocupan la mayor parte de la acción, de un acusado realismo psicológico, están puestas en conexión con un plano simbólico, cuyo representante es, principalmente, el Capitán, dotado de una misteriosa personalidad, que se revela en la relación con sus invitados: parece conocerlos más allá de lo que en apariencia son, los cita a la cena como un juez supremo citaría a los acusados, los llama los «siete grandes culpables»... Éstas y otras alusiones a cargo de los invitados a la cena-proceso, especialmente de Santillana, el octavo invitado que está allí en calidad de testigo inocente, determina la interpretación simbólica que de la totalidad de la pieza han dado algunos críticos. Así Rodríguez Richart escribe acerca del sentido simbólico: «Ese simbolismo nos lo van desvelando paulatinamente los propios protagonistas, y a través de ellos sabemos que el barco puede representar el mundo [77], todos sus ocupantes a la humanidad entera y los pasajeros de lujo ("la aristrocracia negra") a la humanidad culpable o, si se quiere, a los siete pecados capitales» [78]. También un crítico portugués, citado por Rodríguez Richart, escribe: «Ese barco con su pequeña vida propia ¿no será nuestro mundo tan trágicamente marcado por la angustia y el miedo a la guerra? Las inquietudes de sus pasajeros ante el peligro inmediato, ¿no son también las preocupaciones de nuestra época? La fauna que se reúne en ese "navío cargado de culpas", ¿no es sugerida imagen de cierta sociedad de tipo internacional?» [79]

Ese simbolismo no emana, sin embargo, de la acción misma, sino de las alusiones y comentarios que tratan de captar nuestra atención hacia la posible significación simbólica de lo representado, como si el autor temiera que no fuéramos capaces de deducirla sin mediación alguna. Se trata, pues, en cierto modo de un simbolismo «dirigido», no consustancial al drama mismo. Los «siete grandes culpables» muestran —y lo hacen con la mejor técnica del teatro psicológico— sólo culpas muy particulares, que difícilmente pueden hacernos pensar en ellos como representantes simbólicos de la Humanidad culpable.

La situación creada al principio —la inminencia de la muerte— y desarrollada a lo largo de la obra se rompe de golpe antes del final: todo ha sido un sueño de Santillana, el periodista. El despertar del

---

[77] «Un barco es otro mundo en pequeño...», nos dice Nina (acto I), escribe Rodríguez Richart en nota a pie de página.

[78] Rodríguez Richart, *op. cit.*, pág. 113.

[79] Rodríguez Richart, *op. cit.*, pág. 114. El texto está citado en nota a pie de página y, según Rodríguez Richart, fue publicado por F. F. en el *Diario de Noticias*, de Lisboa, 5 de febrero de 1953.

sueño coincide con la llegada real de los invitados —los mismos del sueño— a la cena real ofrecida por el capitán, nada misterioso ya. Pero en el sueño se nos ha revelado la verdad oculta de cada invitado, como así lo demuestran las respuestas de éstos a las preguntas de Santillana. Gracias al sueño, que influirá así misteriosamente en la realidad, uno de los personajes, Julia, que durante el sueño había mostrado su voluntad de suicidio, será salvada en la realidad por la misma fuerza que entonces la salvó: el amor. Y es con una nota de amor y de esperanza como la comedia acaba: en la clase tercera, donde viajan los emigrantes italianos, ha nacido un niño, al que le cantan villancicos. De él dirá Santillana: «un niño pobre que nace en Nochebuena, ¿no puede significar otra vez una esperanza de paz y de redención?»

La lección de la obra la expresa también el mismo personaje en estas palabras inmediatamente anteriores a las que acabo de citar: «...hoy he aprendido dos cosas importantes: que cada noche es una pequeña muerte..., y que en el último momento todos los que hayan llorado su culpa serán salvados».

En carta escrita por Casona a Charles H. Leighton decía a propósito de los dos sueños: «...al leer muchas cosas sobre sueños (Freud, Adler, Jung, etc...) para escribir *La llave en el desván* (obra inmediatamente anterior a *Siete gritos*) descubrí algo muy simple que siempre me había parecido misterioso: el hecho de que soñemos una historia de naufragio y al despertar esté abierto el grifo del baño; o que alguien nos estrangula, y al despertar tenemos la almohada apretada al cuello. Creemos que coincide "el final de una larga historia con una realidad inmediata". La explicación, claro, es la contraria: la alhomada nos hace soñar con toda la historia que conduce al asesinato que nos estrangula; porque el sueño dura todo él una milésima de segundo. La mesa que está junto a Santillana cae; a su golpe, que sugiere detonación, Santillana pone en circulación eléctrica todas sus preocupaciones (la paz y la guerra, el misterio de Nina, la sugestión de Julia —de la que el sueño le revela que se ha enamorado—, etc., etc.). Y cuando el Steward se acerca a levantar la mesa y despertarle, ha transcurrido toda la comedia» [80].

6. Dos obras maestras del teatro poético

Los críticos afirman unánimes que *La dama del alba* es la mejor obra de Casona, y el propio dramaturgo confesaba que era su prefe-

---

[80] Charles H. Leighton, art. cit., pág. 700. La carta, según Leighton, está fechada el 21 de mayo de 1960.

rida [81]. Fundamentalmente es un drama poético cuya significación y belleza residen en la intensa poetización de los personajes y su mundo, del lenguaje y de las situaciones. Cada uno de los elementos constitutivos del drama —acción, caracteres, pensamiento y lenguaje, más el que la crítica anglosajona llama «imagery»— tienen una función primordialmente poética. Casona crea así, esta vez, un universo poético en donde ninguna interferencia ajena a lo puramente poético viene a producir ruptura alguna del universo creado. En esta obra no hay —y de ahí su coherencia interna y su excelencia— lección alguna de pedagogía espiritual ni moral. Todos sus símbolos, y el primero el que es central en la pieza —el de la Peregrina—, tienen valencia poética, y en ésta reside su sentido y su eficacia dramática.

La acción está situada en la Asturias natal del dramaturgo, a quien desde la distancia y la ausencia dedica la obra: «A mi tierra de Asturias: a su paisaje, a sus hombres, a su espíritu.» Ese espacio físico, destemporalizado («sin tiempo», indica Casona), tiene desde el arranque mismo de la acción un valor poético que engloba a los personajes, a sus acciones y a sus palabras. El centro del «Retablo» lo ocupa la Muerte, cuya aparición en forma de hermosa y misteriosa Peregrina armoniza con el espacio poético en donde va a actuar. Su identidad sólo se hará patente al Abuelo, dotado de esa sabiduría característica de los viejos en los mitos y cuentos populares, manteniendo su secreto para el resto de los personajes. El tema central de la pieza es la intervención benéfica de la Muerte en un drama humano, cuya solución desencadenará cumpliendo la función de la justicia poética. La historia —muy simple— se nos va desvelando paulatinamente: Ángela, esposa de Martín de Narcés, a la que todos, menos el marido, creen ahogada y desaparecida en el río, y a cuyo recuerdo dedica un obsesivo culto la Madre, regresa a la casa de donde años antes partió con otro hombre, sin que Martín revelara la infidelidad, no sólo por evitarse a sí mismo la deshonra, sino como homenaje de amor a su esposa, cuya imagen de víctima pura e inocente ha conservado así, con su silencio, en la memoria de los demás. Regresa, en busca de perdón, ignorando que todos la creen muerta, para ocupar un puesto que ya no le pertenece, pues la ha sustituido en el amor del marido, de la madre y de los hermanos, otra muchacha, Adela, salvada por Martín de perecer ahogada en el río; Adela, que ha traído la alegría y la esperanza de la felicidad a la casa en donde Ángela dejara la tristeza. Su regreso hará imposible la felicidad y destruirá la imagen que de Ángela perdura en la memoria colectiva: la realidad sórdida y fea vendrá con su vuelta a instalarse en el lugar de la fabulación y del mito. La Muerte aporta

---

[81] Ver Rodríguez Richart, *op. cit.,* pág. 82.

la solución: Ángela, sacrificándose a sí misma, hará real el mito. Su cuerpo aparece intacto en el río, siendo salvada la leyenda de Ángela, para siempre ya imagen de pureza y de belleza. Su muerte, real esta vez y voluntaria, instaura la felicidad en la casa. La justicia poética cumplida por la Muerte lleva en su seno el poder de rescatar y redimir la realidad mediante su asunción a mito.

Creo que sería incurrir en un error de interpretación tratar de señalar, como han hecho algunos críticos, una significación universal o filosófica, fuera de su pura funcionalidad poética, a algunos aspectos de la humanización de la Muerte. Ésta, repito, me parece un personaje exclusivamente poético. Cuando conquistada por los niños, en una hermosa escena del acto I, olvida su misión, o cuando en otra bella escena del acto II confiesa con patética emoción al Abuelo su íntima vocación femenina, que es vocación de amor («¿comprendes ahora lo amargo de mi destino? Presenciar todos los dolores sin poder llorar... Tener todos los sentimientos de una mujer sin poder usar ninguno... ¡Y estar condenada a matar siempre, siempre, sin poder nunca morir!»), ambas escenas no tienen otra función ni otro sentido que el de conseguir una más profunda personalización poética y dramática del personaje. Tratar de interpretar ambas escenas y al personaje mismo como expresión de la trágica contradicción interior o de la trágica condición de la Muerte, es romper la estructura poética del universo dramático creado por Casona y abocar, sin quererlo, a tener que señalar un defecto grave que, en realidad, no existe en la obra: la melodramática sentimentalización del personaje, y la ruptura de la unidad de ese mismo personaje. ¿Qué significación válida, fuera de lo poético, puede tener la idea de la Muerte lamentándose de no poder cumplir con las más íntimas exigencias de su naturaleza femenina? ¿Es que acaso su «naturaleza femenina» es algo más que una idea poética? Abandonar la sustantiva condición poética del personaje para buscar sentidos trascendentes más allá del nivel de la poesía dramática, es condenar al absurdo la creación casoniana.

Con *La dama del alba* comparte también su condición de drama poético una de las penúltimas obras de Casona: *La casa de los siete balcones*, situada, como la primera, en la Asturias natal del dramaturgo, una Asturias igualmente estilizada y convertida en espacio poético. Espacio poético que es esta vez, además, creación del personaje central de la pieza: Genoveva, uno de los caracteres femeninos más ricos en belleza dramática inventados por Casona. Genoveva o la bondad, Genoveva o la belleza moral, Genoveva o la verdad poética, Genoveva o la ilusión pura. Toda la obra gira en torno a la doble relación de Genoveva con el mundo bajo y sucio de una realidad determinada por las pasiones de la codicia, de la ambición de poder, de la lujuria, del engaño y del egoísmo humanos encarnados en Amanda, antigua criada que comparte la cama de Ramón, el amo, a quien domina, mundo del que Genoveva escapa negándolo, como niega, expulsándolo de la conciencia, cuanto es bajo, feo y sórdido, preservando así intacto y en toda su radical pureza su mundo interior, presidido por una fe poética en la realidad del amor que la capacita para la comunicación con el mundo sobrerreal, tan real como el otro, pero de distinto signo, encarnado por Uriel, su sobrino, hijo de Ramón, muchacho mudo, incomunicado en su silencio de todos menos de Genoveva. Uriel, puerta abierta al misterio, dramáticamente representado en el diálogo de éste con sus muertos familiares: la madre, el abuelo y la hermana. Genoveva es el personaje-puente que enlaza ambos mundos. Loca para quienes se mueven en el mundo del interés y del cálculo, su locura es la única forma de razón capaz de impulsar a la criatura humana más allá de ese mundo cerrado a toda trascendencia. Casona, después de mostrarnos, sin apelación a ningún tipo de pedagogía moral o espiritual explícito, la profunda realidad —su existencia y su verdad— de ese otro mundo del espíritu, hará terminar su obra con una honda nota de ironía trágica: Genoveva, expoliada y burlada por Amanda y Ramón, pero vencedora de ellos, creyendo marchar al reino del amor, en cuyo cumplimiento no dudó nunca y para el que salvaguardó todo su ser, marchará para ser internada en un manicomio.

Casona consigue hacer realidad, y de manera plenaria esta vez, con plenitud dramática y poética, aquellas palabras suyas que citamos al final de la introducción. Por ello no dudamos en considerar esta obra no sólo como «una de las más importantes y representativas» de su producción dramática, como afirmó con gran acierto Rodríguez Richart [82], sino como la más cabal representación de la dramaturgia casoniana, tan cercana aquí por la belleza del lenguaje, por la transfiguración de lo humano, por el significado del mensaje a la del mejor Giraudoux. Cuando Casona se atiene a su concepción poética del teatro, sin establecer pacto alguno con el teatro naturalista, contra el cual nació el suyo, crea dramas originales y valiosos como *La dama del alba* y *La casa de los siete balcones*. Cuando, por el contrario, pese a la forma antinaturalista de la mayoría de sus obras, no rompe totalmente con los contenidos del drama naturalista, introduciendo una tesis de pedagogía moral o espiritual, su teatro resulta un insatisfactorio compromiso entre realidad y poesía, precisamente por la relatividad de ambos elementos, como ya sugerimos páginas atrás.

[82] *Op. cit.*, pág. 125.

7. La última pieza

¿Qué sentido tiene *El caballero de las espuelas de oro* y cuál es su relación con la España que Casona encuentra a su regreso, después de veinticinco años de ausencia? Del 62 al 65 Casona ve subir a los escenarios madrileños buena parte de la obra escrita en el exilio y se convierte en el dramaturgo más representado —con excepción de Paso, naturalmente —y más aplaudido, aunque, como ya apuntamos, no cuente con la aquiescencia de la «joven crítica», y esto no por razones políticas ni por envidia alguna, como parecen sugerir la pregunta de Juan R. Castellano y la respuesta de Casona, mal formuladas ambas a juicio nuestro [83]. Se trataba de puntos de vista opuestos acerca de la función del teatro y, concretamente, de su función en la sociedad española contemporánea. No podemos aquí entrar en el debate, como es lógico. Pero he aquí que Juan R. Castellano escribe acerca de *El Caballero de las espuelas de oro*: «Cuando [Casona] regresó a él [al país, España] hizo un modesto esfuerzo por acercarse al sentir de sus colegas españoles, pero ese esfuerzo no fue muy estimado por la crítica. No quisieron ver en la figura de Quevedo (personaje central de su última obra, *El caballero de las espuelas de oro*) la rebeldía al medio que encontraron en el Velázquez de Buero Vallejo» [84]. Sin entrar todavía en la cuestión de la existencia y significación de esa rebeldía en el interior de la pieza, puede ser interesante tomar nota de esa posible actitud crítica frente al medio y de ese acercamiento «al sentir de sus colegas españoles», que, según Castellano, pudiera estar, intencionalmente, a la base de la última creación casoniana.

La obra, definida como «Retrato dramático», lleva el siguiente lema: «La estatua del padre sería ociosa idolatría si sólo se acordara de lo que hizo el muerto y no amonestara de lo que debe hacer el vivo. Quevedo: *Marco Bruto, I*.» Creo que es bastante claro el sentido de este lema en relación con el drama: el retrato dramático de Quevedo no ha sido escrito sólo para resucitar el pasado, sino para que éste sirva de ejemplo y modelo en el presente. La primera preocupación del dramaturgo es, naturalmente, retratar con verosimilitud al modelo elegido, sirviéndose de todo un sistema coherente de datos, rasgos psicológicos, históricos y biógrafos de Quevedo y su circunstancia, utilizando con intención dramática —y no histórica— episodios, anécdotas, frases y multitud de textos quevedescos perfec-

---

[83] Pueden verse en Juan R. Castellano, art. cit., págs. 185-186.
[84] *Id.*, pág. 192.

tamente ensamblados —sin excesiva preocupación cronológica— en los ocho cuadros de que está compuesto el drama. El resultado es, en primer lugar, un interesante retrato escenificado del magnífico caballero don Francisco de Quevedo. En su actuación sorprendemos, en efecto, su ingenio amargo y burlón, su tremenda gravedad, su asco de la cobardía, de la estupidez y de la venalidad, su pasión por la justicia, su odio a la mezquindad y a la intriga solapada, su hondo amor por una España limpia y digna, su aguda conciencia de los males que la corroen, su dolorida dignidad, su soledad de hombre lúcido y puro, su triste amor al pueblo escarnecido y humillado, cuya encarnación dramática es la Moscatela, y su esperanzado amor al pueblo inocente y creador, encarnado en Sanchica, la muchacha que le acompañará en la agonía del tránsito cuando Quevedo es expoliado y robado. Pero el momento decisivo de este «retrato dramático», en su relación con el presente, con un presente no sólo actual, sino histórico, es aquél del cuadro VI en el que Quevedo, debiendo elegir entre su salvación personal y su felicidad, pactando con el poder establecido (conde duque de Olivares), o su confinamiento en el frío (el motivo del frío como el peor de los castigos para Quevedo es reiterado en varios momentos) y la soledad —identificados al final— de una celda del convento de San Marcos de León, Quevedo, que antes había confesado: «Yo he venido al mundo para intervenir, no para estar sentado, mirando»[85], elige el frío y la soledad, y no pacta con la política contra la que ha luchado. Quevedo, fiel a sí mismo y a su verdad, no se vende. Pensamos que no es tanto su rebeldía, sino su incorruptibilidad y su negación a pactar con el poder establecido lo que Casona propone mediante su «retrato dramático», amonestando así «lo que debe hacer el vivo», es decir, el espectador.

Quisiéramos terminar estas páginas dedicadas a Casona con unas palabras del propio dramaturgo: «Yo vivo en el teatro y cuando llegué a América me encontré con un problema. ¿Podría plantear en una sociedad que apenas conocía una dramática de las contingencias? ¡No! Hube de apoyarme en lo que es permanente y universal en el hombre. Por otra parte, yo estaba en casa ajena y no podía denunciar, instruir... Tenía que escribir el teatro del amor, del odio, de la venganza... Por eso se me puede acusar, con razón, de estar desligado del dato contingente, pero no del hombre»[86].

No dejan de ser patéticas estas palabras en las que el dramaturgo quiere justificar algo que, en verdad, no necesitaba justificación.

[85] *El caballero de las espuelas de oro,* edited by José A. Balseiro y Eliana Suárez-Rivero, Nueva York, Oxford University Press, 1968, pág. 79.

[86] José Monleón, «Alejandro Casona frente a su teatro», *Primer Acto*, 1964, número 149. La cita en Juan R. Castellano, art. cit., pág. 192.

Basta que el lector compare el teatro escrito fuera de España por Casona con el escrito en la misma situación por Max Aub. No es lo importante ni lo decisivo el «dato contingente», sino la conciencia que el dramaturgo tiene de la función y del sentido final de su teatro.

IV. Max Aub, testigo (1903-1972)

La importante obra dramática de Max Aub —importante por su significación y su valor, por su cantidad y por su condición de testimonio de nuestro tiempo— puede dividirse en tres etapas o épocas cuyo eje —causa y, a la vez, raíz de los cambios temáticos y formales— es la guerra civil española. Ésta constituye, de manera más decisiva aún que en otros escritores españoles, la experiencia radical que fundamenta la creación literaria de nuestro autor, entrañablemente ligada a su propia vida humana. En aquélla —la obra— hay como en ésta —la vida— una como terca voluntad de no olvidar, una insobornable e insobornada memoria dolorosa, intensamente viva —en carne viva— cuyos ojos permanecen fijos en la sima de la guerra civil. Parece como si esta memoria o voluntad de no olvidar se hubiera convertido en un imperativo categórico que dirige la creación literaria y, a la vez, permite el acceso a la interpretación de otras realidades de nuestro tiempo.

La primera etapa corresponde a los años anteriores a la guerra civil, etapa en que Max Aub, a la par, e incluso, antes que otros dramaturgos de su generación (por ejemplo, García Lorca) o anteriores (Azorín, Grau), escribe un teatro en donde dominan las estéticas vanguardistas —formalismo, estilización de los clásicos, farsismo, subjetivismo extremo, satirismo. En esta etapa (1923-1935) escribe *Crimen* (1923), *El desconfiado prodigioso* (1924), *Una botella* (1924), *El celoso y su enamorada* (1925), *Narciso* (1927), *Espejo de avaricia* (1927, primera versión; 1935, segunda versión) y *Jácara del avaro* (1935) [87].

En la segunda etapa, la de la guerra civil, lógicamente escasa en

---

[87] Para las fechas de las obras y, en general, para la bibliografía del teatro de Max Aub, ver, además de las propias obras, los trabajos de Ignacio Soldevila Durante (pionero de los estudios sobre Max Aub), *El teatro de Max Aub hasta 1936,* tesis de licenciatura presentada en la Universidad de Madrid (1954), y «El español Max Aub», *La Torre,* 1961, núm. 33, págs. 103-120; Rafael Bosch, «El teatro de Max Aub», *Hispanófila,* 1963, 19, págs. 25-36; Ricardo Doménech, «Max Aub» (Introducción a la ed. de *Morir por cerrar los ojos,* Barcelona, Ayma, 1967, págs. 9-64). También puede verse *Primer Acto,* 1964, número 52, y Max Aub, *Teatro completo,* Madrid, Aguilar, 1968, tomo del que no pudimos disponer al redactar estas páginas.

obras, escribe y estrena *El agua no es del cielo* (1936), la loa *Las dos hermanas* (1936), el auto *Pedro López García* (1936). De estas obras teatrales, escritas desde circunstancias muy concretas y para un público muy concreto, el autor sólo publicará años después *Pedro López García,* bajo el epígrafe muy certero de «Teatro de circunstancias» [88].

En la tercera etapa, la más importante, escribe Max Aub sus grandes dramas *(San Juan,* 1943; *Morir por cerrar los ojos,* 1944; *Cara y Cruz,* 1944; *El rapto de Europa,* 1946; *No,* 1952) y la mayor parte de su teatro en un acto (1940-1951). Completan su producción dramática *La vida conyugal* (1939) y *Deseada* (1950), a los que su autor llama «dramas de la vida privada», *Las vueltas* (1947, 1960, 1964) y *Tres monólogos* (1939, 1950).

1. Etapa anterior a la guerra civil

Refiriéndose a esta primera etapa de su producción teatral escribe el propio Max Aub en la *Nota* que encabeza el tomo I de *Obras en un acto*: «...por influencias naturales, escribí comedias "de vanguardia" impropias para los teatros españoles al uso benaventiano y muñozsequistas, claro mi entusiasmo por Gordon Craig y sus cortinones que, en el fondo, no se ha desmentido. Añadíase mi preferencia por el puritanismo de Copeau. La letra importa. Este gusto me costó por entonces la vida escénica».

Bajo el signo de la vanguardia, con todas las determinaciones que ello implica, nuestro joven escritor —muy joven, en efecto, entonces— situado en el centro de las corrientes estéticas teatrales europeas del momento, es uno de los primeros en abrir en España la brecha de lo que poco después se llamaría, tal vez demasiado cómodamente, por virtud del verbo orteguiano, teatro «deshumanizado». Personajes, temas, palabra y acción son el resultado de un proceso de abstracción, en el que la realidad es deshuesada y desencarnada, pero no por simple «empeño de diversión estética para minorías», aunque sea arte minoritario, sino por voluntad muy consciente —a lo menos en Max Aub— de enfocar, dándole cuerpo sobre la escena, algunos problemas que preocupan al arte contemporáneo, empeñado en penetrar más allá de la superficie de los fenómenos, tratando de hacer visibles ciertas sutiles e innombrables esencias que más tarde, mucho más tarde, con procedimientos nuevos saltarían al centro de

---

[88] *Obras en un acto,* I, México, Univ. Nacional Autónoma, 1960, páginas 147-174. Ver también Ignacio Soldevila Durante, «Sobre el teatro español de los últimos veinticinco años», *Cuadernos Americanos,* CXXVI, 1963, número 1, págs. 256-289, especialmente pág. 273.

los escenarios contemporáneos, los de hoy. Ignacio Soldevila fue el primero en señalar con gran perspicacia que «en el fondo de toda su producción, sin embargo, andan ya enraizados algunos temas esenciales, alrededor y a partir de los cuales todo adquiere sentido y justificación. Entre estos temas, el del aislamiento humano, el de la incomunicabilidad. Entre los hombres falta una comunicación íntima, que parece imposible. Inútiles son también los esfuerzos del hombre por aprehender las realidades exteriores. Y más inútil aún el esfuerzo por ahondar en su misma intimidad. Las farsas de *El desconfiado prodigioso* y de *Una botella,* las tragedias *El celoso y su enamorada* y *Narciso* son otras tantas ilustraciones de esos temas, sentidos por Aub como por tantos otros hombres del presente siglo, aspectos todos del problema contemporáneo en torno a la disolución de la personalidad» [89].

Es ciertamente este primer teatro de Max Aub un teatro antirealista, tanto por sus personajes como por sus pasiones y las situaciones que estructuran la acción, pero, en absoluto, un teatro de evasión de la realidad. Es cierto, como escribe Ricardo Doménech, que los personajes de este teatro están «desprovistos de entidad psicológica, por completo ajenos a situaciones concretas de la realidad», que «las pasiones que arrastran a los personajes están dadas apriorísticamente» y que «se dan siempre en niveles perfectamente abstractos», que «las situaciones en que viven son también... situaciones extrañas a la realidad» [90]. Pero no es menos cierto que cada uno de esos elementos está puesto sobre el escenario como signo desnudo de la realidad, y como tal funciona. Ello obliga al espectador a un continuo esfuerzo de interpretación y acomodación de esos signos a la realidad histórica en la que vive, muy concreta, a veces, como en *Una botella,* por ejemplo, en donde el autor, además de dramatizar con técnica escénica expresionista el tema de la imposibilidad de entenderse, realiza una eficaz —teatralmente hablando— sátira de las *causas* políticas muy concretamente españolas, y españolas del momento.

Repasemos sumariamente algunas de estas piezas.

En *Crimen,* primera de las escritas por Aub para el teatro, plantea el tema del conflicto entre la verdad subjetiva y la verdad objetiva, tema presente en esta primera etapa, adoptando, irónicamente, los procedimientos del melodrama —así la clasifica su autor— realista. Un obrero, Pablo, confiesa a su mujer ser impotente cuando ésta le anuncia que espera un hijo. Mata al primo de su esposa, por creerlo su amante. El espectador está convencido de la inocencia de la mujer y del error del marido. Pero el coro de vecinos, sin prueba

[89] «El español Max Aub», cit., pág. 108.
[90] Ricardo Doménech, *op. cit.,* pág. 32.

alguna objetiva, acusa a la esposa, poniéndose de parte del marido, no por amor a la verdad, sino por amor de la maledicencia. La crueldad humana es procesada en ese breve y vociferante coro de vecinos y con ella la verdad subjetiva, cerrada en sí misma e incapaz de abrirse al amor. En *El desconfiado prodigioso,* conciencia y mundo se oponen conflictivamente como realidades heterogéneas e irreconciliables. Don Nicolás, máxima estilización dramática del tipo del «desconfiado», y su doble ejemplifican un caso-límite de absorción del mundo por la conciencia. Parten ambos de la conclusión arbitraria y gratuita, por extremadamente subjetiva; de que son engañados. Y esta conclusión se convierte en principio absoluto de interpretación de la realidad, forzada a acomodarse a él. Poseído Don Nicolás por su desconfianza, fuerza la realidad para que la corrobore y, a pesar de que ésta le contradice, arriba a su negación absoluta, gritando contra quienes le apresan por loco: «¡Hermanos! ¡Hermanos! Oídme, he llegado a la verdad. Todo es mentira. Todo es falso. Lo blanco no es blanco. Lo negro no es negro. Yo no soy yo.» Negación no sólo del mundo en tanto que realidad objetiva, mas también de la propia conciencia de sí, convirtiéndose así esta farsa en una ejemplar fábula de la alienación del individuo y su mundo. En el diálogo final de Don Nicolás con su doble, construido a base de réplicas brevísimas y de interrogaciones reiteradas, nos parece detectar cierto aire unamuniano: «¿Quién me dice que todo no es sino nada? ¡Ah! ¿Quién me dice que todo no es sino una representación? Teatro... Dime, contesta, grita. Y yo. Yo, yo, ¿soy yo?...» De uno de estos diálogos escribe Ricardo Doménech: «diálogo que hoy calificaríamos sin esfuerzo de prebeckettiano, asociándolo a los diálogos absurdos de Vladimiro y Estragón» [91]. En *Una botella,* en un acto como las anteriores, el diálogo de frase brevísima, con repeticiones e interrogaciones, adopta la andadura estilística del clásico diálogo de payasos de circo. Los personajes atrapados por sus ideas y sus palabras discuten acerca de una enorme botella que ocupa el centro de la escena. Nadie ve del mismo modo la botella, no porque cada uno la mire de distinta manera, sino porque, en realidad, nadie la mira. La realidad, llámese «botella» o «revolución» o «poema» es sólo un pretexto para imponerse a los demás por medio de la palabra. La palabra que los hombres usan para comunicarse y entenderse, desenraizada de la realidad, muestra así su oquedad y su sin sentido. Los personajes pelean, discuten, cambian de parecer, defienden ahora lo contrario de lo que defendían un momento antes, se insultan, se encolerizan, olvidando la finalidad de su discurso. Las palabras giran así en el vacío, puros *flatus vocis,* de espaldas a lo real, usadas, explotadas por el

---

[91] *Op. cit.,* pág. 30.

hombre-títere al servicio de...: de cualquier ideología o interés, pero nunca al servicio de la realidad. La palabra se ha convertido —y es lo que nos parece significar el autor— en ocupación de farsantes.

En *Narciso,* pieza en tres actos, nos da Max Aub la versión vanguardista del mito de Eco y Narciso. El escenario, según indicación expresa del autor, está ocupado al fondo por «altos cubos oscuros» sobre los que se moverá el coro de ninfas y el corifeo, que se servirá de un altavoz. Los efectos de luz «han de ser intensos, burdos, sin graduación». En la escena así concebida los personajes visten a la moderna y hablan con un lenguaje «a la moda», en donde domina, a veces, como ya señaló Ricardo Doménech, cierto gusto por los juegos conceptistas de palabras, no siempre eficaces dramáticamente. A pesar de la originalidad de la concepción, la pieza alcanza raras veces verdadera intensidad dramática. El Narciso presentado y comentado líricamente por el Corifeo —«abrumado bajo el peso de algo que no adivinamos», «buscándose en los demás, buscando», en pos de la perfección que le obsesiona— no es realizado como personaje dramático ni alcanza suficiente densidad. Su tragedia queda difuminada del mismo modo que la de Eco. Se diría que la concepción escénica del mito no está respaldada por una concepción suficiente del drama de Eco y Narciso, como si el autor hubiera captado lo que en ellos hay de figuras trágicas, pero sin llegar a expresar su tragedia. Eco dice de Narciso: «...él no me ve. Tiene mirada de ciego, cortada a flor de ojos, raíz de luz, dirigida hacia dentro» (acto I). Narciso dice: «siento rebullir a borbotones en mí algo que no sé decir, que no puedo expresar; no poder, Eco, es no saber; siento en mí dentro, pero a flor de pecho algo, y algo macizo, duro que me dan ganas de abrazar, de abrazarme el pecho, de abrazármelo porque me abrasa» (acto I). Pero su drama se queda en el decir, sin que la acción se desenvuelva en situaciones. La belleza y la intensidad de los «momentos» líricos no halla adecuación con «momentos» dramáticos de igual intensidad y belleza. Esa falta de fusión entre lo lírico y lo dramático, entre el mito y su encarnación dramática, hace que la pieza, siendo un interesante, bello y original experimento de teatro vanguardista, no sea buena obra teatral. Narciso encarna, por otra parte, ese tema que preocupaba al joven Max Aub. «El ser de cada uno es incomprensible hasta para cada uno», decía el Corifeo al comienzo de la obra. Narciso se destruirá a sí mismo por amor de sí mismo, absorbido por su propio yo-nada. Tal vez porque sin tú no hay yo.

Las dos últimas farsas de esta primera etapa tienen por protagonista a un avaro, o, mejor, al Avaro, pues esta figura, quintaesencia del tipo clásico, muestra, todavía mejor que la del «desconfiado» la original inmersión del autor en las fuentes clásicas del teatro burlesco. De esta inmersión saldrá enriquecido el teatro de Max Aub, especialmente en lo que a la construcción dramática se refiere, alcanzando mayor adecuación el diálogo y la acción. El primer acto de *Espejo de avaricia,* único en la versión primitiva, dramatiza mediante muy pocas situaciones sabiamente elegidas la radical avaricia de Eusebio, el protagonista: su cólera ante una fuente rota por la criada, a la que lleva al día la cuenta de las cosas rotas, las cuales no existen como tales cosas, sino como dinero por virtud de la reducción operada por el avaro; o la reacción ante el anuncio de una herencia. Max Aub perfecciona en esta larga escena un procedimiento ya utilizado en *El desconfiado prodigioso,* consistente en dar realidad dramática a los procesos, conscientes e inconscientes, de la conciencia: voliciones, deseos, sueños, pulsiones. Procedimiento que —ya lo señaló Ricardo Doménech— utilizará Max Aub en varias piezas posteriores. Los fantasmas del mundo interior del protagonista se hacen corpóreos sobre el escenario, evitando su autor recurrir al monólogo para expresar la dialéctica y el desequilibrio o los combates de la conciencia en libertad. Los sueños de riqueza del avaro se objetivan, a la vez con eficacia y economía dramática, mediante la presencia de unos personajes situados en el mismo nivel de realidad escénica del protagonista. Ante él aparecen El enviado de los Piratas, El enviado de los Jesuitas, El enviado de Creso, El enviado de los buscadores de oro, El enviado de Rockefeller..., etc. Todos ellos vestidos, según acotación del autor, «con los atributos que la turbia conciencia burguesa del avaro puede juzgar indispensables». En la versión de 1927 terminaba la obra con el más lógico de los absurdos. El avaro gritaba triunfalmente a su criada que le pedía dinero para la comida: «¿Dinero? ¿Comer? Pero, ¿es que no comprendes, idiota, que si algo como, mañana te tengo que dar dinero y que, si te lo doy, ya no será mío todo el oro del mundo? ¡Mañana, imbécil, mañana no se come!» En versión de 1935 añade dos actos más, divididos en varios cuadros, introduciendo nuevos personajes (el hijo del avaro que con su querida viene a robarle el dinero al padre), el Sargento —descendiente del *miles gloriosus*—, y dando papel más activo a la criada, liada con el sargento para sacarle el dinero al avaro. Ricardo Doménech relaciona los nuevos episodios con el estilo valleinclanesco de los esperpentos y de las *comedias bárbaras* y ve en los nuevos actos «al Max Aub dotado de una gran capacidad crítica, agresiva, mordiente». El autor «castiga» a su personaje con la pérdida de su riqueza e inventa una extraordinaria muerte del avaro. Como nada le queda atesora las pulsaciones, pues la parca cuenta del médico no le basta: «Más, doctor, más. Cien mil... No; más, más, todas para mí. Todas, todas; mil, dos mil, mil millones de millones, que me ahoguen. Todas...» Juan, el hijo, sólo añade para cerrar la farsa: «¡Me he lucido!»

Jácara del avaro, escrita en Valencia para las Misiones Pedagógicas que dirigía Alejandro Casona [92], es, como pieza teatral, la más lograda. Lenguaje y acción alcanzan mayor unidad que en las obras anteriores. Max Aub, puesto «a la escuela de los clásicos» y con un sentido más dramático y menos discursivo del teatro, crea una pequeña farsa maestra. El avaro, cuyo amor está concentrado en la caja donde guarda celosamente sus monedas de oro, caja a la que habla y trata como a su única amante, por temor de que los sobrinos que vienen a visitarle le roben los doblones, angustiado, se los traga para esconderlos, sin saber que lo que traga son galletas, pues su criado Mil hizo antes el trueque. Piensa el avaro que los doblones le han sentado mal. Mil, disfrazado de médico, receta una purga con virtud para liquidar no importa qué materia: oro, cobre, rubíes, o guijarros. La purga obra su natural efecto y el avaro cree, desesperado, que su oro se ha disuelto para siempre. Los sobrinos, visto que no hay herencia, salen precipitadamente. El avaro pasa al servicio de su criado Mil, con el nombre de Mil y Mil. Mil disfruta de la fortuna antes inútil, mientras Mil y Mil le sirve.

2. Etapa de la guerra civil (1936-1939)

En 1939 debía haber visto la luz en Barcelona un libro con las cinco o seis piezas que durante la guerra civil escribiera Max Aub. El título de la colección era *Teatro de circunstancias.* De ellas sólo publicó una, *Pedro López García,* en el tomo I de *Obras en un acto.* De las otras escribe sumariamente su autor: «Ya no valen la pena» [93].

Estas obras teatrales —«pasos o entremeses», las llamaba Max Aub— forman parte de ese repertorio del «teatro de urgencia» escrito por dramaturgos, poetas y escritores españoles, improvisados muchos como autores teatrales, entre los cuales, además de Max Aub, figuran entre otros Alberti, Miguel Hernández, Rafael Dieste, José Bergamín, Ramón J. Sender, Manuel Altolaguirre, Germán Bleiberg..., etc. Raras veces ese teatro alcanza calidad dramática, como sucede, con pocas excepciones, a todo arte de propaganda, de cualquier clase que ésta sea. Surge ese teatro con fines muy inmediatos, sin intención de pervivencia, para servir a un auditorio muy concreto en circunstancias muy concretas. En múltiples ocasiones no pasan estas piezas de ser discursos a varias voces elementalmente dramati-

---

[92] Nota del autor en *Obras en un acto,* II, ed. cit., pág. 244.
[93] Nota preliminar a *Teatro de circunstancias, Obras en un acto,* I, ed. cit., páginas 147-148.

zados. Rara vez se encuentra la fórmula teatral adecuada para expresar los contenidos que se desean comunicar[94].

Pedro López García pertenece a ese tipo de teatro. Fue estrenada «en el altar mayor de la Iglesia de los Dominicos, en Valencia, en septiembre de 1936». La obrita, subtitulada «auto» por su sentido simbólico y las figuras alegóricas que en ella aparecen, está dividida en dos cuadros y un intermedio. En el primer cuadro Pedro, un joven pastor de cabras, indiferente a la guerra civil, que no siente como suya, es obligado por las armas a enrolarse en el ejército nacionalista. El sargento falangista manda asesinar gratuitamente a la madre de Pedro y a un pobre tonto que habla simbólicamente de una lucha de arañas y tarántulas. El debate de conciencia del sargento, después de cometidos los asesinatos, es objetivado escénicamente mediante el procedimiento antes aludido. En el intermedio, la figura simbólica del Vendedor pregona su mercancía: vende a España —«entera, en lotes, al contado, a plazos»—, vende sus tierras, su cielo, sus árboles, sus canteras, sus peces, sus ríos, pero sólo a los extranjeros a cambio de aviones, tanques, morteros, ametralladoras... En el segundo cuadro, Pedro López García, de centinela en una trinchera, metido en una guerra que todavía no siente como suya, invitado por un altavoz que llama a todos los españoles a pasarse al otro bando, asediado por la aparición de su madre y por la figura de la Tierra que le apremian a cumplir con su deber, termina pasándose a las filas de sus hermanos españoles, asumiendo, finalmente, la guerra como algo suyo, con plena conciencia de su sentido y de su deber de español, de español que, frente al anonimato de alemanes, italianos, moros, tiene, como sus nuevos camaradas, nombre y dos apellidos. Pedro López García, desde el altavoz, va llamando, portavoz de su tierra, a Luis Sánchez Pereira, Timoteo Lacalle Rodríguez, Servando Sancho Camino...

Pedro López García, pese a la deficiencia de su realización dramática, por inadecuación entre su finalidad y contenido y su forma —híbrida de realidad y simbolismo— significa dentro de la dramaturgia de Max Aub un paso importante hacia la conquista de la realidad histórica concreta como materia primera de su teatro. Realidad de la que Max Aub va a dar apasionado testimonio directo, sin mediación de símbolos, abstracciones ni alegorías. La experiencia radical de la guerra civil española y de los años de sufrimiento posteriores a ella conducirán al «transterrado» —palabra por él acuñada— escritor al corazón mismo de la tierra del hombre de carne y hueso, de nuestro tiempo.

---

[94] Ver *Nota final* al fin del capítulo.

3. Etapa posterior a la guerra civil

1. *Cuatro dramas europeos y un monólogo*

«Salió de España a fines de enero de 1939. París, Marsella, otros tantos intentos de rehacer un hogar que por segunda vez le arrebatan por enemigo; detenido con el achaque de comunismo ("no lo he sido nunca, por la vieja raigambre liberal"), pasa tres duros años en cárceles, campos de concentración —Vernet, Djelfa (Argelia)—. Su única compañía: los versos de Quevedo y un diccionario. Utilizando toda clase de papeles, Aub escribe y toma notas. "Necesitaría cien años para resolverlas en libros". Termina 1942 cuando pasa a México. Allí rehace —una vez más— su hogar [95]. Desde esta experiencia personal, más que suficiente para un solo hombre, podrá Max Aub acceder, sin extrapolación ninguna, a la tragedia colectiva de la Europa de guerra y de postguerra, no como a una realidad otra o ajena, sino como a propia realidad trascendida. Al escritor Max Aub —en sus novelas, en sus cuentos, en su teatro— le bastará dejar hablar al hombre Max Aub— el de la derrota, el de las cárceles, el de los campos de concentración, el del exilio, el de la terca y fiel memoria, el que *no debe* olvidar —para que su múltiple escritura alce su voz de testigo que da necesariamente testimonio.

Como lema a las obras de que vamos a tratar en este epígrafe podrían figurar estas palabras escritas por Max Aub en 1956: «El paso del tiempo, hasta hoy, no lleva a mis personajes a rectificar nada de lo dicho: todo está igual. Si no fuera así, tampoco enmendaría las planas; cuanto escribí, si algún valor tiene, es el del testimoniar; con lo que rebajo no poco mi mérito, todo para el tiempo —que no es de envidiar para los españoles.

Día llegará en que lo que dije no cuente. Ojalá sea pronto» [96].

San Juan fue publicada en 1943. El gran crítico Enrique Díez-Canedo escribía en el Prefacio: «No ha de verse en ellas (las escenas) tan sólo la expresión literal de un grupo de hombres, rechazados por su raza y su religión de todas partes. La observación, en grande y en pequeño, que da vida a sus personajes y que suena en todo momento a verdad, no es tampoco, solamente, siéndolo también, un clamor hacia la justicia; es eso y mucho más. Es la tragedia de todos, en que cada cual, sea la que fuere su religión y su raza, puede re-

---

[95] Ignacio Soldevila, «El español Max Aub», cit., págs. 104-105.
[96] Nota introductoria a *Tres monólogos y uno solo verdadero*, México, Tezontle, 1956.

conocerse en nuestros días. Su *San Juan* es la imagen de nuestro mundo a la deriva, condenado sin apelación y abatido sin esperanza»[97].

La acción de la tragedia transcurre en un tiempo y un espacio casi clásicos: durante poco más de veinticuatro horas del verano de 1938 y en el interior de un buque de carga acondicionado para el transporte de pasajeros. En los dos primeros actos el barco está anclado a la vista de un puerto de Asia Menor; y en el tercero en alta mar. Los pasajeros son un inmenso coro de emigrados judíos que huyen de los nazis. No les han autorizado a desembarcar en ningún puerto ni se les permitirá hacerlo en este último a cuya entrada esperan. Vueltos a alta mar el barco empezará a hacer agua. Hacinados en la bodega, esperando la muerte, sólo se oirá en la oscuridad la voz del rabino que recita unos versículos del libro de Job y un verso del Salmo 78: «Y acordóse que eran carne: soplo que va y no vuelve.» El telón descenderá en medio de un silencio y oscuridad absolutas. La obra está construida con una técnica perspectivista muy semejante a *La Numancia* de Cervantes: escenas sueltas mediante las cuales el autor hace desfilar ante nosotros la angustia, el dolor, la desesperanza, los deseos, el miedo, la cólera, la cobardía y el heroísmo, la generosidad y el egoísmo de ese coro de condenados, individualizados en unos cuantos personajes que los representan y que Max Aub divide en tres grandes grupos: los jóvenes, los viejos y los niños. Son esos pocos individuos, cada uno con su pequeña historia a cuestas, quienes nos introducen en la tragedia de todos los otros, sin voz y sin presencia física, pero dolorosamente existentes en la voz y la presencia de quienes hablan y actúan en el espacio escénico. Los hay de toda condición social, moral y psicológica. La pareja de enamorados, cuyo amor asciende como una nota pura en medio del miedo a morir y la desesperación, Carlos, el suicida por vocación de libertad y reposo, los jóvenes que eligen la acción, los viejos que esperan sin rebelarse, el comerciante Bernheim al que nada le vale su dinero. Estos héroes destinados a morir no sucumben bajo la mano inmisericorde de un dios todopoderoso, sino bajo las mil manos cerradas de cuantos pudiendo ayudarlos no quisieron. Aunque Max Aub centra su tragedia en ese puñado de exilados, sin otra culpa que ser judíos, la obra es una acusación —la primera, porque a ésta seguirán otras— a las naciones libres que han usado su libertad para negar tierra donde desembarcar a unos centenares de víctimas del nazismo, convertidas al final de su éxodo en víctimas de las naciones antinazis. Las palabras de Job vuelven a resonar; encendidas y plenas, cargadas de acusación, contra el hombre que se

---

[97] *San Juan,* México, Tezontle, 1943, pág. 10.

ha cerrado a su humanidad. «¿Y cómo se justificará el hombre con Dios?» He ahí la pregunta que, en la tiniebla y el silencio del final de la tragedia, queda suspendida, exigiendo respuesta, en la conciencia de cada uno de los espectadores. Porque los judíos, condenados a hundirse encerrados en su barco, no son sólo judíos, sino la representación del hombre —con su grandeza y su miseria— condenado por un mundo deshumanizado, y «condenado —como escribe Díez-Canedo— sin apelación y abatido sin esperanza». Publicada dos años antes de finalizar la guerra mundial, Max-Aub invalidaba ya el fácil esquema de los vencidos-culpables y los triunfadores-inocentes.

Morir por cerrar los ojos es el drama más extenso de Max Aub. Dividido en dos partes de tres actos cada una, es una vasta crónica dramática del envilecimiento de un pueblo, el de la Francia de 1940 en vísperas de entregarse a los nazis, «deshecha de traidores, vendida por avaros, destrozada de cobardes, descarnada de cuervos, abatida por ancianos putrefactos, muerta por cerrar los ojos», según las palabras de María, principal carácter femenino, en la última escena de la obra. Mediante una secuencia de situaciones con valor de signo el dramaturgo nos hace asistir al proceso de degradación de un pueblo poseído por el miedo, el espíritu de delación, el egoísmo, la enajenación de la propia conciencia, la pérdida de lucidez, la insolidaridad, la codicia en pequeño... La primera parte sucede en un solo día de mayo en una casa de vecinos de París; la segunda parte, en distintos tiempos de junio y julio y en distintos espacios: el Estadio Rolland Garros de París, donde están concentrados detenidos internacionales (españoles, yugoslavos, griegos, alemanes antinazis, belgas...), en una casa campesina del centro de la Francia del éxodo, en el campo de concentración de Vernet. Más que un teatro de caracteres, a pesar de los tres personajes principales, es un teatro de situaciones dotadas de gran poder desenmascarador, pues lo perseguido —y conseguido— en la obra no es el drama de unas vidas individuales, aunque éste exista, sino el gran drama colectivo de un pueblo. Cada una de esas vidas individuales —las de María, Julio y Juan— alcanzan su plenitud de significado dramático, no sólo por sí mismas, sino por su función de catalizadores o, mejor, de polos de tensión, a través y alrededor de los cuales la historia se hace drama. Aunque el resultado sea semejante al de las crónicas dramáticas de Shakespeare —una imagen y una profunda toma de conciencia desenmascaradora de la historia—, los procedimientos son, naturalmente, distintos, pues a la estructura circular y cerrada de las piezas históricas shakesperianas sustituye Max Aub una construcción perspectivista (aprendida del cine y de la novela) y absolutamente abierta.

Es lamentable que este teatro de vasto aliento, escrito con dolorosa lucidez, no fuera representado en los años en que fue escrito.

Suscribimos enteramente estas palabras de Ricardo Doménech: «... en los años cuarenta, Max Aub lleva al teatro español un concepto revolucionario del arte dramático y una visión del hombre que abarcaba y asumía básicamente sus relaciones sociales, su relación con la historia»[98]. La lección, sin embargo, no pudo ser aprovechada entonces ni, ¡ay!, después por el teatro español —autores y público incluidos—, pero ahí está, insobornable.

El rapto de Europa, «drama real en tres actos», cuya acción está localizada en Marsella, en 1941, vuelve a ponernos en contacto con fugitivos de distintos países que huyen del nazismo. La posición central del drama la ocupa Margarita, mujer norteamericana que ha dedicado su vida y su dinero a salvar a los refugiados. En ella encarna ese humanismo cuya ausencia denunciaba Max Aub en la Europa de los dos dramas anteriores, humanismo radical, más allá de toda ideología de partido, más allá, por más profundamente humano, de toda política y de toda religión, humanismo cuyo fundamento es el amor lúcido y apasionado por la libertad humana, única razón válida —por no contaminada— para actuar en favor del hombre. Max Aub parece señalar en este drama que la salvación del hombre —del perseguido, del acosado— no hay que esperarla del sistema, de ningún sistema, de cualquier índole que éste sea, sino de los individuos concretos, de los mil individuos anónimos representados, como en cifra, por Margarita, «el lechero de la calle de mi pueblo, el vendedor de periódicos de Buenos Aires, el minero del Perú, el metalúrgico de Birmingham, el artista de Hollywood, el peón de México».

Al frente de *No* Max Aub hace figurar estos dos lemas, uno de Napoleón y el otro de Larra: «La raison d'état, voyez vous, a remplacé chez les modernes le fatalisme des anciens» y «¿Quiénes son los vivos? ¿Quién oye aquí?» El escenario representa «la estación del pueblo de Altberg, en Alemania, en la línea divisoria de las zonas de ocupación soviética y norteamericana (...). El escenario está partido, y precisamente por el medio, por una valla de madera de un metro de altura. Cuelga en el centro de lo que se supone una marquesina un rótulo, en alemán, en letras góticas, con el nombre de la estación; a la derecha —del actor— uno, con nombre en inglés; a la izquierda otro idéntico, en ruso». En cada uno de los lados se hacinan hombres y mujeres de toda condición y estado en espera de que sus destinos —en el sentido más radical de la palabra— sean solventados por las autoridades militares de cada lado, encarnadas en el drama por tres norteamericanos y tres soviéticos, funcionarios —también en el más radical sentido de la palabra— al servicio de dos sistemas ideológicos distintos, aunque, a la postre, idénticos en

---

[98] *Op. cit.,* pág. 46.

256

tanto que sistemas. La acción dramática, que salta de un lado a otro del escenario dividido, acaba anulando en el espectador la conciencia de la división, pues éste asiste a un único y solo drama: la destrucción de unas vidas humanas por un doble —pero en el fondo único— dogmatismo, monstruo de dos cabezas. No importa cuál sea el sistema ni cuál el contenido, ni cuales los procedimientos del sistema, pues el resultado es el mismo: el individuo termina siendo destruido. El camino final hacia la salvación, la única esperanza radica en una sola cosa: que el individuo prescinda del sistema.

El círculo abierto por los condenados de *San Juan* se cierra con los condenados de *No*. Al barco que se hunde en alta mar se superpone la estación guardada a punta de bayoneta. En estos cuatro dramas europeos del español Max Aub nos topamos con el héroe colectivo de nuestro tiempo —el coro trágico—, el de las mil voces y los mil rostros, víctima y verdugo, perseguidor y perseguido, convertido en protagonista.

Pero, a mi juicio, y pese a la importancia de estos cuatro dramas, la formulación dramática más intensa de esa tragedia colectiva la encuentro en el extraordinario monólogo titulado *De un tiempo a esta parte*. Escrito en París en 1939 [99], en horas angustiosas para su autor, es, en realidad, la primera pieza teatral que abre el ciclo de teatro comprometido y testimonial de Max Aub. Este monólogo no dudo en considerarlo, antes me complazco en afirmarlo con entera conciencia de lo que escribo, como una de las obras maestras del género en el teatro occidental contemporáneo. Es, en el pleno sentido de la palabra, y sin equívocas o fáciles asociaciones, un caso excepcional de teatro épico, raras veces cultivado en la forma dramática específica del monólogo.

El héroe —protagonista, agonista y coro a la vez— es una mujer de sesenta años, Emma, que habla, habla, habla desde el fondo insondable de su soledad y su miseria, desde el fondo mismo del infierno, de noche, en Viena, en 1938. Habla a su marido, muerto en Dachau, y habla también a sí misma, porque, como ella dice, «para mí los otros soy yo, yo sola, y los muertos». De lo que habla es de sí misma, de la tragedia de sí misma y de sus muertos. Y en esa tragedia, contada, confesada, vivida y vuelta a vivir por la palabra, está entera, alucinante, desgarradora, la tragedia de una familia, de

---

[99] En la nota introductoria antes citada nos dice su autor haberla escrito en París en 1939. La primera edición es de 1949. En 1956 la vuelve a publicar junto con otros dos monólogos: *Discurso de la Plaza de la Concordia* y *Monólogo del Papa*. Ninguno de los dos es, a nuestro juicio, teatro, por lo que, no obstante su interés como obra literaria, como expresión del pensamiento de su autor y como análisis de nuestro mundo y de nuestro tiempo, no los incluimos en nuestro estudio.

17

una nación, de todo un mundo, de la condición humana en un momento de su historia real, concreta. Palabra a palabra cobran presencia en la escena, de una manera desnuda, sin artificio, de modo limpiamente dramático, hombres, mujeres, niños, masas y crímenes, crueldades, humillaciones, y el absurdo, la locura, el miedo, el odio. Cada palabra lleva en sí toda la potencia de la acción y provoca en el espectador la piedad y el horror de las grandes tragedias.

Cuando Emma termina de hablar, antes de decir su última frase, que es un grito de esperanza cargado de poder catártico, el espectador ha vivido, por la virtud de la palabra de un solo personaje, todo un drama con una acción completa y compleja.

Quiero recalcar que *De un tiempo a esta parte* es de 1939, año en que Bertolt Brecht escribe *Mutter Courage und ihre kinder,* y muy anterior a la publicación de su *Pequeño organon para el teatro* (1949).

2. *Otros tres dramas*

Cara y cruz. En cierto modo y con nuevo estilo, Max Aub parece continuar en este drama la ahincada meditación de los hombres del 98, con la misma viril pasión por España. Sus personajes, aunque dotados de individualización, son como puntos de vista sobre la realidad española inmediatamente anterior a la guera civil. El presidente Ricardo López Ventura, protagonista del drama, encarna el punto de vista del intelectual liberal, cuya creencia en las ideas y en los valores objetivos le impide actuar violentamente, según la realidad lo exige. Frente a él, el general Carrasco representa «el ideario de la fuerza por la fuerza misma, el atropello de la razón» (Ricardo Doménech). La ideología de la fuerza bruta triunfará sobre la ideología de la razón. La pieza, extremadamente discursiva, sin verdadero conflicto dramático plasmado en una acción, aunque plena de ideas dramáticas en sí, es una dolorosa y lúcida inquisición del fracaso de la inteligencia en la cosa política a la vez que una mostración de la subida de fuerzas oscuras, irracionales, alienadoras y de su instalación en el seno de la sociedad contemporánea que harán posible, justamente, la existencia del héroe-coro de los cuatro dramas europeos. *Cara y cruz,* escrita en 1944, pero situada en 1936, podría ser el prólogo, la introducción dialéctica a la tetralogía europea, pues ésta es el resultado de lo que aquí se nos presenta.

En *La vida conyugal,* aunque la acción transcurra durante la dictadura de Primo Rivera y aparezca un fondo de persecución policíaca, es un drama psicológico lo que Max Aub sitúa en primer lugar: el infierno en que se ha convertido la vida conyugal de Ignacio y

Rafaela, el rencor, el cansancio y el resentimiento de los dos esposos, prisioneros en la tela que ambos han ido tejiendo y que romperá, finalmente , la esposa, asumiendo, por primera vez, la verdad con todas sus consecuencias.

Deseada, estrenada con éxito en Buenos Aires en 1952, significa una pausa —«un *week-end* estético», según expresión de Max Aub. No deja de ser sintomático que esta pieza —por otra parte excelente como pieza teatral—, en la que el dramaturgo se aparta excepcionalmente de su temática mayor comprometida con la tragedia colectiva de la historia contemporánea, para internarse en el drama psicológico puro, «more clásico», con su conflicto a puerta cerrada entre un triángulo de personajes, sea el que mayor número de representaciones y mayor aceptación pública haya cosechado, si nos atenemos a lo que escribe Ignacio Soldevila [100]. Sintomático, claro está, de un estado de conciencia colectiva que rehusa el compromiso con la historia y prefiere los casos particulares, ahistóricos en la significación de su contenido.

Según su autor —cito por Soldevila—, es *Deseada* «un ejercicio retórico, una Fedra vuelta al revés y vuelta a revolver. Un teatro clásico en contraposición al que corre por ahí». Clásico, en efecto, por la composición del lugar —un sólo escenario: una habitación— y por la concentración del conflicto en dos personajes, Deseada y su hija Teodora. Max Aub demuestra —a sí mismo y a los demás— que es capaz de escribir un drama perfecto de caracteres, en el que las relaciones, a distintos niveles de conciencia, entre los personajes están plasmadas con densidad y con intensidad dramáticas. Nada se puede reprochar a la dramatización de la historia elegida: todo está perfectamente calculado y perfectamente realizado. Max Aub demuestra —y vuelvo a recalcar esta palabra —que podría ser un dramaturgo, un excelente dramaturgo a la medida de los públicos más exigentes en materia de construcción e interés dramáticos, un dramaturgo representado y con éxito de taquilla, sin renunciar por ello a la excelencia ni a la calidad literaria y teatral. Sin embargo, no lo hace, no reincide en el drama «bien hecho», a ciencia y conciencia —y con dolor, claro— de no convertirse en un dramaturgo representado. Tendría perfecto derecho de hacerlo, puesto que, como demuestra en *Deseada,* lo hace bien. En la nota introductoria a la primera edición de *Obras en un acto* escribía Aub: «Dejando aparte las circunstancias, hay que reconocer que buena parte de la indiferencia de los empresarios se debe a mi insistencia en los temas políticos que, en general, interesan poco al público de habla española» [101]. Ha-

---

[100] «El español Max Aub», cit., pág. 116.
[101] *Op. cit.,* I, pág. 10.

blábamos al principio de estas páginas de la insobornable e insobornada memoria de Max Aub. Comentando unas palabras de nuestro autor estampadas en el colofón justificativo de *Yo vivo* («El mundo me ha preñado de otras cosas»), escribía Juan Luis Alborg: «Las cosas de que el mundo ha preñado a Max Aub son esencialmente los hechos, los hombres, los problemas, los días de la guerra. Como si el novelista hubiera comprendido que después de atravesar aquella experiencia no valía la pena gastar su energía en intrascendentes juegos literarios (...), se lanzó a construir una obra apasionada y densa en que ha comprometido toda su capacidad como novelista y toda su responsabilidad como hombre» [102]. *Deseada* no es en sí, dentro del panorama conjunto del teatro español contemporáneo, un «intrascendente juego literario», pues es muy superior —literaria y dramáticamente— a otros muchos dramas psicológicos o de caracteres estrenados en la España —digamos— de los últimos veinte años; pero dentro del teatro de Max Aub, del que ha venido escribiendo solo, sin público, desde 1940, de ese en el que ha comprometido «toda su responsabilidad como hombre», para seguir utilizando las palabras de Alborg, sí es un juego literario intrascendente en cuanto constituye una excepción temática en la producción teatral aubiana de postguerra.

3. *Teatro en un acto*

No es frecuente encontrar en el teatro contemporáneo autores con una abundante obra teatral en un acto. La pieza en un acto —excluyendo el teatro religioso, sacramental o no, de los siglos XVI y XVII—, desde los *pasos* de Lope de Rueda hasta los *sainetes* de fines del XIX y principios del XX, pasando por los *entremeses* y los *sainetes* de don Ramón de la Cruz, ha solido ser un teatro ancilar, servido como plato menor durante los entreactos de la pieza en tres actos, o un teatro de poco prestigio, al que ni formal ni temáticamente se le exigía demasiado ni por el propio autor ni por el público. Por ello, Max Aub, dentro del teatro español contemporáneo —como Jean Tardieu en el teatro francés— constituye un caso casi excepcional por la abundancia de su teatro en un acto, pero también, y sobre todo, por la trascendencia y la gravedad de su contenido. Su teatro en un acto, descontando las piezas escritas antes de 1940, consta de una veintena, más de la mitad de las cuales enlazan temáticamente con los cuatro dramas europeos. Generalmente estas pie-

---

[102] J. L. Alborg, *Hora actual de la novela española,* II, Madrid, Taurus, reimpresión 1968, pág. 81.

zas, como ya señaló Ricardo Doménech en el estudio tantas veces citado, son monosituacionales, y es la situación única la que sirve de núcleo o nódulo estructural de la pieza. Vale la pena citar, por su precisión y su justeza, la descripción hecha por Doménech: «El autor presenta una situación, habitualmente una situación límite, y al final esa situación se rompe (aquí la diferencia con el teatro monosituacional de vanguardia) mediante la aparición de factores ajenos a los personajes centrales unas veces; mediante una determinada decisión de esos personajes —una toma de conciencia, una claudicación, etcétera— otras. Sea como fuere, la situación se rompe, y frecuentemente de manera espectacular» [103].

Sin embargo, debemos hacer una salvedad. No en todas las piezas la situación es, en puridad, situación dramática, es decir, definida por un conflicto de fuerzas en oposición. Cuando esto ocurre su desarrollo es mínimamente teatral, acercándose más, formalmente, al cuento dialogado, al diálogo dramático o al debate que a la pieza teatral, *sensu stricto*.

En la primera edición mexicana ya citada de *Obras en un acto* el autor las clasifica en cinco grupos temáticos: *Los transterrados, Teatro de la España de Franco, Teatro policíaco, Teatrillo y Diversiones*. Esta clasificación nos va a servir para la presentación de las piezas.

LOS TRANSTERRADOS

Consta de tres piezas —*A la deriva, Tránsito* y *El puerto*—, en las que a distinto nivel de significación, de profundidad y de intensidad se nos presentan tres aspectos del drama del exilio. *A la deriva* es un diálogo de un hombre y una mujer en «un cuarto de un hotelucho, París, víspera de la guerra del treinta y nueve». El es un refugiado, ella prostituta. Se han encontrado por azar y vienen a acostarse. Después de un corto y rápido diálogo, ambos se reconocen: estuvieron casados hace veinte años. Separados por razones políticas no pudieron volver a reunirse. Sus vidas, que el azar torna a juntar en este sórdido cuarto de hotel, volverán de nuevo a separarse definitivamente. Nada hay ya que les una y seguirán, irremediablemente, a la deriva. En *Tránsito* trata el drama del exiliado —un español esta vez— desgarrado de su vida anterior y desgarrado también de su nueva vida. El protagonista, en su casa de México, dialoga sucesivamente con su mujer, Cruz, que quedó en España, y con su nueva compañera, Tránsito. La coexistencia en el espacio es-

---

[103] *Op. cit.*, pág. 52.

cénico de las dos mujeres, evocada una, físicamente presente la otra, pero ambas igualmente reales, igualmente existentes, muestra con extraordinaria eficacia dramática el drama por excelencia del «transterrado»: su vivir escindido y a la vez entero, su pertenencia, a la vez, al «allá» y al «aquí», la patética coexistencia del hombre viejo y del hombre nuevo, uno y el mismo, pero con dos raíces, conciencia con dos rostros. En esta pieza, densa de elementos conflictivos, es abordado, aunque todavía no frontalmente, el tema dramático del encuentro del padre exiliado con los hijos que quedaron en el país de origen, que allí han crecido y se han educado, y para quienes el padre es, en el fondo, un desconocido o, al menos, alguien que no cuenta de verdad en sus vidas y al que no comprenden. Significativas de la conciencia escindida y a la intemperie del protagonista, nuevo y trágico Jano, figura interior representativa del exiliado, son estas palabras, citadas ya por Doménech:

EMILIO:
... de pronto el futuro desaparecido. Cada día es un paso en el vacío. Nadie sabe del mañana, como no sean los profetas. Por eso leer el porvenir en las rayas de la mano o en los naipes es hoy oficio tan productivo. La inseguridad es maestra de todo. Ya nadie está a cubierto. Mi hijo no es mi hijo, el que hubiese sido mi hijo. ¿Qué seré la semana próxima? ¿Otra guerra? ¿Dónde?

CRUZ:
Me parece que siempre ha sido así.

EMILIO:
Antes, ayer, todo eso era cosa de pocos. De pronto, nos hemos convertido en aventureros. Nada es seguro. Nuestros abuelos, ¡qué digo nuestros abuelos, nuestros padres!, podían pasearse desprevenidos, libres, confiados, leales. Ya nadie está a salvo. Nadie ve más allá de sus narices. El mañana no es día, sino noche sin fin (I, página 200) [104].

Otro tema que encontramos también en esta interesante obra es el del conflicto entre el deseo de regresar a la patria con los suyos y la fidelidad a sí mismo y a las ideas que motivaron el exilio. Dirigiéndose a un amigo que piensa en volver, pero también a sí mismo, dice Emilio estas palabras:

EMILIO:
¿Crees que los tiempos cambian así como así? El tiempo es de uno. De quien lo vive, y es como uno quiere que sea; no hay otros tiempos, ni los habrá. Existe el tiempo que vives. El tiempo que

---

[104] Para no multiplicar las notas daremos a continuación del texto citado, y entre paréntesis, el número del tomo y de la página en que la cita se encuentra.

eres. Lo haces, lo levantas, lo conquistas, con tu fuerza, con tu voluntad, con tus ideas. ¿Que las cosas van mal? Pues aguantarse y procurar que vengan mejor. Pero, ¿entregarse, declararse vencido? No eres tú, no estás solo. Tu deserción envuelve la del que te seguirá. No eres tú, sino lo que representas. Además, imagínate tu vida en la cárcel, o libre, que lo mismo da; entre nuestros enemigos, obligado a hacer lo que te manden; tener que renegar de lo que has sido toda tu vida (I, pág. 206).

En *El puerto,* un oficial francés de la resistencia, Andrés, huye de los alemanes, viendo casi comprometida su fuga por la indiscreción de un amigo, Claudio, director de un periódico, que ha aceptado la ocupación y pertenece a quienes representan la Europa de *Morir por cerrar los ojos.* En el último instante, cuando la policía llega, asume la identidad de su amigo y es asesinado, rescatando con su muerte su conducta anterior. Sin embargo, el personaje más significativo es el de Estanislao, el hombre sin papeles por rebelión contra una sociedad policíaca donde nada significa el hombre. Cuando la policía le pide sus papeles, responde: ¿Ustedes no conciben que un hombre sea un hombre, así sin más, por las buenas? ¿No se puede vivir sin papeles?» (I, pág. 234). Y poco después: «¿Por quién me toman? ¿Por lo que soy; les aseguro que soy Estanislao Garin Bolchenko, o por quien fuera según la letra escrita en un cartoncillo o en una libreta mugrienta? ¿Se dan ustedes cuenta del mundo en que imaginan vivir? Han logrado que pueda más una fotografía pegada en un papel que el propio original» (I, pág. 235). Son estas palabras, manifestativas de la situación del hombre alienado o «raptado», las que dotan de trágica ironía el final de la pieza. El policía que ha disparado sobre Claudio, creyendo que era Andrés, registra el cadáver y comenta al descubrir la documentación: «Llegamos a tiempo, y menos mal que no le dejamos abrir la boca... Estos bandidos son de lo más fino...'. *(A sus compañeros.)* ¿A que no sabéis por quién se quería hacer pasar? Nada menos que por el director de *Las noticias del oeste. (Por los papeles.)* Y como falsificación, son de primera. Pero todavía tiene que nacer el que me engañe a mí» (I, pág. 239).

TEATRO DE LA ESPAÑA DE FRANCO

Cuatro obras integran este grupo: *La vuelta, Los guerrilleros, La cárcel* y *Un olvido.* La acción de estas piezas se sitúa en la España del final de los años 40. Refiriéndose a estas y otras piezas en un acto, escribe su autor: «...algunas se suponen en España, precisamente en los años en que se escribieron, de 1946 a 1948, es decir, cuando supusimos —malos calculadores— que de mano de su victoria no iba la libertad a tardar en restaurarse en la Península. No sólo los exiliados lo suponíamos así, de ahí algunas partidas de guerrilleros y ciertas quimeras y espacios imaginativos. Teatro de circunstancias malas; hecho para lo que menos se pensaba: entretener ilusiones» (I, pág. 241).

Construida con una economía de recursos casi ascética, *La vuelta* está centrada en una situación única: el regreso al hogar y al pueblo de una mujer, antigua maestra, recién salida de la cárcel. Su puesto de esposa y de maestra está ya ocupado. Su vuelta es como la de un fantasma que regresara al mundo de los vivos, un mundo que la rechaza, porque no tiene ya sitio en él, y del que se siente desplazada, pues en él ha sido reprimido o expulsado todo aquello por lo que ella luchó, un mundo que habla ya otro idioma. Posteriormente, la volvió a publicar su autor con otras dos en un volumen titulado *Las vueltas* [105].

En *Los guerrilleros* y en *La cárcel* se plantea una misma situación-límite, cuya significación y desarrollo están condicionados por su función eminentemente didáctica. En la primera, un grupo de cinco guerrilleros espera en una cabaña el resultado de una misión largamente preparada: la voladura de un puente. La voladura no se realiza porque alguien ha traicionado, y los saboteadores han caído en una emboscada. El traidor es uno de los cinco y es necesario desenmascararlo para evitar que siga delatando y poniendo en peligro los actos de sabotaje de los guerrilleros. Ante el fracaso del desenmascaramiento, el jefe del grupo propone entregarse a la Guardia Civil sin oponer resistencia. Muertos, sólo el traidor quedará con vida, sabiendo así el resto de la organización quién es el «chivato indecente». El sacrificio de sus vidas será, sin embargo, inútil, pues el traidor hará llenar un quinto ataúd con tierra y piedras, como si también él hubiera sido ejecutado. Pero el dramaturgo inventa, además, otro fin ejemplar: el traidor es ametrallado por un miembro de la organización, Encarna, entablándose un diálogo final a cargo de los guerrilleros muertos:

FEDERICO:
Esto es mentira. Estás haciendo creer que así pasó cuando sabes que murieron todos, que el chivato se fue con la Guardia Civil y murió, mucho después, en su cama condecorado.

ENCARNA:
¿Y qué? ¿Fue justo?

---

[105] *Las vueltas*, México, Joaquín Mortiz, 1965.

FEDERICO:
No.

ENCARNA:
¿Entonces?

FEDERICO:
Pero no es verdad.

ENCARNA:
No se trata de lo que fue, sino de lo que debió ser.

En *La cárcel,* una reclusa, Susana, miembro de una organización clandestina, que es obligada a dormir por las noches con un oficial de la prisión, sueña en voz alta revelando involuntariamente los planes de la organización. Las demás reclusas le sugieren, después de hacerle tomar conciencia del peligro que suponen sus revelaciones en sueño, que la única solución es el suicidio. Solución que Susana aceptará como único modo de salvar al grupo.

Un olvido es una violenta crítica de la corrupción moral y política de la sociedad española, concentrada en una pequeña comunidad representada por su alcalde, símbolo de la autoridad, y por una familia. Guillermo es detenido. Su cuñado, Ricardo, olvidó darle el aviso escrito en un papel que hubiera podido hacerle huir a tiempo. Para no verse comprometido con el régimen, poniendo en peligro su situación, decide con el acuerdo de su mujer, hermana de Guillermo, simular que el olvido fue voluntario. El alcalde, jugando con el miedo de Ricardo a verse comprometido —¿creerá la policía que el olvido fue voluntario?; aunque no lo crea, ¿no estará contaminado por el mero hecho de su parentesco con Guillermo?—, le ofrece otra solución: a cambio de unos miles de pesetas él declarará que Guillermo es inocente, con lo cual Ricardo seguirá siendo un ciudadano intachable para el régimen. El trato, naturalmente, se efectúa. La culpabilidad o la inocencia no existen en sí, objetivamente, sino en función de los intereses personales, sin que cuente para nada una vida humana. La mostración de ese juego de intereses constituye una agria denuncia del sistema en donde tal juego es posible.

TEATRO POLICÍACO

Tres piezas componen también este grupo: *Así fue, Un anarquista* y *Los excelentes varones.* La primera, situada en una capital de provincia española en 1921, está construida mediante la técnica del encadenamiento retrospectivo de sucesos. Partiendo de un suceso presente, la ejecución de un hombre considerado culpable, se retrocede hasta la fuente de los informes, eslabón a eslabón. Toda la cadena es una serie de inconsistencias, mala fe, irresponsabilidad, hipótesis sin fundamento y, en el origen, un malentendido. Desde la primera escena Max Aub enfrenta dos puntos de vista sobre lo sucedido, el del gobernador de provincia, político humanista y liberal, y el de Zano, jefe de policía. Frente a éste, representante de un sistema político para quien la verdad de los hechos es cuestión secundaria, pues lo importante es que los hechos sirvan al sistema para sus propios fines, con razón o sin ella, la política representada por el gobernador y su culto a la verdad, a la justicia y al deber es radicalmente inoperante e ineficaz. En un mundo dominado y dirigido por un perfecto e inhumano aparato policíaco están de más los valores por los que hasta entonces se ha regido el hombre. Es más, el hombre ya no tiene importancia: sirve, vivo o muerto, o no sirve. Aun admitiendo que el hombre ejecutado, Rodolfo Nájera, no fuera culpable y su muerte haya sido un error, el jefe de la policía concluye: «¿Es que la muerte de Rodolfo Nájera no favorece el orden? ¿No fue dictada en favor del buen gobierno de las personas decentes, en defensa de la ley? (...). Además la muerte de Rodolfo Nájera impondrá tranquilidad. Es lo que importa» (II, págs. 10 y 11).

En *Un anarquista,* Dantón, anarquista buscado por la policía, y Gabriel, ratero profesional, coinciden en una habitación de hotel barato. Entre ambos se entabla un diálogo sumamente interesante. Dantón cree en la necesidad de la revolución para cambiar a la sociedad. Gabriel piensa que «gana siempre el más fuerte. Que tenga razón o no antes de vencer, tanto monta. Si pelean dos, lo mismo da que uno sea un canalla, si pesa diez kilos más, que un santo. A menos que éste tenga pistola y buena puntería». Dantón, el idealista que cree en una causa, confía una misión a Gabriel, el realista que sólo cree en sí mismo. Apenas sale de la habitación denuncia a Dantón a la policía para cobrar la recompensa. La acción ocurre en 1914.

La de *Los excelentes varones* está situada en el despacho, presidido por un retrato de Hitler, del Consejo General de la Policía en Berlín, 1939, aunque una nota del autor añade: «lugar y fecha son intercambiables». El sentido final del diálogo y las peripecias de cada uno de los personajes —asesinato del profesor Winkel por el consejero general, suicidio de Rose y transformación del funcionario Gustavo Hartmann en el alto funcionario Otto Rinkle, encargado de vigilar al consejero general— no se refieren sólo al sistema policíaco nazi, sino que el autor se sirve de esta fábula para poner al descubierto mediante la elección de una situación histórica concreta el funcionamiento, estructura y contenido de todo régimen policíaco, cualquiera que sea su localización en el tiempo y en el espacio. La imagen de ese mundo, basado en la sospecha como método y en la idea de que todos y cada uno son siempre culpables en potencia, es la que constituye el núcleo dramático de esta pieza.

En realidad, las tres piezas, situadas en distintos tiempos históricos —1914, 1921 y 1939— aspiran a configurar dramáticamente una estructura de idéntico significado, cuya función es la de invitar al espectador a una toma de conciencia en el interior de su propio presente. Esa dirección hacia el presente está explícita, por ejemplo, en *Los excelentes varones,* en donde el profesor Winkel dice en dos momentos sucesivos del diálogo: «La policía... La gente no se da cuenta de que es la fuerza auténtica del porvenir. Los ejércitos están llamados a desaparecer como multitud; los reemplazará la policía, porque las guerras futuras no serán de país contra país, sino intestinas, nada civiles, auténticamente nacionales, en el interior de cada pueblo. *Las circunstancias obligarán a Alemania a asumir la vigilancia policíaca del mundo entero.*» (Una nota del autor dice: «Esta frase se imprime en cursiva, porque ha sido tomada de la revista *United States News,* con el solo cambio de *Alemania* por *E.U.A.*») Y, «La policía es la fuerza coercitiva del mundo que estamos viendo nacer. El pueblo que la tenga mejor, dominará. Y, de pronto, por un hecho casual [el caso de *Así fue*], en el que no entra para nada su voluntad, ni la mía usted tiene que ordenar mi... supresión. Es el reino de la policía. ¡La policía, dueña del mundo! ¡El mundo será de los polizontes! ¡Cada quién con su ficha!» (ambas citas en II, páginas 77-78).

Max Aub utiliza muy conscientemente, a mi parecer, el procedimiento dramático del distanciamiento o alejamiento, el famoso *Efecto V* de Bertolt Brecht, que no es, sustantivamente, una invención brechtiana, sino que lo encontramos presente a lo largo de la historia del teatro occidental, pues, en su esencia, es constitutivo de todo proceso de dramatización de la realidad histórica[106]. Con plena conciencia he rehusado utilizar la fórmula «teatro épico» en las páginas anteriores, para evitar asociaciones innecesarias con la dramaturgia de Brecht.

TEATRILLO Y DIVERSIONES

De las piezas que componen estos dos grupos, en donde está incluida *Jácara del avaro,* de la época anterior a la guerra civil, sólo

---

[106] Ver a este respecto lo escrito por Alfonso Sastre en *Anatomía del realismo,* ed. cit., págs. 47-55.

vamos a considerar dos: *Comedia que no acaba* y *Los muertos*. Las otras, aunque sean en distinto grado excelentes ejercicios de diálogo agudo, ingenioso, inteligente, burlón o patético, en todo caso, es teatro menor dentro de la dramaturgia de Max Aub.

Comedia qué no acaba forma parte, temáticamente, del amplio retablo europeo de Aub. Dos jóvenes —Franz y Anna—, en la Alemania de 1935, acaban de pasar juntos en una alcoba su primera noche de amor. Amanece, y amanecen embriagados uno del otro. El fervor amoroso de Franz, proyectado hacia un futuro de plena unión con Anna, es bruscamente roto por una confesión de ésta: es judía. Ante esa revelación los dos jóvenes dejan de ser lo que eran, lo que son, dos enamorados, para convertirse en dos seres enajenados, raptados de sí mismos: un nazi y una judía. Un trágico diálogo, sin posibilidad de nuevo encuentro, brota entre ellos. Y el dramaturgo interrumpe bruscamente la acción. «No tiene —dice— el final, ni ninguno de los que propone le satisfacen.» Los dos personajes quedan así apresados en una situación que no acaba, cuyo final es y será la no existencia de final, que es justamente, a nuestro juicio, lo que confiere a esta obra toda su intensidad trágica. Ambos personajes permanecerán para siempre en el interior de ese círculo cerrado sin posibilidad de apertura, uno frente a otro, sin puerta por donde escapar.

Los muertos es, dentro del marco satírico del ambiente pequeñoburgués de la sociedad española de provincias de antes de la guerra civil, la patética historia de unas vidas inútiles, lentamente destruidas, corroídas por el mecanismo social —hábitos, rutinas, vulgaridad, tabúes, represiones, cansancio, convenciones—, en el que inútilmente, absurdamente, se han ido hundiendo los dos protagonistas, Matilde y don Preclaro, cuyo noviazgo ha durado toda su vida. Cuando Matilde toma conciencia de que su vida no ha servido de nada, es ya demasiado tarde. Ya es sólo un estorbo a quien hay que despedir del escenario, del que saldrá lentamente sin que nadie pueda responder a su pregunta: «¿De quién es la culpa?»

Testigo insobornable, Max Aub sigue dando testimonio en sus dos últimas obras: *El cerco* (1968) y *Retrato de un general* (1969) [107]. Es la primera una elegía a la muerte del guerrillero Ernesto Che Guevara. La segunda, un diálogo entre un general americano y un prisionero vietnamita, los cuales, habiendo luchado juntos en la guerra civil española, se encuentran ahora frente a frente en campos enemigos.

---

[107] *El cerco,* México, Joaquín Mortiz, 1968. *Retrato de un general, visto de medio cuerpo y vuelto hacia la izquierda* (fechado en 1968), México, Joaquín Mortiz, 1969. Sobre el teatro de Aub, ver también el libro de José Monleón *El teatro de Max Aub,* Madrid, Taurus, 1971.

¿Es esto teatro?, se pregunta el autor en la «Nota preliminar», y responde: «Parodiando una frase célebre, podría decir que estos diálogos no son teatro; pero sí verdad». Nosotros propondríamos para esta obra la definición genérica de *ensayo dramático*.

V. Jardiel Poncela (1901-1952) y el teatro de lo inverosímil

Jardiel Poncela comienza su carrera de dramaturgo en 1927 con el estreno de *Una noche de primavera sin sueño*. Aunque a lo largo de la década anterior había escrito bastantes piezas teatrales, especialmente en colaboración con Serafín Adame, éstas, rechazadas después por Jardiel, carecen de importancia y no cuentan a la hora de establecer un balance del teatro propiamente jardielesco. Desde 1927 hasta el comienzo de la guerra civil española del 36 estrenará siete obras más, de entre las cuales destacan: *Usted tiene ojos de mujer fatal* (1933), *Angelina o el honor de un brigadier* (1934), *Las cinco advertencias de Satanás* (1935) y, sobre todo, *Cuatro corazones con freno y marcha atrás* (1936), en donde la dramaturgia de Jardiel alcanza su primer punto de madurez interna, constituyendo la primera muestra de ese teatro de lo inverosímil que desde el comienzo había venido persiguiendo. Después de la guerra civil, y sin que se produzca ruptura alguna con su teatro anterior, escribirá veinte piezas más hasta 1949, en que estrena su última obra: *Los tigres escondidos en la alcoba*. Entre estas veinte obras están: *Un marido de ida y vuelta* (1939), *Eloísa está debajo de un almendro* (1940), *Los ladrones somos gente honrada* (1941), *Los habitantes de la casa deshabitada* (1942) y *Blanca por fuera y rosa por dentro* (1943).

Desde su primera hasta su última obra, Jardiel tuvo que enfrentarse con los críticos teatrales que, con contadas excepciones —lo más notable fue y es la de Alfredo Marqueríe—, atacaron con ferocidad su teatro, en nombre, generalmente, de una concepción tradicional de la escena cómica, que no supo o no quiso ver lo que de original y de nuevo había —como conato, primero, y como realidad, después— en el teatro de Jardiel; críticas de las que éste se defendió con no poca agresividad. Cuando hoy leemos los preámbulos que el dramaturgo escribía para acompañar la edición de sus comedias, a los que solía titular «circunstancias en que se imaginó, se escribió y se estrenó», no podemos por menos de pensar en una especie de complejo agotador de manía persecutoria. En un espíritu tan propenso a la neurastenia y a las crisis depresivas como era el de Jardiel, los ataques y desacuerdos de sus críticos debieron constituir una verdadera tortura. Nada tan patético como los dos últimos años de

Jardiel Poncela y el proceso de su enfermedad, y de los días anteriores a su muerte, en 1952.

Uno de los principios de la estética teatral jardielesca, meta y fundamento de su teatro, declarado repetidas veces por el autor, fue la aspiración a lo inverosímil. Desde su primera obra se nos aparece emepeñado en romper con las formas tradicionales de lo cómico en el teatro, atadas a lo verosímil y a la realidad posible. Es esta aspiración, no siempre realizada, llena de claudicaciones y concesiones a un público reacio a romper con la costumbre de una risa provocada por unos mismos elementos y mecanismos de comicidad —chiste lingüístico, equívoco, deformación y exageración— fundados en lo real verosímil, la que constituye la más visible constante del teatro de Jardiel. «Su obra —escribe García Pavón— es una lucha titánica por desasirse de la tradición figurativa concreta y lógica. Por eludir el tópico y llevar su teatro y novela de humor hasta unas apariencias inéditas» [108].

De los varios textos en que Jardiel afirma esa vocación de ruptura y esa aspiración —verdadera pasión de escritor— a lo inverosímil, me parece interesante citar sólo dos, uno muy conocido y repetido por quienes han escrito sobre su teatro y otro mucho menos conocido y, que yo sepa, no citado. El primero se encuentra en el «preámbulo» a *Cuatro corazones con freno y marcha atrás*: «Por mi parte y como escritor cómico, y dada la índole especial de mi idiosincrasia, he tenido que resolver a lo largo de cada comedia muchos arduos problemas de técnica escénica. En ellas lo *inverosímil* fluye constantemente, y, en realidad, sólo lo inverosímil me atrae y subyuga; de tal suerte, que lo que hay de verosímil en mis obras lo he construido siempre como concesión y contrapeso, y con repugnancia» [109]. El segundo texto, más largo, se encuentra en una conferencia dada por Jardiel en Buenos Aires (1944) de la que citamos algunos fragmentos:

---

[108] Francisco García Pavón, «Inventiva en el teatro de Jardiel Poncela, *Cuatro corazones con freno y marcha atrás*», en *El teatro de humor en España*, Madrid, Edit. Nacional, 1966, pág. 92. En este mismo libro se encuentran dos trabajos más sobre Jardiel: Adolfo Prego, «Jardiel ante la sociedad», páginas 45-61, y Alfredo Marquerie, «Novedad en el teatro de Jardiel», págs. 63-81. De Alfredo Marquerie ver también, *Veinte años de teatro en España*, Madrid, Edit. Nacional, 1959, págs. 61-73. Ver también las páginas de Pérez Minik en *Teatro europeo contemporáneo*, Madrid, Guadarrama, 1961. Es útil, a veces, el pintoresco y curioso libro de Rafael Flores *Mío Jardiel*, Madrid, Biblioteca Nueva, 1966. El último estudio que conozco es el de Manuel Ariza Viguera, *Enrique Jardiel Poncela en la literatura humorística española*, Madrid, Fragua, 1974.

[109] Cito por la ed. de *Obras teatrales escogidas*, Madrid, Aguilar, 1964, página 644 (citaremos *OTE*).

¡Qué asco oír la palabra «verosímil» aplicada al arte del teatro! Porque un teatro verosímil ¿no es la negación justa del teatro?

¿Se construye un edificio a propósito, se colocan allí enfrente centenares de asientos desde donde poder ver y escuchar, se levanta aquí la complicada trabazón del escenario para que lo que ocurra aquí sea una imagen y semejanza de lo que puede ocurrir ahí...? ¡No, no! Para eso, tanto más valía convertir todo el edificio en un garaje o en una fábrica de pastas para sopa.

¡No! Lo que aquí dentro ocurra tiene que ser lo más diferente posible a lo que pueda ocurrir fuera. Y cuanto más diferente, más inverosímil. Y cuanto más inverosímil, más se acercará a lo que debe ser el teatro (...) ...en esa especie de alféizar que es la batería el público tiene que apoyarse para contemplar siempre un inusitado espectáculo; esta valla de luz debe ser la frontera que separe dos mundos no sólo diferentes, sino distintos, opuestos, antagónicos: ahí, en la penumbra, la vida cotidiana, los problemas domésticos, lo corriente, lo normal; aquí, bajo mil juegos de luz, lo puramente imaginario, lo imposible, lo absurdo, lo fantástico; ahí, la realidad; aquí, el sueño; ahí, lo natural; aquí, lo inverosímil; ahí, las preocupaciones, las pesadumbres, la tristeza repetida; aquí —como compensación divina ofrecida por el arte—, la despreocupación, las alegrías, la risa renovada.

La risa renovada...

Ese fue el propósito que me empujó años atrás a la escena y que en ella me mantiene: renovar la risa. Arrumbar y desterrar de los escenarios de España la vieja risa tonta de ayer, sustituyéndola por una risa de hoy en que la vejez fuera adolescencia y la tontería sagacidad. Ya esa risa joven y sagaz, cuyo esqueleto estaba hecho de inverosimilitud y de imaginación, inyectarle en las venas lo fantástico y llenarle el corazón de ansia poética [110].

Creo que valía la pena tan larga cita. Expone aquí Jardiel de modo meridiano su concepción del teatro como el reino de lo inverosímil, de lo absurdo, de lo fantástico, opuesto al realismo de lo cotidiano, así como su voluntad de renovación no sólo del teatro cómico español, sino, más radicalmente aún, de la risa. El empeño no era, ni mucho menos, baladí o intrascendente. Y no era, claro está, empresa fácil. Pues a esa renovación se oponían no pocos obstáculos. Muchos de ellos exteriores, puramente históricos; otros, interiores y personales, propios del autor mismo. He aquí algunos de los primeros, señalados por García Pavón: «Primeramente nada menos que el peso en el público y en él mismo, de todo el teatro cómico anterior, teatro de óptica, música y estructura realista... Lo convencional, lo verosímil, lo tópico le persiguen como fantasma» (artículo cit., pág. 92). Entre los segundos, los personales, señala el citado crítico «la limitación de sus propósitos, su carencia de «pre-

---

[110] Se encuentra este texto en *Obra inédita de Enrique Jardiel Poncela*, Barcelona, edit. AHR, 1967, págs. 400-402.

ocupaciones de gran coordenada humana», su falta de «ideas esenciales», de «una metafísica por modesta que fuese». «Y contribuyó a este raquitismo doctrinal —sigue escribiendo García Pavón— no sólo su textura mental, sino su formación. Jardiel Poncela fue un *snob* (...). Jardiel, como casi todos los humoristas de su tiempo, no es hombre de biblioteca, ni intelectual sistemático. Es un lector caprichoso, burgués; de bar internacional, que tiene por modelos a una serie de caballeros que comparten el ejercicio literario con la aventura amorosa y la vida de sociedad.» Y concluye García Pavón: «Si Jardiel hubiese sido hombre de formación más sólida y preocupada, su teatro, de extraordinarias invenciones, hubiera tenido mayor profundidad. No hubiera quedado en mera gimnasia imaginativa. En tal caso, como Gómez de la Serna, Valle-Inclán o Lorca hubiera contenido más trascendencia» (*ibíd.,* pág. 94).

Jardiel supeditó siempre, en mayor o menor medida, su invención dramática al éxito, aunque para ello tuviera que conceder más de lo deseable a los públicos concretos para quienes escribía e, incluso, a empresarios y actores. Su teatro está concebido y realizado en dependencia demasiado directa de actores, empresarios y público, y aun en numerosos casos con excesiva urgencia, condicionando la estructura misma y el tema de la obra dramática a determinaciones que si bien forman parte directa del fenómeno teatral —el gusto de un empresario o los problemas de divismo o reparto de una compañía o las necesidades de programación y estreno de un teatro— no deben serlo, en puridad, de la construcción del drama. Ello le obligó, sin duda, a limitar su propia libertad creadora, sacrificando a las circunstancias del momento teatral más de lo conveniente. El mismo Jardiel nos ilustra ingenuamente acerca de todo ello en los «prefacios» que acompañaban sus piezas. Su teatro era concebido, como repite numerosas veces, como un arte de diversión para mayorías, pues —dice en la conferencia citada— «es inútil ponerse de espaldas al público porque el escenario está de frente» [111]. Nadie mejor que Jardiel ha expresado, con plena conciencia de lo que estaba haciendo como autor, esa servidumbre peligrosa y alienadora del dramaturgo con respecto al ambiente teatral en que tiene que moverse, y que en él fue una necesidad vital. He aquí el siguiente texto:

> El oficio de escribir para el teatro y el ambiente teatral envilecen; el primero limitando la imaginación, destrozando el léxico, empobreciendo la expresión, reduciendo las aspiraciones, volviendo al escritor pedestre; y el ambiente teatral completa la obra destructora apartando a quien lo respira de los medios donde se cultiva el espíritu absorbién-

---

[111] Se encuentra también en sus 87 reflexiones teatrales. Ver *OTE,* ed. cit., página 21 (reflexión 25).

dole las mejores horas en una política de propaganda y de intriga, haciéndole imposible el aislamiento, la meditación, el recogimiento fértil
y la reflexión fecunda, redondeándole las aristas de la sensibilidad, obli-
gándole a trabajar sobre falsilla, con metrónomo y sujeto a reloj y calen-
dario; transformando, en fin, al escritor en una masa inerte que rueda
volteada entre los engranajes de una maquinaria inexorable, sin albedrío,
sin voluntad y sin alma [112].

Aunque este texto nada justifique, pienso que hay que tenerlo
muy en cuenta para entender el drama del autor teatral vivido durante más de veinte años por Jardiel Poncela, que nunca quiso
o pudo salirse de él, pues su misión de dramaturgo consistió —y
como tal la asumió— en renovar no ya sólo el teatro cómico —ese
al que llamaba «asqueroso teatro de hoy y de siempre» [113]— o la risa
vulgar y fácil, sino la sensibilidad misma del público español en tanto que público de teatro. Esto último lo ha recalcado enérgicamente
Adolfo Prego en su trabajo «Jardiel ante la sociedad»: «El gran propósito social de Jardiel se redujo... a reeducar a los públicos españoles, empeño verdaderamente suicida (...). El teatro de Jardiel
resultó en su época sorprendentemente diferente del que conocían
los espectadores.» Y añade más adelante: «El autor puede enfrentarse con la sociedad en muchos planos distintos. El autor puede
poner en solfa todo aquello que no le gusta, ya sean modas, tradiciones, ideas políticas y sociales, etc. Este es el teatro que ahora
practican algunos comediógrafos. Jardiel siguió otro camino: se en-
frentó con la sociedad a través del teatro mismo como fenómeno
colectivo que podía ser ennoblecido. Lanzó un desafío a los espectadores...» *(op. cit.,* págs. 58 y 60). No hay que olvidar esto a la
hora de situarse ante la obra de Jardiel Poncela. Pues los múltiples
e innegables condicionamientos de su teatro no fueron sólo signos
de una servidumbre, sino también de una táctica. Éste me parece
ser el sentido último de estas reflexiones:

> El autor teatral que no es artista se dirige al público existente; el
> autor teatral que es realmente artista tiene que hacerse un público que
> no existe aún.
> El verdadero revolucionario del arte no lucha por destruir lo viejo,
> sino que lucha por construir lo nuevo, consciente de que, en cuanto
> actúa lo nuevo, lo viejo queda automáticamente destruido.
> El teatro es sin duda el esfuerzo artístico que más educa al público,
> pero todo el que se propone hacer un Teatro educativo se encuentra
> sin público al que educar [114].

---

[112] Citado por Adolfo Prego, art. cit., pág. 56.
[113] *OTE,* pág. 1150.
[114] *OTE,* págs. 30-32. Son las reflexiones 77, 80 y 86.

Lo nuevo, el hecho diferencial básico en el teatro de humor de Jardiel Poncela con respecto al teatro cómico anterior —sainete arnichesco, juguete cómico, astracán de Muñoz Seca— radica, en primer término, en la atemporalidad del conflicto de los personajes y tipos, del «escenario», superando así todo casticismo, regionalismo o populismo; en la destipificación del lenguaje, que no refleja categoría social alguna; en el encadenamiento de situaciones inverosímiles, a partir de una situación base igualmente inverosímil —el autor solía llamarla «corpúsculo originario» o «célula inicial»—, encadenamiento sometido, sin embargo, a una lógica rigurosa; en la dosificación de la comicidad en el lenguaje —chiste fonético, juego de palabras, equívoco, etc.— y en la diversificación de la comicidad de situación. El humor jardielesco, como ha sido ya subrayado por otros críticos, es de raíz intelectual y mucho más abstracto que el común en el teatro cómico anterior, siendo fundamental en él el tratamiento lógico del absurdo, no en una sola situación, sino, como acabamos de señalar, en toda una cadena sistemática de situaciones. Jardiel Poncela es, dentro del teatro español humorístico, un inventor, un innovador, que rompe —según han mostrado, entre otros, Marqueríe y García Pavón— con la tradición del teatro figurativo y abre las nuevas vías a un teatro de lo irreal puro, del absurdo lógico, cuyo mejor y más original representante es hoy Miguel Mihura, aunque de ninguna manera quiera decir con esto, pues sería falso, que el teatro de Mihura suponga como antecedente necesario el teatro de Jardiel. «La gran vértebra —escribe García Pavón— del nuevo teatro de humor será el absurdo lógico. El crear a fuerza de ingenio, de imaginación, de esfuerzo intelectual, una nueva visión de la vida; mejor dicho, una vida nueva, partiendo de una base irreal. Como el niño loco que operase lógicamente partiendo del equívoco uno más uno, igual a tres.» Jardiel —concluye el citado crítico— «enseñó a desintegrar el átomo. Los demás pudieron hacer la bomba atómica» [115].

Alfredo Marqueríe, que, como ya hemos dicho, se constituyó desde el principio en defensor del teatro de Jardiel y fue uno de los primeros en proclamar su novedad y su profunda originalidad y sus excelencias estéticas, apunta objetivamente algunos de sus defectos o excesos, que suscribimos: «reiteraciones abusivas, virajes demasiado violentos, humanizaciones súbitas dentro de una línea dehumanizada, desconcertantes cambios de género; explicaciones, precisiones, justificaciones demasiado minuciosas, barroquismo artificioso o, en los dos últimos títulos del autor, *Los tigres escondidos en la alcoba* y *Como mejor están las rubias es con patatas,* arbitrariedad,

---

[115] García Pavón, loc. cit., págs. 90-91 y 94.

confusión y desconcierto que no eran sino reflejo de la dolencia, de la enfermedad física y psíquica que se llevó a Jardiel del teatro y de la vida»[116]. Ese exceso de explicaciones y justificaciones al final de las piezas de cuantas incidencias y sucesos misteriosos, inverosímiles, absurdos o extraños ha ido acumulando el dramaturgo en el desarrollo de la acción, ha sido recalcado por casi todos los críticos. Uno de ellos, Torrente Ballester, escribe: «Jardiel Poncela acumula durante casi dos actos un número excesivo de acciones y situaciones inexplicables, muchas de ellas sin otro matiz cómico que la pura sorpresa, y, de pronto, al final, todo este batiburrillo cobra coherencia, se pone en pie, se explica y deja al descubierto una trama férreamente trabada, una construcción rigurosa, aunque laberíntica. Pero un laberinto no es un lío —dijo hace muchos años José Bergamín—; y la comedia de Jardiel tampoco lo es, aunque lo parezca. Sin embargo, los efectos de exuberancia, de confusión, de acumulación persisten, por mucho que el desenlace los aclare. El desenlace opera *intelectualmente*, no *emocionalmente*. *Sabemos* que todo lo visto y oído tiene una razón de ser, pero *sentimos* sin remedio su confusión, su exceso, que, aparentes, obran como reales»[117]. La razón de tal defecto nos parece encontrarla en la técnica de novela policíaca utilizada por Jardiel en bastantes piezas suyas, en donde todos los sucesos misteriosos o inexplicables deben aclararse del todo al final, y en la técnica matemática, de jugador de ajedrez, que Jardiel aplica a la construcción de la trama. Jardiel, partiendo de esa «célula inicial» de que habla en sus «prefacios», empieza a escribir sin saber cómo va a terminar, combina con exuberante invención sucesos y más sucesos y hacia el final se siente en la obligación de atar —lo que no siempre le sale bien— todos los cabos, operación ésta puramente cerebral y siempre al nivel de la trama, pero nunca —o muy pocas veces— al nivel de los personajes o de significaciones que trasciendan más allá del puro juego de la construcción de la intriga. Las piezas se resienten, pese a la genialidad de muchos de sus «gags», de una falta de coherencia y de necesidad dramáticas, aunque teatralmente la tengan. Con esto quiero indicar que Jardiel escribe resolviendo con ingenio problemas de técnica teatral, que él mismo acumula por procedimiento, pero sin dotar a la acción, a los personajes y al universo escénico creado de un sentido y de una significación suficientes por sí mismos, con base o siquiera en conexión con una visión cómica o humorística del mundo y de la condición humana.

---

[116] Marqueríe, art. cit., págs. 75-76.
[117] En *Teatro español contemporáneo,* Madrid, Guadarrama, 1957, páginas 255-256.

Hace algunos años Marqueríe se entretuvo en establecer una clasificación temática de la producción teatral de Jardiel. Distinguía en ella cuatro grupos: de amor —el más numeroso—, de sátira, de enigma y de ultratumba —éste con una sola pieza—. Dentro de las comedias de amor introducía nuevas subdivisiones: de amor reconquistado, desvanecido, imposible, descubierto, etc. [118]. En realidad, el tema es mucho menos decisivo que su tratamiento escénico. El tema es la mayor parte de las veces un pretexto o una ocasión para poner en marcha una serie ininterrumpida de situaciones y de «gags» y un diálogo brillante, riquísimo de ingenio, de frases felices, de sorpresas, de paradojas, de ironías, de equívocos. Cada tema se convertía en manos de Jardiel en una espléndida caja de sorpresas que provocaba la risa del espectador sin apelar nunca a recursos vulgares ni a tópicos ni a trucos gastados. Como escribe el propio Marqueríe, «los grandes y eternos resortes de la risa: el miedo, la impasibilidad, las situaciones equívocas, lo desmesurado y lo ridículo, los bruscos contrastes, el exceso de horror, lo inesperado y lo desconcertante, lo ideal junto a lo vulgar, lo chabacano junto a lo sublime fueron usados y manejados por Jardiel con un desembarazo y una soltura, con un conocimiento de las reacciones del público que sólo le fallaron al final, cuando ya estaba atacado por la enfermedad, y tal vez por la angustia y desesperación» (*ibíd.*, pág. 72).

Muchos de sus personajes son, en buena medida, intercambiables, pues su caracterización es generalmente externa, siendo cada uno de ellos a manera de un perfecto sistema de mecanismos, un preciso y bien calculado aparato de relojería destinado a procurar comicidad. O, como escribía García Pavón, son «tipos casi siempre caracterizados por efectos externos, tics, manías y modos de hablar (*op. cit.*, pág. 95). Debajo de cada uno de ellos se descubren los clásicos papeles: el galán, la dama, el gracioso..., etc. Eso sí, a todos ellos les une un común aire de familia, que denota el cuño o marca de fábrica, el *made in:* su excentricidad. Y esta palabra nos lleva de la mano a otras de Eugenio D'Ors —quien había dedicado tres de sus glosas a *Angelina o el honor de un brigadier*— sobre Jardiel: «Dediqué una glosa a Jardiel cuando estrenó una de sus primeras piezas escénicas señalando su originalidad... ¿Un renovador? Tal vez, pero mejor un excéntrico de la literatura teatral. Porque Jardiel piensa y escribe excéntricamente, no por *pose,* sino por po-

---

[118] El lector encontrará la clasificación de Marqueríe en su libro *Veinte años,* cit., pág. 73.

seer su temperamento una genuina excentricidad...»[119] Por su excentricidad dentro de la galería de personajes teatrales españoles, son quizá los más característicos del teatro de Jardiel esos inolvidables criados impasibles, entrañablemente fieles a sus señores, que reaccionan con la más correcta y extraordinaria de las lógicas a los más estupendos absurdos o que, en su misma seriedad, sirven de resonador y amplificador cómico de la acción. Sirvan como botón de muestra el Oshidori de *Usted tiene ojos de mujer fatal,* el Elías de *Un marido de ida y vuelta* o el Fermín y Leoncio de *Eloísa está debajo de un almendro.* Tanto éstos como los señores —galanes y damas jóvenes—, como la abundante nómina de personajes accidentales de sus comedias nunca caen en la gracia gruesa ni facilona, pues su autor los dota —diálogo y situación— de una innegable elegancia mental. Por otra parte, casi siempre hay en ellos y en el conflicto cómico al que sirven una nota de ironía, de ternura y de poesía, y, en los mejores momentos, una profunda veta de humor que nos impide la risa y nos fuerza a la sonrisa inteligente y comprensiva...

Si nos circunscribimos, en singular, a las piezas y no, en general, al teatro de Jardiel, como hasta ahora hemos venido haciendo, nos encontramos que, aparte de sus dos obras maestras, *Cuatro corazones con freno y marcha atrás* y *Un marido de ida y vuelta* —maestras por conseguir en ella la forma más pura de su pasión por lo inverosímil—, en el resto de su producción sobreviven con plena vitalidad y conservan toda su vigencia, menos piezas enteras que actos, cuadros, escenas o momentos de ellas, éstos dignos todos de una antología del mejor teatro cómico español[120]. Y queda, naturalmente, el abundante repertorio de mecanismos de comicidad inventados por Jardiel, pues fue por encima de todo, como muy acertadamente ha escrito Adolfo Prego, «un inventor de mecanismos»[121].

Queremos, para terminar, tocar un punto que ha sido puesto de relieve por José Monleón: la admiración que el teatro de Jardiel ha suscitado en muchos de los jóvenes dramaturgos realistas de nuestra postguerra. Según Monleón, «Jardiel, en definitiva, eligió en nuestro teatro la libertad. Aunque para ello hubiese de cultivar lo inverosímil» y aunque esa libertad no le fuera a resultar nada cómoda. «Jardiel —sigue escribiendo Monleón—, a través de su amor por lo inusitado, negaba las convenciones de ese naturalismo peque-

---

[119] Citado por Rafael Flores, *op. cit.,* pág. 222.

[120] ¿Cómo olvidar, para citar un par de ejemplos, la escena del duelo a pistola en el cementerio (*Angelina o el honor de un brigadier,* acto II, cuadro III); el acto I de *Eloísa está debajo de un almendro,* especialmente la escena del viaje a San Sebastián sin moverse de la cama, y la misma laberíntica, abigarrada y absurda disposición de los muebles en el escenario?

[121] Ver art. cit., loc. cit., pág. 60.

ñito y ordenado en sus audacias, que regía la mayor parte del teatro español representado. En definitiva, Jardiel había montado su propia fuga al interior y venía a ofrecérsenos como un testimonio más de la crisis social europea, de la infelicidad del hombre moderno, asqueado por lo verosímil (...) y metido en el refugio pasajero de su Paraíso Literario.» Y —concluye Monleón— «ahí está la base... del encono con que Jardiel hubo de enfrentarse a ciertos sectores del público; ahí está la razón de la crueldad e incomodidad de ese público ante un autor que se negaba a falsear la realidad y que prefería llanamente recusarla». En esto, precisamente, encuentra Monleón el origen de la admiración de los jóvenes realistas por el teatro irrealista, pero no falseador de la realidad, de Jardiel Poncela.

VI.   Miguel Hernández (1910-1942)

Consta la obra dramática de Miguel Hernández, escrita entre 1933 y 1937, de cuatro piezas largas: *Quién te ha visto y quién te ve y sombra de lo que eras* (1933-1934), *Los hijos de la piedra* (1935), *El labrador de más aire* (1937) y *Pastor de la muerte* (1937), todas ellas en verso, excepto la segunda, en prosa con canciones líricas intercaladas, y cuatro minipiezas de una sola escena cada una, en prosa (*La cola, El hombrecito, El refugiado, Los sentados*), reunidas bajo el título común de *Teatro de guerra* (1937).

En la *Nota previa* a su *Teatro de guerra* expresaba Miguel Hernández algunas de sus ideas sobre el teatro revolucionario, sobre la evolución del suyo propio y sobre los propósitos, las causas y la función de su nuevo teatro. Vale la pena citar algunas de sus afirmaciones:

> No había sido hasta ese día (18 de julio de 1936) un poeta revolucionario en toda la extensión de la palabra y de su alma. Había escrito versos y dramas de exaltación del trabajo y de condenación del burgués, pero el empujón definitivo que me arrastró a esgrimir mi poesía en forma de arma combativa me lo dieron los traidores, con su traición, aquel iluminado 18 de julio. Intuí, sentí venir contra mi vida, como un gran aire, la gran tragedia, la tremenda experiencia poética que se avecinaba en España, y me metí, pueblo adentro, más hondo de lo que estoy metido desde que me parieran, dispuesto a defenderlo firmemente de los provocadores de la invasión. (...) Una de las maneras mías de luchar, es haber comenzado a cultivar un teatro hiriente y breve: un teatro de guerra. (...) Creo que el teatro es un arma magnífica de guerra contra el enemigo de enfrente y contra el enemigo de casa. Entiendo que todo teatro, toda poesía, todo arte ha de ser, hoy más que nunca, un arma de guerra. (...) Con mi poesía y mi teatro, las dos armas que más relucen en mis manos con más filo cada día, trato de hacer de la

vida materia heroica frente a la muerte. (...) Yo me digo: si el mundo es teatro, si la revolución es carne de teatro, procuremos que el teatro, y por consiguiente la revolución, sean ejemplares... (...) Cuando descansemos de la guerra, y la paz aparte los cañones de las plazas y los corrales de las aldeas españolas, me veréis por ellas celebrar representaciones de un teatro que será la vida misma de España, sacada limpiamente de sus trincheras, sus calles, sus campos y sus paredes [122].

Miguel Hernández ya no podría escribir este teatro de paz. Internado el 18 de mayo de 1939 en la Prisión Celular de Torrijos, recorrerá varias cárceles hasta morir en el Reformatorio de Adultos de Alicante el 28 de marzo de 1942 [123]. Resulta doloroso tener que reconocer y escribir que su otro teatro, el único que pudo crear, el teatro revolucionario, en su doble vertiente de teatro proletario, antiburgués y de exaltación del trabajo, y de teatro de guerra, es, en su misma raíz, insuficiente y deficiente. Insuficiente por su realización dramática y deficiente por la elementalidad de su contenido.

Ya su primera obra teatral, el auto sacramental *Quién te ha visto y quién te ve...*, constituye, como drama, un fracaso, imposible de rescatar por las parciales bellezas líricas de algunas escenas. De desusada longitud —casi tres veces la de un auto sacramental clásico—, hay en él algunos errores que juzgamos graves. Es el primero su lenguaje, mimética reproducción —a veces recreación— de formas culteranas y conceptistas de la lengua poética del XVII, si justificables como ejercicio retórico en un poema de homenaje, en absoluto justificadas como lenguaje de unos personajes de una obra literaria escrita en el siglo XX, donde culteranismo y conceptismo no pueden ser sino convencional y artificioso reflejo mimético de un estilo históricamente anacrónico y un juego «en hueco» de la inteligencia y de la sensibilidad. El segundo error, en íntima conexión con el anterior, es el de haber reflejado con idéntico mimetismo la forma y el contenido del auto sacramental calderoniano, género teatral que si admite, como todo género, la recreación original mediante la adecuación de su forma y contenido a forma y contenido contemporáneo, es decir, auténticos en el siglo XX, lo cual supone, como fundamento previo, puntos de vista nuevos distintos de los de un dramaturgo del XVII, no admite la simple copia, a riesgo —y es el caso del auto de Miguel Hernández— de

[122] Miguel Hernández, *Obras completas,* Buenos Aires, Losada, 1960, páginas 807-808. Todas nuestras citas se refieren a esta edición.
[123] Puede consultarse, entre otros, el libro de Juan Cano Ballesta, *La poesía de Miguel Hernández,* Madrid, Gredos, 1962 (los datos anteriores, en páginas 49, 52 y 53). También Juan Guerrero Zamora, *Miguel Hernández, poeta,* Madrid, El Grifón, 1955, y la introducción a *El hombre y su poesía,* de Juan Cano Ballesta, Madrid, Cátedra, 1974.

ser un objeto literario anacrónico. En el siglo XX se puede escribir un auto sacramental del siglo XX, pero no un auto sacramental de Calderón, como no se puede escribir un drama romántico del Duque de Rivas. Pero además en este auto sacramental «calderoniano», la prodigiosa *síntesis* de teología y existencia, de poesía y drama, de palabra y pensamiento propio de Calderón, se queda en elemental *sincretismo,* y la compleja unidad de los símbolos, en simple y confusa mezcla portadora de ambigüedad. Finalmente, no son fallas menores los desgraciados juegos de palabras (*estíos/estío,* página 199), vulgarismos («No se haga el *longui,* amigo», pág. 463), chuscadas («Voy a la *Urreseté,* dice el Deseo», pág. 557), los móviles que mueven a los personajes en momentos decisivos de la acción (el Hombre-Niño cae en la tentación de la Carne, porque ésta se pone a llorar, como única invención para que acepte la manzana, diciendo: «Por no verte llorar... ¡Dame el fruto!», pág. 480). Las tres partes en que la obra se divide: *Estado de las Inocencias, Estado de las Malas Pasiones, Estado del Arrepentimiento,* indican suficientemente su contenido.

Los hijos de la piedra y *El labrador de más aire* son dos melodramas sociales, nacidos —como escribe Guerrero Zamora— «bajo el mismo signo influyente: *Fuenteovejuna*» [124]. En la primera, construida con una doble intriga, los mineros del pueblecito de Montecabra, ofendidos y tiranizados por el señor, se levantarán contra él y le darán muerte, concitados y dirigidos por el Pastor, cuya mujer natural (no legítima), en avanzado estado de preñez, ha sido violada por el Señor, malográndosele el hijo y muriendo como consecuencia de tan bárbaro acto. La Guardia Civil, al grito de «tiros a la barriga», acabará con los rebeldes de Montecabra. Los personajes están hechos de una pieza, buenos los explotados y malo el tirano, y el conflicto entre ambos es de una ingenua elementalidad, resultado de una excesiva esquematización de la realidad que amputa su profundidad y su verdad. En la segunda, renunciando al estilo culterano y conceptista del verso, consigue Miguel Hernández crear un lenguaje dramático directo y rico, que se amolda a la situación y al personaje y sirve, con acierto, de vehículo expresivo a los estados interiores y a las pasiones de los personajes y a las peripecias del drama, plasmando con gran belleza, intensidad y economía el conflicto. En las escenas populares (fiesta en la plaza, vendimia), en los diálogos entre Juan, protagonista, y don Augusto o Alonso, antagonistas, el lenguaje tiene el lirismo, la emoción, la belleza, la riqueza y la fuerza dramática del Lope mejor, a quien Miguel Hernández sigue muy de cerca. Pero como en la pieza anterior, aun-

---

[124] Guerrero Zamora, *op. cit.,* pág. 402.

que en menor grado, la realidad es esquematizada y empobrecida por la reducción operada sobre ella por el dramaturgo. Volvemos a encontrarnos con el héroe —proletario— y el antihéroe —capitalista—, con el labrador y el amo, personajes de una pieza, bueno el primero, malo el segundo, con una bondad y una maldad sin fisuras y, lo que es peor, previas al drama. Por otra parte, la relación de oposición y antagonismo radical entre ambos descansa sobre supuestos sociales e ideológicos más bien propios del teatro del siglo XVII, tal como Lope lo configuró en sus dramas del poder injusto, que sobre supuestos contemporáneos de Miguel Hernández. Señala Guerrero Zamora la ascendencia clásica de los personajes dramáticos de Miguel Hernández: «Todas las criaturas de *Los hijos* y *El labrador* están representando su argumento y no su psicología, son piezas funcionales del asunto, y el asunto no es una consecuencia de ellos o, por lo menos, podría ser la consecuencia de todos los seres por ellos representados» [125]. Y pone en relación esos personajes arquetípicos con ciertos sectores del teatro contemporáneo. «Hoy —escribe—, en la más reciente actualidad, se está volviendo a la táctica de los personajes arquetípicos, de un solo bloque, al menos en el teatro de Anouilh, tan influido por el de García Lorca, y en el norteamericano. También —añade— el teatro social de hace treinta años, en Alemania, empleó siempre personajes bloques —por ejemplo, Toller— y otro tanto de lo mismo ocurre en el teatro soviético» (*ibíd,* pág. 406). No es éste el lugar para discutir la pertinencia de la cita de Anouilh ni la función específica, dentro del universo dramático en que se mueven, de los personajes bloque de Toller, pero sí creo pertinente señalar que esa táctica de los personajes arquetípicos, sólo que empobrecidos en su contenido y en sus significaciones, es también, en todos los tiempos, la del melodrama, social o no. Lo arquetípico en el teatro clásico, o en cualquier gran teatro, hace referencia a lo universal humano; lo arquetípico en el melodrama, a lo extremadamente particular y no representativo. Lo que en aquél es relación necesaria y significativa, en éste es relación gratuita y no significativa. Y este segundo tipo de relación es el que aparece plasmado en el conflicto jornalero-amo de *El labrador de más aire* y en el de mineros y pastor-amo de *Los hijos de la piedra.* Por ello, la fuerza de este teatro revolucionario queda invalidada por la reducción de la colisión de la libertad y la tiranía a simple esquema melodramático.

Las cuatro escenas autónomas del *Teatro de guerra,* escritas en prosa, carecen de entidad dramática y son, a lo más, pretextos para elementales discursos de propaganda.

---

[125] *Op. cit.,* pág. 407.

Pastor de la muerte es una pieza de exaltación del heroísmo de los defensores de Madrid, centrada en torno a la figura de Pedro, héroe popular, en quien encarnan las más excelsas virtudes del pueblo, y cuya vida y personalidad tienen valor ejemplar. Como el *Teatro de guerra* es una pieza de propaganda y de invitación a la lucha, postulada como deber y exaltada con pasión.

No sabemos que *Pastor de la muerte* fuera representada. De haberlo sido, no dudamos que hubiera cumplido eficazmente en el público para el que fue escrita los propósitos de su autor: ser un arma de guerra. Desenraizado de aquel público particular y de aquellas particulares circunstancias para quien y donde fue escrito, su destino es el de todo teatro de urgencia: quedar como un ejemplo, humanamente digno, de unas intenciones cuyo valor intrínseco rebasa toda circunstancia, pero cuya realización y cuyo significado como teatro sólo existe dentro de ella, sin poder trascenderla. Valioso como testimonio de la noble pasión del hombre y del poeta Miguel Hernández, por la libertad humana, este teatro es una hermosa profesión de fe y un bello «gesto», pero no un arma ni una herencia aprovechable.

VII.   Pedro Salinas (1891-1951) y su teatro de salvación

Pedro Salinas, uno de nuestros poetas contemporáneos más puros —en doble acepción: como creador de mundos poéticos y como ejemplar humano—, escribió entre 1936 y 1951 catorce piezas teatrales, de las cuales dos en tres actos y el resto en un solo acto [126]. Todas ellas constituyen un valioso y emocionante testimonio de esa pureza intelectual y artística, de honda raíz humana, del escritor Salinas, y sólo pueden entenderse y valorarse en su exacta significación si no se olvida la intención creadora que les dio origen, intención clara y presente en todas y cada una de estas piezas y que, sumariamente, podría formularse así: esforzada voluntad de salvar el mundo. Nuestro mundo, naturalmente. El que el hombre ha ido haciendo y deshaciendo, colmado cada vez más de su angustia y de su desesperanza, declarado culpable y convertido en espacio de toda culpa, condenado, desenmascarado, vituperado, presentado como infierno, como páramo donde el animal humano, atrapado irremediablemente, pasea, un momento, su irrisoria esperanza de payaso,

---

[126] Todas ellas, excepto *Los santos,* fueron editadas, precedidas de una breve «Nota preliminar», por Juan Marichal: *Teatro completo,* Madrid, Aguilar, 1957. Todas nuestras citas se refieren a esta edición. *Los santos* fue publicada en *Cuadernos Americanos,* XIII, 1954, núm. 3.

el mundo al que el teatro contemporáneo, testigo y juez lúcido, inmisericorde y amargo, cargado de trágica razón y de no menos trágica sinrazón, levanta nuevas formas de proceso, amontonando cargo sobre cargo. Pedro Salinas, con un gesto que podría parecer el de la evasión, pero cuyo fundamento último es el de un humanismo esencial, difícil, cierto, en nuestra hora, ensaya en su teatro un rescate del mundo, volviendo del revés las máscaras trágicas, pero también las cómicas, no para negarlas ni escamotearlas sino para buscar en su envés su *razón de amor*. El descubrimiento y desvelación de esa razón de amor constituye el término final y el motor inicial de su creación dramática. Sólo su radical humanismo —en el que nunca se insistirá bastante— tan entrañablemente cervantino, puede ayudarnos a entender el para qué, el porqué y el cómo de este teatro. Sin él las catorce piezas se nos convierten en un simple, bello y gratuito juego poético al margen del teatro contemporáneo, y se nos aparecen como lo que no son: teatro literario y construido con frases brillantes, ingeniosas, siempre bien dichas, y donde lo importante no es ya quién las dice ni a quién ni en qué situación, sino lo *dicho*. Y ésta es, en efecto, en la mayoría de las piezas su apariencia, su modo de ser estilístico, pero no su verdadera naturaleza, no su verdad dramática. Cierto que el teatro contemporáneo no se escribe así, pero no se escribe así porque dice y muestra algo distinto y aun opuesto a lo que Salinas dice y muestra en su teatro, y desde un punto de vista distinto y opuesto tambimage ¿Significa esto entonces que lo incontemporáneo es el punto de vista de Salinas? A juicio nuestro, no, pues Salinas nunca miente, ni escamotea la realidad ni se evade de ella, pero alumbra su otra cara, aquella de quien nadie quiere ocuparse hoy, y que tiene, claro está, mala prensa. Cuando el teatro en un determinado momento de su historia adopta dos formas fundamentales, necesaria históricamente una: la del teatro de protesta, de denuncia, de desenmascaramiento, de desmitificación, en cualquiera de sus modos de manifestación (existencialista, del absurdo, marxista); e innecesaria históricamente otra: la del teatro pseudo-poético pseudorealista, comercial, de evasión, de «digestión», de pura diversión o como quiera llamársele —lo fundamental en él son sus falsos problemas v sus soluciones falsas y su condición de droga— resulta muy difícil, y hasta comprometido, escribir objetivamente acerca de un teatro que no es ni lo uno ni lo otro, como es el caso del teatro de Salinas, del que no sabemos, y lo confesamos honradamente, si es necesario o innecesario históricamente, pero del que afirmamos, sin dubitación ninguna, que es resultado de un específico compromiso con lo real.

No nos extraña por ello esto que escribe Pérez Minik del teatro de Salinas: «En esta coyuntura no sabríamos decir si este abierto teatro de pequeñas obras maestras de Pedro Salinas es un teatro de ayer, de hoy o de mañana. Efectivamente, será de mañana. Para él necesitamos un hombre recién nacido» [127]. Y entendemos también estas otras palabras de Juan Marichal, en su *Nota introductoria* a su edición del *Teatro completo* de Salinas: «La poesía dramática es una operación transfigurada, analógica, de la vida real e inmediata. Según Salinas, el dramaturgo español del Siglo de Oro sentía que "el hombre sólo se salva viéndose superior a su mera actividad consuetudinaria", revelándose así su propia y original intención dramática. Se pregunta entonces Salinas si la *comedia* tiene una doble y contrapuesta faz, si es realista e ilusionista, si hay en ella a la vez costumbrismo y fantasía. Y contesta el poeta: "Realidad fabulizada". Ésta podría ser la mejor definición de su teatro y de su voluntad de transfiguración poético-dramática» (págs. 12-13).

La transfiguración de la realidad es, en efecto, la nota más característica de ese teatro. El escenario, como un nuevo *Retablo de las maravillas,* se convierte en el lugar ideal de esa transfiguración, operada ante los ojos del espectador, y servida eficazmente —ése es su fin— por el diálogo y la acción. Diálogo siempre bello, siempre brillante, siempre rico de matiz, pero exacto y preciso siempre, casi nunca puro adorno ni amplificación lírica o retórica, diálogo «escrito desde arriba» [128]. Generalmente, la pieza teatral de Salinas está construida desde el diálogo y no desde la acción, estando ésta confiada al dinamismo y a la tensión de la palabra. Esta supremacía del diálogo determina que alguna de las piezas en un acto tenga mucho más de *diálogo dramático* que de drama, *sensu stricto.* En casi todas ellas tiene importancia decisiva en el sentido de la resolución de la situación planteada la intervención de fuerzas sobrenaturales (no en sentido religioso, sino espiritual-poético) encarnadas escénicamente. No se trata nunca de un recurso mecánico ni de ningún tipo de *Deus ex machina,* pues su función en la obra es la de mostrar la presencia de dioses protectores en la existencia humana, de caminos siempre abiertos en el interior mismo de cada vida individual.

1. Las piezas en un acto

Sólo en tres de las doce piezas en un acto la acción está concretamente localizada: un barrio popular madrileño de 1930, en *La*

---

[127] En *Teatro europeo contemporáneo,* cit., pág. 509.
[128] Palabras de Salinas citadas por Juan Marichal, ed. cit., pág. 12.

estratoesfera; la Andalucía de principios del siglo XX en *La fuente del Arcángel,* y un pueblo español durante la guerra civil en *Los santos.* En el resto, la acción está situada en una gran ciudad moderna o en un país imaginario, en nuestros días. Todas éstas tienen un inconfundible aire cosmopolita, internacional, y sus personajes se mueven en un ambiente de «confort», elegante, incluso a veces lujoso. Los protagonistas suelen ser jóvenes y hermosos, cultos, inteligentes y han viajado por varios países. Temáticamente se pueden dividir en dos grupos: el que llamaría de las *piezas rosas* y el de las *piezas satíricas.*

Las *piezas rosas (La isla del tesoro, El chantajista, El parecido, La bella durmiente)* tienen como tema central el amor. En *La isla del tesoro* y *El chantajista* la acción y el diálogo están centrados en la búsqueda del amor único como forma suprema de realización de un destino individual. Lo importante no es, desde luego, la anécdota vivida por los personajes ni el resultado triste o feliz, sino su sentido: la posibilidad de la armonía, de la unidad y de la belleza como dimensión fundamental de la existencia humana, se realice o no en las vidas individuales concretas. En *El parecido* muestra, justamente, cómo en los momentos críticos de dos vidas humanas —un matrimonio— ha habido siempre la intervención bienhechora de una sutil fuerza benéfica, de un dios protector que actúa sirviéndose del azar.

Las *piezas satíricas,* nunca amargas ni violentas, sino cargadas de ironía y de poesía —ironía y poesía que están en la raíz misma de la visión del mundo que sustenta todo su teatro— son una defensa de la vida humana, siempre concreta, contra cualquier intento de alienación o de explotación. En *Ella y sus fuentes,* deliciosa y divertida fábula dramática, nos presenta a «un personaje histórico en la lucha con sus propias fuentes documentales» (pág. 240). Un historiador que ha dedicado toda su vida a reconstruir pacientemente la biografía de la heroína nacional Julia Riscal, biografía que está a punto de salir y es esperada con gran interés, recibe la visita de la misma Julia Riscal, muerta hace un siglo. Después de ímprobos esfuerzos por convencer al historiador de su identidad, pues éste sólo cree en las fuentes históricas, le demuestra que la biografía, a pesar de las fuentes, es falsa, pues se basa en un error de identidad. Para el historiador anonadado por tal revelación es imposible cambiar nada y decir la verdad, porque ello supondría destruir al mito sobre el que la nación está fundada y en el que cifra su orgullo. La verdad es mucho menos imponente, más sencilla que el mito y, en su sencillez, más hermosa, pero será éste quien quede, pues los pueblos se rigen más por el mito que por la verdad. En *Sobre seguro,* mediante el tema de los seguros de vida, con valor de signo de toda una civilización, muestra la agresión deshumanizadora y, en el fondo, criminal de una mentalidad alienada que rinde culto al dinero como a única y absoluta divinidad, mentalidad que a sí misma se presenta bajo la máscara del progreso y la cooperación social. El planteamiento satírico desembocará en una solución poética. Lo que la vida humana tiene de dignidad y de verdad insobornables, encarnada en una sencilla y terca mujer de pueblo, resistirá la agresión, desenmascarándola y triunfando de ella.

La pieza que mejor representa el humanismo radical de este teatro es, tal vez, la titulada *Caín o una gloria científica*. Plantea en ella Salinas el problema moral, pero de moral trascendente, del físico Abel Leyva, descubridor de la fisión del átomo, en un país de dictadura militar en vísperas de estallar la guerra. Elegirá morir antes que poner su descubrimiento en mano de los militares, rescatando con su muerte la de miles de inocentes. Es, en pequeño, por su tamaño, no por su sentido, un drama de conciencia que postula, ejemplarmente, la única salida digna para el hombre.

Dentro de su teatro en un acto las *tres piezas españolas* son lo mejor del quehacer dramático de Salinas. En *La estratoesfera,* la más cervantina de todas ellas, con «su taberna madrileña a lo Arniches, sus tipos costumbristas, su pequeño folletín conocido, pero provista de excepcional altura intelectual, rica invención y muy picante realismo» [129], encontramos un extraordinario monólogo en el que Salinas, por boca de una humildísima moza de ciego, consigue plasmar en un castizo y recio lenguaje popular los temas clásicos del Destino y de la Fortuna mudable. He aquí algunas frases: «...Como la rueda grande de la feria, te echa la fortuna a lo más arriba, te encumbra allí a lo alto y lo ves tó precioso igual que si fuá un nacimiento, y al menuto, derrocá estás otra vez por el suelo y ya no eres na... más que Felipa, tu servidora (...) Dios me ha castigado porque en este rato me se subió el orgullo a la caeza y me creí que ya veía tó por mi cuenta y tó era tan precioso, tan precioso (...) ¡Ay, vueltas del mundo, vueltas del mundo, porque nos volteáis así, como la vaca mala de la capea, corre que te corre de uno pa otro echándolos a tós por el aire!» En este modesto ambiente de taberna arnichesca y venta cervantina, con la dual presencia de realidad y ficción igualmente reales y el triunfo de la pura bondad, ambigua de lo humano y lo más que humano, las palabras de Felipa, la moza de ciego, cargadas de la resonancia de muy antiguos héroes, todo lo transfiguran y cargan de súbita trascendencia.

---

[129] Pérez Minik, *op. cit.,* pág. 506.

En *La fuente del arcángel,* situada en la geografía de la Andalucía quinteriana, funde Salinas, en difícil equilibrio dramático de gracia e ironía, de realidad y ficción, de lo popular y lo maravilloso, el planteamiento satírico y la solución poética de sus *piezas satíricas.* En el seno mismo de una realidad limitada —la de la típica Andalucía quinteriana: pacatería, hipocresía, conservadurismo y tanta sal como cursilería— Salinas hace brotar, sin violencia ni ruptura alguna, un insospechado mundo de fantasía, que no es vía de escape ni signo de evasión, sino limpia manifestación de una más profunda dimensión de la realidad, que estaba allí, latente y secreta, como la almendra en el interior de su dura cáscara, y a la que sólo faltaba hacerla patente. Es esta desvelación de cuanto en la vida es conato hacia la belleza, hacia el bien y hacia el amor, lo que constituye el objeto final de este teatro humanista de Pedro Salinas.

De todas sus piezas cortas la mejor, sin duda, es *Los santos,* dotada de una formidable ironía trágica. Sin necesidad de palabras violentas ni de discursos desenmascaradores ni de discusión política ni de deformaciones caricaturescas ni de ideas ni de denuncias, mas tan sólo con una sencillísima acción dramática crea Salinas una de las mejores obras teatrales que conozco sobre la guerra civil española. En el sótano de la Colegiata del pueblo de Vivanca, Castilla la Nueva, en donde están amontonados varios objetos de culto, entre ellos cinco santos de talla, están escondidos un teniente, un sargento y milicianos de la República, que consiguen huir justo antes de la entrada de las tropas falangistas, quedando solo, oculto entre los santos, el maestro de escuela. El sótano es utilizado por los falangistas para encerrar a unos prisioneros, a los que han condenado a muerte. Los prisioneros son una madre cuya culpa consiste en haber insultado a quienes le han matado al hijo, una prostituta, La Palmito, cuyo delito es el haberse acostado con los milicianos, un mozo, Paulino Sotero, quien afirma que su culpa no es otra que la de tener un nombre igual al de otro a quien buscan los falangistas, un artesano, Severio, acusado de deserción ante el enemigo por haberse negado a construir el catafalco para una horca, y una joven, La Pelona, antigua monja refugiada en casa de los parientes del sacristán. Los hijos mayores de la familia en que estaba refugiada, hechos presos por los nacionales y acusados de ser rojos, consiguieron escapar, y ella, que los visitaba en la cárcel, es culpada de ser cómplice en la fuga. La angustiada situación en la que se encuentran estos personajes, a quienes se une el maestro de escuela, situación que los hace manifestarse en su más pura esencialidad humana y unirse en la búsqueda de un sentido que rompa el absurdo en que se encuentran violentamente colocados, la resume estas palabras de La Palmito: «Que me lo digan, quiero que me digan por qué me matan..., qué daño he hecho yo a nadie.» Nadie es culpable, pero todos están condenados a muerte y van a morir. La única que podría salvarse con sólo revelar su identidad es La Pelona, pero se niega y a sí misma se ofrece como víctima tan inocente como todos los demás, por esta razón de fraternidad: «Los que no se sintieron hermanos en vida aún pueden morir como hermanos.»

Esta apasionada y apasionante investigación, proceso y juicio de la trágica entraña de la guerra civil española mediante unos muy concretos personajes puestos en una muy concreta situación, termina con una sorprendente invención teatral, plenísima de significación y preñada de emoción dramática, que se produce *naturalmente,* y eso es lo extraordinario: cuando los cinco prisioneros son llamados por sus nombres desde la puerta del sótano, a la que se asciende por unos toscos escalones, son los cinco santos quienes, animándose y revistiendo las figuras de los condenados, toman su lugar y su muerte. Son los santos quienes serán fusilados mientras los prisioneros, desde dentro, oyen la descarga.

Creo que no escapa al lector esa trágica ironía de que hablaba líneas más arriba que Salinas ha sabido expresar con unos pocos personajes, unas pocas palabras y una acción simplicísima, pero, eso sí, con una magistral sabiduría dramática.

2.   Las dos piezas largas

Son éstas: *Judit y el tirano* y *El director.* La primera tiene como tema la tiranía; la segunda, la felicidad humana. Ambas, como todas las piezas en un acto, responden a esa humanística vocación de salvación ya señalada.

Judit y el tirano comienza con una conversación entre dos revolucionarios, Judit y Valentín, que esperan la llegada de los otros revolucionarios del grupo para echar a suertes quién debe asesinar al tirano, cuyo título oficial es el de Regente. Judit convence a Valentín para que haga trampa en el sorteo y saque su nombre. La figura del tirano la obsesiona. Nadie le ha visto el rostro, pues siempre se presenta ante el pueblo, al que tiene subyugado, rodeado de misterio: vestido de negro, envuelto en un capote, con el rostro en sombras, pues cuida al disponer la tramoya de sus apariciones en público que los focos no le iluminen la cara, como si no la tuviera, y no fuera sino una voz impersonal. Para Judit esa figura que el tirano se ha inventado para imponerse a las masas, logrando de ellas un verdadero culto, es la «nueva figura del mal, otra encarnación física de lo diabólico, de lo antihumano» (pág. 308), con mayor fuerza que las realidades. Y necesita acabar con ella, verla materialmente derribada a sus pies, para poder creer que ha dejado de existir de verdad. El sorteo se realiza, sin embargo, sin trampa alguna, pero la suerte recae de todos modos sobre Judit. Ella deberá matar al dictador. Es necesario añadir que todos estos revolucionarios no pertenecen al proletariado, sino a las clases altas, y son todos ellos artistas que han elegido aparecer como extravagantes, lanzando manifiestos artísticos, revolucionarios, armando escándalo, para que la policía no vea en ellos sino un grupo de locos inofensivos, apolíticos.

En el cuadro segundo Judit, que ha sido introducida en el cuarto de descanso del dictador, espera escondida que éste se quede solo para matarlo. Desde su escondite asiste a la conversación del tirano con el coronel, jefe de la policía, que ha descubierto los planes del grupo de artistas revolucionarios, encarcelándolos a todos menos a Judit, cuya fotografía muestra al Regente, quien ordena sean tratados sin violencia los presos y expresa en voz alta sus dudas de que la hermosa muchacha de la fotografía sea la encargada de asesinarle. Esta escena y la anterior del dictador con su criado nos muestra a aquél, despojado de su figura pública, no ya como un monstruo, sino como un hombre. Cuando, por fin, queda solo, y Judit se dispone, armada la pistola, a asesinarlo, entran por la ventana dos enmascarados, que con los puñales desenvainados se disponen a ejecutar lo mismo que ella. Y aquí sucede algo inesperado: Judit, en lugar de dejarlos apuñalar al dictador, se interpone entre él y los enmascarados y, disparándoles, los hace huir, salvándole la vida a quien ella misma había venido a matar. ¿Por qué? La investigación de ese por qué constituye la materia del segundo acto, cuya construcción dramática, estribada en la búsqueda de la respuesta, radica en el enfrentamiento entre Judit y el tirano, a quien teniendo nuevamente ocasión de matar, ocasión propiciada por él mismo, no matará. La respuesta que el espectador espera llegará al final del acto, como resultado de ese enfrentamiento personal, al margen de toda razón política. Judit no ha matado al tirano porque en esa media hora de enfrentamiento ha descubierto en él a un hombre. Oigámosla a ella: «Vine a matar al tirano, al monstruo, a esa figura de espantajo, que no nos deja vivir, que no me dejaba vivir, ¡y ya está muerto! ¿No ves que ha nacido un hombre? Delante de mí nació... (...): dos veces que te he tenido al alcance de la bala... anoche..., allí en el diván mientras hablabas..., en la forma de tu rostro se desvanecían de pronto, un momento, las facciones, y tu cara era el blanco..., el que yo estaba segura de no fallar... Tu cara en blanco, comprendes, la que tú quieres que creamos que es tuya..., la mentira..., la que ha estado a punto de matarme... Pero en seguida, al segundo, te volvía la cara de hombre... (...) ¿cómo te iba a matar? Si lo que yo vine a matar no era un hijo de mujer, era lo inhumano, el anti-hombre, tu embuste. Tú, tú te has salvado contra él, tú. Y quiero que me oigas ese *tú,* así, con toda mi fuerza, porque este *tú* te distingue de todo, te señala, solo, único, *tú.* Es la marca del hombre, que te pongo en el alma... Ahora ya eres de verdad... Ten cuidado..., tu mentira..., el embuste..., es lo que puede matarte... (...) Yo... ya no» (págs. 338-339). La cita es larga, pero me he tomado la libertad de hacerla porque esas palabras resumen el sentido total del drama y, claro está, la intención del dramaturgo al escribirlo, su sentido final.

Como se ve, Salinas disocia, hasta separarlas, las dos imágenes del dictador: la falsa, la que es pura máscara, la exterior, inventada para dominar a las masas, y la verdadera, la humana, la personal e individual. Judit vino a matar la figura del mito y encuentra a un hombre, que invalida la anterior. Al tirano le salva el hombre que también es.

En el tercer acto el hombre triunfa sobre el tirano. Ha aprendido junto a Judit a vivir como persona, a ser uno más, el que es realmente, entre los demás. La victoria es completa cuando el dictador, volviendo a adoptar por última vez su figura de dictador, habla al pueblo, como antes, con las mismas palabras y la misma voz impersonal, y descubre mientras habla que esa figura está ya muerta y vacía, que sólo el hombre existe ya. Es lo que viene, gozoso, a decir a Judit, que le ha dejado solo los últimos días, y le espera en un hotel cercano a la frontera para escapar juntos en el caso de que el hombre haya triunfado del tirano. Pero antes de que llegue, dos agentes de la policía se han introducido en el cuarto de Judit, aprovechando una corta ausencia de ésta, y la detienen como sospechosa, disparándole al abalanzarse sobre un policía con la pistola que habían sustraído del bolso de Judit. El drama termina con estas tres réplicas:

JUDIT:
¡Yo lo maté, yo lo maté! Ya me lo dijeron: «Te lo veo en los ojos. Tú le matarás...» (...)

REGENTE (...):
No..., no..., Judit, fue el otro, el que no era yo... El nos mató..., el tirano (...),

TENIENTE:
Señora, la vida del Regente es lo primero (pág. 358).

Aunque la tesis humana de Salinas esté muy clara (sólo el hombre es verdad y sólo por el hombre nos salvamos), el drama falla, a nuestro juicio, pese a su excelente composición teatral, en algo que nos parece fundamental: la disociación tirano-hombre es en sí una abstracción previa. Salinas se limita a presentarnos primero la imagen del tirano, tal como los revolucionarios la ven; y, luego, nos presenta la imagen del hombre, en la cual el espectador no ve en ningún momento al tirano, sino sólo a una persona particular, no universal. El paso de una imagen a otra no existe en el drama, como no existe la relación dramática de ambas imágenes en el mismo personaje. El dramaturgo las superpone tan sólo, pero no las configura dramáticamente juntas, en necesaria oposición dialéctica, ni plasma la colisión del tirano y el hombre en el interior de un solo y único personaje, en necesaria tensión. Del mismo modo, la victoria del tirano sobre el hombre se nos da como ya realizada fuera del espacio dramático, contándonos de ella, líricamente, el resultado. Todo cuanto es conflicto, colisión, lucha, todo cuanto pudiera hacernos ver el drama de cómo conviven oponiéndose el tirano y el hombre en un sujeto único, individualizado y genérico al mismo tiempo, para que el sentido del drama fuera general sin dejar de ser concreto, no existe, no tiene realidad dramática sobre el escenario. Por eso mismo, el final del drama, aunque lógico, no pasa de ser un buen golpe teatral, pues el dramaturgo no ha conseguido hacerlo necesario. No es sino una segunda abstracción. Nos quedamos con sólo una bella tesis, pero cuestionable en la realidad histórica, precisamente por su carácter demasiado particular y demasiado ideal. ¿Dónde están, en efecto, esos tiranos que, en sus trasfondos, no lo son, dónde esos dictadores cuya máscara es mentira y su oculto rostro interior verdad? ¿Están? Si estuvieran habría que hacer como Judit: *chercher l'homme*. Pero, entonces... la tesis de Salinas es no sólo bella, sino equívoca y tiene dos filos: uno poético, que no corta, y otro, histórico, que corta y que es, justamente, su contrario.

En *El director* (misterio en tres actos) plantea como misterio el problema de la felicidad humana [130], el de su posibilidad e imposibilidad. La trama es mucho más complicada que en el anterior y, desde luego, que en cualquiera de las piezas en un acto, siendo decisiva para la intelección de la pieza su contenido simbólico. La acción transcurre en dos lugares escénicos realistamente configurados: una oficina y un hotel. A la primera acuden, como pacientes en busca de curación, unos personajes que exponen sus casos personales al director de la oficina. El problema de cada uno de esos personajes consiste en que no son o no se sienten felices. El Director los escucha y promete enviarles al día siguiente, por escrito, el tratamiento ade-

---

[130] Con significación muy próxima a la que ambos términos —misterio y problema— tienen en la filosofía de Gabriel Marcel.

cuado a cada caso. A estas consultas asiste una mecanógrafa, que acaba de ser contratada, y que no entiende en absoluto en qué consiste su trabajo ni qué es exactamente esa oficina ni quién es de verdad su extraño Director. Sus dudas se aclaran en una conversación con el Director, que la sorprende leyendo, subrepticiamente, los papeles de la archivadora, papeles cuyo contenido no entiende. De esa conversación resulta: que la oficina ha sido creada para «ayudar a las gentes a ser felices», para «enseñarles a ser felices» (pág. 380), aunque «muchas veces para enseñar a alguien a ser feliz no hay más remedio que quitarle lo que él llama su felicidad, arrancársela violentamente» (pág. 381); que el trabajo de la mecanógrafa consiste en «ayudar a la empresa de ser felices a los demás» (pág. 381). En cuanto al Director, cuya misteriosa personalidad se agiganta a los ojos de la Mecanógrafa apareciéndole dotada de extraordinarios poderes, al serle preguntada su identidad, responde: «Soy... el Director, hija, el Director. Yo soy el Director» (pág. 382). El espectador-lector no duda en identificarlo con la Divinidad.

En el segundo acto nos encontramos en un hotel, cuyo Gerente es el hombre de confianza del Director, a los pacientes del acto primero curados ya de su infelicidad. Cada uno de ellos ha encontrado, o cree haber encontrado, su verdadera felicidad y se dispone a realizarla. Pero el Gerente, de tan misteriosa personalidad como el Director y dotado de tan extraordinarios poderes como aquél, trata de impedir la realización de la felicidad de sus huéspedes, ante el escándalo y la cólera de la Mecanógrafa, enviada allí para cumplir su misión, quien ve en el Gerente la antifigura del Director, y el enemigo encubierto de éste, pues sabotea todos sus planes de felicidad de sus clientes, justo cuando éstos se disponen a cumplirla. La mediación de la Mecanógrafa cerca de los pacientes como cerca del Gerente fracasa y ésta llama en su auxilio al Director, comunicándose con él por teléfono, o, mejor, creyendo hablar con él, pues quien en realidad le contesta es el Gerente. El juego escénico muestra, mediante el uso de máscaras, que el Director y el Gerente son manifestaciones distintas de una misma persona.

El tercer acto hace ver, mediante una hábil construcción teatral, la relación dialéctica de identidad y de oposición a la vez entre el Director y el Gerente: el uno no puede ser sin el otro. Cuando en la escena final la Mecanógrafa dispare su pistola sobre el Gerente, el cual pudo y no quiso impedirlo, será el Director quien ocupe su lugar, ante el terror de la Mecanógrafa, terminando la obra con estas dos réplicas:

MECANÓGRAFA
    ¿Pero quién es, quién, a quién he matado? ¡Si yo a quien maté fue al otro! (...) ¡Dios mío, Dios mío!

DIRECTOR *(Alzando la cabeza un momento):*
    Aquí estoy. ¿No te dije que no podíamos separarnos? Ahora..., vosotros solos, otra vez solos...

Ésta es, indudablemente, la más ambiciosa de las obras dramáticas de Salinas. El misterio de la doble faz de la Divinidad, expresado de manera insuperable por la tragedia griega, cuya aparición estriba, implícitamente, en la indistinción de lo divino y de lo diabólico en el seno de la Divinidad [131], núcleo escandaloso de toda teología trágica no cristiana, pues el cristianismo romperá la unidad indivisa de lo divino y lo satánico, es vuelto a configurar por Salinas en relación con la felicidad humana. Desde el punto de vista humano, que es el que representa la Mecanógrafa, el Gerente es el polo opuesto del Director, pues aquél frustra con su actuación la felicidad de las criaturas que éste procura. Ese punto de vista, sin embargo, está fundado, como así lo sugiere el diálogo del Director y la Mecanógrafa (acto III, escena V), en un error: el de confundir la esencia de la felicidad con sus apariencias. La felicidad que el Director quiere dar a las criaturas que a él han acudido es la verdadera, no la falsa, y es esta última la que el Gerente, cumpliendo órdenes del Director, destruirá. El Director se preocupa de que los seres humanos sean felices, pero —dice— «no a su modo, sino al mío; no felices para ellos, que es lo que quieren todos, sino felices para mí» (página 417). Apresada en el mundo de las apariencias la Mecanógrafa, creyendo matar al Gerente, matará también al Director, pues ambos son uno solo: aquel que conoce qué es la felicidad: Dios. Muerto Dios el hombre tendrá que buscar solo la felicidad sin saber qué es realmente la felicidad.

VIII.   Nota final

No queremos cerrar este ya largo capítulo sin reseñar, aunque sea sumariamente, las actividades teatrales de algunos escritores pertenecientes la mayoría de ellos a la generación de los años 20 y unos pocos a la inmediatamente posterior, la del 36, cuyas primeras creaciones literarias coinciden casi cronológicamente con el estallido de la guerra civil o con su final. Su dedicación al teatro suele ser

---

[131] Ver Paul Ricoeur, *Finitud y culpabilidad,* Madrid, 1969, pág. 523, Taurus.

esporádica y circunstancial; a veces, simple conato circunscrito a los años de la guerra civil, y más como una especie de acto de servicio público que como serio intento con valor estético.

En los años anteriores a la guerra civil podemos citar tres autores: Valentín Andrés Álvarez, autor de farsas como ¡Tararí! (1929), cuyo tema es la rebelión de los locos en un manicomio; Paulino Massip —La frontera (1932)— y Julio Bravo, autor de tres farsas, una anterior a 1928 —Baralipton, hombre de ciencia— y dos impresas ese año —El dragón sagrado y Teatro privado de Dion Chinelón [132].

Durante la guerra civil varios escritores, improvisados algunos de ellos como autores teatrales, escriben en la zona republicana piezas cortas para ser representadas en Madrid o en los frentes. Para coordinar y subvencionar esas actividades teatrales se creó en Madrid en 1937 el Consejo Central de Teatros, cuyo presidente fue Antonio Machado. Sin embargo, el órgano más importante para dichas actividades fue la Alianza de Intelectuales, la cual creó una sección de Teatro, Nueva Escena. «Sus fines —escribe Robert Marrast— se presentaban en estos términos en el anuncio de su primera aparición: "La poesía civil tendrá un lugar constante en nuestros programas. Figurará siempre en ellas una pieza dramática de actualidad o que pueda ejercer saludable influjo sobre el pueblo en las presentes circunstancias, y, simultáneamente, iremos divulgando con el máximo decoro renovadores ejemplos de la más viva literatura dramática. Tendrá, pues, nuestro teatro el doble carácter —poesía y acción— que quiere llevar a todas sus empresas la Alianza de Intelectuales Antifascistas"» [133].

Acerca del público que asistía a las representaciones en el frente escribía María Teresa León: «Nuestro soldado no es más que un

---

[132] Sobre estos tres autores, ver Enrique Díez-Canedo, Artículos de crítica teatral, ed. cit., IV, págs. 91-96 y 106-108. También, para Valentín Andrés Álvarez y Paulino Massip, ver Max Aub, Manual de historia de la literatura española, II, México, edit. Pormuca, 1966, pág. 315.

[133] Este texto fue publicado en la revista El Mono Azul, núm. 7, 8 de octubre de 1936, y aparece citado en Robert Marrast, «El teatro en Madrid durante la guerra civil. Una experiencia de teatro político», en El teatro moderno, ed. cit., págs. 267-284. En la escasa bibliografía sobre el teatro durante la guerra civil son fundamentales el trabajo de Marrast y el de Ignacio Soldevila, «Sobre el teatro español...», loc. cit., págs. 256-289. Varios textos de ese teatro de guerra fueron publicados en las revistas Hora de España y El Mono Azul. De la primera hemos podido manejar la colección completa (enero 1937-septiembre 1938); de la segunda sólo hemos podido conocer números sueltos. También se encuentran cinco piezas —dos de Santiago Ontañón, una de Germán Bleiberg, una de Pablo de la Fuente y una de Alberti— en Teatro de urgencia, Madrid, Signo, 1938, que sí hemos podido ver. Asimismo, hay datos interesantes en la novela de María Teresa León, esposa de Alberti, Juego limpio, Buenos Aires, Goyanarte, 1959.

campesino ingenuo o un muchacho pobre de ciudad que fue poco al teatro; las guerrillas son un arma de guerra. El combatiente en los frentes estabilizados es un obrero sin trabajo; necesita moral. La moral tiene un ala para levantar el espíritu del hombre: se llama alegría. Nosotros somos el olvido y la alegría. Y ya sabéis: los guerrilleros no preguntan jamás, no piden nada jamás, no se cansan jamás, no comentan lo que han visto jamás» (*op. cit.,* pág. 71).

A la nómina de este teatro de guerra, a la que pertenecen las ya citadas en páginas anteriores de Rafael Alberti, Max Aub y Miguel Hernández, pueden añadirse: Ramón J. Sender *(La llave),* Manuel Altolaguirre (*Amor de madre, Tiempo, a vista de pájaro*), José Bergamín (*El moscardón de Toledo*), Santiago Ontañón (*El saboteador, El bulo, La guasa*), Germán Bleiberg (*Sombras de héroes*), Antonio Aparicio (*Los miedosos valientes*), Rafael Dieste (*El amanecer, Nuevo retablo de las maravillas*). También debo citar, aunque no sea obra de propaganda política, el drama poético en verso de Concha Méndez *El solitario* [134].

En el bando nacionalista se produce asimismo, aunque en menor cantidad, un teatro de guerra de escaso valor teatral y literario, entre cuyos autores podemos citar: Rafael López de Haro (*El compañero Pérez*), Rafael Duyos (*Romance azul*), Ramón Cué (*Y el imperio volvía*), el auto alegórico *Bodas de España* [135]. Y, muy superior en valor dramático y literario, *El viaje del joven Tobías* (1938) de Torrente Ballester.

De entre todos estos autores de una y otra zona sólo dos seguirán escribiendo teatro después de la guerra civil con alguna constancia, aunque ambos sean más conocidos en otros géneros literarios como la novela o la poesía: Torrente Ballester y Rafael Dieste.

Ambos escriben un teatro de raíz intelectual, denso de pensamiento en Torrente y de visión satírica cercana a la farsa esperpéntica en Dieste. La obra dramática de estos dos autores posee alta calidad literaria y ha sido objeto de un injusto e injustificado silencio y merece, a nuestro juicio, salir del olvido en que se las tiene.

Torrente Ballester, después de su primera y muy interesante obra antes citada, ha publicado, que sepamos, las siguientes piezas: *El casamiento engañoso,* auto sacramental, Premio Nacional de Litera-

---

[134] Sólo he podido leer el «Prólogo» de este drama, delicioso poema-ballet de intenso lirismo (*Hora de España,* XVI, abril 1938, págs. 85-99). Otros autores del grupo, de los que no he podido encontrar ninguna pieza, son César Arconada, Pedro Garfias, Antonio Porras, Emilio Prados, Herrera Petere y Pla y Beltrán, citados todos ellos por Manuel Altolaguirre en «Nuestro teatro», artículos en *Hora de España,* IX, septiembre 1937, págs. 29-37.

[135] Citamos por Ignacio Soldevila, art. cit., pág. 275.

tura de 1939, *Lope de Aguirre* (1940), *República Barataria* (1942) y *El retorno de Ulises* (1946)[136].

Rafael Dieste, además de las dos piezas citadas —*Amanecer* y *Nuevo Retablo de las maravillas*—, que nos parecen superiores como teatro a las de sus compañeros de combate, ha publicado después, que sepamos, tres obras dramáticas: *Viaje y fin de Don Frontán*, tragedia cuya acción se desarrolla en una Galicia que tiene bastantes puntos de contacto con la Galicia de las *Comedias bárbaras* de Valle-Inclán, *Duelo de máscaras* y *La perdición de Doña Luparia*[137]

---

[136] *El viaje del joven Tobías, Milagro representable en siete coloquios*. Burgos, ediciones Jerarquía, 1938; *El casamiento engañoso*, Madrid, ediciones Escorial, 1941; *Lope de Aguirre, Crónica dramática de la historia americana*, Madrid, Edit. Nacional, 1940; *República barataria. Teomaquia en tres actos*, Madrid, Edit. Nacional, 1942; *El retorno de Ulises. Comedia*. Madrid, Edit. Nacional, 1946. Sobre el teatro de Torrente Ballester, ver Pedro Laín Entralgo, «El teatro de Gonzalo Torrente», en el libro *Vestigios. Ensayos de crítica y amistad*, Madrid, EPESA, 1948, págs. 99-115.

[137] Las tres se encuentran reunidas en el libro *Viaje, duelo y perdición*, Buenos Aires, edit. Atlántida, 1945.

Capítulo V

Herederos y nuevos herederos o la continuidad sin ruptura

I. Introducción

Si este libro sobre el teatro español del siglo XX tuviera como base de juicio un criterio de cantidad —frecuencia de estrenos de un autor, permanencia en cartel de una obra..., etc.—, es indudable que los autores a quienes este capítulo va dedicado ocuparían el puesto más importante, pues todos ellos, desde Pemán a Ruiz de Iriarte, por citar a dos dramaturgos de distintas generaciones, suministran a los teatros comerciales españoles el mayor lote de piezas estrenadas en los últimos treinta años. Si, por el contrario, se parte de un criterio de estricta y rigurosa contemporaneidad, tanto en la forma como en el contenido y significado de ese teatro, situándolo en el centro mismo y al mismo nivel de la mejor y más importante corriente dramática del teatro occidental contemporáneo, nuestro balance varía radicalmente y arroja muy distinto saldo. Se trata, fundamentalmente, de un teatro para el consumo interior, aunque se exporte a algunos países americanos de lengua española.

En esto coincide, naturalmente, con el teatro burgués o de clase media —sin que los términos «burgués» o «clase media» comporte juicio alguno de valor negativo o positivo— de otros países occidentales, entre los cuales este teatro, al que desde ahora llamaremos *teatro público*[1], ocupa un lugar decoroso y en bastantes ocasiones y autores más que decoroso.

El estudio en profundidad del *teatro público* español debería, necesariamente, utilizar las más avanzadas técnicas de la investigación sociológica, pues sólo ellas podrían dar cuenta con cierto rigor del

---

[1] Naturalmente tenemos conciencia de lo redundante de la expresión teatro público, pues todo teatro es, por naturaleza y finalidad de género literario, público. La utilizamos, sin embargo, porque nos parece significativa y útil para marcar el contraste con el otro tipo de teatro que en España no llega a ser, por las razones que en su lugar diremos, plenamente público.

porqué y el cómo de tal teatro, de su persistencia, de su triunfo y de todos sus condicionamientos, tanto de aquellos relativos a la economía y a la política de empresarios y compañías, como a los referentes al público —a *su* público— y a su composición, o a aquellos otros que atañen a los presupuestos de la crítica teatral periodística. Tal estudio no podemos hacerlo nosotros, pues no poseemos ni los conocimientos ni las técnicas especializadas necesarias, además de no ser éste el lugar para tal empeño.

Sí trataremos, en cambio, de responder a esta pregunta: ¿qué caracteriza a este *teatro público?* Pueden señalarse los siguientes elementos definitorios:

1. Es un teatro que da especial importancia a la «pieza bien hecha»: diálogo sólidamente construido, impecable utilización de fórmulas y recetas artesanales en la construcción de la acción, sorpresas calculadas al milímetro para hacer reír, sonreír o estremecer al espectador-lector, palabra dramática atenta a los valores literarios, hábil gradación del interés, enredando y desenredando sabiamente la trama.

2. Dosificación de la intención crítica, centrada en las costumbres de una clase social casi única —burguesía alta o media—, sin pasar, generalmente, más allá de prudentes límites y sin atacar a fondo o con violencia ciertos problemas fundamentalmente graves, adoptando, unas veces, el tono elegante de una crónica escandalosa o picante, o una actitud de moralista estribada en los principios abstractos e ideales que deben regir una sociedad bien, o derivando hacia un tipo de *pieza rosa* donde todo termina arreglándose para satisfacción del consumidor o, finalmente, rozando lo melodramático con final ejemplar y tranquilizante.

3. Tendencia al teatro cómico, con comicidad que a nada compromete, pues domina la voluntad, manifestada en buen número de autocríticas, de escribir un teatro de diversión, un teatro superficial, un «teatro puro» para pasar bien un par de horas, un teatro amable, ingenioso, bien escrito, con sales en el diálogo, con un enredo bien desarrollado, con trucos de construcción, nuevos en ocasiones o sacados del repertorio tradicional de la farsa castiza española, en otras muchas, no olvidando unas gotas de humor, otras de ternura y unas pocas de «poesía».

4. Si la tendencia a la comicidad —comicidad inteligente y fina según la califica la crítica teatral— es la dominante mayor, no falta en bastantes autores la tendencia al drama de tesis o drama serio en donde plantear problemas morales, problemas de conciencia e, incluso, aunque en menor medida, problemas sociales, cierto que restringidos a una sola clase y casi siempre en conexión con la moral individual o de grupo. No falta tampoco el drama histórico, o a lo

menos inspirado en la historia, utilizado para hacer propaganda de unos valores y principios espirituales o nacionales, considerados de validez general e intemporal, o para tratar de sacar lecciones que sirvan para el presente, o, simplemente, como pretexto para un espectáculo suntuoso por la escenografía o la guardarropía.

5. En un porcentaje muy elevado de piezas los personajes suelen vivir sin grandes problemas económicos, por lo que la acción suele situarse en interiores bien puestos, donde reina la comodidad y el confort e incluso el lujo en muebles, cortinas y vestidos, sin que falten doncellas, mayordomos y demás ejemplares del servicio doméstico. En ocasiones, el ambiente es francamente aristocrático o internacional, con presencia de rancios nobles según la mejor tradición, o de nobles actuales muy cosmopolitas bien democráticos, bien cínicos y libertinos. Tampoco están ausentes, aunque ello sea más raro, príncipes y princesas. Es decir, en cuanto al lugar escénico se refiere este teatro guarda estrechas relaciones con el espacio teatral de la «alta comedia» de fines del XIX, aunque actualizada a tenor de las circunstancias.

6. No falta en bastantes autores la utilización de las técnicas cinematográficas para construir una acción rápida, con súbitos cambios de lugar, e incluso de tiempo, o como medio para encadenar o fundir acciones simultáneas. Del cine proceden también no pocos argumentos, situaciones y técnicas del diálogo.

7. El pensamiento o la visión del hombre y de la vida humana que este teatro pretende comunicar, cuando lo pretende, no suele distinguirse ni por su profundidad ni por su originalidad ni por su osadía. Generalmente, el sistema de valores ideales en que está fundada esta dramaturgia forma parte de esa tradición que, arrancando de la *alta comedia* decimonónica, pasa por Benavente: primacía de los valores espirituales sobre los materiales, apología de la moralidad mediante la mostración de su contrario, defensa de la honradez, de la fidelidad, del amor ordenado mediante la presentación de sus contrarios con valor de antídoto, pero también de simple juego teatral.

8. Pese a su abundancia —varios centenares de piezas en treinta años—, caracteriza a este teatro una invencible monotonía temática, pues sus autores ejecutan simples variaciones sobre unos pocos temas. Monotonía temática a la que corresponde una no menos monótona repetición de procedimientos formales. De ahí, pese a la indudable diferencia entre sus más destacados autores, ese aire común de familia que se desprende de este *teatro público* español. De ahí, por ejemplo, que el viejo tema del adulterio, de la infidelidad masculina o femenina y de los líos de faldas o de pantalones, con la consiguiente psicología del **amor** pre-matrimonial, matrimonial o ex-

tra-matrimonial y el consiguiente juego de ingenio, con frases brillantes unas veces, o con remozada retórica sentimental otras, aparezca con una constancia desesperante, variando sólo los nombres de los personajes o los episodios de la intriga.

Refiriéndose a algunos de estos dramaturgos —concretamente a cinco: Pemán, Calvo Sotelo, Claudio de la Torre, Giménez-Arnau y Ruiz de la Fuente —escribe Pérez Minik: «Lo que los encasilla en la denominación de vieja escuela es la disposición de su mente, su visión de la realidad y la esencial forma que a ésta le dan. El peso inerte de una psicología asociacionista o simplemente freudiana, su creencia en el hombre como naturaleza y su voluntad de situarse fuera de los acontecimientos, asumiendo el autor una indiscutible jerarquía, los distancia del quehacer moderno. No sabemos si por el modo de enfrentarse con la vida o por cualquier otro motivo, siempre percibimos en todas sus obras el recuerdo de la·alta comedia benaventina, el teatro de gabinete, la preocupación de un cierto comportamiento "distinguido". (...) Todos tenemos que reconocer que la producción moral de todos estos dramaturgos está enraizada en las formas pasadas. Sus personajes son semejantes, el ambiente también y sus preocupaciones morales, como su sistema conversacional. Viendo estas obras percibimos cómo se han trasplantado a nuestra época los mismos héroes, sus mismos modales y sus máscaras consagradas. Como si no hubiera pasado nada y las guerras no las conociéramos. De cierta manera, existe un fraude tremendo en esta continuidad impecable y reversible. (...) Mas al mismo tiempo tenemos que admitir que la creación de estos dramaturgos de la vieja escuela ha servido de mucho: como sutura de una herida fea y desgraciada. (...) En este sentido nos atrevemos a afirmar que todo este escenario de la vieja escuela ha cumplido una extraordinaria misión: la de liberalizar a este público de la alta burguesía poniéndolo a la altura de los tiempos, al menos intencionalmente, incluso aconsejándole cosas imposibles» [2].

Confesamos no entender muy bien estas últimas afirmaciones de Pérez Minik. A no ser que piense que tal sutura y tal liberalización se han realizado mediante los procedimientos del olvido, la evasión, el juego y la moral, cuya licitud no discutimos, pero cuya eficacia real sí.

Lo cierto es que este teatro mayoritario y de clase ha servido con indudable maestría técnica los gustos de un público, pero no ha intentado cambiarlos. Los dramaturgos, hábiles en su oficio, han cumplido para con su público la misma función de censores, de guías o de divertidores, característica del dramaturgo tradicional, llámese

---

[2] *Teatro europeo contemporáneo,* Madrid, Guadarrama, 1961, págs. 436-437.

éste López de Ayala, Benavente o Muñoz Seca, sin poner en cuestión dicha función ni el sistema de valores en que aquélla está fundada. En este sentido, y no ya por su temática, por sus técnicas ni por su ideología, esta dramaturgia de *masa media* —intelectual y estéticamente hablando— ha quedado funcionalmente desfasada con respecto al nuevo teatro contemporáneo. Es, por ello, una dramaturgia heredada actualizada, pero no transformada de raíz. Y tal dramaturgia no interesa hoy por hoy a otros públicos igualmente españoles. He aquí, por ejemplo, cómo se expresa un crítico cuyas opiniones representan la de esos otros públicos:

«Las preocupaciones del teatro español, *mutatis mutandis,* son exactamente las mismas que causaban las delicias de nuestros abuelos. Acaso, acaso, a los problemas del honor, típicamente feudales y aristocráticos, han venido a sucederles los que plantea la felicidad, como expresión única y acabada del ideal burgués. El teatro de la felicidad y del conformismo se ha adueñado de los escenarios. Matrimonios que, en el momento mismo de zozobrar, terminan arreglándose, hijos cuya rebeldía acaba en un emotivo abrazo, muchachas frívolas que recuperan el seso en el momento de ser madres. En fin, para qué seguir. En todos los casos, la realidad es menospreciada en favor de llevar la paz a las conciencias. Que se corresponda esta situación del teatro español con la realidad más profunda de España es harina de otro costal...» (José María de Quinto) [3].

2.   Algunos autores representativos

Ni pretendemos ni juzgamos necesario traer aquí a todos los autores del *teatro público* español, empresa que, sobre suicida, sería agotadora y, a la postre, estéril para lector y autor de este libro. Nuestra ambición, mucho más modesta, es tratar sólo de aquellos más representativos ya por la abundancia de su obra, por su presencia constante en los escenarios, por el favor público y por la calidad teatral y la dignidad literaria de su producción.

La obra dramática de los autores que vamos a considerar pertenece en su mayoría a los años que van de la década del cuarenta, recién terminada la guerra civil, a la década del 60, aunque algunos de estos autores habían estrenado ya varias o alguna pieza en la década del 30, como es el caso de José María Pemán, Juan Ignacio Luca de Tena, Claudio de la Torre, Calvo Sotelo o López Rubio.

---

[3] En *Cuadernos para el Diálogo,* número extraordinario dedicado al teatro español, junio 1966, pág. 27.

José María Pemán (1898)

Es sin duda uno de los más conocidos y fecundos escritores actuales no sólo como dramaturgo, sino como articulista, conferencista y poeta.

Su primera obra teatral estrenada, que le valió un gran éxito de público y suscitó larga polémica, fue *El divino impaciente* (1933). Desde ese año hasta el de la terminación de la guerra civil estrena siete más. Y desde entonces, 1939, hasta ahora, más de medio centenar.

En cuatro géneros principales puede agruparse su producción: teatro histórico en verso, pieza de tesis, comedia intrascendente y de costumbres, farsa castiza. A los que habría que añadir sus adaptaciones o versiones del teatro clásico (*Edipo, Antígona, Electra, Hamlet, Julio César*).

El teatro histórico en verso —*El divino impaciente* (1933), *Cuando las Cortes de Cádiz* (1934), *Cisneros* (1934), *La Santa virreina* (1939), *Por la Virgen capitana* (1940), *Metternich* (1942), etc.— constituye la prolongación de aquel teatro cuyo máximo representante fue Marquina, y que Pemán convierte en un teatro de propaganda de unos ideales tradicionales, en que domina una visión simplista o ejemplar de la historia, vista siempre desde fuera y con ademán retórico, con no poca carga sentimental. Cabría este teatro, radicalmente ucrónico [4] tanto por su significación como por su forma, entre los límites de estas afirmaciones hechas en verso por el propio autor en dos fechas límites, 1925: «No sé qué loca ufanía / prendió, por desdicha mía, / en mi espíritu altanero, / que me hace forastero / entre las gentes de hoy día. / Y es que si vivir pudiera / donde mis sueños están, / en otro siglo viviera, / en donde, a la postre, diera en fraile o en capitán. / ...¡Soy cristiano y español, que es ser dos veces cristiano! / ...Ya sabes, lector, quien soy. / No te llames, pues, a engaño /si este libro que te doy / mejor que a cosa de hoy / te sabe a cosa de engaño.» Y 1936-1938: «La gran lección de España fue aquella de sentarse / sobre las piedras milenarias y / las tumbas: y estarse aquí consigo misma y Dios.» ¡Sin comentario!

En verso, aunque no inspirados en la historia, están escritas también *Noche de levante en calma* (1935), drama rural, con su fábula

----

[4] Ucrónico por relación al teatro europeo de los años treinta. Para explicar su existencia y su éxito en ciertas capas de la sociedad española habría que hacer el ya mentado análisis sociológico de los públicos que lo aceptaron y que lo aplaudieron. El peregrino *slogan* nacionalista que cuajó en la fórmula «Por el Imperio hacia Dios», formaría parte de esa estructura mental difícilmente compatible con la realidad que triunfaría por aquellas dramáticas calendas.

de mujeres honradas, señorito contrabandista y marido «a la española» que, al final, arrepentido descubre lo que valen su mujer y su hija; ·y *Vendimia,* rural también, con el triunfo final del amor del matrimonio protagonista.

Durante la guerra civil escribirá y verá representada una pieza de propaganda, *De ellos es el mundo* (1938), con su Fernando y su Isabel. Numeroso es en la producción pemaniana el grupo en que combina la pieza de tesis con la pieza de crítica de costumbres, y del que pueden señalarse como títulos representativos: *Almoneda* (1937), *Yo no he venido a traer la paz* (1943), *Hay siete pecados* (1943), *La casa* (1946), *En tierra de nadie* (1947), *La verdad* (1947), *En las manos del hijo* (1953), *Por el camino de la verdad* (1950), *Callados como muertos* (1952)... Todas estas obras, a las que pueden sumarse otras —*Vivir apenas,* por ejemplo—, han tenido, por lo general, gran éxito de público. Muestra en ellas Pemán su habilidad para construir con sabiduría teatral y para dialogar, así como la progresiva liberalización de lo que pudiéramos llamar su pedagogía social. Entre la defensa de una «Europa, madre blanca», blanqueadora de pueblos y su melodramático conflicto de una muchacha blanca «Miss Europa», que da a la luz un niño negro (*Almoneda*) y la solución de *Callados como muertos,* con el triunfo de la moral privada y del deber de conciencia sobre la moral y el deber oficial, hay indudablemente una visible apertura ideológica. Lo invariable, sin embargo, es la persistencia de las situaciones y los caracteres un si no es melodramáticos y la tendencia a la ejemplaridad, con lo que la estructura propiamente dramática y el oficio de dramaturgo padece fuerza y cede a la preocupación ideológica siempre acusada en Pemán. Tal vez lo que más estorbe en estos dramas sea su carga retórica, no de fraseólogo —«el instinto infalible de una madre», «esta piel rota y dolorida de las madres» (*La verdad, Obras completas,* IV, ed. cit., pág. 1495—, lo cual no tendría decisiva importancia, sino de situación y de concepción dramática de la realidad.

Lo más vivo, desde un punto de vista estrictamente teatral, en Pemán son, sin duda, sus numerosas comedias ligeras de costumbres, de ambiente andaluz, quinteriano o no, en las que brilla el ingenio gaditano de nuestro autor, su inteligente sentido del humor, un humor lleno de finura, de gracia y de sales, su desparpajo y su capacidad de construir un enredo sin trascendencia, pero lleno de aciertos expresivos y de aguda observación. Esta tendencia hacia lo que el propio autor llama «farsa castiza: teatro puro: diálogo, enredo y buen humor— de tanta prosapia española» [5] comienza muy temprano en la

---

[5] Ver *La coqueta y don Simón,* en la «Carta prólogo», pág. 5 (Col. Teatro, número 284, Madrid, 1961).

carrera teatral de Pemán, con *Julieta y Romeo* (1935), a la que seguirán, cronológicamente entreveradas con su teatro histórico y su teatro de tesis, numerosos títulos, que culminan en ejemplos más recientes como *Los tres etcéteras de Don Simón* (1958), excelente y divertida farsa, o *La viudita naviera* (1960).

También Pemán ha cultivado el género del teatro simbólico poético como *El testamento de la mariposa* (1941), «cuento maravilloso», según la define su autor.

Juan Ignacio Luca de Tena (1897)

En 1935 obtuvo el Premio Piquer de la Real Academia Española por su obra *¿Quién soy yo?*, en la que plantea un problema de sustitución de personalidad en donde puede rastrearse ciérto aire pirandelliano-unamunesco. El drama hubiera ganado en interés con un poco más de imaginación dramática que impidiera la pobreza de situaciones que, a nuestro juicio, caracteriza a esta pieza.

Luca de Tena ha cultivado distintos géneros teatrales que van desde la comedia de costumbres y la farsa hasta la comedia psicológica y la «comedia histórica» y la pieza de enredo. Alfredo Marquerie ve en Luca de Tena «el hombre de teatro que cimienta sólidamente y levanta después con sumo tiento, tino e inteligencia, la arquitectura de sus comedias»[6].

En 1949 constituyó un éxito de público el estreno de *Dos mujeres ,a las nueve,* escrita en colaboración con Miguel de la Cuesta —con el que también había escrito *La escala rota,* por ejemplo—, comedia que le valió el Premio Nacional de Teatro. Esta pieza es un espécimen de ese teatro bien escrito de Luca de Tena, pero absolutamente convencional por su fábula y por su significado. La historia del profesor universitario español —en el que todo parecido con la realidad es puro accidente— cuyo conflicto sentimental consiste en no decidirse a elegir entre la española tradicional y la americana moderna, sólo puede conducir a un *teatro rosa* dudosamente contemporáneo y dudosamente en relación con la verdad o la realidad.

En 1951 Luca de Tena vuelve a ganar otro premio —el Agustín Pujol— con el drama *El cóndor sin alas,* con tesis fijada de antemano por el patrocinador del premio. La obra, como escribe con su habitual agudeza Torrente Ballester, «tiene ese defecto fundamental: demuestra precisamente lo contrario de lo que el autor se propone»[7] Lo más grave, sin embargo, es su condición de melo-

---

[6] *Veinte años de teatro en España,* ed. cit., págs. 92-93.
[7] *Teatro español contemporáneo,* ed. cit., pág. 282.

drama con traidor y división del mundo dramático en buenos y malos. En cuanto a su visión anecdótica y falsa, por simplista y elemental, de la historia —«tríptico histórico» la apellida su autor— ha sido suficientemente puesta de relieve por Torrente Ballester (loc. cit.) para insistir en ello.

En 1952 Luca de Tena vuelve a ganar otro premio —el Nacional de Teatro— con su comedia *Don José, Pepe y Pepito,* en donde los representantes de tres generaciones se enfrentan, sin mayores consecuencias, por causa de una dama norteamericana por la que abuelo, padre e hijo están interesados.

En 1957 y 1959, Luca de Tena cosecha, de nuevo, un gran éxito con dos crónicas históricas: *¿Dónde vas Alfonso XII?,* «estampa romántica» y *¿Dónde vas, triste de ti?,* «comedia histórica». Según su autor, lo que en la primera era «pequeña historia», en la segunda es «historia pura y simple»[8]. En ambas piezas lo escenificado es la anécdota, no la historia. El repertorio de anécdotas y episodios escenificados, relativos a Alfonso XII —amor y boda con María de las Mercedes y muerte de ésta, en la primera parte, viudez, matrimonio con María Cristina y muerte del rey, en la segunda parte— están seleccionados por el dramaturgo para destacar los rasgos más simpáticos del personaje. Una y otra parte son, seguramente, un grato espectáculo para monárquicos, pero sólo un espectáculo superficial para quienes nada signifique la monarquía.

En el camino de la farsa también Luca de Tena cosechó éxitos de público. Dentro de esta modalidad su mejor obra es, sin duda, *El vampiro de la calle Claudio Coello,* escrita en colaboración con Luis Escobar.

Admitiendo la habilidad artesana de Luca de Tena para construir una pieza teatral —habilidad que en absoluto negamos— siempre, despues de tal reconocimiento, no podríamos dejar de hacernos esta pregunta: ¿Es esto todo lo que debemos pedir a un dramaturgo?

Claudio de la Torre (1897)

Inteligente hombre de teatro y excelente director escénico —durante varios años director del Teatro Nacional María Guerrero—, Claudio de la Torre era ya conocido como dramaturgo antes de la guerra civil por una interesante y original pieza, *Tic-tac* (1930), de tendencia neo-expresionista, que lo situó entre los «nuevos» dramaturgos españoles que en los años 30 intentaron superar las viejas

---

[8] En *Teatro español,* 1959-60, Madrid, Aguilar, 1961, pág. 7

fórmulas del teatro burgués español sustituyéndolas por una dramaturgia de aire marcadamente europeo.

Después de la guerra civil escribe y estrena dos dramas, *Hotel Términus* y *Tren de madrugada* (1946) —Premio Piquer de la Real Academia Española— en los que, con técnica que guarda estrecha relación con sus experiencias de realizador cinematográfico, trata con gran decoro intelectual problemas relativos a la segunda guerra mundial. «Y son —escribe Pérez Minik— precisamente estos dos testimonios de la época únicos en España los que nos han afirmado su imperioso deseo de sostener una continuidad estética 'y creadora. Las dos obras poseen una buena voluntad proyectista. Se intenta darnos, nada más y nada menos, la maqueta de un posible teatro colectivo-social. El panorama que se nos ofrece tiene color, fluidez y fuerte realidad. Fiel a esta consigna el autor llega hasta a desprenderse de cualquier héroe particular y fácil» (*op. cit.,* pág. 444). En los años 44 y 46 estas dos obras destacan, por las preocupaciones que acogen y por su voluntad de lucidez, muy por encima del teatro de propaganda triunfalista, del teatro de evasión fácil, y de la subliteratura teatral cómico-sentimental-melodramática tipo Torrado y Leandro Navarro.

Sin embargo, ya en 1947 se produce un descenso de nivel estético en la producción teatral de Claudio de la Torre. Ni *En el camino negro,* melodrama de familia, ni *El collar,* comedia sentimental de la soltería, ambos de 1947, encontramos ya el autor inquieto de las obras anteriores, aunque mantenga en ellas su dominio del oficio.

El río que nace en junio (1951), combinación de teatro-folletín y teatro policíaco, que obtuvo el Premio Nacional de Literatura 1950, *La Cortesana* (1952), novela sentimental escenificada (Premio Ciudad de Barcelona) y *La caña de pescar* (1958), comedia de enredo en la que su autor se las ingenia para hacer escénicamente verosímil un sueño adivinatorio y en la que reparte en frases, y sobre todo en el carácter de la protagonista, ciertos toques de lirismo, forman parte de ese inmenso repertorio del *teatro público* español contemporáneo nacido para brillar durante un centenar de representaciones y morir sin pena ni gloria.

En *El cerco* (1965), abandonando ese teatro bonito y sin grandes pretensiones, aborda un tema de mayor entidad y de más honda ambición. Inspirada en los agotes, gentes perseguidas, humilladas y oprimidas durante centurias, mantenidas ferozmente al margen de la sociedad, Claudio de la Torre ha escrito una tragedia cuya acción sitúa «en un valle fronterizo del Pirineo, en el siglo XVI y XVII» [9]. «La obra —nos dice en la autocrítica— se apoya sobre el diálogo, porque fue-

---

[9] *El cerco,* Madrid, Escelicer, 1965, pág. 11.

ron múltiples las razones que se han esgrimido en todo tiempo para justificar las persecuciones. Se diría que desde que el hombre apareció sobre la Tierra ha sentido como una inclinación natural a perseguir a sus semejantes. Nuestros sesenta años de siglo nos dan un amplio muestrario. Diferencias de ideas, de creencias o de costumbres nos siguen separando. Detrás de las palabras de los hombres, como detrás del diálogo de *El cerco,* está el dolor humano, oculto y vivo» (*Ibíd.,* página 5). Cierto, ese dolor humano está en la obra de Claudio de la Torre. Pero en ella no encontramos *drama,* sino diálogo dramático. El conflicto no estalla en verdad, no se produce la colisión, todo se queda en palabras. El dramaturgo ha elegido un magnífico tema, un tema para nuestro tiempo y nuestra hora, pero se queda y nos deja en el umbral del verdadero drama, después de habernos dado, magníficamente, lo que pudiéramos llamar sus premisas. Lo que esta vez ha fallado es justamente el oficio del dramaturgo, que se ha quedado en excelente dialoguista.

Joaquín Calvo Sotelo (1905)

Cuenta ya este dramaturgo con casi medio centenar de obras dramáticas, seis de las cuales (*Una comedia en tres actos* (1930), *A la tierra, kilómetros 500.000* (1932), *El rebelde* (1934), *Alba sin luz* (1936), *La vida inmóvil* y *Viva lo imposible o el contable de estrellas* (en colaboración con Miguel Mihura, ambas de 1939) pertenecen al período anterior a 1940, a partir del cual Calvo Sotelo estrena regularmente una pieza por año.

He aquí cuatro juicios de muy distinta procedencia sobre nuestro autor:

«Proteico en sus intentos, desacertado o desorientado las más de las veces, el escritor Joaquín Calvo Sotelo ocupa un puesto aparte en el teatro español, y aunque no hubiera estrenado otra cosa, el éxito sensacional de su pieza *La muralla* bastaría para que su nombre no quedase en el olvido. Esta pieza de tesis moral más que social servirá siempre para indicar cuál era el atrevimiento máximo que un autor de teatro podía permitirse entre 1940 y 1960 en España, por lo que a realismo se refiere» [10].

«Desde sus primeras obras, *El rebelde,* por ejemplo, Joaquín Calvo Sotelo tuvo la ambición de conseguir triunfos duraderos e importantes y no éxitos fáciles. Ha tocado los temas político-sociales,

---

[10] Ignacio Soldevila, «Sobre el teatro español de los últimos veinticinco años», *Cuadernos Americanos,* CXXVI, 1963, núm. 1, pág. 279.

ha desarrollado ciclos vitales o familiares con cierto fondo histórico, ha inventado tipos de traza burlesca inolvidables y ha dejado siempre en sus obras la huella del estilo de un buen escritor que está atento a lo que sucede al otro lado de las fronteras y que tiene ingenio, fantasía y una cultura literaria y viajera que da a su labor categoría excepcional. Como en toda producción extensa, hay en las creaciones teatrales de Calvo Sotelo altibajos innegables, vacilaciones y tanteos, dudas entre la línea dramática o la cómica que a veces le perjudicaron. Pero la alta aspiración de conseguir una obra clave, de esas que hacen época, no ha faltado nunca en los proyectos del autor»[11].

«Entre los dramaturgos españoles contemporáneos, Joaquín Calvo Sotelo es el que con mayor éxito ha adaptado al teatro los problemas de la sociedad del siglo XX. Trata sus temas con originalidad y sigue hábilmente la vía media entre las dos corrientes principales del teatro español desde 1900: tradicionalismo y modernismo»[12].

«...Sabe aunar la herencia benaventina con las formas del periodismo de ocasión moderno»[13].

Tres tendencias genéricas fundamentales pueden considerarse en la obra dramática de Calvo Sotelo: la farsa, la comedia y el drama de tesis.

Dentro del primer grupo, caracterizado por la incorporación, a nivel del diálogo o a nivel de la acción, de lo disparatado y lo inverosímil, de indudable parentesco con el teatro de Jardiel o de Mihura, sin que el parentesco suponga necesariamente influencia, destaca *Viva lo imposible o el contable de estrellas* (1939) y *Tánger* (1945).

En el segundo grupo, bastante abundante, aunque no tanto como el tercero, encontramos dos tipos de comedia. La comedia ligera, puro juego intrascendente, sin mayor ambición que la de hacer pasar un par de horas más o menos entretenidas, y cuyas piezas representativas podrían ser las que componen la trilogía de *Cuerpo diplomático: Una muchachita de Valladolid* (1957), *Cartas credenciales* (1960) y *Operación Embajada* (1962) o *El baño de las ninfas* (1966). Y un segundo tipo de comedia, ya no tanto desnuda y declaradamente intrascendente, sino estribada en una intención crítica de carácter paródico o satírico, en las que Calvo Sotelo, sin pre-

---

[11] Alfredo Marqueríe, *Veinte años de teatro...,* cit., pág. 119.
[12] Rubina E. Henry y Enrique Ruiz-Fornells, en la «Introduction» a su edición para estudiantes norteamericanos de *La muralla,* Nueva York, Appleton-Century-Crofts, 1962, pág. XII. Suponemos que la «sociedad del siglo XX» a que aluden los autores es, naturalmente, una porción de la española y no la occidental, y que por «modernismo» entienden lo contrario a tradicionalismo, sin relación alguna con el Modernismo.
[13] Pérez Minik, *Teatro europeo contemporáneo,* cit., pág. 439.

tender subvertir o atentar gravemente contra el sistema y el orden establecido, acierta a denunciar o, a lo menos, a poner en cuestión ciertas actitudes mentales, morales o sociales típicas de la burguesía alta y media. Es en este segundo tipo de comedias donde nuestro autor consigue crear excelentes piezas en donde humor, ternura y humanismo se alían felizmente con la buena construcción teatral. Piezas ejemplares de este tipo son, por ejemplo, *La visita que no llamó al timbre* (1949), historia de los apuros, pero también de la bondad, de dos hermanos solterones ante cuya puerta les abandonan un niño; *Milagro en la Plaza del Progreso* (1953), fábula del empleado de un Banco que se apropia, cediendo a lo que piensa ser una inspiración angélica, de un millón de pesetas para repartirlo entre los primeros transeúntes que encuentra; *Garrote vil a un director de Banco,* crítica de la sociedad capitalista, con absolución de las personas y condena —como escribe Guerrero Zamora— de «un principio abstracto: el dinero... Fallo, típicamente capitalista y que excluye la posibilidad de una reforma social en la misma medida en que acepta la fatalidad del desnivel en las riquezas» [14]; *La República de Mónaco* (1958), radiografía a nuestro juicio contrarrevolucionaria de una pequeña revolución; *Micaela* (1962), historia de dos hermanos gemelos que, fraternamente, le hacen un hijo a la estupenda y caritativa criada Micaela. ¿De quién de los dos es el hijo? ¿Por qué no, idealmente, más allá de toda ley biológica o de toda norma social, de los dos? «La situación planteada —escribe Guerrero Zamora— resulta, con ello, no amoral ni inmoral, sino premoral, relativa a estadios paradisíacos del sentimiento —anteriores al descubrimiento del pecado de los que mana la cándida y lozana espontaneidad que imprime a la obra, antifarisaica por definición, su cautivadora apostura» *(op. cit.,* página 132).

El grupo de obras de mayor resonancia pública y en donde figuran sus más ambiciosos dramas, en el sentido que a esta ambición daba Marquerie, es, sin duda, el que señalábamos en tercer lugar. Piezas representativas: *Criminal de guerra* (1951), *El jefe* (1952), *La muralla* (1954), *La ciudad sin Dios* (1957), *El poder* (1965) [15].

En estos cinco dramas Calvo Sotelo expone unas ideas, una ideología, noble en sí, de cuño humanista, para quien no hay mayor ni mejor valor en el hombre que su propia humanidad, aquellos que lo constituyen en hombre. Ese valor humano del hombre, cualquiera

---

[14] Juan Guerrero Zamora, «El teatro de humor de Joaquín Calvo Sotelo», en *El teatro de humor en España, op. cit.,* págs. 125-132.
[15] Habría que añadir otra obra reciente que no me ha sido posible conocer, *El proceso del arzobispo Carranza.* En cuanto a piezas como *La herencia* (1957) y *Dinero* (1961), nada importante añaden, sino que más bien restan, a este grupo de dramas.

que sea su circunstancia, nos es propuesto por presencia —porque el protagonista lo encarne— o por ausencia —porque el protagonista encarne su antivalor. Pero al realizar la transposición dramática de esas ideas mediante un conflicto en el que unos caracteres entran en colisión, dos peligros amagan siempre, solapada o declaradamente, en estos dramas de Calvo Sotelo, impidiéndoles su perfección o, a lo menos, disminuyendo su universalidad, verdad y trascendencia. Estos peligros son —a nuestro juicio, claro— la tendencia a lo melodramático o no necesario dramática y estéticamente, y lo que yo llamaría la voluntad de actualismo, en el sentido periodístico del término.

Analicemos brevemente las piezas citadas, reservando mayor espacio para *La muralla,* en atención a su éxito realmente extraordinario, y por ello mismo sintomático, paralelo, aunque de distinto sentido, al de la novela de Cela *La familia de Pascual Duarte,* doce años antes.

Criminal de guerra plantea dos problemas no integrados dramáticamente, sino simplemente yuxtapuestos. El primero es el del general alemán Hoffmann, quien, condenado a muerte, se suicida en la prisión con veneno facilitado por el coronel americano Williams. El suicidio se produce justo cuando el defensor acaba de encontrar los documentos que prueban la no culpabilidad del general alemán. Golpe teatral de claro entronque con el drama romántico español, en donde un azar mecánico, no justificado con necesidad interna, actúa gratuita y, de consiguiente, melodramáticamente. El segundo problema es el del coronel Williams, enamorado de la hija del general Hoffmann, al que además le une un lejano parentesco. El problema de conciencia del coronel —cumplir su deber militar o ceder a sus razones particulares— se resuelve a favor de la segunda razón. Por ello será degradado y encarcelado. El drama entre vencedores y vencidos queda escamoteado desde el momento en que se particulariza el conflicto e intervienen razones fuera de todo esquema objetivo. Lo patético subjetivo y no representativo ha desplazado las condiciones de objetividad dramática del conflicto, degradándose la categoría en anécdota. Finalmente, el parlamento último del coronel Williams —ya criticado desde otro punto de vista por Torrente Ballester [16]— viene a responder en nuestra opinión a esa voluntad de actualismo periodístico a que hacíamos referencia.

El jefe, cuya tesis básica es la necesidad de leyes para que una sociedad subsista como tal sociedad, es un drama un tanto cinematográfico, con bastantes episodios de «teatro de aventuras». Unos prisioneros fugados de presidio se han refugiado en una isla en espera

---

[16] En *Teatro español contemporáneo,* edic. 1961, pág. 565.

de ocasión propicia para escapar a la policía. Quien ostenta el mando, antiguo anarquista que atentó contra el principio de autoridad, descubre que para salvarse todos la autoridad y la ley son necesarias. El autor introduce un tema sentimental que, debiendo ser episódico, se le convierte en central, desvirtuando con ello, según ya señaló también Torrente Ballester (op. cit., pág. 569), el sentido final del drama: Tommy, el nuevo rebelde contra el principio de autoridad y de orden, se rebelará y asesinará al jefe por razones de rivalidad amorosa. Tampoco el autor habrá escapado a la trampa de lo melodramático.

La ciudad sin Dios es una nueva versión del tema —ya tratado por Lope de Vega o por Rotrou, para citar antecedentes clásicos— de San Ginés, comediante. A lo que hay que añadir, en seguida, que es una versión muy poco feliz, cuyos defectos —también señalados por Torrente Ballester (op. cit., pág. 511)— citamos: «deficiencia constructiva, escasa elevación poética y debilidad dialéctica». El tema religioso —la conversión de un hombre ateo que simula, por encargo, creer en Dios— exigía un mayor cuidado y más honda meditación por parte del autor, que se limita a una ingenua, superficial y efectista teatralización. Y esto nos lleva a pensar en un Calvo Sotelo a la caza de temas de actualidad o de efecto, y no en un dramaturgo cuyos temas aparecen, por necesidad intelectual profunda, entrañablemente enraizados a una visión del hombre y del mundo. De ahí, en éste y en los demás autores de quienes nos venimos ocupando, la falta de unidad, de cohesión y de coherencia internas de su obra considerada como un todo.

El poder, escribe su autor en la autocrítica, «es el análisis de la ambición de mando», y añade: «La ambición, el ansia, la irrefrenable sed de mandar, vive, pues, sin traicionar el título, a lo largo de los diversos cuadros de *El poder,* y es su casi obsesionante *leitmotiv*» [17]. Definida por el dramaturgo como crónica del Renacimiento, la acción está situada en una corte italiana renacentista y dividida en siete cuadros, cada uno con un título alusivo al episodio dramatizado o significativo de su sentido, a la manera de algunos dramas románticos, como *El trovador* o *Don Juan Tenorio.* Como en los dramas románticos la pasión rectora —la ambición de poder— es dramatizada desde fuera mediante el eslabonamiento de episodios y de muertes en cadena que van dejando franco el paso a Bruno, el más joven de los herederos al trono, paralítico de cintura para abajo, y dominado, según nos dice en el cuadro IV de la parte II, por «una fuerza oscura y superior». El dramaturgo, colaborando con el prín-

---

[17] Cito por la edición de F. C. Sáinz de Robles en su *Teatro español. 1965-66,* Madrid, Aguilar, 1967, pág. 193.

cipe Bruno, va eliminando los obstáculos haciendo intervenir al azar, a veces de manera tan peregrina como en el cuadro I, parte I (*El banquete):* Aurelio, el hermano mayor recién coronado rey, ¡muere atragantado por un hueso de pollo!; otro concurrente, Lauro, de débil constitución, muere a causa de excesos amatorios; el tercero, Dalmiro, renuncia al trono por amor; del cuarto, Oswaldo, una voz en *off* nos anuncia que ha muerto «cuando repelía heroicamente el asalto a las galeras del sultán» (ed. cit., pág. 250); el quinto, Rómulo, el hermano más amado de Bruno, será mandado matar por éste. Con ayuda del azar, del autor y de sí mismo Bruno llegará a satisfacer su pasión. La obra termina con un *Prólogo,* cuya acción es inmediatamente anterior a la acción que comenzó en el cuadro I, parte I: el rey padre agoniza y recomienda a sus hijos protejan al joven Bruno, «enfermo y débil».

Aunque la retórica no pueda ser imputada como defecto a *El poder,* pues el lenguaje está dotado, como en el resto del teatro de Calvo Sotelo de dignidad literaria, a veces detonan frases como ésta: «Un rey es un diamante, y de su luz vivimos todos» (pág. 210); frase a todas luces anacrónica si pensada para espectadores de 1965 y no demasiado pertinente si pensada para una corte italiana del Renacimiento, que no es ni mucho menos la corte española de los Austrias.

La muralla obtuvo el éxito más extraordinario registrado en los anales del teatro español posterior a la guerra civil, sin que ningún otro pueda parangonársele. «*La muralla* —escribía F. C. Sáinz de Robles— alcanzó un éxito *realmente fantástico.* Acaso el éxito público más firme y largo entre los que recuerdo en mi ya más que mediada vida de aficionado tenaz al teatro (...) Un éxito de más de seiscientas representaciones consecutivas en el teatro Lara; de tres o cuatro compañías formadas exclusivamente para explotarla por provincias, de cinco o seis traducciones a distintos idiomas, de quince o dieciséis ediciones en libro; de incontables artículos y ensayos a ella dedicados por doctísimas plumas; de no pocas y ardientes polémicas por ella suscitadas» [18]. Otro crítico de distinta formación y gustos —Pérez Minik— escribe: «...*La muralla* la hemos de destacar como el éxito más resonante del escenario español actual. Hacía mucho tiempo que una obra no producía tal entusiasmo y excitación» [19].

El esquema dinámico de la acción ha sido resumido con exactitud y precisión por Pérez Minik, a quien citamos en beneficio del lector y por razones de economía: «Jorge, el protagonista de *La muralla,*

---

[18] *Teatro español, 1954-55,* Madrid, Aguilar, 1956, pág. 13.
[19] *Teatro europeo contemporáneo,* pág. 439.

es un rico hacendado de Badajoz, que vive con su familia en Madrid actualmente, disfrutando de sus rentas. Robó "El Tomillar", una importante propiedad extremeña valiéndose de su condición de capitán victorioso en la guerra y aprovechándose de un oficial de notaría encarcelado por delitos políticos. Se presenta el caso de conciencia. Jorge enferma gravemente, y ante el temor de perder su alma, aconsejado por un sacerdote rural gallego, se apresta a restituir lo robado a quien le corresponde. Hasta el final de la obra Jorge mantiene esta posición frente a la muralla que levantan su mujer, su hija, su familia, sus amigos todos, la sociedad entera en que vive» (*op. cit.,* página 440). La restitución, sin embargo, no se hará, porque el protagonista muere en escena justo cuando se dispone a hacerla.

El autor, en la *Autocrítica* de su obra, escribió: «Hay murallas de piedra. Hay otras tan duras como esas, formadas por los fariseísmos, por los egoísmos, por los prejuicios sociales. Mi comedia intenta ser una radiografía del clima tan de nuestro tiempo, en que esos frutos proliferan como en un caldo cultivo (...) *La muralla,* cuota que aporto a la rabiosa actualidad que alcanzan hoy en el mundo entero los problemas católicos, es una invitación a la polémica, al sí y al no, tanto por su planteamiento como por su desenlace» *(op. cit.,* pág. 89).

El conflicto comienza, en realidad, al final del primer acto. Todo lo anterior —comentarios sobre la crisis cardíaca del protagonista, visita del cura gallego tratado con recursos de un convencional realismo costumbrista— es, desde el punto de vista de lo necesario dramáticamente, accidental y episódico. Planteado el caso de restitución de lo robado, el drama avanza rectilíneamente mediante el enfrentamiento dialéctico de las dos partes en conflicto: Jorge, que ha vivido de cerca la experiencia de la muerte, decide restituir por miedo a condenar su alma. La trascendencia y universalidad religiosa del drama, e incluso su significación cristiana, queda así limitada desde el arranque mismo, pues la razón de Jorge es válida sólo para un tipo muy concreto y determinado de catolicismo: el de la burguesía española a la que el protagonista pertenece. Torrente Ballester lo ha señalado con nitidez: «El caso en su versión trascendente, afecta un planteamiento jurídico, como si dijera: Si restituyo, Dios no tiene más remedio que salvarme, como si se tratase de un contrato. La concepción de la moral religiosa como contrato jurídico es típicamente burguesa...» *(op. cit.,* pág. 131). Los antagonistas de Jorge —su mujer, su suegra, su hija, su amigo y secretario, su futuro consuegro— oponen razones igualmente propias de una moral católica burguesa, todas ellas lógicas en relación con su base: la moral social puramente secular. *La muralla* es, pues, una radiografía de la sociedad católica burguesa española, a la que representan por igual el protagonista y sus antagonistas y no sólo los segundos. Vista así podemos aceptar su valor testimonial, puesto de relieve, justo en este sentido, por Torrente Ballester: «La contextura íntima de la burguesía española en determinado momento histórico queda perfectamente reflejada» (*op. cit.,* pág. 131). Sólo en estos términos, es decir, limitando su lenguaje al particular de la circunstancia española, podemos entender su éxito y su alcance.

Pieza de éxito fue también su *Plaza de Oriente* (1947).

Comedia de la felicidad, comedia de la ilusión

De entre los comediógrafos que en España representan un tipo de comedia compuesta por elementos de muy distinta procedencia —farsa fantástica, sátira ingeniosa o burlesca, teatro de costumbres con tendencia al vaudeville o al sainete y teatro de evasión—, retendremos sólo tres nombres: López Rubio, Ruiz de Iriarte y Edgar Neville. Los tres coinciden —si no en todas sus obras, sí en la mayoría de ellas— en poseer «oficio» y habilidad en la construcción de la pieza, calidad literaria en el diálogo, una visión amable, irónica y comprensiva de la vida humana y una común voluntad de hacer sonreír inteligentemente al espectador, con sonrisa donde la ternura y la nostalgia están, por lo general, presentes. Los héroes de su teatro, más o menos enraizados en un hoy, previamente sometido a una estilización elegante, del que se elimina toda carga explosiva —religiosa, política o social—, cultivan idéntica pasión por la felicidad, equidistante entre el reino del espíritu y el reino de la materia, entre la ilusión y la fantasía, de un lado, y la realidad de cada día y de todas las horas, del otro. En los tres el conflicto se resuelve en la armonía, armonía que parece ser una invitación lanzada a los cuatro vientos de ese sector de la sociedad que en España tiene tiempo y dinero para ir al teatro. Los tres parecen decirnos: la felicidad está al alcance de la mano, esperando a los que son capaces de amor, de perdón, de fantasía y de olvido, y, claro está, de un poco de frivolidad y de buena educación. En medio de la conmoción y de la disidencia, en el vértice mismo de la cólera represada, de la insatisfacción, de la inquietud, del silencio cómplice, de la rebelión larvada, de la represión técnica y de la infelicidad plural, estos tres comediógrafos proponen un teatro que actúe con función de varita mágica de cuento de hadas capaz de convertir la calabaza en carroza áurea, el ratón en brioso alazán y la Cenicienta en princesa feliz, bondadosa y bella. Para disfrutar con plenitud de este teatro es necesario, como condición *sine qua non,* hacer previamente un acto de fe —permítaseme continuar la metáfora— en la exis-

tencia de las hadas y de los príncipes salvadores. Hecho tal acto de
fe nada hay que objetar a la comedia de la felicidad y de la ilusión:
todo en ella —intriga, diálogo, personajes, escenario, técnica, humor,
lirismo, inteligencia, elegancia, civilidad— está trabajado con arte
y conseguido con dignidad literaria. La comedia de la felicidad española está a la misma altura —no mayor ni menor— que el teatro
cómico de un André Roussin o de un Félicien Marceau, por ejemplo,
con las diferencias lógicas que suponen dos públicos tan distintos
como el español y el francés.

José López Rubio (1903)

Con anterioridad a la guerra civil española López Rubio había
estrenado en Madrid dos obras, ambas escritas en colaboración con
Eduardo Ugarte: *De la noche a la mañana* (1929) y *La casa de naipes*
(1930). Después sigue un largo período en el que López Rubio trabaja para el cine. En 1949 estrena en Madrid una nueva obra teatral: *Alberto*. Desde ese año escribe y estrena regularmente en España, alternando su labor de dramaturgo con la de traductor y
adaptador de teatro extranjero, especialmente anglosajón. Piezas destacadas, entre la veintena de que es autor López Rubio, son: *Celos
del aire* (1950) (Premio Fastenrath), *Una madeja de lana azul celeste* (1951), *El remedio en la memoria* (1952), *La venda en los ojos*
(1954) (Premio Nacional de Teatro) y *La otra orilla* (1954) (Premio
Álvarez Quintero).

En todas estas comedias el tema central es el amor, con sus
gozos y sus amargores, con sus luces y sus sombras, tema al que se
aplica una dialéctica de la ilusión y de la realidad muy cercana a la
del teatro casoniano sin que con ello signifiquemos dependencia ni
imitación alguna, sino simple parentesco y coincidencia estética. De
estas cinco comedias puede predicarse aquello que Torrente Ballester escribe de una de ellas: «Sabiduría constructiva principalmente,
que ve la comedia en su conjunto y sabe el lugar preciso de cada
frase, de cada efecto, incluso de cada truco; que da a cada cosa su
proporción y, al situarla en su sitio, distribuye las perspectivas de
modo que no se pierda nada de lo que el autor quiso poner o sugerir. De esta manera, las mejores comedias de López Rubio... dan,
a veces, la impresión de pura forma artística, hecha con materiales
leves, con casi nada»[20]. Todos los críticos, además de esa sabiduría
constructiva, están de acuerdo en afirmar la calidad, «la altura y el
brillo» (Marqueríe, *op. cit.*, pág. 110) del diálogo de López Rubio.

---

[20] *Teatro español contemporáneo*, pág. 557.

De las cinco piezas citadas aquélla en donde esa doble maestría de construcción y de diálogo alcanza su mejor perfección, y en donde, además, el juego de ilusión y realidad, sin dejar en absoluto su condición de puro juego teatral, logra hondura y emoción humanas, es, sin duda, *La venda en los ojos,* excelente pieza que habría que situar por su tratamiento de lo inverosímil en la mejor tradición del teatro humorístico de Jardiel Poncela y del primer Mihura. La editora norteamericana [21] de esta obra la considera como un buen ejemplo de *metatheatre,* término acuñado por el crítico Lionel Abel para designar aquellas obras dramáticas equidistantes de la tragedia y de la comedia puras y estribadas en dos postulados básicos: el mundo como escenario y la vida como sueño [22]. Beatriz, la protagonista de *La venda en los ojos,* abandonada por su marido, negándose a asumir esa situación, sustituye la realidad fea y vulgar por otra realidad bella y lógica, más profunda y verdadera, en la que sus tíos, creyéndola loca, representan sus papeles respectivos. Cada personaje es, así, creador de su propia ficción. El doble juego del teatro dentro del teatro, de la ficción dentro de la ficción es desarrollado magistralmente por López Rubio. A nuestro juicio estropea el final de esta comedia, realmente clásica por su sentido de la medida, la explicación dada por el personaje en la escena penúltima del tercer acto, explicación que nos parece concesión innecesaria a la galería.

También López Rubio, aunque en una sola ocasión, ha cultivado el drama. En 1958 estrenó *Las manos son inocentes,* drama de conciencia de un matrimonio que se siente culpable de un crimen que, en realidad, no cometió, pero sí intencionalmente. La obra consiste en el ceñido análisis del proceso de culpabilidad interior de los dos protagonistas [23].

Víctor Ruiz de Iriarte (1912)

La obra dramática de Ruiz de Iriarte pertenece por entero al período posterior a la guerra civil. Desde que en 1943 estrena su primera comedia —*Un día en la gloria*— hasta hoy, más de una treinte-

---

[21] *La venda en los ojos,* Nueva York, Appleton-Century-Crofts, 1966, edited by Marion P. Holt, Introduction, pág. 4.

[22] Lionel Abel, *Metatheatre. A new View of Dramatic Form,* Nueva York, Hill and Wang, 5 imp. 1969, pág. 105.

[23] Sobre el teatro de López Rubio, además de las páginas que le dedican Torrente Ballester, Pérez Minik y Alfredo Marqueríe en *ops. cits.,* ver Antonio Rodríguez de León, «El humor en el teatro de López Rubio», en *El teatro de humor en España,* cit., págs. 155-168, y la «Introduction» de Anthony M. Pasquariello y John V. Falconieri en su ed. norteamericana de *La otra orilla,* Nueva York, Appleton-Century-Crofts, 1958.

na de piezas suyas han subido a los escenarios españoles. He aquí algunos títulos: *El puente de los suicidas* (1944), *Academia de amor* (1946), Premio Piquer de la Real Academia; *Los pájaros ciegos* (1948); *El landó de seis caballos* (1950); *El gran minué* (1950); *Juego de niños* (1952), Premio Nacional de Teatro; *El pobrecito embustero* (1953); *La guerra empieza en Cuba* (1955); *La vida privada de mamá* (1960); *Esta noche es la víspera* (1958); *El carrusel* (1964); *Un paraguas bajo la lluvia* (1965); *La muchacha del sombrerito rosa* (1967).

Si repasamos los juicios críticos que la variada producción dramática de Ruiz de Iriarte ha obtenido durante estos veinticinco años de dedicación al teatro, nos encontramos con ciertas constantes en la apreciación crítica: habilidad y agilidad, diálogo brillante, ingenioso, rico de felices ocurrencias, combinación sabiamente dosificada de ternura y sátira, gracia y humor... Términos todos ellos muy semejantes a los que encontrábamos referidos a otros comediógrafos coetáneos: el Edgar Neville de *El baile,* por ejemplo, o el Carlos Llopis de *Vacaciones forzosas, Nosotros, ella y el duende* o *La cigüeña dijo sí...* y algunos más. También tropezamos con otro término atribuido tanto a Ruiz Iriarte como a otros comediógrafos: fórmula teatral. Este término aparece en la pluma de Valbuena Prat, de Marqueríe, de Isabel Schevill, de Torrente Ballester... y de otros cuantos más. El último crítico citado escribe, refiriéndose a una de las comedias de Ruiz Iriarte: «acredita un serio entrenamiento, un dominio del oficio, una soltura tal, que empiezan a ser peligrosos. Esto que parece un contrasentido no lo es, e intentaré explicarlo. La maestría del género en que parece haberse especializado, permite a Ruiz Iriarte instalarse cómodamente en una fórmula, en una receta si se quiere. Con ella en la mano, puede escribir comedias sin cuento, amenas, divertidas, un poquito sentimentales y bastante intrascendentes»[24].

Suele Ruiz de Iriarte practicar la mezcla de géneros dramáticos, combinando lo maravilloso y lo fantástico con los elementos propios de la farsa, la comedia de costumbres, el vaudeville y el sainete, la comedia psicológica y la comedia de costumbres, la alta comedia y la comedia sentimental, fenómeno éste típico de la voluntad de sincretismo y de la ruptura interior de los géneros dramáticos propios de la comedia contemporánea.

Aunque Ruiz Iriarte haya cultivado el drama llamado vulgarmente serio, en donde se aborda un problema grave, género que en la jerga teatral española se llama «comedia dramática» —en nuestro autor representado por *Los pájaros ciegos, Juanita va a Río de Ja-*

[24] *Teatro español contemporáneo,* pág. 583.

neiro (1948), subtitulados «Diálogo dramático», y *Esta noche es la víspera*—, su mejor y más abundante teatro pertenece al género cómico [25].

Cita final

¿Más autores? Desde luego, bastantes más. Todos ellos moviéndose dentro de los mismos módulos teatrales reseñados en las páginas anteriores, todos ellos autores de una pieza o de más de una que haya alcanzado éxito estimable de público y de crítica. Unos, hábiles constructores de «piezas bonitas» con bellos e ingeniosos diálogos: Edgar Neville (1899-1967) —*El baile* (1952) o *Adelita* (1955)—; Agustín de Foxá (1903-1959) —*Cui-Pin-Sing* y *Baile en capitanía*. Otros autores a la búsqueda de temas más ambiciosos: J. A. Giménez Arnau (1903), novelista, en cuyos dramas —*Murió hace quince años* (1953), *La hija de Jano, El Rey ha muerto* (1960)— se mezclan con desigual acierto lo novelesco, lo folletinesco y lo cinematográfico con viejos temas como el de la fuerza de la sangre; Horacio Ruiz de la Fuente (1905), en cuyos dramas combina temas de actualidad sensacionalista con recursos dramáticos de melodrama echegarayesco y de serial radiofónico, frecuentando la pieza monólogo con un solo personaje: *La muñeca muerta, La muerte da un paso atrás* (1962), *Bandera negra* (1963). Carlos Llopis (1912-1971), autor de una abundante producción cómica desde la farsa hilarante a la pieza asainetada o desde la pieza policíaca a la caricatura de folletín. También la comedia sentimental-costumbrista, o la pequeña comedia de tesis de la escuela benaventina tiene representante en Julia Maura (1910).

No quiero terminar este capítulo sin mencionar el caso de Jacinto Delgado Benavente (1915). Tres de sus mejores dramas —*Tres ventanas* (1952), *Jacinta* (1952), *Media hora antes* (1955)— le dieron cierta notoriedad entre los públicos universitarios de los años 50, especialmente por la aparente novedad de su técnica constructiva, basada en la idea del tiempo reversible, puesta de moda en España por *La plaza de Berkeley,* de Balderston y por algunos dramas de

---

[25] El mejor estudio que conocemos sobre el teatro de Ruiz Iriarte es el de Isabel Magaña Schevill en la «Introduction» a su ed. norteamericana de *Juego de niños,* New Jersey, Prentice-Hall, 1965, págs. VIII-XXII. Puede verse también, además de las páginas de Torrente Ballester, *op. cit.,* las de Pérez Minik, *op. cit.,* págs. 458-460; Marqueríe, *op. cit.,* págs. 169-176; A. Valbuena Prat, *Historia del teatro español,* Barcelona, Noguer, 1956, págs. 665-671; Arcadio Baquero Goyanes, «El humor en el teatro de Ruiz Iriarte», en *El teatro de humor en España,* cit., págs. 187-199.

Priestley y de Thorton Wilder. Pero esa forma no encontraba en *Jacinta* ni en *Tres ventanas* un tema idóneo, pues éste pertenecía en realidad al viejo repertorio del melodrama, rural o ciudadano. Se trataba, en realidad, de un teatro de pretensión intelectual que con nuevo envase servía viejos contenidos.

CAPÍTULO VI

Mihura (1905) y el teatro humorístico de postguerra

1. Tres sombreros de copa

Para valorar en toda su importancia la originalidad del nuevo teatro de humor de Mihura es necesario no olvidar que *Tres sombreros de copa,* su primera obra dramática, fue escrita en 1932, aunque no se estrenara hasta 1952, ¡veinte años después! En 1932 Jardiel Poncela apenas acababa de empezar su teatro y no había escrito todavía las piezas que romperían abiertamente con el teatro cómico coetáneo. En 1932 Casona no había comenzado su carrera de dramaturgo. Es el año en que García Lorca escribe *Bodas de sangre,* estrenada el año siguiente, año en que se le concede el Premio «Lope de Vega» a la *Sirena varada* de Casona. Alberti había estrenado en 1931 *El hombre deshabitado* y *Fermín Galán,* y Max Aub había escrito ya casi todas las piezas de su primera etapa. Mihura, pues, sólo dos años más joven que Jardiel Poncela, Max Aub y Casona, nacidos los tres en 1903, pertenece por la fecha de su primera obra a esa etapa de renovación del teatro español anterior a la guerra civil, etapa caracterizada por las múltiples rupturas de las formas y los temas dramáticos convencionales. Por ello, Falconieri y Pasquariello no dudan en adscribirlo a la misma generación de Jardiel, Casona y López Rubio [1]. Sin embargo, Mihura no será conocido como dramaturgo hasta después de la guerra civil, estrenando sólo regularmente a partir de los años 50 [2].

---

[1] En la «Introduction» a su ed. norteamericana de *Mi adorado Juan,* Nueva York, Blaisdell Publishing Company, 1964.

[2] He aquí algunas de sus obras, con la fecha de estreno entre paréntesis: *¡Viva lo imposible! o el contable de estrellas* (1939), en colaboración con Calvo Sotelo; *Ni pobre ni rico, sino todo lo contrario* (1943), aunque escrita en 1939 en colaboración con Tono; *El caso de la mujer asesinadita* (1946), en colaboración con Álvaro de Laiglesia; *El caso de la señora estupenda, Una mujer cualquiera* y *A media luz los tres* (1953); *El caso del señor vestido de violeta* (1954); *¡Sublime decisión!* (1955); *Mi adorado Juan* (1956); *Carlota* (1957); *Melocotón en almíbar* (1958); *Maribel y la extraña familia* (1959); *El chalet*

Que *Tres sombreros de copa* no se representara a poco de haber sido escrita es un hecho lamentable que retrasó el nacimiento oficial y eficaz de un nuevo teatro de humor, y muestra patentemente el provincianismo mental y estético de los responsables —actores, directores y empresarios— de tal retraso, los cuales, como siempre, se escudaron en la falta de preparación del público, poniéndose de manifiesto, una vez más, su servidumbre a lo consagrado y al éxito comercial, su total ausencia de inquietud artística y su inhibición a cuanto significara novedad, originalidad y renovación. En lugar de arriesgarse a ensayar lo nuevo y a renovar el gusto del público actuando creadoramente, se abstuvieron, situando así los escenarios españoles al margen de las nuevas corrientes dramáticas. Mihura, como antes Valle-Inclán, fue víctima de esa mentalidad de tenderos y de comerciantes al por menor, o al por mayor, que administraron el gusto público y los escenarios y compañías teatrales. Mihura contaría en 1943 sus intentos fallidos de estrenar *Tres sombreros de copa* en 1932, 1935, 1939, escribiendo a modo de conclusión: «No era uno de esos jóvenes intelectuales que llegan al teatro queriendo acabar con todo lo viejo y hablando mal de los autores consagrados. Yo admiraba a todos ellos y me leía una y otra vez sus comedias, sus zarzuelas, sus juguetes cómicos y sus sainetes. (...) Y, de pronto, sin proponérmelo, sin la menor dificultad, había escrito una obra rarísima, casi de vanguardia, que no sólo desconcertaba a la gente, sino que sembraba el terror en los que la leían. Yo era, por tanto, como ese huevo de pato que incuba la gallina y que después, junto a los pollitos, se encuentra extraño y forastero y con una manera de hablar distinta. A mí no me entendía nadie y, sin embargo, yo entendía a todos. Y mi manera de hablar me parecía perfectamente comprensible» [3].

En 1932 *Tres sombreros de copa* —dejando aparte el fenómeno extraordinario del teatro de Valle-Inclán— era en España un comienzo absoluto, no una continuidad de algo precedente, y suponía una ruptura con el teatro cómico anterior, ruptura iniciada por Jardiel, pero de ningún modo cumplida como Mihura lo hacía en su obra. Esto lo ha subrayado ya Guerrero Zamora: «la verdadera

de *Madame Renard* (1960); *Las entretenidas* (1962); *La bella Dorotea* (1963); *Milagro en casa de los López y Ninette y un señor de Murcia* (1964); *La tetera* (1965); *Ninette. Modas de París* (1966); *Sólo el amor y la luna traen fortuna* (1968). *La canasta,* estrenada en 1955, no ha sido publicada por su autor.
[3] En el Prólogo a *Tres sombreros de copa,* Madrid, Edit. Nacional, 1947. Reproducido en *Teatro,* de Miguel Mihura, Madrid, Taurus, 1965, Col. Primer Acto, págs. 9-29. La cita en págs. 20-21. En nota del autor se afirma que el Prólogo «fue escrito el año 1943, para un volumen en el que se publicó por primera vez *Tres sombreros de copa».* De ahora en adelante citaremos: *Teatro,* Taurus.

ruptura se abre con el autor de *Tes sombreros de copa,* y es aquí
donde se inauguran los elementos característicos del nuevo estilo de
humor o, más exactamente, la nueva configuración de la farsa» [4].
Según el mismo historiador y crítico del teatro contemporáneo, esta
obra de Mihura, incluida por él en las que llama «literaturas neocon-
vencionales», supone en su base «el descubrimiento del desgaste de
la semántica»: «al diálogo se le descubre su lastre de palabras muer-
tas, tópicos de sentido reseco y frases *hechas* y, por lo tanto, pro-
feridas según el transcurso de la inercia verbal y no generadas por
el pensamiento; la organización de nuestra existencia se revela como
una ingente máquina cuya razón de ser se hubiera olvidado; nuestro
orden no se fundamenta en el juicio, sino que es prejuicio; nuestros
principios morales se muestran ajenos a la verdadera ética y coorde-
nados por determinados tabúes, apariencias de respetabilidad, tradiciones invigentes y escrúpulos de fama...» (*ibíd.,* pág. 172). Para
Guerrero Zamora se trata en *Tres sombreros de copa* de «una sistemática ruptura que atañe por igual al fondo y a la forma». Y señala, entre otros, los siguientes caracteres: «En cascada de atribuciones, asocia elementos de insólita e inverosímil asociación... Trans-
grede la ley de las proporciones utilizando la hipérbole visionaria...
Adjetiva adverbialmente acciones absolutas —*Me caso, pero poco*—.
Distorsiona la causalidad lógica y propone otra imaginaria... Y, en
fin, proyecta sentimientos y hechos, cualidades y pasiones *ad absurdum*» (*ibíd,* pág. 173). Falconieri y Pasquariello encuentran en *Tres
sobreros de copa* algunos de los elementos que suelen asociarse con
el teatro del absurdo (*op. cit.,* pág. XII). Y el mismo Guerrero Zamora, relacionando a Mihura con Ionesco, escribe: «Si más tarde
Ionesco haría de las patatas guisadas con tocino el emblema mismo
del naturalismo en cuanto escuela de fatuidad digestiva de toda actitud mera y externamente realista, Mihura levanta otra bandera similar: *¡A las personas honorables le tienen que gustar los huevos fritos, señor mío! Toda mi familia ha tomado siempre huevos fritos
para desayunar... Sólo los bohemios toman café con leche y pan con
manteca*» (*op. cit.,* págs. 172-173).
    Cuando la obra se estrena en 1952, después de *Ni pobre ni rico*
y de *El caso de la mujer asesinadita,* y después que *La codorniz,* la
revista de Mihura —diez años posterior a *Tres sombreros de copa*—,
haya impuesto ya su estilo humorístico y acostumbrado a él el gusto
público, e incluso después de los grandes cambios, de todos conocidos,
experimentados por el teatro occidental en su estructura, en su temática y en su lenguaje, ni su originalidad ni su poder de impacto

---

[4] *Historia del teatro contemporáneo,* III, Barcelona, Juan Flors, 1962, páginas 171-172.

se habrán perdido. Es más, el estreno lo realiza el T.E.U. de Madrid, dirigido entonces por Gustavo Pérez Puig, no una compañía profesional. Nos parece de gran interés consignar aquí lo que la obra significó entonces para la joven crítica española y para su generación. José Monleón, en uno de los más inteligentes ensayos que sobre el teatro de Mihura conozco, escribe: «*Tres sombreros de copa,* que es aquella obra que nadie entendía, le conquistaron la admiración de la mejor generación de postguerra. Había latente una soterrada rebelión en la juventud española contra las formas del teatro que se estrenaba, y *Tres sombreros de copa* se convirtió en un título clave, en una obra concreta que esgrimir contra el "torradismo" y el "astracán". A Miguel Mihura nos lo apropiamos una generación que, por ser posterior a la suya, entrábamos en la vida nacional sobre supuestos y experiencias distintas... *Tres sombreros de copa* forjaron la imagen de un autor interesado por las realidades sociales y por su evolución. La "libertad" de Dionisio y Paula, finalmente aniquilada por una serie de tabúes, de cursilerías, de miedos y de resignaciones, era una libertad de la que todos participamos. Todas las represiones que Mihura dejó sueltas en aquella obra, y finalmente eran controladas, constituían una rebeldía vital, inconcreta si se quiere, literaria, pero profunda, contra las voces de Bernarda» [5] (*Teatro,* Taurus, pág. 44). Ricardo Doménech nos cuenta que la representación de la obra en provincias producía «escándalo y asombro», siendo calificada de «inmoral». Representada en París en la temporada 58-59, la crítica conservadora francesa la acogió mal, y para los vanguardistas de París —sigue escribiendo Doménech— resultó ser «un impacto sorprendente» (*Teatro,* Taurus, pág. 97). A raíz de su estreno en París, escribía Ionesco: «*Tres sombreros de copa,* de Miguel Mihura, tiene la ventaja de asociar el humor trágico, la verdad profunda, al ridículo, que, como principio caricaturesco, sublima y realza, ampliándola, la verdad de las cosas. El estilo "irracional" de estas obras puede desvelar, mucho mejor que el racionalismo formal o la dialéctica automática, las contradicciones del espíritu humano, la estupidez, el absurdo (...). La obra de Mihura exige un pequeño esfuerzo, una cierta agilidad de espíritu por parte del lector o espectador: aprehender lo racional a través de lo irracional: pasar de un concepto de la realidad a otro; de la vida al sueño, del sueño a la vida. Esta desarticulación aparente es, en el fondo, un excelente ejercicio para enriquecer la expresión teatral, multiplicar, variar los campos de lo "real" sometidos a la prospección del autor dramático» (*Teatro,* Taurus, páginas 94-95). Ignoramos si al escribir esas líneas sabía Ionesco que

---

[5] Se refiere Monleón a las terribles palabras de Bernarda con las que cierra García Lorca *La casa de Bernarda Alba:* «¡Silencio, silencio he dicho! ¡Silencio!»

Tres sombreros de copa había sido escrita diecisiete años antes que *La cantatrice chauve*. Esta primera pieza de Ionesco se la estrenó Nicolás Bataillé en 1950, un año después de haber sido escrita [6]. Mihura no tuvo su Nicolás Bataille ni su Théâtre des Noctambules, y, habiendo madrugado en la historia del teatro europeo, llegó con un retraso fatal. Naturalmente, no se trata aquí, ni mucho menos, de comparar la primera pieza de Ionesco con la primera de Mihura, comparación que no tendría sentido en el marco de estas páginas, aunque sí en otro lugar, sino de hacer pensar en la tremenda desigualdad de oportunidades —Madrid no era París ni Europa era la misma— entre dos dramaturgos que empezaban. De esa desigualdad, aunque en el nivel estético se le pueda resarcir a Mihura, no se le podrá resarcir en el histórico. La oportunidad histórica, dentro del panorama del teatro europeo contemporáneo, de' estrenar *Tres sombreros de copa* en 1932 le fue escamoteada a Mihura, y a la historia no se le puede dar marcha atrás para reparar una injusta fatalidad. Aunque esto sea así, no podíamos dejar de escribir lo anterior.

En su estupendo análisis de la pieza, que vamos a citar ampliamente, escribía Ricardo Doménech:

> La fuerza dramática de *Tres sombreros de copa* está en la colisión de dos mundos irreconciliables, pero necesitados entre sí, que parten de dos concepciones vitales opuestas. El mundo burgués, cursi, adinerado y limitado por una moral que a veces es tan estricta en sus formas como desgarrada en su fondo, de una provincia española, y el mundo inverosímil, errante, libre y sin esperanzas que forman el negro Buby Barton y las graciosas y estúpidas muchachas que integran su *ballet* en el *music-hall*. Cada uno de estos mundos se rige y sustenta por leyes distintas y genuinamente propias. Nos muestra el autor a uno y a otro al través de personajes representativos, a menudo esquemáticos y de un solo perfil. Así, Don Sacramento y El Odioso señor, que junto a El anciano militar, ·El cazador astuto, El romántico enamorado, El guapo muchacho y El alegre explorador constituyen una galería de personajes grotescos... arquetípicos, que vienen a encarnar el modo de ser y reaccionar de una sociedad muy concreta. En esa sociedad burguesa que produce tipos como Don Sacramento y El Odioso señor... Don Sacramento significa el puritanismo a ultranza, la rigidez de unas costumbres preestablecidas, implacables, de la que es esclavo y defensor. Todo cuanto escape a ese sistema inflexible, especie de moralidad basada en la apariencia y las buenas costumbres —es un decir— choca con su mentalidad apergaminada y no duda en calificarlo de bohemio, automáticamente escandalizado. Pero esta misma sociedad produce también tipos como El Odioso señor, el hombre más rico de la provincia, para quien toda

---

[6] Ver Martin Esslin, *El teatro del absurdo,* Barcelona, Seix Barral, 1966, páginas 105-108.

razón existencial se cifra en dos realidades gruesas, directas e inequívocas: el dinero y el sexo. A este capitalista erótico —al revés que a Don Sacramento— le importa bien poco su reputación; ella está asegurada y comprada con su fortuna y es tanto mayor cuanto que ésta lo sea... Don Sacramento y El Odioso señor representan dos vertientes de un ciclo, de un mundo enfermo y crepuscular. Es en él donde ha nacido Dionisio, el joven protagonista de la comedia.

Por el contrario, el mundo del *music-hall,* que Buby y su *ballet* representan, se singulariza, en principio, por su amoralidad a rajatabla. Aquí no existe la esclavitud de las buenas costumbres, pero el dinero tiene su peso específico, porque hay otra esclavitud, que surge también de lo aparencial: las joyas, los vestidos deslumbrantes y los abrigos de piel. Es este mundo en el que cada minuto es agotado al máximo y el futuro —incierto y siempre desolador— no cuenta en el presente... De aquí proviene Paula, la joven protagonista. (...) Estos dos mundos —que en realidad son estamentos constitutivos de una misma sociedad— van a aparecer brutalmente enfrentados en *Tres sombreros de copa.* Es cuando surge el amor verdadero entre Dionisio y Paula, amor proscrito de antemano, que naturalmente es condenado por ese engranaje, superior a ellos mismos, en el que están inmersos *(Teatro,* Taurus, págs. 98-100).

La acción transcurre en la habitación de un hotel de provincias, en donde Dionisio pasa su última noche de soltero, debiéndose casar al día siguiente con su prometida, hija de don Sacramento. En esa habitación y durante esa noche se enfrentan ambos mundos y nace y muere el amor de Dionisio y Paula. Dionisio hace la experiencia de la libertad, de una libertad paradisíaca, más allá de toda convención y de toda norma, para renunciar irremediablemente a ella y regresar, deslumbrado aún, pero impotente, a la falsedad del universo de la norma y de la convención, establecido, fijado y aceptado como único posible. Es la experiencia de esa libertad, posible una noche, pero en realidad perdida para siempre, lo que el dramaturgo hace vivir al protagonista, y con él al espectador. Una libertad inventada e instaurada dramáticamente mediante la explosión literal de las formas tradicionales de estructuración de la situación y del lenguaje, así como de los módulos de composición de caracteres propios del teatro occidental coetáneo. Precisamente la genialidad de Mihura en esa su primera pieza consiste en romper desde dentro— en los tres niveles señalados: situación, lenguaje y caracteres— los moldes habituales de la creación dramática, y desde esa primera y radical ruptura desenmascarar, con la sola presentación y desarrollo de la acción dramática, la sustantiva deficiencia, rigidez, falsedad y absurdo del mundo de todos y de cada día, en donde el hombre —todos y cada uno: la sociedad civilizada —vive su alienación como fundamento y norma de la convivencia, y no —y ahí está la patentización del absurdo escandaloso— como amputación, como pérdida ni como deshumanización de la condición humana. Al renunciar Dionisio a la libertad redescubierta del ser humano, reingresando en el orden común establecido, queda consolidada la alienación. «Dionisio y Paula —escribe Monleón— eran como nosotros, dos personajes que improvisaban su papel, que tenían de pronto en la mano, por un momento, su destino y que, inevitablemente, volvían de nuevo al engranaje.. El falso orden se recomponía. Dionisio comía su huevo frito para desayunar y el señor más rico de la provincia volvía al lado de su esposa. Sólo quedaba tirar al aire los tres sombreros de copa... ¡Hola! ¿Qué iba a hacer Paula, que, como Miguel Mihura, *sabía* que todo el mundo esconde algo en la cartera?» (*Teatro*, Taurus, págs. 44-45). En esa acción final de Paula —acción circense— con la que Mihura cierra *Tres sombreros de copa* estaba ya en germen el inicio del teatro del absurdo que vendría años después.

Todo cuanto de radicalmente nuevo y valioso había en *Tres sombreros de copa* sólo parcialmente lo desarrollará luego Mihura, hasta el punto de que nos atrevemos a afirmar que su obra dramática posterior —desde *Ni pobre ni rico, sino lo contrario* hasta *La bella Dorotea* [7]— será una progresiva desviación y una renuncia a cuanto constituye —lenguaje, significación y situación— el universo dramático de su primera obra. Naturalmente, no quiero significar con ello que tal desviación comporte una pérdida de valor de la obra dramática de Mihura, sino una separación de *determinados* valores, y éstos no tanto teatrales cuanto de significación y de sentido. En todo caso, podríamos ver en el fenómeno a que aludo algo así como una sustitución del primer punto de vista, en que el dramaturgo se situaba en *Tres sombreros de copa,* por otro segundo punto de vista —el que está a la base de sus últimas piezas— caracterizado por cierto tipo de compromiso con el público que le aplaude y que le hace ganar dinero, al cual, sin embargo, en tanto que representativo de una clase social determinada, sigue sintiendo como extraño ideológicamente, pero sin que tal extrañamiento e insolidaridad determinen su creación dramática ni aparezcan explícitos en ella, con lo cual la realidad —la que tenía densísima presencia escénica en *Tres sombreros de copa*— se desustancializa. Dicho con otras palabras —éstas de Monleón—: «Entre el teatro de Miguel Mihura y la realidad se ha abierto un foso que sólo excepcionalmente será franqueado» (*Teatro,* Taurus, página 55). Sin embargo, tal vez resulte oportuno recordar estas otras palabras de Torrente Ballester: «Cuando un hombre ha escrito *Tres sombreros de copa, Ni pobre ni rico, sino todo lo contario* y *El caso de la mujer asesinadita,* y no se le reconoce como

---

[7] En *Ninette y un señor de Murcia* se consolida, en mi opinión, la ruptura de Mihura con su primera obra.

gran humorista y comediógrafo, tiene derecho a mandar todo a paseo y dedicarse a vender automóviles, porque ya tiene fama asegurada y también el respeto de las generaciones futuras, que es lo más a que uno puede aspirar. Mihura tuvo sus vacilaciones, y la prueba consta en alguna de sus comedias. Su modo de vender coches consistió en transigir con el público, en darle la píldora bien edulcorada. Esa transacción se titula *El caso de la señora estupenda...*» [8].

2. Tres piezas en colaboración

¡Viva lo imposible!..., en colaboración con Calvo Sotelo —con la guerra civil española de por medio y a cuestas, claro—, significa ya un desfase. Un desfase en la forma dramática: lenguaje y construcción de las situaciones. El sentido de la acción y el significado de su contenido pueden resumirlo estas tres frases de la obra: «¡Abajo la norma, la medida, lo previsto! ¡Viva lo imposible, lo soñado, lo utópico!», y «no llegar no es pecado. ¡No partir, sí» [9]. Los personajes, don Sabino y sus dos hijos, Eusebio y Palmira, se lanzarán a vivir la experiencia de la libertad y fracasarán, englobados de nuevo por el mundo de la norma y de la convención, aunque don Sabino simule, refugiándose en la imaginación, escapar a él. Sin embargo, no se nos muestra ya la oposición conflictiva de dos mundos, sino sólo dos maneras distintas, igualmente insuficientes y por ello igualmente precarias en su validez, de acentuar el mismo y único mundo. No se trata de un conflicto, sino de un desacuerdo relativo.

Ni pobre ni rico, sino todo lo contrario, en colaboración con Tono, vuelve a conectar formalmente con *Tres sombreros de copa* en el lenguaje: «¡Abajo la consagrada asociación de ideas..., abajo las atribuciones precisas... y arriba la predicación de cualidades reales a objetos que realmente no les corresponden..., las relaciones inesperadas por analogía..., las rupturas de orientación en el transcurso de la frase... y, en fin, la ambigüedad, de la que, si nadie puede librarnos por qué no hacer nuestra aliada...!» (Guerrero Zamora, *op. cit.,* pág. 176) —y en la estructura de la acción mediante situaciones fuera de toda norma y de toda convención teatral.

Abelardo, el protagonista, hombre rico, decide arruinarse —y aquí lo decisivo son las formas usadas para ello: comprar a precios fabulosos inventos ya inventados o inventos inútiles, contratar a unos

---

[8] «El teatro serio de un humorista» (*Teatro,* Taurus. pág. 70). Publicado también en *El teatro de humor en España,* cit., págs. 215-230. Ver en el mismo libro Enrique Llovet, «El humor en el teatro de Mihura», págs. 201-214, reeditado en *Teatro,* Taurus, págs. 81-89.

[9] *¡Viva lo imposible!...,* Madrid, 1951.

ladrones para que vacíen la casa, jugar con la Baronesa para que ésta haga trampas..., etc.— para casarse con Margarita, de posición modesta, que le ha rechazado por rico; y, en efecto, se arruina, pero demasiado, pues se convierte en mendigo, y Margarita lo vuelve a rechazar por demasiado pobre. En el banco donde convive con Gurripato, vagabundo y pobre por vocación de libertad, la Baronesa y sus amigas le ofrecerán un *Pobre-party*. Abelardo se enriquecerá de nuevo fundando un *Pobre Trust Company,* para terminar nuevamente renunciando a todo, pero ahora por vocación de 'libertad y por escapar del mundo de los compromisos, de los tópicos, de los prejuicios y de las convenciones.

Comenzaron los autores por desarrollar, escénicamente, *ad absurdum* un tópico sentimental —la diferencia de clases es un impedimento al cumplimiento del amor—, vaciándolo así de su presunto sentido, mostrando su oquedad, y terminaron mostrando la oquedad misma de un mundo que de tópicos vivía. La diferencia de clases no era, naturalmente, un tópico, pero se le hacía funcionar «como sí» lo fuera, degradando así el problema real. Mihura y Tono mostraron la vaciedad del «como sí». Creemos, sin embargo, con Guerrero Zamora, que «sería excesivo implicarle a esta obra un presunto sentido social» (*op. cit.,* pág. 175), aunque pueda conectarse con éste el *Pobre-patry* y el *Pobre Trust Company,* en tanto que ambos episodios funcionan con valor de sátira de una sociedad. Pero en esta pieza el humor conlleva una carga intencional más bien lírica que social: los pobres aparecen como signos de un vivir libre, espontáneo y despreocupado.

En cuanto al título —*Ni pobre ni rico, sino todo lo contrario*—, cifra del sentido mismo de la pieza, Monleón ha escrito algo que nos parece importante:

> El título es definitorio de un cansancio y una concepción ideológica. La división de la sociedad en pobres y ricos está llena de implicaciones auténticas y deformaciones sentimentales. La sinrazón del título de la comedia es un modo contundente de ponerse al margen de las dos derivaciones: la económico-política y la pasional. Es el primer grito del patético: ni con los unos ni con los otros, que luego tanto han repetido los escritores españoles que quisieron ser honrados consigo mismos y, al mismo tiempo, escribir plácidamente para un público y unas estructuras en las que no creen. La postura parte de un esfuerzo por conseguir la marginalidad a través de la crítica de los fanatismos de tendencias opuestas.

Y añade:

> Pero ¿qué decir de éste ni con los unos ni con los otros, sino todo lo contrario en la sociedad y el momento en que fue escrito? ¿Cómo

329

no considerar humanista, positivo y racional un humorismo sublevado contra la necesidad de ser esquemáticamente de los unos o los otros para, a renglón seguido, liquidar a tiros la divergencia? (*Teatro,* Taurus, páginas 53 y 54).

El caso de la mujer asesinadita es la última de las obras de Mihura escrita en colaboración, esta vez con Álvaro de Laiglesia, que le sustituirá al frente de la *Codorniz,* vendida por Mihura a los tres años de haberla fundado. Es una pieza minuciosamente construida y calculada, modelo de precisión dentro del arte del teatro, en la que sus autores [10] *juegan* —en el sentido francés de *jeux dramatique*— con las dos caras —la misteriosa, irreal, poética y la real, cotidiana, «normal»— de una misma acción: el asesinato de la protagonista. Asesinato que, por virtud de ese doble juego dramático, aparece como necesario para que un valor fundamental —el amor humano auténtico— se realice. La antigua fatalidad aparece en la obra de tal modo utilizada que es ella, en realidad, el único camino hacia la libertad. Para cumplir su amor humano, Mercedes y Norton necesitan la colaboración de la fatalidad, ya no terrible, sino cómplice. Los asesinos, en cambio, el marido de Mercedes y la secretaria de aquél, Raquel, que mataron para volverse a casar, son, paradójicamente, las verdaderas víctimas: casados, sólo podrán compartir su aburrimiento. No en vano sus autores habían escrito al frente de su obra, como «advertencia» cuarta: «*El caso de la mujer asesinadita* es una comedia escrita con sarcasmo y amargura, en la cual el humor, lo disparatado y lo poético es sólo el ropaje» [11].

En *Tres sombreros de copa,* Dionisio y Paula habían fracasado después de vivir juntos su maravillosa aventura; en *Ni pobre ni rico, sino todo lo contrario,* Abelardo abandona a Margarita·y a la Baronesa para irse con Gurripato «a vivir en la orilla del río, a coger peces y a tomar el sol»; en *El caso de la mujer asesinadita,* Mercedes y Norton abandonan juntos el mundo de modo mucho más radical y definitivo: dejando de vivir. Piensa Monleón, situando la pieza dentro del contexto del teatro contemporáneo, que «las distintas tendencias del teatro del tiempo —en el que Priestley ha sido su pontífice moderno— encuentran en *El caso de la mujer asesinadita* un reflejo divertido, inteligente y totalmente inesperado. En una sola obra —añade— Miguel Mihura y Álvaro de Laiglesia cubrieron —al menos en parte— el ciclo de creación y demolición de una tendencia.

[10] Sobre la génesis y composición de esta obra, ver las declaraciones de Mihura en *Teatro,* Taurus, págs. 26-29.

[11] En *Tres sombreros de copa,* ed. cit., pág. 297. Ha sido también editada en Álvaro de Laiglesia, *Obras,* II, Barcelona, Plaza y Janés, 2.ª ed., 1962, páginas 1285-1355.

El caso de la mujer asesinadita es una de esas obras que están ya
de vuelta de un teatro que no hemos tenido» (*Teatro,* Taurus, página 55). Para Guerrero Zamora, «el carácter... de la farsa ha ce-
dido sus dones a la comedia específicamente tal, pero, dentro de este
campo, *El caso de la mujer asesinadita* alcanza un estado de simbiosis entre el humor y el misterio...» (*op. cit.,* pág. 177). Para Samuel A. Wofsy es, en cambio, «una comedia expresionista, farsa excelente que... no va en zaga a las mejores del teatro europeo» [12].

3. De *El caso de la señora estupenda* a *La bella Dorotea*

En *El caso de la señora estupenda* suelen ver los críticos de Mihura una ruptura con su teatro anterior. Para Guerrero Zamora, las posibilidades nuevas de la farsa, descubiertas y desarrolladas en las obras
anteriores, se agotan en *El caso de la mujer asesinadita.* Después, piensa Guerrero Zamora, «doblegándose a un ambiente hostil hacía ese
humor nuevo, quizá cayendo por la pendiente de su propia ternura
hacia las cosas y los seres, instalándose definitivamente en la comedia, Mihura... ha producido una serie de obras en las que aquellas
características que le definieron sólo han sido derivadas... entreve-
rándose en el curso de acciones realistas» (*op. cit.,* pág. 177). Para
Monleón, *El caso de la señora estupenda* «es una especie de alta
comedia cómica». Y el error principal del dramaturgo es haber dado
un tratamiento mesurado a una situación desmesurada: «a través de
la claridad expresiva de la coherencia casi naturalista de los aparentemente absurdos, adonde se llega es a mostrar la falsedad radical
de la comedia» (*Teatro,* Taurus, pág. 56). Según Torrente Ballester,
«Mihura conservó la apariencia que irritaba al público y suprimió la
materia que ennoblece sus comedias. Y como en la comicidad de
esta comedia no hay nada nuevo, la obra no tiene defensa posible»
(*ibíd.,* pág. 71). A nosotros, pensando en el momento en que la obra
fue escrita —en pleno auge de la «guerra fría» y del clima europeo-
internacional consiguiente, obseso del juego de espionaje-contraes-
pionaje—, la obra nos parece un valioso intento dramático de desmitificación por el disparate de esa «neurosis colectiva», y vemos en
ella un inteligente y saludable humor correctivo que muestra lo grotesco de tal situación histórica. Lenguaje y situación sirven eficazmente esa intención que nos parece capital para el entendimiento y
recta interpretación de la pieza.

Con *A media luz los tres,* que fue un gran éxito de público,

---

[12] Samuel A. Wofsy, «La calidad literaria del teatro de Miguel Mihura»,
Hispania, XLIII, 1960, pág. 214.

Mihura circunscribe el alcance y la significación de su humor a la circunstancia pequeño-burguesa española, y comienza el proceso de sustitución de lo humorístico por lo satírico, proceso, sin embargo, discontinuo e intermitente. Alfredo, el pequeño Don Juan con pisito de soltero dotado de dispositivos para favorecer sus conquistas, acabará pescando una pulmonía y casándose con la mujer que, excelente cocinera, le conquista por el estómago. Como escribe Monleón: «ver a Don Juan con un delantal de cocina es un excelente ejercicio moral» (*Teatro,* Taurus, pág. 57). En el lenguaje la comicidad se produce cuando se dan respuestas lógicas a preguntas que, por ser tópicas, se han vaciado de sentido. Preguntas que son las consagradas por el uso social, cuyo lenguaje hueco es puesto así de manifiesto. Será este lenguaje el que precisamente caracterizará el teatro de humor actual, desde Mihura y Tono hasta J. J. Alonso Millán. Aparecerá en esta obra un tipo femenino —la prostituta [13] que en el fondo se revela toda una mujercita— que repetirá luego en otras piezas —*Las entretenidas*—, y cuya mejor encarnación escénica la dará en *Maribel y la extraña familia.* En esta obra, Maribel, la prostituta, vista desde la mirada absolutamente inocente y paradisíaca, sin malicia de doña Paula y doña Matilde, podrá llegar a ser aquello que la mirada impura y contaminante de la sociedad le impedía ser. La tesis de esta pieza podría ser: somos lo que nos hacen y según nos ven. Lo prostituido no es el individuo, sino la *mirada,* cuya viscosidad y cuya capacidad operativa revela la podredumbre interior de una sociedad enmascarada bajo los buenos principios y buenas palabras. Basta, justamente, mirar desde fuera de esa *mirada* social para que la realidad recobre su ser prístino. Mihura utiliza también en la construcción dramática, a partir del final del segundo acto, elementos de la pieza policíaca y de misterio, de los que se había valido ya en *Melocotón en almíbar,* en donde había creado un delicioso personaje con algo de padre Brown —la monjita sor María—, y cuya más estupenda realización teatral había sido *Carlota,* «una de sus comedias más expectantes y mejor matizadas psicológicamente» (Guerrero Zamora, *op. cit.,* pág. 177), «comedia que puede competir con las mejores del género policíaco y que tiene, además, la originalidad de no subordinar los personajes a la intriga —en este caso el descubrimiento del criminal—, sino que el criminal se descubre gracias al despligue que los personajes hacen a sí mismos» (Torrente Ballester, *Teatro,* Taurus, pág. 80). *Carlota* coadyuvó a poner en órbita en los escenarios españoles el género policíaco que de tan gran boga ha disfrutado y disfruta durante los últimos años del 60. Sin embargo, hay

---

[13] Ver lo que acerca de ella, como personaje del teatro de Mihura, escribe Torrente Ballester en *Teatro,* Taurus, pág. 77.

en ella un tema importante que tornará a aparecer en Mihura —en *Milagro en casa de los López,* por ejemplo—, y cuya presencia habíamos ya señalado en la escena final de *El caso de la mujer asesinadita*: el tema del aburrimiento. Carlota, para que su marido no se aburra, le hace creer que es una asesina, y el marido terminará asesinándola.

El caso del señor vestido de violeta —de 1954— había sido una vuelta, al menos formal, al mundo de las farsas. Mihura satiriza la tontería, el esnobismo y la vanidad, eligiendo como arquetipo a un pseudointelectual, torero de profesión, al que adoran como a un ídolo los y las papanatas de la alta sociedad. Hace Mihura la caricatura, mostrando su carácter espúreo y mixtificado, de lo que, aparentemente, puede parecer «cultura» y no lo es. Si durante la acción caricaturiza la «pseudocultura», caricaturiza al final lo que podríamos llamar la «anticultura» de un andalucismo majista y popularista que se presenta a sí mismo con pretensiones de llaneza y campechanería. Entre ambos extremos, igualmente aberrantes, el dramaturgo propone como modelo recto el de la naturalidad y la sencillez auténticas del doctor Rimosky. Ahora bien, esa intención caricaturizadora no aparece desprovista de un cierto grado de ambigüedad, por lo que nos inclinamos a dar la razón a Monleón cuando escribe: «lo malo, lo terrible de *El caso del señor vestido de violeta* es que muchos han podido llamar fotografía a lo que yo llamo caricatura, y principio general a lo que yo considero deformación particular» *(Teatro,* Taurus, pág. 59).

Hemos dejado para el final tres obras en las que nos parece encontrar una estrecha relación temática entre sí y con el mundo de las primeras farsas, relación esta última mucho más de contenido que de forma. Son éstas *¡Sublime decisión!, Mi adorado Juan* y *La bella Dorotea.* Las tres se presentan como una defensa de la libertad y un ataque contra una sociedad enrigidecida y enajenada por su propio sistema de valores, sistema codificado, convertido en normativo y sustancialmente discriminatorio. *¡Sublime decisión!,* cuya acción está situada en los años finales del siglo xix —1895—, nos cuenta la historia de un ensayo de emancipación femenina dentro de un contexto de represiones sociales y psicológicas. Siendo una excelente sátira de aquella clase media —la del quiero y no puedo, la de la gazmoñería— y de aquella burocracia —la de los cesantes, la de la inepcia y el servilismo político— de la España finisecular, la que aparecía en Galdós y en Arniches, no acabamos, sin embargo, de entender cuál podía ser su impacto *real* en la sociedad española de 1955. ¿Acaso apuntaba esa crítica retrospectiva a ser algo así como el «negativo» de lo que en la realidad social aparecía como el «positivo»? Confieso no poder responder.

Mi adorado Juan es una invitación al vivir libre, al margen de la sociedad ordenada, eficiente y organizada. Juan y sus amigos han decidido salirse de esta tremenda maquinaria y vivir según les gusta. Sin compromisos y sin componendas, pero —hay que añadir— sin poner tampoco en cuestión la sociedad de la que se marginan. No son ni rebeldes ni revolucionarios, sino gentes que escapan, que se van «afuera», pero no lejos ni a otro lugar. Su vocación de libertad se cumple de manera bien modesta: tomándose vacaciones sin fecha límite. Juan, médico, se olvidará de la medicina, y Vidal, científico de renombre, se olvidará de la ciencia y del renombre. Su instinto, o su vocación o su amor a la libertad tendrá algo de cromo rosa, de idealización a lo Bürger —¡la dorada bohemia!, el vive como quieras— y de lírica elección. Al final de la obra el bello sueño acaba: Juan, casado, no tiene más remedio que volver a trabajar para mantener a su mujer. La obra no ha sido más que una invitación al sueño. ¿Basta esto?

La bella Dorotea nos parece la mejor de las últimas obras de Mihura. No han dejado los críticos de señalar su conexión con el Mihura más profundo y radical de las farsas. Monleón ve en ella «una recuperación... en una nueva síntesis de sus temas favoritos» (*Teatro,* Taurus, pág. 65), y Torrente Ballester, en una crítica publicada en *Primer Acto,* escribía: «...está en la buena línea de *Tres sombreros de copa,* aunque, naturalmente, los procedimientos de 1963 no sean ya los procedimientos de 1936. Han variado bastante, sobre todo los elementos de la comicidad verbal, mucho más sustanciosos y accesibles y muy alejados ya del surrealismo. Ha variado también el modo de concebir los personajes, que se acercan más bien a la personalidad concreta que al *tipo*... Hay mucho también en la comedia de sátira social, de protesta contra una realidad que, aunque situada por el autor en los tiempos de la polka, no por eso deja de ser actual y activa» (*Teatro,* Taurus, pág. 139). Dorotea, la protagonista, es —en el más sustantivo sentido— una heroína de la libertad, entrañable y grotesca a la vez, cuya rebelión contra la sociedad mezquina, tiránica en sus fijaciones y cruel en sus acciones y palabras adopta la forma exterior de un reto que, aunque en apariencia pueril y limitado —no quitarse el traje de novia con que se ha quedado plantada por el novio el día de la boda— tiene el valor de un auténtico desafío público, testimonio de su no aceptación de los valores establecidos. La actitud rebelde de Dorotea es ciertamente heroica, máxime cuando ella misma tiene conciencia de que «no sirve para nada» y cuando sabe «que los gestos heroicos no los comprende nadie» (*Teatro,* Taurus, acto I, cuadro II, pág. 226). A pesar de conocer la inutilidad de su gesto, persiste en él —dice— «para que tuvieran presente la injusticia que habían cometido con sus comentarios y con sus críticas. Y para ser el fantasma de su conciencia» *(Teatro,* Taurus, *ibíd.,* pág. 227). Algo ha cambiado, sin embargo, profundamente en la actitud del dramaturgo Mihura desde *Tres sombreros de copa* que le hace desviar el final del conflicto. En *La bella Dorotea* hace intervenir en la postrera escena 'una piedad por su personaje que, aunque implícita también en *Tres sombreros de copa,* no desviaba allí el carácter de *proceso* a la realidad, como sucede en *La bella Dorotea.* Mihura no llega ahora a aquel final duro e inmisericorde, pero lleno de dramática poesía de 1932. *La bella Dorotea* acaba con una especie de recurso a la «justicia poética» que salva a la protagonista del fracaso. Pero su salvación le enajena sentido y significado a su misma rebelión, haciendo terminar ambiguamente en compromiso y en componenda lo que hasta entonces había sido, justamente, lo contrario: no pactar, no ser ni hacer como todos. En esa piedad de Mihura por su personaje interviene ya algo que había ido impregnando su teatro desde *El caso de la señora estupenda:* una ternura no siempre pura que bordea el sentimentalismo.

Mihura, el más importante dramaturgo del teatro de humor español contemporáneo, ha comenzado a renunciar al humor grave, hondo, necesario que constituye la más original y valiosa veta de su dramaturgia, para dar cada vez mayor cabida al ingenio y a la comicidad más fáciles y menos radicales, fuente de ambigüedades que constituye la tónica normal del actual teatro español, el que triunfa en los escenarios. Esperemos que la moral desmixtificadora y la pedagogía de la verdad acaben triunfando de la moral del éxito y de la pedagogía del compromiso.

4.   Otros nombres

A ese teatro de ingenio a que acabo de aludir, en donde rara vez se alcanza la más alta categoría estética y humana del humor, pertenece la producción dramática de Tono (Antonio de Lara), Álvaro de Laiglesia, parte de Armiñán, de Llopis, de Paso y de J. J. Alonso Millán. Ese teatro es, en cierto modo, la forma actual del nuevo astracán [14], con una comicidad tal vez más intelectual que la de su antecesor. Generalmente, la comicidad está encomendada al lengua-

---

[14] Algunos títulos de Tono —*Rebeco, Guillermo Hotel, Romeo y Julieta Martínez, Algo flota sobre Pepe, Las mil y una piernas, La viuda es sueño, Federica de Bramante,* etc.— son sintomáticos de ese recurso típico del astracán de comienzos del veinte a jugar, deformando, con nombres, apellidos y títulos de obras populares o famosas. Véase el ya citado trabajo de Nicolás González Ruiz, «El teatro de humor del siglo xx hasta Jardiel Poncela», en *El teatro de humor en España,* págs. 40 y ss. Puede verse también el libro de Zamora Vicente, *La realidad esperpéntica,* Madrid, Gredos, 1969, págs. 25-29 y 54-61.

je, lleno de equívocos, juegos de palabras, facecias, *quid pro quo,* rupturas elementales del significado lógico, etc. La mayoría de las veces la obra teatral está construida mediante una cadena casi ininterrumpida de chistes unidos por una intriga más o menos disparatada, sin que el disparate pretenda o alcance mayor significado que el de hacer reír.

Como escribe Guerrero Zamora, «aunque mantienen una cierta dimensión de gratuidad y de ruptura de indudable gracejo, soslayan siempre la posibilidad de una trascendencia» *(op. cit.,* pág. 178).

Tono, autor, solo o en colaboración, de cerca de cuarenta piezas, es sin duda el más destacado representante de este teatro de «circunstancias». Constantes de su teatro son la que pudiéramos llamar la pasión por el desorden —«¡Me encanta el desorden!... Todas las cosas bellas de la vida son inesperadas: el aire, la luz, la lluvia», dice un personaje de *Francisca Alegre y Olé* (1949)— y la ruptura sistemática de los clichés lingüísticos y las frases hechas —«Me irritan las frases hechas. Todas son falsas...», dice otra persona de *¡Qué bollo es vivir!*—. Es de lamentar que ambas se hayan mecanizado en el teatro de Tono convirtiéndose en procedimientos automatizados que, por lo repetido, pierden su fuerza y sentido primero. El «inconformismo» de Tono ha sufrido algo así como un proceso de «gramaticalización», con la consiguiente pérdida de valor y de autenticidad.

Capítulo VII

Testimonio y compromiso:
Buero Vallejo y Alfonso Sastre

I. Buero Vallejo y la pasión de la verdad

> Pues el hombre es un animal esperan-
> zado, y si escribe tragedias donde alienta
> la angustia de su esperanza defraudada,
> a la esperanza misma sirve.
>
> (Buero Vallejo, *La tragedia*) [1].

1. Cuestiones previas

En 1949, con el estreno en el Teatro Español de Madrid de *Historia de una escalera*, comienza no sólo la obra dramática de Buero, sino el nuevo drama español, fundado en la necesidad insoslayable del compromiso con la realidad inmediata, en la búsqueda apasionada, pero lúcida de la verdad, en la voluntad de inquietar y remover la conciencia española y en la renuncia tanto a la evasión lírica como al tremendismo ideológico. Buero Vallejo, desde esa su primera pieza hasta la última, ha traído al nuevo teatro español escrito dentro de España y a los jóvenes dramaturgos que lo representan no tanto la necesidad o el deber de procesar la realidad, de «abrir un proceso a gran parte de la existencia de nuestro país» [2], como el imperativo categórico de hacer un examen de conciencia para poder atreverse a decir la verdad. Obra tras obra, Buero Vallejo ha ido poniendo de pie en sus personajes y en las acciones dramáticas —exteriores o interiores— por ellos asumidas plenamente, no unas ideas ni unos sentimientos, ni siquiera, en última instancia, una visión coherente del mundo y del hombre, aunque ésta exista latente más que voluntaria-

---

[1] En *El teatro. Enciclopedia del arte escénico,* edic. Guillermo Díaz-Plaja, Barcelona, Noguer, 1958, pág. 76.

[2] Pérez Minik, *Teatro europeo contemporáneo,* cit., pág. 385.

mente expresa, sino unas interrogaciones fundamentales, esenciales, a las cuales debe responder el espectador, asociado así como testigo y actor mudo, como coro silencioso, ausente en el escenario, pero presente al espectáculo. Buero Vallejo, desde su profunda, dolorosa y lúcida conciencia de dramaturgo de nuestro tiempo y de nuestra hora, desde su conciencia estribada en «la fe que duda» [3], se ha negado conscientemente a dar su propia respuesta, aunque responda en las voces de sus personajes, eligiendo hacer como el escritor trágico, según él hace: «lanza con sus obras su anhelante pregunta al mundo y espera, en lo profundo de su corazón, que la respuesta sea un sí lleno de luz» [4]. En ese su teatro interrogativo es la condición humana misma, concretamente situada en un aquí y un ahora, y no desencarnada ni en abstracto, quien es puesta sobre el tablero y obligada, en cierto modo, a volver las cartas boca arriba, cueste lo que cueste, pues sólo la verdad salva, ilumina y abre caminos. Es esa pasión de la verdad, la de cada uno y la de todos, y no Verdad alguna, con mayúscula y en abstracto, la que convierte el teatro de Buero Vallejo, por amargo u oscuro que a veces parezca, en un teatro de salvación, de salvación radical del hombre muy por encima de todo optimismo o de todo pesimismo, que nada tienen que ver con su dramaturgia, como con toda auténtica dramaturgia, clásica o no, antigua o moderna, pues optimismo y pesimismo son, en relación con su teatro y con su condición de dramaturgo —sea cual sea su talante de hombre—, cantidades heterogéneas [5].

Fundado su teatro en la necesidad de la verdad, a la cual van unidas la libertad y la esperanza como el fruto a la raíz, el drama bueriano va siempre más allá, en el campo de las significaciones, del optimismo y del pesimismo, entendidos éstos como determinaciones iniciales o previas, o como actitudes de base. Por ello, ante la cuestión de pesimismo y optimismo en su específica relación con la tragedia, género perferido por Buero, se sentirá éste obligado a precisar, entre otras cosas, esto: «La sociedad y los hombres que la componen propenden a defenderse de toda inquietud, problema o transformación —y la tragedia propone todo eso— tildando de pesimistas y destructores a los hombres o a las obras que se atreven a plantear tales cosas. La identificación del terror, la lástima y el dolor trágicos con el pesimismo es propia de personas o colectividades que huyen de sus propios problemas o deciden negar su existencia por no querer o no poder afirmarlos; propia, en una palabra, de personas o colectividades pesimistas. Interesa aclararlo, pues tal actitud se dis-

[3] y [4] Buero Vallejo, «La tragedia», íd., pág. 77.
[5] Para la cuestión del pesimismo en el teatro de Buero, ver Félix G. Ilarraz, «Antonio Buero Vallejo: ¿pesimismo o esperanza?», *Revista de Estudios Hispánicos,* I, 1967, págs. 5-16.

fraza a veces con las más enfáticas afirmaciones.» Y líneas más abajo añade: «Optimismo y pesimismo son palabras cuyo significado riguroso puede tener dudosa aplicación al caso» [6]. La idea central en la concepción bueriana de la tragedia podría ser ésta: «El último y mayor efecto moral de la tragedia es un acto de fe. Consiste en llevarnos a creer que la catástrofe está justificada y tiene un sentido, aunque no podamos conocer su justificación ni entender su sentido. El absurdo del mundo tiene muy poco que ver con la tragedia como último contenido a deducir, aunque tenga mucho que ver con ella como apariencia a investigar» [7]. Esta idea nos hace entender además la ya aludida preferencia de Buero por la tragedia, que no es ni caprichosa ni gratuita, sino que está fundada en la concepción de su función o, a lo menos, de su tarea de dramaturgo. Escribe en otro lugar: «Esta fe última late tras las dudas y los fracasos que en las escenas se muestran; esa esperanza mueve a las plumas que describen las situaciones más desesperadas. Se escribe porque se espera, pese a toda duda. Pese a toda duda, creo y espero en el hombre, como espero y creo en otras cosas: en la verdad, en la belleza, en la rectitud, en la libertad. Y por eso escribo de las pobres y grandes cosas del hombre; hombre yo también de un tiempo oscuro, sujeto a las más graves pero esperanzadas interrogaciones» [8].

De 1949 a 1974 Buero Vallejo ha estrenado dieciocho dramas: *Historia de una escalera* (1949), *Las palabras en la arena* (1949), *En la ardiente oscuridad* (1950), *La tejedora de sueños* (1952), *La señal que se espera* (1952), *Casi un cuento de hadas* (1953), *Madrugada* (1953), *Irene o el tesoro* (1954), *Hoy es fiesta* (1956), *Las cartas boca abajo* (1957), *Un soñador para un pueblo* (1958), *Las meninas* (1960), *El concierto de San Ovidio* (1962), *Aventura en lo*

---

[6] «La tragedia», *íd.*, págs. 74-75.

[7] *Id.*, pág. 71.

[8] Antonio Buero Vallejo, «El teatro de Buero Vallejo visto por Buero Vallejo», *Primer Acto*, 1975, núm. 1, pág. 6. Texto citado por Kessel Schwartz, «Buero Vallejo and the Concept of Tragedy», *Hispania*, LI, 1968, pág. 818. Otros textos de Buero, en donde expresa su concepción de la tragedia y de su teatro: «Cuidado con la amargura», *Correo Literario*, 1950, 15 junio; «Lo trágico», *Informaciones*, 12 de abril de 1952; «La juventud española ante la tragedia», *Papageno*, 1958, núm. 1; «Buero Vallejo nos habla», *Negro sobre Blanco*, Boletín de la editorial Losada, 1960, núm. 12: «Sobre teatro», *Cuadernos de Agora*, mayo-agosto 1963; «Sobre la tragedia», *Entretiens sur les Lettres et les Arts*, 1963, núm. 22, y sus «Comentarios» en las ediciones de sus piezas (Col. Teatro, edit. Alfil). Algunos estudios sobre el tema, además del de Kessel Schwartz: Isabel Magaña de Schevill, «Lo trágico en el teatro de Buero Vallejo», *Hispanófila*, 1959, núm. 7, págs. 51-58; Martha T. Halsey, «Buero Vallejo an the Significance of Hope», *Hispania*, LI, 1968, págs. 57-66; José Ramón Cortina, *El arte dramático de Antonio Buero Vallejo*, Madrid, Gredos, 1968, especialmente cap. 2.

gris (1963) [9], *El tragaluz* (1967), *El sueño de la razón* (1970), *Llegada de los dioses* (1971), *La fundación* (1974) [10].

2. La aparición de un dramaturgo

Cuando se estrenó *Historia de una escalera,* la obra, como suele decirse, fue un éxito de público y de crítica. Los críticos teatrales de los periódicos señalaban en ella la aparición de un nuevo dramaturgo, «de un autor auténticamente nuevo» [11]. La crítica posterior, escrita con menos urgencia, coincidía también en afirmar la importancia histórica de la pieza, signo de la presencia de un dramaturgo —trascendencia y calidad— que venía a enriquecer el panorama del teatro español. Marqueríe escribía: «El éxito de *Historia de una escalera* anunció en los medios teatrales españoles el nacimiento de un dramaturgo que iba más allá del horizonte pobre de las bardas de las corralizas del teatro intrascendente, porque se insertaba y ensartaba en preocupaciones y angustias de tipo humano y social y de ambición simbólica...» [12]. En años más recientes dos críticos extranjeros y uno español, entre otros muchos, escribían: «*L'Histoire d'un escalier* (...) situe Buero Vallejo au premier plan de la vie théatrale espagnole. La pièce est particulièrement intéressante en ce sens qu'elle contient en germe tous les développements que les oeuvres postérieures offriront. Cela signifie que l'auteur part d'un problème, l'homme d'aujourd'hui dans le monde d'aujourd' hui, et qu'il ne cesse de l'approfondir et de lui essayer des solutions. Car il n'y a pas d'autre problème» (Jean-Paul Borel, 1963) [13]. «La repentina aparición de un dramaturgo de indiscutible talento en un ambiente de depresión y durante una larga crisis del teatro español de postguerra debió de ser algo dramático y emocionante» (Isabel Magaña Schevill, 1967) [14]. «La obra aparecía

[9] La primera versión fue escrita, según Buero, entre el verano y el otoño de 1949. En 1963 reescribe totalmente la obra, siendo esta segunda versión la estrenada (ver «Nota del autor», en Col. Teatro, núm. 408).
[10] Completan su producción *La doble historia del Doctor Valmy,* no publicada en España, y *Mito,* texto para una ópera, publicado en *Primer Acto,* números 100-101, noviembre-diciembre 1968, págs. 75-106. El texto va precedido de unas interesantes declaraciones del propio Buero, «Del Quijotismo al "mito" de los platillos volantes» (págs. 73-74) y de una nota de José Monleón (pág. 72). El estudio más extenso que conozco de *Mito* es el de Marta Halsey en *Antonio Buero Vallejo,* Nueva York, Twayne, 1973, págs. 128-136.
[11] Las palabras entrecomilladas son de Alfredo Marqueríe. Estos juicios y los de varios críticos más pueden verse en *Teatro español. 1949-50,* Madrid, Aguilar, 1955.
[12] Alfredo Marqueríe, *Veinte años de teatro en España,* cit., pág. 179.
[13] *Théâtre de l'impossible,* Neuchâtel, Editions de la Braconniere, 1963.
[14] Introducción a su ed. *Dos dramas de Buero Vallejo,* Nueva York, Appleton-Century-Crofts, 1967, pág. 5.

en un ambiente evasionista, cuyos autores, cuando más, dilataban fórmulas dramáticas periclitadas: hablaban, en general, en necio para así dar gusto al público, que tras la tragedia de la guerra civil arrastraba desde hacía diez años su hambre de versatilidad; y, cuando menos, mantenían la estampa burda de un españolismo folklórico o astracanesco.» Y concluye líneas más abajo: «Buero, en cambio, no se daba a la gracia, sino a la desgracia del pueblo, y con procedimientos naturalistas —pintura exacta de un medio— la hacía trascender, primero, en cuanto testimonio de una clase española determinada y, segundo, en cuanto camino para un dramaturgo de la esperanza social» (Guerrero Zamora, 1967) [15].

La importancia histórica del teatro de Buero, con su arranque en *Historia de una escalera,* estriba, según la crítica, de la que sólo he dado un pequeñísimo botón de muestra, en la vuelta ejemplar —histórica y estética— a una realidad problemática concreta, es decir, a un realismo temático de signo crítico, en la gravedad y hondura del descenso al territorio firme de lo real, en la universalidad, más allá de todo provincianismo temático e ideológico, del pensamiento dramático, en la trascendencia social y humana del conflicto y, en cuanto a la técnica y el lenguaje, en la superación de toda retórica y de todo formalismo o, como escribe en un importante artículo de conjunto Ignacio Soldevila, en la «sobriedad absoluta» [16]. Estas constantes formales y de contenido del teatro bueriano, formuladas con mayor o menor acierto, determinan desde su primera hasta su última pieza el puesto insustituible, necesario y representativo que Buero Vallejo ocupa en el teatro español actual.

Historia de una escalera y *En la ardiente oscuridad* son las dos primeras cartas credenciales, rotundas ya, aunque primeras, de la dramaturgia bueriana.

De *Historia de una escalera* nos importa decir, desde ahora, que no guarda ninguna relación esencial con el sainete, predicación reiterada por bastantes críticos españoles, pues la identidad de clase social entre los personajes de aquélla y de éste no basta para establecer dicha relación. Buero no se propone la descripción costumbrista, más o menos desgarrada, de un medio, de un ambiente y de unos tipos, pues sus personajes, a diferencia de los del sainete, significan algo que trasciende el mundo en que se mueven, a la vez que ese mundo está en función de unas significaciones que van más allá de lo que en él es pura apariencia, mientras que el sainete —no peor, sino a muy distinto nivel— se circunscribía al plano de las apariencias, de lo que en la persona y su mundo es accidente —y repito que no

[15] *Historia del teatro contemporáneo,* ed. cit., IV, págs. 79-80.
[16] «Sobre el teatro español de los últimos veinticinco años», *Cuadernos Americanos,* CXXVI, 1963, pág. 281.

estoy valorando, sino distinguiendo— y no esencia. En el drama de Buero —en éste y en todos— los personajes no son nunca tipos genéricos ni sólo individuos, sino signos dramáticos, lo cual no ocurre nunca en el sainete.

«*Historia de una escalera* —escribe Ignacio Soldevila (art. cit., página 280)— plantea el problema de la imposibilidad, para las clases humildes, de realizar sus ideales de mejoramiento material, a la vez por falta de voluntad y por las circunstancias que les rodean.» El signo, tanto escénico como dramático, de esas circunstancias es la escalera de una casa de vecindad por donde diariamente, a lo largo de treinta años, han subido y bajado tres generaciones, sin poder escapar *efectivamente* de ella. «La escalera, símbolo de la inmovilidad social, no conduce a ninguna parte» [17]. «La escalera de esta historia —escribe José Sánchez— es el centro de la pieza porque es el lugar inescapable en donde más tarde o más temprano se encontrarán los inquilinos de la casa. Es una escalera sin salida, sin luz ni abertura, sin horizonte a la vista. Una escalera que lleva abajo, no arriba, y por donde las vidas de los inquilinos descienden también gradualmente a medida que pierden su voluntad de luchar, de cambiar o de vivir» [18]. Y, última cita: «La escalera que suben y bajan dos generaciones con la misma angustia, estrechez y desilusión de progresar, es imagen simbólica de la gran barrera que divide a los hombres en una serie de estadios económicos y de oportunidad social, sin la menor concesión en treinta años» [19]. Aparentemente, el mundo social parece actuar como fatalidad sobre las criaturas dramáticas encadenadas a unas circunstancias de las que no logran liberarse, apresadas dentro de un espacio inmutable en donde han fracasado, fracasan y fracasarán los sueños y las esperanzas de los personajes y en donde la angustia del tiempo que pasa y no cambia nada es la experiencia radical de cada uno de ellos. Pero esta fatalidad que actúa con fuerza de destino en el drama, no es más que una cara del problema humano planteado por el dramaturgo. La otra, importante como la primera y realmente decisiva, es la libertad. Cada uno de los personajes proyecta su ser en sus sueños y sus esperanzas, tras lo que se revelan sus más entrañables voliciones y aspiraciones, pero es también responsable del fracaso de esos sueños y de esas aspiraciones. Cada uno de ellos es culpable de haber elegido mal, de haber elegido contra sí mismo, traicionando con sus actos sus mismos sueños y esperanzas. El origen del fracaso no está sólo en el mundo sino en la persona. Sólo un acto de auténtica libertad, fundado en la vocación

---

[17] Isabel Magaña Schevill, loc. cit., pág. 6.
[18] José Sánchez, «Introduction» a su ed. de *Historia de una escalera*, Nueva York, Charles Scribner's Sons, 1955, pág. XXIII.
[19] García Pavón, *Teatro social en España*, Madrid, Taurus, 1962, pág. 139.

por la verdad, hubiera podido liberar a los personajes de esa «escalera», por donde suben y bajan porque no han realizado el único acto capaz de salvarles. La escalera es así no sólo signo de la inmovilidad social, sino signo de la inmovilidad personal. Lo planteado y explorado en el drama es esa mutua y misteriosa interrelación entre mundo y persona, entre determinación social y determinación individual. «Hoy como entonces —escribe Buero refiriéndose a la tragedia— es fatal, mas no arbitrario que los hijos paguen culpas de los padres, o que paguen "justos por pecadores"; como también lo es pagar por las culpas propias de un modo u otro, tarde o temprano. Es fatal, en suma, que la violación del orden moral acarree dolor. Al comienzo de todo encadenamiento trágico de catástrofes, los griegos ponen un acto de libertad humana y no un decreto del destino»[20]. Fernando, que sueña con salir del medio que lo aprisiona, no sabe vivir activamente su esperanza y se cierra la puerta abierta hacia mejores horizontes porque en el momento decisivo de obrar con autenticidad se traiciona a sí mismo y a su mejor fuerza liberadora —el amor— y pacta con lo fácil y lo inauténtico. El origen de su fracaso y de su destrucción se encuentra en un acto de libertad humana de sentido negativo y no en un decreto del destino, que es aquí destino de clase. En cuanto a Urbano, desde el principio, identificó falsamente su impotencia con la fatalidad, confiriendo —inauténticamente— valor de destino impuesto desde fuera, a lo que no era más que deficiente elección interior. Ambos son creadores de fatalidad. Lo mostrado por Buero es, a nuestro juicio, ese poder del hombre para crear —positiva o negativamente— su propio destino, poniendo así de relieve la interna conexión dialéctica entre libertad y destino. Naturalmente —y esto constituye otro aspecto del drama— la elección hecha por los cuatro personajes principales, a contrapelo de la autenticidad, determina como consecuencia toda una cadena de acciones y omisiones que van envenenando progresivamente sus mutuas relaciones, establecidas como están en la falsedad y en. el compromiso. La inautenticidad les ha conducido a la infelicidad.

El comienzo del ciclo —cerrado ya para los padres— vuelve a darse en los hijos. Fernando, hijo, y Carmina, hija, repiten la situación vivida años antes por los padres, con la diferencia de que ellos «son fieles a su amor, pese a los obstáculos encontrados: se aman a despecho de la prohibición expresa de sus respectivos padres»[21]. ¿Fracasarán como sus padres, recorriendo hasta el final idéntico ciclo o, por el contrario, podrán romperlo liberándose de la «escalera»? Esa es la pregunta final del drama, la interrogación que el dramatur-

[20] «La tragedia», op. cit., pág. 70.
[21] Jean Paul Borel, op. cit., pág. 158.

go deja, no en el aire, sino puesta de pie en la conciencia del espectador, asociado así activamente, comprometido así necesariamente con el destino final de los personajes. La acción catártica de la tragedia cambia el sentido de la dirección, pues no va del drama al espectador, sino del espectador al drama. La respuesta a la pregunta formulada por Buero entraña no el final del drama representado, sino el nacimiento de un nuevo drama: el de cada espectador. No olvidemos las palabras antes citadas de Buero: «El último y mayor efecto de la tragedia es un acto de fe.» Acto de fe personal e intransferible, no del dramaturgo sólo, sino de cada espectador, a quien aquél, sin embargo, le ha propuesto algo en su drama: la necesidad de la verdad.

La mayor originalidad de Buero no consiste ni en lo estilístico ni en lo temático, sino, más radicalmente, en la creación de una nueva relación *activa* entre drama y espectador, el cual, lo quiera o no, sale del teatro, pero no del drama, con un nuevo compromiso consigo mismo.

El dramaturgo aparecido con *Historia de una escalera* confirma su *presencia pública* [22] con *En la ardiente oscuridad,* cuya acción transcurre en una moderna institución para ciegos, quienes viven en régimen de optimismo. El comienzo de la obra reitera las risas y las bromas de los jóvenes estudiantes ciegos que han sustituido el vocablo «ciego», con todas sus connotaciones negativas, por la palabra «invidente», sustitución lingüística que manifiesta su pretensión de normalidad: vivir como gentes normales sin asumir sus limitaciones como tales. A ese mundo de optimismo, de olvido de la realidad radical de la ceguera, llega Ignacio, cuya existencia está fundada en la dolorosa conciencia de su condición de ciego, condición para la que rechaza todo enmascaramiento y toda convención. Su desesperación lúcida, su necesidad de gritar la verdad sin paliativo alguno va minando, poco a poco, la moral optimista de sus compañeros, introduciendo de nuevo en ellos la inseguridad y el dolor y la angustia de su verdadera condición, condición que hay que asumir del todo, pero sin conformarse a ella, sin escamotear el sufrimiento. Su rebelión contra las reglas del juego le lleva a enfrentarse con Carlos, cuya novia le ha dejado por Ignacio. Carlos defiende los principios de la institución y su pedagogía de la felicidad. El enfrentamiento entre ambos termina con el asesinato de Ignacio por Carlos, asesinato que, aparentemente, es un desgraciado accidente. Desaparecido Ignacio todo parece retornar al orden inicial y puede volver el optimismo y la inconsciencia de la propia condición, menos para Carlos que ya no olvida la verdad: su condición de ciego.

---

[22] *Las palabras en la arena,* en un acto, fue representada una sola vez en el teatro Español, de Madrid, diciembre 1949, por los estudiantes del Conservatorio, y no tiene, por tanto, valor de confirmación pública.

La ceguera, naturalmente, ha sido interpretada por los críticos como un símbolo de la oscuridad, de la incertidumbre y de las limitaciones inherentes al ser humano, y el sentido de la obra como una invitación a asumir la trágica condición del hombre y su verdad, sin intentar escamotearla, enmascararla o convencionalizarla, pues sólo en la verdad y por la verdad puede trascender la criatura sus limitaciones y ser libre, aunque ser libre conlleve, como la pulpa el hueso, el dolor. Frente a la pedagogía de la felicidad a toda costa la pedagogía de la verdad, cueste lo que cueste [23].

Jean-Paul Borel en su interpretación menos metafísica y más sociológica de la pieza, escribe: «La première significación de la pièce est claire: il y a des puissances qui ont interêt à ce que l'homme se croie heureux. (...) On répand le mythe de bonheur et de la supériorité de notre civilisation, on multiplie les statistiques sur l'amélioration du niveau de vie (...). Et l'exemple de l'*Ardente Obscurité* nous laisse entendre que ceux qui profitent de la situation actuelle sont capables d'aller jusqu'à tuer les défenseurs de la vérité». El mismo crítico, estableciendo una relación entre la experiencia de los ciegos y la del espectador, escribe: «L'expérience que chacun fait avec les aveugles est en effet, en même temps, une épreuve strictement personnelle, et qui peut prendre des significations diverses; mais toutes se ramènent à la certitude, a la "constation" qu'il est impossible de vivre comme nous l'avions fait jusqu'ici. Et la mort d'Ignacio ne fera que confirmer cette impossibilité, malgré le retour de l'optimisme de ses anciens compagnons. (...) L'angoisse vécue pendant trois actes laisse un germe au fond de chacun, et la sécurité du monde est effectivement rompue. Le chemin est ouvert à toutes les tentatives d'amélioration, alors même que ce problème n'est qu'effleuré dans le pièce» [24].

Guerrero Zamora adopta, en cambio, ante la pieza una actitud de censura. Afirma, de ésta y de las otras obras de Buero, que «la proyección metafísica» que en ellas pueda darse «es siempre gratuita, indefinible, enunciada pero nunca gestada». Según él, «Ignacio parece moverse impulsado por turbias rivalidades, envidias de la paz ajena y de las unidades armónicas que tropieza a su margen, rencores hacia

[23] Además de los trabajos ya citados, ver: Martha T. Halsey, «Light and Darkness as Symbols in Buero Vallejo», *Hispania*, L, 1967, págs. 63-68; José Luis Abellán, «El tema del misterio en Buero Vallejo: un teatro de realidad trascendente», *Insula*, 1961, núm. 174, pág. 15; Martha T. Halsey, «The Dreamer in the Tragic Theatre of Buero Vallejo», *Revista de Estudios Hispánicos*, II, 1968, págs. 265-285; Juan Rodríguez Castellano, «Introduction» a *En la ardiente oscuridad*, Nueva York, Charles Scribner's Sons, 1954. Ver también, del propio Buero, «La ceguera en mi teatro», *La Carreta*, 1963, núm. 12, página 5.
[24] *Op. cit.*, págs. 164-165.

toda estabilidad y, en fin, profundo desamparo». Falto de «iluminación interior» y de «paz mística», «todas sus razones [las de Ignacio] esgrimidas son o arteras o ambiguas, sin que su autor ni él mismo lo sospechen». Y concluye: «La expresión creadora, por tanto, se frustra cayendo en torpes faltas de gradación —cuando, a la muerte de Ignacio, cuantas se prendaron de su labia abandonando a sus enamorados [sólo una lo hizo, Juana, pues Manolín, que dejó a su enamorada, era otro, no otra], vuelven precipitadamente a ellos y todo se reajusta por arbitraria voluntad del autor— y, por último, en una mezcla entre los atributos del plano literal del argumento —la ceguera física— y los de su proyección simbólica —la ceguera espiritual»[25].

Confesamos no entender por qué la falta de «iluminación interior» y de «paz mística» convierte en «arteras o ambiguas» las razones de Ignacio. Justamente porque no las posee no es un redentor ni es mesiánica su labor, como afirma poco antes Guerrero Zamora contradiciéndose. Ignacio no pretende poseer verdad alguna; simplemente se niega a aceptar solución por vía de evasión —no de enfrentamiento—. Por lo que se refiere a que los móviles que impulsan su conducta son turbias rivalidades, envidia de la paz ajena o rencores a toda estabilidad, tampoco los encontramos como determinantes principales de su actuación, sobre todo habida cuenta del significado que dicha paz y estabilidad tienen para Ignacio. A lo largo de la obra, desde el principio, antes de toda posibilidad de rivalidad amorosa, denuncia lo que en ellas hay de mentira y de engaños, de ilusión.

No obstante, nos parece que, en general, se ha tendido a una interpretación unilateral de la obra de Buero, al adscribir los valores positivos a Ignacio y su misión de «ángel de la discordia»[26] y los negativos a Carlos y el resto de los ciegos, en quienes se encarna el miedo a enfrentarse con la verdad. Dentro del universo de la moral trágica la culpa o el error de Carlos consisten en no querer sufrir, como él mismo lo grita, más que lo dice, dos veces: «Me niego a sufrir» (comienzo del acto III); pero junto a ello hay algo en él enormemente positivo, también desde el punto de vista de la moral trágica: su voluntad de lucha. En el mismo acto III afirma: «¡Yo defiendo la vida! ¡La vida de todos nosotros, que tú amenazas! Porque quiero vivirla a fondo, cumplirla; aunque no sea pacífica ni feliz. Aunque sea dura y amarga. ¡Pero la vida sabe a algo, nos reclama!» Ignacio ha aceptado sufrir e, incluso, según afirma, ha asumido el sufrimiento de los demás, pero en él hay algo negativo y destructor: «Tienes el instinto de la muerte», le dice Carlos. He ahí

---

[25] *Op. cit.,* pág. 84.
[26] Juan R. Castellano, «Introduction», cit., pág. XVI.

el grave problema: el hombre debe afrontar la verdad, aunque ésta destruya su ilusoria felicidad, falsa porque está fundada en el engaño; pero el hombre debe también defender la vida, la suya y las de los otros, venciendo la tentación de destruirse a sí mismo y a los demás. Ni Carlos sólo ni sólo Ignacio constituyen por separado la solución del conflicto dramático, y de ahí justamente el sentido del final de la obra: Carlos asesina a Ignacio para asumirlo a continuación, no para negarlo. Lo propuesto esta vez por el dramaturgo es, a nuestro juicio, la síntesis, no la exclusión. Es necesario, como condición *sine qua non* de una existencia auténtica, el acto de conciencia insobornable que asume la verdad (Ignacio), pero también la defensa de una vida creadora proyectada hacia el futuro. La verdad debe ser fuerte de vida, no pozo donde ésta se estanca y se devora a sí misma. Como en *El concierto de San Ovidio,* según veremos después, es también el espectador quien debe asumir la muerte de Ignacio, pero, además, la defensa de la vida en la que Carlos, transformado por Ignacio, se halla comprometido. No olvidemos que las palabras finales de Carlos son el testimonio de una conversión: a la insatisfacción, a la inquietud y a la vocación de trascendencia. La muerte de Ignacio tiene así una doble significación claramente dialéctica: el hombre defiende su felicidad contra una verdad que la pone en cuestión poniendo al descubierto su insuficiente fundamento y sus falsos contenidos, pero el hombre no puede ser feliz sin la verdad que autentifique esa felicidad, autentificación que sólo a través del sufrimiento y la insatisfacción alcanza plenitud humana.

3.   Mito, leyenda y fábula

Después de *En la ardiente oscuridad* y antes de *Hoy es fiesta* escribe Buero una serie de dramas (*La tejedora de sueños, La señal que se espera, Casi un cuento de hadas* e *Irene o el tesoro*) que guardan entre sí cierta relación de identidad, o, al menos, de semejanza en el significado y en la forma del conflicto. Se afirma en ellas o, mejor se propone en ellas con mayor o menor ambigüedad la presencia del misterio como dimensión de la existencia humana y la necesidad de la fe, la esperanza y el amor —vaciadas las tres de toda significación teológica concreta— para transformar el mundo y realizar lo humano en el hombre.

En *La tejedora de sueños* opera Buero un doble y simultáneo tratamiento de desmitologización y remitologización del mito de Ulises y Penélope: destruye la significación tradicional del mito para insuflarle otro, a la vez que pone en cuestión la relación orgánica entre la verdad histórica y su mitificación. Buero utiliza, invirtiendo su sentido, los elementos por todos conocidos: Penélope, encerrada en un misterioso camarín, trabaja en su tela, difiriendo la elección de uno de sus pretendientes, mientras espera el retorno de Ulises de la guerra de Troya. Pero esta nueva Penélope no teje de día para destejer de noche, sino que va dando forma en la tela a sus más secretos sueños, que deben permanecer secretos siempre para no ser destruidos. Para esta Penélope la guerra en la que los hombres se encuentran empeñados, la guerra de la que nacen y en la que mueren los héroes, la guerra perpetuada en cantos es, en el fondo, una realidad sucia y absurda, fruto de la imbecilidad y de la frivolidad de los hombres. Para Penélope, Ulises, al partir a la guerra, la abandonó para ir a luchar por otra mujer, Helena, sin otro motivo que el orgullo y el egoísmo. Durante los veinte años que dura la guerra de Troya, Penélope en su propio palacio vivirá una réplica de la guerra de Troya, confiriéndose a sí misma el papel de Helena. Los pretendientes se disputarán su mano, no por otra razón que por alcanzar el poder. Y el reino mientras tanto se irá empobreciendo. Veinticinco abandonarán la lucha, los que sólo habían venido en busca de botín. Cinco sólo permanecerán, de los cuales cuatro, embrutecidos, degradados. Sólo uno de los que vinieron a pretender la mano de Penélope, Anfino, permanecerá puro. Y deberá morir. La imagen de la guerra de Troya, traspuesta al palacio de Penélope, quedará así «contestada»: su finalidad es el botín, su consecuencia, la degradación del hombre y el empobrecimiento y miseria del reino y su excepción, Anfino, el hombre puro e idealista, cuyo destino es perecer, no triunfar. Quien triunfa es Ulises, en quien el dramaturgo desenmascara, mostrando al desnudo su verdadera realidad, al héroe militar. Ulises no es el hombre ennoblecido por la guerra sino, justamente, el hombre destruido por la guerra y por ella vaciado de su humanidad, sin amor y sin nobleza, que sólo sabe, desde la desconfianza, seguir destruyendo e, irrisorio consuelo, salvar las apariencias, salvar su prestigio inventando una mentira, un falso mito para ejemplificación de la posteridad.

Junto a esta primera significación hay otras, puestas ya de relieve por los críticos. Para Marta T. Halsey el núcleo de la tragedia reside en el amor ideal de Anfino y Penélope, que ésta defiende en su camarín solitario, símbolo de su alma. Los sueños de Penélope expresados en las figuras que teje en su tela, aparentemente destruidos por Ulises, triunfarán, sin embargo, como realidad espiritual [27]. Para Guerrero Zamora, Buero erige en esta obra «otro de los mitos de la pureza que sólo la muerte preserva de su fatal degradación» [28]. Una

---

[27] Martha T. Halsey, «The Dreamer...», cit., págs. 267-269.
[28] *Op. cit.,* pág. 87.

de las más agudas interpretaciones es, sin duda, la de Jean-Paul Borel. Para el crítico suizo existe en la obra una relación humana fundamental: «On ne peut être quelque chose que par et pour autrui. Sans les prétendants, Pénélope ne serait qu'une femme délaissée par son mari. Grâce à eux, elle redevient reine, femme courtisée, donc jeune et belle» [29]. Los pretendientes representan para ella —según Borel— los testigos, las pruebas de su realidad y de su importancia humana y femenina. El amor de Anfino la salva —al verla bella y joven, a pesar del tiempo— de la nada. Nuestra experiencia como espectadores sería la de constatar la imposibilidad de vivir; de una parte a causa de nuestra dependencia de otro: necesitamos a los otros para ser algo, para vivir, pero los otros no se preocupan ni de nosotros ni de la realidad de nuestro ser. Ni los pretendientes cortejan a Penélope por ella misma, ni Ulises la apoya o la defiende; nadie se preocupa de hacerla existir. Aun admitiendo —sigo citando— que el amor de Anfino es real y representa para la reina una posibilidad de existir verdadera y concretamente, las cosas siguen siendo trágicas, pues —segunda razón de la imposibilidad de vivir— «el mundo pertenece a los Ulises, a los poderosos, a los violentos, y no a los Anfino».

La confrontación final entre los esposos los deja juntos y solos, viejos uno para el otro, sin nada real que los una, entregados, Ulises a la tarea de inventar para las generaciones futuras el mito de la esposa fiel y enamorada, y Penélope a esperar, fundada en sus sueños y en su experiencia del amor puro de Anfino, que los hombres «tengan corazón para nosotras y bondad para todos; que no guerreen ni nos abandonen. Sí; un día llegará en que eso sea cierto. (...) ¡Cuando no haya más Helenas... ni Ulises en el mundo! Pero para eso hace falta una palabra universal de amor que sólo las mujeres soñamos... a veces».

Al espectador le corresponde, como al final de cada drama de Buero, elegir entre el mundo desolado de Ulises, donde no existen pruebas de la existencia del sueño de Penélope, o la fe y la esperanza de Penélope.

Son la fe y la esperanza quienes triunfan en *La señal que se espera*. Para Torrente Ballester la obra es «una exaltación de la fe» [30] y para Marta T. Halsey el tema central es «el poder creador de la fe» [31]. Cada uno de los pesonajes del drama, cuya acción transcurre en un espacio «mágico» —la Galicia de Valle-Inclán y Casona, pero que en Buero tiene mucho de convencional—, espera algo de radical

[29] *Op. cit.*, pág. 177. Las citas que siguen corresponden a pág. 178 y página 179.
[30] Torrente Ballester, *Teatro español contemporáneo,* ed. 1957, pág. 326.
[31] Martha T. Halsey, «Buero Vallejo and the Significance...», cit., pág. 60.

importancia en sus vidas, centradas en la espera de ese algo simbolizado en un arpa que debe sonar misteriosamente. La melodía del arpa será la señal que todos esperan. El arpa sonará, finalmente, pulsada por las manos de Susana, cuya acción, si de una parte es objetivación del poder creador de la fe y la esperanza de cada uno, es también manifestación de un poder trascendente del cual Susana ha sido el instrumento. Con la señal llega la liberación y la paz, previa toma de conciencia de las propias faltas y errores. Reiteradamente, los personajes afirman la existencia del misterio que nos rodea y el milagro que es la existencia. Para que uno y otro se revelen basta que el hombre viva activamente, creadoramente su fe y su esperanza.

Creemos con Torrente Ballester que en esta pieza Buero no ha conseguido fundir los dos elementos dramáticos que la configuran: «el sistema de mitos, más o menos folklóricos, que le sirven de fondo» y «la situación humana» vivida por cada uno de los personajes.

El tema de *Casi un cuento de hadas* es el poder creador del amor. Buero elige, adaptándolo a sus designios, la fábula de Charles Perrault, *Riquet a la houppe* (*Enriquete el del copete*). El príncipe Riquet y la princesa Leticia poseen —sin culpa alguna— una limitación: física en él —su fealdad—, espiritual en ella —su falta de inteligencia—. «La pièce —escribe Borel— raconte la lutte de Riquet pour devenir beau, ne serait-ce qu'aux yeux de Leticia, et pour rendre cette dernière intelligente, puis pour se faire aimer d'elle comme lui l'aime. L'amour n'est pas tant le but à atteindre que le but utilisé; il naît spontanément chez Riquet, et peu à peu chez Leticia, à mesure qu'elle se sent enfin aimée et appréciée par quelqu'un» [32].

El amor, a la vez acto de fe en el valor intrínseco del «otro» y esperanza en la capacidad del ser humano para trascender sus propias limitaciones, transforma a Leticia en una mujer inteligente al revelarla tal como es y no tal como la ven los demás. El amor no podrá convertir la fealdad física de Riquet en belleza física, pero sí podrá revelar la verdadera belleza espiritual encubierta bajo la apariencia física. Belleza espiritual que se manifiesta como lo absolutamente *real*. El amor es así la condición *sine qua non* para el descubrimiento de la realidad. Riquet, el verdadero y auténtico Riquet, el único real, es «el príncipe hermoso» que debajo de las apariencias —el «príncipe feo»— descubre el amor de Leticia. Revelador del ser, de la realidad del ser, el amor es el único instrumento con que el hombre cuenta para transformar, a la vez, el mundo y la visión del mundo. Ahora bien, apariencia y realidad coexisten siempre, y no basta descubrir ésta para que aquélla desaparezca. Leticia integrará en una superior unidad la realidad interior y la apariencia exterior del prín-

---

[32] J. P. Borel, *op. cit.*, pág. 170.

cipe Riquet, divididas antes y representadas por dos actores. Como inteligentemente comenta Borel, el público no puede ya ni identificarse con el Riquet bueno y feo ni con el Riquet bueno e inteligente que ha dejado de ser feo. «Riquet est réellement et définitivement laid. Mais il est laid *et* beau a la fois.»

Si para mostrar el poder creador de la fe, la esperanza y el amor ha acudido Buero al espacio del mito, de la leyenda y de la fábula, en *Irene o el tesoro* vuelve al espacio sórdido y agobiante de *Historia de una escalera* para hacer brotar dentro de él el espacio del mito, la leyenda y la fábula.

Ni en la primera obra de Buero ni en las posteriores *Hoy es fiesta* y *El tragaluz* alcanza el ambiente en que la acción sucede tal grado de sordidez, de degradación y de inhumanidad morales, no sólo físicas, como en *Irene o el tesoro.* En la casa del usurero Dimas, dominada por la avaricia de éste, y por la violencia, el engaño y el desamor de las relaciones del marido, la mujer y la hija, vive Irene quien, muerto su marido, ha sido recogida por la familia de éste, y es tratada como una sirvienta, insultada, ofendida, humillada y explotada. Para compensar la deficiente condición en que se encuentra y sintiéndose incapaz de abandonar físicamente el medio en que vive —¿adónde ir?— se refugia en el mundo interior poblado de recuerdos, de los cuales el dominante es el del hijo que llevó en su seno y murió al nacer. La primera imagen dramática es la del desvalimiento de Irene en un ambiente inhumano y oprimente, del que escapa refugiándose en su fantasía. Pero, de pronto, aparece en escena un nuevo personaje: el duendecillo Juanito, invisible para todos menos para Irene y, naturalmente, para el espectador. Un duende que en el interior del espacio sórdido, cuyo *leitmotiv* es la oscuridad, de la casa en que la vida de sus habitantes transcurre, abre un nuevo y maravilloso mundo de luz. Buero concentra entonces la tensión dramática en la oposición conflictiva de los dos mundos coexistentes en la escena: el luminoso de Irene, objetivado en el duende, y el oscuro del resto de los personajes. La pregunta a la que el espectador debe dar respuesta es ésta: ¿es real o no es real el duende y su mundo maravilloso? En el interior del mundo configurado por la obra se nos ofrecen dos puntos de vista y, consiguientemente, dos interpretaciones, dos respuestas, ninguna de las cuales es la respuesta del dramaturgo, pues éste concibe su oficio de dramaturgo —y de ahí la estructura interrogativa de su dramaturgia y su relación activa con el espectador, según ya indicamos— como tarea de *puesta en drama* de la pregunta. (Su teatro sería así una interrogación —siempre grave y fundamental— que se hace drama, esto es, acción, cuya respuesta compete al espectador, comprometido por el dramaturgo a ejercer el oficio de quien responde, a la vez testigo, actor y juez.)

El primer punto de vista es el del duende y el de la misteriosa Voz que sólo él y el espectador oyen, Voz que es signo de una invisible presencia: «Para la loca sabiduría de los hombres —dice— tú y yo somos un engaño. Pero el mundo tiene dos caras... Y desde la nuestra, que engloba a la otra, ¡ésta es la realidad! ¡Ésta es la verdadera realidad!» Desde el otro punto de vista, el lógico-racionalista, el duende no es más que producto de una alucinación, materialización de los deseos insatisfechos de Irene. Ateniéndose a esta interpretación se decide internar a la «esquizofrénica» Irene en un sanatorio mental. El final de la obra es, sin embargo, otro, también de doble significación: Irene, conducida por el duende, parte por el balcón, siguiendo un camino luminoso, hacia el reino de la luz. Esto es *lo que ve* el espectador. Irene se ha tirado por el balcón y se ha estrellado contra el suelo de la calle. Esto es lo que el espectador *oye decir* a los otros personajes. Pero el espectador, a diferencia de esos otros personajes que nada han visto, ha visto, como Irene, al duende, y, a diferencia de Irene y de los otros personajes, ha oído la Voz, sólo por el duende oída. ¿Es real o no es real lo que el espectador e Irene ven? ¿Es real lo que sólo el espectador y el duende oyen?

Para Marta T. Halsey y José Ramón Cortina el final del drama y el drama en sí es ambivalente [33]. Torrente Ballester reprocha a Buero el «no atreverse a marcar claramente la *realidad de lo maravilloso* y si digo claramente es porque queda flotante la duda de si el duende es tal o pura imaginación de Irene» [34]. No necesitamos insistir en que para nosotros es justamente esa duda lo que Buero quiere proponer, por lo que el reproche nos parece inadecuado. Borel, en cambio, concluye: «Ou bien Juanito existe, et alors il est possible pour Irene donc pour moi de vivre vraiment son rêve, de la rendre réelle. Ou bien il n'existe pas, et les simples hallucinations d'Irene rejoignent les rêves que je fais et qui m'aident à vivre. Il s'agit pour chacun de *vivre* la pièce; de vivre le merveilleux ou de le refuser» [35].

Pero el *quid* del drama, la interrogación capital a la que debemos dar respuesta, no está, a nuestro juicio, en hacer real el sueño ni en apoyarnos en el sueño como el cojo en su bastón, para ayudarnos a vivir, sino en admitir o no admitir lo propuesto por la Voz: que el mundo tiene dos caras, una de las cuales engloba a la otra. Se trata de admitir o no la existencia de la trascendencia en el seno mismo de la realidad, trascendencia que no sólo funda lo real, sino que lo revela auténticamente.

---

[33] Martha T. Halsey, «The Dreamer», cit., pág. 271. José Ramón Cortina, *op. cit.,* pág. 57.
[34] Torrente Ballester, *op. cit.,* pág. 330.
[35] J. P. Borel, *op. cit.,* pág. 173.

La criatura humana, tal como aparece en estas piezas, vive —como lo dicen reiteradamente los personajes— rodeada por el misterio, pues la realidad no es sólo problemática, sino esencialmente misteriosa. El dramaturgo nos invita, mediante los signos dramáticos por él creados, a tomar conciencia de ellos, pero sin condicionar nuestra respuesta; nos pone en situación, dejándonos luego solos para decidir y elegir. Es esa soledad comprometida del que ha sido puesto en una situación el efecto característico de la dramaturgia bueriana sobre el espectador, efecto que moviliza —permítaseme la expresión— catárticamente su libertad.

Un reparo [36] tenemos que hacer a estas obras, cuyas significaciones hemos tratado de expresar. Los personajes —sobre todo en *La señal que se espera* y en *Irene o el tesoro*— pierden en bastantes ocasiones su autonomía dramática, víctimas del «dirigismo» de su autor, que no justifica suficiente y objetivamente sus reacciones. Puesto que hemos hablado de los personajes de Buero como signos dramáticos, podríamos decir que en la relación del significante y el significado hay un exceso de mediación por parte del dramaturgo.

4. Dos investigaciones

Son *Madrugada* y *Las cartas boca abajo*. En ambas se trata de una investigación cuyo término es el descubrimiento de la verdad, investigación que conlleva también un proceso de desenmascaramiento y, en su término, el comienzo de una purificación moral.

En *Madrugada* —en cierto modo un *tour de force* técnico: uso de las tres unidades dramáticas, identidad del tiempo de la acción y el tiempo de la representación— adopta Buero el esquema formal de la pieza policíaca, como ya lo había señalado Torrente Ballester. «El nivel dramático de la obra —escribe Guerrero Zamora— se consigue justamente porque su acción es lid —por medio de dos contendientes: la codicia y el amor— de pasiones absolutamente contrarias: la ansiedad material y la ansiedad espiritual» [37].

La investigación es puesta en marcha, dirigida y llevada a su término por Amalia, quien a la vez crea la situación que la haga posible. Esa finalidad de la investigación es el descubrimiento de una verdad que puede destruir o salvar a Amalia, pero que es necesaria para dar sentido y autenticidad a su existencia personal. Lo mostrado es no sólo la necesidad de la verdad, sino dos de los modos de

---

[36] No porque pensemos que la crítica literaria es «un palacio de justicia» (la expresión es de André Thérive, *La foire littéraire*), sino por lo que tiene de testimonio y mediación.

[37] *Op. cit.*, pág. 88.

compromiso con la verdad, uno impuro en que la verdad es un simple valor de cambio, y que sin negarla la prostituye, y el otro, el representado por Amalia, puro, que es el que triunfa en el drama.

El matrimonio de *Las cartas boca abajo,* al contrario que Amalia, ha elegido vivir ocultando la verdad. Ocultación que a lo largo de veinte años ha ido deteriorando sus relaciones, creando una cadena de incomprensiones en la que acaban sintiéndose prisioneros, enfrentados como enemigos, extraños uno al otro. A partir de esa ocultación de la verdad, el dramaturgo desarrolla ante nosotros el proceso de inautentificación de unas vidas, su lenta destrucción, cuyo resultado es el dolor inútil, el sufrimiento estéril, el fracaso y la incapacitación para el amor y para la felicidad. Sólo la decisión de volver las cartas boca arriba, de decir, finalmente, la verdad, puede romper el círculo de la fatalidad que Juan y Adela han creado y del que son únicos responsables.

5. Dialéctica de la esperanza: *Hoy es fiesta*

Dentro de la totalidad de la dramaturgia bueriana, tal como estaba constituida en 1956, *Hoy es fiesta* nos parece una pieza-síntesis, a la vez que una pieza-balance de los temas mayores de su teatro, especialmente del tema de la esperanza, pivote estructural de la obra, y en la que Buero profundiza más que en los anteriores dramas o, más exactamente, plantea con visión más global.

Como en *Historia de una escalera* los personajes son los vecinos de un inmueble, con idéntico *status* social y económico, igualmente agobiados por un medio del que no pueden salir y que gravita negativamente sobre ellos, condicionando con fuerza sus vidas individuales; pero aquí el lugar escénico no es ya una escalera, sino una azotea, es decir, no ya un espacio cerrado, sino abierto a «la tersa maravilla del cielo mañanero y la ternura del sol que... besa... las pobres alturas urbanas», según reza la acotación del autor. Y como en *Madrugada,* el tiempo de la acción tiene una duración «clásica», desde las primeras horas de la mañana hasta el crepúsculo vespertino.

La obra comienza, significativamente, con la conquista por los vecinos del espacio abierto en donde la acción transcurrirá, espacio arrebatado a la fuerza a la portera del inmueble, figura irrisoria y degradada de una autoridad anónima y arbitraria que, sin razón ni razones, les niega a los inquilinos el derecho a disfrutar de la azotea. Este primer acto de rebelión activa muestra, a la vez que la gratuidad del acto autoritario puro, del que la portera no es sino mediación, la no racionalidad del derecho establecido —no se sabe por quién ni por qué—, derecho puramente abstracto, y el camino o método para conquistar el espacio abierto, camino o método que no es otro que el de la violencia, el de la acción directa. El resto del drama transcurrirá en un complejo nivel de significaciones de signo opuesto al de esta primera significación del arranque de la pieza.

En efecto, ya los mismos personajes que se han posesionado de la azotea señalan reiteradamente la excepcionalidad del día: no es un día cualquiera en la cadena de los días, idénticos siempre, sino un día de fiesta, una excepción, por tanto, a la regla. Una vez establecidos *de factu* en la azotea, de manera provisional, con carácter de regla y no de excepción—, los vecinos viven su día de fiesta a la espera del premio gordo de la lotería, premio que no va a redimirlos de su condición, sino sólo a aliviarla. Lo que esperan no es un cambio radical, sino pequeños cambios accidentales, no una mejora absoluta, sino una mejora parcial, no el cambio como regla, sino el cambio como excepción. Dicho con otras palabras, no el cambio de la estructura global, sino pequeños cambios dentro de la misma estructura, de la cual la lotería no es sino un elemento.

De entre el coro de vecinos que esperan algo venido de fuera destaca el dramaturgo unos cuantos personajes. Doña Nieves, la echadora de cartas, la pitonisa, que vive decentemente de explotar, pero también de satisfacer —ambos aspectos están dialécticamente presentados— la esperanza pasiva de las vecinas, y cuyas palabras *profesionales* o, por así decirlo, *institucionalizadas,* son: «Hay que esperar siempre... La esperanza nunca termina... Creamos en la esperanza... La esperanza es infinita.» Son estas palabras —*salmodiadas,* según acota el autor, no lo olvidemos— las últimas de la obra, de cuya significación hablaremos después. Doña Nieves vive de la esperanza de los demás, a la espera también ella, pero ayuda a vivir la esperanza de los demás que la necesitan para seguir viviendo en un mundo en donde vivir consiste siempre en estar «corriendo como perros tras las cosas sin conseguirlas nunca... nunca» (III, pág. 87) [38]. La joven Daniela, caracterizada por su pureza moral, su necesidad de comprensión, su soledad y su odio a la mentira y su aspiración a vivir «una vida clara y sin tapujos» (II, pág. 48). Y Silverio, el más lúcido y el más complejo de todos los personajes. Silverio, artista procedente de otra clase social y cultural más alta que el resto de los vecinos, ha renunciado a su porvenir, dedicando su vida a su mujer, Pilar, ante quien se siente culpable. Pilar fue forzada durante la guerra y tuvo una niña. Silverio se acusa de no haber amado a la niña y de haberla dejado morir [39]. En realidad, su muerte fue un

---

[38] Todas las citas están tomadas de la edición de Alfil, 1960, Col. Teatro, número 176. Entre paréntesis indico acto y página.

[39] El motivo recurrente de la muchacha forzada y del odio de quien la

355

accidente. Pero Silverio ha asumido esa muerte y ha cargado con la culpa intentando rescatarla por el amor, pero sin atreverse a decir la verdad a Pilar, que está sorda.

Todos los personajes coinciden en una misma cosa: la espera. Pero difieren en el contenido y el modo de su esperar y en el sentido de su esperanza. El punto culminante de la acción se encuentra en el tercer acto, con la particularidad estructural de que el punto culminante está formado de dos momentos dramáticos colisivos entre sí. Sobre los vecinos cae como una bomba la noticia de que les ha tocado el premio gordo de la lotería, con la consiguiente explosión de alegría, seguida de una explosión de cólera colectiva al enterarse por Daniela de que es mentira, de que doña Balbina, su madre, les había vendido participaciones de un décimo ya caducado, pensando que no tocaría y empujada por la necesidad de comer. Doña Balbina, la única que no esperaba nada, ha jugado con la esperanza de los vecinos. Éstos la juzgan culpable y deciden castigarla. ¿Es culpable doña Balbina? Silverio, desde el centro mismo de su propia conciencia de culpa y de su necesidad de perdón, convence a los vecinos de que de todos ellos es doña Balbina la más desgraciada, la que menos posee, la más necesitada. Y los vecinos perdonan. Varias cosas importantes se cumplen, por lo que al sentido del drama se refiere, en esa escena. Para los vecinos, que habían puesto el objeto de su esperanza en la lotería, «todo se ha perdido». «Y así toda la vida. Corriendo como perros tras las cosas sin conseguirlas nunca... Nunca» (loc. cit.). Desde el oscuro pozo de ese «nunca» ha surgido, sin embargo, como un manantial de agua pura, un acto de amor: el perdón. Y vuelve a surgir, de nuevo, como una necesidad, aunque nunca se cumpla, la esperanza. Buero Vallejo nos hace conectar profundamente con la naturaleza dialéctica de la esperanza, cuyo núcleo es esa aparente antinomia de *Nunca* y *Siempre,* en que consiste su carácter trágico. Para Daniela, que antes había acudido a Fidel en busca de ayuda y de comprensión, y éste no se la otorgó, para Daniela que aspiraba a la claridad y a la verdad, esta escena constituye el punto culminante en su propia vida: la ruptura con la mentira y la instauración de la verdad. Pero tal ruptura y tal instauración comportan la experiencia radical de la soledad. (En seguida volvemos a ello.) Para Silverio ese momento está cargado de trascendencia: la acción de Daniela —decir la verdad sin temer las consecuencias— y el perdón de los vecinos tiene para él valor de una señal. «Lo que ha ocurrido —dice— es como una señal de que también yo... puedo esperar» (III, págs. 89-90).

---

ama al hijo, odio por el que el hombre se siente culpable, aparecerá también en *Aventura en lo gris* y en *Un soñador para un pueblo.*

Pero el dramaturgo no se detiene aquí, avanza un paso más, siempre en profundidad, y enlaza con extraordinaria economía dramática el problema de la verdad dicha por Daniela y el problema de la verdad aún no dicha por Silverio. Doña Balbina interpreta la verdad dicha por su hija como fruto del odio: «¡Tú me has delatado porque me odias, y eso lo tendrás que pagar!» (III, pág. 91). La respuesta de Daniela a esta acusación es la misma de los vecinos, antes citada: «¡Todo está perdido!» Su reacción es la tentación del suicidio. Del que le salva Silverio haciéndole asumir su vida. La instauración de la verdad aneja la aceptación del dolor. ¿Y en qué consiste la vida a la que Daniela dice sí?: «Tú trabajarás —le dice Silverio—, él (Fidel) ganará sus oposiciones; él y tu madre te harán sufrir. Tendrás que conservarlos a los dos con paciencia... Tú serás la más fuerte en un hogar donde no faltarán estrecheces, penas... ni tampoco alegrías» (III, pág. 94).

Silverio, que hasta entonces había diferido ese momento de decir la verdad y de aceptar el dolor, purificado interiormente por la acción catártica de ese «día de fiesta», se decide a romper también, como Daniela, con la mentira y, como los vecinos, se atreve a esperar, aceptando de antemano —y esto es decisivo— el «nunca» de la esperanza. Silverio, mediante su participación activa en la vida de los demás, obtuvo el perdón de los vecinos para Doña Balbina —y esa acción hizo nacer en ellos una nueva y más profunda conciencia de comunidad, superior a la simple relación de vecindad— y salvó a Daniela de la tentación del suicidio (interpretada por Borel como la más pasiva de las esperanzas, la de la muerte, que no es sino huida, escape, pero no victoria, del propio destino y de nuestro compromiso con la realidad) [40], decidiéndola a afrontar la existencia. Cada cual a su modo, los vecinos y Daniela salieron moralmente vencedores de la prueba. Silverio debe ahora pasar la suya. Me parece importante, por lo que después diré, citar íntegro el soliloquio de Silverio:

> Solo. A ti te hablo. A ti. A ti, misterioso testigo, que a veces llamamos conciencia... A ti, casi innombrable, a quien los hombres hablan cuando están solos, sin lograr comprender a quién se dirigen... ¿Tiene algún sentido este extraño día de fiesta? ¿Debo entenderlo como un día de esperanza y de perdón? ¿Ha sido quizá rescatada la vida de aquella niña por la de Daniela?... Pero sé muy bien que sólo puedes contestarme a través de unos labios. Lo sé y lo acepto. Por quererme sólo a mí mismo, deshice mi vida. Aunque tarde, he de rehacerla. He sido un malvado, y después un cobarde. Ya no lo seré más. Sé bien que el día no ha terminado para mí, que aún me falta la prueba más terrible... Ayúdame a afrontarla (III, págs. 94-95).

---

[40] J. P. Borel, *op. cit.,* págs. 180-181.

La prueba no tendrá lugar. Pilar morirá sin que él pueda confesar lo que calló tantos años, morirá dejándolo a solas con su culpa, sin haber obtenido el perdón. La última palabra es la salmodia de la echadora de cartas, que la repite, una vez más, profesionalmente, para otro cliente: «Hay que esperar... Esperar siempre... La esperanza nunca termina... La esperanza es infinita.» Estas palabras, por virtud de *toda* la acción, se cargan de una constelación de sentidos. De una parte, muestran el aspecto trágico de la esperanza (al «nunca» que para Silverio es la muerte de Pilar, se une, dialécticamente, el «siempre» de las palabras finales), de otra, el aspecto burlesco (como responso a la muerta que con su muerte ya no puede responder). Ambos aspectos han sido señalados por Borel. Pero hay en ellas un tercer sentido, más complejo, que aparece al ponerlo en relación con el soliloquio citado. La acción vivida por los personajes en la azotea, cara al cielo abierto, y que, como toda acción humana, está formada de un complejo de acciones exteriores e interiores, ha estado presidida por un espectador, por un testigo misterioso e invisible al que, en el momento decisivo, el de la soledad consigo mismo, el que precede la prueba radical en que toda nuestra existencia está en juego, se le dirigen unas preguntas, preguntas esenciales, preguntas *de sentido,* y al que no se le exige respuesta, pues la respuesta sólo puede venir de unos labios humanos. Esos labios, únicos de los que esperábamos y queríamos la respuesta, no reponden. La respuesta viene de otros labios, de otros labios que vuelven a decir y que seguirán diciendo lo que ya habían dicho y para quienes y por quienes lo dicho se ha vaciado de sentido. Sin embargo, ahí están como final de la tragedia esas palabras mecánicamente repetidas, pero que pudieran ser la respuesta siempre nueva, siempre dicha allí donde no la esperamos. De nuevo es al espectador —no el invisible pero presente, no el misterioso, no el innombrable, sino el de carne y hueso, el comprometido por el dramaturgo, que, a su vez, también se ha comprometido preguntando —a quien corresponde decidir quién responde en la voz de la quiromántica, y, aún más, si hay una respuesta. En *Irene o el tesoro,* drama menos dialéctico y, por tanto, menos realista —si aceptamos con Gurvitch que la realidad es dialéctica [41]— que *Hoy es fiesta,* el espectador oía en *La Voz* la respuesta de ese testigo innombrable. Aquí, el espectador está tan solo como lo está Silverio y debe también realizar por sí mismo su prueba. El Dios de Buero o, más exactamente, el Dios de la tragedia bueriana —y he aquí, entre otros, un tema no tocado aún por la crítica— es, como el Dios trágico que Lucien Goldmann estudió en Racine, «lo contrario de un

[41] Ver Georges Gurvitch, *Dialéctica y sociología,* Madrid, Alianza Editorial, 1969, El Libro de Bolsillo, núm. 202.

Dios providencial, pues no señala jamás al héroe un camino que éste pudiera seguir para realizar una vida auténtica. *Siempre presente,* ese Dios es al mismo tiempo un *dios escondido,* un dios *siempre ausente*» [42].

6. Ciclo «histórico»

Así propone Luce Moreau-Arrabal [43] llamar al grupo de tres obras (*Un soñador para un pueblo, Las Meninas* y *El concierto de San Ovidio*) que toman sus materiales del pasado histórico sin intención ni empeño alguno de recrearlos históricamente, sino como trampolín o espejo y como mina de significaciones cara al presente ·y como «modelos» en el sentido que la sociología da al vocablo. A esos tres dramas hay que añadir, por ahora, *El sueño de la razón.*

Un soñador para un pueblo

Comenzando por lo más inmediato podemos decir que el autor nos presenta la historia de un hombre puro que fracasa en su sueño de mejorar la vida de un pueblo. Este hombre es Esquilache, ministro de Carlos III, y el pueblo, la España del «despotismo ilustrado». A primera vista, parece que el fracaso de Esquilache —político justo e íntegro— se debe a la oposición del pueblo que, amotinado, rechaza una política reformadora, inteligente y lúcida, hecha cara al futuro, rechazo fundado en un oscuro instinto, ciego y acéfalo, que cierra el camino al cambio y al progreso, instinto fundado en la ignorancia y la inmadurez políticas. Pero tal oposición entre el político puro y el pueblo inmaduro no es más que apariencia y falacia, no casual, sino querida y organizada por un tercer poder que se mueve en la sombra y cuyos enemigos son, a la vez, Esquilache y el pueblo. En realidad, las víctimas de este drama son dos: Esquilache y el pueblo.

Aunque la figura central de la obra es Esquilache, cuyo destino es ofrecido como modelo a la meditación del espectador, el verdadero protagonista es el pueblo, cuyo drama es el tema central. Esquilache,

---

[42] Ver Lucien Goldmann, *Jean Racine Dramaturge,* París, L'Arche, 1956. página 18. Y con mayor amplitud en el libro del mismo autor *Le dieu caché,* París, Gallimard, 1955. Para un amplio tratamiento del tema, aquí sólo apuntado, ver el reciente y estupendo libro de Ricardo Doménech *El teatro de Buero Vallejo,* Madrid, Gredos, 1973, págs. 283-301.
[43] En «El teatro de Buero Vallejo», Introducción a *Teatro selecto,* de Buero Vallejo, Madrid, Escelicer, 1966, pág. 10.

mediante su gestión política, intenta realizar todo un sistema de reformas para el pueblo, aunque sin poder contar todavía con su colaboración, pues en la circunstancia histórica cronológicamente concreta en que ambos se mueven, el pueblo *aún* no es mayor de edad, no porque sea *siempre* menor de edad y no pueda comprender. El sueño de Esquilache se funda en la creencia de que el pueblo será mayor de edad y podrá comprender. Para ello sólo se necesita tiempo. Mientras ese tiempo, no abstracto, llega, es necesario actuar en favor de su venida. Frente a esta gestión política afirmativa se opone, subrepticiamente, otra de signo negativo que parte del convencimiento de base de que el pueblo es siempre menor de edad y nunca comprende, y al que, por tanto, no vale la pena educar ni del que nada se puede esperar. El pueblo es sólo un instrumento ciego, incapaz de transformación interior, incapaz de lucidez e incapaz de juicio al que hay que manejar siempre. Dado que es una energía ciega, de la que nada se espera y en la que no se cree, es lícito manejarlo, aun haciéndole servir intereses particulares contrarios a los intereses públicos, tomando la precaución de controlar su ceguera mediante el uso de algunos mitos, como por ejemplo el de la tradición o el del patriotismo nacionalista, y haciéndole creer, mediante una hábil propaganda, que es él quien decide por la violencia la marcha de la historia. Y, efectivamente, esto es lo que ocurre en el drama. El pueblo, encabezado por Bernardo, cree ser el protagonista del motín, cuando en realidad no sólo es una marioneta, un instrumento dirigido, sino que, más radicalmente, *no es*. Frente a esa maniobra de la que el pueblo es la víctima, Esquilache, para evitar una lucha civil que lo convierta en víctima dos veces, renuncia al poder, sacrifica su obra y elige el exilio. Pero no sin desemascarar a los verdaderos culpables y sin señalar su verdadera culpabilidad, entregándolos al juicio del pueblo, el único que tiene el derecho de juzgar. Pueblo que no es sólo Fernandita, aunque ésta sea su encarnación dramática, sino el espectador, es decir el pueblo de otra —otra más— circunstancia histórica concreta. Por otra parte, Fernandita-pueblo y Bernardo-pueblo, encarnación dramática, respectivamente, del pueblo mayor de edad y del pueblo menor de edad, no son dos pueblos, uno bueno y otro malo, uno verdadero y otro falso o uno auténtico y otro inauténtico, ni siquiera dos caras —la luminosa y oscura— de un mismo pueblo, sino la imagen dramática —forzosamente dual, con la misma forzosidad con que la lengua expresa sucesivamente la simultaneidad— de la estructura dialéctica de toda realidad humana, aquí, la del pueblo, como en el *Auto sacramental* calderoniano —perdóneseme el salto— la del hombre (uno pero dramáticamente multiplicado en Vista, Oído, Olfato, Gusto, Tacto, Entendimiento, Albedrío, etc..., para expresar figurativamente la tensión dentro de la unidad). En el interior mismo de «la masa nacional, sin educación, hundida todavía en prejuicios sociales y mentales alentados por los varios defensores del tradicionalismo a ultranza» [44] estaba ya latente y posible —si se hubiera querido ver *ayer,* si se la quiere ver *hoy*— Fernandita. Este es el gran descubrimiento de Esquilache al término de su carrera de soñador: que Fernandita existe, ya que ha existido siempre, y que nada se puede hacer sin ella: para gobernar al pueblo hay que contar con él, no negarlo.

Resulta incomprensible, pues, por no decir grotesco, el que cierta crítica española juzgara la obra de Buero como una defensa de la dictadura, cuando es justamente la invitación a juzgarla lo que el dramaturgo nos propone, mediante una simple operación mental de transposición. La obra de Buero, como toda obra histórica real, es decir, no retórica, construye su acción y su «fábula» —en el sentido de la *Poética* de Aristóteles— haciendo funcionar juntos, englobados uno en el otro, dos tiempos históricos, el de los personajes del drama y el de los espectadores del drama, tiempos distintos de un mismo drama, exactamente como, por ejemplo, lo hiciera Arthur Miller en *The Crucible (Las brujas de Salem)* cinco años antes, y como el mismo Buero seguirá haciendo dos años después en *Las Meninas.*

Las Meninas

Aquí la interrelación entre esos dos tiempos es aún más clara e, incluso, aparece expresa apenas comenzada la obra. Martín, personaje en el drama y, a la vez, narrador-mediador entre la historia representada y el público, le dice a éste cuando se levanta el telón: «No, no somos pinturas... *Todavía* estamos vivos.» Y añade, dirigiéndose a un imaginario auditorio: «Se cuentan las cosas como si *ya* hubieran pasado y así se soportan mejor» (I, pág. 12. Los subrayados son nuestros) [45].

Comentando Rodríguez Puértolas un texto de *Las Meninas* [46], en

---

[44] J. Rodríguez Puértolas, «Tres aspectos de una misma realidad en el teatro español contemporáneo: Buero, Sastre, Olmo», *Hispanófila,* XI, 1967, número 31, pág. 46.

[45] Las citas están tomadas de *Las Meninas,* Madrid, Alfil, 1961, Col. Teatro, núm. 285.

[46] «Un cuadro sereno, pero con toda la tristeza de España dentro. Quien vea a esos seres comprenderá lo irremediablemente condenados al dolor que están. Son fantasmas vivos de personas cuya verdad es la muerte. Quien los mire mañana, lo advertirá con espanto. Sí, con espanto, pues llegará un momento, como a mí me sucede ahora, en que ya no sabrá si es él, el fantasma ante las miradas de esas figuras... Y querrá salvarse con ellas, embarcarse en el navío de esta sala, puesto que ellos lo miran, puesto que él está en el cuadro cuando lo miran... Y tal vez, mientras busca su propia cara en el

el que ve la base estructural e ideológica del drama, escribe: «Buero obliga así a los espectadores y lectores a entrar, violentamente casi, a través del espejo de *Las Meninas,* en el espíritu y los problemas del siglo XVII, pero, al propio tiempo, esos espectadores y lectores —como el mismo autor— pertenecen a la España del siglo XX. Los dos mundos, no tan distantes como podría suponerse, se unen así ante la pintura-símbolo. Estamos frente a una poderosa variante de la problemática pirandelliana, pues aquí somos· todos, personajes y público, y dos épocas diferentes, quienes somos arrebatados por el artificio del autor, el cual, a su vez, es también absorbido por esa oscura tristeza que emana del cuadro, la tristeza y los problemas españoles, prácticamente invariables. De acuerdo con esta técnica, cada personaje de la obra representa, en realidad, un doble papel, el "histórico" y el "actual", unidos los dos en torno a *Las Meninas.*»

Los dos acontecimientos fundamentales del drama, hacia los cuales subtiende toda la acción, son la muerte de Pedro, del que en seguida hablaremos, y la decisión de Velázquez, que asume esa muerte, de gritar la verdad, rebelándose contra la mentira y el silencio de un mundo en donde nadie la dice.

En la primera parte se nos presenta en toda su densidad los contenidos y la estructura de ese mundo: ocultación de la verdad, irresponsabilidad, negación de la realidad, corrupción moral, formalismo retórico y hueco, dominio de los mitos que no son sino puros nombres (el mito de la grandeza de la patria, el mito de la pureza de la fe, el mito del orden y la felicidad......), pero nombres activos, mediante los cuales se declara ilegal toda inquietud, todo conato de protesta o de rebelión contra la injusticia, y todo desacuerdo. (Bastan a este respecto estos dos ejemplos: «tal descontento no puede existir en Palacio; luego no existe») (I, pág. 40); «el descontento es un humor pernicioso, una mala hierba que hay que arrancar sin piedad» (I, pág. 60). En ese mundo Velázquez —escribe Rodríguez Puértolas— «representa el intelectual inquieto de todos los tiempos que lucha por llevar adelante su honestidad humana e independencia moral en medio de un ambiente y un condicionamiento corrosivo» [47]. Su esperiencia radical es la soledad y «el tormento de ver claro —como él mismo afirma— en este país de ciegos y de locos» (I, página 27). Sin embargo, no está solo. Dos personajes le apoyan, le entienden y comparten su asco por la mentira y su pasión por la verdad: la infanta María Teresa y Pedro. La infanta María Teresa, a la que definen sus propias palabras: «A los niños se les miente siempre en Palacio. Pero yo quiero saber. ¡Yo quiero saber!» (I, pá-

---

espejo del fondo, se salve por un momento de morir» (II, págs. 71-72). Ver Rodríguez Puértolas, art. cít., pág. 47.

[47] Art. cit., pág. 47.

gina 45). «Yo quiero la verdad» (I, pág. 46). Su significación es clara: «representa —suscribimos estas palabras de Rodríguez Puértolas— sin duda la juventud inconformista que ha nacido y crecido en una época oscura y que está ansiosa de saber; sus continuas preguntas indican claramente su deseo de comprender y conocer la realidad en que vive; la toma de conciencia que va realizando poco a poco, penosamente, en un ambiente excesivamente paternalista, hace que comience a "mirar atrás con ira" conforme va descubriendo la verdad que le ha sido cuidadosamente ocultada» [48]. En cuanto a Pedro, mendigo casi ciego, al que Velázquez tomara hace años como modelo para su *Esopo,* y a quien nunca ha olvidado porque le enseñó una vez que «ningún hombre debe ser esclavo de otro hombre», cumple en la obra la misma función que la de Fernandita en *Un soñador para un pueblo.* Con la importante diferencia de que en él existe ya como realidad —como ya realizado— lo que en aquélla era aún posibilidad que debía ser realizada. Pedro ha hecho acción lo que en Velázquez es actitud intelectual. Su vida ha convertido en acto la negación a pactar con la mentira y la afirmación de la verdad que Velázquez encarna. Perseguido por la justicia «oficial» por haberse rebelado contra la injusticia «real», declarado enemigo de la seguridad del Estado, Velázquez lo recogerá en su casa.

En la segunda parte, acusado Velázquez de traición y de rebelión al reino por los representantes de ese mundo oficial de la mentira y de la ocultación, cuya arbitrariedad y cuyos turbios procedimientos serán puestos de manifiesto, levantará el dramaturgo un lúcido y definitivo proceso judicial a ese mundo —que es, a la vez, el de los personajes y el del espectador—, convertido el acusado en acusador y el acusador en el único acusado. Velázquez, que al principio se defiende desenmascarando la falsedad de sus acusadores, pasará al final a acusar, rompiendo el silencio en que hasta entonces se mantenía. Su decisión de decir, por fin, públicamente la verdad será motivada por la muerte de Pedro, muerto al escapar de la policía. Decir la verdad es la única manera de asumir esa muerte. Pedro y su muerte exigen, en efecto, que Velázquez cumpla también con su misión —que es la de la inteligencia—, que no consiste sólo en no pactar con la mentira, sino en romper con el silencio diciendo la verdad. La palabra *es* la *acción* que Velázquez debe realizar («Estamos viviendo de mentiras y de silencios. Yo he vivido de silencios. pero me niego a mentir» [II, pág. 123]), como el drama de Buero *es* la *acción* que el dramaturgo realiza.

Ante la verdad dramática de este Velázquez de *Las Meninas* —*fantasía velazqueña en dos partes*— nos extraña que Guerrero

[48] Art. cit., pág. 48.

Zamora censure a Buero el convertir a Velázquez en una «figura a la que ningún dato histórico da base ni derecho» [49].

El Concierto de San Ovidio

Tercero de los dramas «históricos», Buero sitúa la acción en París, año 1771, eligiendo a un grupo de ciegos del Hospicio de los Quince-Veintes, que, contratados por el negociante Valindin, darán un concierto en la feria de San Ovidio.

En 1963 Buero escribía en *La Carreta* (núm. 12): «La ceguera es una limitación del hombre, algo que se opone a su libre desarrollo. Representa por ello, de modo muy claro, el fondo de cualquier problema dramático o trágico que es siempre... el de la lucha del hombre, con sus limitaciones, por la libertad.»

Desde el comienzo del drama se nos dan tres actitudes ante la ceguera: la de la Priora del Hospicio, la de Valindin y la de los propios ciegos. La de la Priora es esencialmente fatalista: los ciegos «han nacido para rezar mañana y tarde, pues es lo único que, en su desgracia, podrán hacer siempre bien» (I, pág. 149) [50]. Siente piedad por ellos, porque Dios los ha hecho así, porque son desgraciados, pero no cree en ellos ni, por consiguiente, en su capacidad para cambiar y mejorar. Valindin, de intenciones ambiguas siempre, se presenta a sí mismo como un benefactor, como un hombre de ideas humanitarias: convertirá a los ciegos, pobres músicos callejeros, en una orquestina de ciegos que, actuando en las ferias durante un año, ganen dinero para sí mismos y para el Hospicio. Pero, naturalmente, los ciegos le harán ganar dinero a él: «Esos ciegos nos darán dinero. ¡Y yo los redimo, los enseño a vivir! En el Hospicio se morían poco a poco y conmigo van a ser aplaudidos, van a ganar su pan... ¡Ah! ¡Hacer el bien es bello!» (I, pág. 42). En cuanto a la actitud de los ciegos ante esa situación nueva, que dramáticamente tiene para ellos mucho de situación-límite, es compleja y variada: para Nazario se trata sólo de cambiar de postura y, tal vez, comer un poco mejor y holgar con alguna moza; para Gilberto, el más inocente, será como ir de fiesta, como actuar en una comedia; para Elías, que no cree en nada, ya todo es igual; Elías está convencido de que no sirven para nada, pero acepta («Al menos llenaremos la andorga», dice) (I, pág. 36); y Donato, el más joven, espera la decisión de David, al que admira como a alguien superior. Para David, en cambio, el héroe del coro

[49] *Op. cit.*, pág. 83.
[50] *El concierto de San Ovidio*, Barcelona, Ayma, 1963, Col. Voz-Imagen, número 1. Cito siempre por esta edición.

de ciegos y el protagonista del drama, esa ocasión significa el cumplimiento de sus sueños y de sus esperanzas: ser un hombre libre, motrar a los que ven «que somos hombres como ellos, no animales enfermos» (I, pág. 36), vencer, trascendiéndolas, las propias limitaciones. Para David lo decisivo es querer y tener fe en la capacidad perfectiva del ser humano. Por el contrario, no atreverse, no empeñarse es resignarse «a esta vida en muerte que nos aplasta» (I, página 38).

Comienzan, pues, los ensayos y con ellos la hermosa lucha de David por realizar su fe y su esperanza y por triunfar de todos los obstáculos. Pero en el curso de ellos, y especialmente en el ensayo general en la barraca de feria, se manifiestan las verdaderas intenciones de Valindin: utilizar a los ciegos no como músicos, sino como payasos, como animales o fantoches de feria para hacer reír al público. Los vestirá grotescamente, les pondrá grandes, descomunales gafas para que puedan leer partituras puestas al revés. Su aparente redención de los ciegos no será más que una torpe explotación, un insulto a la dignidad humana de unos pobres individuos ciegos. Descubierta la superchería por David se negará a actuar de payaso. Los demás ciegos, aterrorizados por Valindin, claudicarán. David, destrozado por el descubrimiento, consciente de la degradación a que se les somete, aceptará actuar por amor a Donato, a quien quiere como a un hijo y cuya historia conoce, y determina su participación en el espectáculo. Y el espectáculo se da con gran éxito de público, con la sola protesta de un espectador, Valentin Haüy —de quien luego hablaremos—; expulsado de la barraca por protestar y denunciar la indignidad del espectáculo.

En el tercer acto David, en una escena que transcurre en las tinieblas, matará a Valindin y, como consecuencia de ese asesinato, será prendido por la policía y ejecutado.

¿Quién es el responsable de ese espectáculo, de ese ignominioso atentado contra la dignidad humana? ¿Quién es el culpable de ese crimen de lesa humanidad? La respuesta parece fácil a primera vista: el negociante Valindin, explotador de la ceguera de unos pobres seres humanos. Sin embargo, esa no es más que una verdad aparente, porque Valindin no es sino un mediador, un simple intermediario, un servidor. He aquí estas palabras suyas que juzgamos de capital importancia para el entendimiento del verdadero significado del espectáculo por él montado: «¡Todos nos reímos de todos; el mundo es una gran feria! ¡Y yo soy empresario y sé lo que quieren! ¡Enanos, tontos, ciegos, tullidos! ¡Pues a dárselo! ¡Y a reír más que ellos! ¡Y a comer a su costa» (II, pág. 78). Valindin es un servidor del mundo. Su función es dar a las gentes el espectáculo que piden.

El verdadero culpable, el responsable en el origen, es el mundo del que todos formamos parte.

David no ha matado al verdadero culpable. David tiene varias razones para matar: su amor a Adriana, querida de Valindin, a quien éste ha golpeado. Adriana, removida por el espectáculo, ha sido transformada interiormente, se ha operado en ella una auténtica toma de conciencia, y ama a David. Pero, por otra parte, David, explotado engañado, humillado y destruido por Valindin, acude a la violencia como única salida. Después del crimen, dice: «¡He matado, Adriana! ¡Yo quería ser músico! Y no soy más que un asesino» (III, pág. 125); y poco después: «Me siento vacío. Todo ha sido un sueño... Una pesadilla. Y ya no comprendo nada. Sólo sé que no veo, que nunca veré... y que moriré» (III, pág. 128). ¿No hay, pues, más solución ni más salida en nuestro mundo que la violencia y el asesinato? ¿Es esa la única respuesta del dramaturgo?

Es en este punto donde hay que contar con otro personaje, al que antes aludimos: Valentín Haüy. Fue, decíamos antes, el único que protestó. Pero no se limitó a protestar, no se limitó a gritar su asco y su desacuerdo, sino que *hizo*. A partir de aquel momento dedicó su vida a rescatar de verdad a los ciegos: «Ante el insulto inferido a aquellos desdichados —nos dice en su aparición final— comprendí que mi vida tenía un sentido. Yo era un desconocido sin relieve: Valentín Haüy, intérprete de lenguas y amante de la música. Nadie. Pero el hombre más oscuro puede mover montañas si lo quiere.» Valentin Haüy, viejo ya, cumplió lo que se propuso: «...convertiré en verdad esta ridícula farsa. Yo haré leer a los ciegos: pondré en sus manos libros que ellos mismos habrán impreso. Trazarán los signos y leerán su propia escritura. Finalmente, les haré ejecutar conciertos armoniosos» (III, pág. 132).

La función que este personaje cumple en el interior de la tragedia es muy importante. Rescata el sentido de aquel monstruoso espectáculo, impidiendo que sea sólo absurdo, pues fue precisamente aquel espectáculo quien operó su conversión, haciendo surgir su obra de redención de los ciegos. Pero, a la vez, convierte la tragedia cerrada a que nos había conducido, como a un callejón sin salida, la ejecución de David —que había querido ser músico, que había luchado y esperado, y terminó ajusticiado por asesino— en tragedia abierta. Abertura de la tragedia y rescate de sentido, ya proclamadas por Buero en el nivel teórico, como propias de la tragedia [51]

---

[51] «El último y mayor efecto moral de la tragedia es un acto de fe. Consiste en llevarnos a creer que la catástrofe está justificada y tiene un sentido, aunque no podamos conocer su justificación ni entender ese sentido. El absurdo del mundo tiene muy poco que ver con la tragedia como último con-

Finalmente, Valentin Haüy nos obliga a asociarnos con la tragedia representada, nos obliga a aceptar nuestra parte de responsabilidad, nos obliga a no sentirnos en paz dando por terminada la tragedia, nos obliga a no aceptar nuestra buena conciencia, pues nadie tiene derecho a la buena conciencia. Uno de aquellos ciegos fue ahorcado: «¿Quién asume ya esa muerte? ¿Quién la rescata?» Esa es la interrogación final, la que nos pertenece una vez caído el telón.

El sueño de la razón

Último, hasta ahora, de los dramas del «ciclo histórico» la acción está situada en Madrid en los días que preceden las Navidades de 1823, durante la ola de terror y de persecuciones desencadenada contra los liberales por Fernando VII y su ministro Calomarde. Su héroe —y víctima— es, esta vez, otro gran pintor: Goya. A diferencia del Velázquez de *Las Meninas,* que se enfrenta a un mundo degradado y corrompido, pero objetivamente visible en la escena tanto para el protagonista como para el espectador, Goya aparece prisionero de su casa y de su sordera —luego volveremos a ella— sin que le sea posible un enfrentamiento abierto con el mundo amenazador que le rodea. El agónico combate entre Goya y el mundo exterior nos es dramáticamente dado a través y por medio de la conciencia del protagonista. Si Velázquez podía luchar cara a cara con el antagonista, que no era naturalmente sólo un individuo, sino un mundo encarnado en individuos que lo significaban; si, del mismo modo, Esquilache y David luchaban con sendos mundos visibles también, en sus distintos niveles, y encarnados en individuos concretos contra los que era posible una acción interior o exterior del protagonista, a Goya, en cambio, se le niega la posibilidad de tal combate abierto y de frente. En ningún momento del drama aparecen juntos y frente a frente Goya y Fernando VII, Goya y su antagonista, en el sentido amplio apuntado arriba. Este es siempre invisible para Goya, y por ello más terrible: es un mundo sin rostro y sin voz, dentro del cual, y no frente al cual, Goya se debate dándole rostro y voz. Consecuentemente, el espectador se encuentra atrapado como Goya dentro de un mundo que sólo se manifiesta en el interior de la conciencia del protagonista, que es la conciencia de España, la suya y la nuestra.

El rey Fernando VII sólo aparece en dos escenas, la primera de cada una de las dos partes en que el drama está dividido. En ambas, borda sobre una tela un delicado paisaje, y en ninguna de las dos

---

tenido a deducir, aunque tenga mucho que ver con ella como apariencia a investigar.» Buero Vallejo, «La tragedia», *op. cit.,* pág. 71.

amenaza abierta y directamente a Goya, aunque su pensamiento se concentre en él. Se limita a enviarle un emisario —el padre Duaso— y a seguir bordando la delicada tela, como la araña borda la suya, en donde irá atrapando a sus víctimas. El centro de donde nace el terror, el núcleo de donde el terror dimana, son inmóviles y silenciosos, como inmóvil y silenciosa permanece la araña en el centro de su red. Terror que se manifiesta escénicamente mediante el signo sonoro de unos latidos que aumentan y disminuyen su sonido, reiterándose a lo largo de la obra. El espectador no sólo los oye con Goya, sino, en la primera escena del drama, con Fernando VII. No nace el terror de nada o de algo exterior a sí mismo: el terror nace del terror, como el ave Fénix de sus propias cenizas.

En el interior de ese mundo del terror creador de terror vive Goya su larga y compleja agonía —en el sentido original del término recordado por Unamuno: agon = combate— que el dramaturgo objetiva escénicamente mediante proyecciones alternadas y recurrentes de algunas de las pinturas negras de Goya, cuyo sentido, mediante esa recurrencia o alternación de las proyecciones, incorpora, no como signos sólo plásticos, sino como signos intensamente dramáticos, a la economía global del drama. Quiero decir con esto que las proyecciones de las pinturas negras no constituyen un fondo plástico estático, ni un simple y denso comentario visual, sino que, integradas a la palabra y a la acción de los personajes, se convierten en signos dinámicos mediante los cuales se hace objetivo el proceso interior de conciencia del personaje, su agonía, en el sentido antes indicado. Pero las pinturas negras no sólo cobran existencia, a la vez dramática y escénica, como signos visuales, sino que adquieren presencia corpórea en la escena, actuando en ella, con hondo valor simbólico, al mismo nivel físico del protagonista, amenazado y perseguido por sus propias creaciones, las cuales son la materialización de ese mundo invisible y terrible en el que agoniza. Por la plasticidad teatral y profundidad dramática de los signos visuales y acústicos en esta obra, Buero alcanza a crear en *El sueño de la razón* un universo teatral de extraordinaria riqueza que lo sitúan —y esto hay que afirmarlo enérgicamente— entre los mejores creadores de espectáculos dramáticos del teatro ocidental contemporáneo. Pero esta obra de Buero no es sólo un espectáculo teatral denso y rico, en donde subyace una original poética escénica, sino, a la vez, un texto profundo y coherente. Buero, como dramaturgo, integra en apretada unidad la concepción clásica y experimentalista de la obra teatral, o, para acudir a la terminología de Nietzsche, actualizada por el propio Buero Vallejo, las dimensiones «dionisíaca» y «apolínea» del drama [52]

---

[52] El autor ha expuesto estas ideas en distintas ocasiones. Ver, por ejemplo, «Problemas del teatro actual», *Boletín de la Sociedad General de Auto-*

Goya, como los otros héroes del «ciclo histórico», y, en general, como todos los héroes dramáticos de Buero, está concebido, en tanto que ente teatral, como un individuo caracterizado por una red de particularidades que lo definen como tal individuo frente y en relación con los otros personajes, individualizados también, que con él pueblan el mundo propio del drama. Esas particularidades con función singularizadora las extrae el dramaturgo, en este caso concreto, de la biografía histórica del Goya real, no naturalmente como materia bruta, sino como materia ya seleccionada y transformada por la visión que el dramaturgo tiene del personaje histórico y de su tiempo. Pero cada una de esas particularidades no responde sólo a una vocación de veracidad histórica por parte del dramaturgo ni es sólo el resultado del compromiso de la fidelidad intelectual de Buero a un tiempo histórico concreto: La España de 1823. Los personajes y su mundo existen, a la vez, en un tiempo histórico real y en un tiempo dramático que trasciende el tiempo histórico, sin negarlo, y que es, simbólicamente, el tiempo del autor y del espectador. La condición previa, sin embargo, para que los personajes y su mundo existan en el nivel temporal del espectador, no como puros signos, sino como individuos dramáticos, es que lleguen a existir como tales individuos en su propio tiempo histórico. De ahí, la especial atención del dramaturgo a los detalles y particularidades de mundo y personajes.

Las dos particularidades que definen fundamentalmente a Goya como individuo son, en el drama, su sordera y sus obsesiones sexuales. Examinémoslas ambas en su funcionamiento dentro del drama.

Mientras Goya está en escena, y lo está casi constantemente, vemos hablar a los demás personajes o percibimos los signos de un alfabeto para sordos, pero no oímos sus voces, sólo nos enteramos de lo dicho a través de lo que Goya entiende. Nuestra percepción de lo dicho queda limitada a la del propio Goya, con lo cual el autor nos obliga a compartir la sordera del pintor. La consecuencia más obvia de este procedimiento dramático de carácter estructural, al que Ricardo Doménech ha bautizado con el nombre de *efectos de inmersión* [53], es no sólo la de suprimir la distancia escena/sala, uniendo ambos en un solo y nuevo espacio, lo cual constituye, como ha escrito Doménech, «la aportación técnica —artística— más original del

res de España, abril-mayo-junio 1970, págs. 31-36; A. Fernández-Santos, «Sobre Llegada de los dioses. Una entrevista con Antonio Buero Vallejo», *Primer Acto*, 1971, núm. 138, pág. 38, o el «Appendix» del libro de Robert L. Nicholas *The tragic stages of Antonio Buero Vallejo*, Estudios de Hispanófila, 1972, págs. 123-128. Ver también el resumen y comentario de Martha T. Halsey, *op. cit.*, pág. 37.

[53] *Op. cit.*, págs. 48 y ss. Al final (págs. 311-355), lleva extensa bibliografía sobre Buero y su teatro que amplía la anterior de J. W. Kronik, (*Hispania*, 54, 1971, págs. 856-868).

24

teatro de Buero, y una de las más originales de todo el teatro español del siglo xx [54], sino también la del extrañamiento, la de una nueva forma —inédita— de distanciamiento. En efecto, la consecuencia de tal *efecto de inmersión* no es tan sólo la de situarnos en la conciencia de Goya, único punto de vista de acceso al mundo creado en la escena-sala, sino la de distanciarnos de nosotros mismos: no somos sordos, pero oímos en la sordera de Goya cuando éste está presente. La sordera del personaje no es en este caso una simple limitación física, sino el único modo de oír, no el *sonido* de la realidad, sino el *sentido* de la realidad. Análogamente a como Ignacio (*En la ardiente oscuridad*) y David (*El concierto de San Ovidio*), ambos ciegos, eran los verdaderos «videntes» del sentido de lo real —como lo era Tiresias en el *Edipo, rey,* de Sófocles—, es Goya el único «audiente» —perdóneseme el término— del.sentido de lo real. De ahí que oigamos con Goya palabras no dichas por nadie y oigamos sonidos que no oyen los otros personajes. Por medio de imágenes visuales e imágenes auditivas, que contradicen o profundizan el texto, se materializa teatralmente el carácter irracional y monstruoso de ese mundo del terror en el que Goya se encuentra aprisionado y contra el que lucha esforzándose en no sucumbir, a la vez que se materializan también las ilusiones y los sueños de liberación del protagonista, como ocurre cada vez que intervienen la voz de Asmodea o las figuras de los Voladores.

Junto a la sordera, el otro elemento estructurador del personaje y del mundo dramático, es la obsesión sexual de Goya, su angustia y su preocupación por su potencia viril, concretada en su relación con Leocadia, muchísimo más joven que él. Esa relación, cuyo signo capital es el de la ambigüedad, nos hace ver un Goya empecinado en salvaguardar su creencia en su capacidad viril, un Goya minado de sospechas y recelos, un Goya cruel y grotesco, incluso, que traspone al más oscuro de los instintos la ilusión de su dominio y de su poder individual. Como el mismo Goya confesará amargamente, pero con entera lucidez, después de la cruel experiencia final, en la que asiste atado y sambenitado a la violación de Leocadia por el sargento de realistas voluntarios, todos sus celos, su cólera, sus obsesiones y sospechas dirigidos contra Leocadia no han sido sino una «comedia de cristobitas», «pura comedia». Dentro del mundo del terror, que el rey ha ido tejiendo silenciosamente en torno a Goya, y que, ahora, culmina en el acto de violencia encomendado al sargento, Goya se ha refugiado en su potencia sexual como en el reducto último de su ser de hombre. El sexo funciona, pues, en el drama, creemos, como signo de la enajenación, la más sutil y humana de las enajenaciones:

---

[54] *Op. cit.,* pág. 51.

aquella que consiste en creer que, en el fondo de la trampa, conservamos una última zona en la que somos libres y dueños de nuestros destinos. Es lo que Goya, que no es sólo Goya, sino todo su pueblo, descubre al final: «Yo no soy más que un viejecito engullesopas. Un anciano al borde del sepulcro... Un país al borde del sepulcro... cuya razón sueña» [55].

Como siempre, Buero Vallejo finaliza su drama con una escena abierta. Ninguna posibilidad, buena o mala, positiva o negativa, queda cerrada por el dramaturgo. Cada espectador, comprometido en la acción del drama, adquiere, cuando ésta termina sobre la escena, un nuevo compromiso: el de decidir o no decidir cuál es el significado de la frase repetida una y otra vez antes que caiga el telón: «¡Si amanece, nos vamos!»

7. Un experimento en dos partes: *El tragaluz*

En los dramas del ciclo histórico Buero Vallejo invitaba al espectador a desplazarse al pasado para que, mediante la acción representada, conectara racional y emocionalmente a la vez con su propio presente, asumiéndolo creadoramente al asumir la pregunta propuesta por el dramaturgo. Éste, merced al desplazamiento formal en el tiempo, respetando al máximo la libertad del espectador, le conducía a una personal e intransferible asunción del conflicto, cuya consecuencia era la revelación fulminante de una verdad cuyo significado operaba en el presente, y esto en un doble sentido: social y ontológico, en tanto que miembro de *su* sociedad y en tanto que persona subjetiva. En *El tragaluz* vuelve Buero Vallejo a invitarnos —con el mismo sentido: provocar, sin presionar nuestra libertad, la asunción de una pregunta con significado a la vez social y ontológico— a realizar un desplazamiento, pero no ya desde nuestro presente hacia un pasado que nos devuelve lúcidamente al presente, asumiéndolo. Ahora Buero realiza escénicamente un experimento nuevo —nuevo *formalmente,* no por su contenido ni por sus significados—: nos invita mediante dos personajes, Él y Ella, pertenecientes a un tiempo futuro, a volvernos con ellos hacia nuestro presente —la segunda mitad del siglo XX— encarnado dramáticamente en unas figuras singulares que viven un conflicto singular. El espectador es invitado, mediante el experimento llevado a cabo por Él y Ella, a situarse dialécticamente fuera y dentro del conflicto. Fuera, porque es asociado, por virtud del juego escénico, con los dos investigadores que conducen el experimento; dentro, porque se asocia, por virtud de su identidad his-

---

[55] *El sueño de la razón,* Madrid, Escelicer, Col. Teatro, núm. 655, pág. 103.

tórica, con los sujetos y el conflicto —con el drama— del experimento. Somos así, a la vez, los espectadores puros y los sujetos impuros de un drama, es decir, vemos el drama desde un punto de vista trascendente, situados idealmente más allá de sus límites, y *nos* vemos actuar en él, sin haber trascendido todavía esos límites.

El drama al que asistimos con esa doble condición de sujetos y espectadores está centrado en una familia estructurada dramáticamente como un triángulo de fuerzas. El vértice lo ocupa la figura del Padre y las fuerzas en oposición, los dos hijos, Mario y Vicente. El Padre está loco y no reconoce a ninguno de los miembros de su familia. Su pregunta fundamental, obsesivamente reiterada a lo largo del drama, es: «¿Quién es éste?» Pregunta que se corresponde con la pregunta tácita del espectador: ¿quién es cada uno de los personajes? La familia vive en un semisótano, marginada del mundo surgido de una guerra de la que son sus víctimas. La comunicación con ese mundo se realiza a través de un tragaluz que proyecta en el interior de la casa —y de la escena —las sombras de los transeúntes y sólo permite verlos u oírlos fragmentariamente. ¿Quién es cada una de esas sombras, cada una de esas figuras fragmentarias? El tragaluz se encuentra en la cuarta pared, aquélla invisible a través de la cual vemos nosotros el espectáculo y somos vistos por los personajes. El mundo del semisótano y el mundo exterior —el nuestro— se enfrentan conflictivamente en escena mediante Mario y Vicente. Mario no ha querido formar parte del mundo de los vencedores de la guerra civil —se trata con ella de un primer nivel de significación estrictamente española—, pero, con sentido más radical, no ha querido formar parte de un mundo regido por la «acción»; cualesquiera que sean sus presupuestos y sus consecuencias, acción dirigida a un único fin: no ser destruido, no quedarse al margen, «no perder el tren», según la metáfora utilizada por Buero, aunque la condición *sine qua non* para subir al tren sea destruir, empujar, hacer víctimas. Vicente, por el contrario, representa el mundo de los triunfadores, de los que «han subido al tren», de los que han elegido la acción, sea la que sea y al precio que sea.

El origen de la locura del Padre está en relación —y esto a un doble nivel: social y ontológico —con el origen mismo de la división entre Mario y Vicente. La investigación, el experimento nos conduce a ese origen: Vicente subió a un tren real y se salvó, pero ese acto de salvación individual causó la muerte de una víctima inocente, Elvirita, la hermanita pequeña. Esa víctima inocente vuelve a vivir y a ser sacrificada en el drama, encarnada en Encarna, amante de Vicente y novia de Mario, utilizada por los dos, aunque de distinta manera. Sólo el Padre desde su locura descubre en ella su condición de víctima al identificarla con Elvirita, la hija sacrificada.

Como en todos sus dramas, Buero Vallejo, al enfrentar al «contemplativo» Mario y al «activo» Vicente —así los llama Ricardo Doménech— [56], como antes había enfrentado, por ejemplo, a Ignacio y Carlos (*En la ardiente oscuridad*) o a David y Valindin (*El concierto de San Ovidio*), no reduce la oposición a un simple esquema de buenos y malos, sino desde su talante de dramaturgo auténtico, que no rehuye la complejidad de la condición humana y que rechaza todo simplismo moral, ideológico u ontológico en la construcción de la «fábula», plantea una situación sustantivamente trágica. La culpa de Vicente no consistió ni consiste en «tomar el tren» ni en luchar por seguir montado en él, sino en hacer y seguir haciendo víctimas para subirse y mantenerse en él. Pero Mario no es inocente sólo por no haber montado y por no querer montar, pues mantenerse al margen, asumiendo la condición de víctima, sin luchar por transformarla, sin esforzarse por *hacer,* supone también una culpa: la abstención. No hacer, no actuar, no luchar es también una forma deficiente de asumir la condición humana como individuo y como miembro de una sociedad.

Al final del drama el Padre mata a Vicente con unas tijeras, después de este breve diálogo:

EL PADRE:
No subas al tren.

VICENTE:
Ya lo hice, padre.

EL PADRE:
Tú no subirás al tren.

VICENTE:
¿Por qué me mira así, padre? ¿Es que me reconoce? (...) No. Y tampoco lo entiende... ¡Elvirita murió por mi culpa, padre! ¡Por mi culpa! Pero ni siquiera sabe ya quién fue Elvirita... Elvirita... Ella bajó a tierra. Yo subí... Y ahora habré de subir a ese tren que nunca para...

PADRE:
¡No!... ¡No!

¿Castigo? ¿Justicia?

Los dos investigadores dicen, apenas cumplida esta acción:

---

[56] En su interesante artículo «A propósito de *El tragaluz*», publicado originalmente en *Cuadernos para el Diálogo,* 1967, núm. 51, e incluido en Buero Vallejo, *Teatro,* Madrird, Taurus, 1968, págs. 124-128. En el mismo libro es fundamental la lectura de «Una entrevista con Buero Vallejo sobre *El tragaluz*», por Ángel Fernández Santos, págs. 64-78.

ELLA.—El mundo estaba lleno de injusticia, guerras y miedo. Los activos olvidaban la contemplación, quienes contemplaban no sabían actuar.

ÉL.—Hoy ya no caemos en aquellos errores. Un ojo implacable nos mira y es nuestro propio ojo. El presente nos vigila; el porvenir nos conocerá, como nosotros a quienes nos precedieron.

8. El mundo de la tortura: culpa, expiación y enajenación

Dos dramas de Buero investigan como tema central la condición trágica del mundo de la tortura: *La doble historia del doctor Valmy* y *Llegada de los dioses.* La primera se ha estrenado en España en 1976. Publicada en *Artes Hispánicas* (U.S.A.) en 1967, se estrenó en Inglaterra en 1968 [57]. La segunda se estrenó en Madrid en 1971.

La doble historia del doctor Valmy adopta la forma de un relato escénico (así la define su autor), cuyo narrador es el doctor Valmy, quien dicta la historia a su secretaria, historia en donde se entrecruzan tres puntos de vista: el del doctor, que ordena, selecciona y comenta la historia, en su doble función de personaje-narrador y personaje-coro [58]; el de los personajes de la historia escenificada, que la actualizan ante el espectador; y el del señor de smoking y la señora en traje de noche, quienes en dos momentos tácticos del drama ponen en cuestión, rechazándola, la veracidad de la historia. La relación dialéctica de estos tres puntos de vista, que corresponden formalmente a los del narrador, el personaje y el lector-espectador, caracterizan estructuralmente la presentación del relato escénico, multiplicando así los planos semánticos del drama. Pero ese triple punto de vista narrativo permite al dramaturgo esquivar dos procedimientos de propuesta dramática contra los que siempre, desde el comienzo de su carrera, se ha mantenido en guardia: el del teatro didáctico y el del teatro documental. Buero Vallejo, arquetipo del dramaturgo antidogmático, por respeto a la condición trágica de la realidad y de la verdad, pero también por convencimiento de que el oficio del dramaturgo no es el de vendedor de ideologías ni el de simplificador

---

[57] *Artes Hispánicas,* núm. 2, otoño 1967, Indiana University. En Inglaterra se estrenó el 22 de noviembre de 1968 en el Gateway Theater de Chester en versión inglesa de Farris Anderson. La ha editado en libro, con buena introducción y notas Alfonso M. Gil, Philadelphia, The Center for Curriculum Development Inc. 1970. Los textos citados corresponden a esta edición, y a ella remite el número de la página entre paréntesis.

[58] La funcionalidad coral del personaje ya ha sido señalada por Doménech, *op. cit.,* pág. 255. Otro interesante estudio sobre este drama es el de José Ángeles, «Buero Vallejo, o la tragedia de raíz moral», *Atenea,* VI, 1969, páginas 141-151.

de la condición humana, construye así su drama —y el origen y proceso de la construcción dramática refleja su concepción del sentido y función dialécticas del teatro en la sociedad— como una estructura abierta y polivalente.

El doctor Valmy representa el punto de vista humanista, para quien lo que cuenta no es una teoría del hombre, sino, unamunianamente, el hombre de carne y hueso, «la persona concreta que llega a mi consulta con los ojos húmedos y el corazón agitado» (pág. 40). Si se decide a relatar su historia, no es para juzgarla desde fuera, clínicamente, ni tampoco para acusar ni levantar un alegato, sino para «mostrar el dolor del hombre a nuestro nivel de hombres, lo cual —añade— aclara muy poco, pero aviva nuestra gastada sensibilidad. Porque no sólo debemos intentar la mejora del mundo con nuestra ciencia, sino con nuestra vergüenza» (pág. 40). Su humanismo es concreto y comprometido con realidades concretas, aunque su concreción no les viene dada por su localización geográfica ni temporal: «Premeditadamente —dice— me abstengo de comentar qué lucha política, qué actos de sedición fueron aquéllos. El lector que lo ignore queda en libertad de imaginar que la razón estaba de parte de los sediciosos y también de suponer lo contrario. Sé que, para muchos, semejante proceder peca de abstracto y escamotea la comprensión del problema, según ellos sólo alcanzable mediante el estudio de tales aspectos. Yo opino lo contrario; sólo callándolos se nos revelarán en toda su desnudez las preguntas que esta historia nos propone y ante las que cada cual debe meditar si es o no lo bastante honrado para eludir las respuestas» (pág. 55).

Los textos citados, además de ilustrarnos acerca del punto de vista del personaje-narrador y de su actitud ante la historia relatada, nos ilustra también, claro está, acerca del punto de vista —de uno de los puntos de vista— del autor ante sus propios relatos escénicos desde *Historia de una escalera* hasta *La Fundación*. Precisamente, en una entrevista que le hizo José Monleón, después del estreno de la última obra, respondía Buero a quienes le censuraban no «haberse definido» —se entiende políticamente: «Yo sigo reivindicando la acción mucho más viva de la obra de arte cuando es relativamente indirecta, relativamente indefinida —sólo relativamente—, alcanzando así a plantear con más vigor los problemas. Pero tampoco creo del todo cierto que mis personajes no definan un debate político. Por supuesto que no entran en detalles ni se cuelgan un cartelito diciendo: "yo soy tal o cual". Pero me parece que no se limitan a un abstracto discurso sobre la condición humana» [59].

[59] «Buero: de la repugnante y necesaria violencia a la repugnante e inútil crueldad.» *Primer Acto,* núm. 167, abril 1974, pág. 5.

Frente al compromiso del narrador con la historia narrada se alza la actitud del Señor y la Señora de etiqueta, que prefieren pensar que no es verdad, que es una historia exagerada, que, si ha ocurrido, no ha sido aquí, donde el espectador vive, sino en otro sitio, lejos, que no nos compete ni tiene que ver nada con nosotros... El espectador ve y oye, pues, objetivadas en la escena, dos contrarias actitudes ante la historia que se le cuenta, dos puntos de vista que mutuamente se ponen en cuestión. Sólo que el segundo, el que representa la enajenación, es diagnosticado por el personaje-narrador como el propio de una sociedad enferma, a la que, naturalmente, no se puede encerrar: «En nuestro extrañísimo mundo, todavía no se puede calificar a esta incredulidad de locura. Y hay millones como ellos. Millones de personas que deciden ignorar el mundo en que viven. Pero nadie los llama locos» (pág. 112). ¿Cuántos espectadores estarán dispuestos a reconocerse en el Señor de smoking y la Señora en traje de noche? En todo caso, el espectador, como la historia escenificada, queda enmarcado entre esas dos opuestas acciones, y será enteramente suya la responsabilidad —y la libertad— de elegir.

La historia comienza en un hogar corriente, en donde vive un matrimonio de mediana edad —Daniel y Mary— con un hijo pequeño y la abuela, madre de Daniel, que está sorda. Daniel se siente angustiado porque desde hace un par de semanas padece de impotencia y no puede vivir con su mujer una vida sexual normal. Acude a la consulta del doctor Valmy, y en el curso de la entrevista, construida mediante la alternancia de diálogo doctor-paciente y escenas revividas y actualizadas por el paciente, conocemos las actividades profesionales de Daniel: miembro del S. P. (Servicio Político) ha tenido que torturar a un detenido, Aníbal Marty, a quien ha dejado impotente durante una de las sesiones de tortura. El doctor afirma la relación entre la impotencia sexual de la víctima y la impotencia sexual del verdugo, que se convierte así también en víctima de su condición de verdugo. Su diagnóstico: «Usted no podría devolver su virilidad a ese pobre hombre, y por eso ha anulado la suya propia. Es una paradoja: su curación es su propia enfermedad» (pág. 53).

El doctor Valmy renuncia a curar a Daniel porque éste le repugna —repugnancia de la que se sentirá culpable como médico— y porque piensa que la enfermedad de Daniel, forma de expiación por el acto cometido, no tiene cura. «Para curarse —le dice— tendría que admitir que ha cometido algo injustificable y espantoso. Y aun así, no creo que se curase... O bien tendría que llegar a la absoluta convicción de que ése y otros actos parecidos eran duros, pero meritorios y justos... Y yo no creo que nadie pueda convencerse en el fondo de tal cosa...» (pág. 51).

A partir de estas premisas el dramaturgo muestra una red de conductas humanas en el interior del mundo de la tortura. Daniel recorre un largo camino que va de la justificación del acto de torturar como cumplimiento de un deber (las víctimas son enemigos y hay que destruirlos) al rechazo violento de la tortura, cuyos orígenes son el miedo y el resentimiento. Para Daniel, sin embargo, no habrá curación, pues la tortura no es sólo enfermedad, sino trampa de la que los verdugos no encuentran escapatoria. Lo que se nos muestra en la historia personal de Daniel es la condición de círculo infernal de la tortura, sin más salida que la muerte. Para Mary, su mujer, también hay un proceso en cierto modo fatal: si, al principio, no puede creer que exista la tortura, y se niega a admitirla, cuando descubre su innegable realidad, y pretende salvar horrorizada a su hijo del círculo fatal de víctimas y verdugos, elige, no racionalmente ni desde la lucidez, sino desesperada, matar al verdugo, su propio marido, para quien el acto de su mujer es la única liberación posible, pero ese acto la convierte a ella en víctima. Para Paulus, el jefe de Daniel, la tortura es una necesidad histórica, pues fatalmente el mundo sólo admite verdugos y víctimas, y él ha elegido ser verdugo. Su esquema, sin embargo, es falso, pues, como Daniel señaló, Paulus encubre con la máscara de verdugo su fracaso personal y su resentimiento. Finalmente, la madre de Daniel, cuya sordera es el signo de su enajenación, ha elegido, de una vez para todas, no saber, no querer saber, lo cual constituye el verdadero pivote sobre el que descansa la perpetuación del mundo de la tortura. Sobre su culpable ignorancia termina la obra y empieza, de nuevo, la obra: el círculo no parece tener ninguna abertura. A no ser que el espectador decida negarse a ser sordo.

En *La doble historia del doctor Valmy* el hijo de Mary y Daniel no tiene papel, y al caer el telón queda en el aire la pregunta acerca de su destino: ¿llegará a formar parte del bando de las víctimas o del bando de los verdugos? ¿Conseguirá trascender esa trágica dicotomía, liberándose del mundo de la tortura o quedará marcado y atrapado también? Acudiendo como marco de referencia al universo de la tragedia clásica, el tema está centrado en el mundo de los padres, el de Agamenón y Clitemnestra, a cuya destrucción asistimos. En cambio, en *Llegada de los dioses,* avanzando una etapa cronológica, sin salirnos del círculo de la tortura, accedemos al mundo de los hijos, al de Orestes, y a su enfrentamiento con la culpabilidad de los padres. No basta, nos parece decir el dramaturgo, con la tragedia de Agamenón, hay que seguir con la tragedia de Orestes. Los crímenes nunca terminan de ser expiados, pues su mala semilla sigue viva y perpetuándose, aflorando en las nuevas generaciones. Desde este punto de vista, podemos afirmar que, aunque cambien los nombres de los personajes y las circunstancias de la historia, seguimos, no obstante, dentro del mismo espacio trágico.

Reducida la acción a su núcleo temático encontramos esto en *Llegada de los dioses*: Julio, el hijo, vuelve ciego a la casa del padre, Felipe. Ambos son pintores, aunque muy distintos: el hijo es un pintor «nuevo» que ha expuesto y fracasado; el padre un pintor «académico», rico y bien situado, a quien el éxito le sonríe, incluso como pintor. Vive confortablemente, en un mundo feliz, «en las islas de un bello archipiélago» aislado del dolor, de la guerra y de las miserias y problemas del mundo real. Ese refugio paradisíaco y luminoso es negado por el hijo, y el dramaturgo 'nos lo hace ver desde sus ojos ciegos. ¿Por qué ciegos? La razón de su ceguera es, aparentemente, doble. Quedó ciego al enterarse que el padre, ya muerto, de un amigo suyo había cegado a consecuencia de las torturas sufridas en un campo de concentración, cuyo jefe, responsable de esas torturas, había sido Felipe, su propio padre. La otra razón que se nos propone de la ceguera es muy distinta: quedó ciego al recibir, justo después del fracaso de su exposición, una carta de su padre en la que éste le hablaba del éxito de la suya. ¿Es, pues, su ceguera signo de expiación, al asumir la culpa del padre, no pagada todavía, o signo de resentimiento y envidia ante el triunfo de éste? Cuando el padre, al final de la obra, muere, aparentemente de un ataque cardíaco, Julio, que no ha recuperado la vista —la recuperó durante un breve momento que consideraremos después— exclama junto al cadáver:

«Ahora tú también estás ciego, padre. Y sordo. Tu agonía terminó. Yo te amaba... A ti, criminal, hipócrita, despreciable, te amaba. Y vine a matarte. Pues soy yo quien te he matado. Aunque no levanten contra ellos ningún arma, todos los hijos matan a sus padres. ¿Ha sido tu muerte el deforme engendro de mi envidia?... ¿O el castigo que tu propio hijo debía traerte desde el pasado?... Tal vez las dos cosas: las dos cosas mediante una ceguera... infinita. Nunca sabré por qué he cegado. Sólo sé que al fin no soy un dios, sí un enfermo de tu mundo enfermo. Si llegan un día, otros serán los dioses. No soy mejor que tú: yo también te he torturado hasta la muerte» [60].

La historia está contada esta vez, en su mayor parte, desde el punto de vista de Julio. Cuando está en escena todo se oscurece y se transforma. Oímos las palabras de los personajes tal como las pronuncian, pero sus gestos, sus actitudes, sus acciones, sus mismos rostros, es decir, su modo de estar presente en la escena, los percibi-

---

[60] *Llegada de los dioses, Primer Acto,* 1971, núm. 138, pág. 73. Citamos siempre por esta edición.

mos a través de la visión que Julio tiene de ellos. Entre palabra y figura, entre lo que oímos y lo que vemos se produce una ruptura. Vemos y oímos en escena dos mundos que se contradicen entre sí: el del decir y el hacer. La acción dramática nos llega como acción desdoblada, como signo construido por la oposición disyuntiva de sus significantes y sus significados. En el interior de ese mundo paradisíaco en que creen vivir los personajes, surge otro mundo tenebroso y discordante, que sólo Julio ve, y nosotros con él. Ahora bien, ¿cuál de los dos mundos es el verdadero: el de Julio o el del padre y sus amigos? El padre, hombre de gran simpatía, mantiene estrecha relación amistosa con un matrimonio —Artemio y Matilde— de su misma edad, y con la hija de éstos, Nuria, de la cual es padrino. Pero Julio ve, y nos hace ver, que Matilde es amante de Felipe, y que Nuria es hija de ambos. El desarrollo posterior de la obra confirma la autenticidad de la visión de Julio. Como espectadores nos inclinamos, pues, a creer que la visión de Julio es la correcta, y que podemos confiar en la verdad de que es portador. Sin embargo, las cosas no son tan claras. Con Julio ha venido Verónica, su amante, su compañera y su lazarillo espiritual, mujer mayor que él y de más madura personalidad. Es una mujer pura, humana e ideológicamente hablando, que cree que sólo la verdad y la autenticidad pueden devolver la vista a Julio. Piensa que sólo cuando éste descubra su verdadera identidad y consiga objetivar su relación con el padre, liberándose del mundo que él representa, podrá curar. Ahora bien, Julio está atormentado por la sospecha de que entre Verónica y Felipe hay una mutua atracción, sospecha que nos hace ver en la escena, como nos hacía ver la relación entre Matilde, Felipe y Nuria. Pero esta vez la sospecha, y la visión consiguiente de la realidad, es falsa. Cuando admite su error, recobra la vista. Como espectadores nuestra actitud ante lo que vemos en la escena recibe un duro golpe, y nos preguntamos lógicamente: ¿si lo que hemos visto con Julio sobre Verónica y Felipe es falso, será también falso lo que hemos visto, con Julio también, sobre Felipe, Matilde y Nuria? ¿Qué es verdad y qué no es verdad? Por otra parte, Verónica ha criticado a Julio el placer maligno de divertirse a costa de su padre y sus amigos, complaciéndose en su visión ridiculizadora. No basta denunciar lo que de farsa grotesca hay en este mundo, montado sobre el culto a las apariencias, para liberarse de él. La visión grotesca de la realidad no es tal vez la visión *necesaria,* pues lo grotesco puede ser una manera de compromiso con ese mundo que nos ciegue para la visión trágica. Para curar, y curarnos, hay que mirar no las máscaras con que los demás se encubren o con las que nos encubrimos nosotros mismos, sino los terribles fantasmas que la realidad misma alberga en su seno: esas imágenes que nos espantan son las que debemos mirar y hacer ver a los otros. «Serán tu fuerza y tu misterio cuando las mires con los ojos abiertos», le dice Verónica poco antes de caer el telón.

Esos fantasmas se nos han revelado en escena en la visión de Julio. Su más impresionante aparición tiene lugar en la escena de la muerte del padre. De un ataque cardíaco, decíamos antes. Es cierto, pero no es verdad, verdad en el sentido trágico, en el lenguaje de la tragedia. Lo que vemos con Julio es esto: su padre muere apuñalado por el fantasma del hombre que había sido torturado, y cuya ceguera asumió Julio. Fantasma que ha ido materializándose poco a poco en escena hasta asumir plenamente su papel: castigar a Felipe por el crimen cometido y cuya culpa no asumió.

¿Pero ese fantasma existe fuera de la conciencia de Julio? Poco antes de morir Felipe exclama dirigiéndose a Verónica y Julio: «Ahora... comprendo... Sí érais dioses» (pág. 22). Declaración en contradicción con la de Julio junto al cadáver del padre, antes citada: «Sólo sé que al fin no soy un dios...» En el nivel de la realidad cotidiana, la que solemos apellidar la realidad, la muerte del padre es un hecho fortuito, sin relación visible con su crimen; en el nivel de la realidad trágica, que es el que el dramaturgo nos invita a ver por medio de Julio, esa muerte es, como escribe Doménech, «un riguroso castigo trágico». Pero nosotros nos preguntamos: ¿quién lo castiga? ¿Debemos admitir con Felipe que los dioses han llegado cuando llegan Verónica y Julio? Si así lo hacemos, ¿qué sentido puede tener un dios —Julio— que reconoce no serlo, y que al castigar se castiga también a sí mismo? ¿Qué universo trágico es éste, pues, en que los dioses que castigan son a la vez castigados? ¿O no son dioses? En cuyo caso, Julio tiene razón: «si llegan un día otros serán los dioses». Y, sin embargo, ya han llegado. ¿Se trata de un segundo dilema? El primero, al que aludimos al principio, parece no quedar resuelto para Julio: sigue sin saber por qué ha cegado. Julio, no obstante ser —y es su función dramática— el instrumento por el que se nos revela la verdad trágica, lo es, por así decirlo, a pesar suyo y de manera impura: no ha aprendido todavía a separar los verdaderos fantasmas de los falsos, aquellos que le atormentan de aquellos con que atormenta a los demás. Es más, es probable que se valga de los segundos para alejar a los primeros. La complacencia en la visión grotesca de la realidad deficiente y enferma, parece sugerirnos el dramaturgo, es, ciertamente, una forma de denuncia, pero no es suficiente para salvarnos de esa realidad. Si Julio curó de su ceguera en el momento en que asumió la verdad, aceptando el error en que vivía, prisionero de su sospecha, vuelve a cegar porque, en el enfrentamiento con su padre y el mundo que éste encarna, no ha jugado limpio y sigue prisionero de los valores representados por el padre.

Una vez más el dramaturgo propone al espectador aceptar la responsabilidad de responder a las preguntas que ha planteado en su drama: ¿por qué Julio está ciego?, ¿quiénes son los dioses que han llegado o que tienen que llegar cuando el telón cae?

Pensamos que el dramaturgo no ha pretendido darnos una respuesta; pensamos, incluso, que tal vez no tenga una respuesta. Y pensamos —y esto lo hacemos aplicable a todo el teatro de Buero— que sólo escribe cuando y porque no tiene las respuestas.

Y que, precisamente, por ello escribe tragedias, y no comedias. En estas dos obras concretamente, Buero propone a la contemplación activa del espectador el mundo de la tortura, no sólo como situación histórica, sino, más radicalmente, como situación-límite de la existencia del hombre sobre este planeta, y no para decirnos por qué existe la tortura ni para atacarla o defenderla con éstas u otras razones, aunque los personajes utilicen éstas y las otras razones, sino para sacudir en sus raíces, poniéndolo en cuestión, nuestro mundo. Quiero decir el nuestro y el de cada uno de nosotros, que, a veces, no es el de los demás. Por virtud de estas obras el mundo de la tortura no es ya nunca más el de los otros ni otro mundo.

9. *La Fundación*

Cinco personajes varones son reunidos por el autor en un espacio escénico que se va transformando a nuestros ojos a medida que progresa la acción. Creemos encontrarnos, al comenzar el drama, en una confortable habitación con vistas a un hermoso paisaje, y nos encontramos, al final de él, en la celda de una prisión. Los cinco inquilinos de un centro de investigación moderno, al que llaman la Fundación, se nos transforman paulatinamente en cinco condenados a muerte. Esa transformación física y metafísica de un espacio en otro es el resultado de la transformación de uno de los cinco personajes, Tomás, constituido en órgano de visión, y no ya sólo en punto de vista, mediante el cual aprehendemos la realidad. Si en la primera parte de esta «fábula» —así la subtitula Buero— nos parecen inverosímiles o incomprensibles o absurdas las palabras y las conductas de los otros cuatro personajes, que no encajan en el espacio escénico de que da fe Tomás y nosotros, pues es el único espacio que vemos, cuando éste empieza a transformarse comenzamos, aunque incómodamente, a perder la fe en nuestra visión y en la de Tomás. Y cuando la transformación se ha consumado, y no nos cabe duda de que estamos en la celda de una cárcel, y no en la habitación de una Fundación, creemos haber despertado de un sueño coherente, para caer en una pesadilla no menos coherente. Hemos experimentado el terrible proceso que supone el paso de una visión enajenada, pero hermosa, a una visión lúcida, pero horrible. Tomás, que, sometido a la tortura, no supo resistir y delató a sus compañeros, encerrados por su culpa, prefirió para seguir viviendo sin destruirse, negar la verdad sustituyéndola por una mentira. Instalado en ella creó un nuevo mundo a medida de su vocación de felicidad y de belleza, un mundo sin cadáveres, sin dolor, sin tortura, sin cárceles, sin persecuciones, pero todo ello a costa de la verdad. Ese mundo, el que creyó y creímos cierto, se va desmoronando poco a poco hasta que no queda nada de él. En el nuevo mundo que se nos impone reaparece el miedo, la delación, la muerte, pero también la posibilidad del heroísmo y de la libertad. La única condición es mantener los ojos abiertos a la verdad, negarnos a soñar Fundaciones que nos hagan felices, pero enajenados. Cuando el espacio escénico queda vacío al final del drama, la celda se transforma de nuevo en la hermosa habitación de una Fundación, lista para acoger a nuevos inquilinos. Los testigos de esa nueva transformación, vacío el escenario, pero llena la sala, somos nosotros, los espectadores. ¿Aceptaremos volver a entrar en el juego? ¿Hemos salido en realidad de la Fundación en que estamos instalados? La «fábula» se muerde la cola y vuelve a empezar.

Naturalmente, cada uno de los personajes del drama está individualizado por el dramaturgo y vive las distintas situaciones de manera personal, espesándose así la red de relaciones entre sí y con respecto a la «fábula», sin que en ningún momento pierdan su autonomía de personajes convirtiéndose en meros receptáculos o trasmisores de sentido. El resumen que nosotros entregamos al lector es, forzosamente, el resultado de una operación reductora propia del nivel en que hemos elegido movernos, que no es el ilimitado de la monografía, y deja sin iluminar multitud de aspectos y detalles que funcionan, cada uno con su significado, en apretada interrelación, actuantes los unos sobre los otros, y todos juntos sobre la estructura global del drama, según es lógico en un dramaturgo como Buero que tan coherentemente construye cada una de sus obras.

No queremos terminar, sin embargo, sin hacer constar algo que nos parece pertinente al análisis de *La Fundación,* y que no tiene nada que ver con su temática ni con su pluralidad de sentido. Tal vez al lector le parezca un tanto abstracto y, quizá, si conoce la obra, sin relación con ella. Pero a nosotros nos parece importante.

Entendemos *La Fundación,* más allá o más acá de su tema, como una honda investigación sobre la catarsis trágica, a la vez que como una investigación catártica. El término catarsis, desde que Aristóteles lo empleó en su *Poética* para explicar una de las más radicales funciones de la tragedia, ha provocado impresionante masa de escritos de interpretación, y ha ido significando distintas cosas, siendo su más tenaz traducción la de «purgación» o «purificación», sin que haya, no obstante, acuerdo sobre el sujeto de dicha purificación: ¿el héroe trágico?, ¿el espectador?, ¿ambos? En todo caso, el término catarsis engloba dos tipos de realidad: es un concepto y una experiencia radicales. Y supone un proceso, una transformación de la visión del mundo cumplidos tanto en el personaje trágico como en el espectador. La acción trágica posee la profunda virtud de hacernos ver a una nueva luz la condición humana, o, más simplemente, de hacernos ver en su verdad y de verdad la condición humana. La catarsis constituye, cara al héroe, el punto de llegada a la lucidez, y, cara al espectador, el punto de partida de la lucidez. Para ambos la existencia o la condición humana, o como queramos llamarlo, arroja su máscara y desnuda su rostro. El héroe termina sabiendo y el espectador empieza a saber. Así, en la Fundación.

* * *

Una última consideración, no sabemos si ociosa pero que no nos parece honrado silenciar. En sus últimos dramas, escritos y entrevistas Buero Vallejo parece empeñado, con razón aunque sin necesidad, en dar un mentís a quienes, sin razón y sin razones, pretenden encasillar a nuestro dramaturgo en el grupo de autores que estructuran su teatro dentro de fórmulas tradicionales de construcción, y de espaldas o al margen de las nuevas formas experimentales estribadas en nuevas concepciones del espacio escénico. Entre otros, Ricardo Doménech, en su magnífico estudio ya citado, ha demostrado cómo desde su primera obra, Buero se ha planteado y ha resuelto originalmente, no en abstracción ni teóricamente, sino de modo concreto en cada drama, problemas estructurales que manifiestan una conciencia —digamos profesional— vigilante, alerta, nada remisa al «experimento». Sólo que en Buero no es ni la respuesta a una moda ni el eco de unas actitudes venidas de afuera, sino consecuencia de un proceso interior orgánico y personal, cuyas premisas o cuyas raíces hay que buscarlas —y allí las encontraremos— en su propia concepción del teatro. Lo que nos preocupa, sin embargo, es que Buero Vallejo se inquiete demasiado, al construir sus nuevos dramas, en hacer formalmente patente sus aportaciones a las nuevas formas del teatro contemporáneo, y empiece a construir sus dramas en función de éstas, rompiendo el equilibrio genético contenido-forma que hasta ahora caracterizaba sus dramas. El hecho de que los «efectos de inmersión» cobren, a partir de El sueño de la razón, pero muy agudamente en Llegada de los dioses y en La Fundación, un puesto tan importante en la economía global de la génesis estructural del drama, nos hace temer que el dramaturgo, rompiendo la unidad de composición de la obra dramática, fundada en la compleja y viva armonía de las relaciones de fondo y forma, supedite aquél a ésta dando en un peligroso manierismo formalista. ¿No es, acaso, una repetición de un mismo procedimiento lo que Buero viene haciendo desde *El sueño de la razón* a *La Fundación?* Naturalmente no estamos poniendo en cuestión el valor teatral particular de cada drama. Cada uno de ellos aisladamente constituye una valiosa aportación al teatro occidental contemporáneo, pero puestos uno al lado de otro y considerados diacrónicamente, nos dejan la impresión de que el dramaturgo repite, cierto que con brillantes variaciones, una misma fórmula de construcción dramática. Formalmente, el Goya de *El sueño de la razón,* el Julio de *Llegada de los dioses* y el Tomás de *La Fundación* son, por su función, el mismo personaje.

* * *

Terminemos repitiendo, con plena conciencia de lo que escribimos, esto: Buero Vallejo es hoy no sólo el dramaturgo más importante en la España de después de la guerra civil, sino —y esto hay que afirmarlo enérgicamente— un dramaturgo europeo cuyo lenguaje es válido y valioso en cualquiera de los idiomas de nuestro mundo occidental. Su dramaturgia es, por tanto, patrimonio común del mejor teatro contemporáneo, y no solamente del español.

II. Alfonso Sastre (1926) en dos tiempos

1. De «Arte Nuevo» al «Grupo de Teatro Realista»

La primera imagen que de Alfonso Sastre se nos impone es la de un luchador, siempre en la brecha, la de un francotirador con un profundo e insobornable amor por el teatro, animado por una fuerte voluntad de renovación del teatro español en todos los niveles de su estructura, dotado de una inteligencia crítica penetrante y de no comunes capacidades para la polémica. La segunda imagen es la de un dramaturgo al que oficialmente se le ha impedido —en términos generales— una comunicación normal con el público, comunicación que hubiera podido crear las bases necesarias para una relación recíprocamente fecunda entre el dramaturgo y la sociedad a la que éste intentaba dirigirse, impidiendo, mediante esa normalidad de la relación autor-público, una situación tan perjudicial para el teatro de Sastre como estéril para la sociedad a la que iba destinado el esfuerzo creador del dramaturgo. Pero, a la vez, hubiera impedido la radicalización de la crítica en grupos irreconciliables, innecesariamente polémicos —pro Sastre, anti Sastre— y —¿por qué no decirlo?— con tendencia a la mitificación de ese teatro desde presupuestos más ideológicos y, a veces, de *parti pris,* que estrictamente críticos, favoreciendo, al identificarlos, cierta confusión entre el valor histórico y el estético, o, si se quiere, entre la dimensión social y la dimensión dramática, o entre la teoría y la praxis de las obras de Sastre. La consecuencia dolorosa de todo ello es que hoy por hoy —todo puede cambiar, pues, felizmente, nos movemos en un terreno provisional, dotado de amplio futuro— el dramaturgo Sastre y su teatro han sido convertidos, por un cúmulo de circunstancias injustas y absurdas —racionalmente hablando—, en una víctima (y un héroe) y en una presa (y un arma), cuando deberían haber sido, respectivamente, un testigo y un testimonio, un mediador y una mediación *normales,* y no excepcionales. La consecuencia dolorosa también es que Sastre ha tenido que hacer de su teatro un acto solitario, no sólo a causa de una defección *inducida* del público, sino también de la crítica, que no ha sido o no ha querido —con honrosas excepciones— ser puramente crítica, prefiriendo ser alegato, defensa, agresión o protesta.

Tracemos en este primer tiempo, aunque sea esquemáticamente, la historia de esta lucha del hombre de teatro Sastre, apelando a testimonios de primera mano: los del propio Sastre y los de sus compañeros de combate.

La primera etapa, siendo Sastre todavía un muchacho, comienza en 1945 con Arte Nuevo. «Arte Nuevo surgió en 1945 como una forma —quizá tumultuosa y confusa— de decir "no" a lo que nos rodeaba; y lo que nos rodeaba, a nosotros que sentíamos la vocación del teatro, era precisamente el teatro que se producía en nuestros escenarios. Si algo nos unía a nosotros, que éramos tan diferentes (José Gordon, Alfonso Paso, Medardo Fraile, Carlos José Costas, José Franco, José María Palacio y yo, entre otros), era precisamente eso: la náusea ante el teatro burgués de aquel momento: el Benavente póstumo (en contradicción con la persona viva de Benavente), el melodrama galaico-plorante de Torrado, las barbaridades del postastracán y los espectáculos pseudofolklóricos, por no contar las débiles supervivencias del teatro versificado (Marquina) y otras dolorosas pruebas del vacío»[61] Complementaria de esta actitud de protesta y de rechazo ante el empobrecido e insignificante teatro español de los primeros años de postguerra, es la actitud decidida de

---

[61] Respuesta de Sastre a una pregunta de Ricardo Doménech. Ver Alfonso Sastre, *Teatro,* Taurus, 1964, págs. 55-56. Para no multiplicar las notas, siempre que cite textos de esta obra pondré a continuación de la cita el nombre del autor citado, las siglas *T. T.* (*Teatro,* Taurus) y la página correspondiente.

25

hacer surgir la posibilidad de una dignificación y renovación del teatro: «Entonces no se pretendía sino la renovación total del teatro» (J. M. de Quinto, *T. T.,* pág. 40). La primera actitud encuentra su cauce normal en artículos, notas y ensayos de Sastre —aunque no sólo de él— en periódicos y revistas, especialmente en *La Hora.* En ellos Sastre irá precisando su idea del teatro y dando forma a una teoría del teatro como instrumento de agitación y transformación de la sociedad. La segunda actitud determina la creación de una serie de piezas en un acto escritas por Sastre o por jóvenes compañeros de aventura de Arte Nuevo, representadas algunas y publicadas otras en un tomo con el título de *Teatro de Vanguardia.* A este período corresponden piezas como *Uranio 235* y *Cargamento de sueños.*

La serie de artículos críticos publicados en *La Hora* (1948-1950) conducen a Sastre «a un embrión de toma de conciencia del teatro como función social-política». Este embrión se desarrollaría rápidamente o se perfeccionaría en años posteriores al intento de fundación, en 1950, del T.A.S. (Teatro de Agitación Social) (Sastre, *T. T.,* página 56). «Lo primero que sucedió con esa toma de conciencia —escribe Sastre en 1963— fue una orientación de mi interés dramático hacia el gran tema de la transformación revolucionaria del mundo. *Prólogo patético* (1950-1953) fue, precisamente, la primera cristalización, turbulenta, de esta preocupación cuyas dos vertientes eran: el descubrimiento de la condición política del teatro, con todo lo que de problemático arrastra esta consideración y la estimación de la estructura trágica de los procesos revolucionarios» (*ídem,* pág. 141). En octubre de 1950 se publica en *La Hora* un *Manifiesto,* firmado por Alfonso Sastre y José M. de Quinto, en veinte puntos, en el último de los cuales se anuncia la fundación del T.A.S. Afirman en él sus autores que conciben el teatro como un «arte social», desde el cual tratarán «de llevar la agitación» a todas las esferas de la vida española»; que lo social, en nuestro tiempo, es una categoría superior a lo artístico, que el T.A.S. no es ni «un teatro de partido» ni un «teatro de proletariado»; y en el punto 15 se dice: «Si bien el T.A.S. es una profunda negación de todo el orden teatral vigente —y en este aspecto nuestros procedimientos no serán muy distintos a los utilizados por un incendiario en pleno delirio destructor—, por otra parte, pretende incorporarse normalmente a la vida nacional, con la justa y lícita pretensión de llegar a constituirse en el auténtico teatro nacional. Porque a un estado social corresponde como teatro nacional un teatro social, y nunca un teatro burgués que desfallece día a día.» Se señala también una parte del material sobre el que trabajará el T.A.S.: obras, por ejemplo, de Ernst Toller, Arthur Miller, Sartre, Gabriel Marcel, Salacrou, Galsworthy, O'Neill, etc., y también de los propios firmantes del Manifiesto (*T. T.*, págs. 99-102). El T.A.S. murió en el mismo acto de su nacimiento o, como escribe J. M. de Quinto, «no pudo pasar del puro Manifiesto» (*T. T.*, página 49). Lo cual, habida cuenta de las «circunstancias», nada tenía de extraño. Habida cuenta no ya de su contenido, sino de su forma —y especialmente de algunos de sus períodos no exentos de retórica— no podemos menos de preguntarnos si se escribió el Manifiesto con intención de realizarlo —en cuyo caso extrañamos su forma— o sólo como un acto de protesta y de presencia. Dadas esas circunstancias que no podían ignorar ni Sastre ni J. M. de Quinto, hubieran sido necesarios otro estilo y otra táctica para llevarlo a realización, si es esto lo que de verdad importaba. Fue, por así decirlo, un acto significativo y emocionante, pero en absoluto práctico. Sin embargo, como escribe Sastre, «el Manifiesto resonó en España y fuera de España» (*T. T.*, pág. 87). Aunque el Manifiesto no llegara a ser viable como programa, significó una importante toma de posición, un grito de protesta y de alerta que no cayó en el vacío ni se perdió en el silencio. Algo necesario y, sobre todo, algo que *estaba ahí*, pugnando por expresarse, tomó carta de naturaleza y salió a luz públicamente. Vistas así las cosas, el T.A.S. no fracasó. La lucha por la renovación del teatro español, por la puesta en órbita social del fenómeno teatral siguió e «incluso se acrecentó. Desde las páginas de *Correo Literario,* sin tregua ni descanso, Alfonso Sastre anduvo fustigando y desenmascarando a quienes no hacían sino prostituir las grandes posibilidades social-políticas de la literatura» (J. M. de Quinto, *T. T.*, pág. 50). Para Sastre comenzó una larga etapa, en la que todavía se encuentra, de investigación dentro del realismo, desarrollada, simultáneamente, en dos frentes: el teórico (artículos, polémicas, diagnósticos, manifiestos y libros) y el poético (sus propias obras dramáticas). Jalones de esta etapa son, en el primer frente, los «Coloquios sobre problemas actuales del teatro en España» (Santander, 1955), el libro *Drama y Sociedad* (Madrid, Taurus, 1956), el Manifiesto «Arte como construcción» (*Acento Cultural,* 1958), la fundación del G.T.R. (Grupo de Teatro Realista) en unión, de nuevo, con J. M. de Quinto (1960), el «Documento sobre el teatro español» (1961), a la vez programa de trabajo, análisis crítico de una situación y manifiesto de unas intenciones, firmado por Sastre y de Quinto y representativo del G.T.R., y los libros *Anatomía del Realismo* (Barcelona, Seix Barral, 1965) y *La revolución y la crítica de la cultura* (Barcelona, Grijalbo, 1970). Esta enorme labor ha supuesto no sólo la formulación de una estética, sino una constante toma de partido que la sustenta y una acción directa, destructiva y constructiva al mismo tiempo, sobre la estructura global del teatro español. Basta ver, por ejemplo, los puntos tratados en el «Documento sobre el teatro español», en donde se ataca, se denuncia, se proponen reformas o se sugieren nuevas vías (ver *T. T.,* págs. 119-125). El realismo en cuya investigación trabaja Sastre y el G.T.R. debe ser, según él: «antiposibilista, antipopulista, antiobjetivista, antinaturalista y anticonstructivista» (*Anatomía del realismo,* págs. 122-124). Creo que vale la pena destacar algunas de las ideas acerca del «social-realismo»:

> La revelación que el arte hace de la realidad es un elemento socialmente progresivo. En esto consiste nuestro compromiso con la sociedad.
> El arte, por el simple hecho de revelar la estructura de la realidad, cumple —en un sentido muy amplio, metajurídico, de la palabra justicia— una función justiciera. Esto nos hace sentirnos útiles a la comunidad en que vivimos, aunque ésta, en ocasiones, nos rechace.
> Lo social es una categoría superior a lo artístico. Preferiríamos vivir en un mundo justamente organizado y en el que no hubiera obras de arte, a vivir en otro injusto y florecido de excelentes obras artísticas.
> Precisamente, la principal misión del arte en el mundo injusto en que vivimos consiste en transformarlo. El estímulo de esta transformación, en el orden social, corresponde a un arte que, desde ahora, podríamos llamar de «urgencia»; este arte... es una reclamación acuciante de justicia, con pretensión de resonancia en el orden jurídico.
> Sólo un arte de gran calidad estética es capaz de transformar el mundo. Llamamos la atención sobre la inutilidad de la obra artística mal hecha.
> El social-realismo apunta a los grandes temas de un tiempo en que lo social se ha erigido en categoría suprema de la preocupación humana. Son éstos: «la libertad, la responsabilidad, la culpabilidad, el arrepentimiento y la salvación». Pero captados no «en la persona humana en cuanto individuo», sino «en la persona humana como relación, como formando parte del orden o del caos social».
> El artista (o escritor) «se siente justificado no por la perfección de la obra artística en sí, sino por la purificación social a que la obra sirve».
> La emoción estética provocada por el arte y la literatura «social-realista» posee un grave núcleo ético que, rompiendo, permanece en el espíritu del espectador cuando lo puramente estético se desvanece. Este núcleo se proyecta, purificador, socialmente. El escritor y el artista lo saben y trabajan con plena conciencia de este supuesto: el de la proyección «política» de su obra (*Anatomía del realismo,* págs. 17-22).

El G.T.R., a diferencia del T.A.S., sí pudo ponerse en funcionamiento montando tres obras entre enero y marzo de 1961. Este acto visible, materializado en un escenario, y no sólo teórico, del G. T. R. fue una experiencia interesantísima y constituyó un ejemplo o modelo a seguir para la puesta en marcha de ese «teatro de urgencia» preconizado por Sastre. Quedó demostrado que sí era posible una revolución del teatro desde el teatro mismo, así como la existencia de un público «popular» al que había que reconquistar, pues estaba ahí disponible y a la espera, víctima de una organización inadecuada y culpable del teatro. La experiencia del G.T.R. [62] reveló a ese público y mostró la posibilidad de un diálogo con él, poniendo de manifiesto, como escribe el propio Sastre, «una gran avidez por el diálogo» (*Anatomía del realismo*, pág. 160).

La labor que durante más de veinte años han realizado Sastre y sus compañeros de lucha en el terreno de la teoría y de la acción, enriquecida por la fundación y publicación de la revista *Primer Acto* (de gran trascendencia en la historia del teatro español contemporáneo), ha cumplido y cumple un papel de primera magnitud en la historia de nuestro teatro, y ello por encima o por debajo del acuerdo o desacuerdo con parte o con la totalidad del pensamiento estético de Sastre. En la historia de ese teatro el Sastre publicista y fundador de movimientos ha ejercido una función que ningún historiador del teatro español podrá silenciar, función que no es precisamente la de «aguafiestas», como se ha complacido en reiterar Pérez Minik, sino la de parteador de una toma de conciencia y fiscal de un proceso histórico. Ni víctima ni héroe: testigo de la realidad.

2. La obra dramática

Su obra como dramaturgo comienza muy temprano, en los años juveniles de Arte Nuevo. De las cuatro escritas en ese período inicial (*Ha sonado la muerte, Comedia sonámbula, Uranio 235, Cargamento de sueños*), las dos primeras en colaboración con Medardo Fraile, sólo las otras dos figurarán en la última y más completa. edición de su teatro [63]. Después de esta primerísima y corta etapa experimental comienza con *Prólogo patético,* en la que el autor se considera «bautizado como autor dramático» (*Obras completas,* I, pág. 59), el ciclo de dramas de agitación social, «cuyo tema fundamental es la revolución», «la revolución social de nuestro tiempo, tema —sigue diciendo Sastre— que recojo en mi teatro según distintos planteos y en diferentes grados de aproximación al fondo moral y metafísico del tema; es decir, del problema» (Doménech, *T. T.,* pág. 41). En 1953 estrena *Escuadra hacia la muerte,* que para su autor significa «el comienzo definitivo de (su) vida de autor teatral» (Sastre, *T. T.,* página 56). A ésta siguen obras importantes en la trayectoria de la dramaturgia de Sastre, de las cuales sólo a unas pocas se les autorizará

[62] Es de gran interés la lectura del «Informe» sobre esta experiencia escrito por Sastre en 1961, en especial las páginas correspondientes a la encuesta. Puede verse en *Anatomía del realismo,* págs. 153-166.
[63] *Obras completas,* I, *Teatro,* Madrid, Aguilar, 1967.

para subir al tablado. En unas el tema explícito es el de la revolución (*El cubo de la basura, El pan de todos, Guillermo Tell tiene los ojos tristes, Tierra roja, En la red*), y en todas ellas los temas ya señalados antes —libertad, culpabilidad, responsabilidad— presentados en una acción que se desarrolla en un país concreto, España (*Muerte en el barrio* o *La Cornada*), o en un país «exótico», pero de clara significación española (*La mordaza* o *Asalto nocturno,* por ejemplo). En 1967, después de seis años sin estrenar ninguna obra suya, es representado el drama *Oficio de tinieblas,* escrito en 1962 [64].

1. Si enfocamos los primeros experimentos teatrales del joven Sastre desde una perspectiva histórica destaca inmediatamente en ellos lo que tienen de ruptura con el teatro representado en España durante la década del 40: frente a una temática gárrula y hueca, con dosis de mayor o menor ingenio a veces, Sastre propone un teatro distinto, en donde utiliza elementos vanguardistas y simbolistas. Distinto no sólo formalmente, sino por su contenido, y, sobre todo, por la intención que lo hace surgir: inquietar, preocupar, hacer pensar. Interesante por lo que pretendieron ser, sólo dentro del contexto histórico en que surgieron cobran importancia, como ha mostrado Ricardo Doménech [65]. Consideradas en sí mismas como piezas teatrales, son demasiado discursivas y poco dramáticas. Su autor quiere decir demasiadas cosas a la vez, sin acertar a encarnarlas en una acción dramática; los personajes parecen estar en escena para decir frases dramáticas. o, acaso, para que el autor diga a través de ellos su angustia o su inquietud. Frases, por otra parte, demasiado generales y cargadas de un simbolismo casi siempre gratuito, por demasiado subjetivo. Elemental es también la técnica surrealista empleada en muchas escenas.

De la última de estas piezas, *Cargamento de sueños,* «prebeckettiana» según Doménech (art. cit., pág. 40), escribirá su autor: «Obra escrita a los veinte años, es una expresión fiel de mi situación espiritual de entonces, marcada por el inconformismo y por la angustia.

---

[64] He aquí la nómina de los dramas publicados de Alfonso Sastre. Entre paréntesis indicamos la fecha en que se escribió y entre corchetes la de su estreno, si lo hubo. Las fechas están tomadas de las notas que el propio Sastre antepone a cada uno de sus dramas en *Obras completas,* I: 1) *Uranio 235* (1946); [1964]; 2) *Cargamento de sueños* (1946) [1948]; 3) *Prólogo patético* (1950-1953); 4) *El cubo de la basura* (1951); 5) *Escuadra hacia la muerte* (1952) [1953]; 6) *El pan de todos* (1953) [1957]; 7) *La mordaza* (1954) [1954]; 8) *Tierra roja* (1954); 9) *Ana Kleiber* (1955); 10) *La sangre de Dios* (1955) [1955]; 11) *Muerte en el barrio* (1055); 12) *Guillermo Tell tiene los ojos tristes* (1955); 13) *El cuervo* (1956) [1957]; 14) *Asalto nocturno* (1959); 15) *En la red* (1959) [1961]; 16) *La cornada* (1959) [1960]; 17) *Oficio de tinieblas* (1692) [1967].

[65] Ricardo Doménech, «Tres obras de un autor revolucionario». *T. T.,* páginas 37-40.

Significa una protesta contra las convenciones formales..., y es, más que otra cosa, un acta de defunción escrita desde el ahogo de un espasmo nihilista-religioso» (*T. T.*, pág. 139). Si en *Uranio 235,* desde una técnica del diálogo y de la escena insuficientes, trata un tema que a todos compete, el de la primera explosión atómica, presentando, como escribe De Coster, «una pintura pesimista de la sociedad moderna incapaz de controlar los avances de la ciencia» [66], en *Cargamento de sueños* escribe una pieza que podríamos llamar de confesión, de confesión de una crisis espiritual-religiosa. El protagonista, Man —abreviatura de Manfred, pero homófono, en alemán, de «hombre», el hombre— cuenta su vida a un misterioso personaje, de nombre Jeshoua. Salvó del suicidio a una mujer, a la que después amó y asesinó en un crimen pasional. Man se siente a sí mismo como «una pasión sin objeto, un error del espacio». Jeshoua, antes de dejarlo solo, le dice: «En verdad, en verdad, te digo que esta noche no has estado solo.» Man despierta repitiendo angustiado las palabras de Jeshoua y llamándolo, como invoca a su madre para que le devuelva lo que se le llevó: «Mi alcoba... La lamparilla roja en el aceite... El Cristo sangrando sobre mi cabeza», es decir, la fe que necesita para morir. Sin embargo, está solo. Jeshoua —Jesús, ¿sueño?, ¿realidad?— no está, no le responde. Quien está es la Muerte con la que jugará una partida de ajedrez. Y perderá. Razón tenía Sastre al señalar la precedencia de esta pieza juvenil con respecto al teatro de vanguardia actual. Tratando de precisar diferencias escribe: «Mi nihilismo era una posición no aceptada, no asumida. Mi negación negaba también la desesperación; se manifestaba como horror a la nada y nunca como burla del ser. Era, en suma, un nihilismo ascético; mi sentimiento de la nada estaba apoyado en la conciencia de un ser ilusorio; resignación (de la nada) y esperanza (del ser trascendente) eran las claves de mi vacilante posición, sólo firme en el orden moral individual» (*T. T.*, pág. 14). Esta actividad de base no llega, sin embargo, a cuajar en una situación dramática ni en unos símbolos de significación transpersonal, objetivamente valiosos. Las claves de que su autor habla no han rebasado el plano de la intencionalidad creadora, no se han realizado en la obra, cuya significación, por defecto de realización es, a la vez, demasiado ambigua y demasiado limitada. Interesante como experimento de teatro juvenil, no nos atrevemos, no obstante, a calificarla como pieza «prebeckettiana», para lo cual haría falta mucho más de lo que en ella es simple conato.

2. *Escuadra hacia la muerte,* estrenada por el Teatro Popular

---

[66] Cyrus C. de Coster, «Alfonso Sastre», *Tulane Drama Review,* V, 1960, número 2, pág. 123.

Universitario (T.P.U.), bajo la dirección de Gustavo Pérez Puig, en el Teatro María Guerrero de Madrid el 18 de marzo de 1953, representada dos veces más (22 y 24 del mismo mes), y arbitrariamente prohibida y retirada, marcó el nacimiento público de un nuevo dramaturgo. Considerada como pieza pro-militarista, y como pieza anti-militarista, significaciones éstas muy laterales, esta tragedia ha recibido muy diversas interpretaciones de la crítica [67].

La obra está dividida en dos partes de seis cuadros cada una, enlazados mediante la técnica del «oscuro». Una escuadra de castigo, formada por un cabo y cinco soldados, cada uno culpable de algo, son enviados a una zona equidistante de la vanguardia enemiga y de la propia vanguardia con una misión suicida. La primera parte está centrada en el conflicto que opone colisivamente al cabo, representante de la autoridad pura y nuda, y a los cinco soldados, víctimas de esa autoridad. El conflicto entre el principio de autoridad y el principio de libertad se resuelve con la rebelión de los soldados y el asesinato colectivo del cabo por cuatro de ellos, mientras el quinto, Luis, no puede participar por estar fuera de guardia. En la segunda parte se nos presentan los distintos modos individuales de asumir esa muerte, partiendo del acto libre realizado, y las distintas respuestas a la libertad violentamente conquistada, así como el sentido existencial de la situación-límite en que cada uno se encuentra.

Para el cabo Gobán la situación en que él y sus cinco hombres han sido puestos no ofrece problematicidad alguna. Se trata de una clara situación de hecho: se le ha encomendado una misión, cuyo término más probable es la muerte, y debe cumplir sin preguntarse por qué ni para qué. Su única función es cumplir las órdenes y hacerlas cumplir, imponiendo una disciplina rígida que mantenga en forma a sus hombres para morir como hombres. Desde el momento en que la muerte es la única salida, el único término, lo realmente importante es saber morir. Para los soldados, que quieren vivir, y que no aceptan la mística de la muerte del cabo, la disciplina, el orden y la autoridad que éste representa es absurda, es un acto gratuito lesivo de la libertad de cada uno de ellos. Para romper ese absurdo y ser libres asesinan al cabo. La muerte del cabo les hace acceder a la libertad, pero con la libertad comienza el verdadero drama de cada

[67] Leonard G. Pronko, «The Revolutionary Theatre of Alfonso Sastre», *Tulane Drama Review*, V, 1960, núm. 2, pág. 114; Domingo Pérez Minik, *Teatro europeo contemporáneo*, cit., págs. 399-406; *Idem* en *T. T.*, págs. 15-26; Anthony M. Pasquariello, «Alfonso Sastre y *Escuadra hacia la muerte*», *Hispanófila*, 1962, núm. 15, págs. 57-63, así como la «Introducción» a su ed. norteamericana de *Escuadra hacia la muerte*, Nueva York, Appleton-Century-Crofts, 1967; Juan Villegas, «La sustancia metafísica de la tragedia y su función social: *Escuadra hacia la muerte* de Alfonso Sastre», *Symposium*, XXI, 1967, págs. 255-263.

uno de ellos. De ser sólo víctimas de un destino impuesto, se han convertido en responsables de su propio destino. Si el odio a la autoridad representada por el cabo Gobán les había unido llevándoles a un acto colectivo de libertad, esa misma libertad poseída les desune y les deja solos unos frente a los otros y todos frente a la muerte. Pedro asumirá la muerte del cabo y se hará responsable de su propia libertad, estando dispuesto a pagar. Andrés y Adolfo elegirán la huida, la cual no es sino salida provisional e inauténtica. Javier, el intelectual, se suicidará, porque interpretará el acto libre realizado como una trampa prevista por quien les castiga no por culpas concretas sino por una culpa original. Luis, que no participó en el crimen, no por propia voluntad, sino por azar, también —según le dice Pedro— deberá cumplir una larga condena: su propia vida. A sus preguntas: «Pedro, y todo esto ¿por qué? ¿Qué habremos hecho antes? ¿Cuándo habremos merecido todo esto? ¿Nos lo merecíamos, Pedro?»; no hay respuestas: «No hay que preguntar. ¿Para qué? No hay respuesta. El único que podía hablar está callado». Sastre ha escrito una tragedia absolutamente cerrada: no hay respuesta, no hay salida. Vivir es cumplir una condena a más largo o más corto plazo. Sin saber por qué ni para qué.

Nueve años después del estreno del drama escribirá Sastre: «*Escuadra hacia la muerte* fue, en 1953, un grito de protesta ante la perspectiva amenazante de una nueva guerra mundial; una negación de la validez de las grandes palabras con que en las guerras se camufla el horror; una negación, en este sentido, del heroísmo y de toda mística de la muerte. (...) Mi obra es también un examen de conciencia de una generación de dirigentes que parecía dispuesta, en el silencioso clamor de la *guerra fría*, a conducirnos al matadero. El matadero era, para mí, el absurdo» (*Obras completas*, pág. 161).

Juan Villegas interpreta la obra proyectando sobre ella el concepto que sobre la tragedia expone Sastre en su libro *Drama y sociedad*, publicado tres años después del estreno [68]. Villegas resume así el pensamiento de Sastre: la existencia humana se «caracteriza por ser una situación cerrada en la que se encuentran unos seres condenados a morir. Hay en ellos un ansia, un deseo —casi una necesidad constitutiva— de llegar a la felicidad. Ésta, al menos como estado de plenitud, les es negada. Se interrogan sobre su destino (tanto mundano como ultramundano) e inquieren acerca del pecado desconocido —la culpa por la que son castigados. El dramaturgo ha de representar la vida de los hombres en su dimensión reveladora de manera que el espectador sienta horror (ante la magnitud de la catástrofe) y piedad

---

[68] Con lo cual se nos vuelve a plantear el viejo —digamos— problema de quien fue antes, si el huevo o la gallina.

(ante la nihilidad del ser humano). La angustia autentificadora se produce porque el espectador ve en esa derrota la anticipación de su "propia y natural derrota, a la que está abocado por el simple hecho de existir"»[69].

El concepto de Sastre sobre la tragedia, en 1956, no se corresponde ya con el que expondrá en *Anatomía del realismo*. Allí se dice, mucho más cerca de Buero: «Si se cree, como yo lo creo, que la tragedia significa, en sus formas más perfectas, una superación dialéctica del pesimismo (casi siempre fijado en lo existencial) y el optimismo (casi siempre fijado en lo sociohistórico) —y en este sentido propongo como fundamental determinación de lo trágico la esperanza—, es claro que la disolución de uno u otro de los términos acarrea la decadencia y la defunción de la tragedia» (págs. 65-66) y: «La tragedia se sitúa, cuando consigue trascender el desgarramiento —es decir, cuando se cumple como tragedia— en una unidad dialéctica superior que quizá podamos llamar la esperanza» (pág. 129)[70]. *Escuadra hacia la muerte* no supera, desde el nuevo punto de vista de Sastre, ni el pesimismo existencial ni el desgarramiento. En éste y la mayor parte de los dramas de Sastre, según veremos, hay, a nuestro juicio, algo que perjudica la *verdad* de su universo dramático: la conversión del *para mí* («El matadero era, para mí, el absurdo») del dramaturgo en medida absoluta de la realidad. El *para mí* particular de Sastre no se convierte en todos sus dramas en necesario *para todos,* por lo que la realidad padece casi siempre, en alguna medida. fuerza, quedando amputada por ese *para mí* absolutista y particularizador de su autor.

3. «Dramas revolucionarios» y realismo testimonial

La toma de conciencia de la función social del teatro y de su condición política orienta el interés dramático de Sastre, después de la primera etapa «vanguardista», hacia «el gran tema de la transformación revolucionaria del mundo» (*T. T.,* pág. 141). *Prólogo patético* es el primer fruto de esta nueva orientación que se constituirá en el eje de sus creaciones dramáticas.

Antes de abordar la descripción de estos dramas y su sentido,

---

[69] Juan Villegas, art. cit., pág. 256. El articulista remite al libro de Sastre, *Drama y sociedad,* Madrid, Taurus, págs. 20, 23-24 y 25, de donde toma la última cita. Señala, asimismo, que los conceptos y términos de Sastre aparecen en Heidegger, Sartre, Camus, Unamuno.

[70] Sobre la evolución del concepto de tragedia en Sastre, ver Kessel Schwartz, «Tragedy and the Criticism of Alfonso Sastre», *Symposium,* XXI, 1967, págs. 338-346. Los dos textos de Sastre son citados abreviados por Schwartz.

conviene tener en cuenta dos textos de su autor. El primero, de 1957, se refiere a los «dramas de la revolución» hasta entonces escritos: «Concibo en ellos (en estos dramas) y desde ellos, la Revolución como una realidad trágica, como un gran sacrificio, como un hecho muchas veces cruento. Pero estos dramas no son —o yo no creo que lo sean— inmovilizadores. Queda claro en ellos que si toda revolución es un hecho trágico, todo orden social injusto es una tragedia sorda inaceptable. Trato de poner al espectador ante el dilema de elegir entre las dos tragedias. Parece evidente, en efecto, que la tragedia sorda del orden social injusto sólo puede ser destruida por la tragedia revolucionaria. La esperanza está en el desenlace feliz de esta tragedia, que es, o debe ser, aguda y abierta, frente a la otra, sorda, crónica, cerrada» (*Obras completas,* I, pág. 226). Los dos temas fundamentales son, pues, el de la tragedia de la revolución y el de la tragedia del orden social injusto, temas que en unos dramas se dan explícitamente conectados y en otros sólo implícitamente. El segundo texto forma parte de la teoría estética de Sastre: «La "mediación poética" se desarrolla en el plano de la imaginación, de la invención: la situación real, de la que se tiene una más o menos oscura noticia y un más o menos fragmentario conocimiento, y que la mayor parte de las veces no es una situación concreta (por ejemplo, Ana Frank) sino una situación general (por ejemplo, la situación de los mineros de determinado país, o los métodos de tortura de determinada policía, o los problemas del burócrata deshumanizado por el capitalismo, etc...); esta situación real, digo, es traspuesta a una situación imaginada, inventada. La factura de la obra literaria se produce en dos fases: trasposición y desarrollo» (*Anatomía del realismo,* página 111). Se trata, pues, de una cuestión de procedimiento, de composición literaria, cuyas dos fases —trasposición y desarrollo— encontraremos en los dramas de Sastre. La situación de base es, generalmente, española, traspuesta a una situación «exótica» [71] y desarrollada de manera que hace patente al espectador la situación de base, determinando o, mejor, provocando en él una toma de conciencia de esa situación real. Cada uno de estos dramas apunta, a su vez, como la flecha a su diana, a comprometer al espectador, invitándole a tomar partido dentro de su propia realidad social [72].

Sin duda, la nota más destacada de este teatro es la violencia: asesinatos, peleas, torturas, suicidios, crueldad, insultos, derramamiento de sangre... Violencia que se manifiesta, incluso, en lo que pudiéramos llamar las condiciones climatológicas en que la acción se desarrolla, condiciones que por su reiteración producen cierta im-

---

[71] Sobre el «exotismo» de su teatro ver *Anatomía del realismo,* págs. 41-46.
[72] Sobre esta «toma de partido» ver *Anatomía del realismo,* págs. 150-152.

presión de estereotipo y rozan, cuando no entran de lleno, en la zona de lo melodramático: frío extremo, al que van asociadas las imágenes de miseria y de hambre, lluvia y, sobre todo, el calor extremo utilizado por el dramaturgo como causa determinante de la acción (*La mordaza, Muerte en el barrio*). Entre el frío y el calor parecen no existir términos medios.

Prólogo patético es una investigación moral acerca de la acción terrorista, uno de los medios de que la Revolución se vale para alcanzar sus fines. En un país de régimen dictatorial un grupo de estudiantes, miembros de una célula clandestina, realizan actos terroristas para hacer caer la dictadura y abrir camino a la instauración de un orden social justo. Pero el acto terrorista conlleva la muerte de muchos inocentes. Uno de los personajes, Antón, afirma: «Todo esto es un juego sucio. Íbamos a hacer una revolución y estamos haciendo una canallada» (*Obras completas,* I, cuadro 1, pág. 72). Para Pablo, el jefe, la muerte de los inocentes es un sacrifio necesario, no inútil, pues el fin justifica los medios. El drama moral que plantean las dos actitudes opuestas de Antón y Pablo será vivido por Oscar. Arrojada por él la bomba que debía matar al ministro de la guerra, ha hecho volcar un autobús en donde, al parecer, viajaba su hermano mayor. Encarcelado y torturado por la policía, se le enseña la foto de un cuerpo mutilado, horriblemente destrozado del que se afirma ser su hermano. Evadido de la cárcel, busca a Pablo, a quien acusa del asesinato de su hermano. «No hay que obedecerte— le dice—. Eres... no sólo culpable de la muerte de mi hermano, sino el culpable del terror que hace palidecer a toda la gente de la ciudad» (*Obras completas,* I, pág. 97). Y lo mata. Vuelto a su casa se encuentra con su hermano vivo. Todo ha sido obra del azar, azar que no se justifica dramáticamente. Oscar, moralmente destrozado por el asesinato cometido, sintiéndose «impuro», da la razón a Pablo y acepta el carácter necesario de que mueran inocentes para que triunfe la revolución. Desde su conciencia de culpa y para pagar por ello purificándose, se deja apresar por la Policía, renunciando a la huida: «Seré útil a la causa sufriendo... aguantando las torturas en aquel sótano inmundo. (...) Allí, en aquel sótano está mi puesto. ¡Que venga la policía y que me lleve; que me peguen por todo el cuerpo, que me peguen las manos! Yo gritaré: ¡viva la Revolución!, hasta que mi cara no sea más que un pobre despojo sangriento... Entonces, lo que quede de mí será otra vez un hombre» (*Obras completas,* I, pág. 105).

Radicalmente coetánea de *Les justes* de Camus, Sastre escribirá, dolido con razón: «Hubiera preferido que mi drama se hubiese estrenado a su tiempo, cuando lo escribí. Entonces los estrenos de *Les justes* en París, y *Prólogo patético,* en Madrid, hubieran sido casi simultáneos» (*Obras completas,* I, pág. 59). La pieza de Sastre, más cerca del teatro negro que de la tragedia, muestra en su vocabulario (lo «viscoso», lo «puro», las «manos limpias»), su entronque —sin mayor importancia— lingüístico con el Sartre de *Les mains sales,* por ejemplo, estrenada en París en 1948 y publicada ese mismo año por Gallimard. A partir de *Prólogo patético* Sastre adoptará, generalmente, la división en cuadros de la obra dramática.

El cubo de la basura, dividida en un prólogo y tres cuadros, muy inferior a la pieza anterior, plantea un problema que Sastre volverá a tratar más tarde: el de la acción revolucionaria individual, respuesta anárquica a un orden social injusto, en contraste con la acción sistemática y organizada. En el prólogo vuelve a utilizar Sastre una escena ya usada en *Cargamento de sueños.* Germán, el protagonista, hijo de un revolucionario muerto en la guerra, prefiere la acción personal a la organización y, tomándose la justicia por su mano, mata al seductor de Julia que le hizo un hijo y la abandonó. Sastre no consigue aquí una muy feliz transposición de la situación de base o real a la situación imaginada, que, al ser desarrollada, adquiere por su diálogo, premioso y reiterativo, y por el carácter melodramático de la acción y de sus motivaciones, un fuerte acento de sainete negro, si se me acepta la expresión. La intención de su autor y sus supuestos («En *El cubo de la basura* está, por otra parte, el precipitado de toda guerra civil: el desolador panorama de los vencidos. La sangre ciega los caminos de la reconciliación. El drama, hoy, es testimonio y denuncia», *Obras completas,* I, págs. 109-110) no se cumplen en absoluto, al menos en el plano de la realización dramática estéticamente valiosa.

Si en estas dos obras se nos plantea la condición trágica —en el nivel intencional, no en la realización estética— del «prólogo» de toda revolución, en la siguiente, *El pan de todos,* se plantea la condición trágica del «epílogo» de la revolución. En este drama la revolución ha triunfado físicamente, pero no en espíritu. La acción transcurre en un país que ha realizado la revolución, pero donde sigue existiendo la corrupción. El protagonista, David, encargado de una depuración que juzga necesaria para acabar con la corrupción de quienes especulan con «el pan de todos», el pan del pueblo, descubre que su propia madre está comprometida. El conflicto que constituye la sustancia del drama es desviar la «purga» para salvar a su madre o llevarla hasta el final, siendo fiel a sí mismo y al ideal de la revolución pura, aunque deba entregar a su madre para ser ejecutada, siendo esto último lo acometido por el héroe. Su acción es interpretada como un acto político de propaganda que lo haga aparecer como el puro y el incorruptible. Acosado por las Furias, encarnadas en Paula, hermana de la madre, e incapaz de sobreponerse al horror de haber hecho ejecutar a su propia madre, David se suicida arrojándose por la ventana, después de un patéttico parlamento no exento de retórica. Marta, la esposa, ante el cadáver de David, dice: «¿Estás en paz, por fin? Ya no te queda ningún remordimiento... Estás como dormido... como si ya no hubieras podido más de cansancio... y te hubieras echado a dormir aquí, en un rincón cualquiera... Ya no te turba ningún sueño..., ningún mal sueño, ¿verdad? Estás salvado» (*Obras completas,* I, pág. 279). Para el Partido, David será, por proclama oficial, un héroe de la Revolución, no una víctima más. ¿Se trata de procesar a la Revolución o de procesar a la corrupción? Uno de los personajes había afirmado: «La corrupción está dentro de nosotros. La Revolución es imposible». ¿Lo es? ¿Si lo es, hay que emprenderla, no obstante? El final lírico del drama no nos ayuda a encontrar ninguna respuesta. Nos preguntamos, pues, cuál puede ser aquí la realidad traspuesta y cuál pueda ser su relación con el· espectador español. Según José M. García Escudero, Sastre plantea un problema —«el conflicto entre el gran interés general y el afecto particular»— y «apunta una solución —al mostrar la inhumanidad de la falsa solución comunista», a diferencia, según el citado autor, de las otras obras de Sastre, que se quedan en «deliberadamente ambiguas e indecisas, en problema y nada más» (*T. T.,* pág. 67). Por su parte, Eduardo Haro Tegglen escribía haber presenciado la perplejidad de Sastre ante la idea de que «*El pan de todos* es una obra anticomunista; y, sin embargo, nadie que la conozca puede pensar otra cosa. Las inesperadas resultantes de sus dramas proceden del desdén con que Alfonso Sastre trata los elementos accesorios y circunstanciales de la situación generadora» (*T. T.,* página 74). Nosotros tenemos la impresión de que no siempre consigue el dramaturgo armonizar las dos fases, antes aludidas, de la trasposición y el desarrollo, dándose, como consecuencia, contradicción o, a lo menos, falta de encaje entre la intención creadora y su realización dramática o, si se quiere, entre los postulados ideológicos del drama, previos a él, y los resultados ideológicos posteriores a su ejecución. Puede suceder que por defecto de comprensión seamos terriblemente injustos con esta obra. Así nos lo hace pensar una nota de su autor: La «dimensión trágica de este drama está ya· en la tragedia griega: Orestes mata a Clitemnestra y es perseguido por las Furias. *El pan de todos* es, en este sentido, una tragedia antigua. Pero su presente articulación sólo ha sido posible después de las grandes experiencias revolucionarias del siglo xx» (*Obras completas,* I, págs. 226-227). David, el nuevo Orestes, dejaría matar a su madre por fidelidad al ideal de la Revolución. Pero en este caso no entendemos cuál pueda ser la relación con España, habida cuenta de estas dos afirmaciones de Sastre: «La acción de *El pan de todos* sucede, podríamos decir, en un país imaginario» y «España es, en todo caso, el país de mi imaginación» (*Obras completas*, I, pág. 227). ¿Qué España? La única posible sería la posterior a una revolución que todavía no se ha hecho. Pero entonces o se piensa en un drama-ficción o, si no, en un drama contrarrevolucionario.

Sastre vuelve a utilizar de nuevo el vocabulario sartriano de lo «viscoso», lo «sucio», el miedo que da «asco», vocabulario que perjudica más que beneficia el lenguaje dramático, por lo que tiene de «cliché» conceptual.

En *La mordaza* nos presenta Sastre el tema de la tiranía y sus consecuencias, traspuesto, como en *La casa de Bernarda Alba,* al nivel de la familia. Isaías Krappo, el tirano, hombre de poderosa personalidad, ejerce un dominio inmisericorde sobre los miembros de su familia, que le temen, sin que ninguno de ellos se atreva a rebelarse contra «el demonio que les atormenta» (pág. 134). Isaías Krappo ha asesinado a un hombre y nadie en la casa se atreve a denunciarlo, amordazados por el miedo (Teo), por la piedad (Juan), por fidelidad al amo. La consecuencia es un «espantoso silencio», un silencio asfixiante, que hace imposible las relaciones humanas normales e impide la paz y la felicidad. Finalmente, Luisa, casada con uno de los hijos de Isaías, Juan, ofendida por las intenciones deshonestas de su suegro, lo denunciará a la policía. Isaías morirá acribillado al intentar escapar de la prisión. Después de su muerte, interpretada como una venganza —escapó para que lo mataran y su muerte pesara sobre la conciencia de los hijos—, la tarea de éstos será defenderse de esa muerte y tratar de vivir.

El pensamiento central del drama aparece expresado en estas palabras de Luisa: «Hay silencio en la casa. Parece como si no ocurriera nada por dentro, como si todos estuviéramos tranquilos y fuéramos felices. Esta es una casa sin disgustos, sin voces de desesperación, sin gritos de angustia o de furia... Entonces, ¿es que no ocurre nada? ¿Nada? Pero nosotros palidecemos día a día... estamos más tristes cada día..., tranquilos y tristes..., porque no podemos vivir... Esta mordaza nos ahoga y algún día va a ser preciso hablar, gritar..., si es que ese día nos quedan fuerzas... Y ese día va a ser un día de ira y de sangre...» (cuadro V, pág. 326). Siendo muy claro este pensamiento central y su significación para el espectador español, Sastre se lamenta con amarga ironía de que la obra fuera «tranquilamente vista como un drama rural», autorizándose así su representación (*Obras completas*, I, pág. 283).

Creemos que perjudica al drama la excesiva importancia que el dramaturgo, a través de sus personajes, da al calor como causa determinante de la acción.

El mismo año escribe *Tierra roja*. Refiriéndose a ella dice Sastre: «A mí me ha parecido que correspondía a un dramaturgo español la tarea de glosar y replantear en algún sentido uno de nuestros mitos dramáticos más queridos, en el cual se halla potencialmente toda una fecunda línea del teatro moderno: el mito de *Fuenteovejuna*» (*Obras completas,* I, págs. 347-349).

El nuevo héroe colectivo será un pueblo de mineros, y el antagonista no un personaje individual, como el Fernán Gómez de Lope de Vega, sino un personaje colectivo también, aunque sin rostro: la Compañía. Comienza el drama con la presentación de una situación injusta y arbitraria, aceptada, sin embargo, por todos sin protestas: un viejo minero y su familia son expulsados de la casa en donde han vivido, cuando ya no pueden trabajar. Una sola voz, sin embargo, se levanta, la del joven minero Pablo, al que secundan otros mineros. Interviene la policía, fuerza ciega y alienada, al servicio de la Compañía. Una bala perdida mata a un niño. Y la revuelta estalla. La furia del pueblo unido, incendia, destruye, mata. La consecuencia es la cárcel, los interrogatorios, la tortura. Como en *Fuenteovejuna,* todos se declaran responsables de la acción revolucionaria. Pero aquí no hay poder trascendente que perdone. El pueblo —como en el drama de Miguel Hernández, *Los hijos de la piedra,* también inspirado en *Fuenteovejuna*— será ametrallado salvajemente.

Años después vuelve a repetirse la situación inicial: Pablo, viejo ya e inservible para el trabajo, es expulsado. ¿Fue entonces inútil la rebelión de los mineros? ¿Todo sigue igual? La respuesta la da el joven que llega para hacer lo mismo que Pablo hiciera años atrás, sólo que esta vez no será un acto aislado de un puñado de mineros, sino la de todo un pueblo unido por la misma hambre de justicia: «si corriera otra vez la sangre de los mineros, se notaría esa sangre en todo el país... y que si eso ocurre... miles de obreros que usted no conoce abandonarían las fábricas..., y llegaría la noticia a los campos y los campesinos mirarían hacia aquí y los estudiantes saldrían a las calles, a pedir justicia frente a la policía... y mucha gente que hoy está tranquila y satisfecha se pondría pálida de miedo...» (*Obras completas,* I., epílogo, pág. 408). La muerte de los mineros no fue inútil.

Mil novecientos cincuenta y cinco es un año fecundo para el dramaturgo Sastre. Además de dos dramas que nada tienen que ver con la temática revolucionaria (*Ana Kleiber* y *La sangre de Dios*), escribe *Muerte en el barrio* y *Guillermo Tell tiene los ojos tristes,* inscritos en ella, ambos prohibidos por la censura.

Muerte en el barrio aborda, mediante la dramatización de una situación-límite, el tema de la culpabilidad y de la responsabilidad sociales. Un niño atropellado por un camión es llevado a un dispensario, pero el médico de guardia está ausente de su puesto, y el niño, al no poder ser atendido a tiempo, muere. Sastre nos muestra que no hay un solo culpable, sino toda una cadena de culpables: el médico de guardia que no estaba en su puesto, el médico de la otra clínica que se negó a acudir en auxilio del niño, el taxista que rehusó cargar al niño para no ensuciar el coche; y culpable también, en cierto modo, Arturo, el padre del niño, que abandonó a la mujer y al hijo. Ninguno de ellos es, sin embargo, individualmente culpable, sino en tanto que miembros de una sociedad, que es el verdadero culpable del drama. Para procesar sumariamente a la sociedad, condenarla y ejecutar en ella la sentencia, Sastre elige al médico de guardia, del que nos hace ver su irresponsabilidad criminal —dejó su puesto para beber— pero también su condición de producto de una sociedad que impide, destruye o coarta la libertad de sus componentes para elegir y realizar su vocación personal. Culpable el médico de guardia es también víctima de un sistema injusto. El médico será linchado por los vecinos del barrio en el bar donde se reúnen. Linchamiento del que todos, con responsabilidad colectiva, se declararán culpables. La furia del barrio, que estalla repentinamente, y que no obedece a nada premeditado ni calculado de antemano, no es la simple respuesta a un caso particular, por monstruoso que éste sea, sino la respuesta a una situación social y a un sistema. En este drama la situación inventada y su desarrollo —aunque éste admita en su seno algún elemento melodramático— sí traspone —según la teoría estética de Sastre— una situación general precisa e históricamente determinada. Entre esos elementos melodramáticos de naturaleza impura, tanto psicológica como dramáticamente, y, además, innecesarios en nuestra opinión, está, una vez más, el «calor», al que el dramaturgo da una importancia excesiva como determinante o condicionante de las pasiones de los personajes. La ejemplaridad social del drama queda así comprometida por el propio dramaturgo, no sólo por la reiterada alusión al calor como motivo desencadenante del linchamiento, sino por esta expresa manifestación de uno de los personajes al final del drama: «Puede que si esto (la lluvia que ha terminado con el calor) hubiera ocurrido el otro día, a estas horas el doctor Sanjo estuviera tan tranquilo.» Manifestación que da un sentido de gratuidad y de puro azar a un acto que en sí mismo debía tener el fundamento de su necesidad. A nuestro juicio constituye esto un grave error del dramaturgo, que, desde dentro mismo del universo creado, mina la trascendencia de su drama.

En la «Noticia» que precede su *Guillermo Tell* Sastre afirma que quienes dramatizaron antes que él la leyenda del gran héroe nacional suizo, entre ellos Schiller, no acertaron a ver lo que de trágico tenía el mito, y escribe: «Este Guillermo Tell mío —éste que tiene los ojos tristes—, significa, independientemente de sus numerosos y deliberados anacronismos y anatopismos, una ruptura del viejo mito.

Tell deja de ser el protagonista de una proeza para convertirse en el sujeto de un tragedia. Adquiere, en este tratamiento, la grandeza de un redentor por cuyo sacrificio es posible la salvación de los otros. Es destruido para que vivan los demás. En su corazón no habrá ya nunca alegría, pero su pueblo será feliz.» Y en las últimas líneas: «La verdadera tragedia de Guillermo Tell queda... por hacer... Confieso... que yo he querido escribirla» (*Obras completas*, I, páginas 587-588).

La obra está dividida en siete cuadros. El cuadro I tiene función presentativa y sirve, dramáticamente, para preparar el clima. A través de la larga conversación de los mendigos y de la actuación de un ciego que canta romances, el espectador es enterado de los sufrimientos del pueblo, del horror de la tiranía del gobernador Gessler, del odio y el miedo que todos le profesan y del valor de Guillermo Tell, por todos admirado. Una corta escena de «acción» cierra el cuadro: el ciego es abatido por los soldados. Y aparece Guillermo Tell, único que se enfrenta con los soldados asesinos. Tell es hecho prisionero. Más que individuos dramáticos, los personajes son encarnación de conceptos, de abstracciones, y, en todo caso, meramente funcionales. El cuadro II sucede en una taberna. Lo fundamental en él es la conversación entre Fürst, el intelectual (suegro además de Tell) y un mendigo, representante del pueblo y del hombre de acción. Aunque los dos odian al tirano y luchan contra la tiranía, entre ambos existe un abismo y no se sienten compañeros. La diferencia entre ambos nos parece excesivamente elemental. Puede resumirla esta frase del intelectual: «Lo mío... es pensar por vosotros (por el pueblo), compañero. Lo vuestro... actuar por mí. Yo pienso para que lo que vosotros hagáis no sea un crimen. Vosotros actuaréis para que lo que yo pienso no sea una pura filosofía...» (*Obras completas*, I, pág. 613). Nueva aparición de Guillermo Tell, esta vez intensificada enfáticamente mediante el uso de una técnica escenográfica romántica: su aparición coincide con el sonido del viento y con un relámpago. Tell confiesa haber sido golpeado y habla de la paliza. Tell, bastante infantil, confiesa su desconfianza hacia los intelectuales y su modo de entender la revolución, y afirma: «Esta noche habrá terror en las montañas. Se estará bien durmiendo entre las mantas, con calorcito... Me gusta dormir. No pensar en nada» (*Obras completas*, I, pág. 616). En el cuadro III asistimos a la reunión de los conjurados que se enzarzan en cuestiones de procedimiento. El cuadro está escrito naturalmente con intención satírica. Tell, siempre enormemente infantil, con más de niño grande que de héroe, llega a la reunión y asiste desinteresado y como ausente al debate, y se va, pretextando que su hijo está enfermo. Si está en la reunión es porque salió a dar un paseo para no oír las quejas de su hijo que tiene algo de fiebre. Fürst, su suegro, lo disculpa así: «Es un hombre bueno. Tiene sentido de la justicia. Pero es un anarquista y resulta difícil tratar con él» (*Obras completas,* I, pág. 626). En el cuadro IV dramatiza Sastre la escena del sombrero del gobernador, puesto en una pica, al que todos deben saludar postrados en el suelo (en Schiller ocupa el comienzo de la escena III del acto III), escena desmesuradamente ampliada, a nuestro juicio, y a la que se le da un tratamiento bufo. El diálogo entre los dos guardias que custodian el sombrero tiene algo de «codornicesco». En lugar de la vergüenza que sienten los dos soldados de Schiller, éstos dos de Sastre deciden ser crueles con el pueblo para vengarse de lo mal que está la vida, desahogándose así un poco. La escena es de una inconcebible ingenuidad. La víctima es Würtz, obligado a arrodillarse ante el sombrero, incapaz de sobreponerse a su cobardía. En el cuadro V se pone en conocimiento de Tell, que está tranquilo en su casa, lo que el espectador ya sabe: la humillación de Würtz en la escena del sombrero. Y de algo más que el espectador no sabe: el suicidio de Würtz, que no ha sabido sobreponerse a la vergüenza de su humillación. Tell tiene los ojos tristes y está rígido. Su esposa le pregunta: «¿Te ha vuelto?» «No sé», responde Tell. El espectador se pregunta qué puede ser lo que le «ha vuelto». Finalmente Tell decide salir y le pide al hijo que lo acompañe. Y al preguntarle éste: «¿Por qué quieres que vaya contigo, padre?», le contesta *extrañado,* según reza la acotación: «Todavía no lo sé, hijo mío. ¿He dicho que vengas?» Y al decirle que sí el hijo, Tell dice: «Entonces *(se encoge de hombros)* no sé... Por algo será... Vamos» (*Obras completas,* I, págs. 630-640). El dramaturgo deja, pues, sin motivación cuanto ocurrirá en el siguiente cuadro. En éste vuelven a aparecer los guardias que custodian el sombrero del gobernador. Su conversación es una cadena de chuscadas. Valga como botón de muestra ésta: «A mí me fastidian las guardias. Como no hace uno nada, se pone a pensar. Y a mí, en cuanto me pongo a pensar, me duele la cabeza» (*Obras completas,* I, pág. 641). Tell llega con su hijo y atraviesa con una flecha el sombrero. Llega también el gobernador rodeado de su séquito. Sastre sigue haciendo uso de chuscadas dignas de una elemental sátira estudiantil, tipo fiesta de Santo Tomás de Aquino, pero en ningún modo de una tragedia. Los personajes quedan, claro está, deshumanizados, convertidos en simples peleles. Lo perseguido por Sastre es mostrar la degradación de cuantos sirven al Gobernador. Y el dramaturgo no ha encontrado mejor procedimiento expresivo que el de la farsa gruesa. Por fin llega el célebre y legendario momento de la manzana: puesta sobre la cabeza de su hijo Tell deberá atravesarla con una flecha. El Gobernador, que está de buen humor, adoptando el papel de un empresario de teatro invita a todos a presenciar el emocionante espectáculo. Y Guillermo Tell, el héroe trágico, en el terrible momento que precede la prueba se convierte en acusador del público, no sólo del público-actor, sino del público-espectador. Y nosotros nos preguntamos: ¿con qué derecho? Los errores se acumulan: idealización rosa del hijo de Tell, contento de poder hacer algo grande ante tanta gente que los mira, Tell, irónicamente, comenta su aspecto que no corresponde al que el público esperaría de un héroe: no se ha afeitado y tiene barba de dos días, no tiene raya en el pantalón, tiene los zapatos sucios... Por fin, después de esta escena absolutamente gratuita, dispara Tell y... yerra, matando al hijo. En seguida, mata al gobernador y el público-actor se subleva al grito de «¡Mueran los tiranos!» En el último cuadro, triunfante ya la revolución, el pueblo ofrece el poder a Guillermo Tell, que éste rechaza. Y en voz alta cuenta lo que le hubiera gustado que sucediera: acertar la manzana y no matar a su hijo, ser el héroe de la leyenda y no el del drama de Sastre. Al quedar solo con su mujer se duerme con el cuento de barba azul que ésta, piadosa, empieza a contar.

Los propósitos de Sastre, escribir la tragedia de Guillermo Tell que nadie ha escrito todavía, se quedan en propósitos. No podemos entender cómo Pérez Minik ha podido escribir tan rotundamente con evidente injusticia para el teatro español actual y para el resto del teatro del mismo Sastre que «Guillermo Tell es uno de los más bellos dramas que se han escrito en España en estos años» (T. T., I, página 24). Humildemente confesamos no haber descubierto esa belleza en el drama que Sastre ha escrito. Porque no hay que confundir las ideas dramáticas que desea un autor escribir, ideas que pueden ser muy bellas, con lo que, en realidad, ha escrito. Para la crítica no hay otro objeto a considerar que lo escrito, no lo proyectado, por mucho que lo proyectado incite nuestro interés.

Y aquí se impone volver a algo que anteriormente dejamos apuntado. Sastre se ha quejado con razón del «bloqueo» —la palabra es suya— de su obra. Ese bloqueo ha sido y es injusto, arbitrario, escandaloso y, naturalmente, poco inteligente. Ha impedido artificialmente que el teatro de Sastre opere en la sociedad española para la que era escrito el impacto de que era portador, ha escamoteado a un dramaturgo la relación natural y necesaria con el público, determinando el mutuo desconocimiento de autor y público y cierta actitud negativa, muy comprensible, de aquél ante éste. Ha convertido el teatro no estrenado de Sastre en «frutos prohibidos», motivando así una crítica mitificadora de ese teatro, en tanto que teatro *prohibido,* crítica que, pasando a través de la obra dramática en sí en tanto que realidad estética dotada de una estructura y unos caracteres determinados y concretos, se ha ocupado en poner de relieve unas ideas y unas significaciones que, existentes como proyecto o a nivel intencional, no

siempre están *ahí,* en cada drama, realizadas. Y esto ha sido enormemente perjudicial para el dramaturgo Sastre, que, como todo dramaturgo empeñado, como él lo está, en escribir un teatro importante,
grave, comprometido y profundo, necesitaba un público al que tenía
derecho, y una crítica, mediadora y testimonial, no mitificadora, pues
lo prohibido por sí mismo no es un valor. Las ideas del español Sastre, que cuentan con toda nuestra simpatía, ha puesto, a veces, una
venda en los ojos al dramaturgo Sastre que, en muchas escenas de
sus dramas, ha supeditado a ellas personajes y mundo dramático, in-
molando la verdad y la complejidad de lo real a unos esquemas ideológicos, raíz del esquematismo de la palabra, de la acción y de la
situación dramática en su teatro.

Mil novecientos cincuenta y nueve es también un año importante
en la dramaturgia de Sastre, el año en que escribe *Asalto nocturno,
En la red* y *La cornada,* las dos últimas estrenadas en Madrid en 1961
y 1960 respectivamente.

Asalto nocturno adopta la forma de una investigación criminal (así
se titula el segundo cuadro). A partir del misterioso asesinato del
profesor Graffi a manos de un asesino a sueldo, el dramaturgo nos
va haciendo recorrer, hacia atrás en el tiempo, una larga cadena
de crímenes eslabonados unos a otros con relación de causa a efecto
hasta el eslabón primero, causa y origen de todos los crímenes. Según
vamos retrocediendo hacia ese origen, el drama se va cargando de
significaciones que trascienden la historia de «vendetta» que, aparentemente, constituye el eje argumental de la acción dramática. Las
familias o, mejor, los clanes de los Graffi y de los Bosco, a lo largo
de varias generaciones se han ido destruyendo entre sí, respondiendo
con la violencia a la violencia, motivado cada asesinato por un asesinato anterior, encadenados a un destino a la vez personal e histórico,
del cual son víctimas y culpables. Sastre nos fuerza a asistir al trágico
espectáculo de un fatal proceso de culpabilidad que atraviesa las generaciones engrosándose, como un oscuro río incapaz de ser detenido,
con los actos culpables de cada una de ellas. En el origen, en una
pequeña isla del Mediterráneo, los Graffi ejercieron una cruel dictadura sobre el pueblo, atropellándolo bárbaramente. A la muerte del
tirano el pueblo se sublevó contra el heredero y un Bosco lo mató,
en venganza de la violencia cometida por el padre en una de las mujeres de la familia Bosco. El principio de la larga cadena de crímenes
está, pues, en la tiranía, en el ejercicio injusto del poder.

El drama de las dos familias está, a su vez, inserto en otro más
amplio drama, del cual el primero es una muestra representativa: el
drama de la historia contemporánea, en el que se da el mismo ciego y
fatal encadenamiento de crímenes, violencias y culpas, drama narrado
en sus actos más significativos por el inspector Orkin, encargado de

la investigación criminal. No son dos familias, sino la historia entera de nuestro tiempo lo procesado por el dramaturgo en busca de un culpable. Y al procesar nuestra historia —la española y la general— aparece, justo mediante la historia de los Graffi y los Bosco, la verdad trágica propuesta por Sastre: el hombre es, a la vez, víctima del proceso histórico y culpable de él.

La obra termina con una invitación, a un tiempo angustiada y esperanzada, a romper con la cadena de crímenes: la de la historia escenificada y la de la historia humana. Poco antes de que el telón caiga, el inspector Orkin dice, dirigiéndose al público: «... deseo de todo corazón que esta sangrienta historia haya terminado, de verdad y para siempre, cuando caiga, dentro de unos momentos, el telón del teatro». Y añade en el verso narrativo que el autor utiliza al reseñar la historia del mundo contemporáneo:

> Pero no puedo expulsar de mi corazón el terror
> cuando pienso en la noche
> y en la posibilidad, todavía de un monstruoso asalto nocturno
> que convierta este pequeño mundo perdido y solitario
> en un terrible incendio...
>
> *(Obras completas,* I, pág. 791.)

Sastre, mediante la acertada y original síntesis de dos modelos —la tragedia griega y el teatro épico brechtiano— ha creado en *Asalto nocturno* un drama importante que —esta vez sí— como él quiere, «es un testimonio del mundo en que vivimos» (*Obras completas,* I, pág. 720). Pero además este drama nos parece ser la primera experiencia de ese «teatro del futuro» que, según Sastre, debe surgir de las interacciones de las tres tendencias por él señaladas en el teatro occidental contemporáneo: la del «teatro épico», la del «teatro dramático» y la del «teatro de vanguardia» [73]. Situados en la perspectiva de la estética teatral de Sastre, *Asalto nocturno* podría ser la primera pieza de un nuevo ciclo dramático de nuestro autor, del que no conocemos todavía segunda pieza, pues las escritas posteriormente (y publicadas) no forman parte de él.

En la red vuelve a tratar el tema del terrorismo, pero desprovisto esta vez de la intención de investigación moral que caracterizaba a *Prólogo patético.* Se nos hace asistir aquí a las últimas horas de los miembros de un grupo clandestino antes de la llegada de la policía. La acción está situada en la Argelia de la resistencia antifrancesa, a la que pertenecen los personajes. De esta pieza nos dice su autor: «*En la red* es un drama sobre la condición humana del

---

[73] Me permito recomendar a la atención del lector el interesante ensayo de Sastre «Sobre la triple raíz de un teatro contemporáneo», en *Anatomía del realismo,* págs. 209-227. Ver también *Obras completas,* I, págs. 795-796.

hombre clandestino» (*Obras completas*, I, pág. 796). Concentrada en unos pocos personajes encerrados en un cuarto durante una noche, nos da Sastre algunas de las notas definitorias de la existencia a un tiempo inhumana y heroica del hombre clandestino: su tensa y angustiada espera, su necesidad del recelo y la desconfianza, su renuncia a una vida personal y, sobre todo, su experiencia de la tortura. A través de la experiencia de estos personajes se produce en el espectador una toma de conciencia de cuanto en nuestro mundo hay de universo policíaco. Dice uno de los personajes, dominado por lo que pudiéramos llamar «complejo de fuga», y no, desde luego, manía persecutoria: «Todo el mundo puede ser policía. Casi todo el mundo lo es. ¡Perseguidores! Los perseguidos somos muy pocos. Así que... llegan a cazarnos siempre. ¡Antes o después! Hay que tener mucho cuidado. Un cuidado exquisito» (*Obras completas*, I, pág. 818). Distinto es el punto de vista de Pablo, uno de los jefes de la Resistencia, quien, minutos antes de ser apresado, dice: «Recuerden siempre que los días están contados, que el que nos pega la patada en el vientre está condenado a desaparecer. Es él quien huele a podrido, a muerto, aunque seamos nosotros los que nos desangremos todavía. En los peores momentos piensen en ello y en la liberación o dejen de pensar y aguanten en el vacío, porque se han de oír, y muy pronto, las voces de la victoria... Recuerden, si quieren agarrarse a algo, que ya somos demasiados para caer en una red, por muy grande que sea» (*Obras completas*, I, pág. 860). Con todo y ser, como escribe Rodríguez Puértolas, «un profundo y tenso alegato, en nombre de la dignidad humana, contra la injusticia, crueldad y opresión»[74], como drama nos parece demasiado esquemático, sin que las ideas alcancen suficiente encarnadura humana ni la realidad dramatizada suficiente profundidad vital. No podemos dejar de expresar esta impresión: en la mayoría de los «dramas revolucionarios» de Sastre los personajes y su mundo nos parecen tan cerca del *ensayo* —del ensayo dramático— como del drama. O dicho de manera tal vez más exacta: en estos dramas se transparenta, como la falsilla debajo del papel virgen, lo *ensayístico*.

La cornada es el último de los dramas publicados de Sastre que forman parte del teatro estudiado bajo este epígrafe[75], y uno de los más importantes. En una nota publicada en *Cuadernos de Arte y Pensamiento* decía su autor: «...tengo la impresión... de haber hecho el drama de una relación casi antropofágica; una relación que tiene algo que ver, en mi opinión, con el mito de Cronos-Saturno;

[74] Rodríguez Puértolas, art. cit., pág. 51.
[75] *Oficio de tinieblas*, aparte de salirse ya del ciclo de teatro revolucionario y del realismo testimonial, nos parece una obra menor de Sastre, que nada importante añade a su dramaturgia.

alguien que devora a sus criaturas, alguien cuya supervivencia está montada sobre la destrucción de sus creaciones. Encuentro este mito, desdichadamente, vivo en la sociedad en cuyo seno nos movemos o nos debatimos» (*Obras completas,* I, pág. 866). Para encarnar dramáticamente ese mito elige la fiesta nacional, sin que, naturalmente, guarde con ella ninguna relación documental o naturalista, como el dramaturgo recalca enérgicamente. El Saturno, «devorador» de sus propias criaturas, será en el drama Marcos, el apoderado, y el «devorado» José Alba, el torero. Sastre prescinde de o supera —según el punto de vista adoptado— esta vez todo esquematismo en la construcción del diálogo y de la acción, sin renunciar por ello a ese «ascetismo» formal que le caracteriza como dramaturgo [76], para concentrar el drama en la relación, compleja y densa de significaciones porque existencialmente densa, de Marcos, José Alba y Gabriela, esposa del torero. Marcos y Gabriela se oponen contendiendo conflictivamente por la posesión de José, cada uno fundado en una postura antagónica la una de la otra: Gabriela desde el amor por el hombre, Marcos desde la pasión absoluta por el torero, creación suya. La víctima, desgarrada entre ambas opuestas solicitaciones, es José Alba. José necesita a ambos, sin poder renunciar a uno de ellos ni poder conciliarlos. Renunciar a Marcos sería dejar de ser socialmente, públicamente y aniquilarse como «héroe» dentro de la comunidad que lo ha hecho posible como tal héroe. Renunciar a Gabriela sería renunciar a su humanidad individual, a su modo humano de ser hombre. No pudiendo renunciar a ninguno de los dos y no pudiendo conciliar su ser público y su ser privado, José Alba, fatalmente, será conducido a la muerte. En una sociedad de tal manera estructurada, en donde conflingen lo social y lo individual, lo que uno es para los demás y lo que es para sí mismo, lo que uno tiene que ser para ser-alguien-para-los demás y lo que uno es sin que ese ser sea ser-para-los otros, es decir, el hombre pleno, con plenitud social y personal a la vez, no puede existir sino desgarrado, dividido y, por así decirlo, en estado de traición permanente a su integridad humana, a su cabal humanidad... Sólo pueden existir tres salidas: la muerte, simbolizada en la del torero-hombre José Alba, la «castración» civil, simbolizada en Pastor, quien renuncia a la dimensión pública de su ser —el torero— para quedarse arrinconado e incompleto y frustrado, por tanto, en su vida privada (la taberna de la que es dueño); o la corrupción y destrucción moral —social y personal, civil e individual— simbolizada en Ricardo Platero, antiguo torero y hombre hoy reducido —como lo muestra la

---

[76] En la nota introductoria a *Oficio de tinieblas* habla Sastre del «cuaresmástico» idioma que suele emplear en sus dramas.

rapidísima escena final— a simple guiñapo. Marcos, el apoderado, es la encarnación de ese Saturno, devorador de sus propias criaturas, en que la Sociedad se ha convertido. Esta nueva divinidad más cruel, sin posible comparación, que el Dios trágico de los griegos o de los cristianos, nunca justa, nunca grande, nunca ennoblecedora, crea para devorar o para corromper, y esconde su crueldad bajo las máscaras del altruismo, del triunfalismo, de la generosidad, y utiliza como instrumentos de tentación y captación la fama, el éxito, la riqueza, y como métodos de trabajo la técnica, la organización, la propaganda y como campo de acción el hambre, la miseria y la pobre ambición humana. Pero lo realmente trágico es que, hoy por hoy, tal como la vida humana está históricamente estructurada, Saturno es necesario. Para que dejara de serlo debería cambiar íntegra, en su totalidad, toda la estructura.

Pérez Minik interpreta *La cornada* como el drama de la enajenación de la libertad: «José Alba —escribe—... es el hombre que ha perdido la libertad. Y la ha perdido porque la malvendió como una mercancía por la seguridad del éxito, por la gloria, la comodidad. La verdad del drama de Alfonso Sastre reside precisamente en las razones que poseen lo mismo el empresario que el matador. De cierta manera, dada la actual constitución del mundo, el capitalismo convirtió todo en objeto de compraventa, el empresario es un poder necesario y perverso, fruto de una autarquía extemporánea, pero indispensable para alcanzar una situación excepcional en un cierto estado social» (*T. T.,* pág. 28). Cierto. Pero no sólo drama de la enajenación de la libertad, sino también de la explotación necesaria y fatal en tanto que pivote de la actual estructura social y, sobre todo, como he querido mostrar antes, drama de la ruptura trágica de la persona humana y de su ser desintegrado. Cuando Sastre, sin renunciar a ninguna de sus ideas, antes estribado en su visión del mundo, prescinde de la tipificación esquemática de personajes y acción e implanta individuos dramáticos autónomos y suficientes sobre la escena y no ya meros soportes o conductores de ideas, crea un drama importante como *La cornada.* Sólo así consigue dar a su teatro la función social que le asignó: dar testimonio de la realidad y provocar la toma de conciencia que haga posible un ulterior compromiso y una acción graves y coherentes.

4.   Tres obras al margen

Al margen no del teatro contemporáneo, sino del eje fundamental del teatro de Sastre o, para utilizar sus propias palabras, «de la línea medular» (*Obras completas,* I, pág. 415) de su trabajo dramático. Son éstas *Ana Kleiber, La sangre de Dios* y *El cuervo*. Dentro del conjunto de su dramaturgia son como pausas o descansos, dominados por el signo de lo experimental o, mejor aún, ejercicios de construcción dramática.

Ana Kleiber es, en cierto modo, pero sólo en el plano formal no en el del contenido, un correlato de *Cómo se hace una novela* de Unamuno. Sastre dramaturgo, personaje de su obra, muestra cómo se va haciendo ante el público un drama. A partir de una situación final, idéntica al principio y al término de la pieza, deja que los personajes le cuenten su historia, volviéndola a vivir sobre la escena, la cual, como en nuestro teatro del Siglo de Oro, no es un espacio físico, sino un espacio dramático, es decir, dinámico, no condicionado a determinación material alguna, sino subordinado a la acción, integrado en ella y por ella originado. Creemos que la historia que se nos cuenta —una patética historia de amor— es lo de menos, siendo lo de más el ensayo experimental de su construcción.

La sangre de Dios, la más endeble de estas tres piezas, es la actualización del sacrificio de Abraham. El profesor Jacobo Parthon, creyendo oír la voz de Dios, matará a su hijo, que acepta el sacrificio por amor al padre y por falta de razones para seguir viviendo. Mediante un truco —creo que es la palabra justa— el autor —no muy seguro de sí— nos ofrece dos soluciones consecutivas: el padre ha matado de verdad a su hijo (así termina el acto primero); y sólo ha sido una alucinación (así termina el acto segundo). Entre las dos soluciones —en la segunda versión de la obra— no hay enlace dramático. Nos parece un drama frustrado y gratuito que, en todo caso, sólo tiene valor biográfico-intelectual, pues, como dice Sastre, «este drama es un homenaje del autor a Sören Kierkegaard. Leyendo su *Temor y Temblor* tuve *la idea de escribirlo*». Y añade con razón haberla definido cuando se le ocurrió el plan como «una tragedia frustrada» (*Obras completas,* I, pág. 79).

El cuervo es, como construcción, un excelente drama de terror, pero de ninguna manera un «drama del tiempo», pues el tema de la «revivencia del tiempo» no tiene más existencia ni consistencia que el de su escenificación. Sastre escribe: «Es concebible que un mismo hecho sea vivido por un grupo de personas según distintos ritmos de tiempo. Este hecho, en mi obra, es el asesinato de Laura. El tiempo de Laura y su asesino es más lento que el de los observadores: éstos viven el crimen y sus consecuencias cuando, en el ritmo lento de Laura, el crimen todavía no se ha producido» (*Obras completas,* I, pág. 662). Sastre consigue producir el terror en el espectador, no porque le haga vivir el misterio del tiempo, sino porque lo sitúa, mediante la hábil creación de una atmósfera, en un universo de ciencia-ficción. Uno de los peores defectos —no de construcción, sino de contenido— nos parece ser el intento —no logrado— de dar una significación trascendental al «misterio». Los personajes al comentar su situación, realmente espeluznante, aluden en varias ocasiones a Dios: «Un ser que está ahí, invariable... Nos da miedo, terror, pensar en él... No lo entendemos... ¿Qué quiere de nosotros? ¿No será... Dios?» (*Obras completas,* I, pág. 706). Tales alusiones, que tienden a sugerirnos una significación trascendente de la situación vivida por los personajes, son, por así decirlo, elementos de una superestructura postiza, flotantes en el drama, pero no enraizados en él. Se nos aparecen como «ocurrencias» o como excrecencias, pero no como ideas dramáticas necesarias y fundadas en la acción.

Hacemos nuestras las palabras de Eduardo Haro Tegglen: «Admiro la rapidez con que se entra en situación, la fuerza con que se crea un clima de misterio, la maestría con que se refleja la angustia de los personajes envueltos en una extraña trama. Lamento que todo ello no esté empleado en una causa que yo pudiera entender. Es una desazón estrictamente personal que no quisiera contagiar a los lectores» (T. T., pág. 77). Es decir, confesamos que tal vez nos hayamos equivocado en lo que hemos escrito, pero no podíamos dejar de escribirlo.

5. *Teatro penúltimo* (1965-1972)

Las seis piezas escritas por Sastre entre esas dos fechas parecen haber entrado —¿hasta cuándo?— en ese terrible espacio del teatro invisible español contemporáneo, cerrado a la escena y al libro. Esa condición de enterrado vivo no es la mejor, sino la peor, para el desarrollo vital, es decir, real, de una dramaturgia que, como la de Sastre, busca por todos los medios no ya sólo despertar la conciencia social del público, sino agitarla y provocarla a una acción eficaz y coherente que destruya la base sobre la que está estribada. El teatro de Sastre, nacido para la contestación y para la lucha, queda históricamente invalidado al ser extirpado de la realidad escénica y reducido no ya a simple texto público, sino a mero texto privado, es decir, a todo lo contrario de aquello que lo ha hecho nacer.

En una breve nota preliminar al texto mecanografiado de su *Teatro penúltimo,* escribe Sastre: «Este tomo contiene seis textos para el teatro escritos en tiempos de opresión. Piezas de un teatro invisible, atestiguan sobre la situación en que fueron escritas; y prefiguran quizá, por la vía de la experiencia imaginaria, algunas líneas para un teatro de nuestro tiempo.»

El tomo —809 folios escritos a doble espacio por una sola cara— contiene las siguientes obras: *M. S. V.* (*o la sangre y la ceniza*) (1965), *El Banquete* (1965), *La Taberna fantástica* (1966), *Crónicas romanas* (1968), *Ejercicios de terror* (1970), *El Camarada oscuro* (1972). Excepto la penúltima, las otras las define su autor como «tragedias complejas». La «tragedia compleja» sería —según Sastre— una forma neo-trágica que intenta superar la tragedia aristotélica o «simple», el teatro anti-trágico brechtiano y el nihilismo de la vanguardia (Becket) o del esperpento. Avance de este nuevo tipo de tragedia, aunque parcial, habría sido, siempre según su autor, *Asalto nocturno*. En la nota 1 a *M. S. V.* escribe: «... sobre un material tradicionalmente trágico y "serio" (un proceso "histórico" que termina en la hoguera), trato hoy de construir lo que llamo irónicamente una tragicomedia, y creo que es, en verdad, una tragedia verdadera. El elemento esperpéntico no queda, en esta obra, incrustado o incorporado, sino "disuelto" en ella, con una intención distanciadora, desmixtificadora. El resultado, ¿no será, como digo, una tragedia verdadera? La respuesta han de darla los "verificantes", los públicos» (folio 8). Desgraciadamente, sin públicos, es difícil tal verificación. En otra «Nota» a la última de las piezas del tomo, escribe: "La "tragedia compleja" se muestra en este caso asestando un golpe visible al fetichismo de los géneros y de las categorías poéticas. Empieza siendo un esperpento encuadrado en una pieza de teatro documental —o viceversa— y termina siendo otra cosa: una tragedia... compleja, precisamente» (folio 647). La formulación más extensa, sin embargo, de lo que puede ser —a lo menos a nivel teórico— una tragedia compleja, creo que es la expuesta por Sastre en el capítulo 9 («Reaparición del teatro como tema: estado de la cuestión teórica en 1969») de su libro *La revolución y la crítica de la cultura* [77], texto que por ser accesible al lector me dispenso de comentar. A nivel práctico, en las cinco obras definidas como tragedias complejas vemos una tentativa de integración de la tragedia aristotélica, el teatro épico, el teatro documento y el esperpento, la farsa, el sainete y el melodrama, sin que el resultado desemboque, en nuestra opinión, en una nueva forma de lo trágico. Queremos, sin embargo, recalcar que nuestra opinión es sólo nuestra, es decir privada, sin valor de «verificación». Verificación que debe quedar en suspenso mientras no se representen públicamente los dramas, o, al menos, se impriman.

Con esto en mente, paso a describir con la mayor claridad que me sea posible, y sin interferencias críticas —si ello es posible— los seis penúltimos dramas de Sastre.

---

[77] Ediciones Grijalbo, 1970, págs. 99-114.

Las «tragedias complejas» aparecen formalmente divididas en partes y cada una de éstas en cuadros de muy variada extensión y número, oscilando entre un mínimo de cuatro y dieciocho. Cada cuadro cumple, dentro de la estructura de la acción, tres funciones fundamentales: multiplicar el espacio dramático, avanzar cronológicamente la acción o contrastar dos mundos ideológicos. La técnica de la división en cuadros, típica de todo el teatro de Sastre, es utilizada ahora con mucha mayor libertad, pues el dramaturgo escribe sin traba ni constreñimiento alguno procedente de las condiciones propias del teatro para estrenar. Lo que el dramaturgo ofrece a su imaginario público mediante una acción fragmentada en cuadros es un haz de momentos o trozos («tranches») de realidad, seleccionados menos con criterio dramático —pues apenas hay intriga que sirva de hilo conductor— que con criterio ideológico. Cada cuadro debe conducir al espectador al descubrimiento de la condición alienada de los dos tiempos históricos en que el autor le fuerza a moverse: el tiempo del personaje y el suyo propio, el del espectador. El resultado final, provocado explícita o implícitamente cuadro a cuadro debe ser doble: toma de conciencia y protesta lúcida, pues el espectador es siempre invitado, y hasta presionado, a tomar partido, a sumarse al proceso revolucionario codificado en el drama. A ello coadyuvan los distintos niveles del lenguaje total de las piezas. En efecto, Sastre utiliza, además del idioma «liberado» de los personajes, lleno de giros populares, de «tacos», e incluso de jergas de la germanía actual, otros lenguajes de comunicación: proyecciones de fotografías, bandas sonoras, altavoces, maniquíes. Pero también carteles, pancartas, noticias de prensa, juegos de luces, de sonidos, canciones.

A todos estos lenguajes, conjugados con la pretensión de provocar la participación del público, une Sastre otras tácticas dirigidas al mismo fin. Dos ejemplos. El Calvino de *M. S. V.* (Miguel Servet de Villanueva) predica un sermón desde el palco de platea, convirtiendo así a los espectadores en los feligreses ginebrinos. En *El camarada oscuro* la policía invade el patio de butacas, amenazando al público. Al igual que otras formas del teatro de la «provocación» o de la «participación» —pero superior a la mayoría de ellas por la calidad y la densidad del texto— el dramaturgo no se contenta, a veces, con suprimir simbólicamente la distancia entre escena y sala, sino que la suprime físicamente, haciendo que los actores invadan la sala, o actúen desde ella *como si* fueran el público, o amenacen a éstos *como si* fueran parte del espectáculo. Es decir, Sastre, a veces, sólo a veces, parece querer identificar teatro y realidad, identificación a todas luces utópica o irreal, cuando quiere llevarse más allá de la teoría o del símbolo.

Vengamos, aunque sea brevemente y sin análisis crítico, a los textos de Sastre.

En *M. S. V.* se nos cuenta en un prólogo y 17 cuadros y un epílogo la última etapa de la vida de Miguel Servet, desde sus días de corrector de pruebas en Lyon hasta su encarcelamiento en Ginebra y su muerte en la hoguera. Un Miguel Servet, héroe de la libertad del individuo, en lucha tenaz contra toda forma de tiranía, en la que encarna la figura del intelectual acosado, insumiso y, a la postre, torturado y eliminado por la autoridad en una sociedad alienada. Aunque Sastre se ha documentado cuidadosamente para construir su pieza y utiliza documentos, personajes, discursos y sermones «históricos», rompe sistemáticamente el plano histórico, desde el prólogo al epílogo, mediante el uso continuo y deliberado del anacronismo, convertido en procedimiento dramático de doble función: distanciamiento del pasado e identificación con el presente, y éste no necesariamente español, sino, por así decirlo, planetario. Al mismo tiempo, esta técnica del anacronismo pretende hacer ver al espectador la coincidencia en la enajenación entre su propio tiempo y el tiempo de Servet. Los anacronismos son de muy distintos tipos: visuales, auditivos, lingüísticos, ideológicos. He aquí, enumerados, pues no necesitan comentario, algunos de ellos: himno nazi, Brigada de investigación criminal, micrófonos, sótanos de la Organización provincial de Seguridad, tortura eléctrica, fusilamientos en masa... A los que hay que añadir, naturalmente, el estilo y el contenido de la argumentación de los personajes.

Sastre utiliza, siempre muy oportunamente, altavoces, proyecciones y maniquíes, estos últimos para representar los miembros del Tribunal que condenan a Servet. Del mismo modo, se sirve, funcionalmente, de diferentes técnicas de distanciación del teatro épico, como baladas, canciones o apartes del actor. Igualmente, utiliza formas del grotesco esperpéntico, aunque —no podemos menos de subrayar— inadecuadamente, pues pensamos que Sastre no tiene el talento para la gracia, y los elementos esperpénticos se le quedan en bufonerías de sal gruesa y desangelada.

Suponemos que, de ser representada, mucho lastre, mucho peso muerto sería eliminado por el propio autor, en especial sermones teológicos o ideas (circulación de la sangre, concepción de la Trinidad, del pecado original, de Cristo) que poco o nada, dramáticamente hablando, significan ni en la pieza ni para el espectador contemporáneo.

El Banquete, según reza la «Nota», «es una obra pensada, como tema, en los alrededores de otra mía: *La Cornada.* La explotación del hombre por el hombre, la alienación, el Saturno devorador de sus hijos, la antropofagia psíquica y social... Son referencias que, obligadamente, han de asociar aquel drama de un torero —cuya vida es la propia materia del negocio— con éste de una incipiente actriz que no llegamos a ver porque ya ha muerto cuando la historia empieza» (folio 188).

Como tema pueden, en efecto, aproximarse ambas obras, pero no como realización dramática. *El Banquete* es, en este sentido, muy inferior a *La Cornada*. Lo que en ésta era drama, en aquélla es simple diálogo y no, teatralmente, del mejor. Por otra parte, creemos que las proyecciones (de concursos de belleza femenina, del Vietnam, de los cosmonautas, de desnudos femeninos en campos de exterminación nazis...) no están ni honda ni coherentemente integrados al todo, sino que son postizos, no ideológicos, claro, pero sí teatrales. Más bien es un pobre recurso al que, demasiado tópicamente acuden hoy muchos dramaturgos que no saben crear una estructura dramática suficiente. Son algo así —y perdónenseme las comparaciones— como el bisoñé para el calvo o los senos postizos para la mujer sin curvas. Finalmente, el cine, a diferencia de los toros en *La Cornada,* se quedan en simple anécdota escandalosa de la alienación, sin alcanzar nunca ni la categoría de símbolo ni la más difícil, por compleja, de la realidad. Sastre no debió escamotear, matándola antes de levantar el telón, a la nueva víctima: la actriz.

Como todas las piezas del tomo, *La Taberna fantástica* lleva también unas «Notas» preliminares de su autor. Dos textos breves de esas «Notas» queremos dar a conocer al lector: «Les invito a entrar en esta taberna poblada de fantasmas reales, a escuchar este lenguaje bronco, a presenciar este drama lúgubre. No es una mera ilustración del parentesco estético entre el naturalismo y la "vanguardia"... Tampoco es una pura muestra del lenguaje de las zahurdas; aunque me parece conveniente escribirlo y no se suele hacer. Si la obra interesara en ese sentido, ¿a los lingüistas?, ¿al público en general?, ya sería algo, pero... Resumiendo, se trata de un momento más de mi solitaria exploración, a la busca de un nuevo drama: en este caso se trata de la incorporación al teatro de una experiencia inmediata, para lo que hay que torear el toro del naturalismo, cuyas cogidas son mortales: una faena difícil...» (Nota 1, folios 281-282). «Varios personajes —y seguramente los más importantes— de *La Taberna fantástica* pertenecen a un mundo que ha saltado con frecuencia últimamente a las páginas de sucesos de los periódicos españoles: el de los quinquilleros. Este es un oficio nómada, no étnicamente diferenciado, socialmente marginal, y siempre segregado en sus intentos de integración suburbana: El quinquillero, en la vecindad, es el otro... También, la indefensión social en que viven —y la necesidad de defenderse como sea, para sobrevivir en tan desfavorables condiciones— crea en muchos de ellos un componente (defensivo) de agresividad, de violencia. Atribuyo a estas condiciones, la generosidad que es nota generalizada en ellos: una generosidad sin límites: casi agresiva, con la que ellos se hacen aceptar: imponen su presencia, jovialmente, en un mundo enemigo» (Nota 3, folios 284-285).

Al «toro del naturalismo» lo torea magníficamente Sastre en esta tragedia de «quinquis», ya utilizando la capa roja del esperpento o la muleta del teatro épico, o bien, prescindiendo de capa y muleta, cogiendo al toro por los cuernos, a fuerza, precisamente, de «naturalismo» estilizado o profundizado por la piedad y la honda comprensión del autor por sus criaturas, las cuales viven y mueren desgarradamente en escena, entre copa y taco, no para divertir, ni para definirse, ni como simples instrumentos para la acusación de una sociedad cerrada e inmisericorde sino —claro que desidealizados, desheroizados, derribados de su coturno y de su abstracta dignidad— convertidos en chivos expiatorios de un sistema que les ha extirpado, o, más exactamente, capado la conciencia de su dignidad trágica.

Ahora bien, la experiencia realizada aquí por Sastre, en «solitario» como él afirma, es idéntica en sentido y hasta en estilo (con la excepción de los parcos elementos de teatro épico) a la que sólo un año antes, en 1965, había realizado, también en solitario, Rodríguez Méndez en las *Bodas que fueron famosas del Pingajo y la Fandanga,* y a la que el mismo autor realizaría un año después de *La Taberna fantástica,* en 1967, en su obra *Los quinquis de Madrid.* ¿No es realmente trágico, y dice por sí mismo mucho más que el más tenso alegato, el hecho históricamente atroz de que dos dramaturgos españoles radicalmente coetáneos estén empeñados en una experiencia idéntica, en mutuo desconocimiento el uno del trabajo del otro, forzados a escribir en solitario, sin posibilidad de existencia pública?

No se trata, ni mucho menos, de una coincidencia ni de un hecho aislado. Volverá a suceder con sendas piezas de Sastre (*El camarada oscuro*) y Rodríguez Méndez (*Historia de unos cuantos,* 1970), a las que hay que añadir otra de López Mozo (*Anarchía 36,* 1971). Las tres piezas —no importa ahora la diferencia de calidad— están estructuradas como «crónicas» dramáticas de un período de la historia española que, sustancialmente, es el mismo, y con técnicas teatrales e intención ideológica cercanas.

La pieza de Sastre —de las otras dos nos ocupamos en páginas posteriores— subtitulada «melodrama histórico», es una «crónica», casi un «documental» de izquierdas, sobre la historia de España, captada en momentos significativos, que comienza en la Barcelona de 1902 y termina en el Madrid actual. El hilo conductor de la «crónica» o «documental» viene dado por Ruperto, humilde, irrisorio y magnífico «héroe» —aunque no, claro, en sentido aristotélico— cuya vida se nos cuenta en 26 cuadros, desde su nacimiento en una simbólica cuadra-portal de Belén hasta su entierro un día de lluvia en un cementerio civil, con asistencia, entre otros pocos, del autor —Alfonso Sastre— y de guardias grises y policías de paisano, que patrullan por el patio de butacas, vigilando al público, y hacen una sola detención: la de Sastre.

Todos los traumas de nuestra historia del siglo XX van siendo actualizados en la escena, asociados a la vida de ese magnífico, humilde pobre y minúsculo Ruperto, Don Nadie Español, tan entrañable, tan ingenuo, tan entero. Él es el centro de una historia de pesadilla, una historia a punto muchas veces de ser otra historia, frustrada a cada ocasión por los mismos «hados», por las mismas fuerzas, aunque sus nombres vayan cambiando. Leída es una emocionante «crónica», aunque antidialéctica, quiero decir voluntariamente unilateral, de ahí su subtítulo de «melodrama». Ignoramos cuál será su capacidad de impacto obre un público representativo de todas las Españas, y las reacciones de éste: ¿cólera?, ¿amargura?, ¿pesimismo?, ¿esperanza?, ¿desengaño? ¿Cómo «verificarlo y cuándo?

La penúltima, cronológicamente, de las llamadas «tragedias complejas», *Crónicas romanas,* nos lleva, para devolvernos constantemente a nuestros tiempos (nazismo, guerra civil, revolución cubana, Vietnam, comunismo) a la Iberia de Viriato y del cerco de la Numancia (cervantina). La misma técnica del anacronismo, detectada en *M.S.V.,* superpone dos situaciones históricas, con la misma finalidad: distanciamiento e identificación. La historia del guerrillero Viriato y de los numantinos sirve para revivir otras historias occidentales de guerrilleros, de «numantinos» y de absolutismos. El autor, naturalmente, nos presenta la historia desde el punto de vista del guerrillero y del «numantino» acosado que prefiere la tortura o la muerte al pacto y al compromiso [78].

Para terminar este breve recorrido por el difícil —de juzgar— territorio del teatro invisible de Sastre —prolongados sus confines en la tercera parte de este libro— unas líneas sobre *Ejercicios de terror,* obra que el propio Sastre engloba en lo que él llama la «serie B» de su teatro, junto con *Ana Kleiber, La sangre de Dios* y *El cuervo.*

Ejercicios de terror, como indica cabalmente su título, es un es-

---

[78] Un resumen del «argumento» y análisis de este drama puede leerse en Anje C. Van der Naald *Alfonso Sastre. Dramaturgo de la revolución,* Anaya. Las Americas, 1973, págs. 94-109.

pectáculo múltiple y variado compuesto de varios «ejercicios», entre los cuales, los más largos son «Episodio con una médium», «El doctor Frankestein en Hortaleza» y «El vampiro de Uppsala». El autor, como lo hiciera en *El·cuervo,* pero esta vez con mayores medios de técnica teatral —los que vienen del teatro de provocación, del teatro de la crueldad, del teatro de la vanguardia en general— espléndidamente manejados, crea climas sucesivos de terror, aunque, a diferencia de *El cuervo,* no se trata sólo ahora, ni mucho menos, de terror «metafísico», aunque éste se intente, sino también, de distintas formas de terror «social», como, por ejemplo, los últimos con que se cierra la obra. Cito, resumiendo dos de ellos: «Salen los monitores. Uno con traje rojo. Los demás, que son cinco, con traje azul. Primer ejercicio: "La rueda". Los cinco monitores se ponen en círculo alrededor del otro y lo golpean, echándoselo el uno al otro hasta que el monitor pierde el conocimiento. Entonces lo desatan y lo tiran al suelo.»

Los *Ejercicios de Terror* comienzan no en escena, ni siquiera en la sala, sino apenas el espectador entra en el teatro, transformado, ¿humorísticamente?, en gran barracón de feria, y se siguen hasta que el público consigue llegar a sus asientos. Y se multiplican, una vez la representación empieza, y se desarrollan en la escena y en la sala, y fuera de la escena y de la sala.

Un gran director podría hacer de esta obra un espectáculo realmente terrorífico e impresionante. Siempre, claro está, que el público lo tolerara.

Cuando estas obras inéditas de Sastre[79] se publiquen —¿cuándo?— y se representen —¿dónde?— será el momento de hacer el análisis crítico, profundo y demorado, que aquí no hemos querido hacer.

Ahora bien, consecuente con su teatro revolucionario, Alfonso Sastre se encuentra en la cárcel en el momento en que escribimos estas líneas. No hay que olvidarlo.

* * *

Hemos escrito estas páginas tratando de apartarnos tanto de la actitud del «hincha» como de la del «reventador» e intentando su-

---

[79] Sastre en la «nota bibliográfica» de *Teatro penúltimo* cita dos piezas más inéditas: *Askatasuna* y *Las cintas magnéticas* (teatro radiofónico). Esta última junto con *Ejercicios de terror* y *El Cuervo,* se ha publicado en un libro titulado *El escenario diabólico,* Barcelona, 1973.

perar todo espíritu de «maffia». [80]. Dicho esto concluimos con estas palabras escritas por nuestro dramaturgo (sobre Brecht): «Encuentro fallos importantes —y lo digo— en su teatro» (*Anatomía del Realismo,* pág. 214).

---

[80] Si utilizamos estas palabras es porque nos ha parecido detectar las actitudes por ellas expresadas al leer no pocos artículos sobre el teatro de Sastre.

CAPÍTULO VIII

Algunos dramaturgos de la penúltima hora

En el Editorial del número extraordinario que dedicó en 1966 la revista *Cuadernos para el diálogo*[1] al teatro español actual pueden leerse cosas como las siguientes: «el teatro español contemporáneo, su pobreza intelectual, su raquitismo ideológico, su reducción a mero objeto de consumo de una clase, su inhibición ante los problemas que España y los españoles tienen planteados, es fiel reflejo de una situación palpable que remite a un concepto del lugar que el arte y la cultura deben ocupan en la sociedad...», «... el teatro constituye hoy uno de los sectores más deprimidos dentro del contexto cultural español. La centralización, la insuficiente libertad, la carencia de sentido crítico, la discriminación de las otras culturas distintas a la imperante, las dificultades a los autores jóvenes y menos jóvenes que intentan plantear sus obras dentro de su perspectiva ideológica, son hechos ciertos e innegables. La historia del teatro español en España en estos últimos años es en muchos aspectos la historia de una frustración». «El pueblo español no va al teatro, no le interesa el teatro, no ve en él un lugar que refleje sus inquietudes o dé acogida a sus problemas. El teatro es entre nosotros, por regla general, un producto exquisito, envuelto en el papel de celofán de las frases retóricas dando vueltas y vueltas a las mismas y particulares cuestiones» (*C. D.,* páginas 3-4). En este mismo número, José María de Quinto escribe: «... en España el teatro (...) continúa viviendo de espaldas al pueblo, a la cultura, empeñado en halagar los instintos de las clases acomodadas, tratando de enmascarar la realidad tras de cortinas de incienso. Excepto la aparición de algunos dramaturgos..., que no estrenan porque no pueden, según tienen declarado, en estos últimos treinta años nada de notable se ha producido dentro del teatro español» (*C. D.,* pág. 27). Y F. García Pavón, después de citar a algunos jóvenes dramaturgos —«Carlos Muñiz, Lauro Olmo, Rodríguez Bu-

---

[1] *Cuadernos para el Diálogo,* junio 1966. Para no multiplicar las notas, siempre que citemos textos de este número pondremos a continuación de ellos, y entre paréntesis, las siglas *C. D.* y la página correspondiente.

421

ded, Martín Recuerda, etc.»— añade: «La evolución de este lúcido y original arranque ha sido detenida. Todos callan. Ninguno de estos autores estrena hace años. Un silencio pavoroso ha caído sobre nuestro teatro más prometedor. Sin embargo, sabemos que, aun desganados, escriben. Que en su joven gaveta hay varias obras concluidas» (*C. D.*, pág. 29).

Dentro del panorama del teatro español de la penúltima y la última hora, confuso e intrincado por su misma condición de cosa que se está haciendo, por su carácter de ciclo iniciado pero incompleto en razón de su propia cronología, podemos distinguir —aunque no haya más remedio que generalizar, pues es pronto todavía para las precisiones rigurosas— dos grandes grupos de autores dramáticos, representativos de sendas tendencias y de sendas dramaturgias, dos tipos fundamentales de teatro: un *teatro público*[2], que sube fácilmente a los escenarios comerciales, cuya temática y tono son sobre todo cómicos, y otro teatro que sólo difícil e irregularmente sube a los escenarios comerciales, y cuyo estudio haremos en la tercera parte de este libro.

I. Teatro público

1. Alfonso Paso (1926) o la inviabilidad del «pacto»

Sin duda alguna, el autor más representativo y destacado de este primer tipo de teatro que hoy abastece los escenarios españoles es Alfonso Paso, caso —perdóneseme la reiteración fonética— realmente extraordinario de fecundidad, parangonable, en abundancia, con autores como Benavente, los hermanos Quintero o Muñoz Seca, para no retroceder más allá de las fronteras del teatro español del siglo XX. Como suele suceder con los autores dramáticos de caudalosa producción, la riqueza interior y el valor intrínseco de su obra teatral y de un crecido número de obras en particular, dado que la creación literaria no es nunca creación natural, queda afectada por su propia abundancia, de modo tal que al oro se une la ganga, a lo original lo mostrenco, lo fácil y lo convencional, e incluso, en bastantes casos, la vena áurea se adelgaza, debilita o desaparece recubierta, devorada o sustituida por la ganga. Si puede ser así, no por ello hay que incurrir en el prejuicio, fruto las más veces del esnobismo, pero no del conocimiento, de que sólo los partos difíciles, laboriosos y espaciados entre sí son valiosos, y no los otros, numerosísimos y de ritmo fluido, sin apenas intermitencias. Abundancia

---

[2] Ver nota 1 del capítulo 5.

y parquedad en la creación literaria pueden ser sintomáticos, pero no valiosos *per se*. Sirva lo anterior como presupuesto necesario de nuestra actitud crítica.

Comienza Paso sus actividades teatrales muy joven, hacia 1945, como Sastre, movido por el desacuerdo con el ambiente teatral español de postguerra y por la vocación de renovarlo. El desacuerdo y el espíritu de renovación le llevan a actuar como director escénico de grupos de teatro universitario y experimental como el de la Facultad de Filosofía y Letras de Madrid, donde era estudiante, «La Vaca Flaca», «El Duende» y a asociarse con «Arte Nuevo» y con el equipo de la revista *Primer Acto,* en cuyos primeros números publica algunos artículos. De las varias piezas escritas solo o en colaboración[3] es interesante citar *Una bomba llamada Abelardo* (1953), en la que Monleón ve «su más claro intento por armonizar un teatro crítico con un teatro inverosímil»[4], cuyo arranque ve en *Tres sombreros de copa,* de Mihura. De ella escribía su propio autor: «... estuvo un año fermentándose en mi cabeza, ¡un año largo!, doce meses que pasé preguntándome de qué modo podríamos reírnos tú, lector y espectador, y yo de este tipo tan común en todas las civilizaciones decadentes y que en la europea, como tal, ha tomado carta de naturaleza desde hace ya algún tiempo» (Marqueríe, *op. cit.,* páginas 103-104). Ese tipo es —según Paso— el «pseudo profundo». Para encarnarlo grotescamente elige un gorila reeducado como personaje central. La obra era por su tema y, sobre todo, por su forma dramática una consciente provocación al público «normal». Provocación en la que de modo menos radical, pero más profundo, volverá a incidir Paso en algunas de sus piezas posteriores, hasta 1960.

Durante esos siete años —del 53 al 60— estrenará Paso cerca de treinta piezas, sin contar las operetas o las adaptaciones. Son años decisivos en la configuración del teatro de Paso, años en los que el problema del éxito, de ser aceptado por el público, de ser estrenado aun a costa de no escribir el teatro que se quisiera escribir, aun a costa de la calidad y la verdad, por una parte, y la exigencia interior de un teatro que rechace la tentación de lo fácil, por otra, se enfrentan y determinan los varios caminos de su tarea de dramaturgo. Se trataba, pues, de ceder, amoldándose a los gustos del público, o de no ceder, escribiendo un teatro que nada concediera. Paso quiso adoptar la vía media, estableciendo —o pretendiendo establecer— un

---

[3] Sobre esta primera y juvenil etapa de Paso puede consultarse el libro de Marqueríe, *Alfonso Paso y su teatro,* Madrid, Escelicer, 1960, págs. 16-32 y 86-115. En él encontrará el lector numerosísimas declaraciones del propio Paso.

[4] José Monleón, «Alfonso Paso y su tragicomedia», en *El teatro de humor en España,* ed. cit., págs. 247-268.

pacto entre el público y el dramaturgo, según dirá posteriormente. Pero antes de hablar de ese pacto y de su autojustificación conviene, citando al autor, precisar de qué público se trataba: «Público, en su mayoría, inquieto, despreocupado, a quien escuece la verdad. Público formado también en su mayoría de mujeres a las que interesan mucho más las desventuras de una casadera infeliz que cualquier otro problema denso y real (...). El terreno que pisamos es, por tanto, cenagoso y retarda nuestra marcha. Es un terreno de viejecitas con cinta negra al cuello que se escandalizan por todo, de burgueses satisfechos y de muchachas tontas. Dije que la inclusión de una clase hecha en el negocio fácil, casi ilegal, en nuestra clase media tradicional era la primera y más importante de las causas que han convertido a nuestro público en una masa amorfa y vacía. Las restantes se derivan de ésta, y son la susceptibilidad enfermiza, la intolerancia, la moral ocultadora, la negativa a enfrentarse con los problemas reales que su tiempo, su patria y su propia casa tienen, etc., etc.» (Marqueríe, págs. 52-54). Con ese público, que es *el* público, hay hay que pactar, no hay que darle la espalda, sino hacer concesiones. ¿Por qué? Porque el autor que desee revolucionar el teatro, «el verdadero revolucionario no es nunca un exasperado, un gesticulante», sino «un prudente, un razonador dispuesto siempre al pacto cuando el pacto significa una ventaja para su credo; porque la revolución teatral debe ser, ante todo, efectiva. Y una vez... traicionado el primer punto de su credo, es decir, una vez hecha la primera comedia con concesiones, advertimos que nuestro fondo revolucionario ha ganado muchos puntos porque hemos entrado en el terreno de la efectividad. Las empresas leen nuestra producción, estrenamos, vamos hacia adelante. Y en cada obra añadimos un gramo más de cal y restamos dos de arena» (*ibíd.,* pág. 51). Así, pues, ese pacto es, según Paso, la condición *sine qua non* para revolucionar desde dentro y poco a poco el teatro. Una vez aceptado el autor por el público, una vez situado, podrá alternar «dos buenas comedias con posibilidades comerciales» con «una obra con algo más, aunque sea de porvenir económico incierto», o bien alternar «en una pieza partes duras y blandas» (*ibíd.,* pág. 62).

El peligro de tal pacto está, naturalmente, en que en lugar de transformar el autor a su público, sea el público el que transforme al autor e, incluso, lo devore, no dejando en él resto alguno o, en el mejor de los casos, un resto muy exiguo e ineficaz de aquel revolucionario que empezó haciendo algunas concesiones y acaba concediendo todo. Esto es lo que, según Monleón, ha sucedido con Alfonso Paso y su teatro. El pacto —«halagar y a la vez luchar»—, escribe Monleón, «no pasa de ser una fórmula diplomática. En la práctica, hay que decidirse pronto por una cosa u otra... A estas alturas, y por mucho que duela hacer afirmaciones de este tipo, el caso de Alfonso Paso parece definitivamente aclarado. Un combate táctico, como el preconizado, le hubiera mantenido siempre al filo de la navaja, regateando halagos, como en sus buenos tiempos y buenas obras... La increíble cantidad de obras que Alfonso Paso ha estrenado después, casi todas con éxito de público, y muchas de ellas centenarias, permitiría sostener, aun cuando no conociésemos la totalidad de tales obras, que entre el autor y el público existe un acuerdo fundamental» (art. cit., pág. 225).

Nosotros pensamos también que, especialmente a partir de 1960 —aunque ya desde el principio—, en que estrena *La boda de la chica,* aquella fórmula de alarife citada («añadimos un grano más de cal y restamos dos de arena») se ha convertido justo en la contraria: restamos un grano más de ,cal y añadimos dos de arena. No deja de ser sintomático, por mucho que pueda tener de táctica, que aquel público de la década del 50 se haya convertido en la del 60 en «el juez máximo del teatro», en el «querido espectador», en cuya «benevolencia» y «bondad» confía y agradece, y cuya «opinión le merece un enorme respeto y un crédito abierto y solemne... [5], etc. No obstante, hay que reconocer que, salvo el propósito de escribir un teatro «verdaderamente revolucionario» y «efectivo», Paso ha cumplido tres de los objetivos que se propuso al escribir, y que son —citamos:

«Hacer comedias para determinado teatro o compañías con público especial habituado a un género también especial.

Lograr que se me reconozcan un oficio, profesionalidad, mano en la pintura de tipos, creación de situaciones y ejecución de diálogo.

Pasar más allá de las escalofriantes cincuenta representaciones, acercarse lo más posible a las cien, tocarlas en último caso y, como consecuencia, hacer una media económica discreta, que no me aleje de los futuros planes de las empresas...» (Marqueríe, págs. 252-253).

Pero los ha cumplido mediante la renuncia a aquel teatro nada blando ni concesivo, ni dependiente de los gustos del hoy «querido» y «bondadoso» público, ayer lleno de susceptibilidad enfermiza, intolerancia, moral ocultadora, de aquel teatro que cuenta con títulos como *Los probrecitos* (1957), *No hay novedad, doña Adela* (1959) o *La boda de la chica* (1960). Es necesario, sin embargo, antes de seguir, dejar dicho algo que nos parece importante: desde esas primeras piezas hasta las actuales, el oficio, la mano en la pintura de tipos, la creación de situaciones y la ejecución del diálogo —para mantenernos en la terminología del autor y en el nivel que presu-

---

[5] «Autocríticas» de *La corbata* (1963), *Los peces gordos* (1965), *Víspera de domingo, Este Cura tan alegre, tan extraño* (las tres de 1966), etc.

pone— no son inferiores ni suponen pérdida de facultades en cuanto a construcción teatral se refiere. Es indudable —las excepciones no cuentan— una superior maestría «técnica» en el autor. Paso tiene gran talento para enlazar y desenlazar una intriga, plantear unas situaciones y. ejecutar, incluso con virtuosismo, un diálogo. Ahora bien, estas piezas «bien hechas» de Paso no pasan de ser piezas bien hechas: su excelencia acaba en su factura. Habiendo desarrollado casi como un virtuoso su oficio de constructor o fabricante de piezas teatrales, convirtió en fin lo que no es sino sólo un medio y condenó su teatro a ser un objeto de consumo para un limitado y poco exigente —estética e intelectualmente— grupo social, pero un objeto hueco de significaciones y de trascendencia, aquejado de un radical provincianismo de temas, conflictos e ideas, a la medida de un público que sigue —como en los años 50— sin querer escuchar la verdad y al que Paso la ha sacrificado diciéndole sólo la verdad que quiere escuchar, que no es nunca la necesaria. «Alfonso Paso —escribía Monleón—, un hombre potencialmente superdotado para el teatro, para comunicarse desde el escenario, se entregó a ese público malformado que, como él mismo había dicho, es el que hace a nuestros autores» (art. cit., pág. 261). Esta entrega del dramaturgo a su público, con la consiguiente renuncia a su transformación, es, desde luego, un fenómeno socioliterario que exigiría un detallado estudio sociológico.

Dentro de la abundantísima producción teatral de Paso hay un importante sector al que su autor llamó teatro «social», en el cual se encuentran las tragicomedias antes mentadas y aquellas piezas a las que Marqueríe optimistamente calificó de teatro de «delación y denuncia», entre las cuales podrían incluirse como títulos representativos *Juicio contra un sinvergüenza* (1952), *Cena de matrimonios* (1959), *Las buenas personas* (1961), *Las que tienen que servir* (1962), *Buenísima sociedad* (1962), *La corbata* (1963), *La oficina* (1965), *Los peces gordos* (1965)... Con sus tragicomedias, partiendo de la tradición realista del teatro de humor español —desde el sainete a las tragedias grotescas de Arniches—, a la que Paso depura de sus elementos sentimentales o excesivamente populistas, aunque no los elimine, Paso aportaba una estimable contribución a ese teatro español de postguerra —el escrito dentro de España—, cuyas primeras manifestaciones escénicas importantes fueron *Historia de una escalera,* de Buero Vallejo; *Escuadra hacia la muerte,* de Sastre, y *Tres sombreros de copa,* de Mihura. En *Los pobrecitos* se nos daba una entrañable visión tragicómica, limpiamente popular, de unas víctimas unidas por la común conciencia de su miseria y de su impotencia frente a un poder —encarnado en doña Clara, la dueña de la pensión—, no sólo arbitrario e injusto, sino enmascarado bajo unos mitos oficiales e institucionalizados que se nos revelan en toda su falsedad. En *No hay novedad, doña Adela,* pese a ciertos halagos a la vulgaridad y a una no muy convincente defensa de algunos principios convencionales de la sociedad tradicional —el grano de arena—, Paso denunciaba el inmovilismo y la voluntad de falsificación y de ocultación de la realidad de una sociedad atrincherada en la moral escapista del optimismo a ultranza, ciega para la verdad y sorda para el mal, grotescamente empeñada en la defensa del «aquí no pasa nada» y del «no hay novedad». En *La boda de la chica* —al que se le antepone como lema un texto de Quevedo, que termina con esta frase: «Ponle la verdad en los labios y dila a la española, que es cosa que ahora no se usa»— Paso muestra meridianamente, aunque luego quisiera paliarla su propio autor en comentario posterior, «la injusticia de un desnivel de situaciones» [6] En la serie de piezas posteriores, cuyos primeros ejemplos son *Juicio contra un sinvergüenza* y *Cena de matrimonios,* el compromiso con la realidad y su testimonio se transformará en un pseudocompromiso y en testimonio desviado de la verdad necesaria. Parte de estas piezas —las dos anteriores, *Buenísima sociedad, Los peces gordos,* etcétera— constituyen un tipo de teatro al que llamaríamos neorrealismo rosa: el autor muestra los trapos sucios de la alta sociedad, a la que procesa por su inmoralidad, su frivolidad y su cinismo. La consecuencia es que, acabada la hábil escenificación de esta crónica escandalosa, la buena conciencia del público burgués, del «querido público» de Paso, sale reforzada por el espectáculo, pues, naturalmente, todos cuantos lo forman se siente inocentes de tales escándalos que nada tienen que ver con ellos. La táctica del comediógrafo es la misma —y discúlpeseme el ejemplo— que la del moralista que desde el púlpito habla de pecados nefandos a sus pequeño-virtuosos feligreses: no hay posibilidad de autoidentificación, aunque sí de autocomplacencia por contraste. La otra parte de estas piezas —citaremos como típicas *Las buenas personas, La corbata* y *La oficina*— son una apología y una defensa de la clase media, a la vez víctima —explotada, expoliada, humillada— y héroe —depositaria de las virtudes morales resumidas en la decencia—. Conflicto y personajes son sometidos a una simplificación extrema, aquejándoles una invencible frivolidad que, en algunos casos —por ejemplo, *La corbata*— se hace inadmisible por su turbia carga demagógica: el pobre y el rico son

---

[6] Monleón, art. cit., págs. 266. Comentando Monleón la defensa que de su obra hiciera Paso para congraciarse al público, escribe en esa misma página: «¿No es tremendo que un autor se disculpe de que ante su obra el público español se haga terribles preguntas? ¿Por qué no responsabilizarse con alegría de ese proceso de conciencias que pone en marcha la representación de *La boda de la chica* en un teatro de España?»

presentados como *igualmente* culpables —el bueno es el representante de la clase media—, con la salvedad significativa de que, al final, el rico es también y en el fondo buena persona. Esa defensa y apología de la clase media es, en buena medida, la defensa y apología de una parte de su público. Y para no perderlo se limita a consolarlo mediante el triste tópico de «la sufrida clase media», o agraciándolo con las quinielas o con la lotería que luego les retira, o favoreciendo la salida del resentimiento y su turbia satisfacción mediante una rebelión inocua. Pero lo que no hace, en cambio, es poner al desnudo las causas de la injusticia, del miedo, de la mentira y de la moral de siervos que los caracteriza, como tampoco saca a escena a los verdaderos culpables ni a los verdaderos rebeldes, sino sólo a sus deficientes caricaturas o sombras, simplificando hasta lo elemental el conflicto dramático. Y, claro está, falseando la realidad social y sus verdaderos males.

Otro importante sector del teatro de Paso está formado por el «teatro policíaco», género muy abundante en el *teatro público* de postguerra en España. Su función es la que el propio autor señalaba en una de ellas: hacer pasar un buen rato [7]. Es necesario señalar que Paso es un excelente constructor de este tipo de teatro y que la mayoría de ellas son piezas calculadas al milímetro.

Marqueríe distingue todavía algunos tipos temáticos más: comedias de «la posibilidad de lo imposible», comedias de «burla de la política y de la historia» y comedias de la «ilusión, esperanza y felicidad». En cada uno de estos grupos temáticos siempre se encuentran obras que, en su totalidad o parcialmente, muestran que Paso no es, ni mucho menos, un comediógrafo más ni un simple fabricante de piezas al uso para satisfacer los ocios de antes o de después de la cena —dado el horario, único en Europa, de las dos representaciones diarias de los teatros españoles—, sino un autor que podría, si se atreviera o si quisiera —¿cómo saberlo?—, hacer un teatro de mayor trascendencia que aquél al que se ha habituado y del que tememos no pueda ya desligarse.

No quisiéramos terminar sin escribir unas palabras que no sería honesto silenciar: Alfonso Paso ha sido dentro del teatro español cómico de la penúltima hora el más extraordinariamente dotado para escribir teatro. Resulta por ello doloroso —al menos para nosotros— que haya elegido, en contra de su propio talento, hacer un teatro de limitadas significaciones, de contenido poco importante y de nivel elemental, renunciando a transformar revolucionariamente desde dentro el *teatro público* español actual. Su «pacto» fue una dimisión.

---

[7] Ver *Usted puede ser un asesino* (1958), Madrid, Alfil, 1961, Col. Teatro, número 301, pág. 6.

Y, sin embargo, aun dentro de esa dimisión, no podemos menos de ver, especialmente en aquellas piezas en las que hay algo más que un teatro de pura diversión o pasatiempo, un resto positivo de una especie de voluntad de pedagogía nacional para uso de una conciencia masiva sorda y ciega. Y esto nos lleva a pensar en un escepticismo radical de Paso frente a un público en cuyas posibilidades de cambio y de lucidez no pudiera creer. Lo cual, a su vez, nos hace pensar —y nos gustaría no equivocarnos— en el drama del autor teatral Paso, quien, hechas sus primeras concesiones, se dio cuenta de que era imposible retroceder y siguió adelante, concediendo más y más, víctima ya de su público, aunque víctima culpable.

2. Jaime de Armiñán, Jaime Salom y Juan J. Alonso Millán

Armiñán, premio «Calderón de la Barca», premio «Lope de Vega» y premio «Unión Films», concedidos, respectivamente, a sus comedias *Eva sin manzana, Nuestro fantasma* y *Sinfonía acabada,* comienza su carrera de comediógrafo con el estreno de la primera en 1954. Desde entonces, su obra ha ido creciendo regularmente en número: *Café del liceo* (1958), *Paso a nivel* (1960), *Pisito de solteras* (1962), *Academia de baile* (1962), *La pareja* (1963), *El último tranvía* (1965), *Todas somos compañeras* (1965)..., etc.

En la presentación de *Eva sin manzana* escribía Marqueríe: «Nieto de un gran autor, Federico Oliver, y de una insigne actriz, Carmen Cobeña, hijo de una artista de tan delicada sensibilidad como Carmen Oliver y de un crítico de tan justo y exigente rigor como Luis de Armiñán..., este joven escritor lleva las buenas letras y el buen teatro en la masa de la sangre» [8]. Los pocos años que van desde 1954 hasta hoy se han encargado de mostrar la distancia insalvable entre la retórica y la realidad, pues, como es lógico y natural nada tienen que hacer las leyes de la herencia ni la composición de la sangre con la creación literaria. Armiñán escribe «comedias de enredo», salpicadas de esporádicos golpes de ingenio, en donde se combina la pequeña crítica de circunstancias con la pequeña ternura y el pequeño humor a las que se añade una crecida dosis de superficialidad, frivolidad y ramplonería. Tal vez el empeño y la intención de su teatro los haya definido el autor en la «Autocrítica» de *la Pareja:* «Dar una visión optimista del mundo en que vivimos.» Con la salvedad necesaria de que «el mundo en que vivimos» es algo de más radical entidad y el «optimismo» categoría más compleja.

_____
[8] El texto completo de Marqueríe puede verse en *Eva sin manzana,* Madrid, Alfil, 1954, Col. Teatro, núm. 103, págs. 7-8.

Jaime Salom (1925) comenzó en 1955 con el estreno de una pieza folletín, *El mensaje*. Después ha escrito piezas policíacas, *Verde esmeralda* (1960) y *Culpables* (1961), en donde lo policíaco se combina con una historia de amor. En la «Autocrítica» de esta última afirma que «el teatro policíaco es, sin duda, un juego de manos». Juego de manos —pero nada más— son ambas piezas. De entre sus comedias —*Juegos de invierno* (1954), *El baúl de los disfraces* (1964), *Espejo para dos mujeres* (1965), *Parchís Party* (1965)..., etc.— merece destacarse *El baúl de los disfraces,* en la que Salom, con originalidad y maestría técnica, escenifica —cito a su autor— «ese lento e implacable transcurrir del tiempo, ese ponernos todos los días un disfraz un poco más usado que el que llevábamos ayer». Mediante tres historias sentimentales, representativas de tres etapas de la vida amorosa de un hombre enlazadas con el presente del protagonista, asistimos al proceso, de doble dirección, del tiempo que gasta el cuerpo pero no las ilusiones. Lo que comienza como un juego de carnaval termina con una profunda nota de melancolía y de trágica impotencia: Juan, el protagonista, no puede arrancarse el último y definitivo de sus disfraces: la vejez.

J. J. Alonso Millán (1936), uno de los más jóvenes comediógrafos del teatro español actual, cuenta ya con una abundante producción escénica. A sus dos primeras piezas, *Operación A* y *Las señoras, primero,* estrenadas en 1959, siguen en rápida sucesión *La felicidad no lleva impuesto de lujo* (1961), *La señora que no dijo sí* (1962), *El cianuro... ¿sólo o con leche?, El agujero, El ex presidente,* las tres estrenadas en 1963, *Carmelo* (1964), *El crimen al alcance de la clase media* y *Mayores con reparos,* ambas en 1965, *Pecados conyugales* (1966)..., etc. Lo que caracteriza a este teatro, por lo menos hasta 1965, es la extraordinaria capacidad de su autor para inventar una cadena de situaciones disparatadas servida por un diálogo no menos disparatado. Esa mecánica del disparate, a la que no sabemos por qué asocian indebidamente bastantes críticos teatrales con la categoría de mucho más alto nivel del humor, arranca de Jardiel Poncela y Mihura, pero también de *La Codorniz* (en su segunda época), de Tono, de Álvaro de Laiglesia y de Alfonso Paso. Sólo que en Alonso Millán aparece convertida en fórmula y en receta, convencionalizada ya desde *Mayores sin reparos* y *Pecados conyugales.* Con pequeños cambios y supresiones serviría para este teatro del disparate *per se,* lo que Monleón escribía acerca de parte de la producción de Paso: «Cultivaría a menudo el "teatro imposible" en temas policíacos o macabros, pero ya sin la grandeza de Jardiel. Porque a la pasión por lo inverosímil que caracterizó a aquel autor y que en su momento... significaba una ruptura de las convenciones dominantes —en teatro y, por tanto, en el modo de enmascarar y trivializar al hombre—, seguía ahora una inverosimilitud profesionalizada, ternurista, conservadora, que ya no asombraba a nadie y que, en definitiva, halagaba al público, encantado de su sensibilidad para entender un teatro que se calificaba de "poético" y que asomaba con disparates totalmente familiares. Al limpio portazo de Jardiel sucedía un codornicesco esconder la cabeza debajo del ala»[9].

II. Dos tendencias minoritarias

Son éstas la de un «teatro de ideas», mediante el cual se intenta dar expresión escénica a una visión global de la vida humana partiendo de una filosofía o una teoría del hombre previa al drama mismo, que no es sino su ilustración o, más exactamente, otro de los modos de su comunicación, posterior o coetáneo al que suele ser el más frecuente: el ensayo. La otra tendencia es la de un teatro «religioso-cristiano».

Del primero, quizá es hoy casi su único representante un ilustre escritor y hombre de pensamiento, llegado a la vocación dramática en plena madurez, con una importante y rica obra ensayística publicada. Me refiero a Laín Entralgo (1908).

Su primer drama, *Cuando se espera,* escrito en 1964, se estrenó dos años después en Madrid. El mismo año estrenó en Barcelona *Entre nosotros,* publicado en 1967[10]. En el prólogo —«confidencia previa» la llama su autor—, puesto al frente de esa edición, dice Laín tener escritas tres piezas más: *Las voces y las máscaras, Judit 44* y *Tan sólo hombres.*

Cuando se espera (titulada primero *Sala de espera*), concebida en 1956, cuando su autor trabajaba en su libro *La espera y la esperanza,* y no escrita hasta nueve años después, tiene como tema —citamos a Laín— «los varios modos que la necesidad y el hecho de esperar adoptan en la vida del hombre, cuando lo esperado es algo que importa de veras», y como situación «la tensa espera de un tren por parte de varias personas a las que un suceso revolucionario afecta en varia forma»[11].

Entre nosotros — posterior a los dos volúmenes de su *Teoría y realidad del otro*— tiene como tema —citamos de nuevo al autor— «un conflicto de orden convivencial». El conflicto surge en el seno de un equipo de arqueólogos unidos todos por la camaradería de un

---

[9] En el tantas veces citado «Alfonso Paso y su tragicomedia», loc. cit., página 260.
[10] Laín Entralgo, *Entre nosotros,* Madrid, Alianza Editorial, 1967, Col. El Libro de Bolsillo, núm. 53.
[11] *Entre nosotros,* ed. cit., pág. 9.

hacer común, y dos de ellos —el jefe de la expedición y su secretaria— por relaciones amorosas. Ambas formas de convivencia se rompen al brotar en el grupo la sospecha de que uno de ellos ha cometido una acción indigna. La hostilidad, el recelo, la agresividad, la enemistad nace en el grupo. El hombre se convierte en lobo para el hombre y la convivencia se transforma en infierno. En el tercer acto —partido el jefe de la expedición— se resuelve el conflicto mediante la abertura de cada uno a los otros, mediante la confesión y la confidencia. La raíz y el fundamento de esa salvación de la convivencia humana está en la libre decisión de comunicar auténticamente con los otros, siendo «personas» juntos. Como escribe Laín en frases que sirven de lema a la obra: «Los otros no son el infierno. Los otros no son el cielo. Los otros son una mezclada y cambiante posibilidad de infierno y de cielo, a la cual el libre juego de nuestra conducta y la suya puede en alguna medida cielificar o infernar.»

Esta idea antisartriana (del Sartre de *Huis-Clos*) es —confiesa Laín— «la clave del tercer acto de *Entre nosotros*». Refiriéndose a la pieza de Sartre, escribe Laín: «La visión de la realidad humana que nos propone esta magistral piececita dramática no es falsa, sino penúltima, porque en la vida de cualquier hombre cabe un "nosotros" harto más profundo y verdadero que el que Garcin, Inés y Estella, hombres trucados e incompletos, son capaces de pronunciar. Más allá de cualquier rosado optimismo, desde la dura prueba que siempre son la sospecha, la culpa y el dolor, así tratan de mostrarlo los personajes de mi comedia» (*op. cit.*, págs. 20-21).

Esta obra de Laín nos parece superior, como drama, a la primera, en donde la palabra de los personajes no era siempre palabra «en situación», palabra que brotara por necesidad dramática y no sólo por necesidad de expresar ideas. Aquí el lenguaje, de tan excelente calidad literaria como en *Cuando se espera,* tan rico de incitaciones mentales y emotivas, es, además —y esto es fundamental—, lenguaje dramático, nacido de la situación conflictiva y explicitativo de la interioridad de cada personaje y de su relación con los demás. La limitación del drama no viene, a nuestro juicio, de la forma, sino de la condición humana de los personajes. Ninguno de ellos es, realmente y en puridad, culpable.

Dentro de esta misma línea del «teatro de ideas» es necesario citar a otro autor, Marcial Suárez (1918), del que sólo conocemos *Las monedas de Heliogábalo,* pieza de gran brillantez de frase y de situación, centrada en la figura del tirano Heliogábalo, cuya superioridad le hace sentirse irremediablemente solo, llevándole a castigar con la crueldad y el absurdo al mundo mediocre que le rodea. Heliogábalo actúa como un «monstruo» porque el mundo que le rodea, monstruoso en su abyección y en su estupidez, provoca en él la necesidad del castigo. Su maldad es un signo de soledad y desesperación. *Helio-gábalo,* de Marcial Suárez, está en la línea intencional del Herodes el Grande de *Un idealista,* de Kaj Munk, y del *Calígula,* de Camus.

El teatro religioso-cristiano —y con esta designación no nos referimos, claro está, al teatro de propaganda católica de carácter apologético dogmático, no cuenta, en realidad, con un autor representativo, sino con piezas aisladas. No obstante, puestos a elegir un autor, éste, sin duda alguna, es Juan Germán Schroeder (1918), cuya obra *La ciudad sumergida,* inspirada en la leyenda medieval *Li amitiez de Ami et Amile,* a la que se asimila el episodio bíblico del sacrificio de Abraham, es una bella escenificación poemática del misterio de la fe en la palabra de Dios y del valor absoluto de la amistad y el sacrificio. Schroeder representa también un tipo de teatro al que pudiéramos llamar «poemático» —por el lenguaje y la construcción de la acción mediante situaciones de gran riqueza simbólica—, cuya mejor pieza en el teatro español de hoy es *La trompeta y los niños,* obra de gran belleza y maravillosa fantasía escénica [12].

Otros dramas que podrían ser citados en relación con este brevísimo apartado son *El silencio de Dios,* de Julio Manegat, y *Fuera es de noche,* de Luis Escobar.

III.   Dos dramaturgos perdidos y un dramaturgo silenciado

1.   Fernando Arrabal (1932)

El 23 de enero de 1958 el «Pequeño Teatro Dido», dirigido desde su fundación por Josefina Sánchez Pedreño, estrenó en Madrid —y se trataba por primera y última vez de un estreno mundial en español— *Los hombres del triciclo,* de Fernando Arrabal. La crítica profesional fue, con contadísimas excepciones, adversa, lo mismo que el público. «Al final —nos cuenta Monleón—, cuando Arrabal

---

[12] Desde hace años Schroeder viene desarrollando una amplia actividad teatral no sólo como autor, sino como adaptador del teatro clásico español y como director fundador de agrupaciones teatrales. En 1943 fundó en Barcelona el *Teatro de Estudio,* dando representaciones al aire libre en la Plaza del Rey, en el Teatro Griego y en el Patio del Hospital de la capital catalana. En 1949 fundó *El Corral,* estrenando obras de autores noveles españoles. Ha adaptado entre otras las siguientes piezas del teatro español áureo: *El jardín de Falerina, Los locos de Valencia, Los melindres de Belisa, La hidalga del valle...* Entre sus dramas originales podemos citar: *La ciudad sumergida* (estrenada en 1952 en el Staatstheater de Kassel, y en 1955 en el teatro Romea de Barcelona), *La esfinge furiosa* (estrenada en el teatro de la ciudad de Reinscheid, Alemania), *Estrictamente familiar, Ángeles en la tierra, Danza de la Vida y de la Muerte, El romero de Santiago, La vergonzosa ternura* (editorial

salió al centro de la escena, los pies del público pudieron más que las manos. Arrabal inclinó ligeramente la cabeza y se marchó. Fue un mutis tremendo con final en la rue Pergolese de París y salida a editoriales y escenarios de muchos países. En España, nada...»[13]. Estas palabras de Monleón no deben ser entendidas literalmente, pues Arrabal hacía ya más de dos años, desde diciembre de 1955, que había decidido fijar su residencia en París. Pero, si no en sentido biográfico, en sentido figurado sí eran acertadas, pues en esas fechas el intento de Arrabal de ser representado en su propia lengua y en su propio país, fracasa desgraciadamente para el teatro español, aunque tal vez no para la obra de Arrabal.

En efecto, la aceptación de la obra de Arrabal en España por esas fechas, aunque hubiera sido aceptación por parte de un público minoritario de vanguardia, hubiera supuesto para el teatro español el comienzo de un camino totalmente inédito en él, cuya consecuencia, históricamente hablando, habría sido, entre otras, la de propiciar en los escenarios una nueva visión dramatúrgica de la realidad con su consiguiente efecto de choque y de renovación en la sensibilidad del público, abriendo así paso, exactamente a tiempo, a todas las formas del teatro experimental occidental actual, imposibilitadas públicamente en España. La expulsión de Arrabal dramaturgo —sin que nos preocupe aquí el valor absoluto de su primer teatro— vino a significar para el contexto global del teatro español un acto de castración de uno de sus órganos vivos, que portaba en sí el germen seminal de nuevas fuerzas teatrales, cuyo sentido primigenio era el de dar nacimiento a una corriente original española, cuya aparición, crecimiento y desarrollo habría situado al teatro español, no al margen ni a la zaga, sino en el centro mismo de las nuevas dramaturgias occidentales. La expulsión de Arrabal dramaturgo del teatro español, no sólo detuvo una de las dimensiones de su presente, sino que comprometió su futuro, retardándolo y haciendo así, a redropelo, venir de fuera lo que había comenzado a surgir dentro mismo de España. En 1958 se cerró, pues, una puerta que se abría en el momento históricamente justo.

Once años después, en 1969, la policía ocupa el teatro Reina

Nereida, 1959) y *La trompeta y los niños* (estrenada en 1961. Premio de teatro Ciudad de Barcelona. Alfil, 1962, Col. Teatro). En 1966 publica una obra de 1963, *La ira del humo* (Barcelona, Editorial Occitania), estrenada en sesión única en el teatro Romea de Barcelona (1968). Recientemente (1970), el grupo de mimos Los Ambulantes le estrenó en el teatro Romea *La muerte burlada,* «sátira apasionada, en 3 tiempos, para sordomudos». He aquí, pues, otro autor con una abundante e interesante obra dramática, apenas conocida del público español. Sobre Schroeder ver Pérez Minik. *Teatro Europeo Contemporáneo.* ed. cit., págs. 468-473.

[13] Arrabal, *Teatro,* Madrid, Taurus, 1965, pág. 9.

Victoria de Madrid el día antes del estreno en español de *Los dos verdugos,* en montaje de Víctor García.

Durante esos once años aparecen, en francés, ocho tomos del teatro de Arrabal, editados por Christian Bourgois, con un total de más de veinte piezas, y éstas son montadas a ambos lados del Atlántico: Francia, Alemania, Austria, Holanda, Inglaterra, Dinamarca, Suiza, Bélgica, Suecia, México, Estados Unidos. Y Japón y Australia. En España y en español se han publicado, aunque con cortes y aun con algún título camuflado, nueve piezas, todas de la primera época: *Los hombres del triciclo* (1953), *Fando y Lis* (1955), *Ceremonia por un negro asesinado* (1956), *El laberinto* (1956), *Los dos verdugos* (1956), *Oración* (1957), *El Cementerio de automóviles* (1957), *Ciugrena (Guernica)* (1959), *La primera comunión* (1961)[14]. Del teatro de Arrabal se ha ocupado la crítica internacional, pero apenas —las excepciones confirman la regla— la crítica española. Y una parte de ésta para insultarlo.

Sin embargo, en 1962 escribía Arrabal a José Monleón: «Para comenzar quisiera salir al paso de todos esos articulistas que me llaman poco menos que renegado. Si mis libros se publican fuera y mis obras se representan en el extranjero no es porque yo no quisiera ser representado en España»[15]. Naturalmente. No «renegado», en efecto, sino expulsado, silenciado, linchado y, a la postre, *perdido.* Perdido, y es lo grave, para el teatro español. Porque aunque Arrabal es un escritor español —él mismo lo afirma en la misma carta citada, pero no sólo ahí— y por español lo tienen algunos críticos no españoles, comenzando por Génèvieve Serreau, prologuista de algunos de los tomos del teatro de Arrabal, lo cierto es que su teatro no tiene existencia española. Quien quiera conocerlo de verdad, es decir, completo, debe leerlo en francés, pues no existe en español.

Su caso es el mismo —hecha cuenta de todas las diferencias habidas y por haber— de Beckett, escritor irlandés, que, habiendo escrito y publicado sus primeras obras en inglés, es en Francia y en francés donde y como ha alcanzado el puesto que hoy ocupa en el

---

[14] *El cementerio de automóviles. Ciugrena (Guernica). Los dos verdugos,* en Taurus, col. Primer Acto; *Oración,* en *Primer Acto,* núm. 39; *Ceremonia por un negro asesinado,* en *Primer Acto,* núm. 74; *La primera comunión,* en *Los Esteros* (no tengo más datos); *El laberinto,* en *Nuevo Mundo,* núm. 15, septiembre 1967; *El triciclo,* Colección Teatro, núm. 523; *Fando y Lis,* Colección Teatro, núm. 548. *El arquitecto y el emperador de Asiria,* en *Estreno,* 1976. En Ed. Cátedra aparecerán próximamente dos volúmenes de ed. crítica de cinco obras.

En 1971, Christian Bourgois publicó en español el tomo I del teatro de Arrabal, en donde figuran *Oración, Los dos verdugos, Fando y Lis, El cementerio de automóviles.* No hemos visto aún segundo tomo.

[15] Arrabal, *Teatro,* pág. 39.

teatro contemporáneo, y es dentro del teatro francés, y no irlandés, donde se estudia su obra [16]. Su caso es el mismo —valga el salto— de Severo Ochoa, español, pero Premio Nobel norteamericano. Y es el mismo de Santayana, español de Ávila, pero norteamericano de obra, y de Blanco White, otro español expulsado, e inglés por su obra.

El teatro de Arrabal, aunque hunda sus raíces en España y tenga sus antecedentes —confesados por el propio Arrabal— en una profunda veta de sensibilidad española que pasa por Góngora, Cervantes, Goya, Ramón Gómez de la Serna [17] y aunque, en cierta medida, se aclara del todo por su entronque con una «vividura» —para utilizar el término de Américo Castro— y una «visión del mundo» españolas, no es hoy por hoy un teatro español. Sería realmente dramático que mañana y definitivamente dejara de serlo, porque se le siga expulsando. Mientras no se tenga más remedio que escribir, como lo hace Vicente Aleixandre: «Usted, un escritor español en lengua francesa» [18], Arrabal será un dramaturgo perdido para el teatro español.

Por grande que fuera la tentación de estudiar aquí su obra dramática —y nada hubiera sido tan apasionante para nosotros— hemos decidido, sin embargo, en nombre de la lógica y por honradez intelectual y —¿por qué no decirlo?— como protesta y denuncia de tan escandalosa situación, escribir lo que antecede. Cuando Arrabal exista en España, cuando su obra se publique y se estrene en español primero y no en francés, el teatro español habrá recuperado a uno de sus dramaturgos perdidos y será el momento de escribir, sin reparo alguno, las muchas páginas que a su teatro se le debe en justicia.

¿Qué culpa tiene Arrabal de tal situación para que nosotros lo expulsemos también de nuestras páginas, radicalizando así dicha situación de la que nos sentimos profundamente insolidarios? Pero, por otra parte, ¿cómo estudiar en el contexto de una historia del teatro español una obra que sólo existe cabalmente en francés? En 1969, Alain Schifres le preguntaba a Arrabal si debía considerársele como a un escritor de lengua francesa o de lengua española, a lo que, entre otras cosas, respondía nuestro dramaturgo: «Pourtant je pense en français. Et même, je rêve en français. Je me sens de plus en plus francophone» [19]. Nada más lógico, con esa lógica de la fatalidad... libre.

Ante la imposibilidad de estudiar como un proceso coherente la

---

[16] Con la diferencia entre Beckett y Arrabal, señalada por éste, de que Beckett —cito— «escribe en francés por una decisión personal, libre. A mí no me queda más remedio» (ver Armando Carlos Isasi Angulo, *Diálogos del teatro español de la postguerra,* Madrid, Editorial Ayuso, 1974, pág. 221).

[17] Arrabal, *Teatro,* pág. 40.

[18] *Ibíd.,* pág. 11.

[19] Alain Schifres, *Entretiens avec Arrabal,* Paris, Editions Pierre Belfond, 1969, pág. 162.

totalidad de la obra dramática de Arrabal, tampoco nos parece viable ocuparnos aquí de sólo una parte de su teatro, aquella que engloba las piezas escritas y publicadas en español, las cuales son todas anteriores a esa nueva etapa de madurez creadora y de nuevas direcciones dramatúrgicas de las que son jalones importantes, entre otras, *Le grand ceremonial* (1963) o *L'Architecte et l'Empereur d'Assyrie* (1966), o, más cercanas a la hora presente y posteriores a la experiencia española del encarcelamiento y proceso de Arrabal en Madrid (1967), piezas como *Le jardin des délices* (1967) o, sobre todo, *Et ils passerent des menottes aux fleurs* (1969), nuevo punto de partida —así nos lo parece— para una dramaturgia en peligro de devorarse a sí misma. Estudiar solamente esa primera etapa del teatro de Arrabal sería dar una imagen insuficiente y a todas luces precaria de su obra. Pero, además, nuestra manipulación crítica de esas pocas piezas, no ya dentro del sistema a que pertenecen como una parte y no como un todo, sino en el interior del contexto histórico del teatro español contemporáneo, sería una manipulación en el vacío, una operación en el hueco de una ausencia. Tal operación no tiene sentido para nosotros y nos negamos a hacerla, y esto con plena conciencia y sentido de responsabilidad intelectual.

Pero, ¿podrá rescatarse de verdad el teatro de Arrabal para el teatro español, aunque se traduzca al español? Y si así lo intentáramos ¿sería válido, es decir, real, tal rescate tanto en sentido literario como en sentido histórico? ¿No sería, acaso, empresa tan antihistórica como estudiar el teatro en latín de Séneca —valga de nuevo el salto— en un contexto histórico-literario en donde ni existió ni podrá ya nunca existir? No nos engañemos: la morada del escritor es la lengua en la que escribe y existe como escritor, no el lugar de nacimiento, por muy hondas que sean sus raíces en la geografía física o espiritual de la infancia o del subconsciente. En literatura la lengua no es ni un accidente ni un simple recipiente, sino una estructura dinámica, seminal, una célula generadora, a la vez, de forma y contenido, la matriz creadora de la obra literaria, su cuerpo y su alma, su ser. Y Arrabal *es* Arrabal en francés. En español sería... ¿quién?

Estas páginas sobre el hueco de Arrabal en el teatro español del siglo xx, más todas las muchas que no hemos podido escribir, pretenden ser una amarga advertencia clavada como un rejón en el presente de esa piel de toro del teatro español... y en su futuro. También, y sobre todo, en su futuro.

2. García Lora y Manuel Andújar

Idéntico caso, aunque menos conocido, es el de José García Lora, escritor español que en inglés y en Inglaterra ha estrenado la mayoría de sus dramas, algunos de los cuales —*The captive Land*— ha sido publicado en versión española hecha por su propio autor. En español ha sido también publicado otro de sus dramas, *La caja del regocijo o los tahures de la timba*. En español ha escrito dos piezas, *Brot o el inocente en palacio* y *Salvador*. En español fue representada en Toulouse *Vendaval*, traducida del inglés por su autor. La versión inglesa, *Whirlwind*, se estrenó en 1956 en el Highbury Little Theatre. En inglés ha escrito tres piezas más: *All change, Mescalina* y *The golden roof*[20].

También su teatro —al menos las piezas en español que conozco— está escrito «desde dentro de España», pensándola y sintiéndola entrañablemente. *Tierra cautiva,* por ejemplo, combina el tema del hombre del suburbio —el habitante de la chabola, marginado y expulsado de la ciudad humana, como en *La camisa,* de Lauro Olmo, o en *La batalla de Verdún,* de Rodríguez Méndez, ambas posteriores cronológicamente— con el tema de las víctimas de la guerra civil. Su tratamiento es, sin embargo, más simbólico que realista. En *La caja del regocijo* —estupenda alegoría dramática de mayor encarnadura escénica que la anterior— García Lora hace una sátira —densa de sentidos y rica en dialéctica— del poder político occidental, mostrando mediante un doble proceso de mitificación y desmitificación su universal capacidad de alienación e histrionismo.

Finalmente, el último nombre con el que quiero cerrar este dramático epígrafe —ojalá que provisional— es el de Manuel Andújar, magnífico escritor, autor de espléndidas novelas (*Llanura, El vencido* y *El destino de Lázaro*) y dramaturgo silenciado en España, que en 1962 publicó tres piezas: *El primer juicio final, Los aniversarios* y *El sueño robado*[21].

El teatro de Andújar, de gran calidad y belleza literarias, pero —con excepción de *El sueño robado*— más cercano al relato dialogado y escenificado que a la construcción dinámica de la pieza teatral, es fundamentalmente un teatro de ideas, muy intelectual, de complejo simbolismo, de acción interior dialéctica, de personajes arquetípicos —«mentes que andan en vibración permanente de ideas y sentimientos que se contradicen...»[22]—. Su lenguaje tiene una pureza, una precisión y un ritmo clásicos.

[20] *Tierra cautiva,* México, Universidad Veracruzana, 1962, *La caja del regocijo o Los tahures de la timba,* en *La palabra y el hombre,* Revista de la Universidad Veracruzana, abril-junio, 1966, núm. 38, págs. 265-327.

[21] México, ediciones de Andrea, 1962, Col. Los Presentes. En 1973 publica una nueva pieza en un acto, *En la espalda, una X* (*Papeles de Son Armadans,* número 202, págs. 59-95) y en 1974 otra, *Aquel visitante* (*Papeles de Son Armadans,* núms. 224-225, págs. 215-262).

[22] Así los define Demetrio Aguilera Malta, prologuista de la ed. cit. en la nota anterior.

438

Tercera parte

Introducción al nuevo teatro español

Capítulo IX

Situación y problemas

En 1963 escribía Buero Vallejo —y hacemos gracia al lector de otras muchas citas que forman hoy voluminoso atestado: «Si la vida teatral española se hubiese desenvuelto en estos años en circunstancias normales, la promoción de autores que hoy cuenta de treinta a cuarenta años habría logrado colocar en las carteleras con profesional continuidad a los seis o siete más valiosos»[1]. Los seis o siete se han convertido, diez años después, en bastantes más. A aquéllos y a éstos, desde Muñiz, Rodríguez Méndez y Martín Recuerda, que comienzan su obra mediados los años cincuenta, muy poco después del mismo Buero Vallejo y de Sastre, hasta Matilla, López Mozo o Diego Salvador, que la empiezan muy al final de los años 60, se les ha imposibilitado sistemáticamente, no sólo ser representados normalmente en un escenario, sino, a muchos o muchas veces, ser incluso representados, aunque sea anormalmente, y publicados. Es decir, se les ha negado en absoluto el derecho a existir como dramaturgos, se les ha condenado a no nacer, a no ser. *Eppur si muove.* Y, sin embargo, son. Y en este ser y persistir en ser, a pesar de su condena a no ser, está la grave paradoja del nuevo teatro español.

Por muy empeñadamente —por principio y por método— que uno quiera conservar fría la cabeza al enfrentarse con este fenómeno básico del nuevo teatro español y huir de todo patetismo en el concepto y en la expresión, es —creo— un deber intelectual escribir la anterior afirmación. Deber estricta y rigurosamente intelectual, no sólo ni simplemente humano, pues que tal hecho está en la base misma del nuevo teatro español, inextricablemente unido a su naturaleza histórica y a su esencia estética. Esta oposición entre la condena a no ser y la voluntad de ser ha marcado, de una parte, el acto creador mismo y, de otra, los modos de aparición, crecimiento y desarrollo del nuevo teatro, así como —no es necesario recalcar-

---

[1] En Carlos Muñiz. *El tintero. Un solo de saxofón. Las viejas difíciles,* Madrid, Taurus, 1963, pág. 53.

lo— la temática y las formas estilísticas, desde la expresión hasta la construcción de las nuevas dramaturgias. Sin tener en cuenta esta oposición es difícil entender en su raíz y en sus frutos el nuevo teatro español. Escribir teatro —ese teatro— se ha convertido para los nuevos dramaturgos en una agobiante y angustiosa operación en el vacío, en un acto absurdo o bordeando el absurdo —entiéndase—: no en tanto que acto creador personal, pero sí en tanto que acto social. Cada una de las obras escritas no ha cumplido ni cumple su función ni su destino insobornables: ser representada para unos públicos, con el consiguiente juego de interrelaciones entre autor-actor-espectáculo-espectador. De sobra es sabido que la ausencia de comunicación normal entre el autor y la sociedad causa graves perjuicios tanto a la segunda como al primero, y, en consecuencia, al teatro mismo en general y a las diversas dramaturgias en particular; perjuicios irreparables, pues, valga el lugar común, a la historia no se le puede dar marcha atrás. Privados los autores de la doble confrontación con el público y con la realización escénica de su obra, término necesario de su labor, queda ésta en estado de permanente latencia y provisionalidad y su autor en autor social y profesionalmente a medias, siempre incompleto, imposibilitado de llegar a conocer si su trabajo es viable en términos teatrales, eficaz en términos sociológicos e ideológicos, suficiente en términos estéticos y necesario en términos históricos. La validez de lo realizado queda así en suspenso, problematizando dolorosamente la pertinencia de lo realizable y el curso entero de lo que está aún sin realizar, y que, tal vez por eso mismo, nunca llegará a realizarse.

De todos los factores que condicionan la infraestructura —y, claro está, la estructura— del nuevo teatro español (censura, política empresarial, públicos, premios, crítica..., etc.) se ha venido escribiendo una y otra vez, y en todos los tonos, siempre que se intenta enfocar el teatro en la España posterior a la guerra civil, el teatro español intramuros que comenzó con Buero Vallejo y Alfonso Sastre al final de los años 40, y que ha seguido con el de las décadas del 50 y del 60 y de la apenas comenzada del 70, ese teatro de los muchos nombres: comprometido, de protesta y denuncia, de provocación, de contestación, de participación, independiente, marginado, «otro», joven, nuevo, actual, innombrable o «underground», teatro que, cualesquiera sean sus formas, su temática o su valor, es siempre radicalmente crítico e insolidario de no importa cuál de los modos —hay muchos— de la evasión, la componenda, el consumo o la apariencia. Sólo de algunos de esos factores podemos ocuparnos aquí, no para procesarlos ni para estudiarlos con la profundidad y la exhaustividad que sería necesaria, y que a nosotros nos es imposible por falta de suficiente información y de métodos e instrumentos adecuados para tratarlos con rigor. Nuestro propósito, más modesto y más pertinente en relación con nuestra tarea es reseñar someramente el impacto y las consecuencias de algunos de esos factores sobre el nuevo teatro español.

Censura

La queja y el resentimiento contra la censura son universales, lo cual es natural a toda inteligencia cuya naturaleza y funcionamiento sean normales, y no vamos a tocar aquí tema tan general y complejo como el de la licitud de su existencia. De modo más particular, la protesta contra la censura teatral denuncia casi sistemáticamente la arbitrariedad, incoherencia y falta de lógica de los principios y procedimientos censores y las condiciones internas globales, todo lo cual crea un clima de confusión, escándalo, discriminación e injusta represión. Los ponentes de unas Comisiones Delegadas Informantes —no queremos discutir aquí la cuestión de su competencia e idoneidad para emitir juicios válidos, pues la persona moral e intelectual del censor no es asunto de nuestra competencia—, deciden, atenidos a la norma equis, si la obra en cuestión incurre o no en las motivaciones de carácter prohibitivo contenidas en dicha norma teniendo en cuenta —y esto es realmente peregrino tanto política, ética o estéticamente— no sólo el contenido, sino incluso la forma (?) de la obra a censurar [2]. El autor puede, en efecto, apelar interponiendo recurso ante el Pleno del Organismo censor, pero su propia experiencia o la experiencia ajena, le disuadirá de emprender tal acción, pues sabe que se le dará largas a su gestión, y que pasarán meses, e incluso años, sin obtener resultado, pues la regla general —y las excepciones, cuando las hay, la confirman— es dejar dormir el asunto hasta provocar, por consunción o desesperación, la retirada del autor. Podemos afirmar, sin temor a ser inexactos o injustos ni a incurrir en juicios temerarios, que la mayoría de las obras propuestas a censura por los nuevos dramaturgos no superan los trámites oficiales y casi todas ellas están prohibidas. Hay que tener tam-

---

[2] La comunicación prohibitiva, emanada del Negociado de Control y Licencias, Sección Promoción Teatral, Dirección de Cultura Popular y Espectáculos, del Ministerio de Información y Turismo, firmada por el director general de Cultura Popular y Espectáculos, suele rezar lo siguiente: «Con sujeción al acuerdo adoptado por la Junta de Censura de Obras Teatrales, en su sesión del día... del correspondiente mes de..., este Centro Directivo ha resuelto prohibir la obra titulada..., original de... Se basa dicho acuerdo, según criterio expuesto por los ponentes que integran las dos Comisiones Delegadas informantes, en que la obra, tanto por su contenido como por su forma, incurre en las motivaciones de carácter prohibitivo, contenidas en la norma 14.»

bién en cuenta que existe asimismo una discriminación en cuanto a los lugares de representación de las obras, dándose el caso de que muchas veces una obra esté aprobada por censura para una o varias representaciones en teatro de cámara, y, luego, al pedir el cartón de censura para una compañía profesional-comercial, este permiso es denegado. La discriminación no afecta, como es obvio, sólo a los lugares de representación, sino a los públicos que a ellos asisten. Cuando una representación va a tener lugar ante un público privado —valga la contradicción— formado de amigos, estudiosos del teatro, universitarios y «enterados» de una capital de provincias, la censura se permite el lujo de autorizar unas pocas representaciones, sistemáticamente prohibidas cuando van destinadas a un teatro comercial donde las presenciarán públicos de toda índole. Más curioso aún: obras que se estrenan en teatros comerciales de una ciudad y se prohiben en otras, o que, habiéndose estrenado en una ciudad son, de pronto, en pleno éxito de público, retiradas y prohibidas. Así sucedió, por no citar sino dos casos entre los muchos a la mano, con *Castañuela 70,* del grupo Tábano, y con *El retaule. del flautista (El retablo del flautista),* de Jordi Teixidor. A este respecto escribía en 1971 Guillermo Luis Díaz-Plaja: «Del mismo modo (que con el *Marat Sade,* de Peter Weiss) sucedió con *Castañuela 70,* con sus referencias a una serie de características de nuestra sociedad. Fue representada en Madrid, hasta que unos "guerrilleros de Cristo Rey" se opusieron a que siguiese el espectáculo. Y no sólo se interrumpió en Madrid, sino que la jira nacional fue prohibida.

El ejemplo más reciente es paradigmático. Una obra estrenada a primeros de agosto en Madrid ha sido retirada "por haber exagerado aspectos críticos en su interpretación". Lo curioso del caso es que la misma obra lleva cuatro meses de programación en Barcelona» [3].

En cuanto a los textos que pasan la censura para su representación, particular o pública, o para su publicación, siempre difícil o problemática, salen amputados o desfigurados. Ahora bien, no sólo es ya un grave impedimento la censura del texto, sino que una vez que ya ha pasado la obra esa primera y traumática prueba, existe otra prueba de censura previa al montaje, que tiene como objetivo la comprobación de que el texto se está diciendo con los cortes previamente establecidos, y, sobre todo, como objetivo global, la vigilancia sobre el montaje en general. Hay obras, pues, que habiendo sido aprobado el texto, han sido suspendidas íntegramente en el ensayo general, como es, por ejemplo, el caso del montaje de Víctor

---

[3] «Aproximación socioeconómica al teatro», *Actualidad Española,* 18 de septiembre de 1971, págs. 8-13. La cita en pág. 12.

García para Nuria Espert de *Los dos verdugos,* de Arrabal, que fue prohibida en el teatro Reina Victoria, de Madrid. Naturalmente, todo este cúmulo de circunstancias que cristalizan en un excesivo y abusivo control del nuevo teatro español —aunque no sólo de éste— favorece la desconfianza en general de los medios profesionales ante obras críticas que en un momento determinado pueden ser prohibidas, con las sanciones y pérdidas económicas correspondientes, y poner un gravoso fin al negocio empresarial. Volveremos sobre esto.

Las consecuencias de tales hechos sobre el contexto general del teatro español, sobre los autores, las obras dramáticas y el público son, como es fácil suponer, gravísimas.

«La criba —escribe G. L. Díaz-Plaja— duele especialmente a los autores jóvenes (a todos los nuevos habría que ampliar), a los directores de vanguardia, a los actores que quisieran poner en escena obras que testimoniasen algo y no tratar de limitarse a entretener al público durante hora y media a base de bostezos, carcajadas y lágrimas.

Todo eso ha contribuido a crear un clima paradójico de subdesarrollo escénico a base de muchos estrenos y teatros llenos, que reflejan un formalismo de trasmisión de mensajes, que no son tales por su carencia de contenido cultural y destinados a una audiencia adormecida por una absoluta falta de sentido crítico.

El teatro como «mass-media» es en España un auténtico juego de los despropósitos, y las excepciones forman una antología significativa» (art. cit., pág. 12).

El autor, si es que al escribir piensa en ver representada su obra, escribe ya directamente coaccionado, determinada fatalmente su escritura por múltiples limitaciones de toda índole, incluidas las propiamente artísticas, por no mencionar otras tan obvias como las temáticas. La falta de libertad expresiva conduce muchas veces a tener que escribir un teatro de claves, en ocasiones demasiado oscuras por exceso de abstracción o de ambigüedad, y que sólo un público muy «enterado», anormalmente «enterado», puede descifrar. Esto plantea, a nivel muy inmediato, varios problemas, todos ellos interrelacionados y conducentes a la frustración del autor y de la obra y su finalidad. Ante la inviabilidad del tratamiento crítico abierto, claro y directo de la realidad española, unos autores acuden a enmascarar el tema proponiendo fábulas aparentemente no domésticas, pero repletas de signos de complicidad, de guiños al espectador; otros renuncian, también en apariencia, al tema peligrosamente español, mediante un teatro elíptico que, a través de un complicado sistema de relación y de contraste, apunte metafórica o alegóricamente a la diana, tácitamente propuesta. Sólo unos pocos dramaturgos de la vieja guardia del nuevo teatro, aquellos, aunque no todos, de la llamada «generación realista» siguen presentando directamente materia española, aunque de manera progresivamente más bronca y desaforada. Pienso, por ejemplo, en Martín Recuerda y Rodríguez Méndez. Otros muchos autores, casi siempre los más jóvenes, en estrecha concomitancia con las diversas formas del nuevo teatro occidental de ambos lados del Atlántico, intentan proponer temas, domésticos o no, ensayando nuevas fórmulas dramáticas con el fin de abrir vías inéditas de comunicación con los públicos, de acuerdo con concepciones históricamente revolucionarias de la función del teatro. Todos ellos, en cualquiera de las tendencias señaladas, topan con la patológica oposición de la censura. Patológica por su enfermiza hipersensibilidad que le hace ver gigantes donde hay molinos o viceversa, pues, para decirlo de una vez, la censura hinca sus raíces en el oscuro subsuelo de los intereses creados del miedo y de la inseguridad institucionalizados. Como «contrapartida lógica, también el público está sobresensibilizado y tiende a ver siempre más allá, creándole un subtexto al texto y un subespectáculo al espectáculo. Dicha sobresensibilización no es, a su vez, sino el resultado de una creciente necesidad —a lo menos en cierto sector del público— de desahogo crítico de su realidad cotidiana. Ante este hecho de intensificación de la capacidad del público para reaccionar críticamente a partir de lo que el teatro le propone, la censura extrema su rigor frente a un medio de expresión que considera cada vez más peligroso por su carga potencial de connotaciones, ya no sólo a nivel de texto y espectáculo, sino de subtexto y subespectáculo. «Este proceso —me escribía con gracia llena de amargura uno de los nuevos autores— desembocará en la prohibición de *Caperucita roja* en sesión infantil, debido a que más de un niño se ha removido en su asiento y este síntoma ha sido interpretado por la Administración como nefasta colaboración del teatro a la deformación infantil.»

Finalmente —aunque el círculo tenga aún más anillos—, hay autores que, vista la imposibilidad de estrenar, aun sometiéndose a las diversas formas de autocontrol, se deciden a escribir como si no existiese censura en el país, renunciando así a la función social de su teatro, y creando en solitario, con el riesgo, cara a un problemático futuro de apertura, de que su obra, a la que no se la dejó nacer a tiempo, pueda nacer a destiempo para ser definitivamente enterrada. No estoy sugiriendo que ése sea el destino final de ese teatro solitario; sólo estoy apuntando un riesgo cierto, que debe amargar no poco el acto creador y coartar la decisión de escribir[4].

---

[4] Sobre la censura son imprescindibles los trabajos de Patricia O'Connor: «Government Censorship in the Contemporary Spanish Theatre», *Educational Theatre Journal*, XVIII, núm. 4, 1966; *Torquemada in the Theatre*: A Glan-

Empresa

Dado que el modo de producción de la empresa, en sus dos formas mayores de empresario-propietario y empresario-actor, está basado en una concepción mercantilista y no cultural del teatro, los nuevos autores apenas si suben a los escenarios comerciales. La figura del empresario es, en general, la del hombre de negocios que atiende al beneficio económico que el teatro reporta y no a su función sociocultural. La censura, como indicábamos antes, influye en el empresario, que bajo ningún concepto se arriesgará a perjudicar su negocio ni a encarar, por tanto, los problemas que las obras de los nuevos autores le supondrían. Pero en el empresario influye también, como es natural, la mayoría de la sociedad española que se contenta con un teatro alienador, improblemático, y se satisface con la crítica incomprometida de las apariencias. «Nuestro teatro —escribe G. L. Díaz-Plaja en el artículo citado—, pensado y montado para la burguesía, tiene su respaldo económico en una economía de mercado con claros factores de rentabilidad, es decir, negocio a las claras con un marcadísimo auge del vodevil y la revista musical. No hace falta ser un crítico muy exigente para ver un subproducto cultural en la programación media que nos ofrecen nuestras carteleras, por muchas excepciones que aparezcan de cuando en cuando para cubrir las apariencias. La realidad es que nuestro teatro funciona comercialmente y no resiste una comparación con las obras representadas en los escenarios de Europa y Norteamérica por sus evidentes limitaciones formales, ideológicas y temáticas» (págs. 11-12).

Sin embargo, se viene produciendo en el último lustro un aumento de salas teatrales, especialmente en Madrid, pero no en provincias, donde el panorama es desolador, así como la proliferación de los cafés-teatros. Un editorial de la revista *Primer Acto* comenta al respecto: «... todos los nuevos escenarios continúan la línea general de programación anterior a ellos: traducciones de vodeviles, comedias para reír, trabajos burdos o, como mucho, estreno de obras dramáticas extranjeras con un mínimo de una década de antigüedad. (...) En cuanto a las empresas teatrales, el aumento del número de locales no significa necesariamente la aparición de nuevos empresarios que aporten nuevos conceptos e ideas; se trata de los mismos que controlan el teatro en la actualidad, hombres de negocios que

---

ce at Government Censorship,*Theatre Survery*, XIV, núm. 2, 1973, págs. 23-45. Ver también la «Encuesta sobre la censura», *Primer acto,* núms. 165 y 166, 1974, páginas 4-14 y 4-11.

447

buscan beneficios económicos y no se atreven a salirse de las «fórmulas habituales», asociándose, generalmente, a las empresas teatrales existentes. Por otra parte, la especulación del suelo impide el nacimiento de locales nuevos en manos de empresas modestas. Respecto al café-teatro, hay que señalar que se ha obstaculizado legalmente cuanto se ha podido la aparición de pequeñas salas dedicadas únicamente al teatro, mediante la negativa de permiso a locales que no fueran salas de fiestas con autorización para la exhibición de atracciones. Esto ha forzado a que todos los espectáculos montados en este tipo de locales se enfocaran «para pasar entre dos copas, durante un descanso de baile» (núm. 141, febrero 1972, pág. 1 de la Sección Foro teatral).

Por otra parte, las compañías de prestigio, como la de Nuria Espert o Marsillach, por ejemplo, que cuentan con los medios económicos y la popularidad necesaria, ganada en justicia por sus montajes de obras importantes —ahí está, para citar un solo caso entre varios que podrían aducirse, el reciente de *Yerma*— prefieren montar —y no disponemos de datos suficientes para hacer un análisis de tales preferencias— clásicos o autores de vanguardia extranjera, que nuevos autores, cuyas obras, en general, desconocen. Su labor es, sin duda, importante para la buena salud y el nivel del teatro en España, pero nula —y es lo que aquí nos interesa— para el nuevo teatro español y sus nuevos autores.

Tres excepciones deben, sin embargo, señalarse en el campo del teatro comercial-profesional: CAPSA, de Barcelona; el Pequeño Teatro de Magallanes, en Madrid, y el reciente de Quart 23, en Valencia.

En 1969 el actor Pau Garsaball consigue, después de varios intentos, el local del teatro CAPSA, de Barcelona, convirtiéndose en empresario. Su aspiración era que desde su escenario se empezara una nueva línea dentro del panorama del teatro español, aspiración estribada en una concepción socio-cultural del teatro. Después de un período de tanteos, en que combina, para poder subsistir económicamente, un ciclo de teatro nuevo y otro de teatro comercial, reservando al primero la mejor temporada, la que va de octubre a marzo, y en la que monta, entre otras, *Guadaña al resucitado* de Gil Novales, un espectáculo de Joan Oliver, prohibido al mes de su estreno, o *El joc,* del grupo Els Joglars, Pau Garsaball decide, jugándose todo a una carta, dedicar su teatro a representar textos considerados hasta entonces como imposibles para un escenario comercial. En abril de 1971 inicia el «ciclo de teatro contemporáneo», dedicado a los nuevos autores españoles, con el estreno del *Retaule del flautista,* de Jordi Teixidor, que se mantedrá un año en cartel. La segunda obra de autor nuevo, estrenada en 72, fue *Una guerra en cada esquina,* de Luis Matilla. Recientemente monta *Facem comedia,* de Alexandre Ballester. El teatro CAPSA funciona sin ningún tipo de subvención oficial. La revista *Primer acto,* haciéndose eco de este nuevo teatro comercial para los nuevos autores, comentaba: «La futura marcha del CAPSA, si continúa en su actual línea, y los resultados económicos que obtenga, considerando que se trata de una empresa comercial y privada, serán de gran interés con vistas a las posibilidades de los nuevos autores en las salas comerciales; Garsaball puede desmentir, como infundadas, las previsiones económicas de las empresas hacia el teatro español más actual, además de dar a conocer obras importantes, y llamar la atención del público hacia los autores silenciados» (núm. 145, junio 1972, pág. III, de Foro teatral).

El Teatro Experimental Independiente (TEI), cuya historia contaremos en el próximo capítulo, abre en julio del 71 el Pequeño Teatro de la calle Magallanes, inaugurando la temporada con *La legal esclavitud,* de Martínez Ballesteros. Con local propio, funcionando como una cooperativa, el TEI ha alcanzado dos metas importantes: independencia económica y profesional. Además de los montajes de espectáculos propios, el Pequeño Teatro ha abierto su escenario a otros grupos , como el sevillano Cuadra, que montó *Quejío,* de Salvador Tavora y Alfonso Jiménez, espectáculo dramático sobre cantos y bailes de Andalucía, que en la primavera de 1972 alcanzaría gran resonancia en París [5]. El Pequeño Teatro sigue combinando el montaje de obras con la formación de actores y la experimentación.

El grupo Quart 23, que se llamó antes Teatro Club Universitario y Studio Teatro, y cuyas actividades teatrales se iniciaron en 1966, contando ya con una ambiciosa historia de montajes de importantes autores (Max Frisch, Büchner, Arrabal, Valle-Inclán, Pinter, Ghelderode, Beckett, Strindberg, Alberti, Lauro Olmo...), consigue local propio y se convierte en empresa. Su primer montaje, realizado por Antonio Díaz Zamora, ha sido en la primavera de 1972 el de *Las salvajes en Puente San Gil,* de Martín Recuerda.

El éxito de ésta y otras obras de autores del nuevo teatro español y la altura de la labor dramática realizada por las tres nuevas empresas, estribadas en una exigente concepción sociocultural del teatro, que trasciende la pura mentalidad mercantilista de la mayoría de las empresas teatrales españolas, muestra una vez más el divorcio entre la España oficial y su vasto sistema de intereses creados y la España real.

En cuanto a los Teatros Nacionales, oficialmente subvencionados, con abundancia de medios económicos para sus montajes, cuya función debería ser la de ofrecer espectáculos imposibles hoy en el marco de los teatros comerciales, más bien parecen dar la espalda a los

---

[5] Ver a este respecto *Primer acto,* núm. 144, mayo 1972, págs. 33-36.

nuevos autores españoles, evitando incluso montar los Premios Nacionales de Teatro o, si los montan, haciéndolo de manera que suscita la protesta del autor, como sucedió, por ejemplo, con *Los niños,* de Diego Salvador. La actual estructura del teatro oficial, por razón de su misma oficialidad, está justo en los antípodas de toda idea de promoción del nuevo teatro.

Premios

Refiriéndose a la última promoción de nuevos autores de la que forma parte, escribía Alberto Miralles, con amarga ironía, esta frase que ha alcanzado cierta celebridad: «la generación más premiada y menos representada». La frase no puede expresar más con menos palabras.

El número de Premios de Teatro que actualmente se otorga en España es desproporcionadamente superior, no ya sólo al de cualquier otro país europeo, sino a la suma de todos ellos. La mayor parte de esos premios recaen en obras de autores nuevos, pero casi ninguna de esas obras alcanza el término lógico de su representación pública. O son prohibidas por la censura o, si se permite su representación, lo es con carácter restringido y en condiciones de insuficiencia. La consecuencia es que los premios sirven para dar a conocer, siempre en un ámbito minoritario, unos cuantos nombres de nuevos autores, sin que tal hecho sirva de base para una auténtica promoción. Es decir, demostrada a nivel teórico la existencia de unos textos dramáticos y unos autores nuevos y, por tanto, de una nueva generación teatral lista para su incorporación a los escenarios y para su integración en la comunidad nacional, se escamotean los elementos consecuentes a tal integración, y queda todo en el nudo nivel teórico, que no es sino otra forma de negación.

Meditando en este curioso fenómeno escribía el crítico catalán Gonzalo Pérez de Olaguer: «En una circunstancia teatral normal, la existencia de los Premios de Teatro —su proliferación— sería bastante innecesaria. Pero en las actuales, desde luego son un mal menor. Posibilitan la constatación histórica de que hay un nuevo teatro y de que éste podría perfectamente contribuir a la dialéctica social del país. Hoy este teatro que surge (?) de los premios diseminados por nuestra piel de toro apenas si tiene audiencia constatada ante un público mayoritario, para sí tenerla, en principio, ante unas minorías intelectuales y ante unos Jurados que, en muchos casos, están integrados por nombres claves en el orden de las ideas»[6]. En ese

---

[6] En el semanario *Mundo,* de Barcelona, núm. 1.661, 4 de marzo de 1972

450

mismo trabajo. Joan Antón Benach, crítico de *El correo catalán,* después de responder que los premios no ejercían ninguna función en lo referente a descubrir, consolidar y promocionar nuevos autores, añadía, con zumba muy catalana-levantina, que, en cambio, cumplían otras funciones, como: «La de poner a prueba el humor, la constancia y la buena fe de unos autores y de unos Jurados empeñados en el titánico esfuerzo de predicar (con el ejemplo) la necesidad de' que este país sea teatralmente menos subnormal. La de localizar o descubrir unos textos dramáticos, por lo general mucho más valiosos que los que se estrenan en los locales comerciales... La de demostrar que las empresas y los organismos públicos no se preocuparán lo más mínimo de promocionar estos textos, salvo cuando hayan salido de unas iniciativas o de unos Jurados afines. La de poner de relieve las dificultades de todo tipo que encontrará una obra premiada para acceder a un escenario, ratificándose así la incompatibilidad manifiesta entre Premio de Teatro y censura. La de constituir una prueba más de la urgencia de acabar con la censura teatral cuya misión paralizadora es ya insostenible» (cit., pág. 20).

En cuanto a los autores, señalan la distancia y la contradicción que en los premios existe entre la teoría y la práctica. «Teóricamente... son el aval que permite al nuevo autor entrar en el difícil y cerrado mundo del teatro. En la práctica no es así. Cuando el premio es en metálico, el autor galardonado ve aparecer su nombre en notas de prensa durante los días siguientes al de la concesión, pero su obra sigue siendo desconocida para todos, excepto para el Jurado que la ha premiado. Cuando, además, el Premio incluye la representación de la obra, suele suceder que la censura la prohiba..., o estrenan las obras en fechas inadecuadas, con lo cual el autor se expone a salir de mala manera de lo que era prometedora aventura» (López Mozo). Los premios son válidos «para editar el texto, y ser autor censado, historiable y cargado de futuro. La representación de la obra nunca se da como consecuencia de un premio» (Alberto Miralles).

Los premios de teatro son, pues, hoy por hoy, el resultado de una situación anormal y, en consecuencia, cumplen la función de revelar patentemente, una vez más, la anormalidad de donde se origina y en la que fermenta el nuevo teatro español.

*   *   *

página 19. Recomendamos la lectura íntegra del trabajo de Pérez de Olaguer, así como la encuesta que lo acompaña, págs. 17-26. Dada la dificultad que muchos lectores encontrarán para leer dicho trabajo me permitiré citar algunos textos de la encuesta.

Carecemos de suficiente documentación en que basar nuestros juicios, para abordar —aunque sólo sea al nivel introductorio en que nos movemos— otros factores determinantes o concomitantes de la situación del nuevo teatro español, factores para cuya exposición y entendimiento serían necesarios estudios previos especializados, abundantes en datos y cuadros estadísticos. Pensamos, por ejemplo, en el factor público o en el factor crítica. ¿Cuáles son los públicos efectivos o latentes del nuevo teatro español, cuál su composición social, cultural, ideológica, cuáles sus reacciones, frustraciones o preferencias? Afirmar que se trata de públicos universitarios es decir apenas nada. Sería necesario estudiar la relación de compatibilidad e incompatibilidad entre la oferta del nuevo teatro y la demanda de los diferentes grupos sociales, y ver cuál es el grado de adecuación entre el público teórico, concreto o abstracto, al que pretenden dirigirse los nuevos autores y el público real al que llegan. Tenemos la impresión —valga ésta lo que valga— de que el público del nuevo teatro no es nunca aquel a quien está dirigido. Sólo en contadas ocasiones, como fue el caso del Grupo Lebrijano, dirigido por el malogrado Juan Bernabé, o es el de Tábano y sus montajes para los trabajadores españoles emigrados, el público que asiste a los espectáculos es el público popular, es decir, el destinatario buscado y raramente hallado.

En cuanto a la crítica, habría que estudiar, siempre basados en materiales concretos y abundantes, el sentido profundo de las diferencias de actitud entre la crítica especializada o la crítica de revista especializada como *Primer Acto* o *Yorik,* y la crítica de los periódicos, dirigida aquélla a un público lector nada mayoritario, y ésta al gran público, cuyas estimaciones sobre el teatro en general y el nuevo teatro, nacional o extranjero, procede de la crítica en la prensa diaria.

Por lo que se refiere a esta última, dado su mayor radio de acción, ¿cuál es la visión que del nuevo teatro español ofrece al gran público? Tenemos la impresión —pero no el conocimiento suficiente para emitir juicios de valor objetivo y comprobable— de que muy pobre y poco lúcida, por exceso de paternalismo o de humor subjetivo y por defecto de rigor o de información. En muchas de las críticas leídas nos sorprende, unas veces, la benevolencia acrítica, otras el furor sermonario y el tono inquisitorial, y en todas, incluidas las aparentemente positivas, el estilo impresionista y la ocultación o silenciación sistemática de los problemas, condicionamientos, barreras y obstáculos dentro de los cuales se produce ese nuevo teatro. La crítica de la obra en sí, que puede tener sentido en una situación normal, es insuficiente cuando la situación es absolutamente anormal, y hay que empezar, para cumplir con los requisitos mínimos de la responsabilidad intelectual, por no desligar obra y situación anormal. Es decir, hay que atender tanto a la estética como a la historia.

Escribía no hace mucho el crítico francés Bernard Dort: «Hoy la crítica funciona a menudo como un freno. Permanece atrasada con respecto a la evolución del teatro. Más bien que descubrir nuevas experiencias teatrales, no hace apenas sino consolidarlas una vez descubiertas. Desde 1950, la crítica de la gran prensa sólo ha avalado la vanguardia de los años 50, la descentralización, la influencia brechtiana y el teatro de expresión corporal. Y siempre con notable retraso sobre los acontecimientos» [7].

¿En qué medida se aplica lo anterior a la crítica de la gran prensa española? Más aún, ¿hasta qué punto ha avalado lo mentado en la citar anterior? Nos permitimos esta segunda pregunta basados en este texto escrito a raíz del estreno, hace ya unos años, de *La última cinta,* de Beckett: «No hay en la pieza ninguna otra cosa ni profunda ni formal (?). Ni un pensamiento elevado, ni una frase bella, ni un rasgo de humor o de ingenio, ni poesía, ni emoción, ni concepto, ni humanidad, ni simbología, ni fantasía, ni verdad. Es como si expresamente se quisiera extirpar del teatro todo sentido o todo contenido para convertirlo en una evasión subconsciente o en un balbuceo idiota o en la sucia fluencia de las aguas de una letrina. Y éste es un propósito inmundo, destructivo, peligroso, porque puede contagiar a la inexperta juventud (?) que ignora...», etc. (Alfredo Marqueríe, *Pueblo,* 6-XI-62). Que la actitud del citado crítico no ha cambiado lo muestran páginas de su libro *El teatro que yo he visto* (Madrid, 1969). Se trata de un ejemplo; no seguramente de la tendencia de toda la crítica de la prensa española. (Es lo que habría que comprobar.)

¿Qué pensar cuando otro periódico (*El Alcázar*) acepta publicarle con sección fija a Alfonso Paso, esto —y podríamos citar otras cosas mucho más graves—: «El inactual Brecht, el Brecht fruto de la revolución marxista del diecisiete, arqueológico Brecht, tan ineficaz, tan inactual como Calderón de la Barca...», etc.

¿Y qué seguir pensando cuando otro crítico, Díez-Crespo, afirma: «Cuando una obra es de verdad importante, está por encima de la censura. Podrá haber excepciones. Yo conozco pocas. De todas maneras como la obra importante se produce pocas veces —a la historia del teatro me remito— creo que de existir la censura debe proceder con propiedad, salvando las obras que por su calidad no merecen el fuego. En cuanto a las mediocres, y no digamos las infames, el fuego; ¡el fuego sin piedad! Lo dañino no son las ideas, sino las

---

[7] *Théâtre réel.* París, Editions du Seuil, 1972, págs. 46-47.

mediocridades. Por otra parte, yo dejaría muchas obras que hoy se consideran "censurables" para "descubrir" a muchos pobres hombres, que hoy pasan por glorias oscurecidas por la "mano negra" de la censura. Creo que la censura está obligada a no hacer "héroes" a aquellos que no son más que unos pobres diablos llenos de vacío» (*Primer Acto*), núm. 131, abril 1971, pág. 21)[8]. Bastarían tales afirmaciones para descalificar a un crítico, a lo menos en cuanto al nuevo teatro español se refiere. Y nuestro asombro llega al máximo de su desconcierto, cuando el mismo crítico escribe ¡en 1971! una encomiástica reseña de la comedia de Juan Ignacio Luca de Tena, *Don José, Pepe y Pepito.* (Ver *Hoja del Lunes,* 5 de abril de 1971, página 40.)

Se trata, de nuevo, de un sólo ejemplo, insuficiente a todas luces para procesar a la crítica de la gran prensa o para sacar consecuencias objetivamente válidas.

Es urgente, pues, y lamentamos no poderlo hacer aquí, el estudio riguroso, con método y documentación pertinente, del público y de la crítica. Ese estudio daría más luces sobre la situación y los problemas fundamentales del nuevo teatro español y ayudaría a su mejor intelección como fenómeno social, político, cultural y estético, es decir, como fenómeno histórico global.

---

[8] Citado también por José M. Rodríguez Méndez. *Comentarios impertinentes sobre el teatro español.* Barcelona, ediciones Península, 1972, págs. 148-151.

Capítulo X

Teatro independiente

1. Problemas básicos

Escrito el título del epígrafe, no hay más remedio que comenzar por una necesaria precisión: el teatro independiente sólo existe en España a nivel de propósitos y aspiraciones, pero no como realidad objetivamente predicable. Si los esfuerzos para dar existencia a un teatro independiente son reales, no son menos reales las dependencias que frenan, coartan, frustran e, incluso, destruyen las posibilidades básicas de existencia de todo teatro independiente. Basta repasar las respuestas de autores, críticos y grupos teatrales a la encuesta realizada por *Primer Acto* a raíz de lo sucedido en el Festival de Teatro Independiente de San Sebastián —después volveremos sobre el llamado Festival Cero—, para constatar la exactitud de nuestra afirmación inicial. Todos los participantes en la encuesta llegan a la misma conclusión: hoy por hoy no existe en España un teatro independiente. «En este momento, el Teatro Independiente sólo puede ser lo que es, es decir, una aspiración» (Ricardo Doménech, *Primer Acto,* 123-124, pág. 30). «El teatro independiente no es ni será nunca un hecho; es una tendencia, una tensión, una pasión... hacia un teatro "más" independiente» (Frederic Roda, *Primer acto,* 123-124, página 34). Otras respuestas tratan de precisar el concepto de teatro independiente o de ponerlo en cuestión: «el concepto de teatro independiente sólo puede ser considerado como concepto estratégico y no teórico» (Colectivo artístico del antiguo T. C. de Zaragoza, *Primer Acto,* 123-124, pág. 28). «El teatro independiente es una petición ética, una necesidad social. La palabra "independiente" posee una significación convencional, porque el teatro tendrá siempre sus dependencias. El concepto es, pues, relativo...» (José Monleón, *Primer Acto,* 125, pág. 26). Alfonso Sastre llega, incluso, a negar la viabilidad del concepto: «El concepto de "teatro independiente" es inservible. No merece la pena agotarse en determinar como verdadero concepto un término tan, digamos, "acientífico". Hablemos, por ejemplo, de *teatros marginales.*»

¿Debemos, dado lo problemático y «acientífico» del nombre y a lo movedizo y contradictorio de la realidad en él nombrada, renunciar al uso de los términos Teatro Independiente? Muchas veces en la historia de los movimientos literarios un nombre puede surgir como signo de conato y nombrar una realidad, un fenómeno que lucha por su existencia, sin que por ello el nombre acuñado defina algo cabal, completo y globalmente estructurado. La función del nombre es entonces menos la de definir un objeto que la de definir un complejo y vago nivel de aspiraciones, de propósitos y de tendencias. Por otra parte, no debemos olvidar que en el tiempo presente en que nombre y fenómeno nacen, aquél no es siempre el correlato objetivo de éste, sino puro índice señalizador de algo no definido ni definitivo, sino de algo informe abriéndose paso contra lo establecido o lo consabido, y que en ese radical contexto de puro presente el nombre puede ser bandera de combate o gesto de desafío, si usado por quienes inician lo nuevo frente a lo viejo, o denigratoria, irónica o burlesca apelación, si usado por quienes repelen lo nuevo frente a lo establecido. Piénsese, si no, en el significado original, a la vez sociológico y literario, de los términos Romanticismo y Modernismo. No nos parece, pues, disparatado o arbitrario pensar que el nombre puede servir como mediador entre el nivel de realidad y el nivel de aspiración, y que, en ese sentido, expresa eficaz y correctamente en su transliteralidad la contradicción entre ambos niveles. Por ello, no tenemos reparo en utilizar, y no por simple comodidad, el nombre de Teatro Independiente, aunque sin olvidar alegremente su naturaleza de realidad problemática ni su valor contradictorio, y éste no a causa del ser intencional del Teatro Independiente, sino por razón de las circunstancias que se confabulan en su destrucción.

Hace unos años, refiriéndose a dos tipos de circunstancias muy distintas entre sí, escribía Buero Vallejo: «En circunstancias plenamente abiertas para el desarrollo del teatro, los grupos independientes actúan de manera continua y cuantas veces quieren, cumpliendo así fecundísima tarea: por su osadía, por sus propósitos de experimentación y de renovación, atraen a una considerable parte del público que sostiene a la escena comercial y obliga a ésta a saludables evoluciones. En tales circunstancias, la consecución por los independientes de competencia técnica y profesional es un fenómeno natural que les permite ofrecer a menudo espectáculos quizá menos costosos, pero tanto o más perfectos que los de la escena comercial. Éstas no son nuestras circunstancias. La proliferación de grupos con voluntad de independencia representa, asimismo, entre nosotros una importante contribución a la renovación de nuestra escena; pero las grandes dificultades con que se enfrentan para nacer y pervivir, así

456

como la limitación de las representaciones, convierte a esa red de grupos, hoy extensa, en catacumbas para una minoría de iniciados o de curiosos» (*Yorik,* núm. 25, 1967, pág. 4).

En efecto. En la actualidad —1973— existen en España unas 150 agrupaciones teatrales no comerciales englobadas bajo distintas denominaciones: Teatro amateur, Teatro de Cámara (o de Cámara y Ensayo), Teatro Universitario y Teatro Independiente. Frente al primer bloque, los otros tres rechazan el ser un simple teatro de aficionados, y pretenden montar espectáculos valiosos, bien por la calidad o la significación del texto, bien (o también) por su realización teatral. Frente al Teatro de Cámara o al Teatro Universitario (con excepciones dentro de ambos), los grupos —surgidos al margen o a partir de los anteriores— encaminados hacia una Teatro Independiente se suelen plantear su labor con deseos de continuidad —ideológica o no—, utilidad y aproximación a la mayoría, y ello mediante una preparación amplia y rigurosa, siendo su aspiración máxima la dedicación absoluta al teatro, sólo realizable sobre la base de una auténtica actividad profesional —en sentido técnico y económico— que les permita vivir de ella.

José Monleón, en un trabajo en el que contraponía, en torno a unos cuantos puntos concretos, algunas de las diferencias entre los llamados Teatro de Cámara y Ensayo y Teatro Independiente, señalaba como principios o tendencias del último las siguientes: «1. Rechazo de la sesión única. Los grupos procuran representar cada obra el mayor número de veces. 2. El repertorio aspira a ser la "expresión" del grupo. Y, en muchos casos, esta expresión se hace con el apoyo de los nuevos dramaturgos españoles, cuyas circunstancias e ideas son afines a las del Teatro Independiente que los representa. 3. Un grupo permanente trabaja durante semanas realizando ejercicios, investigando el lenguaje dramático y ensayando las obras. Los grupos luchan por conseguir una unidad de trabajo y una coherencia ideológica y estética en tanto que grupo. Los grados de participación colectiva son distintos. A la compañía le interesa la perfección. Y los espectáculos lejos de agotar su función una vez celebrados, son el origen de nuevas autocríticas, de nuevos ensayos, de nuevos trabajos. 4. En general, no aceptan trabajar para un solo público. Ese Teatro Independiente lo que quiere es trabajar ante públicos populares. 5. Por lo que se refiere al lugar de la representación, al precio de las localidades y al horario, no se aceptan las "normas" del teatro comercial. Dado que el teatro se hace en cualquier lugar, cada representación tiene su adecuada ordenación sociológica. La hora es la que conviene a los destinatarios. El lugar, aquel que favorece su concentración, aunque, a menudo, no reúna las condiciones necesarias para una buena representación. El precio, el que «corresponde» a esos destinatarios. 6. Tanto en el plano ideológico, como en el estético, como en el económico, los teatros independientes han de contar con una organización suficiente que permita elegir, ensayar y montar la obra en diversos lugares, cubriendo el presupuesto establecido. El presupuesto siempre cuantioso, dadas las diversas limitaciones que envuelven las actividades de este teatro, sin o con muy escasas subvenciones. 7. La mayor parte de los teatros independientes no se limitan a elegir, ensayar y montar unas obras. Sino que, paralelamente, necesitan realizar seminarios y trabajos de investigación sobre el lenguaje escénico, no como expresión de una «curiosidad» o un prurito «formalista» o un deseo de «estar al día», sino como resultado de una reflexión sobre el fenómeno dramático y la creciente conciencia que no puede resolverse a través del simple análisis de los textos en ensayo. Dadas las raíces ideológicas de la teoría teatral establecida, este trabajo de depuración y búsqueda del lenguaje teatral resulta imprescindible» [1].

Cada una de esas tendencias que idealmente definen la línea del Teatro Independiente se encuentran condicionadas por múltiples dependencias que imposibilitan el normal desarrollo de los grupos teatrales, siendo, naturalmente, las más visibles las políticas y las económicas: control de la censura sobre el repertorio, prohibición del texto sometido o, si el texto pasa, limitación del número de representaciones o prohibición del espectáculo en el momento de la «censura visual», con las consiguientes pérdidas de tiempo y de esfuerzo empleados en la laboriosa preparación del espectáculo y pérdidas económicas; falta de apoyo económico que impide la plena dedicación o, si ésta existe, merced a un régimen de vida espartano, de privaciones drásticas y de continuos sacrificios personales, insuficiencia de medios para montar sus espectáculos a la altura requerida; limitación de la labor preparatoria del grupo que exigiría estudios y ejercicios difícilmente realizables con la profundidad, continuidad y especialización previstas a nivel teórico; permanente movilidad interior de los grupos, que tienen que realizar reajustes de personal en el equipo de trabajo, consiguiendo difícilmente esa cohesión que sólo a la larga alcanzaría a crear una línea coherente y definida conducente a la solidez y la eficacia de las realizaciones... La enumeración sería interminable y, sin embargo, insuficiente, si no se tiene en cuenta la base que soporta tal estructura: una sociedad —empleemos pala-

---

[1] José Monleón. «Del teatro de cámara al teatro independiente», *Primer acto,* núms. 123-124, agosto-septiembre 1970, págs. 8-14. Lo citado por nosotros se encuentra, más ampliamente desarrollado, en págs. 12-14 .Además de los números que iremos citando de *Primer acto,* ver también *Yorik,* que dedicó al Tetatro Independiente los núms. 25 y 26, 1967.

bras de Ricardo Budet— «desprovista de receptividad, vacía de toda inquietud y refractaria a cualquier tipo de cambio» (*Yorik*, núm. 26, 1967, pág. 15).

2. Censo de grupos (1970-1973)

Problemas de toda índole y mayúsculas dudas nos asaltan en el momento de establecer un censo de los grupos independientes. El tope cronológico 1970-1973 sería a todas luces improcedente e inadecuado, si nuestro propósito fuera hacer una historia del Teatro Independiente, historia que no está todavía hecha. En ese caso habría que estudiar el papel muy importante que cumplieron los «TEUS» y los Teatros de Cámara, y dedicar espacio a estudiar grupos hoy desaparecidos, y en su día importantes, como fueron «Los Juglares», «Dido», «La Barca», el GTR (Grupo de Teatro Realista), «Gil Vicente», «La Pipironda»..., por no citar sino unos pocos. Nuestro propósito, en el marco de esta breve introducción, es mucho más modesto: dejar constancia mediante un censo de nombres, de la amplitud nacional del fenómeno de los grupos independientes, hoy.

Dado lo problemático y movedizo del campo en que nos movemos y la dificultad de obtener suficientes materiales e información objetiva sobre un fenómeno de curso siempre irregular y no siempre visible, tampoco aspiramos no ya sólo a la exhaustividad —¿cómo?— pero ni siquiera a la certeza de la imposibilidad del error, incluso dentro del campo cronológicamente acotado.

Nuestro censo aspira a recoger a aquellos grupos en quienes se cumplen total o casi totalmente, a lo menos a nivel teórico, las tendencias señaladas por Monleón, en el texto arriba citado como propias del Teatro Independiente. No todos ellos trabajan con la misma asiduidad, y muy pocos con plena regularidad.

Hechas las anteriores advertencias y con plena conciencia de nuestras limitaciones, proponemos el siguiente censo: Els Juglars (Barcelona), Teatre Experimental Independent (Bañolas, Gerona), Grupo TOAR (Lérida), Karpa (Teatro de Mimo de Madrid), Los Goliardos (Madrid), La Máscara (Alicante), Ademar (Madrid), Alba 70 (Alicante), Aspasia (La Coruña), Tábano (Madrid), El Camaleón (Barcelona), El Candil (Talavera de la Reina), La Araña (Lugo), La Carátula (Alicante), La Cazuela (Alcoy), La Máscara (Gijón), Palestra (Sabadell), Pax (Badajoz), Pigmalión (Toledo), Proscenio (Gerona), Quimera (Cádiz), Teatro Club 49 (Valencia), Teatre Experimental Catalá (Barcelona), Teatro Insular (Las Palmas), Tespis (Oviedo), Esperpento (Sevilla), Ditirambo (Madrid), Teatro Circo (La Coruña), Cátaros (Barcelona), Teatro Estudio Lebrijano (Lebrija), Tabanque

(Sevilla), La Cuadra (Sevilla), Valle-Inclán (Orense), Xaloc (Mataró,, Nasto (Madrid), Antígona (San Sebastián), Ara (Málaga), Canon (Madrid), Zeta (Madrid), Taller I (Madrid), Bululú (Madrid), Akelarre (Bilbao), Orain (San Sebastián), Gesto (Gijón) y Grup déstudis teatrals (Horta).

No hemos incluido en nuestro censo dos agrupaciones de excepcional importancia que por su situación actual, no ya dentro del teatro independiente, sino fuera de él, desbordan el difícil campo en que se mueven, a distintos niveles, los grupos mencionados. Me refiero al T.E.I., ya citado en páginas anteriores, que estudiaremos en el epígrafe 4, y a la Escola d'Art Dramátic Adria Gual (EADAG).

No figuran tampoco algunos de los más importantes grupos del Teatro Universitario actual. De uno de ellos, el Teatro Universitario de Murcia, nos ocuparemos más adelante.

Siendo imposible en el marco de esta introducción el estudio de las actividades de cada uno de los grupos citados [2], hemos pensado, sin embargo, que puede tener interés para el lector ofrecerle una serie de informes sobre la historia de unos pocos grupos y sobre algunos de los espectáculos.

3. Informe sobre cinco grupos [3]

Els Joglars

Tiene sus comienzos en mayo de 1962, bajo la Agrupación Dramática de Barcelona. La formación técnica de los miembros de Els Joglars proviene principalmente del chileno Italo Ricardi, del Instituto del Teatro de Barcelona y del Centre Dramatique de l'Est

---

[2] El estudio de *todos* esos grupos creemos que es sólo posible desde dentro de España, y no desde fuera, y esta es la mayor limitación de nuestro trabajo. En dicho estudio sería necesario considerar también tanto a los grupos de Teatro de Cámara como a los del Teatro Universitario, rastreando sus orígenes, evolución y avatares, así como la importancai de su labor. Es probable que tal estudio sólo sea posible como trabajo de equipo. Ojalá algún día pueda ser publicado, pues sólo a partir de él podrá hacerse la verdadera historia interna del teatro español de posguerra.

[3] La información que a continuación ofrecemos al lector procede de diversas fuentes que iremos especificando a lo largo del texto. Informes que nos han enviado algunos grupos, informes enviados por los grupos a *Primer acto;* artículos, reseñas y noticias aparecidas en diversas publicaciones periódicas. Por considerar que el mejor servicio que podemos hacer al lector es informarle de la estructura, propósito y realizaciones de los distintos grupos, nos hemos esforzado en seleccionar los materiales con que contábamos y entregárselos directamente, con la mínima mediación por nuestra parte. Aunque casi todas las páginas que siguen deberían ir entre comillas, por ser textos citados, hemos prescindido de ellas. El lector, sin embargo, no debe olvidarlo.

(Strasbourg). El grupo comenzó con quince mimos bajo un régimen de trabajo completamente *amateur*, y siguiendo un camino de orientación clásica dentro del mimo. A partir de su intervención en el Festival Internacional de Zurich del 67, el grupo emprendió un camino de endurecimiento en el trabajo y en los sistemas de ensayos, a fin de conseguir profesionalizarse, si no económicamente, sí, por lo menos, en cuanto a seriedad y calidad se refiere. En razón del proceso interno de profesionalización técnica, el grupo quedó reducido a siete personas. Cada una de ellas tiene, además de su trabajo en la escena, una responsabilidad suplementaria que puede abarcar desde la Caja hasta la Publicidad. La estructura económica es simple, dado que los beneficios o las pérdidas quedan repartidas a partes iguales. En el aspecto de su estructura interna, cualquier variación que no sea específicamente artística es discutida, y en todo caso votada por mayoría.

Actualmente, el grupo trabaja a base de procedimientos experimentales en el terreno de la expresión corporal, y, sobre todo, en la promoción de actividades artísticas, tales como la Organización de la I Semana de la Pantomima y la creación del Centro de Estudios de Expresión. Todos los miembros del grupo colaboran plenamente en el trabajo de la expresión, alternándolo con la labor pedagógica.

La tendencia dramática seguida en los últimos tiempos es un acercamiento progresivo al teatro no literario, de raíces profundamente populares, tipo esperpento y comedia del arte, abandonando el llamado «mimo puro» de raíces nórdicas, por un género de expresión más acorde con las características latinas, dirigido más a los sentidos que al razonamiento y a las ideas.

Hasta el presente el grupo no ha tenido ninguna clase de subvención o ayuda económica. Su forma de subsistencia es consecuencia de las representaciones públicas o bien de cursos y diversos trabajos periódicos en la pedagogía de su especialización artística.

Los espectáculos montados por el grupo son, ante todo, pensados para giras, a cuyo fin tienen para los desplazamientos un pequeño omnibus que elimina gran parte de los costes y problemas de transporte de personal y material.

Independientemente de los ensayos normales destinados al montaje de cada espectáculo, el grupo sigue en forma paralela un trabajo de investigación y entrenamiento físico imprescindible en el teatro que practican.

Actualmente, Els Joglars han sobrepasado largamente las setecientas representaciones, entre las que se cuentan, dentro de España, las temporadas en los teatros Romea, Windsor, Candilejas, CAPSA y Cova del Drach, de Barcelona, sus giras por pueblos y ciudades de Cataluña, Valencia, Baleares, Castilla y Aragón, sus actuaciones para televisión y sus participaciones en el Festival Cero de San Sebastián y en II Festival de Teatro de Alcoy; y, en el ámbito internacional, sus representaciones en el Festival Internacional de Mimo, de Zurich (Suiza), en el Festival Internacional de Teatro de Arezzo (Italia), Festival Internacional de Mimo, de Frankfurt (Alemania), y sus giras por Italia, Francia y Suiza.

De los espectáculos creados por Els Joglars, nos importa dar cuenta, en el marco de este estudio introductorio, de *El Joc (El juego)*, de 1969-70, con el que actuó en el Festival de San Sebastián.

El Joc consta de seis juegos sin título, a fin de no coaccionar la libertad del espectador. Los argumentos son casi inexistentes, destacando como única excepción el juego número 4, que trata sobre la historia del paraíso terrenal, con todo el procedimiento propio de la narrativa clásica. En el resto de los juegos, la intención de «explicar» una historia deja paso a la de hacer *sentir* al espectador unas impresiones sobre un tema, siendo él mismo quien debe ordenarlas. El juego número 1 es un intento de poner de relieve el proceso de degeneración (o regeneración, según se entienda) entre dos hombres y dos mujeres, en el transcurso de una cena llena de fórmulas de clásica urbanidad. El número 2 da vida en forma dramática a lo que musicalmente se titula un «canon», con todo lo que ello implica de descomposición de un argumento formal. El número 3 presenta unas imágenes que pretenden dar forma a las sensaciones interiores de todo hombre que se traza una prisión y unos límites, voluntariamente, por el solo hecho de convivir con otros seres iguales a él, y los límites que nuevamente le son impuestos desde fuera, ya sin su voluntad, como consecuencia de los que primeramente ha aceptado, mientras que en todo momento piensa que obra por propia voluntad. El número 5 trata diversos accidentes laborales, que, aunque cómicos por su ejecución, alcanzan el patetismo por el hecho de una simple contradicción formal: las víctimas ríen en vez de quejarse cuando sufren. El último juego es una asociación de imágenes sádicas, patéticas, cómicas infantiles, todo ello a través de una constante que se repite a lo largo del número: la ejecución capital y la marcha militar, que no dejan entrever dónde se halla el juego y dónde la realidad.

Respecto a la puesta en escena y a su sistema intencional, escriben Els Joglars: *El Joc* no se trata de un espectáculo de mimo tradicionalmente entendido... Al crear *El Joc* nos inquietaba, ante todo, el problema de encontrar nuevas fórmulas de comunicación con el espectador, al margen de una expresión literaria. Esta búsqueda de un lenguaje «propio» nos obligó a iniciar la creación de nuestro espectáculo no a partir de un guión, sino de un ejercicio vivo sobre la escena, es decir, partiendo de ritmos, sonidos, imágenes, improvisaciones, etc., que nos llevaron a un intenso trabajo posterior, de rigurosa selección y ordenación. Una vez fijados los contextos de los diferentes «juegos», empezamos a sistematizar los ensayos a la manera tradicional, con la única diferencia de que el tiempo de ensayos de un espectáculo de esta especie triplica el de una pieza de teatro escrito, ya que la repetición de· un sonido o un gesto dentro de un contexto abstracto necesita para nuestra memoria realista y positiva de un esfuerzo superior de memorización. La última fase de creación del espectáculo fue quizá la más viva, poniéndolo frente a su destinatario: el público. Los primeros contactos con el mismo pusieron de relieve los problemas expresivos que se planteaban en nuestra comunicación, al mismo tiempo que el espectador aportaba nuevas facetas, facetas, muchas veces imprevistas, que redondearon notablemente nuestra realización. Después de estos primeros contactos con el público, este espectáculo toma ya su forma definitiva, en la que todos los actores son responsables de su anterior proceso de creación y, por lo tanto, debe reproducir de forma exacta y científica toda su actuación, como pieza de engranaje colectivo sin posible alteración.

Por lo que se refiere a su concepción del teatro, afirman Els Joglars: «Ante todo, nosotros entendemos el teatro como la expresión del hombre a través del cuerpo y la voz; lo demás es puramente accesorio. El solo hecho de habernos visto obligados a definir el teatro y nuestro espectáculo nos parece, ya de por sí, una aberración. Continuando, pues, dentro de esta fórmula aberrante, y como síntesis, diremos que *El Joc* es un esfuerzo por encontrar nuevas formas inéditas de lenguaje teatral que pongan en causa las empleadas tradicionalmente, no ya porque éstas sean más o menos erróneas, sino porque en arte cada creación es, al mismo tiempo, una destrucción.» Tesis esta, sostenida también por Jean Duvignaud muy recientemente [4].

En el Festival de San Sebastián *El Joc* fue considerado como una de las más logradas aportaciones del Teatro Independiente español [5].

---

[4] *Le théâtre, et aprés,* París, Casterman (Poche, 1971, págs. 117 y ss.).
[5] Los textos citados proceden de dos informes de Els Joglars a *Primer acto,* núms. 119, abril 1970, págs. 32-35 y 221, junio 1970, págs. 64-65. Sobre *El Joc,* dentro del contexto del Festival Cero, pueden consultarse los trabajos de José Monleón (*Primer acto,* 120, mayo 1970, págs. 56-65) o, dentro del Ciclo Marquina, el estudio de J. L. del C. (*Primer acto,* 123-124, págs. 106-112).

Los Goliardos

Nacen los Goliardos en el verano de 1964 del esfuerzo de un grupo de postgraduados universitarios, unidos en el interés por la actividad teatral. La idea motriz es la de formar un Teatro de Cámara que, teniendo su origen en la Universidad, extienda progresivamente su área de acción a sectores cada vez más amplios de la sociedad. Desde el principio, los puntos básicos que marcarán las líneas de evolución del grupo hacia sus objetivos a lo largo de su ulterior desarrollo fueron: la búsqueda de un público y de un teatro «popular» y la indagación sobre el fenómeno teatral y sus implicaciones, a partir de un sustrato material orientado al cooperativismo y a la profesionalización.

En la historia del grupo pueden señalarse tres etapas. En la primera, de un año de duración, los fundadores del grupo, conscientes de que el salto de la Universidad a las clases más bajas del país no puede darse sin un período de transición en el que se consoliden los medios de subsistencia y se aborde la conquista de ese público, planean abrirse cauce en los medios intelectuales, eludiendo deliberadamente cualquier tipo de compromiso ideológico, y con la pretensión única, según se declara en el Reglamento por el que el grupo se rige, por aquel entonces «de prolongar la Universidad más allá de sus aulas, fomentar y encauzar la vocación teatral de los universitarios, presentar en España el mejor teatro contemporáneo, evitando las falsificaciones de cualquier orden, y enseñar, llegar hasta el público más humilde, para decirle cómo es y cómo debe verse el teatro de esta época que nos ha tocado vivir».

Con la adquisición de un local propio, en la temporada siguiente comienza la segunda etapa del grupo, marcada por un complejo plan de organización desde arriba y ambiciosos proyectos estructurales, pero con un creciente desequilibrio de fuerzas internas, motivado por una falta de unidad ideológica y de un interés económico compartido, que llevará a la crisis del grupo. En otoño de 1966 el grupo se funde con «Albor, Estudio de Teatro», grupo de objetivos similares, creador de la primera escuela de Teatro Independiente y del Premio Albor de Teatro, comenzando la tercera etapa, en que el grupo se repliega sobre sí mismo, restringe el número de miembros, trata de reorganizarse, esta vez partiendo desde abajo, tantea la posibilidad de poner en funcionamiento una escuela de teatro y experimenta rudimentariamente la aventura cooperativista. En el verano de 1967 la línea ideológica del grupo queda, por fin, claramente puesta de relieve en una declaración de principios, cuyo colofón es la defensa de la opción por una experiencia colectiva del teatro. Iniciada la experiencia cooperativa, el grupo deriva hacia un mayor grado de profesionalización. Se consolidan los medios de subsistencia mediante la aportación económica que supone el trabajo de cada miembro, encuadrado en dos vertientes: una artística (interpretación, dirección, escenografía, etc.) y otra técnico-administrativa (trabajos de secretaría y Relaciones Públicas, talleres de escenografía y de confección de vestuario, etc.). Los nombres de los componentes del grupo dejan de figurar en los repartos, figurando sólo la denominación común de Los Goliardos.

De manera regular, y durante medio curso, sigue funcionando la escuela, ya con un plan de estudios definitivos, aunque no excesivamente rígidos. Al mismo tiempo, se amplía el círculo de espectadores, con la actuación en temporada en el teatro Beatriz, de Madrid, y a lo largo de una serie de giras por provincias, dándose así un primer paso hacia la captación de un público «popular».

La primera gran oportunidad para dar el salto al campo profesional se le ofrece al grupo con el estreno de *La noche de los asesinos* de José Triana, oportunidad frustrada por la prohibición, una semana antes del estreno, del propio autor. El grupo descubre entonces que es imposible desenvolverse y conseguir algo positivo dentro de los cauces que ofrece el teatro comercial, y opta por la marginación. Seguirá buscando la profesionalización, pero al margen de las estructuras del teatro comercial. Los Goliardos, llegados a este punto de su aventura, deciden elaborar sus propios textos, improvisar sus propios escenarios, tender sus propias redes de distribución, es decir, hacer su propio teatro. A esta nueva actitud responderá la creación de las *Historias del desdichado Juan de Buenalma,* construidas a partir de varios textos de Lope de Rueda. «La simplicación —añade el texto que vengo citando— alcanza su punto máximo: seis actores vestidos con cuatro trapos recorrerán toda España actuando en los sitios más insólitos —desde una iglesia hasta un «living-room», pasando por un corral de comedias. Más de sesenta mil espectadores presenciarán nuestro espectáculo a un precio medio de veinte pesetas.»

Al final del Informe sobre *Los Goliardos,* de que procede toda la información citada, el grupo veía así su situación, en el año 70: *Juan de Buenalma* nos ha servido para aprender muchas cosas, pero sobre todas destacamos dos: 1. No es posible el «teatro popular»; o mejor dicho, es mentira [6]. El pueblo es una abstracción justificado-

---

[6] Vale la pena leer, paralelamente a esta afirmación de fin de camino-principio de camino, las páginas que Bernard Dort dedica a la liquidación en Francia del sueño del T.N.P. de Jean Vilar, en su libro *Théâtre réel,* páginas 243-254.

ra creada y alimentada por la burguesía instruida del siglo pasado. Sólo es posible el teatro «de clase» o, si se prefiere, «el teatro para la clase»; 2. Al teatro sólo acude la burguesía; ... el campo español todavía no ha entrado en la dinámica histórica como factor activo, y, por tanto, no puede considerarse como «clase» propiamente dicha... En consecuencia, se nos impone como tarea necesaria elaborar un teatro dirigido a la burguesía con la finalidad de romper su frente monolítico, propiciar tomas de conciencia en uno u otro sentido y disgregar inmovilismos seudointelectuales; en una palabra, pretendemos hacer crítica destructiva. Y para ello hemos recurrido al joven Brecht. Ni más ni menos, estos son nuestros propósitos al plantearnos recorrer España por segunda vez con *La boda de los pequeños burgueses*.

El grupo dejó de existir a fines de 1971.

De 1964 a 1970 Los Goliardos hicieron 17 montajes con un total de 263 representaciones. Entre las obras montadas figuraban dos de Robert Pinget (*Architruque* y *La hipótesis*), una de Fernando Arrabal (*Ceremonia por un negro asesinado*), tres de Beckett (*Vaivén, ¿Eh, Joe?, Palabras y música*), dos de Slawomir Mrozek (*Strip-tease, En alta mar*), dos de Brecht (*La boda de los pequeños burgueses, Exorcizar un diablo*), una de Crommelynk (*Los amantes pueriles*), dos de Ghelderode (*Máscaras de Ostende, Halewyn*) y una de Leroi Jones (*Dutchman*). Fue, sin embargo, la que más representaciones alcanzó por todas las provincias españolas, la ya citada *Historia del desdichado Juan de Buenalma*, con la que el grupo actuó también en el VIII Festival Internacional de Teatro Experimental, en Zagreb (septiembre de 1968) y que llevó en gira por Francia y Holanda durante mayo del 69.

De las notas de Los Goliardos sobre cada una de sus puestas en escena, elegimos algunas de las que se refieren a *Juan de Buenalma*. Después de plantearse las cuestiones pertinentes a cuál debe ser la actitud ante el montaje de los textos clásicos —¿respeto?, ¿actualización?—, y de resolver en favor de la revisión, sin desvirtuar el texto, pero teniendo en cuenta las necesidades de la sociedad a quien el texto va dirigido, pasan a plantearse problemas estructurales: «El máximo problema con que nos hemos enfrentado nos ha venido impuesto por la diversidad y la atomización de la trama. El público de nuestros días acepta difícilmente la dispersión descriptiva, y mucho menos la dramática. Con el fin de superar este obstáculo, hemos introducido la figura del «ciego», especie de narrador que cuenta, a base de aleluyas y cantares populares, las andanzas y desventuras del pobre «simple». El espectáculo se organiza así sobre el esquema de una especie de retablo renacentista en el que las figuras fluyen rápidamente, surgen, desaparecen y vuelven a asomar su semblante

466

cuando ya parecían defintivamente liquidadas... Sólo un personaje se mantiene idéntico a sí mismo a lo largo de todas las historias: el del «simple». Los demás cambian continuamente su aspecto exterior, pasando de amos a rufianes, de ladrones a lacayos, de médicos a alguaciles. (...) La inclusión del «ciego de los romances» en nuestros espectáculos, se motivaba por la proyección que contamos realizar del mismo. La aventura del «Teatro Popular» ha tentado en nuestro siglo a muchos... El «ciego», tan familiar, liga el pasado con el presente, a niveles estéticos populares, y hasta histórico-sociales. Hay una especie de complicidad entre el «ciego» y los espectadores: éste viene a contarles lo que quieren oír. Por esto, el «ciego» ocupa en nuestra puesta en escena un lugar preponderante, aclarando el sentido de lo que se desarrolla en el escenario, ligando una historia con la siguiente, dotando, en una palabra, al espectáculo de esa necesidad unitaria que, en un principio, echábamos en falta» [7].

La desaparición de Los Goliardos, después de seis años de lucha por su subsistencia, justo cuando, renunciando a toda visión teóricamente culturalista del teatro, había encontrado un camino eficaz y real de actuación dentro de una sociedad concreta, es uno entre los muchos síntomas de alarma dentro del Teatro Independiente, amenazado de muerte en cuanto alcanza el umbral de una posible eficacia.

Tábano

Comienza Tábano en 1968. Como otros muchos grupos que buscan el camino del Teatro Independiente, los componentes de Tábano sólo tienen clara al principio la voluntad de oposición estético-ideológica al teatro comercial establecido y a su labor de espaldas a la realidad social establecida. Preparan sus primeros espectáculos —El juego de los dominantes, en 1968, espectáculo colectivo, y La escuela de los bufones, de Ghelderode, en 1969— siguiendo las tendencias mundiales en boga —teatro de crueldad y happening—, intentando contraponerlas a las puestas en escena tradicionales de la mayoría de los espectáculos comerciales. El juego de los dominantes se representa en el «Corral de Comedias», el off-Broadway madrileño de entonces, dentro de las temporadas teatrales que organiza el Colegio Mayor San Juan Evangelista [8]. Posteriormente, el espectáculo

---

[7] Los textos utilizados proceden del Informe «¿Qué son los Goliardos?», confeccionado por el grupo. Pueden leerse textos teóricos de los Goliardos en Primer acto, núms. 88 y 104. Ver también P.A., núm. 162.

[8] Importante ha sido el papel de los Colegios Mayores como plataforma ofrecida a los montajes y representaciones del Teatro Independiente. Plata-

es prohibido y multado el grupo por el Ministerio de Información y Turismo. Con la obra de Ghelderode se presenta Tábano al III Ciclo de Teatro Actual, en el Teatro Circo de Alcoy, y al IV Ciclo de Teatro Nuevo de Valladolid, y da posteriormente algunas representaciones en el citado Corral de Comedias de Madrid.

El grupo, sin embargo, empieza a tomar conciencia de la distancia que existe entre sus montajes, tipo Artaud, y las necesidades del público al que pretenden dirigirse. Surge la necesidad de investigar en busca de otras formas, más en consonancia con el entorno sociopolítico, más próximas y asequibles al grupo, y, a través de las cuales, el público se identificara de un modo inmediato. En la primavera de 1970, Tábano se propone conseguir un espectáculo fundamentalmente popular con el que recorrer durante el verano los pueblos y ciudades de España. Dos cosas están claras en ese momento: la confianza en una labor de tipo colectivo y el público al que se pretende destinar el espectáculo, o, más exactamente, los públicos: aquél que habitualmente no ve teatro y que pretendía localizarse entre las capas más desasistidas económicamente de la sociedad española, pero también el espectador joven para quien el teatro es algo muerto y que no puede identificarse con lo propuesto desde el escenario, y aquel otro que prefiere ir al cine, por más económico y atractivo, o, finalmente, aquel otro público que tan sólo está acostumbrado al subteatro de evasión erotizante y alienadora que suele aprovecharse y jugar con la represión sexual impuesta a sus admiradores.

Aceptados esos dos supuestos tácticos, empieza el trabajo colectivo de investigación y creación del espectáculo. Nadie ha contado mejor que Tábano esta labor en busca del propio espectáculo [9], de la cual sólo hacemos aquí su resumen: Para dar con la Poética buscada se tiene en cuenta el público al que se pretende llegar. Se discute la problemática capaz de interesarle en mayor grado. Se coincide en algo que resultó ser esencial: «teníamos que divertirnos tra-

---

forma ciertamente limitada, por el carácter único de la representación y de lo minoritario de su público. El asalto a las estructuras comerciales es prácticamente imposible, ya que las dificultades, por ejemplo, para abrir nuevos locales —hay que obtener su apertura— constituyen otra de las armas de la Administración para frenar o, incluso, imposibilitar esa búsqueda del «nuevo público». En febrero de 1972 se inutilizó también, en parte, la plataforma de los Colegios Mayores, al prohibirse cobrar entrada en los actos que se celebran en los Colegios Mayores y otras dependencias universitarias. Duro golpe para los grupos teatrales, ya que ese dinero, aunque mínimo, era imprescindible para la continuidad de sus montajes.

[9] El texto, amplio, cuya lectura recomendamos al lector interesado, ha sido publicado en un folleto titulado *Tábano. Teatro Independiente*, y en *Primer acto*, 125, octubre 1970, págs. 36-40. El resumen que ofrecemos nos ha sido suministrado por el propio grupo.

bajando» y, al igual que nosotros el público «tenía que divertirse asistiendo a nuestro trabajo realizado». Y así, tras un proceso un poco arduo de estudio, trabajo y conflicto, se fue dando con el lenguaje y la forma requeridos. El inefable género teatral de la revista española, el «folklorismo», lo «flamenco», la televisión y el fútbol, los toros, el «amor a la española con cebolla», una amplia gama de clichés teatrales y zarzueleros, la utilización, en fin, de toda una seudocultura autóctona, fue algo decisivo en el encuentro con el «teatro popular» que se quería. El populismo, o lo que es lo mismo, lo «populachero», servía, cambiando únicamente sus signos de contenido y sus finalidades.

Los temas del nuevo espectáculo, después de un paciente trabajo de criba, quedaron reducidos a siete: la propiedad, la publicidad, la televisión, el imperialismo, la burguesía, la familia, el sexo. Alguno de esos temas se incorporó cuando, terminado ya el espectáculo, la Administración rechazó otros ya listos, como, por ejemplo, el tema de la emigración, que, aunque el grupo juzgó importante, fue eliminado por la censura.

Esos temas, tratados siempre en perspectiva bufonesca y desde unos puntos de vista fundamentalmente grotescos, fueron encorsetados dentro de la fórmula teatral de la revista española, siendo decisivo en la colaboración final el encuentro con el grupo musical «Las Madres del Cordero», cuyo estilo y temática dentro del campo de la canción coincidía con las intenciones de Tábano. Fusionados ambos grupos, y después de un nuevo proceso de trabajo colectivo, quedó terminado el espectáculo *Castañuela 70*.

Estrenada en junio del 70 en el teatro Marquina de Madrid, dentro del I Ciclo de Teatros de Cámara, *Castañuela 70* alcanza un éxito enorme de público. Luego de una corta gira por Cataluña, el grupo vuelve a representar su espectáculo en Madrid, esta vez, inesperadamente, en un teatro comercial, el de la Comedia, después de haberlo ofrecido en distintos barrios. A fines de septiembre, tras un total de noventa representaciones a teatro lleno, *Castañuela 70* es prohibida por orden de la autoridad gubernamental.

En los primeros días de 1971 comienza la primera gira europea de Tábano, que monta *Castañuela 70* para los trabajadores emigrados españoles, representándola también en algunas universidades. El viaje, con un total de 21 actuaciones en Rennes, La Haya, Amsterdam, Rotterdam, Basilea, Frankfurt, Velsen, Noord, Auxerre, Dijon, Niza, Aix, Burdeos, Toulouse y Perpignan, constituyó —escribe el grupo— un inmenso caudal de experiencias para todos los miembros del grupo, ya que por primera vez de una forma auténtica nos habíamos enfrentado con ese inalcanzable, hasta el momento, teatro popular... De la convivencia en casas de trabajadores, surgieron numerosas ideas para la creación de un espectáculo gestado en la emigración. El teatro popular volvía a ser un medio de comunicación que realmente volviera a pertenecerles. Nuestro estilo informal de representar, de buscar la complicidad del espectador para poner al descubierto con medias palabras esa crítica tan limitada por nuestras circunstancias, había sido considerada por ellos como algo propio en contraposición al paternalismo oficial de las denominadas «embajadas culturales».

Castañuela 70 constituye (no desde el punto de vista de los valores literarios, sino desde el punto de vista socioteatral, que es, en última y aun en primera instancia, el decisivo en este tipo de teatro) un fenómeno de extraordinaria importancia dentro del contexto español, pues —como ha puntualizado Monleón— «tiene, sobre todos los demás valores, el de haber probado que existe un público numeroso, dispuesto a sostener un espectáculo crítico, fresco, inmediato, aunque no posea ninguno de los elementos ni reclamos que orientan a nuestros empresarios. Y nada resulta más alentador que asistir a la crisis de unas normas que ganaban, infaliblemente, la «comercialidad» con las garantías propias de un producto destinado a una clientela conservadora» (*Primer Acto,* 123-124, pág. 105.)

A su vuelta de la primera gira por Europa, Tábano prepara y termina un nuevo espectáculo colectivo, *Piensa mal y acertarás,* cuyo texto es prohibido en su totalidad por la censura. La línea eficaz iniciada con *Castañuela 70* queda frenada en seco. Un nuevo intento de espectáculo, basado esta vez sobre un texto de Peter Weiss, *De cómo el señor Nockinpott consiguió liberarse de sus padecimientos,* es vuelto a prohibir por la censura. Finalmente, con el *Retablo del Flautista,* del catalán Teixidor, Tábano realiza un nuevo trabajo dentro de la línea trazada desde *Castañuela 70.* Al día siguiente del estreno a teatro lleno, y con las localidades vendidas para días sucesivos, la obra es prohibida por El Ministerio de Información y Turismo. Con esta obra, el grupo emprende durante el invierno del 71-72 su segunda gira por Europa, actuando en Holanda, Alemania, Suiza y Francia, con el mismo éxito de público popular que la anterior. Las actuaciones alternaron con recitales y coloquios.

En el verano del 72, Tábano, dispuesto a llegar, como lo hiciera en su tiempo —¡muy otro tiempo!— *La Barraca* de Lorca, a los públicos de los pueblos de España, preparaba un espectáculo compuesto sobre *El retablillo de Don Cristóbal,* de Lorca, y *El retablo de las maravillas,* de Cervantes. La versión Tábano del primero fue estrenada en el escenario del Pequeño Teatro del T. E. I. en octubre del 72.

Los Cátaros

El taller de teatro Cátaro, fundado y dirigido por Alberto Miralles, nació a fines de 1966 a partir de la escuela de Arte Dramático de Barcelona, de la cual se independizaría pronto, aunque en los orígenes contara con la ayuda oficial y asistencia económica de la Escuela. Se creó como un taller revolucionario a la búsqueda de nuevas formas teatrales por el camino de la experimentación. Una de las ideas básicas en la concepción del teatro buscado por los Cátaros era romper la dicotomía actor-hombre, buscando, mediante disciplinados ejercicios corporales, la identificación de ambos. Hablaban del actor como un portavoz de la verdad, la misma verdad dentro y fuera de la escena, sin separar la vida privada de la vida artística y viendo el teatro como un medio y no como un fin en sí mismo. Se trataba, al mismo tiempo, no de la acomodación del actor a los temas, sino de acomodar los temas al actor, de proponer en la escena un espectáculo basado en aquello que preocupa a sus miembros: dirigismo, conflicto generacional, servicio militar, píldora anticonceptiva, miedo a la guerra y también temas como racismo, opresión del hombre por la máquina, el hambre en la India o la guerra del Vietnam. Los Cátaros debían entregarse en los ensayos a un intenso proceso de desnudación interior, de purificación que, a su vez, en el escenario provocara un proceso paralelo en el público, creando así una catarsis colectiva. La actuación del actor-persona debía conseguir la identificación espectador-persona, y su participación activa, crítica en lo propuesto en el escenario.

Los ensayos del grupo Cátaro se basaban en noticias periodísticas. Cada día, uno de los Cátaros leía y comentaba algo importante para él. Los otros discutían el mismo asunto. Si se llegaba a un acuerdo intentaban escenificarlo en forma dramática. Cada uno de los textos, al que se desembocaba a través de los ensayos, era el resultado de una toma de conciencia colectiva y personal de carácter crítico. Las dos primeras obras resultado de ese trabajo crítico, fueron *La guerra* y *El hombre,* estrenadas en Barcelona en mayo de 1967 bajo el título general de *Cátaro 67,* y representada después en Madrid, Valladolid, Valencia, Alcoy, Elche, Ibiza y en varias ciudades catalanas.

El siguiente espectáculo fue *Cátaro-Colón,* prohibida primero por la censura y autorizada después bajo el nombre de *Versos de Arte Menor por un varón ilustre,* que obtuvo para el texto el Premio Guipúzcoa 1968 y para el grupo, el del Festival de Teatro de Sitges, del mismo año. Contratados por Adolfo Marsillach para el *Marat-*

Sade de Peter Weiss, parte del grupo, aportando sus hallazgos de expresión corporal, encarnará el grupo de locos del hospital de Charenton, actuación por la que ganará el Premio Especial del XI Ciclo de Teatro Latino.

Desde su fundación el grupo atravesó varias crisis, pareciendo definitiva la del verano de 1970. Sin embargo, profesionalizándose, los Cátaros han vuelto a actuar, esta vez como compañía, montando en el CAPSA, de Barcelona, *Tiempo del 98,* de Juan Antonio Castro.

«Nosotros —decía Miralles en el programa de *Tiempo del 98*— iniciamos nuestro trabajo con una idea política: ser sobre el escenario igual que fuera de él; y con una idea estética: devolver al actor toda su primitiva, ritual importancia, concederle ocasión para demostrar que su cuerpo posee recursos espléndidos que el teatro al uso había ocultado... Ambas ideas tuvieron que ser muchas veces puestas en discusión. La primera, demasiado personal, obligaba a una inquisición intolerable; era mejor, por tanto, confiar en la honestidad de cada uno. La segunda, donde se obtuvieron frutos más óptimos —*Marat-Sade,* por ejemplo— nos sigue pareciendo válida. Nuestro estilo, pues, se orienta al empleo del coro como elemento principal, usando de cuantos recursos físicos pueda disponer: voz, gesto, danza, canto... El método ha encontrado perfecta simbiosis en la obra de Castro: más de ochenta personajes asumidos por catorce actores...»

Teatro Estudio Lebrijano

Tal vez sea este grupo el que más cerca esté de un teatro auténticamente popular, un teatro hecho con el pueblo y desde el pueblo para el pueblo. Pueblo no abstracto e ideal, sino real y concreto: el del campesinado económicamente subdesarrollado y culturalmente abandonado del pueblo sevillano de Lebrija, pequeña comunidad rural cuya situación socioeconómica es representativa de la de otras muchas aldeas del sur de España: concentración de la tierra en una minoría, paro, trabajo a destajo, emigración, régimen económico de esclavitud, problema angustioso de la vivienda, falta de escuelas, analfabetismo, pobreza extrema...

En el seno de ese pueblo andaluz un grupo de jóvenes —obreros y estudiantes— comienza sus actividades teatrales a principios de 1966, con la necesidad de proyectarse social y apostólicamente sobre el entorno, creyendo en el valor cultural del teatro. Al principio, varias realizaciones precipitadas, ensayos de un teatro al margen de los autores oficiales, búsqueda de nuevos autores, de nuevas propuestas, de nuevas visiones de una realidad problemática y, sobre todo, la voluntad de hacer un teatro para los campesinos, un teatro que les haga ver que va directamente dirigido a ellos y en el que puedan reconocerse. Llegar a ese tipo de teatro directo no ha sido empresa fácil para el grupo. Ha supuesto años de lucha con el ambiente, con las «fuerzas vivas», con los intereses de la minoría, años de búsqueda, de experimentación, de trabajo. Desde el inicio de sus actividades destaca la lucidez y el realismo de la conciencia con que los miembros del Teatro Estudio Lebrijano se plantean multitud de cuestiones y afrontan los problemas que les van saliendo al paso. He aquí algunas de esas preguntas: ¿Cómo puede un grupo consagrarse a hacer teatro en un pueblo cuando no es precisamente teatro lo que la comunidad necesita? ¿Cómo permitirse ese lujo? ¿Se trata de una posibilidad artificial o de una salida auténtica? Y, en todo caso, ¿qué tipo de teatro hay que hacer en una región tan fuertemente dividida, tan injustamente diferenciada, tierra de señores y de esclavos? Porque, aunque esté claro que hay que hacer un teatro que hable de esa realidad, comprometido con ella, integrado en la lucha de clases, violento y agresivo como la realidad misma, totalmente revolucionario, ¿cómo expresarse teatralmente? ¿Qué autores españoles o extranjeros buscan crear un teatro que posea esos intereses, que se dirija a los campesinos? ¿No es desgraciadamente el teatro un medio de cultura que sólo se desarrolla en las grandes ciudades, en las Universidades o en las salas culturales? ¿Y por qué es ello así? ¿No es acaso el resultado de una situación que sólo puede desarrollarse de acuerdo con el sistema sin ponerlo en peligro? ¿Cómo hacer, pues, un verdadero teatro agrario, siendo así que éste no existe por real imposibilidad, inexistencia que, en un país casi exclusivamente agrícola como España, sólo se explica referido a todo un contexto social, político y cultural, en una situación de aquí y de ahora?

Sin ejemplos que seguir, sin modelos, en un régimen de aislamiento cultural, sin experiencia, pero con clara voluntad de no permanecer callados, el grupo empieza a trabajar para decir algo, aun sin saber muy bien al principio qué cosas ni cómo decirlas.

El grupo se pone en contacto con algunos de los nuevos autores españoles, como Alfonso Jiménez Romero, Miguel Ángel Rellán, Jerónimo López Mozo y otros. De López Mozo montan *Los sedientos,* historia de un pueblo que tiene sed, que carece de agua para regar los campos, y del que el Gobierno no se ocupa. La obra tiene éxito. Y empiezan los problemas con las autoridades locales y con los organismos oficiales. Sin embargo, algo muy importante ha sucedido: el descubrimiento de un nuevo público: los campesinos. Éstos han podido ver que el teatro que el grupo les propone no es un simple pasatiempo con el que algunos «señoritos» entretienen sus ocios, sino un teatro que se dirige a ellos. Y siguen montando obras: *El juego de las hormigas rojas,* de Jiménez Romero; *El cepillo de dientes,* de Jorge Díaz; *Noviembre y un poco de hierba,* de Antonio Gala. Pero al mismo tiempo que aumenta el número de espectadores, van creciendo las dificultades: oposición del Ministerio de Información y Turismo, una multa de la Sociedad para la Protección de los Menores, la expulsión del local en el Centro parroquial que los había acogido.

El Teatro Estudio Lebrijano decide renunciar a montar sus obras en un local cerrado y salir a la calle, representar su teatro en los lugares donde la gente vive y trabaja. Una nueva etapa·comienza: llevarán el teatro a los campos, a las calles, a las plazas. El grupo cuenta así cómo se desarrolló su primer montaje al aire libre: «Lo hicimos en un campo situado a siete kilómetros del pueblo, en el patio de una granja; eran las cuatro de la tarde, la luz y el calor de una tarde de invierno; era domingo y las gentes llegaban porque habían terminado sus últimos trabajos en los campos. Representamos sobre los remolques de los tractores preparados por los mismos campesinos. Nos rodeaban éstos en un espacio improvisado, con sillas que trajeron de sus casas, o permanecieron de pie. Niños, mujeres, hombres, viejos y jóvenes reían ante esta nueva experiencia, ante el fenómeno del teatro que entraba en sus vidas por primera vez. (...) Comprendimos que ése era el teatro que debíamos hacer. Una comunicación perfecta entre el teatro y el pueblo. Una fiesta que surgía en su mismo universo, que los concernía, que los divertía, donde podían admirar y comprender ciertas cosas que formaban parte de su experiencia cotidiana» [10].

Encontrado el camino de un teatro popular, el grupo, en el mismo régimen de trabajo al aire libre, comienza a representar en los pueblecitos de la comarca, en los de las provincias de Sevilla y Cádiz para ir extendiendo progresivamente su radio de acción.

Al mismo tiempo, preocupados con mejorar sus técnicas y sus conocimientos de los nuevos métodos teatrales, algunos miembros del grupo entrarán en contacto con el Centro Dramático de Madrid, dirigido por José Monleón y Renzo Casali, contacto positivo en lo concerniente a la evolución técnica y formal del grupo, así como en la corroboración de la línea de teatro emprendida: hacer un teatro para los campesinos en su propio mundo, dejando de lado, por ser ineficaz y ridículo, el teatro urbano representado en salas cerradas a la italiana y para públicos selectos y cultivados. En esa coyuntura

---

[10] Los datos que manejamos proceden, en su mayor parte, de un informe escrito en francés por el Teatro Estudio Lebrijano. Más datos, en *Primer acto,* números 130, 131 y 132. Remitimos, especialmente para *Oratorio,* al trabajo de José Monleón en *P. A.,* 132, págs. 26-29.

comienzan los ensayos sobre un texto de Alfonso Jiménez, *Oratorio*. Largo, paciente, metódico trabajo sobre un texto narrativo que hay que transformar en algo vivo, inmediato, claro, realmente significativo y al que se le va dando forma teatral mediante un riguroso trabajo colectivo, modificando en los ensayos, introduciendo nuevos elementos en relación con la realidad en la que iba a ser representado y a la que debía representar, a fin de tocar a fondo a sus futuros espectadores, los campesinos. Dirigido por Juan Bernabé, el Teatro Estudio Lebrijano estrenó *Oratorio* en Jerez, llevando después su espectáculo a Lebrija, Trebujena, San Lúcar de Barrameda, Puerto Real y a otros muchos pueblos del campo andaluz, casi siempre ante un público de obreros o de campesinos, identificados con el espectáculo que se les ofrece. Con *Oratorio* el grupo triunfará plenamente en 1971 en el Festival de Nancy. (Ver *Primer Acto*, número 132.) Actualmente, el espectáculo está prohibido y no puede salir de Lebrija.

De entre los muchos textos críticos que podríamos aducir sobre *Oratorio*, elegimos, por su significación, este de Buero Vallejo: «El *Oratorio* del Teatro Estudio de Lebrija, espectáculo celebrado en el extranjero y aplaudido en España por quienes tuvimos el privilegio de verlo, era la creación popular de un grupo hispalense lleno de verdad social y artística hasta en sus pequeñas imperfecciones. Ignoro si se ha dicho, pero Federico (García Lorca) estaba tras aquello. Realizado por sureños de corazón gemelo al del poeta, el *Oratorio* parecía otra obra lorquiana donde tampoco faltaba, como en las del inmortal granadino, la denuncia social, más explícita sin duda pero no más vigorosa; el hondo sentido trágico; el canto y la música dolorosa de la región; las ceremonias corales. Y en todo momento, la shakespeariana mirada «en pie»: la patética identificación de cada uno de nosotros con aquellas criaturas laceradas, con aquellos atropellos y muertes, no sufridos por las marionetas del bululú galaico, sino por hombres iguales a quienes los mirábamos. Estábamos, sin embargo, ante una de las sátiras sociales más revulsivas que se hayan podido presentar en nuestra escena, y así lo ha dicho la crítica más atenta a la responsabilidad sociológica del teatro» [11].

Después de la muerte de Juan Bernabé en enero de 1972, en plena juventud y capacidad creadora, y tras una crisis grave que puso en peligro la existencia del grupo, éste ha vuelto a resurgir decidido a seguir la línea de un teatro con el pueblo y para el pueblo desde el pueblo.

---

[11] En su discurso de ingreso a la Academia «García Lorca ante el esperpento», hoy publicado en *Tres maestros españoles* (*Valle-Inclán, Velázquez, Lorca*), Madrid, Alianza Editorial, 1973, El Libro de Bolsillo, núm. 442, páginas 95-164. La cita en págs. 162-163.

✻   *   ✻

Si hemos escrito estas pocas páginas sobre cinco grupos es porque poseíamos más materiales y datos de primera mano que sobre los otros citados en nuestro censo, no porque los otros no las merezcan, especialmente aquellos grupos con un trabajo riguroso, con montajes interesantes, y con una valiosa historia de espectáculos como son, por ejemplo, Tabanque, La Cuadra o Ditirambo y Esperpento.

4. *El T. E. I. (Teatro Experimental Independiente)*

Aparte de su importancia dentro del panorama del Teatro Independiente, el T. E. I. ha conseguido saltar del nivel de las aspiraciones, que comparte con el resto de los grupos, al nivel de las realidades, hecho que le confiere un significado de la mayor trascendencia, a la vez dentro del contexto general del teatro español y actual y del propio del Teatro Independiente.

Las líneas que siguen pretenden informar brevemente, a partir de los materiales a nuestra disposición, de la historia interna del grupo [12].

Su matriz original fué el T. E. M., escuela de formación de actores según el Método de Stanislawski, fundado en 1960 por Betsy Bekley, Miguel Narros y William Layton, norteamericano que en Nueva York había asistido a las lecciones de Strasberg y, sobre todo, de Meisner, salido del Group Theatre, y que introducirá en España el Método, dando primero lecciones particulares, que desarrollará con rigor y con criterio siempre creador en el marco del T. E. M. Dentro del Método, pero oponiéndose a toda concepción dogmática de él, experimentará y pondrá a punto tras largas sesiones de estudio nuevos ejercicios.

El primer espectáculo montado por el T. E. M. fue el *Proceso a la sombra de un burro* de Dürrenmatt, montado en el 64 en el teatro Beatriz de Madrid. Separado del T. E. M. por razones de desacuerdo ideológico surge en 1968 el T. E. I., a raíz del montaje de *Terror y Miseria del III Reich* de Brecht, obra que el T. E. M. se niega a estrenar, y que estrenará el nuevo grupo en el marco de un Colegio Mayor madrileño, siendo prohibida por la censura a las veinticuatro horas de su estreno. Constituido el T. E. I., monta varios espectáculos entre enero del 68 y julio del 71, fecha en que

---

[12] Esos materiales, más escasos de lo que hubiéramos deseado, proceden para el T.E.I. de *Primer acto,* 142, marzo 1972, y del folleto «Pequeño teatro de Magallanes 1», Madrid, 1971.

abre el Pequeño Teatro. El montaje de espectáculos (*La boda del hojalatero* y *La sombra del valle*, ambas de Synge, y *La sesión* de Pablo Población) va orgánicamente unido a las clases y a los ejercicios experimentales. El Pequeño Teatro, estrechamente ligado a la formación de actores y a la experimentación, abre sus puertas con el montaje, en versión del T. E. I., de *Lo que te de la gana*, musical norteamericano basado en *Noche de Reyes* de Shakespeare, y con la farsa de Martínez Ballesteros, *La muy real esclavitud*, a la que seguirá en 1972 la obra de Kopit *¡Oh, papá, pobre papá, mamá te ha colgado en el armario y yo estoy muy triste*. En el mismo escenario, abierto a otros grupos independientes, La Cuadra de Sevilla ofrecerá su espectáculo *Quejío*.

El Pequeño Teatro, cuyo régimen interno de funcionamiento es el de un trabajo de grupo, se propone montar obras que, dadas las particulares estructuras del teatro en España, quedan siempre marginadas en los escenarios comerciales. Obras cuyos montajes son el resultado de un largo y riguroso proceso de trabajo del T. E .I. y obras preparadas por otros grupos independientes. De ahí las dos actividades pincipales del Pequeño Teatro: un laboratorio de teatro por las mañanas, dirigido por William Layton, cuya finalidad es, de una parte, servir de escuela de preparación del actor y, de otra, investigar sus propios montajes, mediante un trabajo de equipo de actores, directores, autores y profesores del T. E. I.

«El trabajo de laboratorio —escribe el grupo— se orienta a la creación e interpretación de obras de carácter estrictamente experimental, controladas en su génesis y en su confrontación por un grupo de psicólogos, sociólogos y antropólogos que colaboran dentro del laboratorio. Por su parte, el equipo de profesores, autores y actores del T. E. I. tienden a la investigación del binomio actor-personaje, en sus diferentes variantes, de forma que se consiga la transferencia y mutua readaptación, hasta llegar a un resultado de mayor identificación expresiva. Binomio actor-autor, tomando como punto de partida la necesaria combinación de ambos. Se hacen ejercicios de adaptación del actor a textos literarios y sobre la adaptación de textos literarios a las emociones del actor. Trabajo de fusión del director, como coordinador de las otras dos dinámicas, desde una visión objetiva, y aprovechamiento de todo aquel material expresivo, válido para la aclaración de los fines dramáticos.»

De entre los varios y muy interesantes ejercicios, todos ellos conducidos con extraordinario rigor y disciplina, realizados en el laboratorio, con base en el Método, pero sin pretensión de dogmatismo alguno, antes bien abiertos al cambio y a la continua experimentación de nuevas vías adaptadas a las necesidades concretas de cada momento, quiero citar el de las «transformaciones», que me parece

477

de especial interés, ejercicio procedente del Open Theatre de Nueva York. El núcleo inicial del ejercicio consiste en pasar un objeto en círculo y transformarlo. He aquí como lo describe William Layton: «Recibir un objeto, usarlo, transformarlo y pasarlo a otra pesona. Las posibilidades de ese ejercicio son muchas y constituye la base de las transformaciones. Exige actores que sepan improvisar [13], pero que no tengan que pensar sobre el proceso de improvisación para poder ir así más allá de esta técnica. Después de realizar este ejercicio de transformación del objeto, hemos pasado a otro... Tú sabes que la improvisación exige mucha preparación; sólo entonces es posible improvisar. Toda la larga serie de ejercicios y de estudio que conduce a dominar la técnica de la improvisación tiene que manifestarse, en este trabajo de las transformaciones, en un segundo. Están improvisando una escena, una realidad; entonces yo ordeno a un nuevo actor que entre y reemplace a otro; el actor que estaba improvisando con el que se ha marchado tiene que seguir haciéndolo con el que acaba de incorporarse, pero ahora con una nueva relación emocional, claro, aunque se trate de los mismos personajes. Se ha producido un cambio y es necesario un ajuste con todo lo nuevo que se trae este nuevo actor incorporado al personaje. Una vez que el ejercicio ha seguido lo bastante para que entre el nuevo actor y sigan improvisando la misma situación, pero con todos los nuevos valores en las relaciones emocionales, puntos de vista, etc..., entonces se produce "la transformación". El nuevo actor determina una realidad completamente distinta. La personalidad establecida en función del actor que se ha marchado tiene que modificarse en función del que se ha incorporado. El nuevo personaje determina otros nuevos personajes, y los actores han de tener antena para captar cuál es la nueva situación, hasta estar en condiciones de improvisar en las nuevas circunstancias adaptándose, sabiendo lo que quiere decir la otra persona... ¡Pero todo ello ha de producirse en un momento! Es un ejercicio tremendo de concentración, de imaginación...» (*Primer Acto,* 142, pág. 28).

Según José Carlos Plaza, director y actor del T. E. I., el Método del grupo, en constante evolución, debe adaptarse a cada hora, y tiene como principio básico y consciente el que «cada cosa que pasa en el escenario tiene que pasar *en ese momento.* Ya exista o no un punto de vista histórico o crítico, el espectador nunca debe pensar

---

[13] Es necesario recalcar que para Layton improvisación es lo opuesto de anarquía. «Para mí —dice Layton— la improvisación debe hacerse dentro de un molde, de un comportamiento, de un texto. En un arte que da la impresión de que todo es improvisado. Por eso no me gusta la libertad de improvisar texto, cosa que se hace a menudo. Los actores creen sinceramente que es constructivo, pero yo estoy en contra.» (*P.A.,* cit. págs. 22-23.)

que le están "contando una historia", sino que está "viéndola". Lo que este espectador ve es verdad y el actor, aunque esté criticando, está haciéndolo *ahí*. (...) Lo que... nosotros siempre buscamos es que lo que está pasando en el escenario, por un medio o por otro, sea *ahí, y ahora, verdad*» (*Primer Acto, íd.,* pág. 26). «El arte dramático —dirá por su parte Layton— es vivir real y sinceramente en situaciones imaginarias» (*Íd.,* pág. 15).

Por sus actividades, el Pequeño Teatro es hoy una de las más sólidas realidades del Teatro Independiente español, y su papel de renovación de la escena española puede ser, si continua en su línea actual y no es eliminado, de enorme trascendencia. Pero, a la vez, significa la transformación del Teatro Independiente en un Teatro real dentro, y no al margen, de la sociedad española[14].

5. *Teatro Universitario de Murcia*

De entre los varios grupos de Teatro Universitario que en estos últimos años han venido trabajando en España, elegimos como representativo, por la coherencia y continuidad de su trayectoria, por la calidad y la vocación experimentalista de sus espectáculos, por el rigor y seriedad de su trabajo y por su trascendencia nacional, el T.U. de Murcia, dirigido desde hace unos años por César Oliva.

Los orígenes del T. U. de Murcia se remontan a 1955, en que queda inscrito como grupo de Cámara y Ensayo en el Registro oficial. Su verdadera historia comienza, sin embargo, en el invierno de 1967, en cuyo mes de diciembre monta, dirigido por César Oliva, la *Farsa y licencia de la reina castiza,* de Valle-Inclán, montaje que supone algo así como un manifiesto de principios, intenciones y estilo dramatúrgicos, estribado en una estética de lo grotesco. A partir de esa fecha el grupo, en un constante esfuerzo de experimentación y de análisis de sus propios espectáculos, irá formulando con una insobornable exigencia de perfección sus presupuestos teóricos e ideológicos, encauzando sus representaciones en la línea artística y social del esperpento, poniendo especial atención a la proyección popular de sus realizaciones, renunciando a toda postura teóricamente culturalista de la función del teatro y enraizándose cada vez con mayor lucidez en las fuentes populares, a la vez estética e históricamente, del teatro esperpéntico. Espectáculo a espectáculo el T.U. de Murcia se encamina creadoramente, sin repetirse a sí mismo, a la consecución de un estilo teatral, mediante la puesta a punto de unas

---

[14] Puede verse más bibliografía al respecto en *Primer acto,* 51 y 60 y en el número 276 de *La estafeta Literaria.*

formas de expresión. Puntos principales de ese proceso riguroso de investigación son, según declaraciones del propio grupo: «1. Importancia de lo grotesco en el arte español. 2. Aplicado al teatro, buscar la procedencia de esta estética en los orígenes del arte dramático. 3. Relación de los anteriores resultados con las fuentes de un teatro popular. 4. Análisis crítico de la puesta en escena de los clásicos. 5. El itinerario entremés-sainete-esperpento. 6. Y, paralelamente, realidad del autor nuevo en el panorama del teatro español» [15].

Fruto de esa investigación han sido los espectáculos del T.U. de Murcia, cuyo simple censo habla por sí solo de la actividad y el dinamismo interno del grupo: *Farsa y licencia de la reina castiza* (1967); *La difunta,* de Unamuno (1968); *Doctor Death, de 3 a 5, de* Azorín (1968); *La fiesta de los carros* (1968), espectáculo basado en pasos de Lope de Rueda y Timoneda y entremeses de Cervantes y Quiñones de Benavente; *Los muñecos,* de Luis Riaza (1968); *El astrólogo fingido,* de Calderón de la Barca (1968); *El testamento,* de López Mozo (1969); *Final de partida,* de Beckett (1969); *Farsa de la molinera y el corregidor,* basada en un texto de Juan Guirao (1969); *Historia de la divertida ciudad de Caribdis,* de Pérez Casaux (1969); *Caprichos del dolor y de la risa* (1969), espectáculo basado en *La cárcel de Sevilla,* anónimo atribuido a Cervantes, *Manolo,* de Ramón de la Cruz, y en *Las galas del difunto,* esperpento de Valle-Inclán; *Carnestolendas* (1970), espectáculo basado en seis sainetes de Torres Villarroel; *La noticia* y *El mercadillo utópico* (1970), ambas de Lauro Olmo; *La corrida de toros,* de José Arias Velasco (1970); *El Funeral,* de Luis Matilla, y *Curriculum vitae,* de José Ruibal (1970); *Espectáculo García Lorca* (1971), compuesto del *Llanto por Ignacio Sánchez Mejías* y *Amor de Don Perlimplín con Belisa en su jardín; El mono peludo,* de O'Neill (1971), en versión de Lázaro Carreter; y, últimamente, en el marco del Festival de Sitges, 1972, *El Fernando* (Crónica de un tiempo en que reinó su majestad don Fernando VII llamado el deseado), interesante sociopolíticamente, aunque muy desigual en valor dramático, creación colectiva del Seminario de Teatro de la Universidad de Murcia sobre un texto escrito por varios autores del nuevo teatro español. También en el verano del 72 estrena el T.U. de Murcia, *La duodécima noche o lo que queráis,* de Shakespeare, en versión de León Felipe. De las obras citadas se han dado más de 150 representaciones, no sólo en Murcia y su provincia, sino en otras regiones españolas, con

---

[15] Ver *Primer acto,* núm. 119, abril 1970, págs. 36-37. Para este breve informe utilizo también las noticias contenidas en los programas de mano de los diversos espectáculos del T.U. de Murcia, cuyo envío agradezco a César Oliva.

representaciones en los Festivales de Teatro de Sitges, Palma de Mallorca y en los internacionales de Estambul y San Sebastián y en giras por Grecia, Italia, Turquía y Marruecos.

Además de esta importante actividad teatral, el T.U. de Murcia ha propiciado la celebración, en la sede de la Facultad de Filosofía y Letras de la Universidad de Murcia, de diversos coloquios y ciclos de conferencias sobre teatro, labor que culminó en 1968 con la creación de la Cátedra de Historia y Estética del Teatro, primera de ese tipo en la Universidad española.

El éxito del T.U. de Murcia nos parece ser el resultado de tres factores: responsabilidad universitaria, vocación popular e inquietud experimentalista en búsqueda de nuevas técnicas y métodos teatrales.

6. *Festival Cero* (I Festival Internacional de Teatro Independiente de San Sebastián)

El Festival Cero parece ser la coronación a la vez que la decapitación de un movimiento de promoción orgánica del Teatro Independiente, cuyos eslabones fundamentales, entre otros de menor importancia teórica, son los Congresos de Gijón (1963), Córdoba (1965) y Valladolid (1966), celebrados el primero y el último en el marco de sendos Festivales de Teatro en los que participaron con sus espectáculos diversos grupos teatrales. Los tres Congresos reúnen a multitud de críticos, actores, directores y autores españoles, de distinta procedencia ideológica y geográfica, que, a nivel de diálogo o de monodiálogo, enfrentan los problemas actuales del teatro en España y proponen soluciones o cauces para la existencia real de un Teatro Independiente. La médula o hilo conductor de las tres reuniones lo constituye la idea de crear una Asociación Independiente de Teatros Experimentales (A.I.T.E.), única medida juzgada válida para resolver por la unión y la unidad de esfuerzos los múltiples y muy variados problemas comunes que debe afrontar el Teatro Independiente. El Congreso de Gijón termina con la decisión unánime de crear dicha A.I.T.E., que integrará bajo unos principios y unas metas comunes al mayor número posible de grupos no profesionales o, mejor, no comerciales. «Se trataba —escribe Sanchís Sinistierra— de establecer una estructura teatral coherente y duradera, ajena al mecanismo comercial —al mercantilismo— de la vida escénica profesional, que diera al llamado «teatro amateur» la posibilidad de superar sus precarias condiciones de existencia y de llegar a ser, además de un vehículo de cultura, un instrumento capaz de intervenir en los procesos de transformación de la vida social» (*Primer Acto,* 119, página 17)[16].

Dos años después, en Córdoba, la idea, sin que hubiera salido de su bello pero ineficaz estatuto de idea, es puesta de nuevo sobre el tapete. Parece ser que al espíritu proyectivo de unificación había venido oponiéndose, tácitamente —y lo tácito es el envés de lo táctico— la filosofía oficial contraria del «divide y vencerás», con el resultado de enconar la aspiración a la unidad, en contradicción con la situación real de «reinos de taifas» o, si se prefiere, de situación a lo «casa de Bernarda Alba», es decir, de hermanas divididas. Puesta, pues, de nuevo sobre el tapete la idea de la A.I.T.E. es, esta vez, elaborada —como escribe Martínez Bjorkman— «a nivel jurídico» (*Primer Acto,* 119, pág. 18). La publicación de los resultados de Córdoba parece abrir un doble cauce de esperanza, de una parte a nivel oficial, por la aparente apertura del Ministerio de Información y Turismo, y, de otra, a nivel privado, por el interés hacia los grupos independientes de algunas empresas oficiales. Y, además, aparece en el horizonte la promesa de una nueva ley general de teatro con bases ya visibles y discutibles, aunque en estado de borrador. El fantasma esperanzado de la ley general de teatro no sobrepasó ni ha sobrepasado su condición fantasmagórica. Se trata seguramente de un fantasma —instrumento al servicio de esa táctica de «hacer como que se hace». . Fantasma que ocupará a los participantes del Congreso de Teatro Nuevo de Valladolid, quienes trabajarán en la confección de una lista de enmiendas a la ley de teatro, cortando así un flamante vestido para un cuerpo inexistente, un vestido fantasma para un invisible fantasma. Y, respecto a la A.I.T.E., se crea —cito a Fernández-Santos— «con carácter de Comisión Gestora Permanente, el núcleo inicial de una futura —aún— Federación de Teatros Independientes» (*Primer Acto,* 119, pág. 19). La Comisión, tras muchos trabajos y días de antesala, llegó finalmente a un resultado: saber que, a nivel oficial, lo único que no interesaba era la federación de teatros independientes. La conclusión del mismo Fernández-Santos no puede ser más clara: «De ahí —escribe— que la única enseñanza del Congreso de Valladolid sea negativa, pero no por ello inútil, ya que puede ser empleada positivamente en cualquier futura discusión colectiva del problema: la cuestión del Teatro Independiente debe ser tratada como cuestión de fondo y, por ello, únicamente desde el marco de quien la ejercita prácticamente, desde el grupo, desde el autor, desde la representación misma, al margen de subvenciones que sólo son

---

[16] Ver el trabajo de Monleón, quien una vez más nos ha servido de «cicerone», en *Primer acto,* 120, págs. 56-65, así como de la misma revista, los núms. 1119, págs. 20-48, y 121, págs. 4-12 y, sobre todo, 123-124, págs. 24-37, y 125, págs. 14-33.

el comienzo de la servidumbre, así como de ilusorias federaciones oficializadas. Sólo es «federable» lo que existe y en la medida que existe. En Valladolid se pretendió fomentar la existencia del teatro independiente creando el esquema de una unión previa y ficticia. Justamente, el camino que interesa recorrer es el contrario al allí trazado» (*Primer Acto,* 119, pág. 19).

Y, sin embargo, las cosas parecían no estar tan claras como lo eran, con razón, para Fernández-Santos, pues en mayo de 1970 se inaugura el I Festival Internacional de Teatro Independiente de San Sebastián, cuya promoción es debida al Centro de Atracción y Turismo de San Sebastián, que encomienda la organización del Festival a una comisión de jóvenes, aceptando «Los Goliardos» la función de orientar sobre los grupos independientes participantes. En el marco del Festival se organizan Conversaciones y Debates sobre un amplio temario. En principio se contaba con subvenciones oficiales, las cuales, al parecer, fueron retiradas poco antes de la inauguración. De otra parte, surgieron problemas de censura con respecto a tres espectáculos españoles: *Farsas contemporáneas,* de Martínez Ballesteros; *Los mendigos,* de Ruibal, y *Kux, my lord,* de Muñoz Pujol. Un delegado del Ministerio de Información y Turismo, llegado exprofeso de Madrid, exigió censura previa para las obras españolas, y ensayo general de todos los espectáculos para su pase o exclusión. El penúltimo día del Festival, cuando debía actuar el grupo inglés del Roy Hart Theatre, el escenario fue ocupado e impedida la representación, terminando antes de tiempo el Festival. La interrupción brusca del Festival mediante la ocupación del escenario, convertido en plataforma de protesta y contestación del propio Festival, ha sido juzgada por los propios participantes desde distintas perspectivas y con resultados diversos, pronunciándose unos a favor y otros en contra. No es de nuestra incumbencia, aquí y ahora, terciar en la polémica ni, mucho menos aún, actuar de árbitros, papel para el que reconocemos nuestra incompetencia, dada, entre otras razones, nuestra condición de «ausente». Una cosa, sin embargo, nos parece clara: la «ocupación» fue la consecuencia lógica —y no estamos justificando nada— de la naturaleza contradictoria —a que aludíamos al principio de estas páginas— inherente, hoy por hoy, al Teatro Independiente español. El Festival llevó a su punto límite esa contradicción, radicalizando la subconsciente frustración, a nivel real, de lo que sólo a nivel proyectivo tiene cierto viso de coherencia. La ocupación consistió en convertir en arma de combate la conciencia de la propia enfermedad, pues lo inaceptable era la ilusión de salud que la realización completa del Festival hubiera podido sugerir, y, en ese sentido, sólo en ése, tal ocupación impidió la institucionalización o, a lo menos, la cristalización externa de una falsa

483

apariencia. El significado último de este bien llamado Festival Cero es que ha impedido la existencia de un falso número de orden: no se ha llegado al mito de un Festival I de Teatro Independiente. La víctima es, naturalmente, una vez más, el Teatro Independiente español como realidad y como coherencia. Todo Festival de Teatro Independiente es hoy en España un Festival Cero. Sin que sea óbice el Festival 2 de Madrid.

Con ello no se trata de invalidar ni menos de negar la importancia de los Festivales —el de San Sebastián, el de Madrid y los otros— ni la labor de los grupos que en ellos intervienen, sino de señalar su condición real dentro de un contexto no menos real.

De entre todos los Festivales es justo destacar el Festival de Sitges, anualmente celebrado en el hermoso pueblo catalán y que, iniciado en 1967, presentó en octubre del 72 su sexta edición. En esos seis años de historia numerosos grupos independientes o universitarios y unos cuantos autores nuevos han subido a los escenarios en el marco del Festival, pero sólo en su marco. Marco, desgraciadamente, enmarcado por todas las limitaciones aludidas a lo largo de estas páginas. El Festival de Sitges ha venido siendo algo así como el termómetro que anualmente se le pone al cuerpo del Teatro Independiente para leer su temperatura, con la salvedad de que tan sólo se ha aplicado, por razones facultativas, a aquellas partes previamente permitidas del castigado cuerpo. Las otras, no por culpa ciertamente de los organizadores del Festival, han quedado fuera de cuerpo.

Estas pocas páginas —sabemos que insuficientes e hiperprovisionales, ignoramos si justas— de introducción al Teatro Independiente español, están escritas para dar a conocer, para divulgar lo que la mayoría ignora y lo que la minoría —la de protagonistas, agonistas y testigos, a quienes hemos acudido— conoce mejor que nosotros. Nada nuevo hemos pretendido enseñar a ésta, pero tal vez de algo hayamos conseguido informar a aquélla.

Capítulo XI

Los autores y sus obras

Nos proponemos tratar aquí de algunos de los dramaturgos que, sistemáticamente marginados de los escenarios comerciales por la función crítica de su teatro, empiezan su obra a partir de los últimos años de la década del 50, unos pocos, y, los más, durante la década del 60. Todos ellos, cualquiera que sea su estilo dramático, escriben un teatro de protesta y denuncia radicalmente contestatario. Todos ellos forman ese bloque de dramaturgo españoles, coherente en sus propósitos, diverso en forma y resultados, que luchan por su existencia como dramaturgos, siempre dentro del difícil contexto reseñado en las páginas anteriores y que siguen, no la herencia, pero sí la brecha abierta por Buero Vallejo y Alfonso Sastre, los dos dramaturgos más representativos, cada uno desde su particular concepción del fenómeno teatral, del mejor y más hondo teatro español intramuros de la postguerra. Todos ellos, en circunstancias normales, hubieran sido, con los dos anteriores, los representantes «visibles» del ala avanzada de nuestro teatro, y no, como ahora, sus representantes invisibles, inexistentes, en realidad, si atendemos a la función pública del teatro y al impacto continuado de su obra en la sociedad española. Ausente ese proceso social de doble dirección —de la obra dramática al público y de éste a aquella— la consecuencia patente hoy es la radical heterogeneidad del binomio teatro-sociedad, a la vez divorciados y necesitados el uno de la otra. En España, una vez más desde el siglo XVIII, la sociedad no tiene, porque no se le deja tener y porque no es capaz de conquistarlo, el teatro que necesita para acceder a una conciencia crítica, y por tanto creadora por lúcida, de sí misma, ni el teatro, obligado a mantenerse en permanente estatuto de marginamiento, alcanza el grado de confrontación necesaria con la colectividad para obtener su nivel de eficacia real, trascendiendo así la provisionalidad de su condición, siempre a la espera de esa prueba decisiva que le permita determinarse a sí mismo social y estéticamente.

485

Desgraciadamente, para *ese* .teatro y *esa sociedad,* si un día se produce el cambio de circunstancias anormales en normales, no les será ya posible la *recherche du temps perdu*: serán *otro* teatro y *otra* sociedad. En literatura como en la historia no se rescata el tiempo perdido.

A la hora de sistematizar para su estudio a los autores y las obras del Nuevo Teatro Español y de establecer una clasificación de las dramaturgias con un mínimo de rigor histórico, atendiendo a poner de relieve sus líneas fundamentales, nos topamos con problemas de difícil solución, de entre los cuales no es el menor el de la falta de perspectiva histórica, de distancia suficiente respecto al fenómeno a estudiar. Nos encontramos dentro del bosque rodeados de árboles que entrecruzan sus ramas, huérfanos de un cerro o de un otero que nos ofrezca un punto de vista ideal —al menos teóricamente— donde colocar y hacer funcionar nuestros instrumentos de medición y establecer distinciones, demarcaciones y señalar cotas y fronteras que conviertan el laberinto en sistema.

Si buscamos la solución acogiéndonos al método de las generaciones, la cronología se nos queda corta y su espacio lleno de contradicciones: de los dramaturgos nacidos antes de 1930 los hay que empiezan su obra temprano en los años cincuenta (Rodríguez Méndez o Andrés Ruiz) o tarde en los años sesenta (Gil Novales o José María Bellido), pero también los hay que escriben un teatro de tendencia realista, con vetas expresionistas, épicas o naturalistas (Muñiz o Martín Recuerda) o un teatro de tendencia alegorista, con variopinto veteado (Ruibal o Matilla); o hay dramaturgos, nacidos antes o después del 30 o antes o después del 40 que cambian sus estilos dramáticos, yendo alternadamente del realismo al alegorismo y viceversa, o combinándolos ambos en la misma obra.

Si buscamos la solución del lado de las tendencias temáticas o de las estilísticas para, basados en ellas, aventurar una clasificación coherente, hay que partir a los autores y a sus obras, ofreciendo así al lector un indeseable *puzzle.*

Por otra parte, hay dramaturgos (Nieva o Miguel Romero) que escapan a las clasificaciones, aunque sean provisionales, que pudieran convenir aparentemente a los otros autores.

Dada la imposibilidad —a lo menos para nosotros— de una periodización estribada en criterios o en principios firmes, por reales, y dada también nuestra voluntad de no renunciar a una ordenación, siquiera provisional, nos hemos decidido, con todos los peros posibles, a dividir nuestro campo de estudio, en dos sectores o zonas mayores. A cada una de ellas la define una tendencia fundamental pero no única ni homogénea. Nuestra ordenación obedece a un criterio metódico, no definitorio. Se trata, por tanto, de facilitar un orden en la expresión, no de imponer un orden a la realidad.

1. Del realismo a la alegoría

Dentro de este grupo se encuentran los autores de la llamada «generación perdida» o «generación realista». Cronológicamente constituyen la primera promoción del Nuevo Teatro. Su realismo es menos el resultado de una estética que de una ética. Abiertos sus ojos a la realidad española consideran que es ésta quien debe constituir el núcleo temático de su teatro, pues —escribe Rodríguez Méndez— «en tanto que el problema de las masas esté en crisis, en tanto que la cultura de masas no sea más que una aspiración, el teatro sólo puede, si quiere ser reflejo de la sociedad y la cultura de esa época, acusar de una manera realista, con un realismo minucioso, casi científico, esa crisis»[1]. En el mismo sentido se expresa —lo ha venido haciendo desde hace tiempo— Martín Recuerda: «El iberismo creo que es la denominación más exacta con que debe designarse al grupo realista... El iberismo, porque la mayor parte de nuestro teatro es violento, desgarrado, cruel, satírico, encerrado muy en sí mismo, orgulloso, vociferante. Piel de toro al rojo vivo, surgido de la tierra en que hemos nacido»[2].

Realismo ibérico, de raíz fundamentalmente crítica, alejado de todo costumbrismo, fotografismo o popularismo, máximamente abierto a todas las solicitaciones del espíritu, en tanto que estribado en una concepción dialéctica de la realidad, siempre más allá de todo dogmatismo ideológico o estético.

Los temas generalmente presentados por este teatro, siempre dentro del contexto español y referidos insobornablemente a él son los de la injusticia social, la explotación del hombre por el hombre, las condiciones inhumanas de vida del proletario, del empleado y de la clase media baja, su alienación, su miseria y su angustia, la hipocresía social y moral de los representantes de la sociedad establecida y la desmitificación de los principios y valores que les sirven de fundamento, la discriminación social, la violencia y la crueldad de las «buenas conciencias», la dureza, impiedad e inmisericordia de la opinión pública, la condición humana de los humillados y ofendidos, del hombre de suburbio, del hombre al margen,

---

[1] J. M. Rodríguez Méndez. *La tabernera y las tinajas. Los inocentes de la Moncloa*. Madrid, Taurus, 1968, Col. *Primer Acto* (hoy El Mirlo Blanco), página 99.

[2] *Primer Acto*, núm. 107. Para todos los autores de este grupo ver el reciente *Estreno*, núm. 2, 1976.

del hombre expoliado, en una palabra, de los viejos y de los nuevos esclavos de la sociedad contemporánea. El lenguaje de esta dramaturgia es con bastante frecuencia —hasta el punto de constituir casi una constante— violento, directísimo, sin eufemismos, y conlleva una consciente intención de desafío. No se trata con él, naturalmente, de conseguir «pintoresquismo» alguno ni tampoco de reflejar con naturalismo costumbrista —siempre en el fondo abstracto y estilizado— un medio socio-lingüístico determinado, sino de un lenguaje que en sí mismo es la consecuencia de una toma de posición frente al lenguaje oficial, biensonante y neutro, y de una actitud de protesta desenmascadora de una violencia real.

En cuanto a las formas dramáticas, sin tener ahora en cuenta las diferencias individuales de matiz, nos parece que pueden reducirse a tres fundamentales: el realismo-naturalismo crítico, el neo-expresionismo crítico y la farsa «popular» de raíz esperpéntica, de raíz arnichesca tipo «tragedia grotesca» o de raíz lorquiano-albertiana —el Lorca de *La casa de Bernarda Alba* y el Alberti de *El adefesio*—. También está presente en forma radicalmente crítica el «ambiente» desgarrado del sainete, aunque no su significación, que en el nuevo teatro es violentamente revolucionario y social y no costumbrista ni ético-sentimental como en aquél.

Los protagonistas de este teatro, no siempre individualizados y muchas veces con función dramática de personaje-coro y personaje-testigo, suelen aparecer como víctimas. Puestas por el dramaturgo en una situación de «callejón sin salida», son destruidas, aniquiladas y devoradas por la monstruosa deidad que preside el universo dramático de este teatro: la sociedad alienada. Sociedad alienada que se presenta bajo diferentes formulaciones: burocracia administrativa, fuerza bruta y ciega, simbólicas viejas solteronas, «fuerzas vivas» de los pueblos o de las ciudades provincianas, sistemas socio-político-económicos, superstición religiosa, automatismo del «qué dirán» o tiranía del inmovilismo. Pero lo curioso, lo realmente interesante, es que los verdugos, los antagonistas, los devoradores son también, y a la vez, víctimas culpables y nocivas, víctimas negativas, representantes de una civilización que ha dado carácter racional a su irracionalidad, para decirlo con expresión de Herbert Marcuse [3]. Como lema de este teatro podría servir esta frase de un personaje de Lauro Olmo, otro de los dramaturgos representativos del grupo: «Esto es un juego cruel: un juego de víctimas» [4]. No es extraño que en ese espectáculo cruel que nos presentan los nuevos dramaturgos españoles,

---

[3] Ver Herbert Marcuse, *El hombre unidimensional,* México, Joaquín Mortiz, 4.ª edición, 1969, pág. 31.
[4] Lauro Olmo, *La pechuga de la sardina,* Madrid, Escelicer, 1963, página 82, Col. Teatro.

en el interior mismo de la violencia y la rebeldía desde la que escriben, asome la sátira gruesa, nada intelectual, sí profundamente emocional, y se trasluzca una honda amargura y, en ocasiones, una franca y oscura desesperanza.

Ninguno de estos autores ha cultivado hasta ahora las formas del actual teatro de vanguardia o del teatro del absurdo, aunque alguno de ellos, en mayor o menor medida, haya asimilado alguno de sus recursos, especialmente aquellos utilizados en la configuración de situaciones dramáticas significativas *per se,* con independencia de su contenido o en contradicción con él. A mi juicio, este rechazo del teatro del absurdo se debe, entre otras cosas, a su voluntad de escribir un teatro «para los muchos» —en sentido social, no estético— que no requiera una constante operación de descodificación y desciframiento o que no aparezca como lo radicalmente nuevo y distinto en la forma, produciendo extrañamiento o sorpresa. Han juzgado que lo que España necesita no es teatro del absurdo, sino —entiéndase bien— romances de ciego, cuyo contenido puede ser muy bien lo absurdo. Sólo que no el absurdo metafísico, sino el absurdo social.

No nos parece, sin embargo, racional la disidencia surgida entre los dramaturgos de tendencia «realista» y temática «ibérica» y los representantes, casi todos más jóvenes, de la promoción vanguardista que escriben «otro» teatro, estribados en otros presupuestos y otra estética. Por lo que a los primeros se refiere, su teatro fue y sigue siendo históricamente necesario, estribado como está en la insobornable voluntad de dar testimonio veraz de cuanto ven, de acusar, protestar y denunciar de modo directo, nombrando por su nombre las cosas, sin falsear nada, sin ocultar ni eufemizar ni metaforizar la realidad. Su técnica realista de proyectar esa realidad en el escenario, no es, por otra parte, ni simple ni pobre, sino compleja y rica en recursos y abierta siempre a la poesía en las situaciones y a la belleza en la expresión, como al humor, a la sátira y a lo grotesco, a la vez trágico y cómico, que trasciende siempre en doble plano de significante y significado el escueto documento. Globalmente, podría aceptarse para el grupo de tendencia realista la defensa que de los novelistas sociales coetáneos de la llamada «generación del Medio Siglo» —se trata, en efecto, de la misma generación— ha hecho Gonzalo Sobejano [5]. De igual modo, hay que afirmar que no nos parece justo, en nombre de una concepción básicamente realista del teatro, acusar de inauténtica o de históricamente desviada o equivocada la última tendencia experimentalista de los «otros» nuevos dramaturgos, no menos comprometidos críticamente con la realidad española.

---

[5] En *Novela española de nuestro tiempo,* Madrid, Prensa Española, 1970, páginas 231 y 595.

Entre ambos grupos, que no generaciones, se da una idéntica actitud ética frente a la realidad y a la finalidad del teatro, y una misma experiencia de la marginación, pero una distinta concepción estética del teatro, aunque ésta no sea homogénea en ninguno de los dos grupos. Las dramaturgias de tendencia «realista» constituyen la obra teatral manteniendo el sistema de relaciones o de adecuaciones entre el mundo dramático y el mundo real, mientras las dramaturgias de tendencia «anti-realista» o «no-realista» destruyen, o pretenden destruir, dicho sistema. En realidad, la diferencia básica radica, a nuestro juicio, en la misma estructura de la percepción de lo real, puesta en cuestión como inadecuada e «irreal» en los segundos, que proponen nuevos modos de percepción, pero aceptada como idónea por los primeros.

La división que suele establecerse entre teatro interior, teatro del exilio y teatro de la emigración nos parece puramente topográfica e inservible en última instancia.

Hemos elegido, dentro de este grupo, sólo siete autores representativos, aquellos de quienes conocemos un número suficiente de obras.

Cuanto escribo de ellos es necesariamente provisional, pues sólo se refiere a una parte de su obra. La otra está todavía en sombras y pertenece al futuro inmediato o no, y puede hacer variar considerablemente la imagen que de ellos tenemos ahora. Repetimos, pues, que nada de lo que a continuación escribimos puede tener carácter absoluto. No obstante, hemos decidido aceptar el riesgo de equivocarnos entrando en las revueltas aguas de un presente radical, cambiante por naturaleza.

Carlos Muñiz (1927)

Dos etapas pueden señalarse en la obra dramática de Muñiz: una primera de signo realista y otra posterior de signo neo-expresionista. Ambas de índole crítico-social. A la primera etapa pertenecen *El grillo* y *El precio de los sueños;* a la segunda, *El tintero, Un solo de saxofón* y *Las viejas difíciles* [6]. Una nueva etapa, de la que sería prematuro hablar, parece abrir su último drama *Tragicomedia del serenísimo príncipe don Carlos,* Madrid, 1974.

[6] *El grillo,* escrita en 1955, fue estrenada por el Teatro Nacional de Cámara, 1957, en el teatro María Guerrero de Madrid. Está publicada en Col. Teatro y en ediciones Arión, Col. El Bululú. *El precio de los sueños,* escrita en 1958, Premio Carlos Arniches de ese mismo año, publicada en Col. Teatro. *El tintero,* escrita en 1960, estrenada por el G. T. R. en 1961, publicada por primera vez en *Primer Acto,* febrero de 1962, luego en Col. Teatro y junto con *Un solo de saxofón* y *Las viejas difíciles,* en la ed. cit., las dos últimas escritas, respectivamente en 1961 y 1961-1962. Otras obras: *Telarañas,* su

En *El grillo* nos presenta Muñiz la existencia de un pequeño funcionario concentrada en tres momentos cualesquiera de su vida familiar, momentos representativos de toda una trayectoria vital agobiada por la falta de dinero, frustrada en sus esperanzas, puntuada de protestas que de nada sirven, marcada por la imposibilidad de todo cambio. Este pequeño funcionario, uno entre otros muchos, con su pequeña humanidad, sus pequeñas aspiraciones, su pequeña pero honda dignidad, es una imagen dramática del hombre cualquiera aplastado por la nueva figura del Destino de los humillados y ofendidos: la injusticia social. Aunque no hay ningún alegato o acusación expresos contra la estructura social donde tales víctimas se producen, la sola mostración de este pequeño héroe sin más heroísmo que su tesón para subsistir basta, en su misma sencillez, para suscitar en la conciencia del espectador la protesta y la necesidad de la rebelión. Del espectador que, en contra de las ilusiones que el protagonista se forja al final de la obra, sabe que todo va a continuar igual y que nada cambiará.

El precio de los sueños es el drama de la clase media española de provincias, tema de larga tradición en la literatura de fines del xix y primeros lustros del xx, tanto en la novela como en el teatro. Las víctimas lo son aquí de la tiranía de la opinión ajena, pero víctimas ya no totalmente inocentes, pues han fundado sus vidas en la necesidad de aparentar cara a los demás lo que no son, entrando así en el mecanismo de la mentira social mantenida a todo trance. A lo largo del drama cruza, encarnada en Elisa, la madre de la familia, la obsesión por el fantasma del qué dirán. El círculo cerrado en que se mueve esta familia en plena bancarrota ya, será roto al final de la obra por el hijo mayor que, a punto de ser declarado inocente, se declara a sí mismo culpable, eligiendo la verdad de la deshonra y la cárcel a la mentira y la tortura de seguir viviendo en un mundo falso. Declarándose culpable podrá liberarse, al fin, de un mundo de víctimas que, a la vez, son verdugos. «Con esta obra —escribe Monleón— cierra Muñiz el ciclo iniciado por *El grillo*» (C. M., Taurus, pág. 51).

La imagen más coherente de Muñiz dramaturgo nos la dan sus tres piezas neo-expresionistas. A la primera de ellas, *El tintero,* llevada por el Teatro Experimental de Lisboa al Teatro de las Naciones (París, 1962), se la ha relacionado con Beckett, Ionesco, Kafka, Quevedo, Goya... y hasta con Ghelderode, aunque casi nunca se nos aclare en qué consisten tales relaciones. Volvemos a encontrarnos

---

primera pieza, y *En silencio,* de 1956; *Ruinas,* de 1957; *Villa Denaria,* 1959, inéditas y desconocidas para nosotros. Sobre ellas puede verse el trabajo de José Monleón en ed. cit., Taurus, págs. 46-53. Desde ahora citaremos (C. M. Taurus) los datos anteriores en C. M. Taurus, págs. 43-45.

con el pequeño funcionario, con el oficinista, que aquí se llama Crock, pero su historia está contada de manera muy distinta, con lo que también su significación se carga de nuevas valencias. Aparece ahora el burócrata y su mundo deshumanizado o, más exactamente, antihumano y «ahumano». Justamente la relación entre Crock y sus jefes es la relación entre lo humano y lo no-humano. Crock es no sólo el oficinista, sino la criatura humana a la que se quiere obligar a reprimir, a negar su condición humana como si ésta —justo por ser humana— fuera una lacra, una monstruosidad o una anormalidad. Merced a la técnica paródica utilizada por su autor puede éste mostrar con amargo sarcasmo cómo el hombre —Crock— si quiere sobrevivir debe ocultar cuanto en él hay de humano, a fin de ser tolerado como normal en el universo burocrático, encarnación dramática de la alienación. Al no poder dejar de ser hombre, pese a sus esfuerzos, es expulsado. No sólo expulsado, sino marcado infamantemente de manera que nadie vuelva a admitirlo. Con lo que se le condena al hambre y a la muerte por consunción. El contraste entre Crock-el hombre y los burócratas-fantoches acentúa no sólo el absurdo poder de los segundos, sino el más estremecedor absurdo: que el hombre sea devorado por fantoches y no por una deidad trascendente y superior a él. La pasión de Crock, pues es a la pasión y muerte de un hombre a lo que el dramaturgo nos invita a asistir, todavía tendrá un paso más: la muerte del Amigo. Esta recibe un tratamiento dramático muy cercano al «teatro del absurdo»: Crock desafía a su amigo a que le mate, cosa a que éste, manso y pacífico de corazón —con mansedumbre y paciencia evangélicas—, se niega. Pero el Amigo es prendido, acusado y ejecutado por intento de homicidio, y Crock amenazado con ser encerrado en un manicomio si insiste en seguir dando su versión real de lo sucedido, contraria a la versión oficial de la autoridad competente. Crock regresará a su casa después de haber vendido su futuro cadáver a la Facultad de Medicina, única herencia que puede dejar a su mujer, que le ha sido *fatalmente* infiel, y a sus hijos. Y, postrera venganza, se tenderá en las vías del tren para que éste destroce su cuerpo, inutilizándolo así como objeto de disección. La obra terminará con una escena a la vez ferozmente satírica e intensamente poética: sobre su cadáver simularán apiadarse, porque así lo establece la sociedad, los mismos que lo destruyeron, viajeros ahora del tren, al que volverán a subir porque «hay que seguir el viaje». Crock quedará solo con su Amigo, libres ya, por fin, y felices ambos. Esta pareja humana, radicalmente humana, fuera ya de un mundo que no los tolera, podrá sin prisa ir a ver el mar. Estamos de acuerdo con Buero Vallejo cuando, refiriéndose a la «fantasía final» de la obra, escribe: «... difícilmente habría encontrado el autor nada más adecuado a la transmisión del emotivo y amargo sentido final del destino de los dos protagonistas. (...) el tratamiento mítico que Muñiz da al desenlace de su farsa me parece otro de sus claros aciertos. Pues si hay algo "real" en el campo de la dramática, es el hallazgo, o el uso acertado cuando menos, de los mitos: apretadas condensaciones simbólicas que nos llevan por vía estética a las más hondas realidades» (C. M., Taurus, págs. 64-65).

El tintero es un drama importante dentro del teatro español actual y, nuevamente de acuerdo con Buero Vallejo, no nos parece que «desmerezca de otras muchas que allende fronteras reciben rendidos elogios» (*ídem, pág. 61*).

En *Un solo de saxofón* se nos convierte en espectadores del linchamiento de un negro y del intento del linchamiento de un blanco a quien, para poder lincharlo, se le acusa de ser negro. Su única posibilidad de salvarse es entrar a formar parte del sindicato del crimen. Lo de menos —me parece— es el tema «americano» de la discriminación racial, lo de más, la demostración de la violencia y la crueldad gratuitas que, enmascaradas por la ley y la autoridad, se presentan y son vividas como expresión del orden social establecido. La única salvación contra semejante «orden» es situarse al margen de él y desafiarlo. De nuevo Muñiz nos muestra la consumación del absurdo: la verdad y la realidad auténticas son negadas y su negación es convertida en arma de destrucción. Injusticia y absurdo se dan así la mano.

En *Las viejas difíciles,* a nuestro juicio demasiado lenta y reiterativa, lleva Muñiz a su máxima exacerbación la caricatura de esa situación que se esfuerza en hacer patente en las dos piezas anteriores: la conversión de lo humano normal en monstruosa anormalidad. Aquí es el amor de una pareja de novios, de viejos novios ⸺novios de toda la vida— lo perseguido y castigado como una blasfemia, como un nefando crimen. Las ejecutoras de la «justicia» —justicia que es el absurdo institucionalizado y organizado como terror— son las viejas Furias, aquellas que dirigieron el brazo de doña Perfecta, y que ahora dirigen el brazo de doña Joaquina, armado con una ametralladora, signo del progreso técnico pero no del. humano.

La necesidad de descoyuntar la realidad tiene en Muñiz una causa final muy cercana a la del esperpento valleinclanesco: es el procedimiento más directo para reflejar una realidad que en sí misma está ya descoyuntada. Con lo cual venimos a dar la razón a Alfonso Sastre, quien a propósito de *El tintero* afirmaba el «realismo» del teatro neo-expresionista de Muñiz.

Creemos con Buero Vallejo, con Monleón, con Sastre y con la «nueva crítica» española —pues también hay una nueva crítica española, de la que algún día habrá que hablar— en la importancia de la aventura creadora del dramaturgo Carlos Muñiz.

Lauro Olmo (1923)

Conocemos de él cuatro obras editadas y estrenadas en España *La camisa* (1962), *La pechuga de la sardina* (1963), *El cuerpo* (1966) y *English spoken* (1968) —y cinco inéditas y no autorizadas para su estreno— *El cuarto poder* (1964), *La condecoración* (1964, estrenada en Burdeos en 1965), *Mare Nostrum* (1966), *Plaza Menor* (1967) y *Leónidas el Grande* (1972).

Desde el implacable realismo de su primera obra, un realismo que ni en el lenguaje ni en los caracteres ni en las situaciones dramáticas ni en la configuración del ambiente o de la fábula se permite la mínima desviación ni la menor generalización ni la más pequeña atenuación, y que cumple plenamente la intención expresada por el autor en el «Prólogo» a *La camisa*: «un honrado intento más de poner en marcha un teatro escrito cara al pueblo»[7], el teatro de Lauro Olmo, sin contradecir dicha intención programática, ha ido abriendo, de obra en obra, mayor cauce a la tendencia alegórica y aproximándose a un realismo expresionista de signo colectivista. En esa intensificación del elemento alegórico, tanto en la construcción de la acción como en los personajes, creemos ver una consciente aproximación estética y, claro está, ideológicamente, a la visión esperpéntica de la realidad, aproximación que puede predicarse no sólo del último teatro de Olmo, sino también de todos los autores —ya lo veremos— de tendencia realista y de muchos de los de tendencia alegórica. El esperpento, configurado realista o no realistamente, es, en efecto, uno de los nódulos estructurales, a nivel del significante o del significado, o de ambos a la vez, del nuevo teatro español. Pero hay que añadir: esperpento que no siempre incide en las formas creadas por Valle-Inclán, sino que las prolonga, rebasa o amplía, creando nuevas formas. Este proceso dramatúrgico de creación de nuevas formas teatrales del esperpento, ya estaba en realidad incoado en el propio Valle-Inclán, según ya apunté en las páginas sobre Valle-Inclán.

En ese mismo *Prólogo* —que es necesario leer— escribe también Olmo: «Un problema del pueblo había que darlo de forma popular, sin concesiones» (*La camisa,* pág. 2). El problema es el de la emigración de un subproletariado —el hombre de la chabola o de la barraca— cuya angustiosa situación nos ha contado en un libro-do-

---

[7] *La camisa,* Madrid, Alfil, 1967, pág. 10. Col. Teatro.

cumento estremecedor, *Los otros catalanes,* el novelista Francisco
Candel [8]. «Estamos —escribe García Pavón— ante un proletario arrabalero totalmente desnudo —sin una sola camisa blanca— que vive
casi a la intemperie, entre las cuatro tablas de una chabola. Es el
hambre, el frío y la muerte en el descubierto más crudo. En esos
seres no hay otra posibilidad de esperanza que la emigración o la
quimera de las quinielas... Los personajes de Lauro Olmo ya no
luchan por un aumento de sueldo, o poder reunir unas perras para
casar a su hija. Luchan por comer cada día. Su desespero es tan
agrio que con frecuencia se conforman con resolver la modesta pi-
tanza del día siguiente» [9]. Con ser esto certísimo no es, sin embargo,
más que el aspecto exterior, aunque necesario, del verdadero drama,
que se juega por debajo y en el interior mismo de esa miseria, y
cuyo protagonista es Juan, al que un día Olmo —según nos cuenta—
encontraría «de carne y hueso...: tenso, ensimismado, con un decidido afán en la mirada» (*La camisa,* pág. 8). Juan, que se niega a
emigrar, que no quiere irse, que se aferra desesperadamente a su
tierra porque sabe —y lo dice— que la mayoría de los que emigran
no se van, sino que huyen, y que esa huida es la aceptación de la
derrota y del fracaso, y él, justamente, no quiere aceptar que ha
fracasado; Juan, que lucha con la tentación de la huida y que se
aferra desesperadamente a su hambre, porque, como dice hablando
de sus hijos: «su hambre es de aquí. Y es aquí donde tienen que
saciarla. No debemos permitir que su hambre, que nuestra hambre
se convierta en un trasto inútil» (*La camisa,* pág. 57); Juan, que
asistirá impotente a la huida de su mujer, que emigrará como los
otros, teniendo que desarraigarse. *La camisa* es la tragedia del desarraigo, y su héroe, Juan, el hombre que contra todo y a pesar de
todo se niega heroicamente a desarraigarse.

Otro personaje extraordinario de esta honda tragedia española es
el tío Maravillas, vendedor de globos. Rodríguez Puértolas escribe
acerca de este personaje: «representa la capacidad de inventiva y
la habilidad del pueblo español para subsistir incluso en las más
graves circunstancias; el personaje se califica a sí mismo de esta
forma, «el tío Maravillas, ¡un español!, precursor de lo interplane-
tario», y a España como «el reino de la fantasía»; conviene recordar
que los globos que vende el tío Maravillas están «fabricados con
materia prima nacional», y que son ¡azules!, ¡encarnados!, ¡amari-
llos!, ¡verdes! ¡Somos los creadores del arco iris! ¡Viva la fantasía!

---

[8] Francisco Candel, *Los otros catalanes,* Barcelona, edic. Península, 3.ª ed.,
1967. La primera edic., en catalán, es de 1964, dos años posterior al estreno
de *La camisa.*
[9] F. García Pavón, *Teatro Social en España,* Madrid, Taurus, 1962, páginas 183-184.

«Es necesario tener en cuenta —sigue escribiendo Rodríguez Puértolas— que al final del acto segundo los globos caen desinflados mientras baja el telón y que en cierto momento del tercero el mismo personaje declara amargamente que «no existe, ¡el arco iris es pura filfa! Tós los globos son negros. ¡Negros! ¡Negros!»[10]. Las dos escenas a que se refiere Rodríguez Puértolas son, con su desolada poesía, dos de las más bellas de *La camisa*.

La pechuga de la sardina es también una pieza de teatro decididamente popular —no populista ni populachera—, de un teatro de trazo grueso, duro y tenebroso. En el *Prólogo* nos dice el autor: «En esta obra he procurado que las fuerzas de las situaciones dramáticas surjan de los contrastes y que el ritmo lento de éstos, lento en los interiores o rápido en la calle según las exigencias del drama, vaya creando el gran personaje que condiciona todo lo demás. Este personaje es el ambiente: un ambiente que adquiere un poder asfixiante, desvitalizador.» Ese ambiente es muy semejante en su significación, aunque muy distinto en su realización dramática, al de *Las viejas difíciles,* de Muñiz, y al de —ya lo veremos— *Las salvajes en Puente San Gil,* de Martín Recuerda. En Olmo está configurado con el mismo implacable realismo de *La camisa,* pero con tendencia, en alguna escena, a un naturalismo agresivo[11], o, en otras escenas, hacia lo esperpéntico. Las prostitutas y las beatas de la calle —éstas de clara raigambre esperpéntica a la vez que arnichesca (del Arniches de *La heroica villa,* por ejemplo)— y los «machos» achulados, como las tres jóvenes de la casa-pensión y la otra «vieja difícil», doña Elena, son todos ellos víctimas de ese ambiente en donde, como escribe el autor en el *Prólogo:* «la vida no puede caminar llevando en los tobillos unos prejuicios, unos pequeños pseudo-dogmas que, como grilletes, le dificultan el devenir». Ese ambiente en donde se desarrolla el juego cruel entre víctimas —según frase ya citada de uno de los personajes— está definido por tres elementos principales: el miedo, el deseo sexual reprimido y la imaginación enferma y sucia. Cuando el deseo sexual rompe los diques lo hace con grosería, encanalladamente, y cuando se le desvía y reprime se manifiesta en forma de crueldad moral y de curiosidad malsana y sádica. Doña Elena, «ese esperpento encamao», la víctima, «pero víctima-verdugo», «la solterona», es sin duda el personaje más im-

---

[10] J. Rodríguez Puértolas, «Tres aspectos de una misma realidad en el teatro español contemporáneo: Buero, Sastre, Olmo», *Hispanófila,* XI, 1967, número 1, págs. 54-55.

[11] Ejemplo de esto que llamamos naturalismo agresivo son estas acotaciones del autor al comienzo de la obra: «rascándose las nalgas», «Al poco rato se oye el ruido del agua del retrete al caer», «El trasero, redondo, voluminoso, queda enfrentado, con el público». (Todas en la pág. 13.)

presionante y patético de la obra. Doña Elena «es alta. seca. Viste de luto riguroso y arastra los pies lenta, sostenida por un bastón. Su aspecto impresiona. Colgados de su cuello lleva unos prismáticos» (página 39). Con ellos fisgonea a los vecinos para los que sólo tiene palabras de indignación y dureza. Con ellos enfoca también, en un momento de la obra, al público. Esos prismáticos que nos recuerdan el catalejo de don Fermín de Pas, el de la *Regenta* de Clarín, y el catalejo de *Fin de partida,* de Beckett. Porque doña Elena también está sola y también está prisionera. Olmo, en una magnífica escena, nos descubre el secreto de su personaje: a solas en el cuarto de una de las jóvenes acaricia las prendas femeninas interiores y se las prueba por encima de su vestido negro, delante de un espejo, estallando en sollozos, y reacciona con furia al ser sorprendida. El autor acota: «Este momento de tan significativa debilidad de doña Elena —momento que la define como víctima— es el fundamental del personaje —y habría que añadir: y el fundamental del drama—. Pero en este caso los prejuicios, el medio, vencen. Y doña Elena, en su titánica reacción hacia lo esperpéntico, queda condenada definitivamente» (página 81).

La solución la aporta el fantasma que anuncia el jabón Omo, en una escena humorística que rompe el ritmo dramático de la obra: hay que limpiar las conciencias de los sucios fantasmas que la tiranizan. De lo contrario las campanas del final de la obra seguirán redoblando fúnebremente.

El cuerpo —escribe Olmo en las «palabras» preliminares— «quiere ser la sutil historia de un par de bíceps. Una historia dogmática. O, dicho de otra forma, una crítica del machismo a escala doméstica». ¿Se trata sólo, como escribe el crítico del periódico *Pueblo,* de «la tragedia grotesca de un hombre que todo lo fía a la exaltación de la fuerza y del músculo, al esplendor apolíneo que se empeña vanamente en mantener cuando llega la hora melancólica de la decadencia física»? [12]. La tragicomedia del forzudo en decadencia nos parece encerrar una intención alegórica que va más allá de la confesada crítica del machismo, y que podría resumirse así: la fuerza ciega, inútil y estéril sosteniendo la bola del mundo [13]. ¿Sería esta obra un intento de parodia desmitificadora del poder político estribado en la fuerza? Si nos atenemos a la primera interpretación el

[12] Tomamos la cita de Francisco Álvaro, *El espectador y la crítica. Teatro en España en 1966,* Valladolid, 1967, pág. 63.

[13] A esta interpretación puede dar pie, entre otros indicios, la acotación siguiente del autor: «Don Víctor se sube al podio. En este instante es cuando adquiere toda su categoría simbólica. Con visible esfuerzo alza y baja dos o tres veces la gran bolsa» (pág. 57). Repárese también en un verso de la canción inmediatamente anterior a esta escena: «Oh, bíceps-tríceps de la tiranía» (pág. 56).

drama nos parece insuficiente, y si a la segunda, demasiado ambiguo. Y, en todo caso, nos parece inferior a los dos anteriores.

Con *El cuarto poder* inicia Olmo un nuevo tipo de construcción, nuevo en su teatro, al que podríamos denominar perspectivista —de «caleidoscopio tragicómico» califica el autor esta obra—. Dividida en seis crónicas enlazadas por las Voces de los vendedores de periódicos, una misma realidad, o mejor, un mismo ambiente definido por el miedo, el silencio, la mentira y la palabra-máscara es ofrecido al juicio del espectador. Cada crónica supone un punto de vista distinto sobre el ambiente, y está tratada con distintas técnicas dramáticas: con el escueto realismo de las crónicas 1 y 3 («La noticia» y «Conflicto a la hora de la siesta») alterna la farsa popular de índole guiñolesca o de índole expresionista de las crónicas 2 y 4 («La niña y el pelele» y «De cómo el hombre limpión tiró de la manta»). En estas dos domina, como instrumento expresivo, frente a la prosa repleta de subentendidos de las restantes, el verso voluntariamente populachero de aleluyas de ciego, verso que volveremos a encontrar, con intensificada esperpentización del lenguaje, en *Mare Nostrum* y en *Leónidas el Grande*.

Si estilísticamente *El cuarto poder* señala un cambio en la dramaturgia de Olmo, creemos que *La condecoración* significa, formalmente, un retroceso, incluso dentro de la denominación genérica del realismo convencional. En esta pieza, de muy pocos personajes, con unidad de lugar y casi tiempo, dos generaciones, la de los vencedores de la guerra civil y la de sus hijos, son enfrentadas, por vía de reducción, en el seno de una familia. A la frustración interior del padre, frustración que actúa como arma de destrucción, se opone la rebeldía y la lucidez del hijo y su enterza moral. En el centro, imagen de la España desilusionada y traumatizada, sin capacidad para la acción y la decisión, la madre es propuesta como la víctima por excelencia.

La tendencia al naturalismo agresivo que apuntábamos en *La pechuga de la sardina* alcanza su cima en *Mare Nostrum,* donde vienen a confluir el realismo desnudo de *La camisa* con el alegorismo y el esperpentismo de *La pechuga...* y de los cuadros 2 y 4 del *Cuarto poder.* El autor escribe en una nota: «Los personajes de esta tragicomedia, más que obedecer a una sicología individualista, son movidos por un aire intrahistórico. Esto le da una ley especial al lenguaje. Naturalmente, no andan lejos los prototipos y los símbolos.» *Mare Nostrum* es una fábula, cruel y dura, desvergonzada y grotesca, de tono e intención apocalípticos, significada mediante unos personajes a mitad de camino entre el esperpento y el neorrealismo expresionista en donde encarnan las dos caras prostituidas de la nueva y de la vieja España, cuyos signos más patéticos son Adriana

Ricart y la Vieja, nueva encarnación de la doña Elena de *La pechuga de la sardina*. Si de una parte el dramaturgo nos presenta la entrega prostituida de la nueva España a la vieja Europa —ambas degradadas a un horrible ceremonial del sexo tratado con pincelada gruesa— de otra, superpuesta a la primera proposición, presenta el papel de alcahueta de la vieja España y su postrera posesión ritual, en una escena final muda, por el macho cabrío, símbolo de la sexualidad reprimida. Esta escena final de la obra es, en realidad, la teatralización de un cruel aquelarre goyesco, en la que la supresión de la palabra deja en libertad todos los signos visuales y acústicos de la acción, potenciando al máximo la descarga del simbolismo dramático.

En *Plaza Menor,* mediante un hábil uso teatral de la técnica cinematográfica del «fundido», que integra en conturbadora unidad pasado y presente, asistimos nuevamente al proceso histórico o, mejor, intrahistórico, del fracaso de la libertad de las clases populares. La escenografía —rejas y más rejas en las ventanas— actúa como signo dinámico en la configuración del sentido, constituyéndose en elemento definitorio, con la misma importancia que la palabra o la acción del mundo dramático.

No obstante, creemos que en *Plaza Menor* y en *Mare Nostrum* una mayor selección del material dramático manejado por el autor, una más rigurosa adecuación de los planos real y alegórico, así como la eliminación de algunos momentos, en el plano textual como en el de la acción, excesivamente particularizados, y por ello mismo neutralizadores de sentido, hubieran conferido mayor coherencia y profundidad dramáticas a estas dos tragicomedias. En *Mare Nostrum* sobran, a nuestro juicio, detalles «realistas» procedentes de la estética del sainete; y en *Plaza Menor* estorba la servidumbre a la estética de la obra con trama, precisamente porque la trama es accesoria.

En la «Antecrítica» de *English Spoken* escribía Olmo: «*English spoken* trata de poner en pie un tema vivo actual. En un mundo popular interiorizado aparece un personaje especial. ¿Quién es? ¿Qué busca? ¿De dónde nace? Las situaciones, el ambiente, una determinada atmósfera social con un gran poder caracterizador: todo esto es lo que importa en *English spoken.* He tratado de darle a la línea tradicional popular una estructuración moderna. Y esto sin olvidar los dos aciertos máximos del teatro español de hoy: lo grotesco y lo esperpéntico. (...) Si hay instantes en que pudiera parecer que el naturalismo asoma la oreja, piénsese que lo que yo he buscado es el fresco popular, pero sin ninguna pretensión de fidelidad fotográfica»[14]. Ésta es la obra de Olmo en que el lenguaje popular, lleno de gracia y desgarro, alcanza sus mejores registros.

---

[14] *Teatro español 1968-1969*, Madrid, Aguilar, 1970, pág. 3.

Nada tiene que envidiar como creador de ese tipo de lenguaje al mejor Arniches. Pero de esa misma maestría surge la más peligrosa de las servidumbres: la del autor y su mundo dramático al virtuosismo del lenguaje creado. El lenguaje domina de tal manera la construcción dramática en todos sus elementos —acción, caracteres y pensamiento— que la obra nunca va más allá de su plano verbal: de él y por él nace, progresa y acaba. Fuera del lenguaje no hay mucho.

Leónidas el Grande, fábula escénica de animales y máscaras, es una sátira política de la dictadura, con demasiados momentos de escape hacia el juego, no cabe duda que gracioso, de palabras y aún de sílabas. Como en la anterior, Olmo no sabe renunciar cuando es necesario a su extraordinaria capacidad de creador y manipulador de lenguaje y éste, en su rica espontaneidad y en su interna fecundidad, determina el encadenamiento de las situaciones. Esta inversión de funciones —situación que emerge del·lenguaje y no al revés— nos parece llena de peligros como técnica de construcción dramática.

«La idea base —escribe el autor— de esta obra procede de la fábula de La Fontaine titulada *Los animales apestados.*» Calificada de «Farsidrama infantil para todas las clases», esta fábula didáctica no alcanza a rebasar cierto nivel de elementalismo. Elementalismo que, en realidad, amaga —ya lo veremos— en no pequeño número de alegorías del nuevo teatro español. Parece —ya lo comentaremos más tarde— como si la forma lopesca «al vulgo hay que hablarle en necio» fuera tomada demasiado al pie de la letra, pero desde una situación radicalmente opuesta: Lope, como autor teatral, nunca conoció la soledad que es el pan nuestro de los nuevos autores del teatro español.

Rodríguez Buded

Tres obras sitúan a este autor dentro del grupo de teatro de protesta y denuncia: *La madriguera, Un hombre duerme* y *El charlatán* [15].

La madriguera nos introduce en el sórdido ambiente de una casa en donde viven varias familias e individuos en régimen de realquilados con derecho a cocina. Sin que nada los una, sino la obligada circunstancia de tener que vivir juntos en un mismo espacio, cada

---

[15] *La madriguera,* Premio Acento, fue estrenada por el Teatro Nacional de Cámara en 1960. El mismo año El Pequeño Teatro Dido estrenó *Un hombre duerme,* Premio Valle-Inclán. En 1962 se estrenó en el teatro Goya *El charlatán.* Las tres han sido publicadas en Col. Teatro.

uno con su pequeña miseria a cuestas, el dramaturgo nos muestra con minuciosa técnica realista el drama de unos seres condenados a convivir a la fuerza. Es de esa convivencia forzada, impuesta por una común situación económica y social, y no de la maldad individual de cada uno de los inquilinos, de donde brotan por el más fútil motivo la violencia, la crueldad, la hipocresía, la pequeña guerra sorda que cada uno hace a los demás. La imagen sartriana de *Huis-Clos* —el infierno son los otros— se nos impone, degradada y reducida a nuda situación social, en este pequeño infierno de *La madriguera*, cubil a donde unas víctimas han sido empujadas por un común destino económico y social a convivir sin libertad, sin intimidad y sin «privacidad» reducidos a defenderse atacando. La aparente limitación del significado social del drama —el problema particular de los realquilados— cobra así una más amplia significación, pues se trata de presentar en él, desde una radical actitud de protesta y denuncia de sentido social, esa tortura del convivir impuesto.

En *Un hombre duerme* Rodríguez Buded combina la técnica del realismo crítico con la de la farsa de raíz esperpéntica y ciertos elementos del teatro del absurdo. Absurda es, en efecto, la situación del matrimonio protagonista, forzados a vivir separados por la imposibilidad económica de fundar un hogar, hogar que improvisan un día de la semana alrededor de una mesa de café de barrio. Desde esta situación con la que arranca el drama el autor atacará violentamente con técnica esperpéntica la «caridad» institucionalizada con que la sociedad responde a una situación social injusta, «caridad» sarcásticamente desenmascarada y presentada como una monstruosa estafa, como un juego sucio, cara a la galería, de las «buenas conciencias».

El charlatán, la más ambigua de las tres, nos cuenta una extraña historia de explotación— de una hija por sus padres— y de venganza, ambas encubiertas, enmascaradas bajo los nombres del amor y la solicitud, y ambas con valor de símbolo dramático. He aquí, por ejemplo, una frase de Luisa, la hija, que nos parece significativa del sentido «encubierto» del drama: «Cuando se sufre una tiranía ridícula, como la de mis padres, las pequeñas venganzas que tiene una a mano son, sin remedio, grotescas» (acto III, pág. 66). Dentro de esa tiranía consentida, aunque tiranía solapada y disfrazada, resaltan dos elementos característicos de una situación en donde a nada se le llama por su nombre y en donde se finge ser felices: el miedo y la mentira.

José Martín Recuerda (1925)

Granadino como García Lorca, situará también sus dramas en una Andalucía trágica y violenta, poseída por oscuras pulsiones y represiones sexuales, marcada por una especie de telúrica discriminación, más allá o más acá de lo puramente social e individual, y habitada por los fantasmas del miedo, la crueldad y el odio, una Andalucía amarga y dura. Señalando diferencias y semejanzas entre la Andalucía dramática de Lorca y la de Martín Recuerda escribía José Monleón —a cuyos estupendos trabajos deberá acudir siempre quien estudie el teatro español contemporáneo—: «La sensibilidad lorquiana, su realidad de paredes y enlutadas, es el puente que enlaza la obra de Martín Recuerda con las viejas historias del hambre, la emigración y la violencia. La habitual fijación que hace Martín Recuerda del tiempo de sus dramas —en la mayor parte se hacen alusiones a la guerra civil y aparecen personajes que tuvieron o sufrieron algún papel en ella— tiene, por ello, un valor que no debe desvirtuarse. En definitiva, las cosas no están ni mejor ni peor que en los dramas de García Lorca, aunque sí exista una diferencia importante: Lorca se ocupa de personajes en descomposición, de gentes que cuidan aún su fachada, mientras Recuerda se asoma a una realidad decididamente agónica y ruinosa. De ahí que las implicaciones sociológicas de la dramaturgia lorquiana sean más sutiles, estén más cargadas de gestos defensivos, de contradicciones entre la realidad y la palabra. Martín Recuerda se ocupa de gentes que tienen bastante menos que defender. La acusación contenida en su teatro empieza precisamente ahí: en la simple existencia de esos personajes atemorizados»[16].

De todos los dramaturgos de este grupo es, sin duda, Martín Recuerda el que más se acerca, especialmente en sus últimas obras, a un «teatro de la crueldad», cuya raíz hay que ir a buscar en la dramaturgia de Valle-Inclán, uno de los primeros dramaturgos europeos —como ya indiqué en su lugar— del «teatro de la crueldad».

Distingue Monleón dos etapas en el teatro de Martín Recuerda. Una primera protagonizada por personajes agonizantes, víctimas de un medio hostil, que no llegan a rebelarse; y otra en la que sin abandonar esa realidad hostil, los personajes resisten y plantan cara.

---

[16] En José Martín Recuerda, *El teatrito de Don Ramón...*, Madrid, Taurus, 1969, pág. 12. En este libro se encuentra la mejor colección de estudios críticos, testimonios y reseñas sobre el teatro de Martín Recuerda. Siempre que citemos de él señalaremos entre paréntesis a continuación del texto: Recuerda, Taurus.

A la primera etapa pertenecen *La llanura, Los átridas, El payaso y los pueblos del Sur* y *El teatrito de Don·Ramón;* a la segunda, *Como las secas cañas del camino, Las salvajes en Puente San Gil El Cristo* o *Las arrecogías del Beaterio de Santa María Egipcíaca* [17]. Esta división está atestiguada por el propio dramaturgo, y es consecuencia de una toma de conciencia significativa de una actitud no sólo ante su propio teatro, sino ante la realidad en él reflejada. Refiriéndose el autor al estreno de *El teatrito de Don Ramón,* escribe: «De este estreno tuve una gran lección: que hay que dar la cara en el teatro, sublevando los ánimos y luchando, frente a frente, con el público. Me prometí que mis personajes se rebelarían siempre, que exaltarían siempre las conciencias, que gritarían, que no se dejarían hundir en ningún momento, porque al español había que darle eso: lucha, pasión, acción, rebelión, consuelo, cariño y, sobre todo, un no morirse entre nuestras propias miserias. Es la mejor manera de hacerle despertar del aparente letargo: ...sabiendo que estamos deseando gritar, que vivimos, que acechamos, que esperamos, que no morimos» (Recuerda, Taurus, pág. 55).

Las tres primeras obras citadas presentan —escribe Monleón— una «Andalucía... socialmente cerrada, de gentes solas que cantan», «un Sur asfixiante, quieto, de personajes agobiados» en donde están presentes las «víctimas retrasadas de la guerra..., víctimas hijos de víctimas..., muertes nacidas de antiguas muertes y calamidades» (*La llanura*) o «alusiones a la guerra y la postguerra» (*Los átridas*). En *La llanura* —sigo citando a Monleón— «están enterrados todos los cadáveres de los que perdieron; es el gran cementerio civil tendido al sol, la tierra donde cayó fusilado el marido de la protagonista..., la cual acabará loca precisamente por haber elegido recordar a la misma hora en que la llanura comienza a ser roturada por el cultivo». En *El payaso y los pueblos de Sur,* según una nota del autor citada por Monleón, «el fracaso de este circo lo causan unos pueblos oprimidos y miserables que no son capaces de reír con las gracias de sus payasos. Están llenos de dolor, de odio y de venganza».

---

[17] Martín Recuerda ha estrenado: *La llanura* (1954), *Los átridas* (1954) y *El payaso y los pueblos del Sur* (1956), Premio Lope de Vega 1958, en el teatro Español de Madrid, *Como las secas cañas del camino* (1965) en el teatro Campsa de Barcelona, aunque escrita en 1960, y *Las salvajes en puente San Gil* (1963), en el teatro Eslava de Madrid. En 1965 estrena el espectáculo dramático basado en *El libro de Buen Amor, ¿Quién quiere una copla del Arcipreste de Hita?,* espléndindamente montado por el gran director y actor Adolfo Marsillach. No conocemos su obra *Las ilusiones de las hermanas viajeras,* dada a conocer en la Casa Hispana del Estado de Washington en 1967. En 1968 estrena *El caraqueño* en el teatro Alexis de Barcelona. *Las arrecogías...* es de 1970. Con posterioridad a la redacción de estas páginas me envió el autor su última obra, *El engañao,* cuyo análisis lamento no poder incluir aquí. Por ella ha recibido el autor su segundo Premio Lope de Vega.

Los tres dramas acusan —dice Monleón— «cierta desproporción entre la innegable calidad y riqueza del mundo propuesto y la
técnica —en su sentido más amplio y más artístico— alcanzada. Al
autor, en un momento dado, le excede su apasionamiento, volcándo-
se sobre la obra, sin más norma que su sinceridad. De ahí cierto
confusionismo expositivo, ciertos estertores que proceden del autor
antes que de la objetivada realidad dramática» [18].

El teatrito de Don Ramón es otra historia más de frustrados,
en este caso unos actores aficionados que en una ciudad de provincias montan una escenificación de un milagro de Berceo, que a nadie
interesa, terminando la representación en la más patética de las soledades, aplaudida solamente por un músico fracasado y una antigua
actriz. En esta obra «puede verse —escribe Martín Recuerda— el
acobardamiento de unos personajes indefensos que sueñan y que no
tienen ya valor para rebelarse. ¿Obedece a mi tiempo esta clase de
frustración? Creo que sí» (Recuerda, Taurus, pág. 56). La imagen
de la frustración nos parece, no obstante, más lírica que dramática.
El teatrito de Don Ramón es un bello y tierno poema, triste y patético, recitado a varias voces y actuado, una emocionada elegía en
donde el autor traspone, objetivándola escénicamente en unos personajes, una experiencia autobiográfica de que se nos da, como
una confesión, la última escena. «*El teatrito* —dice su autor—
...está escrito rezumando tristeza y los personajes se dejan hundir,
mejor dicho, están irremediablemente hundidos desde que se alza
el telón. La pequeña ilusión que los anima sabemos que pronto des-
aparecerá. No se rebelan en ningún momento. Se dejan hundir,
casi como me pasaba a mí en aquellos días provincianos» (Recuerda,
Taurus, pág. 55).

En *Como las secas cañas del camino* vuelve el dramaturgo a presentarnos otra víctima de una sociedad bárbara y cruel: una maestra
rural que deberá abandonar su escuela y el pueblo entre las pe-
dradas de los vecinos. La imagen dramática fundamental no es ya la
de la frustración, sino la de la ausencia de libertad y la tiránica inquisición de un pueblo cruel e hipócrita. A la huella de García Lorca —el de las farsas— se une aquí, en el tratamiento esperpéntico
de las damas beatas, las huellas de Valle-Inclán y del Alberti de
El adefesio.

El primer drama de madurez de Martín Recuerda es, sin duda,
Las salvajes en Puente San Gil de cuyo estreno en el teatro Eslava de
Madrid escribía Francisco García Pavón: «Constituyó un trepidante,

---

[18] Todas las citas de Monelón, única fuente de conocimiento de estos tres
primeros dramas de Recuerda, no publicados, se encuentran en Recuerda,
Taurus, págs. 11-12.

gritado, dinámico, rasgado y, en muchos momentos, emocionado espectáculo. Una furia escénica, de revuelo y ademán ibérico, de voces, vino, curas, beatas, prostitutas, locas, guardias rasgó anoche el viejo escenario del teatro Eslava. El nuevo drama social, muy directo esta vez, se nos presentó anoche con un desacostumbrado aire huracanado... Un aire electrizado cundía por la sala, y unos más a gusto y otros menos, nos mantuvimos tensísimos sobre el erizado lomo de ese jabalí desenfrenado que constituyó esta representación» (Recuerda, Taurus, pág. 70). Y otro crítico, Sergio Nieva, escribía de ese estreno: «En realidad, la obra es eso: vértigo, paroxismo, desmesura y castigo, todo bien trabado, bien elegido, bien resuelto» (*ídem, página* 73). Y cita como antecedente Rojas, Quevedo, Valle-Inclán, Goya, Solana... Lauro Olmo escribía de una de las representaciones: «una espectadora de palco se puso furiosamente en pie y, como si se hubiese escapado de la obra, pidió a gritos la cabeza del autor»; a lo que comenta: «Naturalmente, promover reacciones como la citada, desatar de tal modo las furias, es entrar a saco en ciertos hondones de un modo de ser condicionado, mediatizado por un fariseísmo desvitalizador. Es, en definitiva, el claro y necesario propósito de un dramaturgo que sabe a qué carta —a qué peligrosa carta— se está jugando los cuartos creadores» (*ídem,* págs. 35-36).

Estos tres comentarios ponen de relieve algo que es primordial en la obra: la violencia exasperada del lenguaje y la acción dramáticas. Violencia total y absoluta: de la forma, del contenido y de la significación.

La fábula es muy sencilla. La llegada a un pueblo andaluz —pueblo con valor de símbolo nacional: la de una España salvaje [19]— de una compañía de revistas provoca toda una serie de violentas reacciones en cadena: la de las damas bienpensantes de la localidad que protestan ante la autoridad eclesiástica y obtienen la suspensión del espectáculo y el bloqueo de las artistas en el teatro cerrado; la de los mozos, cuya sexualidad hambrienta estalla bestialmente, asaltando y forzando en el teatro cerrado a las «artistas», provocando la muerte de una de ellas; la de los maridos de las damas bienpensantes, que se aprovechan de la presencia de las coristas para satisfacer a escondidas su sexualidad reprimida; y, finalmente, la de las propias artistas que agrederán coléricas, en respuesta a la agresión de que han sido objeto, al Arcipreste, representante de la autoridad eclesiástica, en quien ven al responsable de cuanto ha sucedido. Esta serie de violentas agresiones en cadena termina con el interrogatorio

---

[19] La revelada en la versión cinematográfica de la obra hecha por el actor catalán Antonio Ribas. Ver el magnífico ensayo de J. A. González Casanova, en Recuerda, Taurus, págs. 74-84.

de «las salvajes» por el comisario de policía, la respuesta de desafío de éstas, que de acusadas se convierten en acusadoras, y su encierro en un coche celular al que suben cantando una vulgar canción transformada en canto de desafío, en un canto de irreprimible libertad lanzado contra la autoridad, el orden impuesto, la represión y la sociedad. La obra toda, desde la primera a la última escena, es un gran grito de protesta, uno de los más estentóreos lanzados en los escenarios españoles de este último cuarto de siglo. Grito de protesta contra el populacho, contra la burguesía, contra la Iglesia española, contra los ricos, contra la autoridad, contra toda una sociedad nacional enajenada, embrutecida, reprimida, discriminada. Grito que se resume en la resistencia final al silencio que el comisario quiere imponer: «¡No callamos!» «¡No tenemos miedo! ¡Hemos perdido todo!»... Vienen así estas prostitutas a rebelarse, rompiéndolo, contra aquel pesado, denso y opresivo silencio decretado autárticamente por la Bernarda Alba lorquiana.

«¿Quiénes son, realmente, las salvajes, los salvajes en Puente San Gil?», se preguntaba González Casanova. Y respondía con amarga ironía: «En España, "los otros" son siempre los salvajes, aparte, claro es, de que se pueda demostrar con datos quién lo es más» (Recuerda, Taurus, pág. 78). Vuelta a montar por el grupo Quart 23 de Valencia en junio de 1972, *Las salvajes* han obtenido, otra vez, extraordinario éxito de público y crítica, éxito lógico dada la calidad, la fuerza y la hondura dramáticas de Recuerda, hito importante en la historia del nuevo teatro español.

El Cristo es una violenta crítica del catolicismo popular español, presentado como forma de religiosidad milagrera, exterior, sin profundo contenido religioso, apegado a lo visible, a lo carnal, pero vacío de espíritu de caridad y de amor al prójimo, un catolicismo fijado en fórmulas y utilizado por todos —mozos, damas y autoridades— como arma y como máscara. El antagonista de esta nueva versión del «pueblo salvaje» será un joven sacerdote, dotado de un cristianismo evangélico, de raíz postconciliar, que llegará a enfrentar las iras populares apuñalando al cuadro de Cristo —Cristo sin vida, pura tela coloreada— en cuya supersticiosa devoción se cifra toda la religiosidad del pueblo. Absuelto por Roma, el pueblo y sus «fuerzas vivas», cuya inmoralidad denuncia públicamente el sacerdote, no le perdonarán, dejándole celebrar solo la misa, vacía la iglesia. Solo, pero dispuesto a seguir luchando.

Mozos, damas y «fuerzas vivas» son los mismos del drama anterior y reciben el mismo tratamiento dramático: gritos, energumenismo e histeria. Cada uno de los personajes es el resultado de un campo de fuerzas en que se entrecruzan individuo y colectividad. Todos ellos llevan nombres propios, personales e intransferibles, y no genéricos, al ser concebidos por el dramaturgo como individuos dramáticos en el plano inmediato de la acción. Pero su individualidad es, a la vez, representativa de soterraños complejos y actitudes colectivas, que sólo mediante su individuación podían manifestarse concretamente en el espacio escénico. Conseguir crear personajes a la vez individualizados y colectivos, que se signifiquen a sí mismos y a la colectividad, evitando la abstracción que porta en su seno la visión expresionista de la realidad, es hazaña no pequeña del dramaturgo.

La primera vez que nos ocupamos del teatro de Martín Recuerda escribimos: «El padre Juan nos parece un caso novelesco —de novela francesa a lo Bernanos, lo Julien Green y lo Mauriac— pero falso en el contexto social en que actúa. La violencia de *Las salvajes* se convierte aquí en efectismo. Y el drama, pese a algunas escenas valiosas y al interés del conflicto, queda, a nuestro juicio, frustrado por su mismo exceso.» Nuestro juicio nos parece hoy, tomado en bloque, injusto. Cierto que vemos todavía en el padre Juan elementos novelescos, como los vemos en otros momentos de la obra, pero no son éstos quienes lo definen ni lo configuran como personaje dentro del mundo dramático en que actúa y dice. El padre Juan funciona como conciencia que desenmascara, o mejor, que hace explotar la estructura de una mentalidad y un talante colectivos tradicionalmente identificados con la forma existencial y popular de la religiosidad española. Explosión que saca a la luz las raíces no religiosas de la estructura, bajo cuyo manto se encubren la injusticia, el miedo, el hambre, la sexualidad reprimida, la crueldad. La violencia, que es violencia de rapto, de violación del «corpus» religioso —el sacerdote penetra y rasga con una navaja el retrato del viejo Cristo como penetra y rasga la tapada conciencia de los «católicos» del pueblo— es, desde luego, efectista, pero con el efectismo inherente a todo ritual violador de un tabú. Ese ritual escénico de violación es, por otra parte, doble: del pueblo—España en el interior del drama y del Cristo—España de la colectividad nacional exterior al drama y en él conjurado.

Las anteriores consideraciones no obstan para que sigamos viendo agazapado en esta obra un peligro que amenaza la verdad dramática, y, por tanto, la eficacia social y el valor estético, no sólo del teatro de Martín Recuerda, sino de parte del nuevo teatro español de protesta y denuncia: la convencionalización —no social, si estética— de la protesta y la denuncia en un tremendismo más y su fijación —como ahora se dice— en el «negrurismo». Negrurismo que tiene su razón de ser social, pero cuya institucionalización estética y fijación ideológica nos parece muy peligrosa para la eficacia final del arte dramático.

La culminación de esta «dramaturgia de la violación», que concibe el espacio escénico como el lugar de la manifestación de un ceremonial de la crueldad colectiva, lo encontramos en *Las arrecogías del Beaterio de Santa María Egipcíaca,* escrita en 1970, a la que su autor subtitula «Fiesta española en dos partes». Martín Recuerda ha vuelto a hacer subir a las tablas —desgraciadamente, se trata de expresión metafórica— a Mariana Pineda, la heroína de la libertad de la Granada de los tiempos absolutistas de Fernando VII, a la que García Lorca, granadino también como Mariana, dedicó, con profundo amor, uno de sus primeros dramas, que estrenaría Margarita Xirgu en 1927. En la España de los 70 la Mariana de Recuerda ha sido prohibida y ninguna actriz ha podido encarnarla en la escena. En su relación con el tiempo histórico de Lorca la Mariana de 1927 era infinitamente menos peligrosa que la Mariana de 1970 en relación con el suyo, pues la posibilidad. de identificación entre la Dictadura de Primo de Rivera y la España de Mariana Pineda era mucho más remota que la misma posibilidad entre ésta y la España de 1970. Por otra parte, aunque en el drama de Lorca hubiera un doble fondo político, éste quedaba encubierto y desbordado por el tratamiento lírico del tema, mientras que en el drama de Recuerda es su fondo político lo aparente. El dramaturgo de 1970, más maduro como dramaturgo que el Lorca de 1923-1927, nos ha dado la versión épica, políticamente comprometida, que no nos dio Lorca, seguramente porque ese compromiso no era tan necesario en la España de Lorca como lo es en la España de Martín Recuerda. Hay que afirmar de inmediato que la versión de 1970 es superior a la del 23-27, no por su compromiso político, lo cual cae dentro del territorio de la ética, no de la estética, sino por sus valores estrictamente dramáticos. Incluso puede afirmarse también que Recuerda lleva a sus últimas consecuencias dramatúrgicas aquella concepción lorquiana —incipiente en *Mariana Pineda,* lograda en sus tragedias y farsas posteriores —del escenario como lugar donde se integran en unidad teatral las artes plásticas, auditivas y coreográficas. Recuerda, por su concepción del espacio escénico como lugar de realización del teatro-espectáculo total, por integración de estructura gestual, estructura musical, estructura plástica y estructura poética, vendrá a ser el continuador, no el heredero mimético, sino creador, de una línea que, arrancando en el siglo xx de Valle-Inclán, pasa por Lorca y Alberti. Como en Lorca, autor y director de «La Barraca», encontraremos en Recuerda la combinación de dramaturgo y director escénico, primero al frente del T.E.U. de Granada, más tarde como titular de la Cátedra «Juan del Encina» de la Universidad de Salamanca, donde hace poco montó su propia versión de *Los persas,* de Esquilo.

En *Las arrecogías,* Recuerda funde escenario y sala, englobándolos en un espacio superior al de ambos, espacio que constituye el mundo dramático auténtico en donde, conjuntamente, los actores y los espectadores celebraban una misma fiesta y son testigos activos de un único drama —aunque dual cronológicamente— cuyo punto de incidencia es el Beaterio de Santa María Egipcíaca y cuyo índice de comunidad, por encima del tiempo, es la historia de la pasión y muerte de Mariana Pineda. Una Mariana Pineda, condenada sin proceso, cuya historia ha dejado de ser la de un individuo histórico particular, y se ha convertido, o, mejor, se convierte durante la representación, en la historia de toda una colectividad reunida, por la supresión de la distancia física entre escenario y sala y de la distancia temporal entre la Granada de 1830 y la España de 1970, en la celebración de una fiesta común. Las coplas y los romances, con bellos y breves momentos líricos y fundamento semántico siempre político, funcionan, al igual que los bailes, como elementos de unión identificadora entre los dos tiempos históricos, pues significan lo mismo cara al pasado actualizado en el Beaterio que cara al presente cifrado en el mismo Beaterio. Así, el coro de las «arrecogías» es, a la vez, imagen dramática del pasado y del presente. Su miedo y su rebeldía son un diagnóstico y un ejemplar, una constatación y una invitación. La «Fiesta española», con sus desplantes y su agresiva alegría, enmarca y realza el drama de Mariana y las "arrecogías», que es el drama de España. (Ver el texto en *Primer Acto,* 1974, núm. 169.)

Si en la escena final de *Las salvajes...,* éstas rompen estentóreamente el silencio decretado por Bernarda Alba, las «arrecogías» del Beaterio lo invalidan para siempre. En 1957, fecha de la primera edición de *Teatro español contemporáneo,* escribía Torrente Ballester: «La herencia teatral de Lorca... está ahí, esperando el guapo que se atreva a recogerla» (pág. 111). En 1970 la frase de Torrente dejó de tener validez: Martín Recuerda ha recogido creadoramente la herencia. ¿Hasta cuándo se le robará al público español un teatro que por derecho le pertenece, un teatro cuya importancia histórica es innegable? Decir que José Martín Recuerda es dramaturgo importante del teatro español actual no es ya un pronóstico sino una constatacion.

Rodríguez Méndez (1925)

Dramaturgo en lengua castellana domiciliado en Barcelona, en estrecho contacto con los grupos teatrales catalanes, Rodríguez Méndez es autor de una importante producción dramática, de la cual sólo una parte ha sido publicada o estrenada. He aquí una nómina de sus obras dramáticas: *Vagones de madera* (1958), *Los inocentes de la Moncloa* (1960), *El círculo de tiza de Cartagena* (1960), *La vendimia de Francia* (1961), *La batalla de Verdún* (1961), *La trampa* (1962), *La puerta de las tinieblas* (1963), *El vano ayer* (1963), *El «ghetto» o la irresistible ascensión de Manuel Contreras* (1964), *María Slodowska o la aventura del radium* (1964), *La mano negra* (1965), *Bodas que fueron famosas del Pingajo y la Fandanga* (1965), *Los quinquis de Madrid* (1967), *Historia de unos cuantos* (1970). Tres piezas cortas —*La tabernera y las tinajas o auto de la donosa tabernera, Historia de forzados* y *Defensa atómica,* escritas para «La Pipironda», completan la nómina[20]. Consideremos algunas de las obras de este abundante «corpus», a través de las cuales podamos acceder a una visión suficiente del teatro de Rodríguez Méndez.

En *Vagones de madera,* pieza de comienzos de su carrera de dramaturgo, encontramos ya dos elementos que luego alcanzarán mayor madurez y más amplio desarrollo en su teatro: una actitud crítica de acusación y de denuncia y un lenguaje fuerte, directo y bronco nunca estilizado. La acción está situada en 1921 y en un solo lugar: un vagón de tren que conduce soldados con destino a la guerra de África. Soldados que son, en realidad, carne de cañón, pues como tal han sido reclutados y hacinados en un tren militar. Sólo saben que tienen que matar para que no los maten, pero ignoran el porqué y el para qué de la guerra. La guerra es sólo el lugar de la humana carnicería y —escribe Monleón— «queda así planteada como una disyuntiva entre matar o morir, sin que el soldado comprenda el verdadero mecanismo de la situación» (Rodríguez Méndez, Taurus, pág. 34). Del mismo modo que el viaje y su término —la guerra— carece de verdadero sentido para los soldados, carece de sentido también lo que entre ellos sucede durante el viaje: sus discu-

---

[20] La obra dramática de Rodríguez Méndez se inició en 1953 con *El milagro del pan y los peces,* refundida en 1963 con el título de *La puerta de las tinieblas.* Tiene publicadas *Vagones de madera (Primer Acto,* núm. 45), *Auto de la donosa tabernera* que, junto con *Los inocentes de la Moncloa,* ha sido publicada por Taurus (Rodríguez Méndez, Teatro, Madrid, 1968, Col. *Primer Acto).* Este libro es fuente obligada y prácticamente la única sobre el teatro de Rodríguez Méndez: citaremos Rodríguez Méndez, Taurus; *El círculo de tiza de Cartagena, La batalla de Verdún* (ambas en Barcelona, edit. Occitania, Colección El sombrero de Danton, 964 y 1966, respectivamente) y *La vendimia de Francia* (en la revista *Yorick,* núm. 2). Varias han sido estrenadas por grupos teatrales minoritarios como La Pipironda o Bambalinas. Sólo una, que sepamos *(Los inocentes de la Moncloa),* ha sido estrenada fuera de Barcelona, en un teatro público de Madrid, y otra *(El vano ayer)* en el marco del I Festival de Teatro Nuevo, Valladolid, 1966. Todos estos datos en Rodríguez Méndez, Taurus, págs. 11-14. Allí encontrará el lector completas referencias bibliográficas. A la nómina de sus obras hay que añadir su último título, *Flor de Otoño: una historia del barrio chino* (1973).

siones y altercados y la pelea en que uno de ellos muere. Tanto el cabo como los soldados son víctimas conducidas al matadero en un vagón de madera, uno más en un largo convoy de vagones de madera. Nada más, pero nada menos. Víctimas que nada eligieron, que nada eligirán. A todos se les ha robado lo mismo: su destino.

En *Los inocentes de la Moncloa* volvemos a encontrarnos de nuevo con otras víctimas, en realidad las mismas: no son soldados que van al frente, sino estudiantes que opositan. Su «oposición» es su guerra, tan sin sentido la oposición y su término —el puesto ganado— como el viaje y su término en *Vagones de madera.* Víctimas de una alienación tan radical como la otra. Más allá de la anécdota —las «oposiciones» como modo absurdo de acceso a determinados puestos profesionales y como salida única— Rodríguez Méndez ataca y denuncia —como muy bien ha apuntado Monleón— «la alienación total que determinan, la situación enajenada de los opositores y aun la sospecha de que la oposición genera, en muchos casos, un tipo de desequilibrio difícilmente curable... La oposición se convierte, de hecho, en la base de toda una moral, en la fijación del antagonismo individuo-sociedad y en el establecimiento de una serie de derechos inherentes a la victoria del primero sobre la segunda» (Rodríguez Méndez, Taurus, págs. 36-37).

Ese proceso de enajenación y de desolidarización del individuo y de la relación humana está encarnada dramáticamente en José Luis, el opositor a notarías, y en el Muchacho, que, opositor también, desde el comienzo del drama agonizará en la cama de José Luis, delirará preso de la fiebre y morirá totalmente abandonado y olvidado. Sólo la muerte hará que realmente exista para los demás habitantes de la pensión, que exista como estorbo para la dueña de la pensión, pues nadie conoce al muerto ni lleva documentación alguna, y como ocasión apenas iniciada, pero irrealizada, de una toma de conciencia que no llegarán a realizar los demás personajes. Pero esa muerte está ahí, en la obra, para que el espectador sí pueda tomar conciencia de su significación y de la enajenación total de los otros, los opositores. También a estas nuevas víctimas se les ha robado lo mismo que a los soldados: su destino.

La obra está escrita en el estilo del naturalismo crítico. Para Monleón, el sentido de la elección de tal estilo es éste: «primero había que emplear los medios conocidos, tomados del inmediato teatro español, para construir una dramaturgia de revelación y de denuncia. Había que contestar —se quisiera o no; por limitación cultural objetiva— al teatro burgués con un teatro formalmente afín e ideológicamente contrario» (Rodríguez Méndez, Taurus, pág. 38). Que Monleón pueda estar en lo cierto lo muestra el hecho de que sea ésta la única pieza de Rodríguez Méndez representada en uno de

511

esos teatros públicos a donde sube generalmente el teatro formalmente burgués. Sin embargo, hay que añadir que no es en la forma dramática del naturalismo crítico, con su exigencia de construcción lineal y de profundización psicológica, en donde mejor se desempeña Rodríguez Méndez, y ello en virtud misma de su propio modo de entender y escribir teatro, pues —son sus palabras— «yo escribo en forma de situaciones dramáticas dialogadas, porque es mi forma de conocimiento de la realidad y porque me muevo en ese ámbito con menores dificultades... que en otros» (Rodríguez Méndez, Taurus, página 16).

El círculo de tiza de Cartagena lleva como lema estos conocidos versos de Antonio Machado:

> Ya hay un español que quiere
> vivir y a vivir empieza
> entre una España que muere
> y otra España que bosteza.
>
> Españolito que vienes
> al mundo: te guarde Dios.
> Una de las dos Españas
> ha de helarte el corazón.

La acción la sitúa el autor en Cartagena, «durante la revolución cantonal de 187...», puntualizando, sin embargo, que su «comedia popular» no es «ni reconstrucción histórica de época» ni «ambiental». La obra está dividida en dos partes y un epílogo. En la primera parte, estampa primera, nos presenta los prolegómenos de la revolución y su estallido; y en la estampa segunda a los revolucionarios triunfantes —y ya amenazados por las tropas del gobierno central— montando guardia anárquicamente en la «frontera del Cantón» de Cartagena. Su tratamiento dramático oscila entre la farsa y el esperpento. No obstante, esta primera parte nos deja la impresión de cierta insuficiencia en la expresión de lo dramático, como si hubiera sido escrita con exclusiva función ancilar de la segunda parte, como mera preparación de la situación dramática básica en la obra: el juicio. De ahí el excesivo esquematismo de estas dos primeras «estampas», en donde la situación queda sólo esbozada, pero no desarrollada, quedándose en «apunte» de situación.

En la segunda parte, estampa tercera, asistimos al juicio de los culpables, maniatados en la misma plaza donde estalló la revolución, delante del palacio del gobernador. Acusadores son la gobernadora, el ideólogo de la revolución y el tabernero, propietario de la taberna donde se fraguó la revolución, para los cuales es ésta un simple instrumento de medro, así como para la primera, que huyó abandonando a su hijito, es simple medio para aparecer como víctima-heroína. El juez, improvisado, es Bulería, antiguo presidiario que entre sorbo y sorbo de aguardiente absuelve a los culpados e inculpa a los acusadores, apelando a una dialéctica marrullera, pero que apunta a la verdad, y aplicando el juicio salomónico escenificado mediante el viejo círculo de tiza chino actualizado por Bertolt Brecht. En este juicio funde Rodríguez Méndez con gran acierto no sólo la herencia viva de Bertolt Brecht y del esperpento valleinclanesco, sino la más lejana, pero igualmente viva, del entremés cervantino, la del Cervantes de *El juez de los divorcios, La elección de los alcaldes de Daganzo* y *El retablo de las maravillas*. En el epílogo triunfa finalmente el esperpento y —claro está— don Antonio Machado, cuyo lema no está puesto en vano. Bulería, el juez improvisado pero justo, el desvelador del gran «bulo» —¿de ahí su nombre?— de los unos y de los otros, de los acusados y de los acusadores, está a punto de ser colgado en la plaza pública, pues se necesita un culpable —¿quién mejor que el juez?—, y se despide así: «¡Ja…, ja…, ja! ¡Tan ahorcados estáis vosotros como yo…!»

En *La batalla de Verdún* —«sainete suburbial en tres estampas»— Rodríguez Méndez vuelve al tipo de teatro naturalista-crítico. En la «Advertencia» preliminar escribe: «El Verdún es un barrio suburbano de Barcelona… La mayor parte de su población está compuesta por inmigrantes de procedencia andaluza —especialmente de Almería— y de origen reciente (…). En este barrio singular… sitúo la acción de mi "sainete suburbial en tres estampas". Lo de la "batalla de Verdún" es una pobre ironía alusiva a la batalla diaria de estas gentes por salir adelante, a base de destajos, horas extras y chapuzas —amén del auxilio generoso del "paizano"—, con la finalidad de abrirse un hueco en la gran ciudad y borrar para siempre de la memoria el lugar donde vieron la luz, con su consiguiente y doloroso desarraigo que tiñe su personalidad de características muy peculiares» (edic. cit., pág. 9).

Se trata, pues, del mismo tema de *La camisa*, de Lauro Olmo —la emigración—, sólo que centrada aquí en el interior mismo de España. Pero la experiencia del desarraigo, de la huida y de la búsqueda de un lugar donde empezar todo de nuevo es, en el fondo, la misma. La pieza de Rodríguez Méndez rezuma también el mismo dolorido amor por la condición humana de sus personajes, aunque, a diferencia de *La camisa*, se nos da en ella una más escueta crónica dramática que una profundización en la condición trágica de los personajes. Aunque de forma esquemática, se nos muestra la oposición entre los viejos y los jóvenes ante una misma realidad. Los primeros, instalados ya, escapan a la precariedad de su condición enajenándose en el fútbol; los jóvenes rechazan tal alienación compensatoria y, sin poder trabajar, sin posibilidad de instalarse, a no ser aceptando el ser explotados, piensan en escapar emigrando al extranjero, es decir, radicalizando aún más la experiencia del desarraigo vivida por sus padres. Aunque el dramaturgo nos hace asistir a las diferentes formas de adaptación o inadaptación al nuevo ambiente, la imagen dramática central, la más profunda, es la de la falta de espacio vital, puramente físico, para vivir humanamente la angustiada experiencia —dramáticamente conseguida— de la persona humana hacinada, condenada a «la opresión de cosas y seres» (página 22). Es de esa opresión de cosas y seres de donde brotan o, mejor, estallan la cólera y la violencia que enfrentan de pronto, sin suficiente razón aparente, a unos personajes con otros. Es de esa opresión de cosas y seres de lo que Rodríguez Méndez da profundo testimonio.

Como en *El círculo de tiza de Cartagena,* también la herencia de Valle-Inclán ha sido asimilada creadoramente, aunque aquí sólo se refleje en las acotaciones. Valga un solo ejemplo: «Ceremoniosos le abrían la puerta los dos compadres» (pág. 17).

Es una lástima que a veces, especialmente en el tercer acto, ciertas frases queden sueltas, sin incorporación dramática: «Todo huele a podrido en este país», «... estamos los unos frente a los otros» (ambas en pág. 50). Su integración en la acción hubiera dado una mayor profundidad y trascendencia al drama.

En los últimos dramas, escritos a partir de 1965, Rodríguez Méndez concentra su visión, bien utilizando las lentes cóncavas del esperpento o las simples lentes planas, en esa «España abofeteada y malherida, cuyos representantes no podían ser otros que campesinos, prostitutas, delincuentes ensoñados, señoritos fracasados y aguardentosos guardias, trashumantes, licenciados que ahorcaron la toga y gentes de vida más o menos airada... Los «redaños» de Iberia estaban sepultados y era vergonzoso sacarlos a la luz. Vergonzoso para aquellos que, de una manera directa o indirecta, los habían emponzoñado, y trataron siempre de ocultarlos, mediante la exhibición de retablos más «decorosos» y, por supuesto, más confortables para ellos» [21]. Nuestro autor levanta la manta, y muestra lo que ve debajo de ella, cara al presente o cara al pasado, negándose a maquillar «decorosamente» el retablo donde pululan las gentes de «vida airada». Esa decisión de levantar la manta suponía un doble riesgo; de una parte la imposibilidad de ver representado su teatro, como así ha sucedido; de otra, entrar de lleno en una situación de difícil solución para su propia dramaturgia. En efecto, lo que Rodríguez Méndez viene intentando es la creación de un teatro decididamente po-

[21] Rodríguez Méndez, Taurus, págs. 37-38.

pular, en el sentido más lato de esta palabra, es decir, desde el pueblo y para el pueblo. ¿Pero dónde está el pueblo y cómo llegar a él? Desde el momento en que, esté donde esté, no se puede llegar a él, el teatro popular de Rodríguez Méndez queda en suspenso, sin destinatario viable, cegadas todas sus salidas. Es un teatro inviable, pero nunca gratuito. Sociológicamente hablando se trata de un suicidio heroico en acto de servicio; ideológica y estéticamente, de una empresa consecuente y valiosa en sí misma.

Dos de estos dramas —*La mano negra* y *Bodas...*— nos llevan, sin desenraizarnos del presente, a dos momentos del pasado: la Andalucía campesina del terror, el hambre y la explotación de la ignorancia en *La mano negra,* y el Madrid barriobajero y cuartelero del «Desastre» en *Bodas... Historia de unos cuantos* es una crónica dramática de la España popular, encarnada en dos familias de barrio viejo madrileño, enfocadas en varios momentos claves de la historia de España: 1898, boda de los Reyes y atentado de 1906, 1920 y guerra de Marruecos, 1921 y derrota de Melilla, final esperanzado de la década de los 20, 14 de abril de 1931 y llegada de la Segunda República, fiesta con fondo de luchas callejeras durante uno de los últimos años de la República, julio de 1936, 18 de julio del 36, noche en los años 40. A través de esos diez momentos de la historia española, concretados escénicamente sin abstracción ninguna, desfila ante nuestra conciencia una veta muy honda de nuestra intrahistoria en su fluir cotidiano, con sus pequeños esplendores y miserias y sus contradictorias esperanzas. El hilo dramático conductor de este reportaje, escrito desde la ilusión retrospectiva y la desesperanza actual, lo encontramos en la integración dialéctica de lo que pudo haber sido y lo que fue, polos que mutuamente se sostienen y se destruyen a la vez a la vista del espectador, valga la metáfora. A lo largo y a lo ancho del drama cruza la sombra del Caín machadiano, destacándose como una presencia invisible un «fatum», un «destino» histórico al que su autor no nombra. Ese mismo destino, innombrado e invisible, persigue hasta destruirlo a «El Trueno» en *Los Quinquis de Madrid,* «reportaje dramático» —así lo califica su autor— de la España marginada de 1967. El autor, voluntariamente atenido a la objetividad del reportaje, presenta, sin justificar nada, la historia del acorralamiento de una vida humana, representativa del margimiento social en sí mismo. Una vez más en el teatro de Rodríguez Méndez, las víctimas no son individualmente inocentes, pero sí lo son, en grado máximo, históricamente. Es esa inocencia histórica de las víctimas, propiciadas por la estructura global de una sociedad que las expulsa y las acorrala para destruirlas finalmente, el punto básico de la acusación del dramaturgo. Un «¿por qué»?, bronco e intratable, actúa de pivote de la construcción estilística y temática de ese abigarrado retablo de la marginación que constituye el núcleo fundamental de la dramaturgia de Rodríguez Méndez. «Por qué» que se prolonga en el lector y que, sin ninguna duda, sería asumido por el espectador, si se autorizaran las representaciones. «Por qué», signo de una traumática catarsis social.

Como Lauro Olmo o como José Martín Recuerda y, en general, como la mayoría de los dramaturgos españoles de las dos últimas décadas, Rodríguez Méndez parte en esta obra de la estética y de la ética del esperpento valle-inclanesco para objetivar, equidistante del naturalismo como del idealismo, su visión dramática de la realidad histórica española, alojándola en el instrumento más idóneo para expresar la tragedia de la historia de España, sin mitificarla en sentido positivo o en sentido negativo.

Antonio Gala (1936)

Ha estrenado cuatro obras: *Los verdes campos del Edén* (1963), *El sol en el hormiguero* (1966), *Noviembre y un poco de yerba* (1967) y *Los buenos días perdidos* (1972), y tiene inéditas, que sepamos, otras cuatro: *La Petenera, La Cenicienta no llegará a reinar, ¿Por qué corres Ulises?* y *Anillos para una dama*. Completa la nómina *El caracol en el espejo*, publicada en 1970 [22].

Los verdes campos del Edén, primera obra de nuestro autor, le valió un gran éxito de público y de crítica, con la excepción del juicio negativo de José María Doménech. José Monleón ha tratado de mostrar cómo ese éxito fue debido menos a la obra en sí y a sus posibles significaciones que a un complejo de circunstancias ajenas al valor de la obra. Ello determinó que se encasillara a Gala, reacio a todo encasillamiento según él mismo ha declarado repetidas veces, en el ala «poética» y aceptable del nuevo realismo español, incómodo y bronco en sus otros representantes. Cuando tres años después estrene *El sol en el hormiguero*, la imagen convencional de Gala, «poeta tierno» asimilable por el público conservador, quedará rota, y pagará la obra las consecuencias de esa ruptura de la imagen pública. El propio autor comentará con gracia ese vaivén de éxito y desgracia públicos: «Yo he pasado —dirá— de ser José Antonio Primo de Rivera a ser la «Pasionaria», sin comerlo ni beberlo en ningún caso, por obra y gracia de una serie de susceptibilidades gratuitas» (Gala, Taurus, pág. 79).

---

[22] El lector encontrará amplia información sobre Gala en la edición de tres obras suyas hecha por Taurus, 1970, Col. El mirlo blanco (citaremos Gala, Taurus) y en *Primer Acto*, núm. 150, noviembre de 1972, que publica *Los buenos días perdidos*. No hay que olvidar que nuestra fecha tope es 1973. Con posterioridad a esta fecha ha estrenado *Las cítaras colgadas de los árboles, Anillos para una dama* y *¿Por qué corres, Ulises?*

Si libres de toda radicalización inducida nos enfrentamos con *Los campos del Edén* como lo que es: la primera obra de un autor novel, y si, además, la situamos en la perspectiva de su obra posterior, nos encontramos con que no ha habido ruptura ni cambio de frente entre ella y las piezas posteriores, pero sí, como es lógico, un proceso de maduración del dramaturgo. En *Los campos del Edén* aparecían ya dos de los temas mayores de Gala: el de la frustración y el de la soledad; y un procedmiento de construcción: el humor de frase no integrado en la situación y en contradicción, a veces, con ella. Apuntaba ya la tendencia al uso de símbolos ambiguos, no tanto por la riqueza de éstos como por su inconcreción y su vaguedad. Y, desde luego, estaba ya presente la intención crítica de la sociedad española contemporánea. Que la mayoría de las escenas transcurrieran en el interior de un panteón, único lugar donde, aparentemente, se lograba la paz, el amor y la alegría era ya un signo meridiano de la intención crítica del autor, potenciado, desde luego, por el contraste de la imposibilidad de la paz, el amor y la alegría en el ámbito exterior al cementerio. Al final de la obra queda claro que ni siquiera con los muertos puede hallarse la paz, pues la policía se encarga de deshauciar a los inquilinos de «la paz de los sepulcros». Encontrado en esto, ya a nivel escénico, el símbolo de base, el autor no acierta a potenciarlo dramáticamente, pues el diálogo, en lugar de servir a la acción haciéndola progresar en coherencia, la va destruyendo, imposibilitando, a la vez, la unidad de sentido de palabra, personaje y acción. En ningún momento se llega a la creación de un mundo auténticamente dramático por interrelación de todos sus elementos. Y la obra queda constituida en un simple mosaico de escenas dialogadas, de pequeños cuadros sin trabazón última. La emoción dramática aparece así atomizada, y el drama, en cuanto sistema funcional de situaciones conflictivas, queda frustrado en simples diálogos encadenados.

En *El caracol en el espejo* Gala dramatiza el sentimiento de la frustración humana. Los personajes vienen a ser algo así como las «imágenes personificadas» de ese sentimiento, sus signos corpóreos. La pareja protagonista —A y Z, letras extremas del alfabeto— aparecen rodeados de otros personajes-signo, con nombres genéricos —el padre, la madre, el ordenancista, la mujer que vive sola, la solterona, el burgués..., etc— personajes que funcionan como imágenes virtuales de la pareja protagonista. No sólo asistimos así al proceso de frustración de A y Z, sino que dicho proceso es multiplicado por la frustración de todos los demás personajes, que encarnan el abanico de posibilidades, proyectadas hacia el pasado o hacia el futuro, de A y Z, posibilidades, ya lo he dicho, igualmente frustradas. Los diálogos de situación, pues tampoco puede hablarse de acción dramática, ocurren en un espacio definido por las luces, del que escribe su autor: «todo debe dar impresión de realidad, pero de una realidad abstraída» (Gala, Taurus, pág. 122). Se trata, a nuestro juicio, de algo así como «el gran teatro del mundo», en el cual se desarrolla la parábola de la vida humana como frustración. Frustración por falta de unión, de amor que una en una empresa común, según declara en repetidas ocasiones un personaje símbolo, el Portero, ambigua personificación de Dios, testigo imponente de la frustración de la humanidad. «Yo estoy ahí cerca —dice— abajo —no, no, arriba— debajo de todo, sentado, esperando. Pero a mí nadie me llama. Nadie me hace caso. Sólo salgo cuando se ha muerto un niño» (Gala, Taurus, págs. 148-149). En la construcción de la pieza, mediante el juego de lo dicho y lo pensado por A y Z y por las interrelaciones, a nivel del texto, de los demás personajes, veía Monleón una técnica propia del poema, definiendo con razón a la obra de «poema dramático de la frustración humana en el ámbito familiar y social de nuestro mundo. Es decir, en una civilización que ha ido rebajando progresivamente el valor de los sentimientos para hacer de cada hombre un dócil y gregario consumidor de consignas, frases hechas y magnificados productos industriales» (Gala, Taurus, pág. 211). No obstante, trabajada la pieza como un mosaico en siete escenas, sigue faltando, a nuestro juicio, esa profunda unidad dramática que dé coherencia a todos sus elementos, como si su autor no acertara a interrelacionar fábula, personajes, lenguaje y pensamiento. El magnífico escritor que es Gala parece desbordar la función del dramaturgo: las frases, brillantes y preñadas de sentido, se van acumulando y actúan como retardarias del proceso interior dramático, insolidarias con la estructura de las situaciones y de los personajes, y, a la postre, gratuitas en el contexto, aunque aisladamente sean valiosas. No podemos menos de dejar constancia de esta impresión nuestra: el conflicto, durante el proceso creador, entre el escritor y el dramaturgo, resuelto a favor del primero, supone un «handicap» para el producto final de ese proceso: la obra dramática.

En una entrevista para *Primer Acto,* hecha al autor por Santiago de las Heras, declaraba aquél: «Con *El sol en el hormiguero* sabía con seguridad lo que buscaba. Quienes la encontraron confusa eran tontos o no les dio la gana entenderla. Se hablaba allí de la posible encarnación de un sentimiento comunitario y gigantesco —Gulliver—, que provocaba el doloroso triunfo de los limpios. Se hablaba allí de la imposible ocultación, como en todo crimen, de una víctima que acababa por pudrirse y pudrir al verdugo» (Gala, Taurus, pág. 80). No dudamos que el autor supiera lo que buscaba. Lo importante es, sin embargo, si consiguió decirlo en el drama.

Dicho sea entre paréntesis, el mismo Monleón, a quien no tenemos por tonto, ni creo que por tal lo tenga tampoco Gala, veía en Gulliver algo bastante distinto de lo declarado por el autor: «Gulliver no es otra cosa —escribía— que el hijo "ideológico" y revolucionario de la reina y del republicano...» (Gala, Taurus, pág. 21).

En un momento de la .obra (pág. 198 de la ed. Taurus) dice el rey esta frase: «Estamos siempre jugando al esconder detrás de las palabras.» El procedimiento creador parece responder también a esa frase. El autor juega el mismo juego: esconder detrás de las palabras. No es el único, pues otros muchos se ven forzados a hacerlo, no por vocación, sino por necesidad, desgraciadamente. De ahí la ambigüedad, e incluso la anfibología de bastantes obras del nuevo teatro español.

De entrada debo decir que *El sol en el hormiguero* me parece un texto importante, pero no claro. José María de Quinto le dedicó en *Ínsula* un artículo elogioso, aunque con ciertas contradicciones internas. Empezaba diciendo: «Desconozco las causas por las que, en general, ha sido tachado este drama de ideológicamente confuso. (...) Las cosas están claras, pues las cosas se presentan sin la menor sombra de ambigüedad, escuezan a quien escuezan...» Pero más adelante escribía: «¿Por qué esa reina (se esconde tras ella el Estado como una superación del Gobierno)? ¿Por qué ese idealista (representa verdadera e íntegramente las aspiraciones del pueblo)? Pero, en primer lugar, y primordialmente, ¿por qué esa relación entre ambos? Hay, pues, algunos aspectos, a mi entender accesorios, que empañan y malogran lo que habría podido constituir un drama de excepción» (Gala, Taurus, págs. 105 y 106). Esos aspectos no son, sin embargo, accesorios dentro del drama, sino fundamentales. Si no están claros para un crítico responsable y nada superficial como José María de Quinto, es que no todo está tan claro en la obra. El republicano, la reina y su relación con la obra son centrales, no accidentales, si nos atenemos al texto *real,* es decir, al del autor, no al del crítico.

Por su parte, Monleón que, desde la óptica del autor, no dio en el clavo en su interpretación de Gulliver, escribe: «Yo estoy convencido de que *El sol en el hormiguero* es una obra difícilmente comprensible fuera de nuestro medio, a pesar de que en Francia e Italia —quizá esquematizando un poco nuestra situación— se hayan interesado por ello. Leyéndola con alguna abstracción del medio, uno se pregunta por qué Gala no fue más preciso, por qué respetó hasta ese punto amores reales, cortesanos, diálogos entre la reina y el pueblo, etc., el clima lírico de cuento infantil, por qué entremetió viejos elementos de nuestra literatura popular junto a pinceladas satíricas alimentadas por tipos del presente. Que en esta mescolanza hay una voluntad de hacer "teatro épico" es evidente; pero la "distancia" tiene como fundamento el obligar a asumir "críticamente" un conflicto, mientras Antonio Gala distancia "el conflicto al mismo tiempo que lo emborrona"». Y añade: «Y, sin embargo, nadie puede decir que en nuestro medio la obra no esté llena de entreveradas claridades. Nadie puede negar que es uno de los pocos títulos que, de. algún modo, han intentado hablar seriamente de la actual sociedad española» (Gala, Taurus, pág. 33). No veo muy bien cómo conciliar, en un plano estrictamente lógico, el final del primer párrafo de Monleón con el principio del segundo.

La mescolanza de elementos estilísticos que Monleón señala en la pieza la entendemos nosotros de distinta manera que él; no por sus fines, sino por los orígenes. Éstos nos parece encontrarlos —y se trata de una simple hipótesis— en las farsas de Valle-Inclán, en tres de ellas: *Farsa infantil de la cabeza del dragón, Farsa italiana de la enamorada del Rey y Farsa y licencia de la reina castiza*. Entre las tres, y no en sólo una, se dan «los amores reales, cortesanos, diálogos entre la reina y el pueblo, el clima lírico del cuento infantil, los viejos elementos de nuestra literatura popular junto a pinceladas satíricas alimentadas por tipos del presente», e incluso la «distanciación». Los procedimientos en el manejo dramático de esos elementos y los resultados son distintos, pues Gala es un escritor auténtico y original, y no copia, naturalmente, sino que manipula creadoramente la herencia valle-inclanesca, como lo hacen Rodríguez Méndez o Martín Recuerda con el esperpento.

No cabe duda que es fundamental en *El sol en el hormiguero* su condición de fábula política y social, como lo era también en el Valle-Inclán de las farsas o de los esperpentos, ni que es igualmente fundamental la visión crítica de la sociedad española contemporánea y su historia, entendida ésta como proceso dialéctico. En este sentido entendemos que *El sol en el hormiguero* es una fábula política porque, antes, es una fábula histórica. De ahí la figura de la Reina, del Republicano y de la relación entre ambos y de los dos con el Pueblo.

Creemos que en su obra ha encarnado Gala no una sola historia de España, sino dos: la real, es decir, la que efectivamente se ha cumplido y se está cumpliendo, y la posible, es decir, la que pudo cumplirse, la que podría cumplirse, pero no se ha cumplido todavía. Esas dos historias las integra dialécticamente en su fábula. Los protagonistas de la fábula, como de la historia, son el Rey y la Reina, el Republicano y el Pueblo. El Rey y la Reina son, ambos, símbolos del Poder, símbolo histórico el primero; mítico la segunda. Ambos se presentaron fundidos en una sola figura en determinados momentos de la historia de España, según da testimonio, por ejemplo, el teatro nacional del Siglo de Oro, cuando el Poder se representó teatralmente, englobando en una sola figura al Rey y a la Reina, es decir, al puro Poder, el único real (El Rey de Gala) y a la visión ideal del Poder mitificado por el propio pueblo, signo, a su vez, de lo que debería ser el Poder (La Reina de Gala). El Republicano, cifra de la oposición, es molesto, pero no peligroso, pues incluso puede utilizársele, mientras el pueblo no separe las dos figuras del Poder. Pero hay que destruirlo, como así sucede en el drama, cuando aparece la imagen de la unión en la libertad. Cuando aparece el sentimiento de la libertad —el sentimiento que el pueblo tiene de sí mismo, según quiere Gala—, cuando éste se objetiva y adquiere gigante estatura, la historia de España se hace dual: una, la del Rey, única realizada; otra, la de la Reina, posible sólo. En la historia del Rey, éste destruye al gigante cuando se da cuenta de que ya no puede mandar por decreto su inexistencia. En la historia de la Reina, imposibilitada por el Rey, y no cumplida, por lo tanto, todo queda en un esperanzado movimiento hacia el futuro. El Rey se quedará a solas con el Poder, mientras se pudre el cadáver de Gulliver. La Reina partirá al exilio con el pueblo. El reino, sin pueblo, será el lugar del pudridero. ¿Hasta cuándo?

Aunque en menor medida que su pieza anterior, sigue pareciéndonos sin resolver el conflicto a que más arriba aludíamos entre el escritor y el dramaturgo. Aquél no renuncia a ponerle la zancadilla a éste y el drama se resiente de tales zancadillas. Cuando el dramaturgo discipline al escritor, sabiendo renunciar a sus brillantes tentaciones, Gala empezará a dar sus frutos maduros.

En *Noviembre y un poco de yerba* saludó Rodríguez Méndez «el gran drama de nuestra guerra civil, el drama que expresa la mentalidad destruida de nuestras gentes, el mejor texto que se ha escrito sobre nuestra guerra civil» (Gala, Taurus, pág. 46). El saludo nos parece desmesurado. Máxime habida cuenta que el mejor drama sobre nuestra guerra civil se escribió justo cuando esta empezaba, y no ha sido superado. Me refiero, naturalmente, a *La casa de Bernarda Alba*. Monleón después de señalar algunas limitaciones —«mezcla de realismo y lirismo, de historia y metafísica, no siempre bien resuelta»— declara de ella que «es una de las grandes obras del teatro español de los últimos años. Y lo es, entre otras cosas, porque es una de las pocas obras que responden verdaderamente a esta sociedad y a esta época» (Gala, Taurus, págs. 33-34). Pensamos que la autenticidad de la respuesta, con ser importante, no es suficiente para que sea grande como obra. En cuanto a Laín Entralgo, veía buenas la idea y el diálogo, pero menos buena... «la acción en que la idea se desgrana y de que brota el diálogo» (Gala, Taurus, pág. 115).

El espacio escénico esta dividido en dos, división con valor de clara significación: abajo, donde están encerradas dos víctimas, La madre y Diego, dos vencidos de la guerra civil, y arriba, ocupado por una pequeña cantina de un apeadero de ferrocarril. De esta se ocupa Paula, hija de una de las víctimas y mujer de la otra, y única en relación con el mundo clandestino de abajo y con el mundo de arriba, representado por Tomás, el guardabarreras, que le escribe cartas de amor a Paula.

El drama se concentra, naturalmente, abajo. La Madre está loca: su locura consiste en inventar un pasado que no existió, en el cual y del cual vive, liberada de todas sus frustraciones, que Gala concentra, no entendemos bien porqué, en lo sexual. Diego y Paula viven y reviven su historia de amor, entregándose a curiosos juegos aceptados por ambos, en los que, a veces, Diego actúa como un niño. Nos enteramos de que Diego se refugió en ese sótano al terminar la guerra, veintisiete años antes. Un cambio de situación se produce gracias a una radio transistor: se anuncia en ella una amnistía política para los vencidos. Cuando Diego, superado su miedo y urgido por Paula, se decide a salir, a subir «arriba», resbala en la escalerilla que comunica ambos mundos, el fusil en que le quedaba una bala, y que no sabemos por qué carga consigo, se le dispara y lo mata. Su muerte resulta así un accidente y queda sin motivación dramática, puro golpe teatral, puro azar de un incomprensible *Deus ex machina*. Por otra parte, la respuesta verdadera de la obra a una sociedad y a una época concretas, al no autentificarse mediante un mundo dramático válido, queda en cierto modo invalidada. De nuevo, una ausencia de disciplina interna en la construcción del drama, una incapacidad para interrelacionar los elementos propios de la estructura dramática, frustran la obra. Espacio escénico y situación quedan como una metáfora no sustantivada, no hecha drama.

El estreno de *Los buenos días perdidos* fue un éxito. Gala concentra el drama de sus cuatro personajes en un espacio escénico que, de nuevo, tiene un intenso valor de signo: una antigua capilla de una iglesia del siglo XVI, convertida en vivienda del sacristán, de su madre y de su mujer, vivienda toscamente modernizada con muebles baratos, aparatos electrodomésticos, mesa de formica, y en la que se ha colocado un sillón giratorio, repisas y espejo de barbería, pues el sacristán se dobla de barbero. Lo antiguo y lo moderno barato no se armonizan naturalmente, sino que producen directamente la imagen física de la degradación. En ese espacio degradado, símbolo claro y eficaz, por su inmediato poder de sugestión, de un espacio nacional degradado, actúan los personajes del drama, con su doble carga significante de individuos concretos y de arquetipos sociales. La madre, antigua ama de casa de citas, rijosa y autoritaria, la mujer, asustada, tonta y buena, y el marido, sufridor y manso. Un cuarto personaje, antiguo compañero de seminario del sacristán, de donde ambos fueron expulsados, aquél por sinvergüenza y éste por incapaz, se instala en ese espacio, de paso hacia un simbólico Orleans, a donde dice ir para ser campanero. La referencia continua a Orleans, convertido en signo de un «más allá», de un «lejos», de un «afuera» donde lo hermoso y lo bueno son posibles, le sirven para seducir a la mujer del sacristán. La madre, que ha desmantelado el patrimonio de la iglesia, lo hará su cómplice. Juntos abrirán un antiguo sepulcro de la nobleza en busca de tesoros escondidos, pero sólo encontrarán una momia: polvo y huesos. La vieja, símbolo irrisorio de la autoridad, vestirá sus antiguas galas de prostituta, ofreciéndose al amigo, quien partirá arramblando con lo que ha podido robar, incluida la honra de la mujer, a la que dejará preñada. La degradación del espacio escénico se cumplirá en la degradación moral de los personajes que en él viven, puesta de manifiesto por el forastero. Al final de la obra se producirán dos sucesos, claro el uno, no tanto el otro. La mujer, engañada por el señuelo de Orleans, ya no podrá vivir donde siempre vivió, y se suicidará arrojándose desde lo alto del campanario. El otro suceso es el cambio radical del sacristán. De marido consentidor e hijo sumiso se convertirá en héroe moral, portavoz de un mensaje que puede resumirse con algunas frases del propio personaje: «Orleans es mentira. Soñando no se puede ser feliz. Sólo se hace perder días de vida: mala o buena: de vida. La felicidad es un trabajo (...) Hay que abrir los ojos, no cerrarlos: estar muy bien despiertos» (pág. 56). «En la capilla de Santo Tomás, no se termina el mundo. Quizá de esa puerta para dentro sea donde se termina. Donde hemos ido dejando perderse tantos buenos días nuestros, entre estas piedras que también tuvieron los suyos. Intentando poner remiendos, fregaderos, retretes: vivir en un sitio que no estaba hecho para eso... En medio de tanta solemnidad, todo resulta falso: hasta el pan, hasta la jarra... Y lo falso es lo otro ... lo español que es todo esto: nos hartamos primero de darnos puñetazos y después, como quien no ha hecho nada, nos sentamos y nos ponemos a soñar el mejor de los mundos: un escorial de plástico... Locos, ¡que estamos locos!...» (pág. 57). Nada tenemos que objetar al mensaje, antes, al contrario, lo consideramos válido. Nuestra objeción se dirije a esa conversión del personaje en *otro* personaje, conversión no motivada en el interior del mundo dramático, y tan gratuita en relación con él como era en *Noviembre y un poco de yerba* la muerte accidental de Diego. El autor opera una sustitución del· discurso dramático por el discurso crítico, sin hacer surgir éste de aquél, sin establecer una relación interna necesaria entre ambos. Como si desconfiara de que el mundo dramático por él creado emitiera con claridad las señas críticas buscadas, las sobreimprime como un postizo de última hora, a fin de estar seguro que el mensaje es captado. Aquí no es el escritor quien fuerza la mano del dramaturgo, sino el portador de un mensaje. Y nos preguntamos: ¿desconfianza del mundo dramático creado o desconfianza de las capacidades interpretativas del espectador?

Si hemos escrito todas estas páginas dedicadas al teatro de Antonio Gala, es porque creemos que es un autor importante, pero un autor todavía en busca de sí mismo, desgarrado entre la literatura y el teatro.

Andrés Ruiz (1928)

Tomada en bloque su obra dramática es uno de los testimonios más directos, dentro del teatro español de tendencia realista, de las clases desheredadas de la España de la postguerra, y constituye un documento atroz del hambre, la miseria y el terror. No se trata de un teatro escrito para el pueblo por un «convertido», sino de un teatro surgido desde dentro mismo del pueblo, escrito por alguien que pertenece a él y que ha padecido en carne viva aquello de que da testimonio. En este caso concreto, es importante conocer algunos hitos biográficos del autor, pues es de su propia vida y de la vida de los suyos de donde toma, sin apenas transposición literaria, la materia y la sustancia de su teatro. Hijo de un cargador en el muelle de Sevilla, que fue encarcelado por presunto comunista y murió tuberculoso en 1948 como consecuencia de las torturas a que fue sometido en la prisión, quedando casi ciego y con varias costillas rotas, testigo de la muerte por hambre de una hermana suya de seis años, sin posibilidades de hacer estudios académicos, autodidacta por necesidad, emigrado hacia 1952, encarcelado él mismo en 1964, sometido a interrogatorios y aislado en una celda de castigo de Carabanchel, con ocasión de dos obras dramáticas (*La guerra sobre los hombros* y *La espera*), premiadas en los Festivales de Moscú de 1957 y 1962, respectivamente, casado en 1964, expulsado de España, Andrés Ruiz trabaja desde 1965 en la Organización Internacional del Trabajo, en Ginebra, donde reside en la actualidad.

He aquí una lista de su extensa obra dramática: *Pequeño retablo* (1949), *Tragedia en lo azul* (1950), *A través de unas horas* (1955), *La guerra sobre los hombros* (1956), *La cajita y las muñecas* (1957), *La casa vacía* (1957), *Retablo de la sangre enterrada* (1957), *Retablo de la desesperanza* (1958), *Pequeño retablo* (1958), *La espera* (1961), *Como un cuento de otoño* (1964), *Las manos vacías* (1965), *Taberna andaluza* (1968), *¿Por qué Abel matará a Caín?* (1969, estrenada en Ginebra en diciembre de 1971), *Requiem por mi infancia* (1970), *Martín* (1971) y *Golpes bajos* (1971).

Con la excepción de *¿Por qué Abel matará a Caín?*, única pieza simbólica, el resto del teatro de Andrés Ruiz puede ser englobado dentro del teatro-documento, con hondas raíces autobiográficas —no de autobiografía individual, sino social—, y de estilo fundamentalmente naturalista. En términos generales, puede decirse que la materia dramática que el autor maneja pasa directamente al drama sin apenas proceso de transposición ni, por tanto, de selección. Los dramas de Andrés Ruiz son, por ello, vida en bruto, de enorme autenticidad vital y con gran fuerza testimonial, pero sin suficiente elaboración artística. El autor, agobiado por lo vivido en carne viva, lo vuelca directamente en el drama, sin trabajarlo, sin que lo particular biográfico trascienda, por virtud de la operación constructiva, a situación transbiográfica, objetivamente valiosa como situación dramática. Llena cada pieza de verdad y de vida, se resiente cada una de ellas —unas en mayor grado que otras —por su insuficiente tratamiento artístico. La aceptación plena de cada obra depende, pues, del valor que demos, además de a la verdad y a la vida, al arte con que éstas son elaboradas. Si valoramos solas las primeras, al teatro de Andrés Ruiz no se le puede negar un alto valor de autenticidad; si además, exigimos como necesario el arte, el teatro de Andrés Ruiz —con excepción de tres piezas— nos parece un producto sin acabado.

Considerado como material en bruto ese teatro es realmente impresionante y nos agobia como una cruel pesadilla, pues se nos da testimonio del hambre, la discriminación, la injusticia, la explotación, la miseria, la represión, la cárcel, la tortura, la muerte y, planeando sobre ese mundo alucinante, el tremendo silencio de Dios. En el centro mismo de ese infierno social, hay, sin embargo, una vocación de amor, una búsqueda de sentido que rescate el dolor, vocación y búsqueda siempre cruelmente frustradas. Nada es nunca abstracto, sino impiadosamente concreto, con nombres propios y espacios dramáticos localizados en una España pobre y vencida.

De todo ese retablo del sufrimiento del pueblo real, no del «popular», tal vez el «documento teatral» —así lo califica certeramente su autor —más impresionante y también el más logrado artísticamente, es *La espera,* en donde ese drama de la España pobre y vencida es concentrada en una familia de la España del Sur en 1942. Drama en donde, por debajo del hambre, la explotación y la injusticia sociales, late en las víctimas la esperanza en la victoria de los aliados y la caída del régimen de Franco. *Como un cuento de otoño* denuncia la explotación del obrero, respaldada por la policía, la ley y la Iglesia. *A través de unas horas* muestra la traición de la clase media, con la que no puede contar la clase obrera.

De temática distinta es, además, de *¿Por qué Abel?, Vidas en blanco,* la más elaborada de estas piezas, en donde dramatiza un tema muy español, numerosas veces tratado en el teatro español del siglo XX por dramaturgos tan distintos como Benavente, Arniches, los hermanos Álvarez Quintero, Lorca, o, más próximos cronológicamente, por Olmo o Martín Recuerda: el drama de la soltería. Andrés Ruiz sitúa la acción en los pueblos del sur, y pone al desnudo a través de dos hermanas un complejo de histeria colectiva en donde hunden sus raíces la conciencia de pecado y la frustración sexual. La escena final, de trágica ironía, presenta el suicidio frustrado de las dos hermanas, condenadas a seguir viviendo su «vidas en blanco». Esta obra, perfectamente construida, nos parece una importante versión del tema, a la vez social e individual aquí, de la soltería. Crueldad y ternura, farsa y tragedia, crítica lúcida y profunda piedad se funden en la obra, haciendo de ella, junto a *La espera,* la mejor aportación de Andrés Ruiz al nuevo teatro español.

¿Por qué Abel matará a Caín?, estrenada en diciembre de 1971 en el teatro de l'Atelier de Ginebra, obtuvo, a juzgar por los recortes de prensa que poseo, una entusiasta acogida de la crítica. Francois Truan escribía en el *Journal de Génève* (núm. 290): «Andrés Ruiz invierte la situación bíblica que opone a Abel y Caín: en el momento en que su muerte le es anunciada, Abel obtiene un plazo de media hora. En cinco etapas, nos es revelado el sueño de Abel: es el mismo que el de Caín —un mundo fundado sobre el dinero, la manipulación, la comercialización de la religión. Cuando Caín y Abel se despiertan, están listos para afrontarse. Pero nadie debe matar a nadie: un personaje portavoz del autor, pide al público que designe a aquél que debe morir.»

«Al final de la pieza, un personaje habla de ella como de una sátira "metafísica-revolucionaria"». Se trata de la situación del hombre —*homo hispánicus* en particular—, de su lucha y de su afrontamiento con el hombre de "enfrente", que eternamente lo ha engañado, perseguido, que siempre se ha aprovechado de su ignorancia, querida y fomentada.

Abel "el bueno" y Caín "el malo": en tiempos de guerra, hambrientos, roban juntos, pero uno come sin dar nada al otro, o exige a cambio su comisión.

Los dos hombres se afrontan en una dialéctica infernal y llegan a un punto en que sólo el espectador puede aportar una solución.»

Nuestra experiencia de lectores del texto dramático, siempre inferior a la del espectador que ve realizado sobre la escena el texto real, nos hace asentir a la interpretación citada del crítico suizo, pero no seríamos honrados con nosotros mismos ni con el lector de estas páginas, si silenciáramos una objeción que juzgamos importante: entre la abstracción que funda el sentido de los símbolos y de la obra entera, y su encarnación dramática mediante personajes en una acción estructurada en una cadera de situaciones, existe un profundo desnivel que impide, a nivel teatral, la realización de ese sentido. Lo frustrado en el texto —¿también en la representación?— es la puesta en drama del tema, su conversión en acción dramática. Los personajes y su lenguaje son demasiado elementales, a nuestro juicio, para hacer existir con profundidad, verdad y coherencia la abstracción a la que sirven.

2. Del alegorismo a la abstracción

Con la excepción de Ruibal o de Nieva, cuya obra comienza dentro de la década del 50, los dramaturgos que vamos a considerar en esta sección escriben dentro de los años sesenta y, algunos, casi alrededor de 1970.

Tres elementos característicos nos parece detectar en el estilo dramático de este grupo: 1) la destrucción interna del personaje; 2) acción y lenguaje parabólicos, y 3) la invasión de la escena por los «objetos».

1) El personaje dramático es raras veces una persona con soporte en una conciencia individual o un carácter dotado de autonomía, portador de un nombre propio, construido según una coherencia interna que lo sustente como individuo. Es más bien un signo, un puro elemento funcional, la cristalización o el precipitado de un proceso previo de abstracción que hace de él un simple nexo entre situaciones o un mediador del discurso crítico, discurso crítico encomendado menos a la palabra que al sistema de situaciones múltiples en que se va estructurando la acción. Difícilmente se da, pues, ningún tipo de identificación emocional con el personaje, pues éste está vacío de sustancia personal, y no es más que un esquema intencional cuya función es hacer brotar, por desidentificación, la respuesta crítica del espectador a la propuesta crítica del autor. El personaje es, así, un conductor de «corriente» crítica y un módulo mediante el cual enchufar aquélla en la conciencia del espectador, provocando su lucidez y su protesta. Podríamos hablar, pues, de la muerte del personaje teatral como persona humana, de la sustitución del personaje-persona por el personaje-signo.

2) La acción y el lenguaje son generalmente parabólicos, significando siempre desde más allá de sí mismos. Lo que sucede en la escena tiene un valor referencial y debe ser visto como un siste-

ma a descodificar. El paso de una situación a otra o el desarrollo de una misma situación a lo largo de la pieza obedece a un complejo mecanismo de relaciones simbólicas, a veces bastantes elementales e, incluso, pueriles, mediante el cual una situación real o un mundo real, definido, por ejemplo, por la injusticia, el absurdo, la crueldad, la gratuidad o la enajenación, situación o mundo reales que son los del autor y el espectador, va siendo «codificado» en términos escénicos a través de una fábula dirigida a provocar en el espectador un doble proceso de identificación y de repulsa. La acción y el lenguaje parabólicos, puros signos referenciales como lo es el personaje, intentan provocar un continuo juego de complicidades entre el autor y los espectadores. En la escena, concebida como espacio dinámico y abierto y como marco simbólico, tiene lugar un extraño y paradójico ceremonial de máscaras —máscara-acción, máscara-lenguaje y máscara-personaje— cuya función es, precisamente, la de desenmascarar críticamente las realidades aparentemente encubiertas, con la importante advertencia de que es al espectador, y no al autor, a quien compete la importante tarea del desenmascaramiento, pues su función no es sólo la de ver, sino la de interpretar —descifrar, descodificar— las imágenes escénicas *in actu*. Función y tarea más bien ardua en ocasiones por el exceso de áridas abstracciones, de deshumanización o de cripticismo. Si el autor enmascara lo real es para provocar en la conciencia del espectador un proceso paralelo de desenmascaramiento. El juego de la creación dramática, que —suponemos— no es intencionalmente gratuito nunca, pero que puede resentirse de cierta arbitrariedad, es enormemente peligroso en cada una de las piezas cuando falla el coeficiente de complicidad o cuando se produce una ruptura o, al menos, un desnivel en el sistema de correlaciones, y ello por culpa del autor, o del hipotético espectador al que venimos refiriéndonos o de ambos a la vez.

Atendiendo al modo de construcción de la acción no suele ser la intriga su principio unificador, sino el pensamiento crítico, porque la acción está estructurada mediante fragmentos, con función perspectivista, fragmentos que no constituyen una «historia», pues no son los jalones de un «argumento», sino calas ideológicas. En algunas de las piezas el parabolismo de lenguaje y acción y la sustitución de la acción por una red de fragmentos de acción son tan extremos, que la lectura se hace difícil, cuando no enojosa y aburrida. Ignoramos si ocurrirá lo mismo en la representación.

3) El espacio escénico no sólo se llena de objetos «sonoros» o «visuales», a veces aislados y estáticos (una taza de W. C., una cama, una red, una jaula, una sirena o un ruido de cadenas), a veces dinámicos (una sucesión de proyecciones y de sonidos o de luces, una estructura móvil), con función claramente simbólica, sino que

se convierte en un objeto significativo *per se*. Ese objeto único o esos objetos que definen el espacio escénico pierden totalmente sus valencias realistas, pues ya no sirven para ambientar ni para enmarcar, no son decorado, sino un signo más que integrar a la estructura intencional de la pieza. Otra cosa es que, de hecho, se produzca siempre dicha integración.

A estos tres elementos, que nos parecen característicos de esta otra ala «no realista» del nuevo teatro español, habría que añadir —pero esto no se da homogéneamente— la tendencia al teatro-espectáculo y al teatro como experimento colectivo, tendencia que supone la asimilación —no importa ahora si lograda o no— y el desarrollo de las nuevas corrientes teatrales actuales, desde el grotowskismo y el «happening» hasta las experiencias del Living, del Bread and Puppet, pasando por esas y otras formas del teatro de la crueldad, del teatro de la provocación, e incluso del teatro del absurdo, del metateatro o del antiteatro y del sociodrama y el psicodrama.

Tres peligros, creemos, amagan en este tipo de teatro: la ambigüedad del sistema de signos, en exceso abstractos en ocasiones; el carácter críptico —no siempre universal— y gratuito de los símbolos de acción, de personaje y de lenguaje, y, finalmente, aunque no siempre, la falta o la pobreza de tensión y de conflicto dramáticos, lo cual —al menos a nivel de lectura del texto— produce una impresión de estatismo, de no progresión, de reiteración y de monotonía.

Por lo que se refiere a la elementalidad, la puerilidad incluso, o la arbitrariedad que señalábamos antes, para el mecanismo de las relaciones simbólicas entre referente (mundo parabólico) y referido (mundo real) —y conste que pensábamos sólo en algunas muestras de ese teatro, pero de ninguna manera en todo él— tenemos la impresión de que son debidas a la naturaleza teórica del público para el que el dramaturgo escribe, patéticamente privado como está de un público real y concreto, y huérfano, a la hora de escribir, de un destinatario visible que corrija o corrobore, en sana y necesaria confrontación, el producto que se le ha destinado. El dramaturgo, en régimen de soledad forzada, da vueltas y más vueltas a la noria, sin llegar a saber si el agua que extrae satisfará o no la sed, obrará o no los efectos previstos. Por otra parte, esa complicidad implícita, complicidad determinada, a la fuerza, por defecto y precariedad viciosa de la estructura político-social del contexto en que autor y posible público coexisten, nos parece también factor que pudiera explicar dicha elementalidad. Algunas obras hacen pensar, a veces, en un exasperado ejercicio de onanismo intelectual, ritualizado ante un público invisible que bien podría ser un no-público.

Las páginas meramente presentativas que a continuación ofrecemos, y que vamos a escribir con harto temor y temblor —¿habremos entendido bien? ¿Nuestra descripción o nuestra interpretación serán correctas?— tienen que ser más breves que las dedicadas a los dramaturgos englobados en el epígrafe anterior, no por razones de mayor o menor valor asignado a cada autor, pues seguimos pensando que ni la crítica ni la historia literarias son un tribunal de justicia —no aceptamos, por tanto, que el cómputo de páginas funcione como criterio de valoración—, sino por razones intrínsecas a los mismos textos. Éstos, en la mayoría de los autores, no parecen haber sido escritos, ni son considerados por sus propios autores, como términos suficientes en sí mismos, como productos acabados justificados por su sola existencia como tales textos, sino como materiales a completar en su realización escénica, como libretos propuestos al trabajo creador de actores y realizadores, cuya colaboración va ofrecida implícitamente, e incluso, explícitamente, en el mismo texto. En numerosas ocasiones, durante el proceso de lectura y análisis de los textos, nos hemos sentido impotentes para estudiarlos con suficiente rigor y llegar a conclusiones que nos parecieran válidas, pues éstos, en tanto que textos, nos ofrecían invencibles resistencias si nos quedábamos en ellos, forzándonos a verlos, a la vez, como menos que textos y como más que textos: como menos por su naturaleza funcional, no final; y como más por esa misma funcionalidad, a la que es inherente la exigencia de realización escénica para existir cabalmente. Para estudiarlos bien, es decir, en lo que son de verdad, habría que verlos representados, es decir, siendo, cosa que no es condición *sine qua non* para estudiar un texto de Shakespeare, de Calderón, de Buero, de Sastre, de Martín Recuerda, etcétera..., aunque con ello no esté pensando, ni mucho menos, que su realización escénica sea insignificante. Creo que a ningún crítico se le ocultará que no es lo mismo —ni se puede del mismo modo— estudiar, pongo por caso extremo, un texto del Living Theatre que un texto de García Lorca, aunque sí se puedan analizar de igual manera, en términos de su realización escénica, *Paradise now* o la *Yerma* de Víctor García, a condición de vivir la experiencia de la representación teatral.

Una de las formas dramáticas recurrentes en este teatro es la de la farsa, en su doble dimensión de grotesco y sátira, consecuencia lógica de la actitud de repulsa frente al mundo dramático en que se sitúan los autores. Repulsa que les hace partir a muchos de ellos para la configuración crítica de la realidad de la que se sienten insolidarios, de la óptica del esperpento, en tanto que forma ideal de un teatro de la marginación. Esto lo ha visto bien José Monleón cuando escribe: «El esperpento significaría la insumisión y supondría la renuncia a toda posible integración en las jerarquías ideológicas del sistema, en la medida en que no trataba de «denunciar» determinadas situaciones injustas, sino de evidenciar sarcásticamente el absurdo sociofilosófico de su procedencia. El esperpento, en suma, tendería a sobrepasar la crítica de los comportamientos de las instituciones concretas para erigirse como una crítica de nuestra civilización. Son los espejos cóncavos o convexos los que deberían destruirse, en vez de limitarnos a cambiar los cuerpos que se reflejan en ellos» [23]. En cuanto a la técnica básica, es en la mayoría de las piezas la propia de la sátira, es decir la reducción —en sus varias formas: degradación, animalización o «robotización», parodia y mimo— y esto tanto para los personajes como para la acción y el lenguaje.

A. *Sátira, alegoría y hermetismo*

José Ruibal (1925)

En las piezas largas de Ruibal encontramos estos rasgos característicos: antidramatismo, personajes-pretexto para el lanzamiento de frases preñadas de alusiones y dobles sentidos, simbología animal, tiranía contructiva del pensamiento crítico al que se someten todos los elementos de la obra, fragmentarismo.

De 1957 es *Los mendigos*. Es una sátira de un país poblado de mendigos y visitado de turistas con nombres de animales (El Leopardo, La Jirafa, El Lagarto, La Cebra), provistos de cámaras fotográficas y con el «Okey» a flor de labios, que se 'sienten horrorizados de que el espectáculo folklórico de la mendicidad se transforme a sus ojos en desagradable protesta y grave e insufrible realidad. Las autoridades, representadas simbólicamente por un Perro (autoridad militar), un Asno (autoridad civil), un Cuervo (autoridad eclesiástica) y un Loro (ministro de propaganda), deciden, para salvar las divisas que el turismo aporta, suprimir el desagradable espectáculo de la miseria mediante un decreto que reza: «Por el lustre y la higiene de la patria se prohibe la mendicidad.» La represión, encomendada a los Autómatas, fracasa y la escena es invadida por los mendigos que lanzan desafiantes su canto de afirmación.

En ningún momento se produce colisión alguna entre el pueblo y la autoridad. Todo está encomendado a discurso crítico, trufado de alusiones meridianas y de comentarios bufos fácilmente adscribibles a la situación española. Y cada frase, dirigida por el pensa-

---

[23] En «Matilla y sus monstruos familiares» (*Primer Acto*, núms. 123-124, agosto-septiembre de 1970, pág. 65).

miento crítico del autor, es dramáticamente neutra, inoperante para crear tensión, conflicto o situación dramáticas. Mejor que de drama —en su sentido recto— habría que hablar de sátira escenificada.

De 1962 es *El Asno,* sátira de la explotación colonialista de un país subdesarrollado por una gran potencia mediante el uso instrumental de la teconolgía más avanzada, encarnada simbólicamente por un Asno electrónico («made in USA»). Vendido a crédito a un pobre tendero de mercado público, éste explotará a sus compatriotas y enriquecerá al creador del Asno, convirtiéndose en esclavo de lo que maneja sin haberlo creado. La pieza, densa de signos críticos, nos parece un curioso cruce de teatro beckettiano y sainete español.

En *Su majestad la sota* (1965) situaciones y «argumentos» son, de nuevo, pretexto para la palabra crítica, riquísima de alusiones celtibéricas, y el discurso satírico, pleno de humor negro en donde se fustiga una larga cadena de «realidades» no menos hispanas. Por su estructura vemos en ella, sobre todo, un debate escenificado, al estilo de los debates medievales.

Los cuatro reyes de la baraja española acuden a un concurso, convocado por la Sota en el poder, para ocupar la plaza. Cada uno de ellos debate con los demás las ventajas de su sistema de gobierno: las espadas o la violencia militarista, dura y sin contemplaciones; las copas o la felicidad por el alcoholismo ideológico adormecedor y enajenante; los bastos o palo al que se mueva; y los oros o la corrupción por el dinero. Como el debate amenaza en convertirse en pelea de títeres de cachiporra, la intervención extranjera arbitra la solución: confirmar en el poder a la Sota. Para un español de la España de postguerra no ofrece dificultad identificar a la Sota ni ver en la alegoría de los Reyes de la baraja formas concretas históricas del ejercicio del poder.

No nos atrevemos a decidir si *El hombre y la mosca* (1968) es una compleja o una oscura parábola política. Compleja por la polisemia de los símbolos utilizados, oscura por falta de coherencia interna en su ensamblaje, como si en el desarrollo de la obra se hubiera producido una serie de cortacircuitos temáticos: repetidas veces aparecen al hilo del dialógo, no de la situación, nuevos temas-relámpagos o nuevos campos semánticos que, entrecruzándose o superponiéndose, no llegan nunca a integrarse en unidad.

El espacio escénico, de raigambre beckettiana, es el primer símbolo que aparece. Lo describe así su autor: «Dentro de una enorme cúpula de cristal viven el Hombre y el Doble. La cúpula muestra una pequeña parte inacabada. Está construida por paneles de vidrio decorados con batallas, fechas indefinidas, trofeos de caza, pesca y de guerra, apariciones, visiones ultraterrenas pintadas a modo de vitrales góticos y asentada sobre una base de calaveras.

La cúpula, construida pieza a pieza por el Hombre, se encuentra enclavada en un lugar estratégico. Es un formidable observatorio desde donde se divisa cuanto acontece en un vasto territorio.»

Dentro de ese monumento que el Poder se erige a sí mismo, cimentado sobre las calaveras de cuanto constituyó la oposición, hoy inexistente, el Hombre ha venido preparando, haciendo a su imagen y semejanza, al Doble, para que pueda sustituirlo, imagen de la permanencia, sin que nadie note el cambio. Las tres partes de la obra —«El trasplante del valor», «la confusión del yo» y «el verbo se hizo doble»— muestran las últimas etapas de la total identificación y los diversos ejercicios conducentes a conseguirla, ejercicios que, con su crueldad y sus técnicas de lavado de cerebro, bordean constantemente el absurdo. Conseguida la identidad, el Hombre muere, y el Doble, agobiado bajo el peso de la herencia, a duras penas se mantiene en pie, guiado por las voces de las Instituciones edificadas por el Hombre. Sin embargo, el Doble heredó todo menos el don de infundir el miedo. Impotente para asustar a una Mosca, al tratar de golpearla, sin alcanzarla, provocará el desmoronamiento de la cúpula. Basta que alguien, una mosca, no tema, para que todo el edificio político se venga abajo.

Las múltiples interferencias de subtemas o de subsignificados, no integrados, a nuestro juicio, orgánicamente al tema principal, sino improvisados, creemos, al correr de la escritura, introducen ambigüedad y poducen, no mayor profundidad ni riqueza semántica, sino oscuridad. En la tercera parte, por ejemplo, Ángeles y Demonios se disputan el cadáver del Hombre, en una escena que tiene visos de un sainete chusco, sin que la alegoría sea, por otra parte, muy clara, no en sí misma, sino en relación con el resto de la obra. Tampoco entendemos la necesidad de las constantes referencias y alusiones a los yanquis, facilonas las más de las veces, ni los vulgarismos e idiotismos expresivos, que contribuyen a la ruptura, no significativa, del tono lingüístico. Finalmente, ciertas reiteraciones y la ausencia dramática de progresión intensificadora da a la obra algo así como una «estructura de noria». Ignoramos si ésta ha sido buscada conscientemente por su autor.

En *El hombre y la mosca* vemos, tanto globalmente como en múltiples detalles, relaciones estructurales con la situación española —herencia, perduración e institucionalización del Régimen—, más otra serie de relaciones que trascienden lo estrictamente español, y que nos despista continuamente en la lectura del texto.

La última obra larga que conocemos de Ruibal es *La máquina de pedir* (1969) [24] Esta vez se trata de una crítica a nivel planetario,

[24] *La máquina de pedir*, México, Siglo XXI, 1970. Otras piezas publicadas, *Los mendigos y seis piezas de café-teatro*, Madrid, Escelicer, 1969, Col. Teatro,

aunque con hondas raíces en una óptica hispana, de la civilización tecnológica, cuyos mitos y utopías son ferozmente satirizadas. A lo largo de la obra, todos los niveles de una sociedad —economía, política, moral, propaganda —son atacados, mostrando su radical y monstruosa deshumanización. La fantasía y el humor gallegos de Ruibal operan, prácticamente sin frenos, en la creación de un complejo escenario, denso de símbolos, de transmutaciones, habitado por seres monstruosos (un pulpo, máquinas, robots). Examinando atentamente el texto de esta obra *literaria* nos preguntamos acerca de su estatuto genérico: ¿es una obra dramática? La atomización de su acción, su fragmentarismo extremo, las largas tiradas de frases, de «slogans» publicitarios, sin emisor concreto, la aridez y deshumanización del lenguaje, el exceso de discurso parecen ponerlo en cuestión. No obstante, preferimos suspender el juicio hasta tanto no la veamos montada.

Entre 1968 y 1969 escribe Ruibal seis piezas de café-teatro, muy cortas, *La secretaria* (estampa del funcionario femenino que desciende en el escalafón en proporción inversa a su edad y a sus encantos), *Los mutantes* (excelente y angustiosa alegoría del hombre esclavo del trabajo y oprimido por la civilización mecánica: el matrimonio protagonista vive aplastado debajo de una piedra), *El rabo* (farsa sobre la discriminación y la intolerancia), *Los ojos* (La Madre-Disco que adoctrina al hijo para vivir dentro del «establishment» y será apuñalada por el propio hijo), *El Padre* (éste prepara al hijo para vengarse de la sociedad, y el hijo lo mata al final) y *El supergerente* (el devorador de hombres, cuya conciencia es la primera víctima).

Actualmente, en el campo de la narativa, cuento y novela son géneros igualmente valiosos, y a ningún crítico se le ocurre declarar superior la segunda al primero, ni afirmar, por ejemplo, que Horacio Quiroga, cuentista, es inferior a Miguel Ángel Asturias, novelista. Cada uno de esos dos géneros narrativos tiene su propia estructura. No sucede esto todavía, en términos generales, en el campo del teatro donde la pieza corta se considera aún como un género menor, a lo menos en España. Y, sin embargo, dentro del teatro contemporáneo la pieza corta ha alcanzado un notable cultivo y una categoría literaria suficiente para que no siga considerándose género menor. La pieza corta tiene, frente a la pieza larga, su propia estructura, y ambas no se pueden comparar en términos de valor. ¿No sería, en efecto, absurdo, críticamente hablando, decir, por ejemplo, que una pieza corta de Jean Tardieu es inferior, por ser corta, a una pieza larga de Sartre? Situada así la cuestión, pensamos que Ruibal dra-

---

número 632. Véase también su *Teatro sobre teatro,* Madrid, Cátedra, 1975, y su interesante introducción.

maturgo es un excelente autor de piezas cortas. En cambio, hablando en términos de estricta estructura dramática —no de calidad literaria o de riqueza de significación, sino de nuda construcción formal— encontramos deficientes sus piezas largas, precisamente porque están estructuradas como piezas cortas y son —a lo menos así nos lo parece— un mosaico de piezas cortas, enchufadas las unas en las otras. A ello se deberían los rasgos que al principio señalábamos, con la excepción, naturalmente, de la tendencia a la simbología animal, común a otros autores, y propia del género satírico.

Martínez Mediero (1938)

En una entrevista que le fue hecha por Ricard Salvat (*Tele/Exprés,* 28 de marzo de 1972, pág. 26) declaraba Martínez Mediero, tras afirmar noblemente su deuda y su admiración por Rodríguez Méndez, considerarse como una especie de puente («de pontón») entre la llamada «generación realista» y la nueva promoción de teatro «experimentalista». Con la primera le uniría la tendencia, muy marcada en su teatro, a un feroz realismo expresionista, mientras enlazaría con los dramaturgos más jóvenes por su búsqueda de adaptación de nuevas técnicas de expresión teatral.

Su primera obra *La gaviota y el mar* [25] (*Jacinta se marchó a la guerra*) pertenece de lleno a un tipo de teatro, entre jardielesco y casoniano, centrado en un carácter, el de la enternecedora Doña Jacinta, cuya patética y cruel historia nos va siendo contada en alternante juego de narración en primera persona y escenificación de momentos distintos y significativos de su existencia. La ironía y el humor poético con que el personaje-autor va entregando su historia, con un lenguaje de excelente calidad literaria, predisponen al espectador contra el mundo hueco y duro en el que la viejecita, símbolo poético de otras víctimas, defiende su libertad aliando picardía e inocencia.

Con *El último gallinero* inicia Martínez Mediero un ciclo de teatro alegórico, fuertemente marcado por el tono de farsa esperpéntica, del que conocemos cuatro obras más: *El convidado, Espectáculo Siglo XX, El regreso de los escorpiones* y *Las Planchadoras.*

---

[25] *La gaviota y el mar,* accesit del Premio Nacional de Teatro Universitario de 1967, publicada en *Yorik,* núm. 25; *El último gallinero,* premio Sitges de 1969, publicada en *Yorik,* núm. 38; *El convidado,* publicada en *Yorik,* núm. 38; *Espectáculo siglo XX,* Madrid, Escelicer, 1971, Col. Teatro, núm. 668; *El regreso de los escorpiones* (1971, inédita); *Las Planchadoras* (I Premio Ciudad de Alcoy, 1971, inédita). Otros títulos cuyos textos desconocemos: *Mientras la gallina duerme* (1968), *Un hongo sobre Nagasaki* (1970), *El hombre que fue a todas las guerras* (1970) y *Adolf* (1971).

El último gallinero y *El regreso de los escorpiones* son dos farsas de gran violencia y desgarro en la palabra y en la acción, protagonizadas por animales, símbolos de conductas sociales y políticas. Ambos textos permiten adivinar la riqueza de signos plásticos y su poder para encarnar en un alucinante espectáculo teatral. Así sucedió al parecer —sólo conocemos reseñas críticas— con el montaje que de la primera realizó el grupo *Akelarre* en 1970. Obligados a movernos a nivel del texto —y ya indicamos antes la limitación que ello suponía —sólo podemos dejar constancia de esa presunta riqueza del espectáculo. En *El último gallinero* una abundante multitud de personajes emplumados viven el drama de su encerramiento, forzado encerramiento ordenado, no sabemos por quien ni por qué, por una fuerza exterior al espacio escénico. La privación de la libertad, experiencia básica y desencadenante del drama, origina una acción trepidante en donde las situaciones se encadenan vertiginosamente las unas a las otras con ritmo de orgía carnavalesca, y en la que destacan varias posturas ideológicas encarnadas en distintas aves: Hermógenes, o el gallo tirano y chulapón, asistido por Olivares, o la fuerza bruta policíaca, para implantar su poder, y secundado, mientras no lesiona sus intereses, por Don Faisán y Don Pavo, representantes de la aristocracia, por las aves burguesas y por el pueblo gallináceo y conservador. La oposición, inmadura y dividida e incapaz de acción revolucionaria coherente y eficaz, está encomendada a los pollos tomateros, cuya protesta no pasa del puro nivel lingüístico. Encerramiento y ausencia de libertad encuentran su único escape en el libertinaje sexual, permitido y controlado como un mal menor que funcione como ilusión de libertad. En la segunda parte será introducido un nuevo personaje, un hermoso gallo herido, víctima en otro gallinero, ya integrado al orden y a la civilización tecnológica, de sus prédicas de igualdad, gallo que provocará el recelo del tiranuelo Don Hermógenes y la rijosidad del elemento femenino gallináceo, burgués o populachero, y que terminará, después de ser racionalmente engordado, siendo devorado por el furioso y hambriento gallinero que, recobradas sus fuerzas y despertada su crueldad por el festín sangriento, atacará en desatada orgía canibalesca al propio Don Hermógenes. La carnicería terminará en una incontrolada y anárquica revolución a la que ponen grotesco punto final las palabras del viejo gallo poeta, cuyo último libro, escrito al margen de los acontecimientos, se resumirá en estas palabras irrisoriamente inútiles e ineficaces: «Amaos los unos a los otros.»

En *El regreso de los escorpiones,* nueva fábula de animales, con mayor variedad zoológica (cerdos en el poder, galgos policiales, burros, gatos, toros sementales y carneros en función de ministros, cuervos eclesiásticos, buhos intelectuales de la oposición, borregos blancos conservadores y borregos negros liberales, conejos revolucionarios) viven la grotesca y cruel historia de una tiranía, que acabará perpetuándose víctima de las fuerzas marciales y aguerridas de la gloriosa y bárbara milicia de los escorpiones, símbolo del ejército, a la vez que de la más poderosa de las superpotencias capitalistas occidentales.

En esta segunda fábula animalesca el autor no ha conseguido despegar de una excesiva elementalización de los contenidos críticos, demasiado particularizados y, en ocasiones, pueriles, ni integrar en superior unidad dramática, válida estéticamente, la poética escénica y el pensamiento crítico-ideológico. La elementalidad de éste y su pobreza de contenidos, por muy cargada de signos intencionales que aparezca, invalidan, por su misma gratuidad significativa, la riqueza teatral del espectáculo.

En ambas obras, aunque abiertamente en la segunda, amaga el peligro inherente a toda construcción simbólica: la insuficiente universalidad de los símbolos, la ambigüedad por falta de disciplina y de riguroso control en la construcción de la pieza, y el desnivel entre la intención crítica y su realización dramática. Por otra parte, especialmente en la segunda pieza, la palabra procaz, desvergonzada y «tacosa», el exabrupto y la grosería, no pasan de expansiones lingüísticas, convertidas en manierismo y en «cliché». Todo esto no obsta, sin embargo, a nuestro reconocimiento del valor del testimonio y del experimento teatral realizado, en las circunstancias anormales que venimos recalcando en estas páginas, por Martínez Mediero.

La alegoría, mantenida dentro de los límites de un teatro de intención popular, alcanza un grado de abstracción difícilmente convergente con esa intención, en *El convidado* y *Las planchadoras*. *El convidado* es una pieza corta en la que dos personajes, Padre e Hijo, se entregan a una espantosa y granguiñolesca orgía de tortura, que alcanza momentos de repugnante escatología, con un Convidado que de nada protesta y que será acabado en escena con un tiro de gracia. Ignoramos cuál pueda ser en escena la eficacia de tan nauseabundo espectáculo, a no ser que el propósito de su autor sea provocar la náusea del espectador. En *Las planchadoras* se nos vuelve a proponer un espectáculo cruel, a ratos claro, demasiado claro, a ratos oscuro. En la primera parte, dos hermanas —Dionisíaca y Clavellina— encerradas en una casa de donde está ausente la tercera hermana, Libertad, se entregan a un extraña ceremonia de mutua tortura verbal, en la que manifiestan sus frustraciones, su alienación y supervisión a la vez que su miedo al regreso de la hermana ausente. En la segunda parte ésta ha regresado, pero encadenada y sin lengua, imposibilitada para emitir otros sonidos que no sean gritos animales. La acompañan tres extraños personajes, Luc, Gut y Trotón, a los que unen una red de anormales relaciones de parentesco, y que se entregarán a sádico-masoquistas juegos en presencia de un nuevo personaje, Pájaro emplumado, representación mítica del Poder, a quien le acompaña un Cocodrilo, devorador de rebeldes y lamedor de esclavos. Gut y Trotón, hijos de Libertad y de Luc, representarán el juego de la obediencia degradante al Poder o de la rebeldía finalmente enajenada por la droga, mientras Dionisíaca y Clavellina se entregarán gozosas al papel de verdugos. Ciertamente, asistimos a una horrible pesadilla, a un desencadenamiento incontrolado de la crueldad, pero sin que acertemos, al menos por lo que a nosotros respecta, a descifrar las claves de este onírico crucigrama, de este terrible jeroglífico ni entendamos la necesidad de sus juegos ni de sus escatológicas situaciones y lenguaje.

Espectáculo siglo XX nos parece el resultado de un proceso de objetivación infantil y superelementalísimo del neocapitalismo, propuesto como «super-estructura encarnada en un ser humano, Frank Higgins» —según reza una nota del autor (ed. cit., pág. 8). La obra, con su caudal de palabras y groserías mecanizadas, recuerda, a ratos, el estilo *Codorniz,* a ratos el estilo TBO, y acaba con una larga moraleja, tipo didáctico siglo xix, a cargo de Frankie y María, los hijos rebeldes de Frank Higgins.

Por este camino, de desencadenado infantilismo y gratuidad dramáticas, el nuevo teatro español corre el peligro de caer en un pozo sin salida, condenándose a una insalvable inutilidad, pues su indudable carga crítica y contestataria no puede ser salvada si no está sustentada por una interior exigencia de arte y de coherencia y de profundidad. Ya lo había escrito Alfonso Sastre: «Sólo un arte de gran calidad estética es capaz de transformar el mundo. Llamamos la atención sobre la radical inutilidad de la obra artística mal hecha. Esa obra se nos presenta muchas veces en la forma de un arte que podríamos llamar «panfletario». Este arte es rechazable desde el punto de vista artístico (por su degeneración estética) y desde el punto de vista social (por su inutilidad)» [26].

García Pintado (1940)

En una especie de confesión-manifiesto escribía García Pintado, entre otras cosas («voy subordinando la estética a la ética»), estas palabras: «La convicción de que debía continuar escribiendo teatro la adquirí como consecuencia de una sensación de madurez política...

---

[26] *Anatomía del realismo,* Barcelona, Seix Barral, 1965, pág. 18.

Ello puede equivaler a decir que mi indigente producción es el resultado fisiológico de mis frustraciones como "hombre político" Y, por tanto, sólo como tal debería ser considerada.

Cada texto teatral al que pongo la palabra fin, opera en mí a modo de panacea farmacológica, liberando humores malignos. De seguir así —liberando, liberando...— retornaría otra vez a lo amorfo. Hecho el vacío total me incorporaría al limbo para escuchar extasiado las charangas triunfalistas. Por fortuna, me queda un virus al que considero fiel. Estimo que a las armas bacteriológicas de los que monopolizan, debemos oponer —por la violencia a que estamos obligados por nuestra condición de testigos— nuestro arsenal bacteriológico insobornable. (Extiéndase esta guerra sin cuartel a los perros guardianes de la moral victoriana.)» (*Primer Acto,* núms. 123-124, agosto-septiembre 1970, pág. 89.)

Desde estas palabras podemos entender, tomando globalmente su teatro, lo que en él hay de reto, de desafío y aun de purgación de malos humores. Pero debemos añadir: purgación solipsista, en solitario y según claves de difícil desciframiento que confieren a su obra dramática un estatuto de mundo hermético, cerrado, de problemática trascendencia en cuanto mediación entre el autor y su público, cualquiera que éste pueda ser. Las parábolas que el autor nos propone en sus textos —¿se aclararían en la representación escénica?— obedecen a un código de transposición tan personal, tan particular, que habría que verlas desde la conciencia misma del autor para detectar su sentido, pues las pistas o claves para su cabal intelección están o borradas o tan sutilmente camufladas que no acertamos a descubrirlas. La escalada de la abstracción alcanza un punto tan agudo en el teatro de García Pintado, y los recursos de la farsa, género en el que formalmente se aloja su obra, tal grado de deshumanización y de cerebración, que, no dudando de su virtud de «panacea farmacológica» por lo que al autor se refiere, sí ponemos en cuestión esa misma virtud cara al lector-espectador. Y no podemos por menos de preguntarnos: ¿cuál puede ser la función, aparte de la del desahogo, de un teatro que a sí mismo se condena a tan cruel solipsismo? Bienvenida la parábola cuando oculta para iluminar con más intensa luz, no cuando oculta sin iluminar, porque entonces se condena a la ineficacia y a la gratuidad como producto público. Estas reflexiones nacidas de la lectura del teatro de García Pintado, de sus *textos* dramáticos, mejor dicho, se nos ocurren también como extendibles, en general, a no poca porción del parabólico, alegórico y abstracto nuevo teatro español en una de sus alas. Resulta realmente trágico que a su marginamiento impuesto desde fuera se una un automarginamiento interior.

Desde 1967 hasta 1970 ha escrito García Pintado las siguientes piezas: *Cena, Las manos limpias, Crucifixión,* en 67-68, *La patria chica de los gusanos de seda, El ovillo de los Pérez engorda cada día, mas no demasiado, Jacinto Disipado* y *Gioconda-Cicatriz,* en 1970 Vamos a considerar cuatro de esas obras.

En *Crucifixión* el símbolo escénico central es una cruz levantada junto a una autopista, en la cual hay un hombre crucificado que pide auxilio. Un coche se detiene, del que desciende un matrimonio de clase media con un niño. El marido, pobre empleado, parte en seguida para buscar herramientas con que desclavar al hombre. En torno al símbolo de la cruz se desarrollan dos historias superpuestas, o mejor, enchufadas en tres o cuatro momentos: la de Cristo y su pasión y la del hombre, en cuyos delirios se va desvelando una oscura historia de «dolce vita» y de alusiones al nazismo y a *Mein Kampf.* Entre el hombre de la cruz y la mujer frustrada en su matrimonio se establece una corriente erótica. Nos parece demasiado hablar, como lo hace Fernández-Santos [27], de «exposición muy original del Cristo como mito erótico» (pág. 86). Y aunque así fuera, nada se nos aclara. La obra desarrolla una situación extraña y absurda. Pero no entendemos qué se nos está significando. Y no aceptamos el absurdo por el absurdo.

La patria chica de los gusanos de seda consta de dos momentos y un epílogo. Primer momento: una prostituta joven es contratada y pagada por un hombre joven para que viva con él durante una semana en la gran caja amarilla que es el escenario. Momento segundo, que sobreviene sin interrupción: los dos jóvenes no son lo que representan, sino dos hermanos cuyo juego ha sido interrumpido por la madre que viene a anunciarles, a sus «dos gusanitos de seda», que ha traído a casa a un general. «La ceremonia de dos —nos dice una acotación— da paso a una orgía de palabras y soledades entre cuatro.» La orgía de palabras consiste en un diálogo repleto de alusiones y de chistes políticos, pero sin una sola situación dramática. El juego termina mal: el joven, tomando el sable del general, se lo ensarta hasta la empuñadura, y dirigiéndose al público exclama: «El Alto Estado Mayor me lo agradecerá.» En el epílogo la joven viene de afuera, es interrogada por el joven, recibe dinero de ella y comienza a golpearla, como el chulo lo haría con su prostituta, hasta derribarla en el suelo, donde sigue golpeándola. La violencia los excita a ambos. En el «momento supremo» vuelve a entrar la madre e introduce a un obispo, que es el mismo general disfrazado de obispo. Aquí y allá, a lo largo del diálogo, el autor nos suministra algunas

[27] Ver su trabajo «García Pintado y las dificultades de la farsa» (*Primer Acto,* núms. 123-124, págs. 84-87). El trabajo de Fernández-Santos nos parece del mayor interés, aunque no nos aclare nada sobre el teatro de García Pintado. Es, en cierto modo, un inteligente estudio elíptico.

pistas para la intelección de la obra. Entendida ésta nos preguntamos: ¿basta para justificar la obra teatral el placer intelectual, no demasiado intenso, de descifrarla como un jeroglífico?

En *Ocio-celo-pasión de Jacinto Disipado* el escenario «es un bosque en el que florecen, en densa vegetación, mil familias de objetos». Entre esos objetos que agobian con su presencia el espacio escénico se mueve, sin apenas lugar para circular, el protagonista, Jacinto Disipado, símbolo del triunfador y del alienado por la civilización cosificada, irrisorio y deshumanizado representante de la sociedad de consumo. Lleva atada al tobillo una larga cadena que ni siquiera parece sentir, obsedido por poseer todo lo poseíble, incluso lo más extraño, y torturado sólo por el pensamiento de que pueda existir algo que no posee. El autor, mediante la acumulación de objetos-símbolo y de la relación con ellos del protagonista, consigue crear en la primera parte de la obra una intensa, rica y clara parábola dramática, cuya eficacia decrece bruscamente por dos razones: la reiterada e innecesaria explicitación del tema a nivel del diálogo —ya apuntada por Fernández-Santos— y la índole antidramática del lenguaje, deshumanizado, por cierto prurito naturalista, hasta extremos difícilmente sufribles en una obra teatral. Dos ejemplos: «De lo que yo vengo a hablarle no es de la sólida parcela de la productividad, sino de la hipersensible, enfermiza y desconcertada esfera de consumo. En el centro está el hombre. Siempre el hombre, quien con su inteligencia protagoniza el acto y estimula la función.» «Se trata de establecer una serie de controles a los posibles abusos especulativos o monopolistas que pudieran presentarse en determinadas formas productoras-canalizadoras.» El discurso dramático conseguido en la primera parte por la conjunción de símbolos visuales escénicos, situación y diálogo, queda abruptamente roto y, a la postre, invalidado por este discurso técnico a varias voces.

Gioconda-cicatriz, o la pureza del arma hubiera podido ser una excelente pieza corta. Su alargamiento le convierte en una obra reiterativa, sin que la reiteración tenga función intensificadora.

B. De la farsa al experimento

Luis Matilla (1939)

En unas notas publicadas en *Primer Acto* (núms. 123-124, página 74) escribía Matilla: «Creo que el fundamental problema con el que se enfrenta un autor actual es el de la efectividad. No podemos continuar haciendo un teatro para *élites* culturales, ¿qué sentido tiene esto?, ¿qué sentido tiene escribir teatro para una sociedad conformista que lentamente ha ido perdiendo su sentido crítico positivo y que en ningún momento va a necesitar de autores que vengan a poner en cuestión unas verdades tras las cuales se atrincheran con una desesperación tal, que consigue poner en evidencia la endeblez de sus postulados? Es totalmente necesario ir en busca del público del futuro allí donde éste se encuentre.» ¿No se trata de una aporía? En el presente radical en el que el autor dramático escribe, ¿cómo escribir para un público del futuro, para un público que no existe hoy sino como pura posibilidad, y aun pura posibilidad imprevisible? ¿Es seguro que, de existir en el futuro, acepte un teatro escrito hoy para mañana? La aporía, sin embargo, tiene profundo sentido: la eficacia del teatro sólo puede venir de la negación dialéctica del «público de teatro». A su muerte como «público de teatro» encaminan sus esfuerzos buena parte de los dramaturgos de este grupo. Sólo destruyendo metódicamente la entidad a la que llamamos «público de teatro», y que es el resultado de un largo proceso de enajenación, recobrará el teatro sus poderes de libre celebración colectiva y su eficacia social perdida. Ahora bien, cuando llegue ese momento, si llega, ¿existirá todavía el teatro o se habrá consumado su destrucción desde dentro?

Matilla construye su teatro en torno a unas pocas imágenes obsesivas mediante las cuales la realidad queda convertida en una mala pesadilla. Pesadilla de la que somos, a la vez, autores y víctimas en razón de nuestra propia incapacidad para objetivarla, al haber convertido la alienación, en cualquiera de sus múltiples formas, en sustancia personal, en fundamento y norma de vida, tanto individual como colectiva.

La primera obra de Matilla —*Una dulce invasión* (1966)—, primeriza y difusa, mostraba ya, tomando como núcleo temático la guerra, la doble alienación, vivida como normal por los personajes, de quienes se esfuerzan en buscarle un sentido honroso, estribados en su hombría de bien y en su necesidad de razones ideales, y de quienes, contando con esa necesidad de los buscadores de autenticidad, la explotan mediante una propaganda *ad hoc*. La más grave y trágica de las enajenaciones, venía a decir Matilla, consiste en tratar de buscar sentido a lo que de ningún modo lo tiene. El mito de la guerra, de la «gran guerra», se destruye, no buscando su sentido, por muy auténticamente humana que pueda ser la búsqueda, sino negándolo, pues buscar es ya aceptar el principio mismo de la alienación. La obra no estaba en absoluto conseguida porque los personajes quedaron siempre a mitad de camino entre el «ejemplo» y la marioneta. Su autor jugó sobre dos registros a la vez, sin integrarlos: la moralidad y la farsa, la abstracción y su concreción grotesca. El autor-titiritero y el autor-crítico no supieron mover con una sola mano los hilos del retablo.

Después de *La dulce invasión* ha escrito Matilla las siguientes obras: *La ventana* (1967), *Funeral* (1968), *Una guerra en cada esquina* (1968), *El hombre de las cien manos* (1969), *El Observador* (1969), *El adiós del mariscal* (1969), *Post-mortem* (1970), *El piano* (1970), *Ejercicios en la red* (1971), *Los chicos del violón* (1971). Ignoramos la fecha de composición de *Danza para una noche sola*, obra de la que sólo conocemos su esquema argumental. Los hitos máximos, hasta ahora, los constituyen, a nuestro juicio, *El adiós del mariscal* y las tres piezas de *Ejercicios en la red*. En ellas concentraremos nuestra atención.

De las nueve obras que conocemos de Matilla, cinco (*Funeral, El Observador, Post-mortem, El piano, Ejercicios en la red*) constituyen un grupo homogéneo, tanto en su temática como en su estilo dramático. Son obras cerradas, con un cierto grado de hermetismo, y con un mismo tratamiento agobiante. En todas ellas se configura escénicamente ese mundo de pesadilla a que antes aludía, mundo en que se ha institucionalizado el absurdo, o, más exactamente, que no es otra cosa que absurdo institucionalizado, dentro del cual están apresados los personajes, unas veces sin conciencia de presas, otras debatiéndose inútilmente por escapar. En *Funeral* tres oradores se disputan el derecho de decir el discurso fúnebre sobre un muerto cuya identidad no les importa, pues lo importante ya no es ni el muerto ni el proceso que lo ha llevado a la muerte ni las razones para morir, sino las palabras que permitan archivar, sin poner nada en cuestión, el cadáver. Palabras al servicio de una propaganda oficial cuya única misión, aceptada como indiscutible, es falsear la realidad y prostituir su sentido. La realidad se ha convertido en un puro «acto lingüístico», y es éste y no aquélla lo único válido. Cuando al final entre una muchacha preguntando si es aquél el funeral de su marido le contestarán con una carcajada demencial los tres oradores. En *El Observador* un matrimonio terminará aceptando, impotente y paralizado por el miedo, la presencia de un observador junto a su popio lecho, permanentemente. La violación de la intimidad queda convertida en norma, no ya impuesta, sino interiorizada por la conciencia. En *Post-mortem* vivimos la pesadilla de una sociedad convertida en una inmensa empresa de pompas fúnebres cuyo derecho a preparar a los muertos, maquillándolos para que parezcan felices, no admite réplica. Cuando dos jóvenes roban los cadáveres de sus padres para enterrarlos en una tierra libre, se les acusa de desarraigo, de anormales, de peligrosos para el bienestar y el orden social. La obra transcurre en un agobiante ambiente de clausura, de mundo sin ventanas, del que no habrá escape posible, pues ni siquiera queda tierra libre. En *El piano* el músico, al que se le ha privado de la orquesta y se le ha precintado el piano, no podrá interpretar su concierto y fracasará en su empeño de arrastrar el piano hasta «las montañas». *Ejercicios en la red,* la mejor y más impresionante, a nuestro juicio, de este ciclo del teatro de pesadilla, está compuesta de tres obras cortas: *Juegos de amanecer, El premio* y *El habitáculo.* En la primera, un hombre y una mujer, disfrazados con los atributos de la cultura «hippy», intentan desesperadamente vencer su vejez real, disimulada bajo los trajes y las pelucas, rompiendo todos los tabúes de la represión, hasta caer rendidos, irrisorios, después de una frenética y alucinante danza, visible ya para el público su patética condición de ancianos. En *El Premio* el centro del escenario lo ocupa una estructura esculto-arquitectónica formada por diferentes planos, dentro de la cual intenta entrar una pareja de recién casados. Sin puertas ni ventanas, sólo a duras penas, desgarrándose el vestido, conseguirán introducirse. En su interior no llegarán a consumar sus nupcias, ocupados en hacerla habitable. El hombre morirá, víctima de la estructura, y la mujer, indiferente, seguirá cosiendo las cortinas, instalada, por fin, en su casa-estructura: es el premio. En *El habitáculo* una pareja ha conseguido una habitación para vivir, habitación degradada por los objetos y los sonidos que la pueblan, en donde ni se puede vivir ni salir de ella, ni siquiera abrir una ventana a la luz y al aire, pues cualquier abertura al exterior pondría en peligro todo el edificio. Cuando el joven, enloquecido, mata al casero, cuya voz —nueva forma del Observador— desciende por una trampilla abierta en el techo, una nueva voz, idéntica a la anterior, viene a sustituirla.

El adiós del mariscal representa, dentro del teatro de Matilla, una línea menos tenebrosa, menos hermética y con no menos capacidad de impacto. Es una farsa abierta, entre cervantina (el Cervantes de *La elección de los alcaldes de Daganzo)* y valle-inclanesca (el Valle-Inclán de *La hija del Capitán).* Ante nuestros ojos, por virtud de una situación —la muerte de un mariscal en el cuarto de una casa de citas— se produce, sin telón que lo oculte, el proceso «oficial» de enmascaramiento de la realidad y la creación de mitos destinados al consumo público, el juego grotesco de la negación de la realidad y la construcción de una nueva falsa. Convertida la prostituta en pueblo, fácil será transformar a un miserable en gloria nacional. La palabra, gran celestina y eximia falseadora, será el instrumento por excelencia de la alienación.

La última obra de Matilla que conocemos, *Los chicos del violón,* está construida como una especie de «revista de protesta», mediante una rápida sucesión de breves cuadros o *sketchs* con poco texto y mucho mimo. Sustituida la palabra por la pantomima, sólo su mon-

544

taje escénico podría permitirnos juzgar de su eficacia. Pero ¿sería el teatro o su destrucción la fuente de su eficacia?

López Mozo (1942)

La ya abundante obra de este joven dramaturgo —dieciséis piezas, cuatro de ellas de larga extensión, escritas entre 1965 y 1971— constituye uno de los ejemplos más patentes de la riqueza interior de un teatro a la búsqueda incesante de nuevas formas de expresión teatral. Desde su primera pieza, *Los novios* (1965), hasta la última que de él conocemos, *Anarchía 36* (1971), López Mozo, en constante y coherente proceso de maduración como dramaturgo, ha ido ensayando y asimilando críticamente, con lúcida conciencia de las limitaciones de la estructura global del teatro en España, algunas de las técnicas más avanzadas, pero también más sólidas, del teatro occidental contemporáneo, desde los experimentos del Living Theatre y las formas evolucionadas del teatro de Brecht y las teorías de Artaud a las fórmulas de Peter Weiss, pasando por algunos de los esquemas del teatro del absurdo. Consideramos que la experimentación de esas nuevas formas, realizada con rigor y con talento, y motivada por necesidades estéticas válidas, y no por esnobismo de imitación de lo foráneo y de lo nuevo, es una empresa valiosa, máxime cuando da nacimiento a obras importantes, como es el caso de López Mozo. Ninguna de esas obras, sin embargo, con un texto rico de significaciones y de valor literario, con una compleja, poderosa y original poética escénica, ha sido montada públicamente con los recursos técnicos necesarios, y ni siquiera una de las obras más interesantes del nuevo teatro español, *Matadero solemne* (Premio Arniches, 1970), ha sido autorizada para su representación o su edición.

En las piezas cortas de López Mozo podemos destacar un riguroso y personal trabajo de investigación a partir de corrientes teatrales fundamentales: teatro del absurdo y «happening». El primer intento de asimilación del teatro del absurdo, siguiendo muy de cerca la línea beckettiana, es *Moncho y Mimi* (1967), en donde dos personajes, fuera de todo tiempo y espacio concretos, encerrados en una habitación sin puertas ni ventanas, improvisan juegos crueles o infantiles que tienen mucho de desesperada masturbación espiritual, sin romper el círculo infernal de su soledad y su incomunicación o empavoreciéndose cuando simulan romperlo. En la escena final uno mata al otro. Confesamos no haber dado con la clave que nos permita descifrar el significado de esta extraña obrita. En *El testamento* (1969), repleta de referencias a una situación histórica concreta española, un viejo matrimonio vive su última noche construyendo obsesivamente un magnífico testamento para su nieto, testamento en el que, grotescamente, se automitifican, pretendiendo glorificar una existencia hecha de frustraciones, de enajenaciones y de cobardes claudicaciones. Cuando mueren, el nieto, que no se ha dejado engañar ni está dispuesto a aceptar la herencia, quema el testamento. En *El retorno* (1969) tres personajes, que van intercambiando sus papeles, viven, simultáneamente, el doble juego de dar testimonio de los horrores de nuestro mundo (campos de concentración, Vietnam, bomba atómica, explotación social, ghettos) y de evadirse de ellos en el sexo, en la seguridad, en la superficialidad, en el cinismo. Mediante el procedimiento del cambio de papeles nos convertimos en testigos de los varios procedimientos de recuperación del que protesta o da testimonio, así como de los distintos modos de explotación del dolor humano o de la falsificación del testimonio.

De los cuatro «happenings» escritos por López Mozo, tres —*Blanco en quince tiempos, Negro en quince tiempos* (1967) y *Maniquí* (1970)— son guiones meticulosamente desarrollados, sin apenas texto. En el cuarto, *Guernica,* los actores reviven, no *para* el espectador sino *con* el espectador, los sucesos, utilizando el cuadro de Picasso que, dividido en piezas, se va reconstituyendo durante la primera parte de la obra, en la que alternan las voces recitativas de los actores, los sonidos y las proyecciones. Completada la reconstrucción del cuadro, los actores encarnan a los personajes picassianos recitando cada uno un texto escrito en versículos, «adaptando su actuación —cito una acotación— a los sonidos que le llegan de los altavoces y a las proyecciones hechas sobre las pantallas». Al final, la portadora de la lámpara, único personaje que no ha muerto, «se retira ante el gran mural. Las proyecciones y el sonido de los altavoces cesan. Los actores se ponen en pie y avanzan hacia el mural (donde se reconstituyó el cuadro de Picasso). Cada uno toma un cirio y lo enciende en la llama de la lámpara. Después se dirigen al público y la llama se multiplica de unos cirios a otros». La obra, magníficamente escrita, es un hermoso poema dramático. Estamos seguros que, representada, constituiría un bello, profundo e impresionante espectáculo teatral. López Mozo alía en *Guernica* los poderes de la imaginación dramática a los de la imaginación poética, que ya había apuntado en una obra menor como *Los sedientos* (1967), creando el único «happening» poético que conozco, «happening» literariamente valioso como simple texto, original y eficaz como drama y auténtico como testimonio.

Sus obras largas alían en conseguida síntesis, fruto de la meditación y no de la improvisación, diversas técnicas teatrales de las nuevas y de las «clásicas» dramaturgias occidentales, técnicas procedentes del teatro brechtiano, del teatro-documento, de la farsa, de la crónica dramática, todas ellas al servicio de una irrenunciable vocación de denuncia y de protesta. Cada una de ellas se adapta funcionalmente al tema dramático, de manera que la obra, como conjunto, alcanza en cada uno de sus momentos su justa y más alta expresividad.

En *Crap, fábrica de municiones* (1969, finalista del Premio Guipúzcoa), López Mozo utiliza, combinándolos mediante bien calculadas gradaciones, el estilo brechtiano, el debate y los procedimientos de la farsa para ir desvelando progresivamente las múltiples causas de la guerra, poniendo al descubierto, a diversos niveles sociales, políticos y económicos, los móviles secretos e inconfesables por los cuales se fabrican y se explotan las guerras. Me parece muy interesante en esta obra el tratamiento original de la clásica «justicia poética»: el culpable, Crap, fabricante de armamentos que ha desencadenado, para aumentar la producción, una revolución y una nueva psicosis de guerra, será ejecutado al final del drama, pero no para que el orden roto sea restaurado y la obra se cierre en una final conciliación, sino para la explotación de su muerte y el comienzo de un nuevo ciclo de muertes. La utilización irónica —esperpéntica, diríamos— de la «justicia poética» imposibilita todo intento de mitificación de la paz como de la guerra y nos remite, de nuevo, al comienzo del drama, cerrando, para volverlo a recomenzar, el trágico círculo en que nuestro mundo se halla apresado.

Collage Occidental (1969) la describe su autor como «una sucesión de retablos de asuntos diversos que tienen como fondo la crisis actual del Occidente. Política, presión del poder económico, libertad del hombre, erotismo y amor son algunos de los elementos que componen ese fondo».

La obra despliega ante nosotros en doce momentos escénicos, unidos entre sí por la técnica del «collage», la trágica odisea de un personaje simbólico llamado Hache (el Hombre, nueva versión de Max Estrella, el de *Luces de Bohemia),* cuyo suicidio se nos ha anunciado como consumado en la primera escena. Cada uno de los «collages», actúe o no Hache, es una dramatización, realizada con diversa técnica teatral, encaminada a hacernos ver por qué Hache tuvo, necesariamente, que suicidarse. Cada «collage» está pensado como una «estación» del largo vía crucis de Hache (de ahí los doce «collages») por nuestro mundo. El valor dramático y la riqueza significativa de cada una de esas «estaciones» son, sin embargo, desiguales y, en algunos casos, insuficientemente representativas. Los mejores son, a nuestro juicio, el tercero (sala de un manicomio), el quinto («pabellón zoológico») y el último («el que no dijo sí» o la sala de tortura). Con todo, la obra nos parece un notable experimento teatral, cuyo impacto sobre el público español no dudamos hubiera sido beneficioso para éste.

Matadero solemne es para nosotros la mejor obra, hasta ahora y entre las que conocemos, de López Mozo. Conviene para darnos cuenta del cuidadoso proceso de creación y de los problemas de construcción que el autor se planteó, citar algunos textos al respecto. A propósito de este drama escribía López Mozo: «Hace algunos años el quinqui Jesús Ríos Romero dio muerte a un sargento de la Guardia Civil. ...Jesús Ríos fue detenido, condenado a muerte y ejecutado. Aquel acontecimiento me hizo pensar a menudo en la posibilidad de tratar en una obra de teatro el tema de la pena de muerte enfocado desde distintos ángulos, desde el de la violencia del hecho en sí hasta el de la pena de muerte aplicada a delitos políticos o a la trascendencia de su utilización por los gobiernos como medio eficaz y definitivo de eliminar la oposición. Durante algunos meses, al tiempo que me documentaba sobre la materia, me planteé el desarrollo de la obra de diversas formas, sin encontrar una totalmente adecuada» (*Primer Acto,* núm. 122, julio 1970, pág. 63).

Dos hechos serán decisivos para la configuración estructural de la obra: el encuentro con el Living Theatre en el Festival de Avignon y la versión cinematográfica del *Marat-Sade* de Peter Weiss. Del primero aprovechará, tras someterlos a crítica, nuevos conceptos de dramaturgia; del segundo, algunas de las posibilidades que la fórmula de Weiss brindaba. La conjunción de estas dos experiencias de formas nuevas de expresión teatral, de cuyo ensamblaje y final síntesis será responsable el autor, determinarán la construcción de *Matadero solemne,* obra que no puede asimilarse ni al Living ni al *Marat-Sade,* pues es otra cosa, un producto estético radicalmente original y nuevo, pensado en función de las contradicciones del propio autor y de los problemas propios del teatro y de la sociedad española, es decir, enraizada en una problemática, a la vez individual y social, históricamente concreta.

El espacio escénico está concebido como el lugar de integración, a la vez físico e ideológico, del actor y del espectador, previamente preparado e invitado para participar en una ceremonia en la cual nadie debe permanecer pasivo. Dos personajes, El Encauzador y Malina, deben dirigir teatral y espiritualmente la ceremonia, deteniendo la acción o proponiendo nuevas acciones, con el fin de dar entrada a nuevos puntos de vista y de facilitar o incluso provocar la participación del público. Cada una de las diez partes del drama (Acogida a los espectadores y ocupación del ámbito escénico, El juicio, Reconstrucción de los hechos y entierro de la víctima, Las razones del pueblo y de las fuerzas del orden, Debate sobre la pena de muerte, La sentencia, El pueblo revive los tiempos gloriosos de la pena de muerte, Conversaciones en torno a la anarquía y la revolución, La ejecución y el Happening final) permiten, por la integración escénica de las distintas opciones dramáticas, la perfecta realización dialéctica del tema, potenciando al máximo la libertad de elección del espectador. Cuando llegamos al final de la obra se encuentra perfectamente motivada la transformación del «ámbito escénico en altar simbólico» en el que se va a celebrar una cruel ceremonia. En el Happening final, público y actores pueden unirse para instaurar una nueva realidad, lógicamente provocada por la participación conjunta y libre en una misma ceremonia vivida como espectáculo. El teatro recobra así todos sus perdidos poderes.

Anarchía 36 es una crónica escénica que abarca cronológicamente desde el fin de la Dictadura de Primo de Rivera hasta el final de la guerra civil, con un postrero vaticinio del futuro próximo, que es ya presente y pasado para el espectador. El autor saca a escena personajes históricos y utiliza textos y documentos que incorpora a la obra. Pieza ambiciosa, con espléndidos momentos dramáticos, es como crónica demasiado amplia y, al mismo tiempo, insuficientemente representativa, para dar la visión global de ese complejo y trágico período de nuestra historia. Esta vez no está conseguida la síntesis teatral de los tres estilos fundamentales utilizados por el autor: La «cronicle-play» shakesperiana, el teatro épico brechtiano y el teatro documento. No es, sin embargo, una obra vulgar, ni mucho menos, sino un notable experimento que sólo a un autor de talla podía tentar.

Diego Salvador (1938)

«Mi verdadero punto de partida como autor —escribía Diego Salvador— está en *La mujer y el ruido*. La escribí en 1967»[28] Las nueve piezas anteriores, escritas a partir de 1962, y alternadas con su producción novelesca, han sido rechazadas por su autor como simples ensayos para toda su obra posterior. A partir de *La mujer y el ruido*, Salvador busca diversas formas teatrales para poder llegar más directamente al espectador, con la pretensión de que —escribe— «de las obras dimane una fuerza que haga al espectador tomar parte no ya en una comunicación que deba romper esa barrera entre actor-espectador, sino buscando las relaciones que se puedan dar entre los espectadores para que dejen de ser meros entes pasivos y tomen parte de una forma total en algo que llegue más allá del simple espectáculo, sin haber encontrado, claro está que sobre el papel, unos cauces apropiados y coherentes en toda mi obra terminada» (*Primer Acto*, núm. 121, pág. 22). La obra terminada en 1970 —*La*

---

[28] Citado por José Monleón en «Notas a un autor y un estreno» (*Primer Acto*, núm. 121, junio 1970, pág. 15).

mujer y el ruido (1967, primer accesit del Premio Lope de Vega 1968), *Los niños* (Premio Lope de Vega 1969), *La bolsa* (1969), *El hogar* (1970)— correspondería, pues, según el autor, a una etapa de búsqueda.

Planteada a nivel teórico la necesidad de participación activa del público, Diego Salvador romperá la separación escena-sala, incorporando al espectador al espectáculo, bien asediándolo con una serie de interrogantes que emitidas por los actores buscarán respuestas no en la obra, sino en el público, bien reiterando esas interrogaciones y dejando en suspenso las respuestas, forzando así al espectador a darlas, o bien, y es el caso de *El hogar,* trasladando la acción dramática a la sala, cuyo espacio invadirán los actores, obligando literalmente al público a participar, tomando partido en la acción que lo envuelve. Queda por demostrar si el público, rompiendo sus inhibiciones y su psicología de «público de teatro», aceptará entrar en el juego sustituyendo adecuadamente teatro y realidad o si, por el contrario, rechazará tal sustitución. O, si en el caso de participar, romperá la coherencia del espectáculo, impidiendo todo control por parte de los actores, pues no hay que olvidar que el papel del público como actor espontáneo es siempre imprevisible y trasciende las posibilidades previstas por el autor. Mientras no se realice la experiencia, única e insustituible, del montaje escénico de la obra para un público real y no imaginario, es forzoso moverse entre conjeturas e hipótesis, y no hay más remedio que dejar en suspenso el juicio en cuanto a la eficacia y los resultados del procedimiento teatral encaminado a la participación. No hay que olvidar, no obstante, que las técnicas teatrales dirigidas a lograr la participación activa del público constituyen en el fondo un acto de provocación a su libertad, especialmente si pensamos que el teatro no es hoy, por mucho que se predique teóricamente, ni un acto ritual auténtico ni una auténtica ceremonia, pues para ello faltan, en sentido rigurosamente antropológico, unas bases mínimas de comunión previas al acto teatral mismo. Si llegan a darse éstas será de modo minoritario y como excepción, no como regla, pues la regresión a los orígenes del teatro en que una parte de éste se encuentra empeñado, sólo es pensable, en términos de eficacia, a nivel estilístico e, incluso, dramatúrgico, pero no a nivel social. Empeñarse en creer que exista un público popular o comunitario, unido en un acto de comunión ritual que trascienda, anulándolas, las divisiones internas de clase y de cultura, es empeñarse en una hermosa pero irreal aventura. Por otra parte, ¿en qué medida el compromiso físico que el teatro de la participación pretende provocar en el público no es inhibitorio de otro compromiso más hondo, por ser interior? Pensamos que el problema único e insoluble de las nuevas formas experimentales del teatro occidental, dentro del cual se encuentra de lleno el español, no está en las formas teatrales, sino en su destinatario. ¿Puede ser eficaz —puesto que de eficacia se trata siempre— un teatro pensado para una pura entelequia, para un puro nombre que a nadie nombra sino a sí mismo?

Examinemos brevemente, sin olvidar lo anterior, la obra teatral de Diego Salvador. Toda ella, como apuntábamos antes, es una cadena de interrogaciones, graves, aunque no siempre hondas, interrogaciones cuya respuesta, no sólo moral o intelectual, sino, por así decirlo, física se exige o se espera del espectador.

En *La mujer y el ruido,* los personas-signo, comprometidos en unas situaciones-signo, correlatos dramáticos de problemas, abstracciones, valores y antivalores de la realidad —la del público y la sociedad en que están y son— invitan tácitamente, pero también expresamente, a la rebelión, a fin de que la existencia, en su dimensión individual y social, deje de ser un simple «meter ruido para saber que existimos... que estamos...» (*Yorik,* II época, núm. 46 marzo 1971, página 68), y se convierta en un acto de amor, de coparticipación, por negación de las distintas formas de enajenación, de evasión y de enmascaramiento encarnadas escénicamente. Cada espectador debe rechazar, previa autoidentificación, las imágenes escénicas que reflejan los móviles ocultos de su conducta. La obra propone asumir un acto de purificación, previo reconocimiento de la propia culpabilidad. La situación-símbolo sobre la que se edifica la obra —una madre sufre las consecuencias de haber vendido a su hijo a la sociedad para que aquél sea libre y feliz, pero la sociedad destruirá ambas posibilidades, y el hijo no responderá a la invitación a la rebelión como forma única de la liberación— no trasciende la base melodramática que la sustenta, y pone en peligro la participación lúcida, no sentimental del público.

En *Los niños,* mediante unas fotografías, representativas de realidades-clave de nuestro tiempo —hambre, guerra, tortura, violencia— potenciadas por la integración de técnicas audiovisuales, se reiteran unas preguntas, machaconamente insistentes, que, o no son contestadas en escena, o son contestadas para provocar otras preguntas radicalmente antípodas. El dramaturgo no quiere prescindir, sin embargo, de una «historia» y la introduce con técnica realista, sin integrarla dramáticamente al resto de la pieza, y sin acertar a prescindir de su desarrollo melodramático. Todos los móviles y las razones de las conductas sociales están claros, pero carecen, sin embargo, de suficiente profundidad y complejidad para provocar las respuestas buscadas. El defecto de esta pieza lo encontramos, no tanto en su construcción como en el esquematismo con que es propuesta escénicamente la realidad, justamente porque la realidad es siempre más y menos que su interpretación.

En *La bolsa,* donde no encontramos ni personajes, ni acción ni conflicto, sino sucesión de frases en cadena donde explotan protestas, denuncias, preguntas, lo dicho en el escenario nos concierne —su tema muestra la enajenación del individuo que, bajo la presión familiar y social, confunde ser y poseer—, pero no sabemos si puede provocar la participación, pues quien lo dice no es nada más que lo dicho, es decir, nadie en suma. Cada frase y cada secuencia dramática no es arbitraria en sí, pero lo es la relación entre todas. Por otra parte, podría alternarse el orden de frases y secuencias o decir otras en lugar de las dichas. La estructura reversible, nunca dramáticamente necesaria e insustituible en sus relaciones internas, es tal vez otra de las constantes del nuevo teatro experimental. Raras veces cada elemento de la estructura dramática opera funcionalmente en relación con los demás, con lo que disminuye la riqueza dialéctica del sistema de interrelaciones típicas, por ejemplo, de las obras construidas según el modelo aristotélico. Naturalmente, todas estas reflexiones son en alto grado provisionales, pues ignoramos el grado de coherencia estructural que el montaje puede aportar al texto.

El texto de *El hogar* nos parece el más interesante, hasta ahora, de Diego Salvador. Aunque sigue dominando en él lo que podríamos llamar la estructura de «teatro-circo» —un número después de otro: el número de la guerra, el de la delación y el castigo, el de la protesta sorda y la represión, el de la rebelión fallida, el de la enajenación por el trabajo de la sociedad de consumo..., etc.— cada una de las secuencias está fuertemente trabada a las otras, y todas juntas, en densa interrelación, van proponiendo una acción, creciente en intensidad, y una tensión dialécticamente polarizada en los dos actores fundamentales, el Narrador y el Hombre. El Narrador, con su Vara de Mando, símbolo del poder establecido, y el Hombre, símbolo de la verdad, de la libertad, de la justicia y de la rebelión y, en general, de los valores humanos, originan en su enfrentamiento los sucesivos núcleos de conflicto que irán asumiendo los demás actores, obligando a la vez al público a asumir el conflicto y a decidir de qué lado se ponen. Narrador y Hombre son, en realidad, la reencarnación de las figuras clásicas del antagonista y el protagonista, de las dos figuras claves de la tragedia griega original, mientras que el público es invitado, e incluso provocado, a aceptar el papel de Coro, un Coro no pasivo ni salvado, sino acosado y amenazado. Por precaución, Diego Salvador utiliza, acudiendo a bandas sonoras, una especie de doble del Coro, en el caso en que el público se negara a actuar. *El hogar* constituye un intento, a mi juicio logrado, de síntesis de las dramaturgias mayores de nuestro tiempo: teatro didáctico y teatro de la crueldad. Su montaje constituiría, sin duda, una interesante experiencia teatral y determinaría, como es natural, la supresión de ciertas reiteraciones del texto.

Esta obra es ya, a nuestro juicio, ese primer paso en el encuentro de «unos cauces apropiados y coherentes» a cuya búsqueda había partido el autor en 1967, y lo es merced a esa unidad estructural no lograda en las anteriores. La obra teatral no es sólo crítica social, por muy pertinente y auténtica que ésta sea, sino construcción, es decir, arte del drama. Lamentamos no conocer *El Guiñol,* obra en la que trabajaba Diego Salvador en 1970, al hacer las declaraciones citadas al principio de estas páginas dedicadas a su teatro.

C. El teatro puesto en cuestión o la búsqueda de un estilo

Luis Riaza (1925)

El teatro de Luis Riaza [29] pudiera inscribirse bajo el signo de la desmitificación, por la vía del humor, de las formas dramáticas del teatro occidental contemporáneo. La primera y más fuerte impresión que se aloja en el lector de sus textos es la de la búsqueda de un estilo dramático al que sólo pudiera llegarse por destrucción paródica de los existentes, incluidos los más recientes. Luiz Riaza, en lugar de aceptar miméticamente las diversas fórmulas de experimentación del nuevo teatro de ambos lados del Atlántico, las somete a prueba esperpentizándolas. La óptica del esperpento, magníficamente asimilada por Riaza, se aplica así no a la realidad, sino a las formas de expresión teatral de la realidad. Creemos por ello que las obras escritas hasta ahora por nuestro autor forman parte de una etapa de preparación cuya intención básica es la crítica de las diversas dramaturgias en boga. En este sentido podemos afirmar que su teatro es uno de los más originales y serios intentos de poner en cuestión, desde el teatro mismo, la autenticidad y la eficacia de las nuevas formas del teatro. Si se me permite la expresión familiar, Riaza no comulga con ruedas de molino ni está dispuesto a aceptar gato por liebre. Su dramaturgia debe venir sólo después de la puesta a prueba de las dramaturgias vigentes. Por ello no creemos ser injustos al afirmar que Luis Riaza es un autor en busca de un teatro nuevo, previa la coherente destrucción del nuevo teatro.

Naturalmente, en su obra dramática hay la misma voluntad ética

---

[29] Obras: *El caballo dentro de la muralla* (1962, inédita, no representada), *Los muñecos* (1966, representada en el Festival de Sitges 1967 por el T. E. U. de Murcia), *Las jaulas* (1969, representada en el Festival de Sitges 1970 por «Jocs en la sorra»), *Los mirones* (inédita, no representada), *Representación de D. Juan Tenorio...* (1971, inédita, publicada en Madrid, Edicusa, 1973).

de desenmascarar falsas estructuras y falsos mitos a la vez sociales, de raíz española (el juego de represión sexual, psicología de mirón e hipocresía y superconvenciones sociales en *Los mirones*), y culturales.

En *Las jaulas,* obra de muchos planos semánticos, Riaza, por el camino de la parodia de acento fuertemente esperpéntico, tomando como base temática el ciclo clásico de la Edipiada, lo pulveriza literalmente, mostrando no sólo la inadecuación entre la noble visión trágica de la realidad y el mundo contemporáneo, empresa ya realizada, entre otros, por nuestro Valle-Inclán, sino la falsedad, la ineficacia y el absurdo de cualquier intento histórico de actualización de la tragedia. El nuevo Coro —Coro que responda a la mentalidad real contemporánea, y no a ningún tipo de reactualización culturalista— tiene, forzosamente, que «chotearse» —palabra que expresa la índole esencial, degradada, de la burla— de todo intento de proposición de la historia trágica. Del mismo modo, si la tragedia clásica es montada no como pieza de museo, cuyo texto se respeta, sino utilizando las técnicas del distanciamiento y del trabajo colectivo de los actores, el resultado lógico es la ruptura personaje-actor y su radical inadecuación. Entre el mundo de la tragedia, el mundo real, la escena, el público y los actores no existe solución de continuidad. El espectáculo trágico como ceremonia, rito y como fiesta se convierte en una monstruosa parodia: Edipo y Yocasta son burgueses que juegan a la tragedia, Eteocles y Polinices dos gallitos de combate usados por los dioses-actores, Antígona y Creón, dos títeres integrados en el «establishment», y Tiresias, un fantoche de feria. Ni los actores creen en la verdad de sus personajes ni el público los puede tomar en serio. La recuperación —vía Living, vía Artaud, vía «nuevo teatro»— de la tragedia no pasa de broma en la sociedad de consumo, y los «nuevos actores» y «nuevos hombres de teatro» son los irrisorios sacerdotes de un nuevo y falso mito. Su eficacia y su compromiso y sus nuevas teorías e instrumentos de teatralización se revelan grotescos.

La representación de Don Juan Tenorio por el carro de las meretrices ambulantes, realizada según las últimas fórmulas de las más recientes dramaturgias, desde la indistinción de sexo en los actores a la rotación de papeles incorporados por diversos actores, es otra inmensa parodia, no sólo del mito de Don Juan y de sus diversas interpretaciones históricas, amén de serlo de las formas típicas de la sociedad contemporánea (moral social y sexual, poder, represión, censura), sino del teatro experimental actual y de sus técnicas expresivas: bertolbrechtiana, antoninoartodiana, neo-stanislasqiana. Riaza ha construido una obra, también con muchos planos semánticos, en donde somete a feroz burla la ceremonia de la confusión a que se ha entregado el teatro contemporáneo occidental.

Después de esta etapa de destrucción paródica del nuevo teatro esperamos con gran curiosidad intelectual y con no menos expectación las nuevas obras de Riaza. ¿Dará con una nueva vía o se agotará en la desintegración de las nuevas vías? Esperamos que no sea su respuesta el silencio.

José Martín Elizondo (1922)

Emigrado a Francia desde 1947, funda en Toulouse en 1956 la agrupación teatral «Los amigos del Teatro español», al frente de la cual monta una treintena de espectáculos en español, entre los que destacan *Luces de bohemia* y *Amar sin saber a quién,* este último para el Festival de Montauban. Entre los autores españoles contemporáneos montados por el grupo figuran, además del propio Elizondo, Martínez Azaña, Olmo, Ricardo Orozco, García Lora, Miguel Hernández, Valle-Inclán y García Lorca. Desde 1960, en que obtiene un diploma de la Universidad del Teatro de las Naciones, Elizondo trabaja como director escénico del Centro Dramático Nacional, Grenier de Toulouse (*Volpone, La sombra de un franco tirador, El rey Lear*).

Paralelamente a sus actividades como director escénico escribe su teatro —una docena de piezas desde 1961— estrenando las siguientes: *Durango* (1961), *Aniversario* (1962), *La guarda del puente* (1965), *La garra y la dura escuela de los Perejones* (1967) y, últimamente, una original adaptación de *La vida es sueño* —*La rebelión de Segismundo*—, cuyo final es la muerte del rey Basilio a manos de Segismundo.

También en francés ha escrito cinco piezas, una de las cuales, *Pour la Grece,* fue estrenada en 1970 en el teatro Daniel Sorano, suscitando movidas manifestaciones en la calle.

Las mejores obras de Elizondo —*Otra vez el mal toro* (1967), y **La garra y la dura escuela de los Perejones**— proceden, ideológica y estilísticamente, del esperpento. Lo que aquí interesa no es, esta vez, el análisis de la obra dramática, original pero muy desigual, de Martín Elizondo, sino su valor de arquetipo o de signo de una situación de crisis de las funciones v de la naturaleza misma del teatro.

En 1971 publicó René Giraudon un interesante ensayo con este elocuente título: *Démence et mort du théâtre. Faut-il dire adieu au théâtre?* (París, Casterman, Collection Mutations. Orientations). En *La Faim,* de Elizondo, se está ensayando el texto del autor, en donde se pretende dar realidad dramática al tema del hambre. A lo largo del ensayo el autor va haciendo estas declaraciones: «1. No hago más que eso. Escribir, reescribir, romper. Ponerlo todo en cuestión. Pues bien, siempre llego a lo mismo... A no poderme liberar, a no creer ya en la posibilidad de crear algo válido ante la enormidad de la cosa. No sé ya lo que hago.» 2. «No hay tema. Debemos confesarnos que la enormidad de los hechos nos rebasa. Y el hecho mismo de abordarlo en este lugar es una mentira más.» El texto creado por los actores-peones terminará imponiéndose y desbordando el texto del autor, incapaz de hacer verdad lo real.

En *La cena,* uno de los personajes femeninos, exclamará: «No hay cante que valga. Ni diálogos ni monólogos que valgan. Permanecemos con los brazos cruzados, paralizados, idiotizados, mientras los que se reparten los dineros de Judas se siguen repartiendo los dividendos. ¿De qué vale transfigurarse en histriones, poner la voz en un grito, callarse? ¿De qué vale que te sude la camisa como a mí ahora delante de un público respetable? ¿De qué te vale? (*Pausa.*) Una suda y resuda, se cisca porque le enciscan. a ella y una es fregona en Londres y en París y sigue fregando en Amsterdam o en La Haya. ¿Y de qué, de qué nos vale? Diálogos, monólogos de diálogos. ¡Teatro! Una manera de seguir perdidos en medio del vacío.»

En *Los animales del zoo quieren vivir en la virtud* encontramos estas declaraciones de varios personajes: «¿No vale la farsa entonces si no es algo más que farsa? ¿Es que seguiremos haciendo teatro para no perder la razón o hacemos teatro para curarnos?» «¡Teatro o manicomio. Manicomio o teatro!» «¡Silencio! ¡Cotorras! ¡Suprimid los diálogos, suprimid los monólogos! ¡Todas las palabras están contaminadas!»

El punto último y máximo de esta puesta en cuestión del teatro la encontramos en la pieza corta titulada *Chirrismo,* tercera de *Actos experimentales* (Madrid, Escelicer, 1971, Col. Teatro, núm. 703), pieza que es el último eslabón de un proceso de regresión al grito: «Rou tuut, tomu. Loo, lolo. Muu, Muu, Muuuu.» ¿Se trata en realidad del punto cero en la historia de un nuevo arranque de un teatro para el futuro o de un simple punto final? No a humo de pajas hemos citado el título del libro de René Giraudon.

Hermógenes Sainz (1928)

Hablando en términos de estilo dramático la obra teatral de Hermógenes Sainz es como una encrucijada del teatro actual, en donde cada una de sus piezas aborda un camino distinto de expresión teatral, como si su autor se encontrara empeñado en una etapa de experimentación crítica, previa a la elección de una forma idónea de lenguaje escénico. Esa variedad estilística es, por ahora, la que le define como autor teatral. Si ideológicamente podemos encontrar cierta homogeneidad entre las cuatro piezas que de él conocemos, es imposible reducirlas a un común denominador formal.

Dionisio (Premio Nacional Universitario 1967) es, sobre todo, un poema dramático, excelentemente escrito, cuyo tema es la defensa de un mundo cerrado —simbólicamente el nuestro— frente a la invasión de lo diferente y lo libre, encarnado en Dionisio. Sainz nos entrega la historia mediante un original procedimiento de raíz brechtiana: la narración del pasado y la actualización, en el diálogo y la acción, de ese pasado van creándose a la vez, de modo que cada personaje es actor y narrador, y de la palabra surgen, como de la varita de un mago, los elementos escénicos, entre los cuales son de excepcional importancia los sonidos y las melodías que definen a los personajes.

La espera injuriosa (Premio Guipúzcoa, 1967) repite, aunque con otra «fábula», el mismo tema: la defensa, rechazo y destrucción por el sistema establecido del diferente, cuya resistencia a dejarse asimilar pone en permanente peligro la máquina social. El procedimiento dramático es esta vez el del teatro del absurdo.

La madre (finalista del Lope de Vega, 1970), estrenada por el Teatro de Cámara y Ensayo en el María Guerrero (1971), es, por su lenguaje escénico, la más ambiciosa de las obras de Hermógenes Sainz. A los medios audio-visuales, profusamente utilizados (banda sonora, proyecciones cinematográficas) e integrados en el texto, se unen procedimientos expresivos del teatro neo-expresionista, del teatro de la crueldad y del teatro de vanguardia norteamericano (los gigantones del «Bread and Puppet») cuyos orígenes rastrea el autor en nuestros tradicionales «gigantes y cabezudos». El texto constituye un elemento más, no el principal ni el más hondo, del lenguaje escénico. La alegoría de la Madre-Humanidad pariendo en escena una bomba para defender a su Hijo, encerrado en una jaula, bomba que le disputan los dos gigantones del mundo occidental, hijos también de la misma Madre, y el final de la alegoría en que el Hijo desenjaulado juega, irresponsablemente, con la bomba, posible símbolo del tercer mundo, adquiere su eficacia dramática no del texto, esquemático y elemental, semánticamente, cuando no en exceso ambiguo, sino de la integración teatral de los diversos signos escénicos.

La última pieza de Hermógenes Sainz, *La niña Piedad* (1972), basada en el caso de la familia Pérez Lobo, cuyos hijos pequeños iban siendo sistemáticamente envenenados con cianuro, tiene un carácter documental, y maneja testimonios y datos reales. El autor, mediante la reconstrucción de los datos obtenidos, nos ofrece una historia que supera en horror el género de los «romances de ciego», arrojando una despiadada luz sobre una sociedad donde se codean subdesarrollo y «mass media», miseria y tecnocracia.

D. Un teatro para la sociedad de censura

Martínez Ballesteros (1929)

Autor de muy abundante producción dramática —no menos de veinticinco piezas entre largas y cortas, desde 1961 a 1972— comenzó dentro del más ortodoxo realismo en obras como *Los mendigos* (1961) y *La plazuela* (1962), cercanas respectivamente a las tragicomedias del primer Alfonso Paso y al teatro social de Rodríguez Méndez, con hondas raíces en el sainete, e iniciando casi inmediatamente con *En el país de Jauja* (1963) el ciclo del realismo alegórico dentro del cual podrían incluirse *Las gafas negras del señor Blanco* (1966) o *El camaleón* (1967). Tras la excepción de *Sancho español* (1967) y *El patio de Monipodio* (1968), hábiles escenificaciones de algunos pasajes del *Quijote,* la primera, y de *Rinconete y Cortadillo,* la segunda, con sus puntas de crítica para tiempo presente, comienza Martínez Ballesteros con *Los peleles* (1968), la última etapa, hasta ahora, de su teatro, caracterizada por la reducción a sus elementos más simples de la fábula dramática, por la mayor frecuencia de la pieza corta, y por la carga crítica de situaciones y parábolas de máximo esquematismo, cuyos títulos más representativos son las obritas que componen *Farsas contemporáneas* (Premio Guipúzcoa, 1969, publicado en Colección Teatro, núm. 653) y *Retablo en tiempo presente* (Premio Palencia, 1970, Colección Teatro, núm. 732).

Desde la primera hasta la última pieza, en cualquiera de las tres etapas señaladas, Martínez Ballesteros se ha propuesto idéntica finalidad: convertir su teatro en arma de ataque y desenmascaramiento de las distintas corrupciones de la sociedad contemporánea. En cada pieza elimina cuantos elementos le parecen accidentales en la realidad acotada, reduciendo ésta a sus líneas fundamentales, casi a su esqueleto ideológico. Los personajes, simplificados al máximo, quedan convertidos en portadores o, mejor, trasmisores de pensamiento crítico, pero vacíos de toda complejidad dramática, aptos a provocar en el espectador la descarga ideológica buscada por su autor. Lo denunciado o lo desenmascarado llega con meridiana claridad al espectador, y de él depende asumirlo o no, pues su autor no le fuerza a nada, si no es a tomar conciencia de las mil y una formas de la enajenación, de la explotación y de la deshumanización radicales de que es víctima el individuo de la sociedad burocrática contemporánea. •

Todas las enfermedades y lacras, todos los abusos y miserias, todos los mecanismos y falsos mitos de nuestro tiempo, a escala española o a escala occidental, están presentes en el teatro de Martínez Ballesteros, y enumerar sus temas sería enumerar todos sus títulos. Si consideramos que la función del teatro es *sólo* la de poner al descubierto las raíces y los móviles ocultos de las conductas del hombre como animal social y político, este teatro cumple plenamente esa finalidad. En *El país de Jauja* vemos desmontado el tinglado de una dictadura represiva; en *Los peleles,* la «cocina» indigna que es toda guerra; en *El camaleón,* la necesidad de explotar para subsistir; en *Los primates,* la distancia entre palabra y realidad; en las cuatro piezas de *Retablo en tiempo presente,* la monstruosidad de la mentalidad burocrática y su crueldad (*La colocación*), la incomunicación, el silencio y la ocultación (*La distancia*), el miedo de los jefes a la cultura y su confabulación contra ella (*El silencio*), la lucha sin cuartel por la riqueza (*El soplo*); en las *Farsas contemporáneas,* la brutal negación de la libertad y el contraste entre la violencia real y las buenas palabras teóricas (*La opinión*), la propiedad como fuente de toda explotación y de toda injusticia (*Los esclavos*), el tinglado de la falsa democracia y la deshumanización de la sociedad de competición (*Los opositores*), la inmoralidad y el precio a pagar por el conformismo..., etc. Pero esa toma de conciencia de nuestros males y de la deformidad de nuestra sociedad está conseguida mediante la reducción a términos elementales de la realidad denunciada. La disyuntiva que nos plantea, pues, este teatro es o bien aceptarlo por su función crítica y desenmascaradora, pero renunciando a exigir una visión compleja y en profundidad de la realidad humana, acomodando nuestra mentalidad a una visión simplificada de escuela de párvulos —¿es éste el único camino posible para un teatro realmente «popular»?— o considerarlo como un teatro de urgencia apto para tiempos de censura y para una sociedad mentalmente menor de edad.

Creemos que el teatro de Martínez Ballesteros es el producto más auténtico de una sociedad culpablemente víctima —el apareamiento es consciente—de un inefable y dramático proceso de castración intelectual. El dramaturgo, en una tal sociedad de Jauja, sólo puede ser eficaz, tal vez, acomodando su teatro a niveles de elementalidad, y convirtiéndolo, conscientemente, en una cartilla para párvulos. Martínez Ballesteros, de cuya capacidad para construcciones dramáticas de mayor complejidad es prueba *La improvisación* (1970), ha aceptado con gran heroísmo intelectual el papel de maestro de una sociedad de párvulos, utilizando en tres de sus últimas obras (*Los secuestrados,* 1971; *El tranquilizante,* 1971-1972, y *Romancero secreto de un casto varón,* 1972), peleles extraídos de una Edad Media farsesca para seguir cantando su lección a los niños mayores de la sociedad de consumo.

Ahora bien, bastaría un mínimo de desarrollo mental, de salud crítica y de ejercicio adulto de la libertad de ese público tarado para el que Martínez Ballesteros parece escribir, para que todo su teatro perdiera, *ipso facto,* su sentido, su eficacia y su valor. Ignoramos si el dramaturgo ha considerado este riesgo. A la larga, nosotros pensamos que un teatro así concebido y así escrito se hundirá en la nada, y sólo servirá de curioso recordatorio de un momento anormal de la sociedad española de censura, puerilidad y didáctica de «Catón».

No es sólo Martínez Ballesteros el representante único de ese teatro para la sociedad de censura. Otros autores podrían ser considerados aquí. Pero el carácter introductorio y selectivo —selección de tendencias, no de nombres solamente— nos ha disuadido de hacerlo, evitando así innecesarias reiteraciones.

José María Bellido (1922)

El otro polo, históricamente significativo, de un teatro para la sociedad de censura, lo constituye la obra dramática de Bellido. Si Martínez Ballesteros comienza escribiendo un teatro realista y cambia después a un estilo dramático de signo parabólico-alegorista, Bellido procede al revés. Las piezas escritas entre 1961 y 1970 [30] desde *Escorpión* (1961) y, sobre todo, *Fútbol* (1963), hasta *Solfeo para mariposas* (1969), se inscriben dentro del alegorismo, mientras que a partir de 1970, las dos piezas que de él conocemos —*Rubio cordero* (1970) y *Milagro en Londres* (1971)— pueden englobarse dentro de un modo realista de escribir teatro.

Las piezas alegóricas se proponen fundamentalmente, como las de Martínez Ballesteros o las de otros autores del nuevo teatro español, el desenmascaramiento, por la vía de la parodia, de los falsos mitos en que ha cristalizado la conciencia enajenada de la sociedad

---

[30] Conocemos de Bellido las siguientes piezas: *Escorpión* (1961), *Fútbol* (1963, publicada en *Primer Acto,* núm. 56, 1964), *Tren a F...* (1964), *La máquina* (1966), *Los relojes de cera* (1968), *Solfeo para mariposas* (1969), *Rubio cordero* (1970), *Milagro en Londres* (1971). También conocemos, aunque no las fechas de composición, *El pan y el arroz, o geometría en amarillo, El vendedor de problemas* y *El simpatizante.* Tres de sus piezas han sido publicadas en inglés, y pueden leerse en Michael Benedikt y George E. Wellwarth (editores). *Modern Spanish Theatre.* Nueva York, E. P. Dutton and Co., 1968, y George E. Wellwarth (ed.) *The New Wave Spanish Drama,* Nueva York, N. Y. University Press, 1970. Quiero dar las gracias al profesor Wellwarth por haberme prestado las obras mecanografiadas de José M. Bellido.

contemporánea en todos sus niveles: individual, social, económico, político, religioso... El escenario se convierte en el lugar por excelencia para hacer caer máscara tras máscara, haciendo ver al espectador el pudridero y la trampa que cada una de ellas encubría.

Fútbol (Premio Guipúzcoa, 1963), a nuestro juicio la mejor de las piezas alegóricas de Bellido, es la parábola dramática de la España dividida por la guerra civil en dos bandos irreconciliables que han mitificado dogmáticamente sus respectivas actitudes, sin darse cuenta de que dichas actitudes son explotadas por un·tercer bando, de signo capitalista, que maneja la política y mantiene el estado de división para sus propios fines lucrativos. La acción se desarrolla en el bar de un curioso pueblo, dominado por la pasión del fútbol, en el que coexisten belicosamente los hinchas de dos Clubs Deportivos, el Recreativo y el Deportivo, cada uno de ellos con su *leader* correspondiente. Hace años los primeros ganaron un partido de fútbol, y desde entonces los vencidos han perdido el derecho de jugar, y cuando lo intentan sus balones son pinchados por los Pinchos, fuerza policíaca al servicio de los vencedores. Los vencidos no aceptaron y siguen sin aceptar la legalidad de aquel partido, convencidos como están de que el árbitro actuó parcialmente. Y viven en la esperanza de que se cumpla la profecía de un ciego que anuncia la llegada de un Mesías-Árbitro que anule aquel partido y haga posible la revancha. El Mesías-Árbitro parece llegar encarnado en la figura irrisoria de un pobre cómico de la legua que, debajo de su disfraz de capuchino, viste el disfraz de árbitro. Su nombre es don Jesús. Convencido por el personaje que representa una de las dos superpotencias mundiales, de que debe conciliar a los dos bandos, don Jesús predica el mensaje evangélico de la paz y del amor, y sufre su pasión simbólica a manos de los dos bandos deportivos, quienes se reconciliarán no a causa del mensaje del nuevo Mesías, sino al darse cuenta de que unos y otros han sido utilizados, explotados y expoliados por los respectivos santones de los dos Clubs Deportivos. Reconciliación que no es el final, sino el comienzo de una nueva lucha, unidos ahora contra el enemigo común, que es el mantenedor del mito de la irreconciliación.

Fútbol, que por la eficacia y oportunidad de su significado y por la riqueza de su construcción dramática, debió ser estrenada cuando fue escrita, sufrió del mismo tratamiento que otras obras de otros autores: fue prohibida. Su prohibición determinó el marginamiento de un autor dramático que aportaba un producto valioso estéticamente y necesario políticamente para la sociedad de censura. La consecuencia de tal marginamiento, por lo que al autor se refiere —y dejamos sin comentar las implicaciones para los públicos que no pudo tener— fueron graves para el desarrollo normal de su dramaturgia. Al serle negada su existencia como autor público, se le condenó al ostracismo profesional del autor sin público. Sin público, no sólo en el momento final —en su doble sentido— de la creación dramática —la representación—, sino, y es lo decisivo, en el momento inicial y durante el proceso de creación.

En efecto, en las piezas alegóricas de tema español posteriores a *Fútbol,* nos parece detectar una disminución de tensión dramática, un creciente desnivel entre forma dramática y contenido crítico, o, dicho de otra manera, una ruptura del equilibrio entre el discurso dramático y el discurso crítico, con la consiguiente relajación, e incluso, pérdida, de la unidad semántica de palabra, personaje y acción.

La parábola de *Tren a F...* sigue, como la de *Fútbol,* proponiendo una densa red de símbolos críticos desenmascaradores de una estructura social y política perfectamente descifrables para españoles. Un tren con destino a F..., lugar simbólico al que todos quieren llegar, se detiene a cada momento, y los viajeros, vigilados por los funcionarios ferroviarios (el revisor o el jefe de tren), salmodian rituales plegarias para que el tren pueda llegar a F. Sólo un joven, que actúa como personaje y como narrador, pone en cuestión la posibilidad de que. el tren pueda conducirlos a la meta. Y sólo él mira afuera y se hace preguntas acerca de lo que ve a través de una ventanilla: magníficos autobuses que pasan a toda velocidad, esclavos encerrados como ganado en un vagón de mercancías con la única función de cortar leña para la locomotora. Sólo él abandona el tren para regresar vencido, renunciando a la rebelión y a la libertad, en respuesta a la voz de su anciana madre que también viaja en el tren. Atrapados en el sistema, todos seguirán, por fin, el viaje, convencidos de que no hay otro modo de llegar a F. La parábola se ha empobrecido, no en sus significaciones críticas, pero sí en sus valencias dramáticas. Sus símbolos son símbolos estáticos, carentes del dinamismo y de la eficacia teatrales actuantes en *Fútbol.*

En *Los relojes de cera* la acción está situada en una pensión mediterránea de un país de régimen dictatorial, en donde todo acto es interpretado políticamente, y en donde los relojes, que aparentemente dan la hora correcta, son de cera. Día y noche un equipo hace avanzar las manecillas para crear la apariencia, cara al turismo, de que todo funciona normalmente. El personaje clave es el jefe de policía de la localidad, Antófagos, quien viste y desviste en escena los disfraces de comisario de policía, detective a lo Sherlok Holmes, vendedor de aparatos electrodomésticos, alto empleado de Banco, sacerdote, mostrando así la identidad de funciones aparentemente distintas. Todo —economía, política, religión, progreso— dimana de una misma fuente y con el mismo fin: controlar la situación. Los personajes pasan, sin distinción, de su condición de personas a su condición de muñecos, habitantes del inescapable mundo de la farsa. Para lo cual el autor echa mano, a veces, de los trucos lingüísticos del sainete o del astracán.

En las otras piezas alegóricas, sin referencias directas al tema español, el espacio dramático recurrente es una sala de juntas con valor de símbolo escénico de la sociedad de consumo: sala de juntas del Consejo de Administración de una gran empresa (*Escorpión*), de una Sociedad Filantrópica (*El pan o el arroz, o geometría en amarillo*), del Alto Estado Mayor de cualquier superpotencia (*Solfeo para mariposas*). Los personajes nunca rebasan su condición de portavoces irrisorios del discurso crítico desenmascarador del autor, reducidos siempre a su naturaleza de puros signos ideológicos o de simples instrumentos críticos. Atenidos, como personajes, a su carácter instrumental, su palabra introduce, uno tras otro, varios temas cuyo encadenamiento, nunca dramático, siempre ideológico, hace progresar la pieza no como una acción, por tanto, sin situaciones conflictivas, sino como una yuxtaposición de momentos simbólicos. Cada pieza viene a ser, estructuralmente, un mosaico de temas (miedo, dinero, bandera, patria, enemigo, sexo, guerra..., etc.) ensamblados unos a continuación de los otros y distribuidos entre varios personajes-signo. A cada uno de estos personajes se le encomienda una serie de frases sobre los temas sucesivos, y la obra, en tanto que teatro, queda reducida a un sistema de variaciones temáticas de índole discursiva, pero escasamente dramática. En el fondo, la alegoría, no elaborada teatralmente, se reduce a ser el pretexto escénico para una «moralidad» socio-política inconformista. Sin poner en cuestión la eficacia de crítica desenmascaradora de las realidades contemporáneas occidentales que estas obras comportan, no podemos menos de cuestionar su eficacia y su valor en cuanto a lo que, aparentemente, pretenden ser: teatro. Volvemos a repetir lo que ya hemos indicado: el discurso crítico escenificado no es, *per se,* teatro, o, si lo es, nos parece una forma deficiente de teatro. Ésta no es, naturalmente, arbitraria, sino fruto de la situación a que el dramaturgo ha sido condenado como dramaturgo. Situación que, haciendo imposible el proceso normal de la creación dramática, le lleva a intensificar la función ideológica de su teatro, sus contenidos críticos, desatendiendo los problemas técnicos de la construcción teatral. Pero sólo en la medida en que realiza, por la técnica —según escribía Pierre Francastel [31]— obras armoniosas y originales, el artista —en este caso del arte dramático— se afirma como portavoz de su entorno, y no sólo porque nos permite tomar conciencia de tal o cual problema.

[31] Pierre Francastel. *Études de sociologie de l'art.* París, Denoel Gonthier, 1970, pág. 17.

Ante este tipo de teatro el crítico se siente forzosamente incómodo, pues si, por una parte, asiente con entusiasmo al significado del mensaje, no puede, por la otra, silenciar su juicio negativo sobre el modo en que ese mensaje contestatario es puesto en forma dramática, sin dejar de entender en absoluto las razones que determinan, tanto en el origen como en el fin, la creación de la obra en cuestión, y sin que olvide lo relativo de su juicio crítico, dada la naturaleza no pública del texto a comentar. Con lo cual la historia crítica del «nuevo teatro» no pasa de ser el proyecto de historia crítica de un proyecto de teatro.

Las dos piezas más recientes que de Bellido conocemos —*Rubio cordero* y *Milagro en Londres*— pertenecen de lleno al teatro realista. La primera es una investigación sobre la problemática y la eficacia del secuestro político —tema candente y de gran actualidad—, que termina con una invitación no a la violencia traída al sistema, desde fuera, sino a la labor no violenta, pero constante, desde dentro del sistema. La segunda es una farsa de algunos mitos españoles, pero ya perfectamente acondicionada para ser representada, como así sucedió, en la sociedad de censura. Aquí el equilibrio entre discurso crítico y discurso dramático ha sido reestablecido, previa operación de embotar los filos del primero. ¿Cómo dar al César lo que es del César y a Dios lo que es de Dios?

E. Nuevo Teatro en Libertad

Dos dramaturgos podrían, a nuestro juicio, caber en este último —por ahora— apartado: Miguel Romero Esteo y Francisco Nieva. Ambos desbordan las características de las dos dramaturgias mayores en que hemos dividido el campo del «nuevo teatro» español.

Miguel Romero Esteo (1930)

Entre 1966 y 1975 ha escrito Romero Esteo siete obras: *Pizzicato irrisorio y gran pavana de lechuzos* (1966), *Pontifical* (1967), *Patética de los pellejos santos y el ánima piadosa* (1970), *Paraphernalia de la olla podrida, la misericordia y la consolación, Pasodoble,* (1973), *Fiestas gordas del vino y del tocino* (1973) y *Horror vacui* (1974) [32].

[32] Tres de ellas han sido publicadas en español: *Paraphernalia* (en *Estreno,* núm. 2, 1975), *Pasodoble* (en *Primer Acto,* núm. 162, 1973) y *Fiestas...,* publicada por Ed. Júcar, 1975. Las dos primeras han sido estrenadas en España por el grupo Ditirambo, la primera en 1972, Festival de Sitges, y la segunda en 1974, Jornadas de Teatro de Vigo. *Pizzicato...* y *Patética...* están a punto de aparecer en Ed. Cátedra

La extensión de sus textos rompe con la tradición de la obra teatral escrita para ser representada dentro de los límites de tiempo habituales en el teatro occidental desde el Renacimiento, y, especialmente, con los hábitos del teatro español desde el siglo XVIII, tradición que, naturalmente, nada tiene que ver con la estructura intrínseca del drama, pero sí con las convenciones impuestas al autor por empresarios y públicos. Dentro de esas convenciones las obras de Romero Esteo —y el ejemplo máximo es el de *Pontifical,* con sus casi 450 folios, correspondientes a no menos de ocho horas de representación— imponen la imagen de la desmesura. Tal desmesura lo es sólo en relación a un «canon» aceptado como normal en la historia del teatro occidental a partir del descubrimiento y reinterpretación de la *Poética* de Aristóteles por los tratadistas italianos de mitad del siglo XVI, y que todos —autores, público y críticos— hemos asimilado con función de modelo. Incluso las distintas formas del teatro anti-aristotélico —de Brecht al «happening»— han seguido respetando dicho «canon». Sin embargo, en nuestro propio teatro occidental —y dejamos de lado los teatros orientales— no siempre ha sucedido así. Ejemplo, el teatro medieval con sus largos *Misterios,* cuya representación podía durar varios días seguidos. Pero el teatro medieval, a diferencia del teatro posterior, es uno de los arquetipos de teatro popular, concebido como una fiesta y como una ceremonia propios de la plaza pública, productos de una cultura popular. Una cultura popular de espaldas o a redropelo de todo tipo de «cultura oficial». A nuestro juicio —y por eso hemos escrito lo que antecede —el teatro de Romero Esteo sólo puede ser entendido, no ya sólo como fenómeno estético, sino como fenómeno histórico, en conexión con las formas históricas de la cultura popular, pero de ningún modo dentro de los cuadros y esquemas de la «cultura oficial», aunque ideológicamente vayan contra dicha cultura.

En efecto, la obra de Romero Esteo es, y no sólo por sus dimensiones físicas, el único intento que conozco que lleva coherentemente a sus últimas consecuencias la ruptura total con la «cultura oficial», y en todos los niveles. Su teatro, nacido como forma dramática propia de la cultura popular, sólo puede ser entendido y juzgado en términos críticos dentro de la estética del realismo grotesco.

El primer elemento que detona explosivamente, situado en los antípodas de cualquier tipo de lo que los franceses llaman «bienséance» o de lo que en español denominaríamos «buen gusto», es el lenguaje. Lenguaje no de salón, ni de academia, pero tampoco de barrio bajo ni de sainete ni arrabalero, sino de plaza pública, de mercado, de espacio abierto, de fiesta popular, denso de ambigüedad, de dobles y triples sentidos, de asociaciones sorprendentes, de obscenidades y groserías no negativas ni simplemente satíricas, sino plenas de vitalidad no demarcada por códigos ni etiquetas sociales, lenguaje en libertad, paródico e irracional, surgido de los más inesperados apareamientos del instinto y la imaginación, lenguaje concreto, sin abstracciones, lenguaje-gesto y lenguaje-acción que fluye incontinente, como las letanías de una aleluya popular, con sus rimas y sus ripios, con sus reiteraciones y sus rupturas del sistema semántico, a torrentes o a cataratas, o salmodiado, masticado, escupido, para destruir y crear, para enterrar y resucitar, siempre en desmesura, pero siempre con íntima trabazón y coherencia, lenguaje espeso y malsonante, pero de contundente sonoridad, lenguaje-fiesta en donde restallan juramentos, invocaciones, más toda la gama de palabras prohibidas por la sociedad de salones y tertulias, de salas cerradas y espacios cerrados, lenguaje en cueros vivos, el lenguaje de la risotada, de la falta de respeto, de la gloriosa desvergüenza, de la impudicia, repleto de alusiones abiertas y francas a la enorme mitología del sexo y de las funciones naturales del cuerpo humano... Lenguaje humano entregado a sí mismo, que todo lo parodia, y que de sí mismo, de su inagotable creatividad se goza, lenguaje en libertad del pueblo en libertad entregado por entero a la celebración de la fiesta, en donde pulveriza los patrones y las mil y una reglas que rigen la vida cotidiana en una sociedad jerarquizada,dividida en clases o en castas, y que al destruir no destruye estérilmente, sino que reinstaura creadoramente una nueva comunión con las fuerzas del cosmos. Sólo situándonos en esa perspectiva podemos, creo, entender la libertad, y su sentido, del lenguaje dramático de Romero Esteo. Lenguaje en libertad que no sólo se da en el texto como lengua de los personajes, sino como lenguaje también del autor en las acotaciones, cortas o muy largas, de que está repleto, acotaciones que rompen asimismo con la funcionalidad tradicional de la acotación en el teatro occidental. Romero Esteo va mucho más allá de lo que ya Valle-Inclán hizo con la acotación al convertirla en comentario de la acción, de los personajes o del espacio, dotándola no sólo de valor literario, sino de valor dramático. La función de la acotación en los dramas de Romero Esteo es la de teatralizar no sólo, como Valle-Inclán, acción, personajes y espacio, sino el pensamiento, la significación múltiple y en varias direcciones de la obra en cada uno de sus momentos. Lenguaje de autor y lenguaje de personaje no están disociados, sino unidos, formando un *continuum* tonal. Es, en cierto modo, el lenguaje de un coro invisible, pero actuante, que fuera, a la vez, el «meneur de jeu» de los espectáculos dramáticos populares de la Edad Media.

En consecuencia con las dimensiones del texto completo de la obra y con su lenguaje, están, naturalmente, la construcción de la acción y el tratamiento de los personajes.

La acción está estructurada no en actos ni en cuadros ni en escenas, sino en secuencias, mediante las cuales la acción avanza no rectilíneamente, sino en una sucesión regular de momentos temáticos, cada uno de los cuales es repetido a distintos niveles de significado, ampliándose así, mediante la técnica de la reiteración progresiva, el campo semántico de cada una de las situaciones dramáticas. Podríamos comparar esta estructura de la obra dramática a la de una tela de araña que desde un núcleo central se dispara radialmente en distintas direcciones, pero trabadas todas entre sí, hasta formar un sistema de férrea coherencia. A medida que avanzamos en la lectura del texto —del texto total— la acción no va quedando atrás, sino a nuestro alrededor, envolviéndonos en un haz de relaciones múltiples. Desgraciadamente, no hemos visto ninguna representación escénica de estas obras, e ignoramos su efecto en el espectador ni cómo encarna en el espacio físico de un escenario esa tupida acción envolvente.

El personaje dramático es tratado por su autor no como individuo dotado de una conciencia de identidad y, por tanto, de psicología como el personaje «clásico», pero tampoco como un simple signo de valor instrumental portador de un mensaje crítico, como en la mayoría de las obras del «nuevo teatro» español o no, sino como el celebrante de una fiesta ceremonial que encarna un papel con valor de arquetipo para la comunidad a la que representa y para la que representa. Sus gestos, sus cambios, sus sentimientos, sus gritos, su crueldad, su inocencia o su maldad son los propios de su papel en la fiesta, papel, por otra parte, que debe improvisar de acuerdo con sus capacidades y su experiencia. Esa comunidad a la que representa y para la que representa es la española, con todos sus mitos, sus antimitos, sus máscaras, sus represiones, sus frustraciones, pero una España que, trascendiendo sus fronteras geográficas, se convierte en algunos dramas en el arquetipo de una forma específica de comunidad occidental, casi planetaria, dominada por los distintos «actos rituales» de la represión, la castración, la explotación, el culto de las apariencias, la revolución y la contrarrevolución manipuladas, o la retórica institucionalizada, idónea a cada uno de esos actos del ritual llamado «historia de la civilización occidental».

Los personajes juegan así el juego que todos conocemos, y lo juegan a conciencia, sólo que parodiándolo, del mismo modo que en las célebres «fiestas de los locos» medievales se parodiaba ritualmente desde la liturgia sagrada y los héroes o las «autoridades» hasta el mismo pueblo. No es extraño, pues, la importancia que en la estructura de este teatro tienen las formas litúrgicas de las ceremonias religiosas (en *Paraphernalia,* por ejemplo, las secuencias se titulan «Processio», «Introito», «Exaltatio», «Secunda secundae», etc.; en *Pontifical,* numerosas secuencias de Bendición, Responso..., etc.; o en *Pasadoble,* de Exorcismo), e incluso la insistencia del autor en señalar como *tempo* de la acción un *tempo* lento y solemne, o en recalcar la seriedad con que hay que tratar todos los rituales litúrgicos o religiosos. En efecto, la función de la parodia en el realismo grotesco no es la de ridiculizar, ni es su finalidad lo cómico ni el chiste, sino la de liberarnos de las ideas dominantes sobre el mundo, asumidas como necesarias [33]. No se trata en el teatro de Romero Esteo de hacer una crítica de la visión del mundo dominante desde dentro de ese mundo y con los instrumentos conceptuales o sentimentales propios de él, que es lo que generalmente hace el teatro occidental contemporáneo, sino de representar la ceremonia de esa visión del mundo desde *otra* visión del mundo. Desde esta otra visión del mundo todos los principios con pretensión de significado universal por los que se rige la cultura oficial de nuestro mundo occidental, incluido en él el español, muestran su esencial relatividad, y comienzan a dejar de funcionar como lo necesario y lo insustituible. Las obras ·de Romeo Esteo nos invitan siempre a una nueva disponibilidad de la conciencia al destruir la seriedad y la gravedad con que esos principios se revisten. Incluso lo que podríamos llamar el «vocabulario de la denuncia y de la contestación» queda, a su vez, contestado como irrisorio. Así, los personajes del Obispo, del Director, del Barrendero en *Pontificial* son sus dobles carnavalescos, que los representan a conciencia y con toda seriedad, única forma de hacerlos explotar al revestirlos, como el bufón que hacía de rey hacía explotar la gravedad de su significado y de su «figura» en la jerarquía social.

Creemos que la fórmula dramática manejada por Romero Esteo es la única que destruye la trampa de una «visión oficial» del mundo, sin caer en la trampa y sin que caiga el lector en ella.

No podemos, como lo hemos hecho con otros autores y con otras obras, contar la «historia» que cada drama desarrolla o hacer una crítica temática de cada uno de los cinco dramas de Romero Esteo, y esto por razones obvias: la estructura de tela de araña que antes mencionábamos como propia de la acción nos obligaría a una reducción que la empobrecería. Sólo en un estudio monográfico encontraríamos el espacio suficiente para intentarlo. No hemos pretendido aquí más que informar de la existencia de un gran creador de obras dramáticas, sin que con ello afirmemos la perfección del objeto crea-

---

[33] El mejor estudio sobre el realismo grotesco como forma idónea de la cultura popular es, sin duda, el de Mikhail Bakhtine *L'oeuvre de François Rabelais et la culture populaire au Moyen Âge et sous la Renaissance,* París, Gallimard, 1970. Remitimos al lector a este libro fundamental.

do. Pero sí su originalidad dentro del actual teatro español y, desde luego, del teatro occidental contemporáneo [34].

Francisco Nieva (1929)

Conocido como uno de los escenógrafos españoles más interesantes en el teatro actual y por sus trabajos y ensayos teatrales [35] publicados por el Centre National de la Recherche Scientifique, en cuyo equipo trabajó bajo la dirección de Jean Jacquot durante la década del 50, se ha escrito poco acerca de su teatro y representado menos [36], con harta injusticia.

El propio Nieva ha establecido la siguiente clasificación de su producción dramática: «Teatro de farsa y calamidad»: *Malditas sean Coronada y su hija* (1952), *El Rayo colgado* (1952), *Tórtolas, Crepúsculo... y telón* (1953), *El corazón acelerado* (1953), *El maravilloso catarro de Lord Bashaville* (1967), *La señora tártara* (1970), *Funeral y pasacalle* (1971); «Teatro furioso»: *El combate de Opalos y Tasia* (1953), *La Pascua negra* (1955), *El fandango asombroso* (1961), *El Aquelarre del Pitiflauti* (1961), *Pelo de Tormenta* (1962), *Es bueno no tener cabeza* (1966) y *La carroza de plomo candente* (1971).

Estuvo ligado al final de la década del 40 a un movimiento de vanguardia llamado «Postismo», que animaban el pintor y poeta Eduardo Chicharro, hijo, y el poeta Carlos Edmundo de Ory, cuyos principios estéticos venían a ser un desarrollo del surrealismo que, con distintos nombres, se ha impuesto después en el arte y la literatura contemporáneas. En dicho movimiento se adelantaban ciertas premisas de fenómenos artísticos tan conocidos hoy, como el fenómeno Ionesco, el realismo fantástico o el «pop art». A las influencias

---

[34] El lector interesado en el teatro de Romero Esteo puede consultar los siguientes trabajos: Julio Manegat, «Una liturgia de la desesperación», *El Noticiero Universal*, 13-X-72; Ricard Salvat, «Descubrimiento de un gran autor teatral: Miguel Romero Esteo», *Tele-Exprés*, 17-X-1972; Fernando Lázaro Carreter, Dos reseñas críticas en *La Gaceta Ilustrada*, reunidas recientemente en *Estreno*, núm. 2, 1975, *págs.* 13-15; Moisés Pérez Coterillo, «Un sueño inigualable de destrucción», *Primer Acto*, núm. 162, 1973, págs. 12-15; George E. Wellwarth, *Spanish Underground Drama*, The Pennsylvania State University Press, 1972, págs. 81-90; Armando C. Isasi Angulo, *Diálogos del Teatro Español de la Postguerra*, Madrid, edit. Ayuso, 1974, págs. 391-413.

[35] Traducido al español puede leerse, por ejemplo, «Virtudes plásticas del teatro de Valle-Inclán», en *El Teatro Moderno. Hombres y tendencias,* Buenos Aires, Eudeba, 1967, págs. 231-248.

[36] Sobre Nieva puede verse Angélica Becker, «Sorpresa en el teatro español: un nuevo autor "antiguo"», en *Cuadernos Hispanoamericanos,* 1971, números 253-254, y «Un teatro de la sorpresa», *Primer Acto,* 1971, núm. 132, páginas 62-64. En este mismo número puede leerse el texto de *Es bueno no tener cabeza.* Recientemente ha estrenado una nueva obra, titulada *Sombra y quimera de Larra.*

del «Postismo» se unirían en la estética teatral de Nieva las de una línea tradicional en la literatura española, cuyos jalones más destacados son Fernando de Rojas, Quevedo, el entremés y el «género chico», y, naturalmente, el esperpento valle-inclanesco, más, en el teatro extranjero, la influencia de Alfred Jarry el «patafísico».

Con razón señala Angélica Becker las relaciones del primer teatro de Nieva, no por imitación, sino por coincidencia, con las primeras muestras europeas del «teatro del absurdo», con cuyos autores —Beckett, Ionesco, Adamov— «se codeaba... en los cafés parisinos mucho antes de que fueran famosos» (art. cit., págs. 1-2). Pero Nieva escribía en español y no en francés, y, desgraciadamente, Madrid no era París, ni en España en aquellos años había una minoría capaz de defender y aceptar los nuevos productos teatrales de Nieva, como no aceptaron en los años 30 *Tres sombreros de copa,* de Mihura, ni tampoco al final de los 50 *Los hombres del triciclo,* de Arrabal.

Desde su primera obra, el teatro de Nieva rompe, sin arbitrariedad ni gratuidad, sino con rigurosa coherencia interna, con los moldes del teatro realista, sin salvar ninguna de sus múltiples convenciones, perpetuadas hoy todavía, incluso dentro del más agudo teatro antirrealista, en donde, pese a su abstracto y desencadenado simbolismo, permanece insobornable, como oculta nuez, un resto del principio de la verosimilitud. El proceso de liberación, no ya sólo de las convenciones estéticas del teatro, sino, más radicalmente, de las normas psicológicas de la percepción y expresión de la realidad, comienza en las primeras piezas de Nieva, aunque no alcanza su perfección dramatúrgica, especialmente en el lenguaje, más que en las piezas por él incluidas en su «Teatro furioso», que juzgamos lo mejor de su producción. En dos de estas piezas —*Pelo de Tormenta* y *La carroza de plomo candente*— vemos la más alta muestra del teatro de Nieva. Por su lenguaje y por el tratamiento dramático de temas, personajes y situaciones, liberados de toda inhibición y de toda traba, el teatro recobra sus poderes demiúrgicos, aquellos mismos que Valle-Inclán propició y realizó en sus esperpentos, y tras los que corre todo el mejor teatro contemporáneo. El escenario no es ya el lugar de un debate, de una confrontación, de un análisis, de un sermón —político, ético o estético—, ni siquiera de una historia, de un mensaje o de un combate, sino el espacio físico abierto al milagro de las transformaciones, a la fiesta de las metamorfosis más sorprendentes, a la ceremonia de la anulación de las barreras lógicas entre el espíritu y la materia, entre la física y la metafísica, entre la conciencia y la subconciencia, entre lo posible y lo imposible, es decir, el lugar de la pura fabulación libre. Por este teatro en libertad, Nieva significa para nosotros un auténtico paso adelante en el original camino abierto a la historia del teatro occidental por el Valle-Inclán de los esperpentos.

Creo vale la pena, para cerrar estas páginas, citar unas palabras de Nieva en donde queda patente su propia concepción del teatro: «El teatro es vida alucinada e intensa. No es el mundo, ni manifestación a la luz del sol, ni comunicación a voces de la realidad práctica. Es una ceremonia ilegal, un crimen gustoso e impune. Es disfraz y *travesti*. Actores y público llevan antifaces, maquillaje, llevan distintos trajes o van desnudos. Nadie se conoce, todos son distintos, todos son otros, todos son intérpretes del aquelarre. El teatro es tentación siempre renovada, cántico, lloro, arrepentimiento, complacencia y martirio. Es el único cercado orgiástico y sin evasión; es el otro mundo, la otra vida, el más allá de nuestra conciencia. Es medicina secreta, hechicería, alquimia del espíritu.»

Conclusión

Del mismo modo que no puede entenderse en profundidad la acción dramática de *La casa de Bernarda Alba* —ese gran testamento profético de Lorca— sin tomar en serio la condición hermética del espacio en el que los personajes se afrontan, se dividen y entre-y-autodevoran, tampoco es posible entender el fenómeno del teatro español contemporáneo —el de la España de Franco— si olvidamos el espacio hermético en que éste surgió con voluntad de romper el silencio y de quebrar los muros que le eran impuestos. Es ese espacio hermético quien marcó, en el origen, su vocación; en su transcurso histórico, su trayectoria; y en su término final, los resultados y las metas, los cuales, si alcanzados, se convertían, a su vez, por su coeficiente de frustración, en nuevos puntos de partida, en interminable sucesión de nuevas frustraciones que abocaban —eslabón a eslabón— a una cadena de exasperaciones y paroxismos. Negada en la base su derecho a existir públicamente, la historia del teatro español contemporáneo se convirtió en la historia por su lucha para existir. Y su existencia misma, en tanto que fenómeno y en tanto que objeto, aparece hoy al observador como una estructura que, en todos sus niveles y en cada uno de sus elementos —temas, conflicto, personajes, lenguaje, formas estilísticas— se afirma contra su propia negación.

En 1949, en la España inmediatamente posterior a la Segunda Guerra Mundial, en el interior y en el fondo de un espacio histórico aislado y herméticamente cerrado sobre sí mismo, Buero Vallejo, un hombre que estuvo condenado a muerte durante ocho meses y en la cárcel durante casi ocho años, estrenaba en Madrid *Historia de una escalera.* En 1950, apenas tres meses después del estreno en París de *Les Justes,* de Camus, Sastre terminaba un drama en donde planteaba y proponía una investigación similar a la de Camus. *Prólogo Patético,* la obra de Sastre, no será estrenada en 1950, ni después. Cuando en 1953 un grupo de teatro universitario estrene en Madrid *Escuadra hacia la muerte,* ésta será prohibida y retirada de los escenarios después de tres representaciones.

Con Buero y Sastre comenzaba el teatro español de la España de Franco. Ambos, aunque con distintos procedimientos y con tácticas disímiles iban a intentar, sin embargo, lo mismo: romper *desde dentro* los muros de ese espacio cerrado, bien mostrando cuáles eran los monstruos que todo espacio cerrado engendra fatalmente en su seno, así como los caminos —los verdaderos y los falsos, o los eficaces y los ineficaces— de conjurarlos, bien proyectando desde el escenario —espacio cerrado en el interior de otro espacio cerrado— la necesidad de la lucidez, de la rebelión o de la revolución, aunque sin disimular la posibilidad o la certeza de su fracaso. En términos generales, la primera opción será la seguida por Buero, y la segunda la intentada por Sastre.

Entre el primer drama de Buero y el último han pasado más de veinticinco años, pero no la voluntad de testimonio y de lucidez de su autor, voluntad que, con distintas «fábulas», ha seguido mostrando, cada vez con mayor profundidad, con mayor riqueza, con mayor coherencia ese espacio histórico en donde prolifera la corrupción, la enajenación, la división, la tortura, las ilusiones estériles y la condición trágica del hombre, en tanto que individuo y en tanto que colectividad —¿cómo separarlos?— del hombre situado en su concreto espacio occidental cerrado, el de España, sin olvidar que España no es lo *otro,* sino otra cara de lo mismo. Esa otra cara que Genet, por ejemplo, nos ha enseñado a ver en el espacio abierto de nuestro mismo mundo occidental.

Por muy distintos que Buero y Sastre sean entre sí, ambos coinciden en lo que podríamos llamar una visión humanista del hombre en su realidad conflictiva. Humanismo dialéctico, claro, caracterizado por concebir todavía al personaje dramático como entidad coherente, dotado de unidad de conciencia, aunque ésta aparezca dividida o sea contradictoria. Protagonista y antagonista participan del mismo índice de humanidad, aunque de signo contrario. No sólo el personaje, sino todos los elementos que constituyen el universo dramático, estribados en un mismo coeficiente de humanidad concreta, se ordenan dentro del sistema mental propio del humanismo occidental, para quien el hombre podrá o no podrá ser una pasión inútil, pero es llave y medida, a la vez que principio estructurante, del sentido de la realidad. Buero y Sastre siguen, en todo caso, dentro de esa tradición del teatro occidental que se pregunta por el sentido de la existencia.

Los dramaturgos que aparecen después, muy al final de los 50 y, sobre todo, a lo largo de la década del 60, y que se hallan en ese mismo espacio cerrado de Buero y Sastre, espacio institucionalizado y convertido en «habitat» histórico de la sociedad española durante casi cuarenta años, se desplazarán de la pregunta por el sentido de la existencia a la pregunta por la existencia del sentido, y, paralelamente, de una visión del hombre como sujeto estructurante a una visión del hombre como objeto estructurado. Es decir —entre otras cosas— manipulado.

El espacio igualmente cerrado a donde nos invitan los nuevos dramaturgos es un espacio en donde los sujetos del acontecer dramático se nos revelan en su condición de objetos, perdida toda ilusión humanista en la capacidad del hombre para controlar la realidad. Consecuentemente —desde el punto de vista de las formas históricas del drama—, *el esperpento,* como forma dramatúrgica del hombre manipulado, se iba a convertir en uno de los módulos estructurales privilegiados del nuevo teatro español.

Dos fases, consecutivas al principio —final de los años 50—, concomitantes más tarde —desde mediados de los 60 hasta 1975—, hemos detectado en el teatro español actual. Dos fases no excluyentes entre sí, sino intermitentes, mejor, comunicantes, pues un mismo autor puede pasar de la una a la otra. Dos fases que, por comodidad expositiva, adscribimos a dos grupos de dramaturgos, ambos igualmente marginados de los escenarios públicos. Dentro del grupo A —primero en aparecer— estudiamos los autores de la llamada «generación perdida» o «generación realista». Dentro del grupo B —cuya aparición es posterior, aunque no mucho— tratamos a los autores de la «generación no-realista», igualmente «perdida». En realidad —y hay que repetirlo enérgicamente—, no se trata en absoluto de dos generaciones, *«sensu stricto»,* sino de dos promociones que, dentro del mismo espacio cerrado, instauran sendas tácticas o sendas vías dentro de una y la misma experiencia histórica generacional. Vista en perspectiva histórica, aunque ésta sea aún más imaginada que real, la obra terminada de los dramaturgos estudiados en los últimos capítulos no habrá sido baldía, al menos como testimonio. Y vista desde fuera, desde eso que suele llamarse cismáticamente el panorama del teatro europeo y occidental, es decir, desde ese territorio a salvo, teóricamente hablando, no negado en su raíz genética ni en su derecho a la existencia, el teatro español de la España de Franco debería quizá convertirse —idealmente y, desde luego, tácticamente— en el modelo de un teatro y de una dramaturgia occidentales negados por la Historia y afirmados contra ella y en ella. Para ello sería necesario negarse a una falacia: aquélla según la cual la crítica europea occidental piensa que tiene que acomodar sus órganos de visión a un objeto histórico que sólo puede ser visto críticamente desde un punto de vista español, entendido éste como *otro* que el tenido por occidental, con lo cual se cae una vez más en el pervertido «slogan» de *Spain is different,* tan nefasto por falso y enajenador. España, como antes apunté, no es *otra que* Europa, sino *la otra* Europa que se revela, sin máscaras, a rostro descubierto, con una mueca fija y terrible, que se prefiere ver como la no Europa.

Difícil es predecir lo que va a suceder a esa obra terminada y no estrenada de todos estos dramaturgos ni —caso de que se estrene— cuál será la función social de una estructura dramática surgida en una situación histórica distinta a la que está en comienzos de instalación. ¿Cuántas, de las muchas obras citadas en nuestras páginas, seguirán el camino de los escenarios, como ha sucedido recientemente a *Historia de unos cuantos,* de Rodríguez Méndez, o a *Las arrecogías del Beaterio de Santa María Egipciaca,* estrenada triunfalmente el 4 de febrero en el Teatro de la Comedia de Madrid? Nos tememos que, en virtud de la lógica interna del cambio histórico, la mayoría de las obras surgidas como protesta y denuncia de su presente, no puedan ya encajar en el nuevo presente, que va a exigir, sin duda, nuevas formas de confrontación e inéditas vías dramáticas de acceso a la realidad. Los nuevos autores tendrán que volverse a hacer nuevos, si no quieren quedarse en testigos de un pasado inmediato, por muy necesario y noble que su testimonio pueda ser. En todo caso, aquellos que sigan escribiendo teatro habrán vivido como dramaturgos una experiencia, a la vez histórica y estética, única: ser puestos dos veces a prueba.

APÉNDICE

Hemos pensado que quizá sea útil al estudioso del «nuevo teatro» español y al lector interesado en él suministrarle una nómina de otros autores y obras de que no hemos podido ocuparnos en nuestras páginas, pero que merecen ser tenidos en cuenta por quien quiera hacer un estudio exhaustivo de dicho teatro.

Los textos citados a continuación, así como aquellos otros mencionados en nuestro estudio, forman parte ahora de la Colección del «Nuevo Teatro Español» de la Biblioteca de Purdue University.

Cortezón Álvarez, Daniel: *Los hermandiños, El hombre de estroncio, El lago de los sueños, La meada, Soñando a Goethe en primavera, La torre de la luz.*

Guevara, José: *Acto con una oración y un solo parlamento, Después de la escalada, Día de caza en 1936, Los teléfonos.*

Jiménez Romero, Alfonso: *Diálogos de una espera.*

Justafré, Antonio Roger: *Balada del príncipe triste. Aleluyas del labriego con un pico y una pala, Balada del trovador y la muerte, Las coplas del contrabando, Farsa nueva de la tonta del caramelo, Y hubo otra pequeña guerra, Ma-Dre-Esch-Aro!!*

Martínez Azaña, Manuel: *La forja de los sueños, Sala de espera, Zubu dos mil.*

Miralles, Alberto: *Catarocolón, La guerra y el hombre, La ira de de Job. Job de Hos y la telaraña celestial.*

Pacheco Vidal, Miguel: *Caperucita del bosque, Miguel en el aquelarre, Sundra, Hombre lívido en el pajar o mi delicioso veraneo en Primengton, Pequeña sesión.*

Pérez Casaux, Manuel: *La curiosa invención de la escuela de plañidores.*

Quiles, Eduardo: *Apolo en smoking, El asalariado, El balón y el regreso de Dimitri Goss, Los faranduleros, El hombre-bebé, Insomnio, El juego del avaro, ¿Quién es Romo? Rebelde-robot, Tres monólogos para actor, Tres monólogos para actriz .*

Rellán, Miguel Ángel: *El guerrero ciego, La pobre galaxia del sabio, El urogallo, La vértebra del profeta, La puerta.*

Romero, Vicente: *Información sobre el asesinato de un estudiante, El soldado que se escapó de una guerra.*
Sanchís Sinistierra, José: *Algo así como Hamlet, Demasiado frío.*
Sutton, J. D.: *El círculo de Pérez, Extraños habitantes en la calle, Todas las velas no son muchas velas para Maryorik.*
Ubillos, Germán: *El eslabón perdido, Su nombre es Félix, Los globos de abril.*

Índice de nombres

Abati y Díaz, Joaquín, 39.
Abel, Lionel, 316, 316n.
Abellán, José Luis, 345n.
Adame, Serafín, 269.
Adamov, Arthur, 570.
Adler, Alfred, 239.
Aguilera Malta, Demetrio, 438.
Alberich, J. M., 98n, 196n.
Alberti, Rafael, 209-224, 225, 251, 294n, 295, 321, 449, 488, 504, 508.
Alborg, Juan Luis, 16, 260, 260n.
Aleixandre, Vicente, 436.
Alonso, José Luis, 12.
Alonso Millán, J. J., 332, 335, 429, 430.
Altolaguirre, Manuel, 251, 295, 295n.
Álvarez, Valentín Andrés, 294, 294n.
Álvarez Quintero, hnos. (Serafín y Joaquín), 41, 48, 49-53, 53n, 162n, 422, 526.
Álvaro, Francisco, 497n.
Anderson, Farris, 374n.
Anderson, Maxwell, 79.
Andreiev, 45.
Andújar, Manuel, 438.
Ángeles, José, 374n.
Angélico, Fra, 216.
Anouilh, Jean, 79, 281.
Aparicio, Antonio, 295.
Apollinaire, Guillaume, 123.
Arconada, César, 295n.
Arias Velasco, José, 480.
Aristóteles, 361, 565.
Ariza Viguera, Manuel, 270n.
Armiñán, Jaime de, 335, 429.
Armiñán, Luis de, 429.
Arniches, Carlos, 32, 38-48, 51, 55, 58, 123, 286, 333, 426, 496, 500, 526.
Arrabal, Fernando, 17, 433, 434, 434n, 435, 435n, 436, 436n, 437, 445, 449, 466, 570.
Artaud, Antonin, 93, 102, 103n, 468, 545, 554.
Asturias, Miguel Ángel, 534.

Aub, Max, 71n, 211, 225, 245-268, 294n, 295, 321.
Aubrun, C. V., 174.
Augier, Émile, 55.
Avalle-Arce, J. B., 135.
Azorín, 33, 53n, 157, 161-169, 211, 245, 480.

Babín, M. T., 178n.
Bakhtine, Mikhail, 568n.
Balderston, 318.
Balseiro, José A., 224n, 236n, 244n.
Ballester, Alexandre, 449.
Baquero Goyanes, Arcadio, 318n.
Bárcena, Catalina, 64.
Bardem, J. A., 207n, 208n.
Barnes, Robert, 195n, 196.
Baroja, hnos., 134.
Barrault, Jean Louis, 118.
Barrie, Sir James M., 55.
Bataille, Nicolás, 325.
Baty, Gaston, 162.
Becker, Angélica, 569n, 570.
Beckett, Samuel, 109, 412, 435, 436n, 449, 453, 466, 480, 491, 497, 570.
Bécquer, Gustavo Adolfo, 97.
Bekley, Betsy, 476.
Belamich, André, 177, 177n.
Bellido, José M.ª, 486, 560-564.
Benach, Joan Antón, 451.
Benavente, Jacinto, 21-37, 48, 54, 78, 80, 99, 157n, 162, 299, 301, 385, 422, 526.
Berceo, Gonzalo de, 504.
Berenguer Carisomo, A., 178n.
Bergamín, José, 38, 38n, 46, 251, 275, 295.
Bermejo Marcos, Manuel, 99n.
Bernabé, Juan, 452, 475.
Bernanos, George, 507.
Bernard, Tristan, 55.
Betti, Ugo, 173.
Bilbatúa, Miguel, 226n.
Björnson, 55.
Blanco Aguinaga, Carlos, 86n.

577

584